DIREITO COMERCIAL AFRICANO
(OHADA)

SALVATORE MANCUSO

DIREITO COMERCIAL AFRICANO (OHADA)

ALMEDINA

DIREITO COMERCIAL AFRICANO
(OHADA)

AUTOR
SALVATORE MANCUSO

EDITOR
EDIÇÕES ALMEDINA, SA
Av. Fernandes Tomás, n.ᵒˢ 76, 78, 80
3000-174 Coimbra
Tel.: 239 851 904
Fax: 239 851 901
www.almedina.net
editora@almedina.net

DESIGN DE CAPA
FBA.

PRÉ-IMPRESSÃO
G.C. GRÁFICA DE COIMBRA, LDA.
Palheira – Assafarge
3001-453 Coimbra
producao@graficadecoimbra.pt

IMPRESSÃO E ACABAMENTO
PAPELMUNDE, SMG, LDA.
V. N. de Famalicão

Julho, 2012
DEPÓSITO LEGAL
346705/12

Os dados e as opiniões inseridos na presente publicação
são da exclusiva responsabilidade do(s) seu(s) autor(es).

Toda a reprodução desta obra, por fotocópia ou outro qualquer
processo, sem prévia autorização escrita do Editor, é ilícita
e passível de procedimento judicial contra o infractor.

Biblioteca Nacional de Portugal – Catalogação na Publicação

MANCUSO, Salvatore

Direito comercial africano (OHADA)
(Estudos de direito africano)
ISBN 978-972-40-4772-0

CDU 347
       341

APRESENTAÇÃO

O movimento de integração jurídica dos Estados Africanos francófonos tem-se manifestado durante as últimas décadas em vários sectores – em particular, no sector segurador e na propriedade intelectual –, mas foi com o Tratado que criou a Organização para a Harmonização do Direito Comercial em África (OHADA), assinado em Port Louis (Maurícias) a 19 de Outubro de 1993, que teve início uma actividade normativa de âmbito considerável.

O direito harmonizado é visto como uma aproximação africana à economia globalizada, a qual exige instrumentos jurídicos simples, fiáveis, de fácil gestão e utilizáveis pelos sujeitos interessados. O objectivo declarado no preâmbulo é, de facto, a criação de um sistema normativo idóneo a garantir uma aplicação certa e segura do direito, de modo a atrair novos capitais e investimentos para África.

A importância da operação de harmonização jurídica reflecte-se já no número de Estados-membros da Organização. Dezassete Estados são já membros – e outros já demonstraram um claro interesse na adesão – a maior parte antigas colónias francesas, mas contando também com a adesão de alguns Estados que não estiveram sujeitos ao domínio francês. Ainda mais interessante é a área jurídica coberta pelo Tratado e pelos instrumentos normativos já em vigor: até hoje, nove actos uniformes foram aprovados e entraram em vigor, relativos ao direito comercial geral, ao direito das sociedades comerciais, à organização do sistema das garantias mobiliárias e imobiliárias, aos processo de cobrança e de execução, aos processos colectivos de apuramento do passivo, ao direito da arbitragem, ao contrato de transporte rodoviário de mercadorias e às sociedades cooperativas; outros actos uniformes estão em processo de elaboração, entre outros, os relativos ao direito do trabalho e aos contratos e protecção dos consumidores. O programa de trabalho da Organização é ainda mais ambicioso, sendo intenção do «legislador uniforme africano» cobrir sectores como o direito da concorrência, o direito da propriedade intelectual e o direito probatório em matéria civil.

O trabalho de harmonização levado a cabo não tem precedente em todo o mundo, mesmo se olharmos ao nível e à qualidade das normas produzidas. Ainda que a expressão «harmonização» possa não ser de todo apropriada, visto que, substantivamente, estamos perante um caso de uniformização jurídica. Os actos uniformes, de facto, são, de acordo com a formulação utilizada no Artigo 10.° do Tratado da OHADA, de aplicação directa e obrigatória nos Estados-membros, pese embora a existência de disposições contrárias de direito interno anterior ou posterior, sem que haja necessidade de qualquer intervenção legislativa a nível nacional. Trata-se, de qualquer modo, de uma revolução jurídica para o direito africano.

O trabalho de Salvatore Mancuso revela a sua paixão por África e pelo estudo do seu direito, que o levou não só a recolher o testemunho da tradição italiana de estudos jus-africanos, mas também a colocá-la, enquanto docente da Universidade de Macau, sobre uma das mais interessantes «novas fronteiras» da globalização: as crescentes relações entre a China e África, cujo encontro entre as duas culturas jurídicas também constitui uma nova fronteira do direito em geral e da comparação em especial.

Marco Guadagni

NOTA PRÉVIA

Este livro é o resultado de um projeto de investigação financiado pela Universidade de Macau, tendo como base o livro publicado com o mesmo título em Itália pelas Edizioni Scientifiche Italiane (ESI) no ano de 2009. Esta constitui, porém, uma nova versão substancialmente revista e actualizada com as modificações mais recentes, com destaque para as novas versões do Ato Uniforme do Direito Comercial Geral e do Ato Uniforme relativo à Organização das Garantias, dando-se também relevo ao novo Ato Uniforme relativo ao Direito das Sociedades Cooperativas. Actualizou-se ainda o capítulo relativo aos Atos Uniformes em preparação, bem como às perspetivas de desenvolvimento do direito da OHADA.

A tradução do italiano para português, bem como a estruturação do texto revisto e actualizado na versão portuguesa, são obra do Dr. Duarte Peralta Couto dos Santos, docente a tempo parcial da Universidade de Macau.

Um agradecimento especial ao Prof. Januário da Costa Gomes, da Faculdade de Direito da Universidade de Lisboa, pelo constante apoio a este projeto e pelas sugestões tendo em vista a preparação da edição portuguesa, assim como à Dr.ª Claudia Madaleno, da mesma Faculdade, pela ajuda na pesquisa das fontes sobre a OHADA em língua portuguesa e respetiva articulação com as outras fontes citadas no livro.

Um agradecimento especial também ao Vice-Reitor da Universidade de Macau, Prof. Rui Paulo da Silva Martins, pelas indicações académicas e o pelo patrocínio sem o qual esta edição em língua portuguesa não seria uma realidade.

Universidade de Macau, Março de 2012

ABREVIATURAS

AIE	Agrupamento de Interesse Económico
AU	Acto Uniforme
AUCE	Acto Uniforme relativo à Organização e Harmonização das Contabilidades das Empresas
AUCTMR	Acto Uniforme relativo ao Contrato de Transporte Rodoviário de Mercadorias
AUDA	Acto Uniforme relativo ao Direito da Arbitragem
AUDCG	Acto Uniforme relativo ao Direito Comercial Geral
AUDSCAIE	Acto Uniforme relativo ao Direito das Sociedades Comerciais e ao Agrupamento de Interesse Económico
AUOG	Acto Uniforme relativo à Organização das Garantias
AUOPC	Acto Uniforme para a Organização dos Processos Colectivos de Apuramento do Passivo
AUOPSCE	Acto Uniforme relativo à Organização dos Processos Simplificados de Cobrança e de Execução
AUSC	Acto Uniforme relativo ao Direito das Sociedades Cooperativas
CA	*Cour d'Appel*
CISG	Convenção de Viena relativa à venda internacional de bens móveis
CEMAC	Comunidade Económica e Monetária da África Central
CIETMRD	Convenção interestadual relativa ao transporte rodoviário de mercadorias fora da CEMAC
CIMA	Conferência Inter-africana dos Mercados de Seguros
CMR	Convenção de Genebra relativa ao Contrato de Transporte Rodoviário Internacional de mercadorias
COCC	Código das Obrigações Civis e Comerciais do Senegal
ERSUMA	Escola Regional Superior da Magistratura
OAPI	Organização Africana da Propriedade Intelectual
RCCM	Registo do Comércio e do Crédito Mobiliário

SA	Sociedade anónima
SARL	Sociedade de responsabilidade limitada
SCS	Sociedade em comandita simples
SNC	Sociedade em nome colectivo
T	*Tribunal*
TC	*Tribunal de Commerce*
TGI	*Tribunal de Grande Instance*
TPI	*Tribunal de Première Instance*
TR	*Tribunal Régional*
TRHC	*Tribunal Régional d'Hors Classe*
TCJA	Tribunal Comum de Justiça e de Arbitragem
UEMOA	União Monetária da África Ocidental

INTRODUÇÃO

O título deste trabalho pode parecer excessivamente pretensioso.

Falar de direito comercial africano, usando um título que faz apelo a um conceito unitário num continente composto por cinquenta e três Países, de há tanto tempo vítima de guerras, divisões, individualismos étnicos, reivindicações territoriais, pode deixar pelo menos alguma desorientação, senão suscitar dúvidas e perplexidades.

Esta realidade reflecte África, continente onde tudo é excessivo, exagerado. África não conhece meias medidas: ou tudo ou nada. África não se contenta em manifestar o seu direito; ao invés, oferece uma variedade de sistemas, quase a mostrar sobranceiramente a sua multiculturalidade, a sua capacidade de acolher no seu seio as experiências de diversos Países, experiências que num outro contexto estariam em conflito, mas que em África coexistem num equilíbrio que para muitos é incompreensível.

É o pluralismo jurídico que Jacques Vanderlinden descreve admiravelmente como «*une situation dans la quelle un individu se trouve au carrefour de lusiers orderes juridiques et oriente par son choix la solution à donner à un conflit éventuel tant du pont de vu du for competent que du droit applicable. (...) Quel que soit la choix qu'il fasse, il risque r'entrer en conflit avec l'un, voire plusieurs, des réseaux dont il aura refusé de reconnaître le prescrit*»[1]. O pluralismo jurídico que em África conhece a sua máxima expressão, uma expressão talvez única, em que o fenómeno de estratificação jurídica que a ciência comparatista revelou ser a sua característica fundamental, fazendo alguns crer que o direito africano representa uma família jurídica autónoma, com características e peculiaridades próprias, com a sua dignidade e um papel no panorama jurídico mundial[2].

---

[1] V. Jacques VANDERLINDEN, *Villes africaines et pluralisme juridique*, in 42 *Journal of Legal Pluralism* (1998), pág. 250.

[2] V., por todos, Marco GUADAGNI, *Il modello pluralista*, Turim, Giappichelli, 1996.

Muito já se disse e escreveu sobre o pluralismo jurídico e a estratificação jurídica em África. Em Itália, o trabalho de Rodolfo Sacco[3] e Marco Guadagni[4] permitiu ao jurista que pretenda dedicar-se ao estudo do direito africano compreender a dinâmica do seu desenvolvimento ao longo do tempo. Encontramos, também, os mesmos conceitos na literatura jurídica anglo-saxónica, sobretudo quando dedicada ao direito em África[5], assim como na literatura africanista de língua francesa[6].

A análise estratificada da cultura africana permitiu individualizar um primeiro nível de direitos africanos primitivos – mais propriamente direito tradicional ou direito consuetudinário africano – sob o qual incide uma componente religiosa, a que se seguiu o direito importado pelos colonos europeus – constituído, por sua vez, pelo direito vigente na época nos Países colonizadores estendido às colónias e pelo direito colonial criado *ad hoc* para as colónias – e, por fim, o direito posterior à independência. O longo período de tempo decorrido desde a conquista da independência pelos Países africanos pode contribuir para actualizar esta classificação, com a identificação de um primeiro período que se prolongou até final dos anos oitenta, caracterizado pela instabilidade política e jurídica que percorreu todo o Continente, e o direito dos anos noventa, em que a intervenção das grandes Organizações financeiras internacionais condicionou as escolhas no âmbito do desenvolvimento do direito africano.

Neste contexto, pouca atenção foi dada ao estudo do direito comercial.

---

[3] V., entre outros, *Il diritto africano*, Turim, UTET, 1995, e *Le grandi linee del sistema giuridico somalo*, Milão, Giuffrè, 1985.

[4] V. *Il modello pluralista* cit.; *Legal Pluralism*, in Peter Newman (ed.), *The New Palgrave Dictionary of Economics and the Law* (1998), pág. 542; *Xerka Beeraha. Diritto fondiario somalo*, Milão, Giuffrè, 1981.

[5] V., por exemplo, Rober B. SEIDMAN, *Law and Stratification: The African Case*, in 3 *Crime, Law and Social Change* (1979), p. 17); John GRIFFITHS, *What is Legal Pluralism?*, in 24 *Journal of Legal Pluralism and Unofficial Law* (1986), pág. 1; Michael BOGDAN, *Legal Pluralism in the Comoros and Djibuti*, in 69 *Nordic Journal of International Law* (2000), págs. 195 e segs.; Sally Engle MERRY, *Legal Pluralism*, in 22 *Law & Society Review* (1988), n.° 5, pág. 869.

[6] V., entre muitos, Charles NTAMPAKA, *Introduction aux systèmes juridiques africains*, Namur, Presses Universitaires de Namur, 2005; Jacques VANDERLINDEN, *Villes africaines* cit.; ID., *Return to Legal Pluralism: Twenty Years Later*, in 28 *Journal of Legal Pluralism and Unofficial Law* (1989), págs. 149 e segs.; Norbert ROULAND, *Antropologie juridique*, Milão, Giuffrè, 1992.

O jurista ocidental analisou-o superficialmente e com base no direito das antigas potências coloniais na medida em que isso interessasse para fins de um conhecimento prático. Os africanistas e antropólogos negligenciaram-no enquanto área de importação europeia em que a componente africana ficou substancialmente de fora, sendo pouco aplicada a dinâmica de interacção entre o modelo africano e o modelo europeu; e isso também devido ao facto de o direito comercial se caracterizar por um tecnicismo jurídico extremo, estranho às sociedades tradicionais africanas[7].

Neste contexto, caracterizado pela multiplicidade, surgem novas realidades.

No século XXI, em que há uma visão do direito como estrutura colocada ao serviço do desenvolvimento económico num mundo globalizado, África depara-se com novos desafios no plano económico e jurídico. O fenómeno da globalização abre novos mercados, mas também aumenta o número de potenciais concorrentes. O empresário é chamado a novas economias de escala para apresentar o seu produto no mercado a um preço competitivo, e os custos no acesso ao mercado – em que também entram custos relativos ao conhecimento do respectivo sistema jurídico –, constitui uma dessas economias. O direito de hoje deve ser simples, facilmente compreensível e utilizável pelo maior número de sujeitos possível; deve ser certo e constituir um instrumento de garantia e fiabilidade para o investidor estrangeiro, e não um factor de risco. Para mais, se deve ser simples, facilmente compreensível e utilizável, o direito é também comum a mais Estados, e o seu conhecimento – uma vez concretizado – abre portas a mais mercados ao mesmo tempo, permitindo ao empresário uma notável economia de custos indirectos (ex: aconselhamento jurídico).

África não é excepção. Um olhar pelo actual panorama jurídico do continente africano parece mostrar a manifestação de um novo patamar: o do direito harmonizado e transnacional, um direito preparado por juristas ocidentais – na sua maioria europeus – para os africanos.

O fenómeno OHADA é certamente o mais avançado no âmbito das tentativas de harmonização – ou unificação – jurídica hoje em curso, mas não é por certo um fenómeno isolado. Outras Organizações regionais (SADC, COMESA), embora mais orientadas para a criação de um sistema de integração económica quando comparadas com a OHADA, que constitui uma iniciativa de cariz meramente jurídico, confiam na integração jurí-

---

[7] V. Rodolfo SACCO, *Antropologia giuridica*, Bolonha, Il Mulino, 2007.

dica como veículo necessário de progresso e desenvolvimento, enquanto os fenómenos de integração jurídica existentes (OAPI, CIMA) conhecem um novo vigor. Por outro lado, o estudo destes movimentos de harmonização jurídica começa também a florescer em países, como a África do Sul, que gozam da existência de sistemas jurídicos avançados.

É neste contexto e sob estas bases que se enquadra e deve ser estudado o fenómeno OHADA, como uma nova alvorada do direito dos países africanos. Como qualquer estudo relativo ao fenómeno do direito africano, também este não pode – e não deve – ignorar a possível interacção deste novo sistema com os já existentes e, em particular, sempre que possível, com o direito costumeiro africano, o qual revelou ser o menos permeável às investidas dos sistemas subsequentes. Pese embora o menor peso do direito comercial em comparação com outras matérias (família, sucessões, terras) no âmbito do direito costumeiro africano, certo é que ele desempenha hoje um papel fundamental enquanto instrumento de regulação do sector do comércio informal que representa hoje, em média, 60% do PIB dos países africanos[8], valor que se confirma na esfera dos países OHADA[9].

Uma última menção deve ser feita. Para lá do direito costumeiro africano, África sempre importou direito. Hoje, pela primeira vez, exporta-o. Um projecto de harmonização do direito comercial nos Países das Caraíbas foi iniciado recentemente, sendo a OHADA o modelo escolhido.

Do ponto de vista jurídico, em Itália fala-se muito pouco de África e, em geral, só em caso de eventos especiais. É chegada a hora de mudar esta situação, pretendendo-se com este trabalho dar um pequeno contributo para chamar a atenção para a realidade jurídica africana.

---

[8] Fonte: *Study on the Informal Sector in Africa*, levado a cabo pela União Africana e apresentado em Addis Abeba a 21 de Abril de 2008 (o comunicado de imprensa está disponível a partir de *www.africa-union.org*).

[9] Fonte: estatísticas de 2006 da Comunidade Económica dos Estados da África Ocidental (CEDEAO/ECOWAS), onde a economia informal emprega 65% da população.

CAPÍTULO I

A OHADA

1. A ideia

Durante um longo período, os operadores económicos permaneceram extremamente desconfiados em relação aos países da África subsaariana, devido à insegurança jurídica e judiciária que os caracteriza. Insegurança jurídica proveniente das vetustas leis em vigor em quase todos aqueles países[1], da inadequação de tais textos normativos às necessidades da economia moderna e a demora, ou mesmo a ausência, da publicação das normas jurídicas. Insegurança judiciária causada pela extrema dificuldade em realizar a justiça, devido à lentidão no julgamento dos casos, à imprevisibilidade das decisões judiciais, à corrupção do sistema judiciário e à dificuldade de execução das sentenças.

Por causa da ausência de investimento resultante de tal situação, a exigência da reconstrução completa do sistema jurídico e judiciário no sector do direito comercial foi considerada necessária para restituir a confiança

---

[1] Durante o período colonial, grande parte do direito francês (direito comercial incluído) foi estendido a inúmeros países africanos. Depois da independência, a maioria desses países manteve aquele direito no estado em que se encontrava ao tempo da sua recepção, enquanto que em França, como na generalidade dos países ocidentais, o direito se desenvolveu e se actualizou continuamente para fazer face às mudanças exigidas pelo desenvolvimento económico. V. Jean PAULISSEAU, *Le droit de L'OHADA. Un droit très importante et original*, in *Cahiers de droit de l'entrepise*, n.º 5. Suplemento à *«La semaine juridique»* n.º 44 de 28 de Outubro de 2004, págs. 1 e segs.; Felix ONANA ETOUNDI, *Le rôle de la Cour Commune de Justice et d'Arbitrage de L'OHADA dans la sécurisation juridique et judiciaire de l'environnement des affaires en Afrique*, comunicação apresentada à conferência *Afrique, art, intégration économique et juridique*, que teve lugar na cidade do Cairo a 6 de Abril de 2006, numa organização conjunta da Faculdade de Direito da Universidade do Cairo, do Instituto de Direito Comercial Internacional e do Clube OHADA Egipto.

dos operadores económicos relativamente aos países africanos[2]. Deste ponto de vista, a ideia da unificação do direito africano foi considerada como a única solução para eliminar obstáculos ao desenvolvimento, resultado das diferenças no sector normativo: isto é, fornecer aos países que adiram ao processo de integração regional a oportunidade de promover os seus interesses no quadro de uma posição internacional mais forte e mais segura.

Por outro lado, apesar de nenhuma integração económica poder ser concretizada sem um processo político preliminar, ao nível nacional e internacional, essa mesma integração não pode operar validamente sem uma sólida base jurídica[3]. Hoje, os instrumentos jurídicos internacionais desenvolvidos no âmbito de instituições multilaterais, aplicáveis às operações comerciais transnacionais, têm ganho uma importância crescente para o desenvolvimento de um direito substantivo transnacional. A expressão «direito transnacional» é hoje adoptada para designar «*todo o tipo de princípios e de regras de carácter não nacional utilizados na prática das relações internacionais como alternativa ao direito interno*»[4].

Este sistema jurídico internacional tem sido desenvolvido através de organizações intergovernamentais e organizações de natureza comercial, contando também com a contribuição de centros de investigação jurídica – como a UNIDROIT, a UNICITRAL e a Câmara de Comércio Internacional – que incentivam a procura de soluções uniformes para questões que implicam a intervenção de diversas jurisdições. A sua justificação reside no facto de que a existência de uma série de regras unificadas e simples, ao invés de se considerarem os diversos ordenamentos jurídicos dos Estados, constitui uma forma eficaz de redução dos custos, facilitando o desenvolvimento da actividade económica.

Assim, a globalização e a necessidade de fazer frente aos problemas de segurança jurídica e judiciária para promover o desenvolvimento da actividade económica e o investimento conduziram os Estados africanos a considerarem a oportunidade de se dotarem de uma legislação adaptada ao novo contexto. É para responder a este desafio que alguns países africanos francófonos, lusófonos e hispânicos decidiram proceder a uma reforma dos instrumentos operativos de integração económica regional através da

---

[2] V. Kéba MBAYE, *Avant propos du numéro spécial OHADA de la revue Penant*, n.º 827 (1998), págs. 125 e segs..

[3] V. Jean PAULISSEAU, *Le droit de L'OHADA* cit..

[4] Neste sentido, v. Michael J. BONELL, *The UNIDROIT Principles and Transnational Law*, in *Uniform Law Review* (2000), pág. 199.

harmonização do seu direito comercial, criando para o efeito a Organização para a Harmonização do Direito Comercial em África (*Organistation pour l'Harmonization en Afrique du Droit des Affaires – OHADA*) encarregada da elaboração do direito uniforme[5].

O direito OHADA é um direito em muitos aspectos original. Não se trata de um direito fruto de uma união económica e monetária; trata-se, mais especificamente, de uma manifestação jurídica autónoma – se bem que fortemente inspirada no modelo francês[6] – dotada de um objectivo preciso: criar um instrumento jurídico idóneo para promover o desenvolvimento económico dos países africanos.

O Tratado constitutivo é, deste modo, a expressão da vontade dos Estados africanos de harmonizarem o seu direito comercial no âmbito do sistema OHADA. O seu objectivo é a realização progressiva da integração económica dos Estados-membros. A abordagem epistemológica que agora toma forma pretende indicar que a integração jurídica deve ser sempre considerada como uma dimensão indispensável da integração económica, e a originalidade está precisamente na utilização do direito como instrumento para incentivar a economia; a integração jurídica vista como factor de sucesso da integração económica.

2. A génese da OHADA

Como foi referido, a OHADA é sobretudo uma ideia, saída da tomada de consciência dos operadores africanos acerca da necessidade de uma melhoria do ambiente jurídico no qual as empresas são chamadas a operar. A situação anterior à criação da OHADA era caracterizada por uma sensível retracção dos investimentos estrangeiros e africanos devido à recessão económica e à insegurança jurídica e judiciária[7] que constituía

---

[5] Neste sentido, v. Pascal K. AGBOYIBOR, *Récents dévoloppements du projet d'harmonisation du droit des affaires en Afrique (OHADA)*, in *Revue des affaires internationales* (1996), n.º 3, pág. 301.

[6] A relação entre o direito OHADA e o direito francês é objecto do estudo de Mamadou KONE, *Le nouveau droit commercial des pays de la zone OHADA: comparasion avec le droit français*, Paris, LGDJ, 2003.

[7] A insegurança jurídica surge conexa com o vetusto quadro legislativo no sector do direito comercial constituído no período colonial, que permaneceu quase intacto após a independência desses Países; por seu lado, a insegurança judiciária funda-se na falta de meios idóneos, numa formação insuficiente, na carência de pessoal idóneo, de infraestru-

uma característica constante desta região, ligada a um fenómeno de "balcanização" jurídica que conduziu os Estados que herdaram uma tradição jurídica e regras comuns no momento da independência a procederem a intervenções legislativas ao nível local que levaram ao distanciamento dos respectivos sistemas jurídicos[8], fenómeno ainda mais prejudicial se forem tomadas em consideração as modestas dimensões territoriais dos Estados interessados[9]. O objectivo era, portanto, a restituição da confiança dos investidores, de forma a favorecer o desenvolvimento das empresas e do investimento no Continente africano[10].

O problema da diversidade jurídica foi sempre considerado um importante obstáculo – ainda que indirecto – ao desenvolvimento económico africano, e durante muito tempo não foi tomado na devida consideração pelos Países africanos. A questão da harmonização jurídica em África foi objecto de pesquisa desde a época da conquista da independência por parte dos Estados Africanos. Anthony Allott observou que «*o movimento rumo à integração ou unificação das leis é uma consequência da independência, do desejo de desenvolver uma nação, para conduzir as diferentes comunidades com as suas leis diferentes a um destino comum*»[11].

---

turas e na corrupção do aparelho judiciário. O tema é aprofundado por Georges CAVALIER, *L'environnement juridique des affaires en Afrique noire francophone*, in Salvatore MANCUSO (ed.), *The Harmonization of Business Law in Africa and Its Advantages for Chinese Investements in Africa*, Macau, Instituto de Estudos Jurídicos Avançados da Universidade de Macau, 2008.

[8] Keba MBAYE, *L'unification du droit en Afrique*, in *Revue sénégalaise de droit*, 1971, pág. 65. V., também, Michel ALLIOT, *Problémes de l'unification des droits africains*, in 11 *Journal of African Law* (1967), n.° 2, págs. 86 e segs..

[9] V. Pascal K. AGBOYIBOR, *Récents dévoloppements* cit..

[10] V. comunicação de Keba MBAYE, *De l'importance de l'harmonization du droit commercial dans le développment de l'Afrique*, no Congresso sobre os problemas da harmonização do direito privado e do direito internacional privado nas relações comerciais em África, que teve lugar em Roma entre os dias 4 e 6 de Dezembro de 1972, e cujas actas se encontram publicadas in *L'harmonization du droit en Afrique*, Milão, Giuffrè, 1974. V., também, Georges TATY, *Brèves réflexions à propos de l'entrée en vigueur d'une réglementation commune du droit des affaires des états membres de la zone franc*, in *Revue Penant*, n.° 30 (1997), pág. 277; e Martin KIRSCH, *Historique de l'organization pour l'harmonization du droit des affaires en Afrique*, in *Revue Penant*, n.° 27 (1998), págs. 129 e segs..

[11] Cf. Anthony N. ALLOT, *Towards the Unification of Laws in Africa*, in 14 *Int. Comp. Law Quarterly* (1965), pág. 366. V., também, Michel ALLIOT, *Problémes* cit., o qual insistia, já naquela época, na «*désoccidentalisation des règles juridiques*», na harmonização por sectores legislativos e na adopção pelo legislador africano de classificações e conceitos jurídicos como os principais instrumentos necessários para prosseguir um

Na África francófona, a ideia surgiu em Maio de 1963, por ocasião de uma reunião dos ministros da Justiça dirigida por René David. Houve uma primeira conclusão no seio da UAM (União Africana e Mauriciana) e na Convenção da OCAM (Organização Comum Africana e Mauriciana), de 5 de Julho de 1975, que levou à criação do BAMREL (Gabinete Africano e Mauriciano de Investigação e de Estudos Legislativos)[12]. Os resultados práticos foram, porém, quase nulos.

Em 1991, a ideia de proceder a uma harmonização jurídica em África foi de novo recuperada por ocasião de reuniões dos ministros das finanças da zona de influência do franco CFA, que tiveram lugar primeiro em Ouagadougou, no Burkina Faso, em Abril de 1991, e depois em Paris, em Outubro desse mesmo ano. Por ocasião destas últimas reuniões, foi criado um grupo de trabalho com sete membros, composto por juristas e especialistas do mundo dos negócios e presidido por Keba M'Baye, a quem foi confiada a incumbência de avaliar, sob o plano técnico e político, a viabilidade do projecto. O grupo de trabalho efectuou uma primeira análise da situação do direito comercial nos sistemas jurídicos da área interessada e, em 17 de Setembro de 1992, Keba M'Baye apresentou o seu primeiro relatório numa reunião dos ministros das finanças.

Em 5 e 6 de Outubro de 1992, os chefes de Estado da zona do franco CFA reuniram-se em Libreville; o presidente Abdou Diouf, do Senegal, apresentou o plano de trabalho do projecto elaborado pelo grupo de especialistas. Os chefes de Estado confirmaram o grupo de trabalho supramencionado e nomearam um comité, composto por três membros, encarregado de coordenar a preparação do Tratado relativo à instituição da OHADA.

---

desígnio de harmonização jurídica em África. Um dos exemplos de integração jurídica logo a seguir à independência é a *East African Community*, constituída no início dos anos sessenta pelo Quénia, Uganda e Tanzânia, depois dissolvida e novamente constituída com a inclusão do Ruanda e do Burundi. Sobre os problemas de harmonização jurídica na área do direito comercial em África, v. Muna NDULO, *Harmonization of Trade Laws in the African Economic Community*, in 42 *International and Comparative Law Quarterly* (1993), págs. 101 e segs., bem como a comunicação de Pierre BOUREL, *Rêflexions sur les problèmes généraux concernat «l'harmonization du droit applicable en Afrique aux rapports juridiques à caractère privé intéressant e commerce et ayant des rattachements avec différents pays»*, ao Congresso sobre os problemas da harmonização do direito privado cit..

[12] Sobre o assunto, v. as comunicações de Abdoulaye DIOP, *Un exemple d'harmonisation législative commerciale africaine: les travaux du Comité d'experts de l'Organisation Commune Africaine, Malgache et Mauricienne*, e Ali Badara TALL, *Note sur l'O.C.A.M.*, no Congresso sobre os problemas de harmonização do direito privado cit..

O comité disponibilizou o projecto de tratado, que foi levado à reunião dos ministros da Justiça que teve lugar em Libreville nos dias 7 e 8 de Julho de 1993; o projecto de tratado foi finalizado e adoptado em Abidjan nos dias 21 e 22 de Setembro de 1993 na reunião dos ministros da Justiça e na reunião conjunta dos ministros da Justiça e das Finanças, reuniões que foram precedidas por um comunicado do comité de especialistas. Finalmente, a 17 de Outubro de 1993, teve lugar, em Port Louis, nas Maurícias, a conferência dos países africanos de língua francesa. Nesta ocasião, o projecto de tratado foi apresentado para a assinatura dos chefes de Estado e das delegações dos países africanos francófonos; o Tratado relativo à criação da OHADA foi assinado por catorze Estados[13]. A estes, vieram posteriormente juntar-se outros dois Estados[14], perfazendo um total, hoje, de dezasseis Estados-membros.

Assim surgiu a OHADA, uma organização internacional instituída por um Tratado, dotada de personalidade jurídica internacional[15] e, por isso, sujeito de direito internacional apto a assumir direitos e obrigações, em particular a capacidade para contratar, para adquirir bens e estar presente em juízo[16]; os seus bens não podem ser objecto de quaisquer processos judiciais, salvo se a Organização renunciar expressamente a essa prerrogativa[17]. Os funcionários da OHADA gozam da imunidade e dos privilégios de natureza diplomática, os quais podem ser removidos pelo Conselho de Ministros[18]; a inviolabilidade das instituições da Organização é garantida por cada Estado-membro no qual se encontrem estabelecidas as respectivas instalações[19].

Segundo o Artigo 53.º, § 1, a adesão ao Tratado está aberta a qualquer Estado-membro da OUA (hoje União Africana) e a qualquer Estado,

---

[13] Benim, Burkina-Faso, Camarões, Chade, Comores, Congo, Costa do Marfim, Gabão, Guiné Equatorial, Mali, Níger, República Centro-Africana, Senegal e Togo.

[14] Guiné Conakri e Guiné-Bissau.

[15] Idrissa KERE, *Le cadre institutionnel de l'OHADA et les Actes Uniformes*, comunicação apresentada na *Conférence Internationale sur le Droit Commercial en Afrique: l'exemple de l'OHADA*, Bujumbura – Kigali, 15 a 17 de Outubro de 2007.

[16] Cf. Artigo 46.º do Tratado.

[17] Cf. Artigo 48.º do Tratado.

[18] Cf. Artigo 49.º do Tratado, na redacção que lhe foi conferida pela revisão de 17 de Outubro de 2008. A nova formulação do Artigo 49.º prevê também que um regulamento, a aprovar futuramente, determinará as condições de imunidade diplomática do pessoal e dos juízes da OHADA.

[19] Tal resulta da conjugação do disposto nos Artigos 47.º e 50.º do Tratado.

ainda que não seja membro da OUA, convidado a aderir por decisão unânime de todos os Estados-membros; qualquer Estado que adira ao Tratado adopta automaticamente os actos uniformes já aprovados, os quais entram em vigor sessenta dias após o depósito do instrumento de ratificação de adesão ao Tratado[20]. Diversos Estados já manifestaram a sua intenção de aderir e fazer parte da OHADA, em particular a República Democrática do Congo, cujo processo de adesão está já em curso, São Tomé e Príncipe, que já o iniciou, e ainda o Gana, Angola, a Nigéria e a Libéria que se mostraram interessados em considerar uma possível adesão. Outros Estados colocaram por agora de lado a ideia de uma adesão imediata ao sistema OHADA, mas procederam a uma reforma do respectivo sistema de direito comercial, adoptando com amplitude os actos uniformes da OHADA já em vigor[21]. O Tratado permite que os Estados signatários que ainda não o ratificaram tenham assento no Conselho de Ministros, na qualidade de observadores sem direito de voto[22]; considerando o facto de que – como foi dito – um Estado que tencione aderir à OHADA deve adoptar todos os instrumentos de direito harmonizado já em vigor, seria oportuno estender automaticamente esta possibilidade aos Estados que manifestaram a sua intenção de proceder à adesão.

De acordo com o artigo 52.º, § 2, do Tratado, este entra em vigor sessenta dias após a data do depósito do sétimo instrumento de ratificação. A 18 de Setembro de 1995, o número de ratificações necessário para a entrada em vigor do Tratado foi atingido, na sequência do depósito por parte do Níger do seu instrumento de ratificação. Os instrumentos de ratificação e de adesão são depositados junto do Governo senegalês, depositário nos termos do artigo 63.º do Tratado, o qual procedeu ao registo do Tratado junto do Secretariado da OUA e junto da ONU[23].

Como melhor se verá de seguida, o Tratado e os actos uniformes têm uma natureza supranacional que determina o abandono da soberania por parte de cada Estado-membro a favor da OHADA em todas as matérias

---

[20] Cf. Artigo 52.º, último parágrafo, do Tratado.
[21] São os casos do Djibouti e de Madagáscar. Sobre a questão, cf. *L'Organisation pour l'Harmonization en Afrique du Droit des Affaires (OHADA)*, in *Revue d'information economique*, n.º 19, Julho de 2005, edição da responsabilidade do Ministério da Economia e das Finanças de Madagáscar – Direcção Geral da Economia.
[22] Cf. Artigo 55.º do Tratado.
[23] Para uma análise mais ampla do processo que levou à criação da OHADA, v. Martin KIRSCH, *Historique* cit., pág. 129.

inseridas no processo de harmonização, razão pela qual se evita toda a intervenção dos parlamentos dos Estados-membros a fim de se prevenirem quaisquer distorções ou atrasos no processo de harmonização[24]. Este princípio está previsto no Artigo 10.° do Tratado, de acordo com o qual *«os actos uniformes são directamente aplicáveis e obrigatórios nos Estados partes, não obstante toda e qualquer disposição contrária de direito interno, anterior ou posterior»*. Daí o carácter obrigatório e ab-rogatório do complexo normativo OHADA.

Por fim, segundo o Artigo 54.°, não é admitida qualquer reserva ao Tratado, o qual foi celebrado por tempo indeterminado e não pode ser denunciado antes de decorridos dez anos após a sua entrada em vigor[25].

3. Os objectivos da OHADA

O Artigo 1.° do Tratado OHADA sintetiza os seus objectivos, referindo que *«O presente Tratado tem por objecto a harmonização do Direito dos Negócios nos Estados Partes, através da elaboração e adopção de regras comuns, simples, modernas e adaptadas à situação das respectivas economias, da implantação de processos judiciais apropriados e do incentivo ao recurso à arbitragem para a resolução de conflitos contratuais»*. O objectivo declarado é, assim, a resolução do problema crónico da insegurança jurídica e judiciária em África[26], através de um processo de modernização do sistema do direito comercial dos Estados-membros, mediante a criação de um direito único em toda a área OHADA adaptado às particula-

---

[24] V. Monique BOLMIN, Ghislaine BOUILLET-CORDONNIER, Karim MEDJAD, *Harmonisation du droit des affaires dans la zone franc*, in *Journal du droit international* (1994), n.° 2, págs. 375 e segs.

[25] Assim dispõe o Artigo 62.° do Tratado.

[26] Sobre os conceitos de segurança jurídica e judiciária no âmbito do processo de harmonização OHADA, v. o que já foi dito na nota 6; na doutrina, v. Apollinaire ONDO--MVE, *Le Traité de l'OHADA et le règlement des conflits*, in *Hebdo informations*, Liberville, n.° 382, 25 de Julho de 1998; Seydou BA, *The Example of the Organization for the Harmonization of Business Law in Africa (OHADA)*, in Rudolf V. VAN PUYMBROECK, *Comprehensive Legal and Judicial Devolopment. Toward na Agenda for a Just and Equitable Society in the 21st Century*, Washington D.C., The World Bank (2001), págs. 413 e segs.; Martin KIRSCH, *Historique* cit., pág. 130; ID., *Dixième anniversaire de la signature du traité concernant l'harmonization du droit des affaires en Afrique*, in *Revue Penant*, n.° 845 (2003), págs. 389 e segs.

ridades das economias africanas e às necessidades das empresas, que assegure a segurança dos credores, de terceiros e dos investidores, de forma a acompanhar o desenvolvimento das economias dos países membros[27].

A primeira parte do Artigo 5.° estabelece que as disposições comuns previstas no Artigo 1.° sejam adoptadas mediante procedimentos denominados «actos uniformes». Coloca-se, assim, a questão da conciliação entre o objectivo declarado de efectuar uma tarefa de harmonização jurídica e o instrumento através do qual esta harmonização deve ser efectuada, ou seja, através da adopção dos actos uniformes, levando também em conta a eficácia obrigatória e imediata desses actos sancionada no já citado Artigo 10.°.

Ora bem, a ciência do direito comparado demonstrou como os métodos jurídicos de integração são diversos, podendo assumir múltiplas formas a nível interno, internacional ou multilateral, pelo que a comparação jurídica é susceptível de trazer contributos significativos[28]. A forma mais radical de integração jurídica é a uniformização, que consiste numa técnica jurídica que visa eliminar as diferenças entre as disposições nacionais substituindo-as por um texto único e idêntico para cada Estado implicado no processo jurídico de integração. Neste processo as autoridades nacionais e os respectivos parlamentos têm um papel secundário, uma vez que a função legislativa é exercida por uma autoridade comum supranacional; os textos adoptados caracterizam-se pelo princípio da supra-nacionalidade, razão pela qual a norma uniforme é integrada directamente no ordenamento jurídico interno dos Estados-membros[29]. Em consequência, os Estados abdicam parcialmente da sua soberania no âmbito do poder legislativo próprio em benefício da autoridade supranacional à qual se confere o poder de legislar.

A harmonização é uma técnica menos radical que a uniformização. Consiste, fundamentalmente, na modificação de disposições internas não

---

[27] V. Jean PAULISSEAU, *Le droit de L'OHADA* cit..

[28] Sobre a questão, cf. Giuseppe GANDOLFI, *Per un codice europeo dei contratti*, in *Rivista trimestrale di diritto e procedura civile*, 1991, págs. 781 e segs.; sobre as relações entre comparação jurídica e harmonização do direito, v. James GORDLEY, *Comparative Legal Research: Its Function in the Development of Harmonized Law*, in 43 *American Journal of Comparative Law* (1995), págs. 555 e segs.; Michael Joachim BONELL, *Comparazione giuridica ed unificazione del diritto*, in Guido ALPA, Michael Joachim BONELL, Diego CORAPI, Luigi MOCCIA, Vicenzo ZENO-ZENCOVICH (ed.), *Diritto privato comparato. Instituti e problemi*, Bari, Laterza, 1999.

[29] V. Joseph ISSA-SAYEGH, *Quelques aspects techniques de l'intégration juridique: l'example des actes uniformes de l'OHADA*, in *Revue du droit uniforme*, vol. 4, 1999, pág. 5.

idênticas dos diversos países, de modo a torná-las coerentes ou mais actuais mediante um processo de reforma. Em consequência, respeitando as particularidades dos diversos sistemas jurídicos nacionais, a harmonização possibilita a redução das suas diferenças em determinados sectores e assim melhorar a sua cooperação jurídica[30]. Geralmente, este tipo de resultado é obtido através de directivas e recomendações adoptadas no contexto de uma organização internacional que as transmite aos seus Estados-membros para a sua execução (por exemplo, a União Europeia). Os Estados--membros são livres quanto à forma e meios mais adequados para a incorporação da nova norma harmonizada. Obviamente, neste caso, a aplicação das normas adoptadas pela autoridade supranacional depende inteiramente da vontade política dos Estados-membros que devam adoptar medidas de transposição da norma harmonizada para o sistema jurídico interno[31].

Contrariamente à aparência e à designação da Organização, a escolha adoptada por parte da OHADA é muito mais próxima da uniformização, pois visa concretizar um sistema jurídico único e coerente no qual as legislações nacionais se inserem ou se fundem para atingir os objectivos económicos e sociais que os Estados-membros se vinculam a prosseguir[32]. De resto, a necessidade de resolver o problema da incerteza jurídica e judiciária não podia senão conduzir a esta solução. Eis porque os actos uniformes e um tribunal único supranacional são chamados a garantir a integração uniforme em todos os Estados-membros.

Por ocasião do referido seminário de Abidjan, Keba M'BAYE explicava, na sua comunicação introdutória, a escolha do comité: «*uma convenção que unifica pode ser aplicável sem comportar a obrigação de ab-rogar o direito nacional desde que este último não seja contrário àquele*» e «*as leis uniformes contêm normas substantivas que devem ser introduzidas em todos os Estados para serem aplicáveis. É a técnica que parece encontrar o favor da autoridade politica dos nossos países (…) as leis uniformes devem tornar-se leis nacionais e serem o mais possível*

---

[30] V. Joseph ISSA-SAYEGH, *Quelques aspects* cit..

[31] Sobre a matéria, v. as comunicações de Antonio MALINTOPPI, *Unification et harmonization du droit. Un essai de systématisation*, e, com particular referência à realidade africana, G.O. Zacharias SUNDSTROM, *A note on techniques of harmonization*, no Congresso sobre os problemas de harmonização do direito privado cit.. V., também, Cláudia MADALENO, *Os reflexos da adesão à OHADA no ordenamento jurídico guineense*, in Estudos sobre a OHADA, Bissau, 2008, pág. 35 e segs..

[32] V. Joseph ISSA-SAYEGH, *L'integration juridique des états africains de la zone franc*, in *Revue Penant*, n.° 823 (1997), pág. 5.

completas para não causarem interpretações divergentes». Outros autores[33] afirmam que os actos uniformes consagram *«um direito unificado»* ou falam de *«uniformização do direito comercial»*[34].

De qualquer modo, maugrado o nível elevado de integração, vizinho da uniformização jurídica, do sistema normativo OHADA, o papel dos Estados-membros mantém-se de notável importância: os respectivos sistemas jurídicos internos permanecem plenamente em vigor desde que não penetrem no âmbito da harmonização jurídica OHADA, apesar de o mesmo Tratado (cf. Artigo 5.°, §§ 2 e 3) deixar aos Estados-membros a determinação e a imposição das sanções penais previstas nos actos uniformes[35]. É pois correcto dizermos que estamos na presença de *«uma harmonização fortemente uniformizadora»*[36].

4. Os órgãos da OHADA

Conforme referido, o Tratado de Port Louis tem como objecto a harmonização do direito comercial nos Estados-membros por via da elaboração e adopção de regras comuns, simples, modernas e adaptadas à situação particular das respectivas economias, objectivo a atingir através da colocação em prática de procedimentos judiciários apropriados e do incentivo ao recurso à arbitragem para a resolução de conflitos contratuais[37], fase considerada essencial para o desenvolvimento económico e social do Continente africano no seu conjunto. O Tratado foi recentemente objecto

---

[33] Gaston KENFACK DOUAJNI, *L'abandon de souveraineté dans le traité OHADA*, in *Revue Penant* n.° 830 (1999), pág. 125; Georges TATY, *Brèves refexions* cit..

[34] Paul-Gérard POUGOUE, *Présentation générale et procédure en OHADA*, Yaoundé, Presses Universitaires d'Afrique, 1998.

[35] Por outro lado, entre as conclusões da *Conférence des Forces Vives de l'OHADA*, que teve lugar em Douala entre os dias 8 e 10 de Novembro de 2007, por iniciativa do Secretariado Permanente e foi aberta a todas as categorias de actores do processo de harmonização do direito comercial em África, em relação à questão da consolidação e alargamento do sistema OHADA prevê-se a possibilidade de *«tomar em consideração em alguns casos os novos métodos de harmonização como as directivas e as leis-quadro»*. O comunicado de imprensa que contém as conclusões do encontro está disponível a partir de www.ohada.com.

[36] Esta definição deve-se a Roger MASAMBA, *L'OHADA et le climat d'investissement en Afrique*, in *Revue Penant* n.° 855 (2006), pág. 137.

[37] Assim dispõe, conforme referido, o Artigo 1.°.

de uma revisão feita à luz da experiência de quinze anos de aplicação, a qual foi concretizada na sua nova versão aprovada por ocasião da reunião de chefes de Estado e de Governo dos países membros, a qual teve lugar no Quebeque a 17 de Outubro de 2008[38]. Segundo o Artigo 3.° do Tratado, na sua nova versão, a concretização dos objectivos previstos no Tratado é assegurada por uma organização denominada «Organização para a Harmonização em África do Direito Comercial (OHADA)», que compreende uma Conferência de Chefes de Estado e de Governo, um Conselho de Ministros e um Tribunal Comum de Justiça e de Arbitragem (TCJA). O Conselho de Ministros é coadjuvado por um Secretariado Permanente, ao qual está ligada uma Escola Regional Superior de Magistratura (ERSUMA)[39].

Vejamos mais em detalhe as características e atribuições de cada um destes órgãos.

4.1. *A Conferência dos Chefes de Estado e de Governo*

Este órgão é de criação muito recente, tendo surgido após a recente modificação do Tratado ocorrida na sequência da reunião de chefes de

---

[38] Sobre o tema, v. Gaston KENFACK DOUAJNI, *La modification du Traité relatif a l'harmonisation du droit des affaires en Afrique, dot Traité OHADA*, in *Revue Camerounaise de l'Arbitrage*, n.° 43 (2008), págs. 3-21.

[39] Para além do Tratado e dos actos uniformes mencionam-se, entre outras, as seguintes medidas regulamentares em vigor relativas às instituições da OHADA:
- Regulamento do Processo do Tribunal Comum de Justiça e de Arbitragem, adoptado em 18 de Abril de 1996;
- Regulamento de Arbitragem do Tribunal Comum de Justiça e de Arbitragem, adoptado em 11 de Março de 1999;
- Regulamento interno do TCJA, adoptado em 2 de Junho de 1999;
- Decisão do Tribunal n.° 044-99-TCJA, de 3 de Fevereiro de 1999, relativa às espécies de processo e de arbitragem;
- Decisão do Conselho de Ministros n.° 004-99-CM, de 12 de Março de 1999, que confirma a Decisão do Tribunal n.° 044-99-TCJA, de 3 de Fevereiro de 1999, com os Anexos I e III relativos às despesas administrativas e ao processo de arbitragem;
- Estatuto da ERSUMA, adoptado em 3 de Outubro de 1995;
- Regulamento n.° 001/98/CM, de 30 de Janeiro de 1998, que contém a regulação financeira das instituições da OHADA;
- Regulamento n.° 002/98/CM, de 30 de Janeiro de 1998, que contém o estatuto dos funcionários da OHADA;
- Regulamento n.° 003/98/CM, de 30 de Janeiro de 1998, que contém o regime aplicável ao pessoal não permanente da OHADA.

Estado e de Governo dos Estados-membros realizada no Quebeque a 17 de Outubro de 2008[40].

O novo Artigo 27.° do Tratado designa este órgão como a instituição máxima da OHADA, competente para abordar todas as questões relativas ao Tratado. O órgão é composto pelos chefes de Estado e de Governo, é presidido pelo chefe de Estado ou de Governo do Estado que assegura no momento a presidência do Conselho de Ministros, e é convocado por iniciativa do presidente ou por dois terços dos Estados-membros. As reuniões são constituídas regularmente se pelo menos dois terços dos Estados-membros estiverem representados e as deliberações são adoptadas por consenso ou por uma maioria absoluta dos Estados presentes.

4.2. O Conselho de Ministros

O Conselho de Ministros é um órgão de natureza executiva, composto pelos ministros da Justiça e das Finanças dos Estados-membros; todavia, na prática, ele reúne-se normalmente apenas com a presença dos ministros da justiça.

São diversas as razões que conduziram a uma composição conjunta do Conselho. Historicamente, a ideia do processo de harmonização – concebida num primeiro momento pelos ministros da justiça – veio à luz para ser levada a cabo pelos ministros das finanças. Em segundo lugar, considerou-se o facto de que as questões relativas à área do direito comercial têm inevitáveis implicações de natureza financeira e, sobretudo, conduzem a uma óptica de responsabilização dos ministros das Finanças nos objectivos da OHADA: a experiência precedente em África, e não só, mostrou como diversas Organizações regionais e sub-regionais «morreram» devido à falta de envolvimento dos ministros das Finanças, reticentes em inscrever no balanço estatal os itens relacionados e fornecer as respectivas contribuições na presença de outras situações consideradas mais urgentes ou prioritárias. Procurou-se, assim, criar um sistema coerente que assegurasse

---

[40] Dúvidas sobre a oportunidade da criação deste órgão foram levantadas pelo Comité de especialistas encarregado pelo Secretariado Permanente para analisar as propostas de modificação ao Tratado. Sobre o tema, v. Joseph ISSA-SAYEGH, Paul-Gérard POUGOUÉ (membros do Comité), *L'OHADA: défis, problèmes et tentatives de solution*, in Uniform Law Review, vol. 13 (2008), págs. 455-476.

o envolvimento quer da parte jurídica quer da parte económico-financeira de cada Estado-membro[41].

A presidência do Conselho é exercida alternadamente pelo ministro da Justiça de cada Estado-membro, pelo período de um ano, seguindo a ordem alfabética[42]. A norma, na verdade, não esclarece se a presidência é assegurada pelo ministro de Justiça ou pelo ministro das Finanças do Estado incumbido de a exercer, pelo que se entende dever ser cada Estado a indicar quem deve ficar incumbido das ditas funções[43]. Contudo, a questão permanece num plano meramente teórico, uma vez que na prática a presidência é sempre exercida pelo ministro da Justiça, já que são reuniões de natureza eminentemente jurídica e, sobretudo, devido à ausência nas reuniões dos ministros das Finanças.

No caso de ingresso de um novo Estado na organização, o Conselho de Ministros insere o nome do novo aderente imediatamente antes do nome do Estado que exerce a presidência no momento da adesão[44].

O Conselho reúne pelo menos uma vez por ano e o presidente convoca as reuniões por iniciativa própria ou por iniciativa de pelo menos um terço dos Estados-membros; o presidente determina a ordem de trabalhos sob proposta do Secretariado Permanente da OHADA[45].

Quando se reúne, o Conselho delibera validamente na presença de pelo menos dois terços dos Estados-membros. Cada Estado dispõe de um voto e as decisões são tomadas por maioria absoluta dos Estados presentes e votantes[46]. Todavia, as decisões relativas à adopção dos actos uniformes são tomadas por unanimidade dos Estados presentes e votantes[47].

Além da adopção e modificação dos actos uniformes, o Conselho de Ministros é também competente para determinar as matérias que devam ser objecto de harmonização no âmbito de aplicação do Tratado[48], aprovar o programa anual de harmonização[49], aprovar o orçamento do Secretariado Permanente e do TCJA e as contas anuais da OHADA, fixar o con-

---

[41] V. Alhousseini MOULOUL, *Comprendre l'OHADA*, 2.ª ed., Conakri, 2009, pág. 29.
[42] Artigo 27.º, § 2, do Tratado.
[43] Alhousseini MOULOUL, op. cit. e pág. cit..
[44] Cf. Artigo 52.º, § 2, do Tratado.
[45] Cf. Artigos 28.º e 29.º do Tratado.
[46] Cf. Artigos 28.º e 30.º do Tratado.
[47] Assim dispõe o artigo 8.º do Tratado.
[48] Cf. a parte final do Artigo 2.º do Tratado.
[49] Cf. artigo 11.º do Tratado.

tributo a cargo dos Estados-membros, nomear o Secretário Permanente e o director da ERSUMA, e eleger os membros do TCJA[50].

4.3. O Secretariado Permanente

O Secretariado Permanente é um órgão permanente que, de acordo com o Artigo 3.º, § 2, do Tratado tem funções de assistência ao Conselho de Ministros. Após a celebração de um acordo entre o Governo camaronês e a OHADA, em 17 de Julho de 1997, a sede do Secretariado Permanente ficou sedeada em Yaoundé, nos Camarões.

Dirigido por um secretário permanente nomeado pelo Conselho de Ministros para um mandato de quatro anos renováveis por uma única vez, de acordo com as regras de um regulamento a aprovar no futuro[51], o Secretariado Permanente é qualificado como um órgão executivo da OHADA[52]: as suas principais funções residem na preparação dos actos uniformes – coordena o trabalho dos especialistas e das autoridades que participam, em cada Estado, na elaboração dos actos, e solicita de seguida um parecer ao TCJA –, na publicação destes actos, uma vez aprovados, no Jornal Oficial da OHADA, na avaliação dos sectores onde é necessária a harmonização do direito, e propõe ao Conselho de Ministros, para aprovação, o programa anual de harmonização[53]; garante a coordenação das actividades dos vários órgãos da OHADA e acompanha os trabalhos da organização[54].

Por outro lado, o Secretariado Permanente propõe ao presidente do Conselho de Ministros a ordem de trabalhos do Conselho, elabora a lista dos candidatos à eleição dos membros do TCJA e comunica-a aos Esta-

---

[50] Cf. Filiga Michel SAWADOGO, *Présentation de l'OHADA: les organes de l'OHADA et les Actes Uniformes*, comunicação apresentada à conferência *Afrique, art, intégration économique et juridique*, organizada na cidade do Cairo, em 6 de Abril de 2006, pela Faculdade de Direito da Universidade do Cairo, pelo Instituto de Direito Comercial Internacional e pelo Clube OHADA Egipto, pág. 4.

[51] Cf. Artigo 40.º do Tratado revisto. Até 17 de Outubro de 2008, o Secretariado Permanente era nomeado nos termos dos acordos de N'Djamena, acordos políticos de natureza transitória que estabeleciam a atribuição dos cargos entre os vários Estados e que caducaram com o depósito do documento à margem da revisão do Tratado OHADA em Outubro de 2008.

[52] Cf. Artigo 40.º do Tratado revisto.

[53] Neste sentido, cf. Artigo 11.º do Tratado.

[54] Para uma descrição das atribuições do Secretário Permanente, cf. os Artigos 6.º, 7.º, 11.º, 29.º, 40.º e 61.º do Tratado.

dos-membros[55], declara as eventuais vagas para preencher os lugares de juiz no TCJA, nos termos do procedimento previsto no Artigo 35.° do Tratado, e garante a actividade da ERSUMA, a cujo Conselho de Administração preside o secretário permanente[56].

4.4. O Tribunal Comum de Justiça e de Arbitragem (TCJA)

Uma das preocupações dos chefes de Estado, assim como dos operadores económicos e dos juristas, era a necessidade de assegurar a uniformização da jurisprudência em matéria de direito comercial, por um lado, e assegurar uma interpretação comum dos actos uniformes, por outro. Pensou-se que para realizar estes objectivos a melhor solução fosse a manutenção da competência para os litígios em matéria de direito comercial que se reconduzam ao âmbito de aplicação dos actos uniformes junto das jurisdições nacionais de primeira e segunda instância, e confiar o terceiro grau de jurisdição a um tribunal superior, comum a todos os Estados-membros. Este mecanismo permite uniformizar a interpretação dos actos uniformes quando este último órgão seja chamado a pronunciar-se em última instância sobre os conflitos concernentes à aplicação dos actos uniformes.

Por outro lado, a necessidade de favorecer o recurso à arbitragem para regular as disputas de natureza comercial, associada à vontade de promover uma nova concepção de arbitragem, recurso esse não mais entendido como uma manifestação de desconfiança relativamente à magistratura ordinária, induziram o legislador da OHADA a fazer intervir a jurisdição comunitária no processo de decisões arbitrais[57].

Assim surgiu o Tribunal Comum de Justiça e de Arbitragem (*Cour Commune de Justice et d'Arbitrage – CCJA*) – instituição que, como se verá, apresenta algumas peculiaridades que a afastam dos cânones clás-

---

[55] Cf. Artigo 33.° do Tratado.

[56] Sobre as funções do Secretariado Permanente, v., para maiores desenvolvimentos, Boris MARTOR, Nanette PILKINGTON, David S. SELLERS e Sébastian THOUVENOT, *Business Law in Africa*, Londres, GMB Editora, 2007; ID., *Le droit uniforme africain des affaires issu de l'OHADA*, Paris, Lexis Nexis Litec, 2004; Philippe TIGGER, *Les droit des affaires en Afrique*, Paris, Presses Universitaires de France, 1999; Tiago SOARES DA FONSECA, *O Tratado da OHADA*, Lisboa, Jus, 2002.

[57] Sobre o papel do TJCA, v., em geral, Blaise TCHIKAYA, *L'entrée historique des pays d'Afrique dans la jurisprudence internationale*, in *Miscolk Journal of International Law*, vol. 1 (2004), págs. 242 e segs..

sicos dos tribunais superiores dos países da *civil law* – oficialmente instalado em Abidjan a 4 de Julho de 1997 e que, todavia, pode reunir-se, em caso de necessidade, no território de qualquer Estado-membro[58]. O Conselho de Ministros, reunido em N'Djamena a 18 de Abril de 1996, adoptou o Regulamento do Processo do TCJA, regulamento que determina a sua organização, funcionamento e normas de processo.

O TCJA é composto por nove juízes (sete na versão anterior do Tratado), com a faculdade de o Conselho de Ministros fixar um número superior de juízes em caso de necessidade; os juízes são eleitos pelo Conselho de Ministros por escrutínio secreto para um mandato de sete anos não renovável (na versão anterior eram renováveis por uma vez). Podem exercer a função de juízes do TCJA magistrados, professores de direito ou advogados de qualquer Estado-membro, desde que tenham uma experiência profissional não inferior a quinze anos; pelo menos um terço dos membros do tribunal deve ser nomeado entre os advogados e os professores de direito[59]; cada Estado pode apresentar apenas dois candidatos[60], mas só um pode ser eleito[61].

Recebidas as candidaturas, o secretário permanente elabora por ordem alfabética a lista de todos os candidatos e comunica-a a todos os Estados-membros com uma antecedência de, pelo menos, um mês em relação às eleições[62]. Uma vez eleitos, os membros do TCJA são inamoví-

---

[58] Assim dispõe o Artigo 19.º do Regulamento do Processo do TCJA. Depende, contudo, da escolha discricionária do Tribunal decidir sobre a oportunidade de efectuar uma eventual reunião em local que não o da sua sede. Cf. Gabriel Nzet Bitegue, *Les rapports entre la Cour Commune de Justice et d'Arbitrage et les juridictions nationales*, in *Hebdo informations*, Liberville, n.º 406, 21 de Agosto de 1999.

[59] Cf. Artigo 31.º. Observe-se que apesar de, tanto na versão anterior do Tratado OHADA como no Regulamento do Processo do TCJA, se terem definido as regras de designação dos juízes, do presidente, dos dois vice-presidentes e do escrivão-chefe, a instituição funcionava nos termos dos acordos políticos denominados "de N'Djamena", de 18 de Abril de 1996, os quais repartiram os diversos cargos por alguns Estados: a presidência do Tribunal era assegurada pelo Senegal, a primeira vice-presidência conferida à República Centro-Africana e a segunda ao Gabão, os outros quatro juízes à Guiné-Bissau, Chade, Mali e Níger e o lugar de Escrivão Chefe ao Congo. Tendo a nova redacção do Tratado abolido também os referidos acordos, o artigo 31.º readquiriu plena vigência no que concerne aos critérios previstos no Regulamento do Processo adoptado por força do artigo 19.º do Tratado.

[60] Cf. Artigo 32.º do Tratado. Sobre a composição do TCJA e o processo de eleição dos juízes, v. Etienne Nsie, *La Cour Commune de Justice et d'Arbitrage*, in *Revue Penant*, n.º 828 (1998), pág. 308.

[61] Cf. Artigo 31.º, § 5, do Tratado revisto.

[62] Cf. Artigo 33.º do Tratado.

veis[63] e não podem exercer qualquer função política ou administrativa remunerada, com excepção da que for autorizada pelo Tribunal. Em caso de morte ou demissão de um magistrado, o presidente do Tribunal informa o secretário-permanente, que declara o lugar vago e procede à substituição do membro falecido ou demissionário segundo o processo de nomeação previsto nos Artigos 32.º e 33.º do Tratado[64].

Os membros do Tribunal elegem entre si o presidente e os dois vice--presidentes para um mandato de três anos e seis meses não renovável[65]. O presidente do Tribunal nomeia o escrivão-chefe do Tribunal entre os escrivães que tenham exercido estas funções durante, pelo menos, quinze anos, bem como o secretário-geral encarregado de o assistir nas actividades de administração dos processos de arbitragem[66]. O Tribunal compreende ainda uma Direcção Financeira e Contabilística e uma Direcção do Centro de Documentação e Serviços Gerais.

O Tribunal reúne-se em plenário e pode constituir sessões compostas por três a cinco juízes; desde Janeiro de 2005 o Tribunal realizou duas sessões compostas, cada uma delas, por três juízes e presididas pelos dois vice-presidentes[67]. O Tribunal delibera em sessão do Conselho. As suas deliberações são secretas e nelas participam unicamente os juízes, salvo autorização especial que o Tribunal conceda a favor de outras pessoas. O quórum de cinco juízes é suficiente para constituir a reunião plenária do Tribunal. As decisões são tomadas por maioria dos juízes presentes e em caso de empate prevalece o voto de qualidade do presidente.

O TCJA desempenha uma tripla função: consultiva, jurisdicional e arbitral[68].

---

[63] Cf. Artigo 36.º do Tratado.
[64] Cf. Artigo 35.º do Tratado.
[65] Cf. Artigo 37.º do Tratado.
[66] Cf. Artigo 39.º do Tratado revisto. Um futuro regulamento fixará os critérios de nomeação do secretário-geral.
[67] Cf. Felix ONANA ETOUNDI, Le rôle cit., pág. 6.
[68] O papel e o funcionamento do Tribunal resultam do Tratado (artigos 13.º a 26.º) e das seguintes normas regulamentares:
  – Regulamento do Processo do Tribunal Comum de Justiça e de Arbitragem, adoptado em 18 de Abril de 1996;
  – Regulamento de Arbitragem do Tribunal Comum de Justiça e de Arbitragem da OHADA, adoptado em 11 de Março de 1999;
  – Regulamento Interno do TCJA, adoptado em 2 de Junho de 1999;

a) A função consultiva

O Artigo 14.°, § 2, do Tratado enquadra o papel consultivo do Tribunal prevendo que este possa ser consultado por qualquer Estado-membro ou pelo Conselho de Ministros sobre questões relativas à interpretação e aplicação do Tratado, dos regulamentos adoptados para sua aplicação, dos actos uniformes e das decisões[69]. No caso de um recurso apresentado por um Estado-membro, a função consultiva do Tribunal é destinada a prevenir divergências de interpretação dos actos uniformes no Estado-membro e a assegurar a melhor adequação da legislação interna ao quadro normativo OHADA[70]; no recurso efectuado pelo Conselho de Ministros está previsto um procedimento de notificação e de acolhimento das observações por parte dos Estados-membros[71].

Pelos mesmos motivos, o Tribunal pode também ser consultado pelos juízes nacionais no âmbito de um litígio que implique a aplicação do direito harmonizado. O recurso para o Tribunal é possível apenas no caso de um contencioso já pendente na jurisdição que requer parecer do Tribunal, não estando prevista a possibilidade de um recurso interposto pelas partes no

---

Sobre as funções do Tribunal e respectivo funcionamento, v. Mainassara MAIDAGI, *O funcionamento do tribunal Comum de Justiça e de Arbitragem da OHADA*, in *Boletim da Faculdade de Direito de Bissau*, n.° 6 (suplemento) (2004), pág. 27.

Para um primeiro balanço da actividade do Tribunal, v. Mathurin Kouakou BROU, *Bilan de l'interprétation des actes uniformes par la Cour Commune de Justice e d'Arbitrage*, disponível a partir de www.ohada.com; e, mais recentemente, Joseph ISSA-SAYEGH, *Le bilan jurisprudentiel du droit uniforme OHADA (incertitudes législatives et turbulences jurisprudentielles)*, comunicação apresentada à Conferência «*Le rôle du droit dans le développment*», Lomé, 17 a 20 de Novembro de 2008.

[69] A referência às decisões foi aditada na reformulação do Tratado de forma um tanto sintética. O carácter genérico da expressão autoriza a tê-la como aplicável seja às decisões do Tribunal seja às decisões da Conferência de Chefes de Estado e de Governo.

[70] Até hoje, Costa do Marfim, Mali e Senegal já fizeram uso desta possibilidade: v. os pareceres n.° 002/99/EP, de 13 de Outubro de 1999, n.° 002/2000/EP, de 26 de Abril de 2000, e n.° 001/2001/EP, de 30 de Abril de 2001, todos relativos à interpretação do Tratado e de alguns actos uniformes em relação à legislação nacional. Os pareceres podem ser consultados in Felix ONANA ETOUNDI e Jean Michel MBOCK BIUMLA, *Cinq ans de jurisprudence commentée de la Cour Commune de Justice et d'Arbitrage de l'OHADA (CCJA) (1999-2004)*, Abidjan, 2006.

[71] Em *Le rôle* cit., pág. 10, Felix ONANA ETOUNDI sustenta a sua inutilidade substancial visto que o Conselho de Ministros constitui já a representação dos Estados-membros junto da OHADA. Até hoje, o TCJA recebeu apenas um pedido de parecer do Conselho de Ministros relativo à hipótese de revisão do Tratado.

processo e por outros operadores do direito, como por exemplo advogados e notários[72]. O pedido é apresentado por escrito junto da secretaria do Tribunal e o escrivão fornece cópia aos Estados-membros para que estes procedam às suas observações num determinado prazo; não obstante o silêncio do Tratado, pode afirmar-se que o Tribunal é chamado a título consultivo por um juiz nacional através do mecanismo da questão prejudicial[73].

Por outro lado, nos termos do artigo 7.° do Tratado, o Tribunal é chamado a emitir parecer relativamente às propostas de novos actos uniformes antes de os mesmos serem apresentados ao Conselho de Ministros para aprovação. O Tribunal pode fazer observações tanto sobre a forma e a coerência do acto uniforme como sobre a sua substância, devendo o parecer ser emitido nos trinta dias posteriores à data de recepção do pedido.

Formalmente, os pareceres e as interpretações feitas pelo Tribunal têm um carácter meramente consultivo e não são vinculativos para a autoridade que os pediu; todavia – também em consideração à função principal do Tribunal de assegurar uma interpretação e aplicação comum do quadro normativo OHADA –, parece pouco verosímil que um Estado-membro ou uma autoridade judiciária se apartem de uma interpretação feita pelo Tribunal, sobretudo quando esta esteja potencialmente sujeita à verificação final por parte desse mesmo Tribunal[74].

Os pareceres do Tribunal contêm a indicação de que foram proferidos pelo TCJA, a data de emissão, os nomes dos juízes que tomaram parte na sua redacção e do escrivão, os fundamentos e a resposta à questão colocada ao Tribunal[75].

b) A função jurisdicional

O artigo 14.° do Tratado delimita a área de competência do Tribunal no âmbito jurisdicional, reconhecendo-lhe competência em sede de recurso final em todas a matérias relativas ao direito comercial quando está envol-

---

[72] Até hoje, apenas dois tribunais nacionais pediram um parecer ao TCJA. São eles o Tribunal de Primeira Instância de Libreville (Parecer n.° 001/99/JN, de 7 de Julho de 1999) e o Tribunal de Recurso de N'Djamena (Parecer n.° 001/04/JN, de 22 de Janeiro de 2004).

[73] V. Etienne NSIE, *La Cour Commune* cit.; Tristan GERVAIS DE LAFONT, *Le Traité relatif à l'harmonisation du droit des affaires en Afrique*, in *Gazette du Palai*, 1995/3, pág. 1086.

[74] Neste sentido, v. Boris MARTOR, Nanette PILKINGTON, David S. SELLERS e Sébastian THOUVENOT, *Business Law* cit., pág. 10; ID., *Le droit uniforme* cit., pág. 12; Etienne NSIE, *La Cour Commune* cit.; Tristan GERVAIS DE LAFONT, *Le Traité* cit..

[75] Cf. Artigo 58.° do Regulamento do Processo do TCJA.

vida a aplicação de qualquer norma OHADA[76], com a única excepção relativa à aplicação das sanções penais, matéria que se mantém reservada aos tribunais nacionais[77]. As jurisdições nacionais permanecem competentes para conhecerem os litígios relativos à aplicação dos actos uniformes em primeira e segunda instância[78]. Em consequência, o TCJA exerce funções de instância de recurso contra as decisões dos tribunais de recurso dos Estados-membros, ou contra as sentenças em primeira instância que não sejam susceptíveis de recurso ordinário[79].

No exercício da sua função jurisdicional, o TCJA é um Tribunal soberano cujas decisões têm valor de caso julgado no território de qualquer Estado-membro[80]. É uma espécie de «tribunal transnacional» criado através de um acordo entre os Estados para funcionar na qualidade de tribunal supremo, em todos os casos que comportam a aplicação do Tratado e das normas uniformes; consequentemente, todos os tribunais supremos dos Estados-membros estão privados do seu poder judiciário sempre que estejam em causa as ditas normas. Qualquer tribunal supremo de um Estado-membro que seja chamado a apreciar um caso no qual esteja em causa a aplicação de normas OHADA, deverá declarar-se incompetente em favor do TCJA[81], sendo essa incompetência invocada oficiosamente; algumas tentativas de repristinar as velhas regras de soberania nacional, com a consequente negação de tais novos princípios jurisdicionais, foram imediatamente censuradas e bloqueadas[82]. Qualquer decisão tomada por um tribunal nacional que se declare competente em detrimento do TCJA é

---

[76] Sobre os problemas de identificação das normas objecto da competência do TCJA, sobretudo em relação a um eventual conflito com normas internas que não sejam objecto de harmonização, v. Joseph Issa-Sayegh, *A função jurisdicional do Tribunal Comum de Justiça e de Arbitragem da Organização para a Harmonização em África do Direito dos Negócios*, in Boletim da Faculdade de Direito de Bissau, n.º 6 (suplemento) (2004), pág. 160.

[77] Sobre as relações entre o TCJA e os tribunais superiores dos Estados-membros em matéria penal, v. Roger Sockeng, *Droit pénal des affaires OHADA*, Douala, Minsi Le Competing, 2007, pág. 32 e segs..

[78] Assim determina o Artigo 13.º do Tratado

[79] Cf. Artigo 14.º, §§ 3 e 4, do Tratado revisto.

[80] V. Gaston Kenfack Douajni, *Les conditions de la création das l'espace OHADA d'un environnement juridique favorable au développement*, in Revue Juridique Indépendance et Coopération, n.º 1, Janeiro-Abril de 1998, pág. 39.

[81] Cf. Artigo 51.º do Regulamento do Processo do TCJA.

[82] Na Guiné-Conakry os advogados têm-se sistematicamente recusado a prescindir do respectivo tribunal supremo em favor do TCJA em casos relativos à aplicação das normas OHADA.

declarada no Tratado como *ultra vires* e portanto nula e privada de qualquer efeito[83]: é assim evidente a renúncia à soberania nacional efectuada pelos Estados-membros no sector judiciário no âmbito do direito comercial objecto de harmonização em favor do Tribunal supranacional[84].

No que respeita à autoridade da jurisprudência do TCJA, o Artigo 20.° do Tratado estabelece que os acórdãos do Tribunal têm força de caso julgado e força executiva, pelo que em caso algum uma decisão contrária a um acórdão do Tribunal pode ser legitimamente seguida no território de um Estado-membro.

Os poderes que o Tratado assegura ao TCJA são mais amplos do que aqueles de que normalmente goza um tribunal supremo nacional e representam uma das características principais do TCJA. Uma vez chamado a pronunciar-se, o TCJA, funcionando como tribunal de recurso, assegura a interpretação comum e oficial do Tratado e dos actos uniformes, mas é também o tribunal de última instância no julgamento dos casos concretos, beneficiando do poder de apreciar matéria de facto[85]. Com este perfil particular do TCJA, pode parecer, na verdade, que o Tratado OHADA criou um sistema que não se afasta muito do conceito de precedente, próprio da família jurídica da *common law*. É claro que quando o Tribunal é chamado a interpretar o Tratado procede a uma interpretação das normas OHADA que é vinculativa para os tribunais dos Estados-membros (como a *Cour de Cassation* em França, a *Corte di Cassazione* em Itália, o *Tribunal Supremo* em Espanha ou o *Bundesgerichtshfes* na Alemanha), mas o que acontece quando o Tribunal é chamado a julgar matéria de facto tal como o faz um tribunal de última instância de um determinado ordenamento jurídico? É evidente que os tribunais de cassação nos ordenamentos da *civil law* não são chamados a julgar matéria de

---

[83] Cf. Artigo 18.°, § 3, do Tratado. Sobre as relações entre o TCJA e os tribunais supremos das jurisdições nacionais, v. as contribuições de Philippe TIGER e de BEN KEMOUN com o título *Les rapports entre les jurisdictions de cassation nationales et la Cour Commune de Justice et d'Arbitrage de l'OHADA: aspects conceptuels et évaluation*, apresentadas na Conferência «*Les rapports entre les jurisdictions de cassation nationales et la Cour Commune de Justice et d'Arbitrage de l'OHADA: bilan et perspectives d'avenir*», organizada em Lomé, entre os dias 6 e 9 de Junho de 2006, e publicada in *Revue Penant*, n.° 860 (2007), págs. 284 e 299, respectivamente.

[84] V. Joseph ISSA-SAYEGH, *A função* cit.

[85] A razão de tal opção prende-se com a necessidade de evitar a lentidão na obtenção da decisão final dos processos devido à necessidade de efectuar os juízos de reenvio e de prevenir resistências na aplicação das normas OHADA por parte dos tribunais inferiores. Neste sentido, v. Michel Filiga SAWADOGO, *Présentation* cit., pág. 6.

facto. No nosso caso, é claro que o TCJA resolve o problema aplicando uma norma e interpreta essa norma de forma similar à *ratio decidendi* dos ordenamentos da *common law*, ficando os tribunais dos Estados-membros vinculados à interpretação feita, devendo segui-la na apreciação de um caso similar de modo a evitar que a sua decisão seja anulada em última instância.

O TCJA pode ser chamado em três circunstâncias. Em primeiro lugar, pode ser chamado por iniciativa de uma das partes de um litígio referente a uma questão em que é aplicável o regime OHADA[86], situação em que o recurso tem que ser interposto no prazo de dois meses contados a partir da data de notificação da decisão impugnada[87]. O recurso pode ser também proposto por iniciativa de uma parte que pretenda arguir a incompetência do tribunal nacional de cassação em benefício do TCJA, apesar dessa incompetência ter sido invocada, sem efeito, perante juízes do tribunal nacional[88]; o recurso tem de ser interposto nos dois meses seguintes à data de notificação da decisão do tribunal nacional que se considera competente, e se o TCJA reconhecer jurisdição sobre o caso declarará o processo impugnado nulo e privado de todos os efeitos. Por fim, o Tribunal por ser chamado por um tribunal nacional que se afirme incompetente no caso de a situação concreta implicar a aplicação do regime uniforme[89]: nesse caso, o recurso para o TCJA suspende todos os processos em curso no tribunal de cassação nacional, com excepção dos processos executivos, e no caso de o TCJA se declarar incompetente procederá à remessa dos autos ao tribunal nacional de cassação para decisão[90].

O processo perante o TCJA obedece ao princípio do contraditório, as audiências são públicas e a constituição de advogado é obrigatória[91]. Qualquer advogado habilitado a exercer a profissão num Estado-membro da OHADA pode exercer o patrocínio diante do TCJA; por outro lado, se o advogado não residir em Abidjan, deverá ter aí um domicílio profissional com a finalidade de aí receber as notificações do Tribunal. O recurso é

---

[86] Cf. Artigos 14.º e 15.º do Tratado.
[87] Cf. Artigo 28.º do Regulamento do Processo do TCJA.
[88] Cf. Artigo 18.º do Tratado. V., também, Etienne Nsie, *La Cour Commune* cit.; contra, cf. Appolinaire Ondo-Mvé, *Le Traité de l'OHADA* cit., o qual defende que a norma, oferecendo às partes a possibilidade de recorrerem ao TCJA, mantém a possibilidade de recurso para os supremos tribunais nacionais sempre que as partes não queiram valer-se de tal faculdade.
[89] Cf. Artigo 15.º do Tratado.
[90] Cf. Artigo 16.º do Tratado.
[91] Cf. Artigo 19.º do Tratado e Artigo 23.º do Regulamento do Processo do TCJA.

apresentado junto da secretaria do Tribunal e deve conter todos os elementos necessários à identificação do recorrente, os fundamentos de direito que sustentam o recurso, os actos uniformes que se aplicam e as conclusões, juntando no recurso uma cópia da decisão impugnada[92], de modo a aferir da tempestividade do recurso[93]. Quando o Tribunal é chamado, o presidente designa um juiz relator encarregado de acompanhar a instrução do processo e de elaborar um relatório para o Tribunal[94]. O Tribunal procede depois à notificação da outra parte para que esta, no prazo de três meses a contar da data da notificação, apresente o respectivo articulado, em resposta ao requerimento, da qual constará a identificação da parte, a data de notificação do recurso – a fim de se verificar a tempestividade da apresentação do articulado –, os fundamentos de direito e as conclusões[95]. O processo pode decorrer tanto sob a forma escrita como oralmente[96] e está prevista a possibilidade de intervenção no processo de qualquer sujeito que tenha interesse em defender a posição de uma das partes na causa, assim como de qualquer Estado-membro[97]. Todos os processos são conduzidos na língua francesa, ainda que o caso envolva partes não francófonas, o que não deixa de trazer alguma perplexidade relativamente aos Estados OHADA total ou parcialmente não francófonos, também na perspectiva de adesão à organização de outros Estados de língua e cultura jurídica diferentes.

---

[92] Cf. Artigo 28.°, § 2, do Regulamento do Processo do TCJA.

[93] Se o recurso não estiver em conformidade com os requisitos dos Artigos 27.° e segs. do Regulamento do Processo do TCJA, pode ser regularizado no prazo fixado pela secretaria, na condição de que tenha sido tempestivamente apresentado.

[94] Cf. Artigo 26.° do Regulamento do Processo do TCJA.

[95] O recurso e o articulado de resposta podem ser integradas com articulados de réplica, tréplica ou outros mediante autorização do Tribunal no prazo por ele indicado.

[96] Cf. Artigo 34.° do Regulamento do Processo do TCJA.

[97] Cf. Artigo 45.° do Regulamento do Processo do TCJA. O pedido de intervenção é apresentado nos três meses seguintes à data da publicação do recurso de cassação no Jornal Oficial OHADA, e deve conter, além dos dados que permitam identificar o interveniente, o nome das partes principais e os fundamentos de direito que justificam a intervenção. A secretaria transmite o pedido de intervenção às partes para a apresentação de eventuais objecções, para depois a questão passar pelo exame do Tribunal que, em caso de aceitação, entrega ao interveniente toda a documentação relativa ao processo. O interveniente entra, assim, no processo no estado em que este se encontre e tem a faculdade de apresentar um articulado no prazo fixado para o efeito pelo Tribunal. Não está prevista nenhuma representação permanente dos Estados-membros junto do TCJA; Etienne NSIE, in *La Cour Commune* cit., considera aconselhável a presença de um advogado-geral por cada Estado-membro, de acordo com o modelo do Tribunal de Justiça da União Europeia, também para suprir a ausência da figura do Ministério Público nos julgamentos do TCJA.

O Tribunal pode rejeitar ou aceitar o recurso. No primeiro caso, a pronúncia do Tribunal coloca um ponto final no processo, tendo as instâncias inferiores feito uma aplicação correcta do regime uniforme. No caso de acolhimento do recurso, o Tribunal, ao abrigo do Artigo 14.°, § 5, do Tratado, conhece a decisão impugnada e decide de facto e de direito sobre o mérito da causa. O poder conferido ao Tribunal de julgar também matéria de facto, sem qualquer reenvio para uma jurisdição nacional, faz com que o TCJA seja considerado, para todos os efeitos, um grau de jurisdição, transformando-se numa espécie de terceiro grau de jurisdição nacional situado ao nível supranacional[98].

As decisões do TCJA gozam de autoridade do caso julgado e de força obrigatória no momento da sua pronúncia, sendo susceptíveis de execução forçada no território de cada Estado-membro, de acordo com as normas de processo civil aplicáveis no Estado interessado. Para tal fim, as decisões do Tribunal são equiparadas às decisões dos tribunais nacionais, com todas as consequências legais provenientes de semelhante equiparação[99]. Em todos os Estados a fórmula executiva é aposta sobre os acórdãos do Tribunal depois do controlo da autenticidade do título efectuado pela autoridade competente de cada Estado-membro[100].

Os acórdãos do TCJA não são recorríveis. Todavia, podem ser admitidos alguns meios de recurso extraordinário: trata-se da oposição de ter-

---

[98] Neste sentido, v. Alhousseini MOULOUL, *Comprendre l'OHADA* cit., pág. 37; Gaston KENFACK DOUAJNI, *L'abandon de souveraineté* cit., pág. 125; Mainassara MAIDAGI, *O funcionamento* cit.; Etienne NSIE, in *La Cour Commune* cit., pág. 308; Gabriel NZET BITEGUE, *Les rapports* cit.; a justificação reside na necessidade de assegurar rapidez e certeza na decisão, prevendo uma solução certa para todas as decisões, e na necessidade de evitar que uma aplicação errónea do princípios do regime uniforme por parte dos juízes nacionais implique uma série de decisões de reenvio por parte do TCJA que tornem, de facto, impossível chegar a uma decisão final. Contra, v. Eugène ASSEPO ASSI, *La cour commune de justice e d'arbitrage de l'OHADA: un troisième degré de jurisdiction?*, in *Revue internationale de droit comparé*, n.° 4 (2005), pág. 943; Bakary DIALLO, nota a *Cour Commune de Justice et d'Arbitrage, Arrêt n. 042/2005 du 7 Julliet 2005*, in *Revue Penant*, n.° 860 (2007), págs. 402 e segs.; ID., *Réflexions sur le pouvoir d'évocation de la Cour Commne de Justice e d'Arbitrage dans le cadre du Traité de l'OHADA*, in *Revue Penant*, n.° 858 (2007), pág. 40, cuja posição aparece excessivamente ancorada nos conceitos clássicos da tradição jurídica francesa, e na qual expõe um quadro alarmante de todo injustificado.

[99] Cf. Artigo 20.° do Tratado, o qual acrescenta que nenhuma decisão contrária a um acórdão do TCJA pode ser objecto de execução coerciva no território de um Estado-membro.

[100] V. Alhousseini MOULOUL, *Comprendre l'OHADA* cit., pág. 37.

ceiro, do recurso para interpretação do disposto no acórdão e do recurso de revisão do acórdão[101].

c) A função arbitral

Quando uma parte num contrato está domiciliada num Estado-membro da OHADA, aí reside habitualmente, ou quando um contrato deva ser cumprido, total ou parcialmente, no território de um Estado-membro, as partes podem decidir, através de uma cláusula compromissória ou de um compromisso de arbitragem, sujeitar todas as controvérsias que surjam no decurso da execução do contrato ao processo de arbitragem, mesmo que uma decisão tenha sido já tomada diante de uma outra jurisdição. O TCJA exerce a função arbitral aplicando o seu próprio Regulamento de Arbitragem e o Acto Uniforme relativo ao Direito da Arbitragem. Não tem a competência para regular directamente o litígio, mas segue o desenvolvimento da demanda e nomeia ou confirma o órgão arbitral. No final do processo verifica o projecto de decisão arbitral.

Relativamente à designação dos árbitros, o TCJA procede directamente à nomeação do árbitro singular quando as partes não cheguem a acordo sobre a nomeação do árbitro no prazo de trinta dias após a notificação para o fazerem; num colégio de árbitros, composto por três árbitros, o TJCA nomeia o terceiro árbitro quando os árbitros designados pelas partes não cheguem a acordo sobre a sua nomeação ou, ao invés, confirma a nomeação do terceiro árbitro designado pelos árbitros nomeados pelas partes; quando as partes não indiquem o número de árbitros, o Tribunal nomeia um árbitro único, salvo quando a complexidade do caso exija a nomeação de um colégio de três árbitros, caso em que o Tribunal concede às partes um prazo de quinze dias para nomearem um árbitro de parte[102]. O Tribunal decide, por outro lado, sobre a eventual recusa dos árbitros[103].

O órgão de arbitragem pode subscrever, e portanto emitir, uma decisão arbitral só após obtenção de um parecer positivo do TCJA, ao qual deve ser previamente apresentado o projecto de decisão arbitral. Por outro lado, são

---

[101] Sobre estes processos, cf. os Artigos 47.º e segs. do Regulamento do Processo do TCJA.

[102] O processo de designação dos árbitros está regulado no Artigo 3.º do Regulamento de Arbitragem do TCJA, de 3 de Março de 1999.

[103] Sobre o processo de recusa dos árbitros, cf. Artigo 4.º, § 4.2., do Regulamento de Arbitragem do TCJA.

submetidos ao exame do Tribunal, antes da sua assinatura, apenas «*os projectos de sentença sobre competência, as sentenças que conheçam do mérito de certas pretensões das partes e as sentenças finais* (...)»[104], enquanto que as outras decisões são transmitidas ao Tribunal a título meramente informativo. Recebido o projecto de decisão arbitral, o Tribunal pode propor modificações de forma; o Tribunal dá também aos árbitros as indicações necessárias à liquidação das despesas de arbitragem e fixa os seus honorários.

As decisões arbitrais gozam da autoridade do caso julgado e são susceptíveis de execução forçada no território de cada Estado-membro, em virtude de uma decisão de *exequatur* emitida pelo TCJA.

Para mais detalhes sobre o processo arbitral remete-se para a exposição relativa ao Acto Uniforme relativo ao Direito de Arbitragem no Capítulo VII.

4.5. *A Escola Regional Superior de Magistratura (ERSUMA)*

A ideia subjacente à criação da Escola Regional Superior de Magistratura (*École Régionale Supérieure de la Magistrature – ERSUMA*) é a de colmatar o escasso nível de especialização dos magistrados, bem como a ausência de um sistema de formação contínua e a insuficiência da formação jurídica nos Estados-membros[105]. A escola destina-se à formação e aperfeiçoamento dos magistrados e auxiliares de justiça[106], mas organiza também cursos de formação pagos para advogados, notários e contabilistas[107].

A ERSUMA é um órgão dependente do Secretariado Permanente[108]. Foi criada a 13 de Outubro de 1993 e tem sede em Porto-Novo, no Benim.

Um regulamento do Conselho de Ministros, baseado num relatório apresentado pelo director da Escola, determina a organização, o funcio-

---

[104] Cf. Artigo 23.º, § 23.1, do Regulamento de Arbitragem do TCJA.

[105] V. Alhousseini MOULOUL, *Comprendre l'OHADA* cit., pág. 42.

[106] A este respeito, o director-geral da ERSUMA, por ocasião de um seminário de sensibilização sobre o direito harmonizado realizado em Niamey nos dias 9 e 10 de Julho de 1998, declarou: «*A harmonização do direito comercial não pode ser concretizada se não se formarem homens capazes de conhecer este direito, de fazê-lo conhecer, compreendê-lo e aplicá-lo de modo eficaz e uniforme em todo o espaço comunitário OHADA*». O discurso pode ser conferido in *Actes de séminaire de sensibilisation au droit harmonisé des affaires*, Niamey, 9 e 10 de Junho de 1998.

[107] Neste sentido, v. Boris MARTOR, Nanette PILKINGTON, David S. SELLERS e Sébastian THOUVENOT, *Business Law* cit., pág. 13; ID., *Le droit uniforme* cit., pág. 16.

[108] Cf. Artigo 41.º, § 2, do Tratado revisto.

namento, os recursos e as disciplinas leccionadas na Escola. Esta compreende um Conselho de Administração, encarregado da sua gestão[109], um Comité Académico, encarregado do controlo dos critérios académicos de formação, e um Comité de gestão dirigido por um director-geral nomeado pelo Conselho de Ministros[110].

Podem ser admitidos ao curso de formação todos os magistrados e auxiliares de justiça de um Estado-membro, assim como de outros Estados não pertencentes à OHADA, com o acordo do Conselho de Administração. A selecção é efectuada nas escolas nacionais de formação na base da responsabilidade profissional, formação e experiência profissional, e natureza das funções jurídicas dos candidatos que se apresentam em número igual por cada Estado-membro. Os formadores são profissionais do foro e académicos com conhecimento e experiência aprofundada do direito OHADA[111].

5. As fontes do direito OHADA

5.1. *O Tratado*

Qualquer explicação de um sistema organizado de normas jurídicas não pode prescindir de um olhar sobre as suas fontes[112]. O Tratado OHADA, contrariamente ao Tratado instituidor da União Europeia, não contém uma classificação das fontes do direito, pelo que depende de um exame dos instrumentos normativos disponíveis.

O nível mais alto da hierarquia é certamente constituído pelo Tratado, o qual, como já foi brevemente referido, contém a parte institucional do sistema OHADA e a regulamentação da estrutura de cada uma das instituições.

---

[109] O Conselho de Administração é presidido pelo secretário permanente e compreende o presidente do TCJA ou um seu representante, três representantes dos tribunais supremos dos Estados-membros, dois representantes das escolas nacionais de formação e dois representantes do pessoal permanente da ERSUMA.

[110] V. Boris MARTOR, Nanette PILKINGTON, David S. SELLERS e Sébastian THOUVENOT, opp. e págs. ult. cit..

[111] Sobre a actividade de formação da ERSUMA, v. Thimotée SOMÉ, *A formação dos magistrados africanos pela OHADA*, in *Boletim da Faculdade de Direito de Bissau*, n.º 6 (suplemento) (2004), pág. 9.

[112] Uma análise do sistema das fontes no direito OHADA pode ser conferida in Célestin SIETCHOUA DJUTCHOKO, *Les sources du droit de l'organisation pour l'harmonization en Afrique du droit des affaires (OHADA)*, in *Revue Penant*, n.º 843 (2003), págs. 140 e segs..

Ao incluir também disposições de natureza perceptiva – por exemplo, em matéria de arbitragem –, o Tratado conduz a um segundo nível hierárquico ocupado pelos actos uniformes, da autoria do Conselho de Ministros, sobre matéria objecto da harmonização.

5.2. Os actos uniformes

O Tratado dispõe somente sobre as bases para a realização do direito comercial uniforme. Os actos uniformes OHADA constituem o instrumento através do qual se coloca em marcha o objectivo de harmonização jurídica no interior dos sistemas jurídicos dos Estados-membros.

Para efeitos de aplicação do Tratado, o Artigo 2.º determina as matérias consideradas desde o início como objecto de harmonização na área do direito comercial[113]. Por outro lado, a mesma disposição contém *in fine* uma norma de abertura, de acordo com a qual têm lugar no regime do direito comercial todas as matérias, não expressamente mencionadas no elenco, que o Conselho de Ministros decida por unanimidade incluir no âmbito do objecto do Tratado.

Enquanto o Artigo 2.º do Tratado discrimina os sectores do direito comercial que se reconduzem ao âmbito de aplicação do Tratado, os Artigos 5.º a 12.º dizem respeito ao processo de aprovação e adopção dos actos uniformes, considerados normas jurídicas que fazem parte integrante dos sistemas jurídicos dos Estados-membros[114] e aí directamente aplicáveis nas áreas subsumíveis ao conceito de direito comercial por força do citado Artigo 2.º. A consequência é que o Conselho de Ministros, a quem, como se disse, o Tratado confere o poder de aprovar os actos uniformes, tem competência exclusiva para legislar naquelas matérias, determinando não só os princípios gerais e o conteúdo das normas, mas também as suas modalidades de aplicação. Aparecem diminuídos, nesta matéria, os poderes legislativo e executivo dos parlamentos nacionais e dos órgãos executivos dos Estados-membros[115], a

---

[113] As matérias indicadas no Artigo 2.º são as seguintes: direito das sociedades; estatuto jurídico dos comerciantes; cobranças de créditos; garantias e processos de execução; regime de recuperação das empresas e de liquidação judicial; direito da arbitragem; direito do trabalho; direito contabilístico; direito da compra e venda; e direito dos transportes.

[114] Neste sentido, v. Robert NEMEDEU, *OHADA: de l'harmonisation à l'unification du droit des affaires en Afrique*, pág. 6, disponível a partir de *http://www.univ-nancy2.fr/recherche/actualites/04-05/ohada_janvier_2005.pdf*.

[115] Neste sentido, v. Joseph ISSA-SAYEGH, *L'intégration juridique des Etats africains dans la zone franc*, parte 2, in *Revue Penant*, n.º 824 (1997), pág. 120.

fim de evitar a demora na adopção dos instrumentos de adopção e distorções entre os vários procedimentos existentes e o regime uniforme[116].

Os Estados-membros estão, desta forma, envolvidos em certa medida nos processos de formação dos actos normativos, a partir do momento que «*os projectos de actos uniformes são comunicados pelo Secretariado Permanente aos Governos dos Estados Partes, que têm um prazo de noventa dias, a contar da data de recepção da comunicação, para fazer chegar ao Secretariado Permanente, por escrito, as respectivas observações*»[117]. Existe uma Comissão nacional da OHADA em cada Estado-membro encarregada de analisar o projecto dos actos uniformes e submeter as eventuais observações ao Estado, tomando em consideração as especificidades nacionais relativamente ao novo acto proposto, tendo os Estados-membros assento no órgão que detém o poder legislativo através dos seus ministros da justiça e, pelo menos em abstracto, das finanças; mas, em todo o caso, o poder legislativo na área do direito comercial objecto da intervenção da OHADA está subtraído à competência dos órgãos nacionais para ser confiado a uma entidade supranacional, o Conselho de Ministros, que tem o poder de determinar o conteúdo final da lei[118]. Isto porque o processo de formação legislativa, não ligado aos poderes e aos particularismos nacionais, foi concebido como uma garantia de independência e imparcialidade do novo direito harmonizado.

O carácter supranacional dos actos uniformes previsto no Artigo 10.º do Tratado, e a consequente supremacia do direito supranacional sobre o direito nacional, pode considerar-se resultado de uma renúncia voluntária de soberania no plano legislativo por parte dos Estados-membros[119].

Esta abordagem é confirmada pelo texto do Artigo 10.º do Tratado, nos termos do qual «*Os actos uniformes são directamente aplicáveis e obrigatórios nos Estados Partes, não obstante toda e qualquer disposição contrária de direito interno, anterior ou posterior*»[120]. Como facilmente

---

[116] Neste sentido, v. Pascal AGBOYIBOR, *Récents développements* cit..

[117] Cf. Artigo 7.º, § 1, do Tratado.

[118] Contra, v. Gaston KENFACK DOUAJNI, *L'ambandon* cit., pág. 127.

[119] Sobre o assunto, v. Salvatore MANCUSO, *The Renunciation to the State sovereignty: Is it an issue for the OHADA Treaty for the Harmonization of Business Law in Africa?*, in Chima Centus NWEZE (ed.) *Contemporary Issues in International and Comparative Law: Essays in Honor of Professor Dr. Christian Nwachukwu Okeke*, Lake Mary, Vandeplas Publishing, 2009.

[120] Na jurisprudência, v. Parecer do TCJA n.º 002/99/EP, de 13 de Outubro de 1999.

se pode constatar, a renúncia à soberania no domínio do poder legislativo dos Estados-membros é total: não só os novos actos uniformes revogam automaticamente qualquer norma contrária ao seu conteúdo[121], como os Estados estão impedidos de promulgar disposições legais nesta matéria, estando esta faculdade reservada à competência do Conselho de Ministros da OHADA, sendo por isso toda a lei nacional posterior nula e ineficaz nos termos conjugados dos Artigos 2.º e 10.º do Tratado. Além disso, os actos uniformes só podem ser modificados nas mesmas condições de que depende a sua aprovação – unanimidade dos Estados-membros –, tomando sempre em consideração o facto de que a possibilidade de intervir ao nível nacional sobre matérias objecto de harmonização está completamente eliminada[122].

O referido Artigo 10.º deu origem a problemas de aplicação, deixando margem para duas interpretações possíveis. Uma primeira hipótese é a que interpreta este preceito no sentido de que apenas as normas nacionais que sejam efectivamente contrárias às disposições de um acto uniforme devem entender-se revogadas, devendo, assim, proceder-se a uma análise das disposições de direito interno para verificar quais são as efectivamente contrárias ao direito harmonizado. Uma segunda interpretação prescreve para o Artigo 10.º um significado mais amplo, prevendo-se a revogação de todas as disposições nacionais que tratem a mesma matéria de um acto uniforme, evitando-se assim a necessidade de proceder a uma análise norma a norma, permitindo desta forma uma maior simplicidade e uniformidade na aplicação do regime uniforme[123].

Depois de um período de incerteza na doutrina[124], o TCJA declarou que o efeito ab-rogatório previsto no Artigo 10.º do Tratado se refere quer à nulidade quer à proibição de promulgar quaisquer normas legais ou regulamentares internas presentes ou futuras – seja um artigo de uma norma,

---

[121] Sobre as relações entre o regime OHADA e as Constituições dos Estados-membros, v. Filiga Michel SAWADOGO, *Présentation* cit., págs. 24 e segs; Salvatore MANCUSO, *The Renunciation* cit., e a bibliografia aí indicada.

[122] Na doutrina, v. Joseph ISSA-SAYEGH, *La portée abrogatoire des Actes uniformes de l'OHADA sur le droit interne des Etats-Parties*, in *Revue Burkinabé de Droit*, n.º 39-40 (n.º especial 2001), pág. 51.

[123] V. Boris MARTOR, Nanette PILKINGTON, David S. SELLERS e Sébastian THOUVENOT, *Business Law* cit., pág. 9; ID., *Le droit uniforme* cit., págs. 19 e segs..

[124] A favor da primeira solução, v. Djibril ABARCHI, *La supranationalité de l'Organisation pour l'harmonisation en Afrique du droit des affaires (OHADA)*, in *Revue Burkinabé de Droit*, n.º 37, 2000, págs. 9 e segs.; a favor da segunda hipótese, v. Filiga Michel SAWADOGO, *Présentation* cit., pág. 26.

um parágrafo ou uma frase da mesma – que tenham o mesmo objecto de uma norma de um acto uniforme e sejam contrárias a esta. O Tribunal, por outro lado, estabeleceu que no caso em que nem todas as disposições internas estejam em conflito com um acto uniforme, as que não estejam se mantêm em vigor[125]. Uma tal interpretação, se tem a vantagem de prevenir a formação de lacunas na lei, é dificilmente conciliável com o objectivo de simplificação previsto no Artigo 1.° do Tratado e cria uma potencial desarmonia na interpretação e aplicação das normas dos actos uniformes derivados da sua combinação com uma norma de direito interno não contrária ao acto, sobretudo tomando em consideração a possível futura adesão de países de tradição jurídica da *common law*[126].

Do ponto de vista processual, o secretário permanente prepara os projectos de actos uniformes que propõe aos governos dos Estados-membros através da respectiva comissão nacional[127]. Cada comissão nacional é composta por cinco membros e está encarregada, a nível nacional, de contribuir para o estudo dos projectos de acto uniforme.

Quando as comissões recebem os projectos transmitidos pelo Secretariado Permanente dispõem de um prazo de noventa dias para apresentarem as suas observações, críticas e propostas sobre cada projecto. No final deste período, o secretário permanente elabora um relatório no qual junta as observações feitas e o projecto de acto uniforme; todos os documentos são enviados de seguida ao TCJA para emissão de parecer no prazo de ses-

---

[125] V. parecer n.° 001/2001/EP, de 30 de Abril de 2001, emitido pelo TCJA a pedido da Costa do Marfim, o qual pode ser conferido in Felix ONANA ETOUNDI e MBOCK BIUMLA, *Cinq ans de jurisprudence* cit., e Joseph ISSA-SAYEGH, *Réflexions et suggestions sur la mise en conformité du droit interne des états parties avec les actes uniformes de l'OHADA et reciproquement*, in *Revue Penant*, n.° 850 (2005), págs. 6 e segs.. Sobre a aplicação do princípio na jurisprudência dos Estados-membros, v. CA Port-Gentil n.° 60/98-99, de 28 de Abril e 9 de Dezembro de 1999; CA Niamey n.° 240, de 8 de Dezembro de 2000; e CA Douala n.° 81/ref., de 15 de Maio de 2000, esta in *Revue camerounaise de droit des affaires*, n.° 12 (2001), com anotação de KENFACK DOUAJNI.

[126] Nestes termos, v. Boris MARTOR, Nanette PILKINGTON, David S. SELLERS e Sébastian THOUVENOT, *Business Law* cit., pág. 19; Joseph ISSA-SAYEGH, *Réflexions* cit., pág. 15.

[127] Na prática, o projecto de acto uniforme é elaborado por um especialista ou grupo de especialistas. Joseph ISSA-SAYEGH, *Réflexions* cit., pág. 11, observa que os redactores dos actos uniformes se encontram com frequência impossibilitados de usarem termos jurídicos precisos – sobretudo na área processual – para indicar conceitos ou instituições, apesar de os Estados-membros pertencerem todos substancialmente à mesma família jurídica, daí resultando o dever de recorrerem a expressões ou conceitos genéricos a bem da clareza e da eficácia dos actos uniformes.

senta dias[128]. Recebido o parecer do TCJA, o secretário permanente prepara o texto definitivo do projecto de acto uniforme e propõe a sua inclusão na ordem de trabalhos na sessão do Conselho de Ministros subsequente.

No plano prático, o papel determinante no processo de elaboração parece ser desempenhado pelos especialistas incumbidos da redacção do esboço do acto uniforme. O prazo de noventa dias concedido aos governos nacionais para procederem às respectivas observações parece, com efeito, ser excessivamente limitado. Além disso, as comissões nacionais estão demasiado ocupadas para realizar um trabalho de boa qualidade e não reflectem todos os interesses relativos aos actos uniformes. Por outro lado, até hoje, a urgência na adopção dos actos uniformes não permitiu, excepção feita ao Acto Uniforme relativo Direito da Arbitragem, ter significativamente em conta as observações dos Estados-membros[129]. No entanto, a nova redacção do Artigo 7.º do Tratado prevê a possibilidade de prorrogação do prazo de noventa dias concedido aos governos nacionais em função das circunstâncias e da natureza do texto a adoptar.

Para a adopção de um acto uniforme é necessário que pelo menos dois terços dos Estados-membros estejam presentes ou representados, sendo o acto validamente adoptado com o voto unânime dos Estados presentes e votantes. A abstenção não obsta à aprovação dos actos uniformes[130], mas estes também não podem ser impostos a um Estado-membro contra a sua vontade, pelo que para esse fim o Estado deve exprimir a sua oposição estando presente na reunião e votando contra, valendo como aceitação a falta de oposição formal[131].

Uma vez aprovado o acto uniforme, o mesmo é publicado no Jornal Oficial da OHADA por iniciativa do Secretariado Permanente, no prazo de sessenta dias após aquela aprovação, entrando em vigor, salvo disposição contrária prevista no mesmo acto, noventa dias após a aprovação, sendo oponível aos Estados-membros sessenta dias após a sua publicação no Jornal Oficial da OHADA, sem que seja necessário qualquer acto pos-

---

[128] Cf. Artigo 7.º do Tratado revisto.
[129] Neste sentido, v. Filiga Michel SAWADOGO, *Présentation* cit., pág. 26. Joseph ISSA-SAYEGH, in *Quelques aspects* cit., pág. 16, já sustentava a necessidade de dilatar o prazo de noventa dias para que os governos nacionais possam organizar uma consulta para elaborar as suas observações da melhor maneira possível.
[130] Cf. Artigo 8.º do Tratado.
[131] V. Jean Jacques RAYNAL, *Intégration et souveraineté: le problème de la constitutionalité du traité OHADA*, in *Revue Penant*, n.º 822 (2000), pág. 9.

terior por parte dos Estados-membros[132]. O novo acto deve também ser publicado no Jornal Oficial de cada Estado-membro, mas tal publicação não tem qualquer efeito sobre a sua entrada em vigor[133], estando a oponibilidade aos Estados-membros e a eficácia obrigatória dos actos ligada à sua publicação no Jornal Oficial da OHADA[134]. Como se referiu, em caso de adesão de um novo Estado, os actos uniformes já existentes entram em vigor no ordenamento jurídico do novo membro sessenta dias após o depósito do instrumento de adesão ao Tratado[135].

Os actos uniformes podem conter duas categorias de disposições: imperativas e supletivas. As disposições imperativas distinguem-se, por sua vez, em disposições cuja violação é causa de nulidade dos actos ou dos procedimentos que são por elas conformados, e disposições contendo normas de ordem pública que não podem ser derrogadas pelas partes. As disposições supletivas, por seu turno, compreendem disposições que só se aplicam se as partes contratantes não tiverem previsto de outra forma, disposições que contenham diferentes alternativas para a sua aplicação, e normas destinadas a serem aplicadas apenas se os Estados-membros não tiverem consagrado uma disposição contrária[136].

No sector penal, os actos uniformes podem conter disposições incriminatórias, mas não podem determinar a medida da sanção penal, ficando essa obrigação a cargo de cada Estado-membro[137]. À OHADA fica então reservada a responsabilidade e, portanto, o poder de definir o tipo de ilícito criminal, deixando na competência dos Estados-membros, que de acordo com o Tratado estão vinculados a fazê-lo, a fixação das sanções[138],

---

[132] Neste sentido, v. Joseph ISSA-SAYEGH, *Réflexions* cit., pág. 7.
[133] Cf. Artigo 9.º do Tratado revisto.
[134] Neste sentido, v. Boris MARTOR, Nanette PILKINGTON, David S. SELLERS e Sébastian THOUVENOT, *Le droit uniforme* cit., pág. 20.
[135] Cf. Artigo 53.º do Tratado.
[136] Neste sentido, v. Boris MARTOR e Sébastian THOUVENOT, *L'uniformisation du droit des affaires en Afrique par l'OHADA*, in *Cahiers de droit de l'entrepise* n.º 5. Suplemento à *«La semaine juridique»*, n.º 44, de 28.10.2004, pág. 1 e exemplos aí cit..
[137] Cf. Artigo 5.º do Tratado.
[138] Athanase FOKO, in *Analyse critique de quelques aspects du droit pénal OHADA*, in *Revue Penant*, n.º 859 (2000), págs. 195 e segs., explica a *ratio* de tal divisão de competências pela exigência de assegurar a congruência da pena em relação ao sistema jurídico e económico dos Estados e critica, em nossa opinião correctamente, tal facto sob o pressuposto de que o legislador comunitário pode utilizar o poder de graduar a pena para estabilizar um sistema sancionatório válido para todos os Estados-membros.

competência que, salvo raras excepções[139], os legisladores nacionais até hoje não exercitaram nem para os novos crimes, nem no sentido de estender aos crimes previstos na legislação OHADA as sanções já previstas para os crimes existentes, criando assim uma potencial, e perigosa, situação de vazio legislativo. A aplicação hipotética do regime penal interno aos ilícitos criminais já previstos pode, no nosso entendimento, ser justificada com recurso aos limites de aplicação dos actos uniformes definidos pelo TCJA, não sendo contrárias as disposições que estabelecem as penas, mas antes complementares, dos actos uniformes[140], ainda que isso não resolva o problema dos novos tipos criminais criados pelo legislador OHADA e não possa servir de justificação para a inércia dos Estados-membros[141].

Os actos uniformes também contêm normas de reenvio para a legislação interna não penal dos Estados-membros, de acordo com as quais a sua aplicação está ligada à existência dessa legislação interna que, quando falte, inviabiliza a aplicação do acto uniforme na parte concernente ao reenvio[142].

Hoje, são nove os actos uniformes aprovados e em vigor:

- Acto Uniforme relativo ao Direito Comercial Geral, em vigor desde 1 de Janeiro de 1998;
- Acto Uniforme relativo ao Direito das Sociedades Comerciais e ao Agrupamento de Interesse Económico (AIE), em vigor desde 1 de Janeiro de 1998;
- Acto Uniforme relativo à Organização das Garantias, em vigor desde 1 de Janeiro de 1998;
- Acto Uniforme relativo à Organização dos Processos Simplificados de Cobrança e Execução, em vigor desde 10 de Julho de 1998;
- Acto Uniforme relativo à Organização dos Processos Simplificados de Apuramento do Passivo, em vigor desde 1 de Janeiro de 1999;
- Acto Uniforme relativo ao Direito da Arbitragem, em vigor desde 11 de Junho de 1999;

---

[139] É o caso da lei camaronesa n.º 2003/008, de 10 de Julho de 2003, que contém sanções para infracções previstas em alguns actos uniformes OHADA.

[140] A este respeito, cf., também, o Artigo 43.º do AUDCG.

[141] A situação coloca também problemas para efeitos de aplicação da lei penal no tempo, visto que a falta de sanções penais certas torna difícil a aplicação do princípio *favor rei*.

[142] Sobre o assunto, v. Joseph ISSA-SAYEGH, *Réflexions* cit., págs. 11 e segs..

– Acto Uniforme relativo à Organização e Harmonização das Contabilidades das Empresas, cuja entrada em vigor decorreu em duas etapas: a 1 de Janeiro de 2001 (contas das empresas) e a 1 de Janeiro de 2002 (contas consolidadas e contas combinadas);
– Acto Uniforme relativo ao Contrato de Transporte Rodoviário de Mercadorias, em vigor desde 1 de Janeiro de 2004;
– Acto Uniforme relativo ao Direito das Sociedades Cooperativas, em vigor desde 16 de Maio de 2011.

Como se verá mais adiante (Capítulo XI), outros actos uniformes estão em preparação na área do direito dos contratos, do direito do trabalho, da protecção do consumidor e do regime jurídico da prova em matéria civil.

5.3. Os Regulamentos

No nível hierárquico imediatamente inferior aos actos uniformes, encontram-se os regulamentos de aplicação do Tratado, aprovados pelo Conselho de Ministros por maioria absoluta[143], salvo disposição em contrário[144], e cuja regulamentação se destina a ser aplicada nos Estados-membros[145].

5.4. Outras fontes

Uma breve referência merecem também outras fontes previstas no sistema OHADA.

---

[143] Cf. Artigo 4.º do Tratado.

[144] Cf. Artigos 19.º e 26.º do Tratado, que exigem a unanimidade para a adopção dos regulamentos aí previstos mediante o reenvio para o procedimento de adopção dos actos uniformes, nos termos do Artigo 8.º do Tratado. Célestin SIETCHOUA DJUTCHOKO, *Les sources* cit, pág. 66, inclui também o Regulamento relativo ao funcionamento da ERSUMA previsto pelo Artigo 41.º do Tratado; no entanto, falta aí o reenvio para o Artigo 8.º, pelo que se deve entender que, na sua falta, é aplicável o procedimento previsto no artigo 4.º do Tratado.

[145] V. Artigo 14.º do Tratado. V. Célestin SIETCHOUA DJUTCHOKO, *Les sources* cit., pág. 167; na jurisprudência, v. acórdão do TCJA n.º 4/2001, de 11 de Outubro de 2001, no qual o Tribunal indeferiu a apreciação do recurso por falta dos requisitos previstos no Artigo 28.º do Regulamento do Processo do Tribunal Comum de Justiça e de Arbitragem.

Desde logo as deliberações do Conselho de Ministros adoptadas com a presença de, pelo menos, dois terços dos Estados-membros[146].
Um destaque especial também para as decisões do TCJA.

Numa primeira análise, não parece curial falar das decisões do Tribunal no âmbito das fontes, tendo em consideração um sistema criado, pelo menos de acordo com o Tratado, com profundas raízes no direito continental e fortemente inspirado no modelo francês.

No entanto, a realidade é bem diversa.

No desenvolvimento da sua actividade de interpretação em sede consultiva, o Tribunal elabora pareceres que, para todos os efeitos, são complementares da norma interpretada e se colocam junto a ela, completando-a e clarificando o seu significado, ao ponto de os juízes nacionais se referirem àquela norma como completada pela interpretação do Tribunal[147].

Mas também no exercício da sua função jurisdicional, o TCJA desenvolve princípios cuja aplicação vai mais além do que a simples aplicação ao caso concreto.

O argumento concilia-se com aquele outro relativo à abertura da OHADA aos Países africanos cuja tradição jurídica vem da *common law*. Como se viu, o TCJA é a jurisdição de última instância de todos os Estados-membros em matéria comercial e o Tratado confere, em caso de recebimento do recurso, o poder de avocar o caso e decidir em matéria de facto e de direito. A decisão do Tribunal não se circunscreve à mera interpretação de uma norma, mas traduz-se também numa interpretação em função do facto (também no caso de rejeição do recurso, através da confirmação da aplicação feita pelo tribunal nacional) que vincula os tribunais dos Estados-membros na futura aplicação daquela norma, pelo menos pelo facto de que uma interpretação diversa não devidamente fundamentada acabará por ser controlada pelo TCJA em sede de recurso final.

---

[146] Cf. Artigo 28.º do Tratado. A norma não fala de uma maioria qualificada, pelo que se pode recorrer aos requisitos previstos no Artigo 4.º do Tratado (v. Célestin SIETCHOUA DJUTCHOKO, *Les sources* cit, pág. 189). Exemplos destas deliberações podem ser conferidos nos Artigos 40.º e 45.º do Tratado.

[147] Neste sentido, cf. o parecer do TCJA n.º 001/2001/EP, de 30 de Abril, que interpreta o Artigo 10.º do Tratado e se pronuncia sobre a eficácia ab-rogatória dos actos uniformes. No mesmo sentido, v. Benjamin BOUMAKANI, *Le juge interne et le droit OHADA*, in *Revue Penant*, n.º 839 (2000), págs. 144 e segs.; contra, v. Célestin SIETCHOUA DJUTCHOKO, *Les sources* cit., pág. 165.

6. A língua da OHADA

Também a questão da língua no sistema OHADA merece uma referência específica.

A questão é tratada no Artigo 42.° do Tratado, o qual estabelecia, na sua formulação original, que «*A língua francesa é a língua de trabalho da OHADA*»[148].

Uma tal formulação da norma – a que acresce o facto de que os actos uniformes têm sido até hoje publicados em francês e que os processos diante do TCJA são exclusivamente conduzidos em francês – foi considerada uma barreira – e, de facto, a situação serviu de pretexto – que impediu até hoje a adesão dos Países anglófonos à OHADA. Diga-se que, até agora, muito pouco tem sido feito para resolver uma questão tão importante. Nenhuma versão espanhola dos actos uniformes foi oficialmente publicada; existe, porém, uma tradução oficial em português, que foi objecto de publicação no Boletim Oficial da Guiné-Bissau[149]. As versões publicadas em inglês não são da melhor qualidade e não têm também qualquer valor oficial[150]. A ausência de informação na língua inglesa sobre o regime jurídico da OHADA, em conjunto com o disposto no Artigo 42.° do Tratado, poderia traduzir-se numa discriminação dos cidadãos anglófonos – a situação pode ser aplicada *mutatis mutandis* aos países de língua espanhola e portuguesa – no que concerne ao seu direito de acesso à justiça, a partir do momento em que não pudessem fazer valer os seus direitos diante do TCJA apenas porque não estariam em condições de dominar a língua francesa[151].

---

[148] A versão original do Artigo 42.° do Tratado dizia o seguinte: «*Le français est la langue de travail de l'OHADA*».

[149] Traduções não oficiais encontram-se disponíveis na Internet. V., por exemplo, o sítio *www.jurisint.org*. A Faculdade de Direito da Universidade de Lisboa, sob a direcção dos Professores M. Januário da Costa Gomes e Rui Ataíde, organizou e publicou uma tradução em português do Tratado e dos actos uniformes em vigor: *OHADA. Tratado, Regulamentos e actos uniformes*, Coimbra, Almedina, 2008; trata-se de uma tradução que faz a revisão da tradução oficial publicada no Boletim Oficial.

[150] Refira-se que um Manual sobre o Direito dos Negócios OHADA redigido em castelhano foi publicado por iniciativa do Ministério da Justiça: v. José M. Cueto, Sergio Esono Abeso Tomo, Juan Carlos Martínez, *La armonización del Derecho Mercantil en África impulsada por la OHADA*, Madrid, Ministerio de Justicia, 2006; também uma tradução em língua portuguesa está em curso de publicação em Angola.

[151] A questão é levantada, relativamente aos Camarões, por Nelson Enonchong, *The of Business Law in Africa: Is Article 42 of the OHADA Treaty a Problem?*, in 51 *Journal*

A revisão do Tratado OHADA parece ter resolvido o problema. A nova redacção do Artigo 42.º prevê também, no seu primeiro parágrafo, o inglês, o espanhol e o português como «línguas de trabalho» da OHADA[152]. A discussão parece, no entanto, reaberta pelo segundo parágrafo do mesmo Artigo 42.º, de acordo com o qual é a versão francesa que prevalece em caso de desconformidade na tradução – e são notórios os problemas relativos aos diferentes significados da terminologia jurídica nos diversos sistemas jurídicos e as dificuldades, por conseguinte, na tradução dos textos normativos[153] –, o que faz supor que os trabalhos continuaram a ser desenvolvidos na língua francesa e as versões noutras línguas serão meras traduções, pelo que o francês vem a ser, de facto, a única «língua de trabalho» – nenhuma língua é, de facto, definida como oficial – da OHADA. Só a aplicação prática do Artigo 42.º na sua nova formulação dirá se o problema linguístico ressurgirá.

7. O financiamento da OHADA

O Artigo 43.º do Tratado enumera as fontes de financiamento da OHADA de forma bastante similar à de outras organizações sub-regionais e regionais. Tais fontes de financiamento – contributos dos Estados-mem-

---

of African Law (2007), n.º 1, págs. 95-115. Neste caso, a discussão é ampliada à Guiné Equatorial (hispanófona) e à Guiné-Bissau (lusófona). A tese avançada pelo Autor, que coloca a questão a nível nacional – *«Um camaronês tem o direito constitucional de se expressar na língua inglesa diante de um Tribunal instituído pelo Estado, o que inclui o TCJA»* –, não parece ser convincente, uma vez que o TCJA não foi instituído pelos Camarões que, ao invés, atribuíram competência ao TJCA para julgar em última instância os casos relativos ao direito comercial da OHADA, renunciando, assim, a parte da sua competência jurisdicional interna em favor de um tribunal supranacional instituído por um tratado internacional, da mesma forma que todos os outros Estados-membros.

[152] A nova redacção do Artigo 42.º, § 1, do Tratado diz o seguinte: *«As línguas de trabalho da OHADA são: o francês, o inglês, o espanhol e o português»*.

[153] Sobre o problema da tradução jurídica, v. Antonio GAMBARO e Rodolfo SACCO, *Sistemi giuridici comparati*, Turim, UTET, 1996; Rodolfo SACCO, *Riflessioni di un giurista sulla lingua (la lingua del diritto uniforme, e il diritti al sevizio di una lingua uniforme)*, in *Riv. dir. civ.*, 1996, I, pág. 57; ID., *Language and Law*, in Barbara POSSO (org.), *Ordinary Language and Legal Language*, Milão, Giuffré, 2005; Lorenzo FIORITO, *Traduzione e tradizione giuridica: il Legal English dalla Common Law alla Civil Law*, disponível a partir de *www.translationdirectory.com/article572.htm*.

bros e financiamentos externos – deram prova da sua pouca fiabilidade[154].

É para fazer face a esta delicada situação que o Conselho de Ministros aprovou uma forma original de financiamento da OHADA recorrendo à criação, em 1997, de um fundo de capitalização no valor de doze milhões de francos CFA para cobrir as despesas de funcionamento das instituições da OHADA por um período de cerca de dez anos[155].

O Conselho de Ministros, reunido em Dakar a 5 de Fevereiro de 1997, decidiu confiar a gestão e a administração dos recursos financeiros da OHADA ao PNUD. Uma mesa redonda de doadores foi organizada em Genebra a 29 e 30 de Abril de 1997, sob a égide do PNUD, registando um assinalável sucesso ao recolher contribuições no valor total de 6,5 milhões de francos CFA.

Para garantir à organização financiamentos regulares, o Conselho extraordinário dos ministros das Finanças e da Justiça da OHADA, reunido em Libreville a 17 e 18 de Outubro de 2003, por ocasião do décimo aniversário do Tratado OHADA, aprovou o Regulamento n.º 002/003/CM, que institui uma taxa – aplicada directamente na alfândega –, dita «Taxa OHADA», de uma importância equivalente a 0,05% do valor das importações dos produtos originários de países terceiros consumidos nos Estados-membros, e por ocasião da reunião de 17 e 18 de Outubro de 2008, os chefes de Estado conferiram aos ministros das Finanças dos respectivos Estados um mandato para adoptarem todas as medidas necessárias para uma efectiva aplicação do referido Regulamento[156].

---

[154] Esta é a razão porque, durante a *Conferência das Forças Vivas da OHADA* cit., se sentiu a necessidade, por um lado, de tornar mais efectivo o mecanismo de financiamento «interno» da Organização e, por outro, de exortar os parceiros externos a prosseguirem o seu apoio à Organização.

[155] A cobertura do fundo é feita da seguinte forma: cada Estado contribui para o capital com uma importância de 375,000.000 de francos CFA, num total de seis milhões. Os outros seis milhões de francos CFA são obtidos junto dos parceiros externos. V., para mais detalhes, Aregba POLO, *L'OHADA: histoire, objectifs, structure,* in Philippe Fouchard (dir.), *L'OHADA et les perspectives de l'arbitrage en Afrique,* Bruxelas, Bruylant, 2000.

[156] Diversos Estados, de facto, efectuaram no passado um pagamento tardio das suas contribuições.

CAPÍTULO II

O Acto Uniforme Relativo ao Direito Comercial Geral

1. O estado do direito comercial no período anterior ao processo de harmonização e as actividades preparatórias para a adopção do Acto Uniforme

A legislação aplicável ao direito comercial geral e a outros aspectos do direito relativo às operações comerciais era, antes do início do processo de harmonização, fruto de dois períodos legislativos sucessivos.

O primeiro período reporta-se à legislação vigente ao tempo da independência de cada Estado-membro, composta essencialmente pelo Código de Comércio francês, que foi declarado aplicável aos territórios ultramarinos por uma lei de 1850. Depois desta data, foram efectuadas várias correcções a este Código, especialmente com as Leis de 17 de Julho de 1856, 9 de Julho de 1902, 28 de Março de 1931, e com o Decreto de 24 de Março de 1955.

Apesar de a aplicação comum deste direito comercial ter criado as primeiras bases de uma possível uniformização, com a extensão a todos os Estados que foram obtendo sucessivamente a independência, a falta de aplicação de algumas regras em vigor em França e a sua má adaptação à organização administrativa e à realidade dos territórios africanos tornaram esta legislação inadequada e, em alguns casos, obsoleta.

Se bem que a liberdade de comércio e de estabelecimento tenha sido afirmada por muitas Constituições como um direito fundamental, muitas restrições foram obstáculo para a aplicação desta regra nos Estados africanos, a partir do momento da sua independência. Dessa forma, alguns Países tomaram medidas específicas para regular o desenvolvimento desta actividade[1].

---

[1] Entre elas incluem-se:
– o Decreto de 26 de Agosto de 1981, que regula as actividades comerciais no Burkina-Faso;

Deste breve quadro, certamente não exaustivo, pode já deduzir-se que o direito comercial constituía motivo de regulamentação extremamente variada, seja relativamente às fontes (leis, decretos, etc.), seja relativamente ao seu objecto. Somente o Senegal e o Mali se interessaram por processos autónomos de codificação: o Senegal elaborou uma nova codificação por via da promulgação, em fases sucessivas, de um Código das Obrigações Civis e Comerciais; o Mali publicou, recentemente, um Código Comercial.

Esta era a situação anterior à intervenção harmonizadora da OHADA[2].

O objectivo de atingir a harmonização da disciplina geral do direito comercial exigiu uma ampla consulta aos operadores económicos. Com esta finalidade, teve lugar em Abidjan, nos dias 19 e 20 de Abril de 1993, um seminário que reuniu juristas, magistrados, advogados e representantes dos sectores público e privado. Durante este seminário, organizado em grupos de trabalho, foram efectuadas análises importantes, sobretudo no que concerne à área do direito comercial. Tais análises foram levadas em linha de conta pelos responsáveis pela preparação do projecto de acto uniforme. Na sequência daquelas considerações, a noção de «actividade económica», enquanto fundamento desta codificação, foi abandonada em favor do conceito mais clássico de «transacção comercial». Além disso, os operadores económicos realçaram o papel fundamental que o registo comercial iria desempenhar a partir daquele momento enquanto instituição de segurança e de informação das empresas.

– a Lei de 27 de Novembro de 1980, que contém uma série de medidas relevantes relativas ao controlo da actividade económica nos Camarões;
– as Leis de 21 de Abril de 1983 e 10 de Setembro de 1990, que regulam o acesso à profissão de comerciante no Congo;
– a Lei de 1 de Agosto de 1964, que regula a profissão de comerciante na Costa do Marfim, complementada pela Lei de 28 de Julho de 1978, relativa à concorrência, preços, combate e repressão de crimes contra as actividades económicas incluídas na legislação económica;
– o Decreto de 3 de Outubro de 1983, que regula o desenvolvimento das actividades comerciais e a prestação de serviços na República Centro-Africana.

Textos normativos posteriores foram também produzidos no Gabão, Guiné Equatorial, Mali, Níger, Senegal e Togo.

[2] Para um quadro completo da situação normativa nos referidos Países no período anterior à emanação do AUDCG, v. Alain FÉNÉON, Antoine DELABRIÈRE, *Présentation de l'Acte Uniforme sur le droit commercial général*, in *Revue Penant*, n.º 827 (1998), págs. 137 e segs..

Enquanto o método de trabalho foi definido no decurso de uma reunião que teve lugar em Março de 1994, em Ouagadougou, um primeiro projecto de acto uniforme foi elaborado e enviado a todas as comissões nacionais no quarto trimestre de 1994. Esse projecto encontrava-se dividido em cinco partes:

– Estatuto do comerciante;
– Registo comercial e do crédito mobiliário;
– Contrato de arrendamento comercial e de estabelecimento comercial;
– Intermediários comerciais; e
– Venda comercial.

As comissões nacionais examinaram o esboço do acto uniforme e procederam às respectivas observações, que foram examinadas durante um outro encontro, que teve lugar em Bangui no início de 1995. Durante este encontro, o projecto de acto uniforme foi discutido artigo a artigo, e muitas das observações feitas pelas diversas comissões nacionais foram adoptadas e melhoraram o texto. No fim do seminário de Bangui, o primeiro projecto de acto uniforme derivado do Tratado OHADA e relativo ao direito comercial foi adoptado unanimemente pelos representantes das comissões nacionais presentes.

O Acto Uniforme relativo ao Direito Comercial Geral (AUDCG) foi assim adoptado no Conselho de Ministros de 17 de Abril de 1997, entrando em vigor no dia 1 de Abril de 1998. O AUDCG é composto por seis Livros, relativos, respectivamente, ao estatuto do comerciante, ao registo do comércio e do crédito mobiliário, ao arrendamento comercial e estabelecimento comercial, aos intermediários do comércio, à compra e venda comercial e, por fim, às disposições finais. As novas disposições colocam em prática o objectivo do legislador de modernizar a matéria e torná-la mais acessível aos operadores[3]. O Acto Uniforme aplica-se a todos os operadores comerciais, sejam pessoas singulares ou colectivas[4], que tenham em

---

[3] Sobre as inovações resultantes do AUDCG, v. Jacqueline LOHOUES-OBLE, *Innovations dans le droit commercial général*, in *Petit affiches. La Loi*, n.º 205, 13 de Outubro de 2004. V., também, José de Oliveira ASCENSÃO, *O Acto Uniforme da OHADA sobre o Direito Comercial Geral e a ordem jurídica da Guiné-Bissau*, in Boletim da Faculdade de Direito de Bissau, n.º 6, págs. 202 e segs.; cf. ainda Rui ATAÍDE, *Orientações fundamentais do Acto Uniforme da OHADA relativo ao Direito Comercial Geral*, in Boletim da Faculdade de Direito de Bissau, n.º 8, págs. 267 e segs..

[4] Faz-se menção às sociedades comerciais tal como vêm definidas no respectivo Acto Uniforme, objecto de análise no Capítulo III.

algum dos Estados-membros o local de desenvolvimento da sua actividade comercial ou a sua sede social, incluindo também as sociedades em que um Estado ou ente público tenha participação no capital social respectivo[5].

Relativamente à situação jurídica dos comerciantes existente à data da adopção do Acto Uniforme, foi assegurado aos mesmos um período de dois anos, contados a partir da data da publicação do Acto Uniforme, para colocaram as suas actividades de acordo com o novo regime. Não estando a falta de cumprimento desse termo acompanhada de qualquer sanção, é difícil ter uma ideia exacta da sua aplicação efectiva. A regularização pode ter lugar após o fim do referido período, a pedido de qualquer interessado dirigido à jurisdição competente[6].

Na reunião de Lomé de 14 de Dezembro de 2010, o Conselho de Ministros aprovou uma nova versão do Acto Uniforme. O objectivo declarado foi o de adaptar as regras do direito comercial às novas exigências que têm surgido neste âmbito – tal como a possibilidade de utilização de meios electrónicos – e facilitar a migração do sector informal da economia para o sector formal da mesma, através de uma disciplina que satisfaça as necessidades específicas do primeiro.

2. O comerciante

As disposições do AUDCG definem o estatuto do comerciante e regulamentam a sua actividade.

Para se adquirir o estatuto de comerciante é necessário a verificação de um certo número de elementos que uma vez adquiridos determinam certas consequências.

Para se ser comerciante é necessário, antes de tudo, que o sujeito – pessoa singular ou colectiva – pratique actos de comércio e faça dessa actividade a sua profissão habitual. Para isso, o sujeito tem de ter capacidade para praticar actos de comércio.

2.1. *A prática de actos de comércio*

O Acto Uniforme não modificou a definição tradicional de comerciante: de acordo com o Artigo 2.º, «*são comerciantes aqueles que*

---

[5] Cf. Artigo 1.º AUDCG.
[6] Cf. Artigo 1.º, § 4, do AUDCG.

praticam actos de comércio e fazem desta prática a sua profissão habitual».

O legislador define o actos de comércio como «*os actos através dos quais uma pessoa se integra na circulação dos bens que produz ou adquire, ou com os quais presta serviços com a intenção lucrativa*» e procede a uma enumeração dos mesmos no Artigo 3.º do AUDCG[7]. O exame deste elenco conduz a uma série de observações.

Em primeiro lugar, pode verificar-se que os actos e as operações são considerados como tendo uma natureza comercial, evitando-se a confusão entre actos de comércio praticados no exercício de uma actividade de empresa e actos de comércio isolados[8]. Não existem, assim, mais actos que assumam natureza comercial pela sua repetição no tempo ou pela sua consideração de actos de comércio no contexto de uma actividade empresarial.

O segundo elemento a considerar prende-se com a individualização e listagem da categoria dos actos de comércio. Trata-se, em particular, de actos praticados por sociedades comerciais, de contratos entre comerciantes por força da sua actividade comercial e das operações dos intermediários de comércio.

---

[7] O Artigo 3.º considera como actos de comércio:
– A compra de bens, móveis ou imóveis, para revenda;
– As operações bancárias, de bolsa, de câmbio, de corretagem, de seguros e de expedição;
– Os contratos celebrados entre comerciantes relativos às necessidades das respectivas actividades comerciais;
– A exploração industrial de minas, pedreiras e de todos os jazigos de recursos naturais;
– As operações de locação de móveis;
– As operações de manufacturas, de transporte e de telecomunicações;
– As operações de intermediários de comércio, tais como a comissão, corretagem, agências, bem como as operações de intermediação para a compra, subscrição, venda ou locação de imóveis, de estabelecimentos comerciais, de acções ou de partes de sociedades comerciais ou imobiliárias;
– Os actos praticados por sociedades comerciais.
No Artigo 4.º são ainda considerados actos de comércio a letra de câmbio, a livrança e o *warrant*.

[8] Tal confusão foi assinalada por Georges RIPERT relativamente ao artigo 632 do Código de Comércio francês – cf. *Traité elémentaire de droit commercial*, Paris, LGDJ, 1954, 3.ª ed., n.º 276, p. 127. A distinção em causa é, no entanto, retomada por Akueté Pedro SANTOS, Jean Yado TOÉ, *OHADA. Droit commercial général*, Bruxelles, Bruylant, 2002, págs. 61 e segs., os quais, nessa base, procuram os actos de comércio não previstos no AUDCG.

A terceira observação reside no facto de que o conjunto dos actos de comércio foi alargado depois do acréscimo de novas operações. Este alargamento abrange também os actos que são por natureza comerciais, independentemente da qualidade do autor do acto, nos termos do Artigo 4.º do AUDCG, sendo seguro que a prática destes actos não confere ao seu autor a qualidade de comerciante. Como no Código de Comércio francês, também no Acto Uniforme OHADA a aquisição da qualidade de comerciante deriva não só da prática de actos de comércio, mas também da sua prática constante a título de profissão e por conta própria.

Atente-se, porém, que o elenco de actos de comércio previsto no AUDCG não é exaustivo, mas meramente indicativo.

A actividade comercial deve ser desenvolvida como profissão habitual, o que pressupõe uma certa organização, a aquisição e posse de determinadas competências e a prossecução de um objectivo; a existência de todos estes elementos faz presumir a existência de uma empresa. A norma não o diz, mas uma consequência necessária é que o comerciante tem de exercer tal actividade de forma independente, por sua conta e risco[9].

2.2. *A capacidade para a prática de actos de comércio*

O comerciante deve ter capacidade para a prática de actos de comércio, sendo esta capacidade normalmente determinada pela lei nacional de cada Estado-membro. Em todo o caso, ninguém pode praticar actos de comércio a título profissional se não for juridicamente capaz de exercer o comércio[10], pelo que o menor não emancipado não pode ser comerciante nem pode praticar actos de comércio juridicamente válidos[11]; o Acto Uniforme enuncia, todavia, algumas normas relativas ao exercício conjunto do comércio pelos cônjuges e às situações de incompatibilidade e interdições.

Em caso de exercício conjunto da actividade comercial por parte dos cônjuges, o marido não é mais o único a poder ser considerado comerciante, podendo qualquer dos cônjuges ter essa qualidade. Consequente-

---

[9] V. Akueté Pedro SANTOS, Jean Yado TOÉ, op. cit., págs. 79 e segs..

[10] Cf. Artigo 6.º do AUDCG. Sobre o assunto, v. Denis Roger SOH FOGNO, Alphonse TCHOFFO, *L'assainissement de la profession commercial dans l'espace OHADA*, in *Revue Penant*, n.º 862 (2008), págs. 90 e segs..

[11] Cf. Artigo 7.º do AUDCG. Sobre o assunto, v. Akueté Pedro SANTOS, Jean Yado TOÉ, op. cit., págs. 95 e segs..

mente, o cônjuge que não seja qualificado como comerciante só pode adquirir essa qualidade se praticar actos de comércio como profissão habitual, por sua conta e risco, separado da actividade do outro cônjuge[12].

O legislador OHADA estabeleceu o princípio da impossibilidade de exercício de uma actividade comercial quando o sujeito se encontre numa situação de incompatibilidade[13], indicando, para o efeito, uma série de incompatibilidades entre o estatuto de comerciante e o desempenho de uma série de actividades que englobam os funcionários do Estado, os auxiliares da justiça e certas profissões liberais[14], a que se juntam, eventualmente, outras actividades previstas nos ordenamentos nacionais de cada Estado-membro. No caso de exercício de uma actividade comercial em situação de incompatibilidade, os actos praticados mantêm-se válidos apenas para as obrigações assumidas, com a possibilidade do cancelamento ou aplicação de outras sanções disciplinares previstas para qualquer categoria profissional[15].

As interdições privam o comerciante do direito de exercer uma actividade comercial, directamente ou por interposta pessoa. As interdições são sanções proferidas por uma autoridade profissional ou judicial, aplicadas a título de pena principal ou pena acessória[16], podendo ser de natureza especial ou geral e de carácter definitivo ou temporário[17]. Os actos eventualmente praticados pelo interdito são-lhe oponíveis, mas não são oponíveis perante terceiros de boa fé, a qual se presume, sendo passível de ser ilidida mediante prova em contrário[18].

---

[12] Cf. Artigo 7.º, § 2, do AUDCG. Na doutrina, v. Denis Roger Soh Fogno, Alphonse Tchoffo, *L'assainissement* cit..

[13] Cf. Artigo 8.º do AUDCG.

[14] Cf. Artigo 9.º do AUDCG.

[15] Sobre o assunto v., mais desenvolvidamente, Akueté Pedro Santos, Jean Yado Toé, op. cit., págs. 106 e segs..

[16] Cf. Artigo 10.º do AUDCG. V., também, o Artigo 203.º do AUOPC no que concerne às interdições do falido.

[17] Cf. Artigo 11.º do AUDCG. Sobre o assunto, v. Sylvain Sorel Kuate Tameghe, *Sortie de la cour du roi petaud: a propos de l'interdiction d'exercer la profession commerciale dans l'Acte Uniforme OHADA relatif au droit commercial général*, in *Revue Penant*, n.º 861 (2007), págs. 492 e segs..

[18] Cf. Artigo 12.º do AUDCG. O Acto Uniforme nada diz relativamente ao procedimento de cessação da actividade comercial por parte do comerciante afectado por uma medida de interdição. Segundo Sylvain Sorel Kuate Tameghe, *Sortie* cit., pág. 502, deve proceder-se à aplicação analógica do Artigo 36.º do AUDCG, de acordo com o qual a pes-

2.3. As consequências resultantes do estatuto de comerciante

A assunção da qualidade de comerciante comporta, fundamentalmente, duas consequências: as obrigações que a lei coloca a cargo do sujeito e o regime especial a que estão sujeitos todos os actos que ele pratica. Aquelas obrigações consistem na inscrição no Registo do Comércio e do Crédito Imobiliário (RCCM) e no respeito por uma série de obrigações relativas à conservação dos registos contabilísticos.

a) As inscrições. O Registo do Comércio e do Crédito Mobiliário (RCCM)

O Registo do Comércio teve sempre como função principal receber toda a informação relativa aos comerciantes, pessoas singulares ou colectivas, e de fornecer informação aos seus potenciais parceiros comerciais sobre a sua situação jurídica e financeira. Com o AUDCG, o RCCM tornou-se no local onde estão centralizadas todas as informações relativas às pessoas singulares e colectivas que desenvolvem actividade comercial e que estão sujeitas a matrícula, recebendo todos os dados relativos às garantias mobiliárias e todas as modificações complementares e secundárias subsequentes[19].

A maior inovação consiste na obrigação de inscrever a constituição, a modificação e a extinção de todas as garantias previstas no AUOG[20], o que explica a sua junção à designação originária «Registo do Comércio», e a sua inscrição no Registo tem como efeito torná-las oponíveis a terceiros a partir da data desse facto[21].

---

soa singular deve solicitar o cancelamento da sua matrícula no Registo do Comércio e do Crédito Mobiliário no prazo de um mês a contar da data de cessação da sua actividade comercial. Resta determinar a partir de que momento a obrigação de não continuar o exercício da actividade comercial se impõe ao sujeito interdito, momento esse que – de acordo com o mesmo Autor – coincide com o momento em que a medida sancionatória se torna definitiva.

[19] Cf. Artigo 34.º do AUDCG.
[20] Cf. Artigos 35.º e 38.º do AUDCG. Esta obrigação já existia no Gabão, Senegal e Guiné.
[21] Este princípio, inicialmente previsto no Artigo 63.º do AUDCG, parece não ter sido inserido na nova redacção do AUDCG, mas pode deduzir-se, contudo, da natureza das inscrições no RCCM, bem como dos respectivos objectivos, indicados no Artigo 34.º do AUDCG.

Comparativamente com o anterior Registo do Comércio, as condições de matrícula são mais apertadas, devendo o requerente fornecer a documentação indicada no Artigo 45.° do AUDCG[22]: o objectivo é fornecer às empresas uma ampla fonte de informações comerciais sobre as situações jurídica e financeira das suas parceiras comerciais e de criar garantias jurídicas idóneas[23].

Nos termos do Artigo 44.° do AUDCG, todos os comerciantes devem requerer a sua matrícula no RCCM durante o primeiro mês de exercício da sua actividade comercial. No RCCM são inscritas as informações relativas aos comerciantes pessoas singulares, sociedades comerciais e Agrupamentos de Interesse Económico (AIE) que permitam a identificação da empresa comercial, da sua actividade e dos seus gerentes, administradores e pessoas com poderes de representação, bem como as informações relacionadas com os factos que dizem respeito à vida da empresa (modificação, dissolução, cessação da actividade, etc.)[24]. Para beneficiar dos efeitos da matrícula, o comerciante deve apresentar um requerimento nos termos previstos nos Artigos 44.° e seguintes do AUDCG[25].

---

[22] *Vide* Jacqueline LOHOUES-OBLE, *Innovations* cit., pág. 12.

[23] Cf. Artigo 34.° do AUDCG.

[24] Cf. Artigo 35.° do AUDCG. O Registo do Comércio e do Crédito Mobiliário é composto por um registo local junto do tribunal competente e por registos centrais, entre os quais um a nível nacional e outro junto do TCJA (cf. Artigo 36.° do AUDCG). O registo é composto por um registo de chegada ou registo cronológico onde são efectuados os registos por ordem cronológica, por uma série de fichas individuais ordenadas por ordem alfabética, e por uma ficha cronológica e fichas individuais onde são registados todos os averbamentos relativos às garantias (cf. Artigo 38.° do AUDCG). Os registos centrais são arquivos que centralizam a nível nacional e a nível regional as informações dos mais diversos registos, estando regulados, respectivamente, nos Artigos 73.° e segs., e 76.° e segs. do AUDCG. Estão também previstas disposições específicas relativas à informatização do RCCM (cf. Artigos 79.° a 100.° do AUDCG). O sistema é inspirado por instrumentos análogos em vigor no Mali e no Senegal.

[25] O requerente – ou o representante legal no caso de se tratar de uma pessoa colectiva – preenche um formulário com o pedido de matrícula que, depois, vai depositar na secretaria do tribunal competente na área da sede social ou no lugar do exercício da actividade comercial. O pedido indica as informações relativas à identificação do comerciante pessoa singular ou colectiva, a natureza e o local de exercício da actividade e a forma de exploração dessa actividade. O pedido é assinado pelo requerente e é acompanhado pela documentação indicada nos Artigos 45.° e segs. do AUDCG. O funcionário do Registo atribui ao pedido um número RCCM (cf. Artigo 50.° do AUDCG) que deverá aparecer nos documentos comerciais do comerciante. As unidades locais – ou seja, os lugares onde se

A matrícula da pessoa singular no RCCM faz presumir a sua qualidade de comerciante[26] e torna aplicável nas suas relações comerciais o respectivo regime com os consequentes direitos e obrigações. A despeito disso, a ausência de inscrição no Registo não priva o comerciante dessa qualidade, mas também não lhe permite fazer valer os direitos inerentes a esse estatuto, não podendo o comerciante invocar a falta de matrícula no Registo para se eximir de cumprir as obrigações e responsabilidades próprias da sua condição[27]. No que concerne às pessoas colectivas (sociedades comerciais e AIE), estas adquirem personalidade jurídica no momento da sua matrícula no RCCM[28], estando as pessoas colectivas diversas das sociedades comerciais e dos AIE sujeitas ao regime anterior; o AUDCG estabelece a esse propósito algumas normas relativas ao processo de inscrição das pessoas colectivas no RCCM[29].

Para além da matrícula, são também inscritos no RCCM os actos que introduzem modificações posteriores ao acto de matrícula[30], sendo oficiosamente registados junto da secretaria competente (decisões proferidas nos processos de falência, decisões que apliquem sanções patrimoniais aos dirigentes das pessoas colectivas, decisões de reabilitação que extingam interdições)[31]. O efeito principal da inscrição de tais factos e actos no Registo é a sua oponibilidade a terceiros e à Administração Pública[32].

Quando o comerciante cessa a sua actividade comercial deve solicitar o cancelamento da mesma junto do RCCM no prazo de um mês a contar da data da cessação; no caso de morte, os herdeiros da pessoa singular matriculada no Registo devem solicitar o cancelamento da mesma no prazo de três meses após a data do falecimento; na falta de pedido de cancelamento nos prazos indicados, a secretaria procede ao cancelamento do

---

desenvolve em permanência a actividade comercial distintos do estabelecimento principal e dirigidos pelo comerciante, um seu funcionário ou uma pessoa com poderes de representação nas relações com terceiros – e as sucursais – definidas de acordo com o Artigo 116.º do AUSCGIE – estão também sujeitas à obrigação de matrícula, de acordo com o procedimento descrito no Artigo 48.º do AUDCG.

[26] Cf. Artigo 59.º, § 1, do AUDGC.
[27] Cf. Artigo 60.º do AUDGC.
[28] Cf. Artigos 98.º, 115.º e 872.º do AUDSCAIE e 60.º do AUDCG.
[29] Cf. Artigos 46.º e segs. do AUDCG.
[30] Cf. Artigos 53.º e segs. do AUDCG.
[31] Cf. Artigo 43.º do AUDCG.
[32] Cf. Artigo 61.º do AUDCG.

mesmo após decisão judicial[33]. O cancelamento implica a perda dos direitos derivados da matrícula[34].

Eventuais reclamações relativas à matrícula no RCCM são decididas – oficiosamente ou a pedido da parte interessada – pelo tribunal de cada Estado-membro competente em matéria comercial, enquanto que será um tribunal criminal a instância competente para aplicar as sanções em caso de violação das disposições relativas à matrícula[35]. A nova redacção do AUDCG estabelece, por sua vez, um procedimento administrativo preventivo para a resolução de litígios relativos à matrícula[36].

Por força do Título dedicado ao registo das garantias mobiliárias no RCCM, o legislador estende a todos os Estados-membros o regime de inscrição das garantias mobiliárias já vigente no Senegal e no Mali. O objectivo é organizar a publicidade dos actos centralizando todas as informações num só arquivo: o RCCM. A respectiva disciplina encontra-se integralmente regulada no AUOG (cf. Artigos 51.º a 66.º), regime para o qual se remete.

Os litígios relativos à inscrição das garantias no RCCM obedecem ao regime previsto no AUOG[37].

b) As obrigações de escrituração do comerciante

As obrigações de escrituração do comerciante consistem na existência de contabilidade e de alguns livros contabilísticos[38].

De acordo com os artigos 1.º e 2.º do Acto Uniforme relativo à Organização e Harmonização das Contabilidades das Empresas (AUCE), qualquer comerciante, pessoa singular ou colectiva, está obrigado a ter uma contabilidade organizada. O AUDCG limita-se a determinar a obrigação de conservação dos livros previstos no AUCE[39], remetendo, quanto ao resto, para as disposições do AUCE[40].

---

[33] Cf. Artigo 55.º do AUDCG.
[34] Cf. Artigo 57.º do AUDCG.
[35] Cf. Artigos 41.º a 43.º do AUDCG. Sobre o assunto, v. Alphame NKOROUNA, *Le juge et le contentieux de l'immatriculation de l'OHADA*, in *Hebdo Informations*, Liberville, n.º 391, 12 de Dezembro de 1998.
[36] Cf. Artigo 66.º do AUDCG.
[37] Cf. Artigo 67.º do AUDCG.
[38] Cf. Artigo 13.º do AUDCG.
[39] Cf. Artigo 13.º do AUDCG.
[40] O AUCE é objecto de análise no Capítulo VIII, para o qual se remete para uma abordagem mais detalhada das obrigações contabilísticas do comerciante.

Sob a designação de «situações financeiras de síntese», o legislador identifica o balanço e outros documentos necessários à contabilidade. Aquelas são impostas a todas as pessoas colectivas que exercem uma actividade comercial, tal como previsto no Artigo 15.° do AUDCG: o Artigo 11.° do AUCE estabelece a sua obrigatoriedade, instituindo a possibilidade de modelar esta exigência de acordo com a dimensão das empresas.

Todos os livros obrigatórios devem mencionar o número de matrícula no RCCM[41].

2.4. A prova dos actos de comércio

O legislador OHADA estabeleceu um sistema de liberdade absoluta de prova dos actos de comércio, respeitando o regime geral da prova previsto no Código Civil francês e seguido nos Estados francófonos membros da OHADA. Tal princípio tem a sua justificação na necessidade de simplificação, rapidez e elasticidade em matéria comercial. Consequentemente, de acordo com o Artigo 5.° do AUDCG, a prova de um acto de comércio pode ser feita por qualquer meio ao dispor do comerciante, incluindo meios electrónicos[42].

Por outro lado, o princípio de liberdade de prova sancionado pelo Artigo 5.° do AUDCG sofre uma ligeira restrição em matéria de prova do mandato conferido a um intermediário e no caso do contrato de compra e venda comercial: os Artigos 144.° e 208.° do AUDCG estabelecem que a prova desses contratos só pode ser feita por qualquer meio na ausência de um contrato escrito[43].

Depois, os livros de comércio regularmente mantidos podem ser aceites pelo tribunal como meio de prova das relações entre comerciantes, além de que, no âmbito de um litígio, o tribunal pode ordenar a exibição

---

[41] Cf. Artigo 14.° do AUDCG.

[42] Cf. decisões da *Cour d'Appel* de Lomé, de 23.06.2005 (n.° 97/05), e da *Cour d'Appel* de Abidjan, de 28.02.2003 (n.° 222), em matéria de admissibilidade da prova testemunhal relativamente à prova de actos de comércio dos comerciantes.

[43] Segundo Akueté Pedro SANTOS, in Akueté Pedro SANTOS e Jean Yado TOÉ, *OHADA. Droit commercial* cit., a *ratio* de tal excepção deve-se ao facto de que a presença de um contrato escrito indica a livre expressão da vontade das partes de fornecerem a prova da relação jurídica entre ambas, vontade essa a que o legislador OHADA conferiu tutela.

dos livros de comércio do comerciante, com vista a extrair elementos com interesse para o caso[44].

2.5. O regime da prescrição

Quanto ao tema da prescrição, o legislador OHADA introduziu uma importante modificação relativamente ao regime anteriormente vigente. O artigo 189 *bis* do Código de Comércio francês – aplicável aos territórios ultramarinos, por força da Lei de 18 de Agosto de 1948 – previa um regime de prescrição de 10 anos para as «*obrigações contraídas entre comerciantes por ocasião do desenvolvimento da sua actividade comercial*». Relativamente a este texto normativo, verifica-se uma dupla inovação: o prazo de prescrição não é já de dez anos mas de cinco, com excepção de alguns casos particulares em que o prazo previsto é de dois anos; além disso, o regime de prescrição com prazo de cinco anos foi alargado às obrigações contraídas entre comerciantes e não comerciantes[45].

Na nova redacção, o AUDCG contém uma série de regras gerais, a propósito da prescrição e da caducidade.

Prevê-se que o prazo de prescrição comece a correr no dia em que o titular do direito de agir tem conhecimento ou deveria conhecer os factos que lhe permitam exercer o seu direito, ao passo que o prazo de caducidade tem início no dia em que se verifica o evento que o determina[46].

A prescrição de um crédito sujeito a condição começa a correr a partir do momento em que a mesma se verifica; no caso de ser um crédito sujeito a termo, quando este expirou; e em caso de acção em garantia no momento em que o terceiro entra na posse do bem[47]. A suspensão do prazo interrompe temporariamente o curso do prazo sem extinguir o tempo já decorrido[48], enquanto a interrupção tem o efeito de extinguir o prazo já decorrido, começando a correr novo prazo a partir daí[49]. O prazo de pres-

---

[44] Cf. Artigo 5.º do AUDCG.
[45] Cf. Artigo 16.º do AUDCG. Este último princípio segue a mesma linha do legislador francês, o qual já modificou neste sentido o artigo 189 *bis* do Código de Comércio através da Lei de 3 de Janeiro de 1977.
[46] Cf. Artigo 17.º do AUDCG.
[47] Cf. Artigo 19.º do AUDCG.
[48] Cf. Artigo 20.º do AUDCG.
[49] Cf. Artigo 22.º do AUDCG.

crição não se completa contra quem for incapaz de agir por força da lei, contrato ou motivo de força maior[50]. O início de uma arbitragem ou de uma mediação extrajudicial implica a suspensão do prazo de prescrição, enquanto a propositura de uma acção judicial determina a sua interrupção, o mesmo acontecendo com o reconhecimento da dívida pelo devedor[51].

O Tribunal não pode invocar oficiosamente a prescrição, mas esta pode ser invocada pelo interessado em qualquer fase do processo[52]. O interessado pode também renunciar à prescrição – expressa ou implicitamente – somente quando o prazo já tenha decorrido[53]. As partes são livres de acordar na redução ou dilação do prazo da prescrição até um máximo de dez anos, assim como podem introduzir, também por acordo, outras causas de suspensão ou interrupção da prescrição[54]. A norma em questão, contudo, concilia-se mal com o Artigo 24.º do AUCE, que fixa em 10 anos o prazo de conservação dos documentos contabilísticos.

O AUDCG estabelece, assim, disposições específicas em matéria de prescrição no contrato de compra e venda comercial, para cuja análise se remete para o parágrafo 6.4., alínea d) infra.

3. O *entreprenant* ("pequeno empresário")

A mais importante das inovações introduzidas pela nova versão do AUDCG é, sem dúvida, a criação de uma nova figura – o *entreprenant* – que pretende responder à exigência de simplificação das formalidades exigidas às micro e pequenas empresas que não possuem os meios para efectuar a matrícula da sua sociedade, em especial nas regiões rurais e semi-rurais e, através deste processo de «oficialização», permitir o acesso ao crédito formal e às prestações sociais.

Esta inovação do legislador OHADA sujeita este novo sujeito jurídico a um regime contabilístico simples e reduzido. O legislador preten-

---

[50] Cf. Artigo 21.º do AUDCG.
[51] Cf. Artigos 21.º, 23.º e 24.º do AUDCG. Esta diferença de tratamento entre as três tipologias de processo de resolução de litígios contraria o objectivo declarado pelo legislador OHADA de favorecer o recurso à arbitragem e aos outros meios alternativos de resolução de litígios.
[52] Cf. Artigo 26.º do AUDCG.
[53] Cf. Artigo 28.º do AUDCG.
[54] Cf. Artigo 29.º do AUDCG.

deu assim melhorar a condição jurídica e financeira dos sujeitos económicos do sector informal, ou seja, aqueles que exercem actividades que escapam a qualquer regulamentação e controlo por parte do Estado. Graças a esta inovação, os pequenos empresários devem passar gradualmente de uma actividade exercida a título informal para uma economia formal, permitindo o seu acesso ao crédito bancário antes impossível.

O sector informal, que representa uma parte significativa da economia africana, é constituído por um grande número de pessoas que desenvolvem a sua actividade individualmente ou em família. Nenhum instrumento jurídico foi até agora criado para regular este sector, criando assim um terreno de insegurança jurídica para estes sujeitos e uma situação que não facilita a transferência para a economia formal.

O estatuto do *entreprenant* nasce, assim, com o objectivo de permitir aos actores do sector informal sair da situação de marginalidade jurídica e desenvolver a sua actividade num ambiente jurídico e socialmente regulado, graças a medidas fiscais simples e eficazes. Para esse fim, a migração do sector informal para o sector formal deve ser progressiva e acompanhada a nível interno[55]. Esta nova figura pode ser também usada por aqueles que pretendem iniciar uma nova actividade com o objectivo de testar o seu negócio, antes de adoptar um dos tipos de sociedade previstos no AUDSCAIE.

Do ponto de vista especificamente jurídico, refira-se que a figura está ausente do direito comercial francês e não há nada de similar no direito português e no direito espanhol. Uma ajuda para a compreensão do instituto talvez possa vir da figura do pequeno empresário de que fala a doutrina italiana e o Artigo 2083 do Código Civil italiano[56], e talvez ainda a doutrina alemã e austríaca, se bem que as figuras do *Minderkaufmann* e do *Minderkaufleute* tenham sido eliminadas dos Artigos 4 do *Deutsche* e do *Osterreische Handelsgesetzbuch*.

O *entreprenant* não está sujeito a matrícula no RCCM[57] e limita-se a declarar o início de actividade ao tribunal e ao RCCM[58]: em especial, ele deve preencher um formulário entregue no tribunal[59] que permite fornecer

---

[55] Cf. Artigo 30.°, § 7, do AUDCG.
[56] V., por exemplo, Francesco FERRARA JR. e Francesco CORSI, *Gli imprenditori e le società*, Giuffré, Milão, 1992, e Anteo GENOVESE, *La nozione giuridica dell'imprenditore*, CEDAM, Pádua, 1990.
[57] Cf. Artigo 30.°, § 6, do AUDCG.
[58] Cf. Artigo 62.° do AUDCG.
[59] Cf. Artigo 39.° do AUDCG.

as informações sobre a identidade do *entreprenant* e sobre a sua actividade, juntando os documentos necessários[60]. O *entreprenant* recebe um recibo do seu registo e um número de declaração: este número, acompanhado da menção «empresário dispensado de matrícula», deve constar das facturas, recibos de encomendas e correspondência profissional[61].

O *entreprenant* conserva um livro no qual devem ser indicados cronologicamente, dia a dia, a origem e identidade dos seus recursos, distinguindo os pagamentos em dinheiro dos feitos noutra modalidade, livro esse que deve ser conservado por, pelo menos, cinco anos[62]. O *entreprenant* que exerce actividade de compra e venda de bens ou de disponibilização de alojamento deve ter um registo anual que exponha ao detalhe as aquisições e respectivo modo de pagamento, conservando os respectivos documentos justificativos[63].

As obrigações entre *entreprenant* ou entre *entreprenant* e não *entreprenant* no decurso da sua actividade prescrevem passados cinco anos, quando não devam prescrever mais cedo[64].

4. O património do comerciante

A parte essencial do património do comerciante é constituída pelo estabelecimento comercial. Tomados em conjunto ou isoladamente, alguns elementos do estabelecimento comercial podem ser dados em penhor, permitindo ao comerciante procurar obter crédito.

4.1. *O estabelecimento comercial*

O AUDCG prevê a definição de estabelecimento comercial e regula os contratos com ele relacionados.

---

[60] Cf. Artigo 63.º do AUDCG. Trata-se do documento de identificação, da certidão de nascimento, do certificado de residência, da certidão de casamento (se casado) e do registo criminal.
[61] Cf. Artigo 62.º, § 3, do AUDCG.
[62] Cf. Artigo 31.º do AUDCG.
[63] Cf. Artigo 32.º do AUDCG.
[64] Cf. Artigo 33.º do AUDCG. Aplicam-se os já analisados princípios gerais relativos à prescrição previstos nos Artigos 17.º a 29.º do AUDCG.
[65] Cf. Artigo 135.º do AUDCG.

Nenhum dos textos normativos aplicáveis na maior parte dos Estados da OHADA continha uma definição de estabelecimento comercial. O novo Acto Uniforme, apoiando-se na doutrina francesa dominante, define o estabelecimento comercial como o conjunto de meios que permitem ao comerciante atrair e conservar a clientela[65]. Esta definição coloca a clientela como o elemento chave do estabelecimento comercial. O Artigo 136.º confirma esta afirmação ao estabelecer que o estabelecimento comercial inclui obrigatoriamente a clientela conjuntamente com a insígnia ou o nome comercial: estes elementos, que o legislador indicou no segundo parágrafo do Artigo 136.º, vêm a formar o conceito de estabelecimento comercial. Não fazem pois parte do estabelecimento comercial os bens imóveis, os valores líquidos e as obrigações e os documentos contabilísticos[66].

O Artigo 137.º do AUDCG especifica que o estabelecimento comercial é constituído por bens móveis tangíveis e inteligíveis e contém o elenco dos bens que podem contribuir para formar o estabelecimento comercial[67]. Todos estes elementos, isoladamente ou fazendo parte de um todo, podem ser objecto de relações contratuais.

4.2. *Os contratos de exploração do estabelecimento comercial*

O estabelecimento comercial pode ser objecto de três negócios jurídicos: contrato de locação, a cessão e o penhor. O AUDCG só contém disposições sobre a locação e a cessão do estabelecimento comercial. No que concerne ao penhor de estabelecimento comercial, ele vem previsto nos Artigos 162.º e seguintes do AUOG.

a) O contrato de locação de estabelecimento comercial

Este contrato é uma forma de exploração do estabelecimento comercial, que tem a particularidade de separar a propriedade da respectiva exploração. O Artigo 138.º do AUDCG, ao definir a locação do estabelecimento comercial como um contrato pelo qual o proprietário cede a res-

---

[66] Neste sentido, v. Akueté Pedro SANTOS e Jean Yado TOÉ, ob. cit., pág. 200.

[67] Trata-se das instalações, adaptações e arranjos, material, mobiliário, mercadorias em stock, direito ao arrendamento, licenças de exploração e patentes de invenção, marcas de fabrico e de comércio, desenhos e modelos de qualquer outro direito de propriedade industrial necessário à exploração.

pectiva exploração a um locatário para que este passe a geri-lo por sua conta e risco, mediante uma contraprestação periódica[68], confirma aquela asserção.

A utilidade deste contrato é óbvia, uma vez que o comerciante proprietário, na impossibilidade de facto ou jurídica de explorar pessoalmente o negócio, pode conservar a sua propriedade concedendo a terceiros a respectiva gestão. A disciplina jurídica prevista no AUDCG é de grande utilidade, tendo por finalidade principal regular as relações entre o locador e o locatário desde o momento da formação do contrato, passando pela sua execução, até à caducidade do mesmo.

O contrato de locação de estabelecimento comercial confere ao locatário a qualidade de comerciante. Este tem, portanto, de preencher todos os requisitos necessários para adquirir essa qualidade; em particular, ele tem de possuir capacidade para o comércio e não incorrer em nenhuma situação de interdição ou incompatibilidade. Sendo um comerciante, o locatário está vinculado às respectivas obrigações profissionais impostas por lei. Por outro lado, ao *entreprenant* não é consentido ser parte num contrato de locação de estabelecimento comercial[69].

No que respeita ao locador, o Artigo 141.º do AUDCG exige que este tenha exercido a profissão de comerciante por um período mínimo de dois anos no momento da conclusão do contrato de exploração do estabelecimento comercial cedido e que não esteja interdito ou impossibilitado do direito de exercer uma actividade comercial. Cumpre notar que o tribunal competente tem a faculdade de dispensar ou reduzir estes prazos quando constatar que o locador se encontra impossibilitado de explorar o estabelecimento comercial, pessoalmente ou através dos seus auxiliares[70]. Está previsto um regime específico para os casos dos estabelecimentos pertencentes ao Estado e para as locações resultantes de sucessão hereditária ou legatária e ainda em processo de falência[71].

---

[68] A obrigação do pagamento de uma renda não estava expressamente prevista na versão original do preceito, mas já se deduzia da natureza do contrato – neste sentido, cf. Josette NGUEBOU TOUKAM, *Le droit commercial général dans l'acte uniforme OHADA*, Yaoundé, Presses Universitaires d'Afrique, 1998, pág. 54; e Gervais MUBERANKIKO, *La protection du preneur dans un contrat de location-gérance*, disponível a partir de www.memoireonline.com.

[69] Cf. Artigo 138.º, § 3, do AUDCG.

[70] Cf. Artigo 142.º do AUDCG. O período não pode ser, em todo o caso, inferior a um ano.

[71] Cf. Artigo 143.º do AUDCG.

Os requisitos de forma estão essencialmente previstos para a publicidade do contrato, não estando a forma escrita expressamente prevista para a celebração do contrato de locação de estabelecimento comercial[72]. O locador permanece solidariamente responsável juntamente com o locatário nas relações com terceiros pelas obrigações derivadas da gestão do estabelecimento comercial até ao momento das publicações previstas no Artigo 139.º do AUDCG[73]. Compete ao locador requerer à secretaria da autoridade judiciária competente a modificação da inscrição no RCCM; por seu lado, o locatário é obrigado a requerer a inscrição no Registo. No final do contrato, as partes devem proceder a nova inscrição modificativa, a expensas do locatário, salvo nos casos em que o contrato continue em vigor por renovação expressa ou tácita[74].

Com a locação, o locatário compromete-se a prosseguir a exploração do estabelecimento de acordo com a sua finalidade, com plena independência e por sua conta e risco, com a diligência de um bom pai de família. Como em qualquer contrato de locação, pressupõe-se o pagamento de uma renda[75] cuja determinação é deixada à livre iniciativa das partes, as quais podem acordar na inclusão de uma cláusula de indexação, de acordo com os critérios previstos no Artigo 138.º do AUDCG. A particular importância que reveste a figura do comerciante na economia do contrato permite incluir o contrato em causa na categoria dos contratos celebrados

---

[72] Akueté Pedro Santos, in *Présentation de l'Acte Uniforme sur le Droit Commercial General*, disponível a partir de www.ohada.com, deduzia implicitamente a necessidade de forma escrita por força da obrigação de publicidade prevista no Artigo 145.º do AUDCG, defendendo ser dificilmente concebível promover a publicidade de um contrato verbal. No entanto, devendo ser a publicidade feita sob a forma de extracto num jornal, parece possível, em abstracto, a publicação de um contrato concluído verbalmente – sobre o tema, cf. decisão da CA de Bobo-Dioulasso, de 6 de Dezembro de 2004 (n.º 68), de acordo com o qual a prova do contrato de locação de estabelecimento comercial deve ser feita através de documento escrito; para Josette Nguebou Toukam, *Le droit commercial* cit., pág. 55, a norma subentende a necessidade da forma escrita, enquanto que para Alain Féneon e Jean-René Gomez, *Droit commercial général, commentaires*, Paris, EDICEF, 1999, o acto deve constar de documento autêntico ou escrito particular autenticado.

[73] Cf. Artigo 145.º do AUDCG. Cf., também, a decisão da CA de Abidjan, de 25 de Fevereiro de 2005 (n.º 263), no sentido de que a falta de cumprimento da obrigação de publicitar o acto não implica a nulidade do contrato, limitando-se ao efeito de manter a responsabilidade solidária das partes nas relações com terceiros.

[74] Cf. Artigo 139.º do AUDCG.

[75] Sobre o assunto, v. Akueté Pedro Santos e Jean Yado Toé, ob. cit., pág. 217.

intuitu personae, com a consequente impossibilidade de transmissão da parte do locador[76].

O estabelecimento comercial deve ter a sua própria clientela, a qual constitui o elemento caracterizador que distingue o contrato de locação do estabelecimento comercial do simples contrato de locação comercial[77].

A caducidade do contrato de locação, no que respeita às relações entre as partes, não foi disciplinada pelo legislador OHADA. Se parece certo que o locatário não tem direito à renovação do contrato e por isso, consequentemente, não pode pretender uma indemnização pela sua extinção, a hipótese do desenvolvimento de uma nova actividade pode criar algumas dificuldades. Sobre esta matéria não temos conhecimento de qualquer pronúncia quer dos tribunais dos Estados-membros, quer do TCJA; na jurisprudência francesa, tem sido defendido que no caso de a nova actividade ter sido desenvolvida com o acordo do locador, a mesma pode ser considerada como um estabelecimento comercial distinto pertencente em propriedade ao locatário.

No termo do contrato, o locatário é obrigado a restituir o estabelecimento comercial objecto da locação ao respectivo proprietário e abster-se de praticar actos de concorrência desleal, embora possa iniciar uma actividade similar àquela objecto do contrato de locação[78].

No que concerne à produção de efeitos nas relações com terceiros, além das normas de publicidade destinadas a fornecer as informações necessárias sobre a situação do estabelecimento comercial, o AUDCG contém algumas disposições dirigidas à tutela dos créditos de terceiros nos momentos de celebração e de caducidade do contrato de locação. No momento da celebração deste, os credores de longa data do proprietário podem requerer a um tribunal que declare que os seus créditos são imediatamente exigíveis; sob pena de prescrição, a acção deve ser proposta no prazo de três meses contados a partir da data de publicação do contrato de locação do estabelecimento comercial, podendo o tribunal competente pronunciar-se no sentido de dar provimento à acção caso chegue à conclusão de que o contrato em questão pode prejudicar a recuperação dos créditos em causa[79].

---

[76] Neste sentido, v. Josette NGUEBOU TOUKAM, *Le droit commercial* cit., pág. 56, e Gervais MUBERANKIKO, *La protection* cit..

[77] Neste sentido, v. Alain FENEON, Jean-René GOMEZ, *Droit Commercial* cit..

[78] Neste sentido, v. Josette NGUEBOU TOUKAM, *Le droit commercial* cit., pág. 56, e Gervais MUBERANKIKO, *La protection* cit..

[79] Cf. Artigo 144.º do AUDCG.

Por outro lado, os credores podem contar com a responsabilidade solidária do proprietário até ao momento da publicação do contrato de locação do estabelecimento comercial[80]. No termo do contrato de locação, todas as dívidas provenientes da gestão do estabelecimento comercial são imediatamente exigíveis[81]. O locatário não tem a obrigação de continuar os contratos em execução no momento da celebração do contrato de locação do estabelecimento comercial, com excepção dos contratos de trabalho[82].

b) A alienação do estabelecimento comercial

O legislador OHADA estabeleceu um regime específico relativo às condições e aos efeitos da alienação (venda, contribuições, etc.) do estabelecimento comercial.

A alienação do estabelecimento está sujeita a três grupos de normas. Em primeiro lugar, existe um regime geral relativo aos contratos de compra e venda existentes no ordenamento jurídico de cada Estado-membro, onde não se incluem as disposições do Livro V do AUDCG no âmbito da venda comercial, sendo aquele regime aplicável exclusivamente à venda de mercadorias e bens móveis entre comerciantes. Depois, existem as disposições normativas relativas a actividades comerciais específicas (comércio de armas, de medicamentos, venda de bebidas, restauração, etc.), que são também da competência do legislador nacional de cada Estado-membro. Por fim, temos as disposições previstas nos artigos 147.º a 168.º do AUDCG[83].

O estabelecimento comercial só pode ser alienado se forem incluídos os elementos indicados no artigo 136.º do AUDCG. A esses, as partes podem juntar outros elementos que façam parte do estabelecimento, mas a alienação separada de outros elementos – tais como os indicados no Artigo 137.º do AUDCG – não acompanhada pelos elementos previstos no Artigo 136.º, não configura uma alienação de estabelecimento comercial[84].

---

[80] Cf. Artigo 145.º do AUDCG.
[81] Cf. Artigo 146.º do AUDCG.
[82] Neste sentido, v. Josette NGUEBOU TOUKAM, *Le droit commercial* cit., pág. 56, e Gervais MUBERANKIKO, *La protection* cit..
[83] Cf. Artigo 147.º do AUDCG.
[84] Cf. Artigo 148.º do AUDCG. De acordo com a decisão do TGI de Ouagadougou, de 12 de Dezembro de 2001 (n.º 984), sendo a clientela o elemento chave do estabelecimento comercial, a alienação deste não é concebível sem a transferência simultânea daquela.

A alienação do estabelecimento comercial é feita por documento escrito, autêntico ou particular[85]. O acto deve incluir as menções previstas no Artigo 150.º do AUDCG[86], que, no caso de serem omitidas ou serem inexactas, podem comportar a nulidade da venda. A nulidade da alienação devida à omissão ou à inexactidão das menções está sujeita a condições restritivas, podendo o adquirente invocá-las apenas no prazo de um ano a contar da data de celebração do negócio de transmissão e desde que prove que a omissão ou a inexactidão afectou o valor do estabelecimento e que isso lhe causou prejuízo[87].

À necessidade de redução do negócio a escrito junta-se a exigência de publicidade, a qual se efectiva com o depósito de uma cópia certificada pelas partes junto do RCCM e com a publicação do contrato num jornal habilitado a receber anúncios legais, no prazo de quinze dias a contar da data da sua celebração[88]. O Acto Uniforme não refere quais as sanções resultantes da falta de publicidade: apenas se infere que a ausência de publicidade não influi sobre a validade da alienação, apenas retardando o momento em que o adquirente se liberta da responsabilidade solidária relativamente aos credores do vendedor[89].

---

[85] Cf. Artigo 149.º, § 1, do AUDCG.

[86] Segundo o Artigo 150.º, todo o acto de alienação de um estabelecimento comercial deve mencionar:
1) A identificação completa do vendedor e do comprador, tratando-se de pessoas singulares; o nome, denominação social, forma jurídica, endereço da sede social e o objecto social do vendedor e do comprador, tratando-se de pessoas colectivas;
2) A actividade do vendedor e do adquirente;
3) Os seus números de matrícula no Registo do Comércio e do Crédito Mobiliário;
4) A origem da propriedade do vendedor anterior, se aplicável;
5) Os privilégios, os penhores e inscrições que onerem o estabelecimento;
6) O volume de negócios realizado em cada um dos três últimos anos de exploração, ou desde a sua aquisição, se o estabelecimento for mais recente;
7) Os resultados comerciais realizados no mesmo período;
8) O arrendamento, a sua data, duração, e o nome e endereço do locador e do cedente, se aplicável;
9) O preço convencionado;
10) A situação e os elementos do estabelecimento vendido;
11) O nome e o endereço do estabelecimento bancário designado como depositário se a venda se realizar por documento particular.

[87] Cf. Artigo 151.º do AUDCG.

[88] Cf. Artigos 152.º e 153.º do AUDCG.

[89] Neste sentido, v. Akueté Pedro SANTOS, *Présentation* cit..

Quanto aos efeitos da alienação do estabelecimento comercial, adquirente e vendedor assumem obrigações distintas.

No que concerne ao adquirente, além das obrigações de publicidade já assinaladas, o Acto Uniforme menciona apenas a obrigação de pagamento do preço[90]. A referência feita, no Artigo 147.° do AUDCG, ao direito interno dos Estados-membros implica que o adquirente do estabelecimento assume as obrigações decorrentes das disposições normativas internas de cada Estado em matéria de compra e venda: ele deve tomar posse do bem e pagar as despesas e os impostos relativos à venda. Por outro lado, quando no acto de alienação nada for clausulado sobre os contratos em vigor relativos ao estabelecimento em causa (contratos de seguro, contratos de trabalho, contratos de fornecimento, entre outros), os mesmos transferem-se juntamente com o estabelecimento, a fim de preservar a continuidade da exploração comercial.

Relativamente ao preço, este deve ser determinado ou determinável, de acordo com as normas de direito interno aplicáveis; por outro lado, o preço deve corresponder ao valor real do estabelecimento comercial. É nulo o acto em que as partes acordem num preço diferente do preço declarado no acto de alienação[91]; esta nulidade não prejudica a validade do acto de transmissão ao preço declarado, mas o vendedor não pode reivindicar em tribunal o montante dissimulado no preço.

O preço é pago de acordo com as modalidades previstas no AUDCG, de modo a garantir os créditos de eventuais credores do vendedor, e a operação é realizada através de um notário ou de qualquer estabelecimento bancário designado pelas partes[92]. Estes conservam os fundos em depósito por um período de trinta dias, que começa a correr a partir da data de publicitação da venda nos termos previstos na lei, período esse durante o qual é possível deduzir oposição à alienação. Decorrido esse período, e na falta de oposição, o preço é colocado à disposição do vendedor[93].

A obrigação fundamental do vendedor é a de colocar à disposição do comprador o estabelecimento alienado na data prevista no acto de trans-

---

[90] Cf. Artigo 157.° do AUDCG.
[91] Cf. Artigo 158.° do AUDCG. Norma análoga está prevista no Artigo 1293 do Código Geral do Impostos do Togo.
[92] Cf. Artigo 157.° do AUDCG.
[93] De acordo com o último parágrafo do Artigo 157.° do AUDCG, em caso de oposição o preço não pode ser levantado pelo vendedor até que este prove o levantamento de todas as oposições.

missão[94]. A obrigação de entrega é acompanhada de uma série de obrigações acessórias previstas nos Artigos 155.° e 156.° do AUDCG.

Uma vez efectuada a alienação, o vendedor não deve praticar qualquer acto passível de prejudicar o comprador no exercício dos direitos decorrentes da sua aquisição. Assim, por exemplo, o vendedor não pode tentar desviar a clientela ou criar um novo estabelecimento de forma a conservar em parte ou integralmente a clientela pertencente ao estabelecimento alienado. Não existe, no entanto, uma obrigação genérica de não concorrência: quando as partes acordam sobre uma cláusula de não concorrência, esta, para ser válida, deve ser limitada no tempo e no espaço, e o legislador esclarece que «*apenas uma destas limitações é suficiente para assegurar a validade da cláusula*»[95]. Por outro lado, o vendedor é responsável não só pelas consequências causadas pela sua conduta posterior à alienação, mas também pelas eventuais reivindicações de terceiros sobre o estabelecimento alienado (ex: despejo)[96]. Note-se que o Artigo 156.° do AUDCG estabelece garantias relativamente aos vícios e defeitos ocultos, cobrindo também imprecisões resultantes do acto de alienação, fazendo apelo ao conceito de responsabilidade por imprecisões das «*representations and warranties*», típica do regime anglo-saxónico.

O vendedor que ainda não recebeu o pagamento do preço beneficia de duas garantias: um privilégio creditório sobre o estabelecimento comercial vendido[97] e a resolução da venda[98]. Uma vez inscrito no RCCM[99], o privilégio creditório protege o vendedor contra todas as garantias que venham a ser constituídas pelo comprador e também contra a alienação do estabelecimento, ficando a duração da garantia na disponibilidade das partes até um máximo de dez anos[100], aplicando-se a todos os elementos que compõem o estabelecimento sem qualquer distinção. No caso de falta de pagamento, o vendedor pode obter a resolução do acto de alienação, nos termos das disposições de direito interno aplicáveis. Todavia, para evitar

---

[94] Cf. Artigo 154.° do AUDCG.
[95] Cf. Artigo 155.°, § 2, do AUDCG.
[96] Cf. Artigo 155.°, § 3, do AUDCG.
[97] Cf. Artigo 166.°, § 1, do AUDCG.
[98] Cf. Artigo 167.° do AUDCG.
[99] Cf. Artigo 16.°, § 2, do AUDCG e Artigo 167.° do AUOG.
[100] Cf. Artigo 58.°, § 2, do AUOG.

conflitos com os credores do comprador, sobretudo com aqueles que beneficiam de privilégios creditórios sobre o estabelecimento alienado, a lei exige que o vendedor informe antecipadamente os credores do comprador da intenção de exercer o direito de resolução da venda nos termos da notificação prevista no Artigo 168.°, § 1, do AUDCG, acompanhada da inscrição no RCCM prevista no Artigo 168.° do AUOG. Uma vez concretizada a resolução, esta é publicada no RCCM.

Sendo também o estabelecimento comercial um instrumento de garantia para os credores, o legislador OHADA estabeleceu um regime de publicidade da alienação do estabelecimento destinado a informar e, sobretudo, a permitir aos credores oporem-se à operação de alienação. O legislador confere o direito de oposição a qualquer credor sem mais precisões. É óbvio que só os credores titulares de um crédito certo e exigível têm legitimidade para deduzir a oposição[101]. Esta deve ter lugar no prazo de trinta dias a contar da data da publicitação da venda num jornal habilitado a receber anúncios legais[102] e deve ser notificada, sob pena de nulidade, ao sujeito depositário do preço, ao comprador e à secretaria da autoridade judiciária ou órgão estatal competente do lugar em que se encontra o RCCM, a fim de se proceder à inscrição da oposição no Registo[103]. A oposição tem efeitos suspensivos e torna indisponível para o vendedor o preço resultante da alienação[104] até que se resolva o litígio extrajudicialmente ou com recurso à via judicial[105]. Todavia, quando a oposição não é solucionada pela via extrajudicial, ou quando o oponente não dê impulso à acção judicial prevista no artigo 160.° do AUDCG, o vendedor pode requerer ao tribunal competente o levantamento da oposição[106].

---

[101] Neste sentido, v. Akueté Pedro SANTOS, *Présentation* cit..
[102] Cf. Artigo 157.°, § 2, do AUDCG.
[103] Cf. Artigo 159.° do AUDCG.
[104] Cf. Artigo 160.° do AUDCG.
[105] Cf. Artigo 161.° do AUDCG.
[106] Cf. Artigo 162.° do AUDCG. Além disso, o Artigo 163.° do AUDCG fornece ao credor que tenha um privilégio creditório ou um penhor inscrito a seu favor o direito de aumentar em 1/6 o preço do estabelecimento no prazo de um mês contado para publicitação da venda ou da adjudicação. A nova venda terá lugar de acordo com as disposições previstas no Acto Uniforme relativo à Organização dos Processos Simplificados de Cobrança e de Execução (AUOPSCE).

c) *O contrato de arrendamento para uso profissional*

O Acto Uniforme define o contrato de arrendamento para uso profissional[107] como uma convenção, reduzida ou não a escrito, celebrada entre uma pessoa investida por lei ou contrato no direito de conceder em arrendamento, no todo ou em parte, um imóvel incluído no campo de aplicação do contrato em exame, e qualquer pessoa singular ou colectiva, que permita a esta, com o acordo do proprietário, desenvolver qualquer actividade comercial, industrial, artesanal ou profissional[108]. O objectivo deste regime, que substitui a regulamentação anterior inspirada no modelo francês, é o de responder às necessidades dos comerciantes e dos profissionais, garantindo-lhes uma certa estabilidade e eliminando os possíveis contrastes entre os proprietários e os inquilinos.

O campo de aplicação do regime do arrendamento para uso profissional é determinado em função do objecto e das partes do contrato.

Relativamente ao objecto do contrato, este incide sobre locais ou imóveis com fins comerciais, podendo também ser incluídos locais acessórios a imóveis de uso comercial e, em alguns casos, terrenos edificáveis para fins comerciais; o regime é aplicável aos imóveis situados nas cidades com população superior a cinco mil habitantes[109]. O imóvel deve ser

---

[107] Na anterior versão do Acto Uniforme, o seu Artigo 69.º referia-se a "arrendamento comercial".

[108] Cf. Artigo 103.º do AUDCG. A inserção da actividade profissional no núcleo das actividades objecto da aplicação do regime previsto para a locação comercial é uma novidade: os profissionais podem beneficiar da regulamentação da locação comercial à sombra dos comerciantes sem praticar actos de comércio. Sobre o assunto, v. Jacqueline LOHOUES--OBLE, *Innovations* cit., pág. 76.

[109] O Artigo 101.º do AUDCG estabelece o seguinte:

«*O disposto no presente Título é aplicável nas cidades, a todos os contratos de arrendamento que tenham por objecto imóveis que se enquadrem nas seguintes categorias:*

1) *Locais ou imóveis para fins comerciais, industriais, artesanais ou profissionais;*
2) *Locais acessórios dependentes de um local ou de um imóvel para fins comerciais, industriais, artesanais ou profissionais, desde que tais locais acessórios pertençam a proprietários diferentes, que o arrendamento tenha sido feito tendo em conta a utilização conjunta que o arrendatário pretenda fazer e que esta finalidade tenha sido do conhecimento do locador no momento da celebração do contrato;*
3) *Terrenos vagos sobre os quais tenham sido erigidas, antes ou depois da realização do contrato, construções para fins industriais, comerciais, artesanais ou profissionais, desde que estas construções tenham sido erigidas ou exploradas com o consentimento do proprietário ou levadas ao seu conhecimento*».

utilizado para fim comercial, industrial, artesanal ou profissional e o exercício de qualquer uma dessas actividades de forma habitual é suficiente para as finalidades de aplicação do regime de arrendamento para uso profissional[110].

Quanto às partes no contrato de arrendamento, o senhorio deve ter o direito, por lei ou por contrato, de arrendar os locais que são objecto da relação locatícia e deve ter também capacidade para a celebração desses contratos. O arrendatário não é mais exclusivamente um comerciante, no sentido conferido pelo Artigo 2.º do AUDCG, mas é também um profissional que toma de arrendamento os imóveis para se dedicar à sua actividade. Também podem ser partes no contrato de arrendamento para uso profissional, na qualidade de locador ou de locatário, as pessoas colectivas de direito público – que desenvolvam uma actividade industrial ou comercial – e as sociedades de capitais públicos[111].

No que respeita às modalidades do arrendamento, o Acto Uniforme[112] optou pelo princípio da liberdade de forma: a forma escrita não é exigível nem *ad substantiam* nem *ad probationem*, pelo que as partes são livres de reduzirem ou não o contrato a escrito. A liberdade das partes é também ampla no que concerne à duração do arrendamento: podem optar entre um arrendamento por tempo determinado ou indeterminado; na falta de indicação relativamente à duração do mesmo, o contrato considera-se celebrado por tempo indeterminado, sendo eficaz a partir do momento da sua celebração, salvo acordo em contrário[113].

A fixação de uma renda depende também do acordo das partes. Todavia, o Artigo 116.º do AUDCG salvaguarda – um tanto ou quanto incompreensivelmente, atendendo aos objectivos fundamentais do regime nor-

---

[110] A decisão do TR de Dakar, de 3 de Dezembro de 2003 (n.º 1995), confirmou que os arrendamentos para fins habitacionais não se incluem no âmbito de aplicação do AUDCG, sendo disciplinados pelas respectivas normas de direito interno. No mesmo sentido, cf. decisão da CA de Abidjan, de 8 de Julho de 2003 (n.º 811). No Acórdão de 9 de Março de 2006 (n.º 4), o TCJA afirmou que à locação comercial apenas são aplicáveis as normas do AUDCG com exclusão das normas de cada Estado-membro. De acordo com a decisão da CA de Abidjan, de 5 de Junho de 2001 (n.º 689), a alteração da finalidade – de fins habitacionais para fins comerciais – feita com o consentimento, ainda que tácito, do locador, determina automaticamente a mudança da natureza do contrato para uma locação comercial com a consequente aplicação do regime previsto do AUDCG.
[111] Cf. Artigo 102.º do AUDCG.
[112] Cf. Artigo 103.º do AUDCG.
[113] Cf. Artigo 104.º do AUDCG.

mativo OHADA – a aplicação de eventuais normas de direito interno de cada Estado. Na fixação do valor da renda de um local, as partes estabelecem as modalidades da sua revisão; na falta de acordo, o Acto Uniforme prescreve uma revisão do valor em cada renovação nos termos do Artigo 123.° do AUDCG, podendo as partes requerer a intervenção do tribunal competente para a fixação do montante da renda, o qual tomará em consideração os elementos indicados no Artigo 117.° do AUDCG[114].

Como contrato sinalagmático, o arrendamento para uso profissional impõe obrigações a cada uma das partes.

O senhorio tem, desde logo, a obrigação de entregar o local em bom estado de conservação, presumindo-se o cumprimento desta obrigação quando o contrato for concluído verbalmente ou quando o arrendatário tiver assinado o contrato sem ter formulado qualquer reserva quanto ao estado de conservação do local[115]. O senhorio tem, por outro lado, a obrigação de proceder, por sua conta, às reparações previstas no Artigo 106.° do AUDCG; no caso de recusa do senhorio em fazer as reparações que a lei coloca a seu cargo e sempre que as mesmas se revelem necessárias e urgentes sem que nenhuma cláusula contratual as atribua ao arrendatário, este pode obter uma autorização judicial para as realizar; nesse caso, o tribunal determina o valor e a forma de reembolso por parte do senhorio[116]. Por fim, o senhorio está obrigado a garantir ao arrendatário o gozo pacífico do imóvel arrendado, sendo responsável, perante o arrendatário, pelas perturbações no gozo do local arrendado causadas por si, pelos seus herdeiros ou pelos seus colaboradores[117]; no entanto, a norma não é inderrogável (cf. Artigo 134.° do AUDCG), pelo que se mantém a possibilidade de derrogação por convenção das partes.

O arrendatário assume uma série de obrigações. Em primeiro lugar tem a obrigação de pagar a renda nos termos acordados[118]; ele deve também utilizar o local com o cuidado de um bom pai de família e de acordo

---

[114] Esses elementos são a localização do objecto arrendado, a sua superfície, o estado de vetustez e o valor das rendas comerciais praticadas para locais semelhantes.

[115] Cf. Artigo 105.° do AUDCG. Esta norma, destinada provavelmente a facilitar a regulação das reclamações quanto à conservação dos locais a cargo do senhorio, pode revelar-se perigosa quando o arrendatário confia em demasia nas declarações do senhorio.

[116] Cf. Artigo 107.° do AUDCG. Assim, o arrendatário não pode deduzir automaticamente na renda o custo das reparações.

[117] Cf. Artigo 109.° do AUDCG.

[118] Cf. Artigo 112.° do AUDCG.

com o respectivo fim e, sempre que pretenda juntar à actividade prevista no contrato de arrendamento outras actividades conexas ou complementares, deve avisar o senhorio que se pode opor por motivos justificados; em caso de alteração da actividade prevista no contrato é necessário o prévio consentimento do senhorio, o qual se pode opor por motivos justificados; em caso de litígio, senhorio e arrendatário têm a faculdade de recorrer à via judicial para obter a resolução do contrato de arrendamento para uso profissional[119]. Por fim, o arrendatário é responsável pelas despesas de manutenção ordinárias e responde pela deterioração e perdas resultantes da falta de manutenção durante o período do arrendamento[120].

O arrendatário tem direito à renovação do arrendamento, a termo certo ou por tempo indeterminado, desde que satisfaça as condições prescritas no Artigo 123.º do AUDCG e respeite o procedimento previsto no Artigo 124.º do AUDCG. Em especial, o arrendatário tem que demonstrar ter explorado a actividade prevista no contrato durante um período mínimo de dois anos[121]; por outro lado, a actividade deve ser explorada de acordo com as cláusulas do contrato de arrendamento[122]. Em caso de renovação – expressa ou tácita – o novo contrato tem uma duração mínima de três anos, sendo nula qualquer cláusula que estipule a eliminação do direito de renovação[123].

O processo de renovação varia consoante o contrato seja celebrado a termo certo ou por tempo indeterminado. No primeiro caso, o arrendatário deve solicitar a renovação, através de notificação judicial ou outra, que permita levar ao conhecimento do destinatário essa intenção, até três meses antes do termo do contrato, sob pena de perda do direito à renovação, cabendo ao senhorio o ónus de dar uma resposta ao pedido de renovação até um mês antes do termo do contrato, considerando-se o seu silên-

---

[119] Cf. Artigo 113.º do AUDCG.
[120] Cf. Artigo 114.º do AUDCG.
[121] O Artigo 123.º do AUDCG uniformizou este prazo que nalguns casos era de três anos e, noutros, de dois anos. Este prazo é inderrogável, sendo o artigo 91.º um dos preceitos incluídos entre as disposições de ordem pública previstas no artigo 134.º do AUDCG.
[122] Cf. Artigo 123.º do AUDCG. A lei não exige que a exploração seja feita a título pessoal, pelo que quer o contrato de exploração comercial quer a cedência do arrendamento não podem ser obstáculo para a renovação, importando apenas a exploração efectiva da actividade. O Artigo 130.º do AUDCG reconhece o mesmo direito ao subarrendatário na relação com o arrendatário.
[123] Cf. Artigo 123.º, §§ 2 e 3, do AUDCG.

cio equivalente à aceitação da renovação[124]. Quando o arrendamento tem uma duração indeterminada, a parte que pretende a denúncia do contrato deve comunicá-la à outra parte através de notificação judicial ou outra, que permita levar ao conhecimento do destinatário essa intenção, com uma antecedência mínima de seis meses; o não cumprimento deste prazo comporta a nulidade da denúncia[125]. Em todo o caso, o legislador não exige a indicação dos motivos da denúncia[126]. O arrendatário que recebeu a denúncia pode opor-se através de notificação judicial ou outra, que permita levar ao conhecimento do destinatário essa intenção, o mais tardar até ao momento em que a resolução começa a produzir efeitos, sob pena de perda do direito de renovação[127].

O senhorio que recuse a renovação do arrendamento para uso profissional é obrigado a pagar uma indemnização, a menos que a sua recusa seja justificada por uma razão séria e legítima. A indemnização destina-se a reparar o prejuízo sofrido pelo arrendatário pela não renovação do contrato de arrendamento para uso profissional; a importância é livremente estipulada entre as partes, e só na falta de acordo é que o tribunal competente será chamado a determinar esse valor tendo em conta determinados elementos, designadamente o volume de negócios, os investimentos realizados pelo arrendatário e a situação geográfica do local[128].

A indemnização não tem lugar sempre que a recusa de renovação seja devida ao não cumprimento do contrato pelo arrendatário[129], ou quando o senhorio decida reaver o edifício para o demolir e reconstruir, sendo que,

---

[124] Cf. Artigo 124.º do AUDCG.

[125] Cf. Artigo 125.º, § 1, do AUDCG. Também este prazo é inderrogável, encontrando-se o artigo 125.º entre as disposições de ordem pública previstas no artigo 134.º do AUDCG. Contra, v. decisão da CA de Niamey, de 4 de Abril de 2003 (n.º 57), que, desconhecendo a natureza imperativa da norma, reconheceu a validade de um contrato em que as partes reduziram o período de pré-aviso para um mês.

[126] Segundo Akueté Pedro SANTOS, *Présentation* cit., a falta de indicação dos motivos para a denúncia deveria determinar também a sua nulidade. No entanto, semelhante consequência poderia entrar em conflito com o princípio geral de que a nulidade deve estar expressamente prevista na lei (cf. Artigo 1338 do Código Civil francês).

[127] Cf. Artigo 125.º, §§ 2 e 3, do AUDCG.

[128] Cf. Artigo 126.º do AUDCG.

[129] Cf. Artigo 127.º, § 1 (n.º 1), do AUDCG, no qual se prevê que este motivo deve fundar-se no incumprimento por parte do arrendatário de uma obrigação fundamental do contrato de arrendamento ou a cessação da exploração do estabelecimento comercial. Estes motivos só podem ser invocados se os factos ocorrerem ou se se repetirem mais de dois meses após a interpelação extrajudicial.

neste caso, o arrendatário tem o direito de permanecer no local até ao início dos trabalhos de demolição, beneficiando ainda de um direito de preferência no caso de arrendamento comercial do imóvel reconstruído[130]; também não há lugar a indemnização quando a recusa de renovação do contrato de arrendamento se deva à intenção do senhorio reservar o local para habitação própria ou dos seus descendentes e ascendentes[131].

Quanto à cessão do arrendamento e ao subarrendamento, permanecem inalterados os princípios clássicos nesta matéria: a cessão é possível mas o subarrendamento é normalmente proibido[132].

No que concerne à cessão do arrendamento para uso profissional, caso o arrendatário ceda a locação e a totalidade dos elementos que permitem o exercício da actividade no local arrendado, a cessão torna-se obrigatória para o senhorio; se, pelo contrário, o arrendamento apenas tem por objecto o local, ou com ele apenas uma parte dos elementos que permitem o exercício da actividade, ela deve ser comunicada ao senhorio por via judicial ou por qualquer outro meio idóneo[133], sob pena de lhe não ser oponível[134]. Em caso de cessão obrigatória, o senhorio pode deduzir oposição invocando para o efeito razões sérias e legítimas que são apreciadas pelo tribunal competente, enquanto que sempre que o seu consentimento seja necessário ele dispõe de um mês a contar da data da notificação para comunicar ao arrendatário a sua decisão, valendo o silêncio como aceitação[135].

A proibição do subarrendamento não é absoluta, na medida em que as partes podem afastar essa regra inserindo uma cláusula que o autorize, muito embora a existência desta cláusula não desonere as partes de comunicarem ao senhorio o subarrendamento sob pena de este não lhe ser oponível[136]. Para evitar enriquecimentos indevidos, a lei confere ao senhorio a faculdade de exigir o aumento da renda quando o valor do subarrenda-

---

[130] Cf. Artigo 127.º, §§ 2 (n.º 2) e 3, do AUDCG. Na jurisprudência, cf. as decisões do TCJA, de 26 de Maio de 2005 (n.º 33); CA de Dakar, de 18 de Fevereiro de 2005 (n.º 186/2005); TRHC de Dakar, de 25 de Outubro de 2000 (n.º 1712). Segundo a decisão do Tribunal de Toumodi, de 18 de Janeiro de 2001 (n.º 9), a necessidade de uma simples recuperação de um imóvel não constitui motivo válido para não conceder a renovação do contrato, não sendo este um dos motivos previstos no Artigo 95.º do AUDCG (actual 127.º).

[131] Cf. Artigo 128.º do AUDCG.
[132] Cf. Artigos 118.º e 121.º do AUDCG.
[133] Cf. Artigo 118.º do AUDCG.
[134] Cf. Artigo 119.º do AUDCG.
[135] Cf. Artigo 120.º do AUDCG.
[136] Cf. Artigo 121.º do AUDCG.

mento seja superior ao primeiro[137]. Sempre que o arrendatário faça um subarrendamento não autorizado, violando a proibição legal, o facto constitui motivo de resolução do contrato de arrendamento comercial[138].

O arrendamento termina com a caducidade do contrato quando este está sujeito a termo certo e na falta de renovação. Quando não seja indicada a sua duração, o contrato termina na sequência de uma comunicação feita por uma parte à outra, nos termos previstos no Artigo 125.º do AUDCG. No termo do arrendamento o arrendatário tem direito ao reembolso das despesas relativas a construções e benfeitorias realizadas com o consentimento do proprietário[139].

Em caso de não cumprimento, a parte cumpridora tem a faculdade de pedir a resolução do arrendamento ao tribunal competente depois de ter interpelado extrajudicialmente a parte faltosa para, no prazo de um mês, cumprir as cláusulas e condições do contrato; se a interpelação não sortir efeito, o interpelante pode dirigir-se ao tribunal competente, devendo o início do processo de resolução judicial ser comunicado aos credores inscritos. As partes podem prever no contrato a existência de uma cláusula resolutiva, mas, em todo o caso, o beneficiário pode sempre recorrer ao tribunal competente para que este aprecie a subsistência das condições de validade e eficácia dessa cláusula[140].

No que concerne à determinação da jurisdição competente, o legislador OHADA remete para as disposições de direito interno dos Estados-membros, as quais determinam o tribunal competente[141].

5. Os intermediários do comércio

O AUDCG regula a actividades daqueles que, sendo também comerciantes, contribuem para a realização das operações comerciais indispen-

---

[137] Cf. Artigo 122.º do AUDCG.
[138] Neste sentido, cf. a decisão da CA de Dakar, de 13 de Abril de 2001 (n.º 237).
[139] Cf. Artigo 131.º do AUDCG.
[140] Cf. Artigo 133.º do AUDCG, nos termos do qual a interpelação deve reproduzir, sob pena de nulidade, os termos deste preceito e advertir o faltoso que, no caso de não cumprir as cláusulas do contrato no espaço de um mês, o procedimento de resolução e despejo prosseguirá nos tribunais.
[141] Neste sentido, cf. as decisões da CA de Abidjan, de 15 de Dezembro de 2000 (n.º 1155), e do TCJA, de 26 de Fevereiro de 2004 (n.º 11).

sáveis às actividades dos outros comerciantes. A elaboração do Livro VII do Acto Uniforme reflecte, por um lado, a necessidade de proceder a uma reordenação das normas relativas a determinados intermediários e, por outro, de preservar ao mesmo tempo a especificidade da actividade de cada um destes intermediários. Estas preocupações reflectem-se na criação de um estatuto geral comum para os intermediários do comércio e a previsão de normas particulares para cada categoria de intermediários.

5.1. *O estatuto geral dos intermediários*

A necessidade de as empresas recorrerem aos intermediários comerciais não escapou ao legislador OHADA, o qual procedeu a uma renovação nesta matéria inspirando-se na Convenção de Genebra de 11 de Fevereiro de 1983 relativa à representação em matéria de venda internacional de mercadorias, na Directiva Europeia de 18 de Dezembro de 1986 sobre os agentes comerciais e nas normas dos Artigos 473 e seguintes do Código das Obrigações Civis e Comerciais do Senegal. Os Artigos 169.º a 191.º do AUDCG determinam o estatuto geral dos intermediários, seja sob o ponto de vista dos requisitos que eles devem preencher, seja sobre os efeitos que derivam do contrato com eles celebrado[142].

O legislador define o intermediário do comércio como o sujeito que tem o poder de agir, ou a decisão de agir, habitual e profissionalmente por conta de outrem, o comerciante ou outro, com vista à celebração de um acto jurídico de natureza comercial com terceiro[143]. Esta noção de inter-

---

[142] A figura pode também ser identificada pela designação de auxiliar, mas é preferível uma tradução literal do termo francês *intermédiaire* usado pelo legislador OHADA para uma maior fidelidade ao texto normativo.

[143] Cf. Artigo 169.º do AUDCG. A redacção precedente (primitivo Artigo 137.º) continha a formulação, mais restrita, «*contrato de compra e venda de natureza comercial*», agora substituída por «*acto jurídico de natureza comercial*». Sobre a noção de intermediário prevista no anterior Artigo 137.º do AUDCG, v. François Kuassi DECKON, *La notion d'intermédiaire de commerce dans l'Acte Uniforme relatif au Droit Commercial Général (OHADA)*, disponível a partir de *www.juriscope.org*, o qual põe em causa a natureza universal das normas comuns contidas no AUDCG relativamente à referida categoria. Sobre este tema, v. Luís Menezes LEITÃO, *O regime da agência comercial no Acto Uniforme da OHADA sobre o Direito Comercial Geral*, in Boletim da Faculdade de Direito de Bissau, n.º 8, págs. 255 e segs..

mediário é susceptível de ser aplicada a figuras distintas: ao comissário, ao mediador e ao agente comercial[144].

O intermediário é, antes de tudo, um mandatário que age, ou decide agir, por conta de outrem[145]. O seu mandato está, todavia, destituído de um elemento essencial, a representação[146], sendo o regime uniforme destinado a ser aplicado quer ao mandato com representação quer ao mandato sem representação; não obstante esta característica, o mandato é concebido pelo legislador como o mecanismo que melhor traduz a actividade do intermediário, independentemente de se tratar de comissário, de mediador ou de agente comercial[147].

O intermediário é também um profissional, uma vez que exerce as suas funções «*habitual e profissionalmente*»[148], já que o exercício esporádico de actos de comércio não está abrangido pelo AUDCG. A natureza profissional do intermediário faz dele um comerciante[149] que pratica actos de comércio na acepção do Artigo 3.º do AUDCG. A este título, o intermediário deve estar inscrito no RCCM e cumprir as obrigações a cargo dos comerciantes desde o momento do início da sua actividade no território de um dos Estados-membros.

5.2. *Actividades e poderes do intermediário*

A intervenção inicial do intermediário tem lugar no momento da estipulação das cláusulas contratuais definidoras do conteúdo da oferta contratual, na procura de parceiros contratuais, ou ainda no fornecimento

---

[144] Cf. Artigo 171.º, § 3, do AUDCG.

[145] Cf. Artigo 175.º do AUDCG.

[146] Esta intenção realça a evolução da noção de mandato e a afirmação da categoria do mandato sem representação. Sobre o assunto, v. Alain BÉNABENT, *Droit civile. Les contrats spécieux civils et commerciaux*, 5.ª ed., Montchrestien, Paris, 2001; para uma visão crítica da opção do legislador OHADA, v. François Kuassi DECKON, *La notion* cit..

[147] A ideia não é completamente nova. De facto, o Artigo 1 de um decreto francês de 5 de Novembro de 1946 – que convalida as decisões relativas ao exercício do mandato comercial – teve em consideração o mecanismo do mandato definido como o contrato sinalagmático através do qual o mandatário, chamado de intermediário, se empenha na preparação e conclusão, por conta de um mandante, de aquisições, vendas ou actos de comércio de qualquer género (cf. também o Artigo 473.º do COCC senegalês).

[148] Cf. Artigo 169.º do AUDCG.

[149] Cf. Artigo 170.º do AUDCG.

de informações sobre o contrato a celebrar. De seguida, participa na formulação do contrato, facilitando consensos e, por vezes, incumbindo-se da tarefa de redigir o contrato. Por fim, durante a sua execução, ele pode ocupar-se do cumprimento das prestações objecto do contrato[150].

Permanecem excluídos do campo de aplicação do regime em causa a representação resultante de uma habilitação legal ou judicial de agir por conta daqueles que não dispõem de capacidade de exercício (representantes legais ou judicias do menor, do cônjuge incapaz, executores testamentários, etc.), os oficiais de justiça que procedem à venda por ordem de uma autoridade administrativa ou judiciária, os representantes legais no âmbito do regime da família e sucessões[151] e os dirigentes das sociedades comerciais[152].

Geralmente, o intermediário tem poderes para agir por conta do representado; os seus poderes derivam, assim, do mandato que lhe confere o representado no momento da constituição do mandato e são orientados no sentido da conclusão e execução do contrato previsto. Na falta de poderes específicos ou no caso da sua insuficiência, os usos profissionais podem compensar a vontade das partes; a natureza da relação – a especificidade do contrato ou também a natureza dos bens que são objecto do contrato – pode também ser tomada em consideração na determinação dos limites dos poderes do intermediário[153]. Todavia, o intermediário pode praticar apenas actos de gestão ordinária e corrente, enquanto os actos de disposição de um direito do representado exigem um mandato específico[154]. Portanto, o intermediário deve agir no âmbito dos poderes que lhe são conferidos salvo em caso de urgência ou força maior[155].

5.3. *Os efeitos do contrato entre as partes*

O contrato entre o intermediário e o representado não está sujeito a qualquer requisito de forma, podendo ser concluído por escrito ou verbalmente; neste último caso, a prova da sua existência pode ser feita por qual-

---

[150] Cf. Artigo 171.º do AUDCG.
[151] Cf. Artigo 173.º do AUDCG
[152] Cf. Artigo 174.º do AUDCG. Os seus poderes encontram-se previstos nos Artigos 121.º e segs. do AUDSCAIE.
[153] Cf. Artigos 177.º e 178.º do AUDCG.
[154] Cf. Artigo 178.º, § 3, do AUDCG.
[155] Cf. Artigo 179.º do AUDCG.

quer meio[156]. O contrato produz efeitos entre as partes e nas relações com terceiros, ficando a sua cessação sujeita às condições previstas nos Artigos 188.º a 191.º do Acto Uniforme.

O contrato faz surgir obrigações a cargo do intermediário e do representado.

O intermediário assume duas obrigações principais: a conclusão do contrato previsto e a prestação de contas da actividade desenvolvida.

O intermediário é responsável pela correcta e fiel execução do mandato[157], pelo que deve concluir o contrato de acordo com as instruções recebidas. Sendo o intermediário um profissional, o representado está legitimado a exigir que ele aja com cuidado e competência e que o informe das eventuais consequências da conclusão do contrato ou das precauções que seja necessário adoptar.

O mandato é um contrato *intuitu personae*, o que obsta a que o intermediário possa transferir para um terceiro o encargo que lhe foi confiado, a menos que haja uma autorização específica nesse sentido, o intermediário seja impelido por força das circunstâncias ou a natureza da relação o consinta[158].

O intermediário deve também prestar contas da sua gestão[159]. O comitente tem legitimidade para exigir ao seu mandatário informações precisas sobre as modalidades de execução do encargo, a natureza dos actos praticados, as circunstâncias em que são efectuados e também as suas consequências materiais e financeiras. Ele deve também restituir tudo quanto recebe pelo cumprimento do contrato.

A inobservância destas obrigações por parte do intermediário pode implicar a responsabilidade pela não execução do mandato, de acordo com o regime do mandato previsto nas normas de direito interno aplicáveis[160] e segundo os critérios da responsabilidade contratual culposa, pois com a conclusão do contrato o mandatário assume uma obrigação de meios, além da compensação dos danos causados ao representado no caso da falta ou deficiente execução do mandato[161]. A falta de fixação dos critérios da res-

---

[156] Cf. Artigo 176.º do AUDCG.
[157] Cf. Artigo 182, § 2, do AUDCG.
[158] Cf. Artigo 182.º, § 3, do AUDCG.
[159] Cf. Artigo 187.º do AUDCG.
[160] Cf. Artigo 182.º, § 1, do AUDCG.
[161] Cf. Artigo 187.º, § 2, do AUDCG. Sobre este ponto, v. Akueté Pedro SANTOS e Jean Yado TOÉ, ob. cit., pág. 256.

ponsabilidade, no entanto, concilia-se mal com os objectivos de coerência e uniformidade na aplicação dos actos uniformes inseridos no Tratado OHADA, aos quais se juntam os problemas de determinação do regime destinado a complementar a aplicação do Acto Uniforme, sempre que as partes não o tenham previsto em sede contratual.

No que concerne às obrigações do representando, este tem, antes de mais, uma obrigação geral de cooperação que se traduz em fazer tudo quanto estiver ao seu alcance para facilitar a execução do mandato, fornecendo para isso ao intermediário todas as informações necessárias e abstendo-se da prática de qualquer acto idóneo a comprometer a conclusão do contrato; ele deve também pagar ao intermediário a correspondente contraprestação. Estas obrigações não estão mencionadas no Acto Uniforme, mas devem ter-se por subjacentes ao carácter profissional e à natureza da actividade do intermediário.

Está previsto que o representando deve reembolsar o intermediário relativamente às provisões e despesas efectuadas para a regular execução do mandato, bem como liberá-lo de eventuais obrigações assumidas[162].

5.4. *Os efeitos do contrato nas relações com terceiros*

O legislador OHADA prevê duas situações: aquela em que o intermediário actua nos limites dos poderes que lhe foram conferidos e aquela em que o intermediário excede esses poderes.

Quando o intermediário age de acordo com os poderes que lhe são confiados, os seus actos vinculam directamente o representado perante o terceiro[163], pelo que os erros do mandatário vinculam o mandante, os procedimentos intentados contra o mandatário produzem efeitos nas relações com o mandante e os vícios do acordo do mandatário vão repercutir-se também no acordo do mandante. Contudo, quando o intermediário oculta a sua qualidade de mandatário, só ele fica obrigado, o mesmo acontecendo quando ele tenha a intenção de se vincular apenas a si próprio[164].

---

[162] Cf. Artigo 186.º do AUDCG.
[163] Cf. Artigo 180.º do AUDCG.
[164] Cf. Artigo 181.º do AUDCG.

Sempre que o intermediário actue sem poderes ou abuse dos que lhe são conferidos pelo representado, os actos praticados por si não vinculam nem o representado nem o terceiro[165]. Esta solução pode prejudicar os interesses do terceiro de boa fé e os interesses do mandante, pelo que o legislador OHADA decidiu atenuar os efeitos nas hipóteses em que o comportamento do representado leve a crer ao terceiro, na sua boa fé e de forma razoável, que o intermediário tem o poder de agir por conta daquele: nesse caso, este último não pode opor ao terceiro a falta de poderes do intermediário[166].

No caso de ratificação dos actos do representante sem poderes, estes consideram-se regulares *ab initio*[167].

5.5. *A cessação do contrato*

São diversas as causas susceptíveis de colocar um ponto final ao contrato de mandato. Como qualquer contrato, o mesmo termina com a realização do objecto ou por vontade comum das partes. O contrato também pode terminar por revogação do mandato por parte do mandante ou renúncia do mandatário; em ambos os casos, a quebra unilateral do contrato sem justa causa (de maneira abusiva) legitima o ressarcimento de eventuais danos da parte cumpridora[168]. A cessação do contrato pode também resultar da morte, incapacidade ou nos casos previstos no AUOPC que envolvam uma das partes[169].

Uma vez extinto o contrato, cessam também as obrigações das partes, pelo que qualquer acto posterior à data da cessação do mandato é nulo. Todavia, por razões de salvaguarda dos interesses de terceiros de boa fé, o legislador previu a manutenção dos efeitos do contrato de mandato em caso de necessidade ou urgência[170].

---

[165] Cf. Artigo 183.º, § 1, do AUDCG.
[166] Cf. Artigo 183.º, § 2, do AUDCG.
[167] Cf. Artigo 184.º do AUDCG.
[168] Cf. Artigo 188.º do AUDCG.
[169] Cf. Artigo 189.º do AUDCG.
[170] Cf. Artigos 190.º e 191.º do AUDCG.

5.6. *As actividades específicas de intermediação*

Para além da disciplina analisada, o legislador OHADA procedeu à previsão de três figuras de intermediário do comércio: o comissário, o mediador e o agente do comércio.

a) O comissário

O Artigo 192.° do AUDCG define o comissário como o sujeito que se encarrega de efectuar em nome próprio, mas por conta do comitente, qualquer acto jurídico. O comissário, dentro da categoria dos intermediários, distingue-se do mediador, que se limita normalmente a aconselhar as partes na previsão das cláusulas do contrato, e do agente comercial que age em nome e por conta do mandante. Estas particularidades reflectem-se nas obrigações assumidas pelas partes e nas sanções previstas em caso de não cumprimento e justifica as garantias relativas à execução do contrato previstas a favor do comissário.

O contrato de comissão é efectuado entre duas partes: o comitente e o comissário. Este último é, antes de mais, um intermediário, e é nesta qualidade que tem a obrigação de cumprir fielmente as operações inerentes aos encargos que lhe são confiados pelo comitente. Consequentemente, a liberdade de que o comissário pode gozar na execução das actividades objecto do contrato varia de acordo com o grau de precisão das instruções do comitente: na falta de instruções, o comissário pode agir nos termos que tiver por mais oportunos, devendo limitar-se a respeitar os interesses do comitente e os usos profissionais; pelo contrário, na presença de instruções concretas, o comissário está obrigado a respeitá-las rigorosamente[171].

Durante a vigência do contrato, o comissário deve transmitir ao comitente todas as informações relativas à execução do contrato e tem uma obrigação de prestação de contas no final do contrato[172]. O comissário tem, também, uma obrigação geral de correcção na execução do contrato que assume uma dupla condição: a obrigação de trazer vantagens à operação e a assumpção do papel de parte contratual, salvo nas hipóteses

---

[171] Os Artigos 193.°, 194.°, 195.° e 200.° do AUDCG reforçam esta ideia, quer porque precisam quer porque ampliam as obrigações do intermediário comercial.
[172] Cf. Artigo 195.° do AUDCG.

em que reúna na sua pessoa a qualidade de comissário de venda e de aquisição[173].

Para além destas obrigações de carácter geral, o comissário tem a obrigação de não revelar a identidade do comitente. Trata-se de uma obrigação inerente ao contrato de comissão que o legislador entendeu não dever ficar expressamente consagrada[174].

O Acto Uniforme coloca também a cargo do comissário uma obrigação de salvaguarda que deve ser exercida em caso de defeito evidente ou aparente dos bens[175]: o comissário deve formular as reservas necessárias para permitir ao seu cliente os instrumentos de tutela jurídica necessários quando se verifiquem danos; ele deve, por outro lado, tomar todas as precauções necessárias para a conservação dos bens.

Obrigações particulares são impostas ao comissário de expedição, o qual, nos termos do Artigo 204.º do AUDCG, se encarrega a título oneroso de expedir ou reexpedir mercadorias por conta do comitente. A sua intervenção caracteriza-se pela promessa de um resultado final: neste sentido, ele responde pela chegada das mercadorias ao destino nos termos fixados, e pelos danos e perdas, assumindo assim uma obrigação de resultado.

O comissário alfandegário, por sua vez, está investido no tratamento de todas as formalidades alfandegárias. A este título, desalfandega por conta do cliente todas as mercadorias procedendo ao pagamento de todos os encargos no serviço de Alfândega[176].

No que respeita às obrigações do comitente, recorde-se que o recurso a um comissário implica para o comitente a obrigação de possibilitar que aquele efectue as operações objecto do contrato, facultando-lhe as informações e os meios necessários para a sua concretização. O comitente deve também remunerar o comissário uma vez realizada a tarefa[177] e reembolsá-lo das despesas efectuadas no exercício da actividade[178]. O mon-

---

[173] Cf. Artigo 194.º do AUDCG.

[174] Neste sentido, v. Akueté Pedro SANTOS, ob. cit. O Artigo 483 do COCC senegalês previa expressamente semelhante obrigação.

[175] Cf. Artigo 199.º do AUDCG.

[176] Cf. Artigo 205.º do AUDCG.

[177] Cf. Artigo 196.º do AUDCG. A retribuição é devida ainda que a operação não tenha sido vantajosa.

[178] Cf. Artigo 197.º do AUDCG. Se não forem excessivas e na medida em que sejam acompanhadas dos correspondentes documentos justificativos, as despesas e provisões pagas pelo comissário devem ser reembolsadas sem que o comitente possa opor a falta de conclusão da operação.

tante da retribuição é fixado livremente entre as partes, que podem ter como referência os usos do seu sector de actividade.

A responsabilidade do comitente verifica-se sempre que este se abstenha de fornecer ao comissário os elementos necessários para o desenvolvimento da operação ou quando o comitente se recuse a remunerar o comissário ou de o reembolsar das despesas feitas, sendo expressamente qualificada como uma situação de responsabilidade contratual[179].

Normalmente, o comissário assume uma obrigação de meios, pela qual a sua responsabilidade pode ser configurada apenas em caso de culpa: ele responderá, por isso, nas hipóteses de não cumprimento ou de execução defeituosa das suas obrigações; a falta de informação do comitente ou a negligência na tutela dos direitos deste ou na conservação das mercadorias são causas que podem constituir um incumprimento susceptível de se traduzir em responsabilidade do mandatário.

O comissário de expedição assume uma obrigação de resultado e a sua responsabilidade pode, como tal, derivar de um atraso na chegada das mercadorias no prazo fixado, pelas avarias e perdas, salvo quando estas forem provocados por actos de terceiro ou situação de força maior[180]; enquanto a responsabilidade do comissário alfandegário resulta, por sua vez, unicamente das operações de que está encarregado de efectuar (erro na declaração, deficiente aplicação das pautas aduaneiras e atraso no pagamento dos direitos)[181].

Particular é o caso do comissário que, para além das obrigações ordinárias, esteja vinculado por uma cláusula através da qual assume o encargo de garantir o bom termo da operação, recebendo por essa garantia uma retribuição suplementar: nessa hipótese, verifica-se uma extensão da sua responsabilidade, a qual tem lugar sempre que o encargo assumido não seja cumprido.

Além das responsabilidades analisadas, o legislador OHADA estabeleceu duas sanções específicas em relação ao comissário desleal. Em primeiro lugar, quem conceda um crédito ou um adiantamento sem autoriza-

---

[179] Cf. Artigo 196.º do AUDCG. A qualificação da responsabilidade como sendo de natureza contratual foi introduzida com a revisão do AUDCG, ainda que – pensamos – poderia já resultar da antiga formulação sem necessidade de uma menção expressa.

[180] Cf. Artigo 204.º do AUDCG. A CA de N'Djamena, decisão de 25 de Outubro de 1999 (n.º 519/99), sancionou a aplicação analógica ao comissário de expedição da obrigação de custódia impostas ao depositário no sentido das disposições do Código Civil.

[181] Cf. Artigo 206.º do AUDCG.

ção do comitente tem de suportar os riscos da falta de pagamento do terceiro[182]. Em segundo lugar, o comissário que aja de má fé nas relações com o comitente perde o direito à comissão e pode ser também obrigado a ressarcir o dano causado pelo incumprimento do contrato. Em todo o caso, o intermediário não está autorizado a obter uma vantagem pessoal através das operações assumidas.

O legislador OHADA estabeleceu, igualmente, um regime de garantias para a execução do contrato de mandato. Estas são instrumentos jurídicos colocados à disposição tanto do comitente como do comissário e destinam-se a atenuar os efeitos dos factos susceptíveis de comprometer a conclusão da operação objecto do contrato.

O comissário credor do comitente tem um direito de retenção sobre as mercadorias que detém materialmente por conta daquele a partir do momento em que as mercadorias passem a pertencer ao comitente ou lhe sejam destinadas[183]. Ele goza também de um privilégio creditório especial sobre as mercadorias detidas por conta do comitente, o que lhe permite ter preferência relativamente aos outros credores do comitente[184].

Ao comitente é também reconhecido o direito de reivindicar sempre que se encontre em concurso com outros credores, garantia essa que apenas se exerce no âmbito de um processo colectivo[185].

b) O mediador

A função principal do mediador consiste em colocar sujeitos em contacto, com o propósito de facilitar a conclusão dos contratos entre estes[186], os quais, depois, negoceiam directamente o acordo.

O mediador tem a obrigação fundamental de pôr em contacto as partes que desejem contratar[187]; deve por isso procurar o outro contraente, garantir as propostas apresentadas e prestar contas ao comitente.

Segundo o Artigo 210.º do AUDCG, o mediador deve fornecer às partes todas as informações úteis com vista ao acordo e fazer tudo quanto

---

[182] Cf. Artigo 201.º do AUDCG.
[183] Cf. Artigo 198.º do AUDCG. Este direito de retenção deve ser exercido em conformidade com as disposições dos Artigos 68.º, 69.º e 70.º do AUOG.
[184] Cf. Artigo 188.º do AUOG.
[185] Cf. Artigo 103.º, § 4, do AUOPC.
[186] Cf. Artigo 208.º do AUDCG.
[187] Cf. Artigo 209.º do AUDCG.

necessário para facilitar a celebração do contrato; portanto, o mediador procede à recolha de todas as informações relativas às mercadorias (quantidade, qualidade, preço, confecção, embalagem, modalidades de pagamento e de entrega) e transmite-as à parte interessada.

O mediador tem a obrigação de garantir as propostas feitas e não pode efectuar operações comerciais por conta própria[188]. O não cumprimento das obrigações por parte do intermediário pode determinar a responsabilidade pela deficiente execução do contrato[189].

O mediador não assume a responsabilidade em caso de não conclusão ou incumprimento do contrato. No entanto, ele é responsável no caso de apresentar conscientemente uma parte como tendo capacidade ou qualidades falsas ou imaginárias com o propósito de induzir a outra parte a contratar, dependendo a sua responsabilidade do prejuízo causado à outra parte pela sua actuação[190]. Em geral, o mediador é responsável sempre que não proceda a todas as operações necessárias ao cumprimento pontual das suas obrigações contratuais[191].

A perda do direito à retribuição é uma sanção aplicável ao mediador em caso de deslealdade, a qual tem lugar no caso de este agir no interesse de um terceiro e apesar das obrigações assumidas para com o comitente, ou então quando ele receba ao mesmo tempo uma dupla retribuição, tanto do terceiro como do comitente. O intermediário desleal não só perde o direito à retribuição como também o direito ao reembolso das despesas feitas para a realização do encargo[192].

A lei coloca a cargo do comitente a obrigação de remunerar o mediador numa certa percentagem do valor do negócio[193], obrigação que deriva da onerosidade do contrato de medição. O direito à remuneração surge quando a indicação fornecida pelo mediador ou a negociação por si conduzida chegam a bom termo[194]; se for convencionado o reembolso das

---

[188] Cf. Artigos 209.º e 211.º do AUDCG.
[189] Cf. Artigo 210.º, § 2, do AUDCG.
[190] Cf. Artigo 210.º, § 2, do AUDCG.
[191] Cf. Artigo 182.º do AUDCG, norma de carácter geral aplicável a todos os intermediários.
[192] Cf. Artigo 215.º do AUDCG.
[193] Cf. Artigo 212.º do AUDCG. Na falta de fixação da retribuição das partes, rege o Artigo 214.º do AUDCG.
[194] Cf. Artigo 213.º, § 1, do AUDCG. No segundo parágrafo do preceito prevê-se que se o contrato for concluído sob condição suspensiva o direito à retribuição surge com a verificação dessa condição.

despesas, o mediador tem direito a este reembolso, ainda que as negociações não cheguem a bom termo[195]. A falta de cumprimento da obrigação de retribuição implica responsabilidade para o comitente, salvo quando o incumprimento se deva a facto imputável ao mediador ou a causa de força maior.

c) O agente comercial

A disciplina do agente comercial prevista no Acto Uniforme é inspirada na Lei francesa de 25 de Junho de 1991 que transpôs para o direito francês a Directiva Europeia de 18 de Dezembro de 1986.

O Artigo 216.° do AUDCG define o agente comercial como um mandatário profissional que está obrigado, de modo permanente, a negociar e, eventualmente, a concluir contratos de compra e venda, de locação ou de prestação de serviços, em nome e por conta de outrem, sem que se encontre vinculado por um contrato de trabalho[196]. Esta definição clarifica a natureza do contrato de agência como um contrato de mandato, o que exclui a presença de uma relação de trabalho subordinado; o contrato de agência só pode ser celebrado com produtores, industriais, comerciantes ou com outros agentes do comércio, o que faz supor que se pode falar de agente comercial quando o mandante é um privado ou um artesão.

O agente desenvolve a sua actividade de forma profissional, pelo que fica excluída qualquer actividade exercida esporadicamente; ele tem como função principal analisar a clientela, procurando pedidos que transmite ao mandante. Considerando que o agente pratica de forma estável e de maneira independente operações qualificadas como actos de comércio pelo Artigo 3.° do AUDCG, o legislador conferiu-lhe a qualidade de comerciante, ainda que a actividade não seja exercida em nome e por conta própria.

Saliente-se a introdução do conceito de interesse comum no contrato de agência[197], o qual se verifica quando há interesse do mandante e do

---

[195] Cf. Artigo 214.°, § 2, do AUDCG.
[196] Em relação à natureza do contrato de agência, na óptica de uma futura adesão à OHADA dos Países africanos da *common law*, v. Roland DJIEUFACK, *The nature of Agency Relationship under OHADA Uniform Act on General Commercial Law and Common Law: A Comparative Study*, disponível a partir de *www.juriscope.org*.
[197] Cf. Artigo 217.°, § 1, do AUDCG.

mandatário no desenvolvimento do estabelecimento através da criação e ampliação da clientela, pelo que mandante e mandatário actuam para o incremento da clientela e para a sua fidelização e, por consequência, participam dos riscos e das vantagens desta actividade. Assim descrito, o interesse comum caracteriza quer as obrigações das partes, quer as normas em matéria de cessação do contrato.

Na execução do contrato de agência, ambas as partes estão sujeitas a um dever de lealdade e a um dever recíproco de informação[198]. Mais concretamente, o agente comercial não pode aceitar obrigações provenientes de um estabelecimento concorrente com o do seu mandante sem o acordo deste[199]; esta obrigação de não concorrência não impede o agente comercial de assumir encargos de outros mandantes cujos produtos ou serviços não sejam susceptíveis de fazer concorrência com os do mandante originário[200]. Por sua vez, o mandante deve abster-se de praticar actos de concorrência com a actividade do agente no território assinalado.

O correcto desenvolvimento das obrigações de agência impõe a qualquer parte a obrigação de colocar à disposição da outra toda a informação idónea a favorecer o exercício da actividade. Assim, o mandante deve fornecer ao agente todas as indicações relativas aos produtos e aos serviços (catálogo, opúsculo, preço, amostra); o agente comercial deve fornecer ao seu comitente informações sobre as características da clientela e sobre as necessidades e exigências da mesma.

O agente comercial deve desenvolver a sua actividade de acordo com as instruções dadas pelo mandante; isto significa que, enquanto profissional, ele deve usar todos os meios necessários para realizar o fim específico que lhe é confiado. Por outro lado, ele está vinculado a um dever de segredo: esta obrigação não só é relativa às informações que lhe são confiadas a título confidencial pelo mandante, mas também às informações de que o agente toma conhecimento no exercício da sua actividade; isso diz respeito a todas as informações cuja divulgação cause um prejuízo ao

---

[198] Cf. Artigo 217.º, §§ 2 e 3, do AUDCG.
[199] Cf. Artigo 128.º, § 2, do AUDCG. A esta hipótese, Akuté Pedro SANTOS e Jean Yado TOÉ, ob. cit., pág. 315, assimilam aquela em que o agente desenvolve por iniciativa própria uma actividade concorrente com a do comitente, situação que não está expressamente contemplada na norma.
[200] A cláusula de não concorrência comporta a obrigação de pagamento de uma indemnização a favor do agente nos termos previstos no Artigo 219.º, § 2, do AUDCG.

mandante e estende-se para lá do momento da cessação do contrato de agência[201].

Com a celebração do contrato de agência, o mandante assume a obrigação fundamental de remunerar o agente. A retribuição assume a forma de uma comissão «*constituída por todos os elementos da remuneração, variáveis consoante o número ou valor dos negócios*»[202]. O direito à retribuição do agente surge quando o mandante que efectua a operação o deveria ter efectuado no sentido do acordo celebrado com o terceiro, ou quando o terceiro haja cumprido a sua obrigação[203], o que acarreta que o agente não tem direito à comissão se a operação não for efectuada. Contudo, isso só acontece nas hipóteses em que o incumprimento não seja imputável ao mandante[204]. Em caso de negócios concluídos posteriormente à cessação do contrato de agência, o agente conserva o direito à comissão quando a conclusão da operação seja devida à actividade do agente comercial e tenha lugar num período razoável desde a cessação do contrato[205]. Quando dois agentes comerciais se sucedem numa mesma zona geográfica e para a mesma actividade, o regime evita hipótese de dupla retribuição, pelo que a comissão é devida ao agente cujo contrato cessou por cada operação concluída antes da entrada em vigor do novo contrato de agência, embora o novo agente adquira o direito à comissão por todas as operações cuja conclusão tenha lugar depois do fim do contrato antigo e após a entrada em vigor do novo contrato[206].

A fixação do montante da comissão é deixada à discrição das partes e, no seu silêncio, a mesma é calculada com base nos usos do sector de actividade a que se refere o contrato de agência, ou, na sua falta, com base em todos os elementos que concorrem para formar a operação objecto do contrato[207]. A comissão é paga trimestralmente no último dia do mês subsequente ao trimestre em que se venceu, salvo acordo das partes em contrário[208]. Salvo estipulação em contrário, o agente não tem

---

[201] Cf. Artigo 219.º do AUDCG.
[202] Cf. Artigo 220.º, § 1, do AUDCG.
[203] Cf. Artigo 224.º, § 1, do AUDCG.
[204] Cf. Artigo 225.º do AUDCG.
[205] Cf. Artigo 222.º do AUDCG.
[206] Cf. Artigo 223.º do AUDCG. A divisão da comissão só é possível a título excepcional e apenas quando as circunstâncias do caso o tornem necessário.
[207] Cf. Artigo 220.º, §§ 2 e 3, do AUDCG.
[208] Cf. Artigo 224.º, § 2, do AUDCG.

direito ao reembolso das despesas feitas pelo exercício normal da sua actividade[209].

O contrato de agência celebrado a termo certo cessa pelo decurso do prazo[210]; sempre que o contrato seja celebrado por tempo indeterminado, as partes podem pôr unilateralmente fim ao mesmo mediante aviso prévio cujo prazo, inderrogável, está previsto no Artigo 228.º do AUDCG, tendo por base a duração do contrato, não sendo substituível por uma indemnização devido à sua natureza imperativa[211]; o aviso prévio não tem lugar quando a cessação do contrato seja devida a culpa grave de um dos contraentes ou à superveniência de um caso de força maior[212]. A cessação do contrato faz surgir um direito de indemnização compensatória a favor do agente[213], quer se trate de contrato a termo certo, quer se trate de um contrato por tempo indeterminado. A indemnização não é devida sempre que a cessação do contrato seja devida a culpa grave do agente, à sua demissão voluntária não causada por circunstâncias imputáveis ao mandante ou em caso de cessação do contrato de agência cedido a um terceiro por acordo com o mandante[214]; o direito de indemnização prescreve no prazo de um ano a contar da data de cessação do contrato[215]. O legislador estabelece as modalidades de cálculo da importância da indemnização mínima[216] e considera não escrita qualquer cláusula desfavorável ao agente[217].

No termo do contrato, qualquer das partes é obrigada a restituir à outra a documentação e os materiais entregues no curso da relação contratual[218], mantendo-se as obrigações relativas ao segredo e as de não concorrência posteriores ao fim da relação contratual eventualmente negociadas entre as partes[219].

---

[209] Cf. Artigo 226.º do AUDCG.
[210] Cf. Artigo 227.º do AUDCG.
[211] Neste sentido, v. Akuté Pedro SANTOS e Jean Yado TOÉ, ob. cit., pág. 325.
[212] Cf. Artigo 228.º, último §, do AUDCG.
[213] Cf. Artigo 229.º, § 1, do AUDCG.
[214] Cf. Artigo 230.º do AUDCG.
[215] Cf. Artigo 229.º, § 2, do AUDCG.
[216] Cf. Artigo 231.º do AUDCG.
[217] Cf. Artigo 232.º do AUDCG.
[218] Cf. Artigo 233.º do AUDCG.
[219] A favor da admissibilidade de tal cláusula manifestam-se Akuté Pedro SANTOS e Jean Yado TOÉ, *ob. cit.*, págs. 330 e segs; contra, Alain FÉNÉON e Jean-René GOMEZ, *Droit cit.*, pág. 114.

6. O contrato de compra e venda comercial

6.1. Introdução

A análise do contrato de compra e venda comercial disciplinado no AUDCG tem como pressuposto a distinção entre contratos civis e comerciais elaborada pela doutrina francesa (e portuguesa), desconhecida pelo jurista italiano. Não julgamos ser esta a sede para entrar numa análise epistemológica de tal distinção e, em particular, a sua real utilidade. Basta recordar que qualquer contrato pode, em princípio, ser civil ou comercial (ou misto), tudo dependendo das partes contratuais e do objectivo que prosseguem ao estipular o contrato. Assim, um contrato assume a forma comercial quando é celebrado por um comerciante por necessidade do seu estabelecimento comercial, e se este objectivo é partilhado pela contraparte o contrato é inteiramente comercial, pois, de outra forma, estamos perante um contrato de natureza mista. Em princípio, portanto, o único critério para distinguir os contratos civis dos contratos comerciais reside na qualidade das partes, salvo naqueles contratos que não podem ser senão civis (contratos a título gratuito, contratos relativos a relações familiares) ou comerciais (cessão de estabelecimento e todos os contratos relacionados com o estabelecimento comercial, como por exemplo o *leasing*, o *factoring*, o *franchising*, contratos de concessão e distribuição, etc.)[220].

Por seu lado, o legislador OHADA não coloca em discussão as características fundamentais do contrato de compra e venda enquanto contrato consensual, oneroso, sinalagmático e translativo da propriedade; todavia, o contrato de compra e venda tal como está regulado no AUDCG apresenta algumas particularidades relativas às características e respectiva formação. O sistema sancionatório é baseado, sobretudo, na salvaguarda do contrato de compra e venda comercial e a resolução é considerada um remédio excepcional. Relativamente aos efeitos, a compra e venda comercial OHADA caracteriza-se pelo abandono do princípio de que a propriedade se transfere por virtude do simples consenso[221].

---

[220] Sobre a posição francesa, v., por exemplo, François COLLART DUTILLEUL e Philippe DELEBECQUE, *Contrats civils et commerciaux*, 2.ª ed., Dalloz, Paris, 1993.

[221] Sobre o assunto, v. Béléry ATOMINI, *La vente dans la législation OHADA*, in *Revue juridique tchadienne*, sem número e sem data e Luís Menezes LEITÃO, *O regime da compra e venda comercial no Acto Uniforme da OHADA relativo ao Direito Comercial Geral*, in Boletim da Faculdade de Direito de Bissau, n.º 6 (2004), págs. 264-265.

6.2. A noção de compra e venda comercial e as normas aplicáveis

O AUDCG não define a compra e venda comercial, embora a noção da mesma possa ser retirada da análise dos Artigos 234.º e segs. do AUDCG, de acordo com os quais se trata de uma compra e venda de coisas móveis, entre comerciantes – pessoas singulares ou colectivas – com natureza comercial.

Para o legislador OHADA, a compra e venda comercial diz respeito a bens e, em particular, a bens móveis[222], permitindo esta restrição excluir do campo de aplicação do regime a venda de bens imateriais e de bens imóveis[223]. Da natureza privatística do negócio jurídico resulta que a compra e venda comercial se desenrola sem a intervenção de uma autoridade pública investida de um poder específico e não obedece a nenhum formalismo especial: assim, as vendas judiciais, caracterizadas pelo recurso a um processo cujo formalismo é obrigatório, e as vendas em leilão não ingressam no campo de aplicação do regime da compra e venda comercial[224].

---

[222] Cf. Artigo 234.º do AUDCG. À versão originária, contida no primitivo Artigo 202.º, nos termos do qual «*As disposições do presente Livro aplicam-se aos contratos de compra e venda de mercadorias entre comerciantes, pessoas singulares ou colectivas*», o legislador, com a revisão de 2010, aditou à nova formulação do preceito (hoje, 234.º) o seguinte: «*incluindo os contratos de fornecimento de mercadorias destinadas às actividades de produção. Salvo estipulação em contrário, o contrato de compra e venda comercial está sujeito às disposições do presente Livro desde que as partes tenham a sede da sua actividade num dos Estados-membros ou sempre que as regras do direito internacional privado conduzam à aplicação da lei de um Estado-membro*». A norma continua a restringir a sua aplicação aos bens móveis materiais. Uma crítica em relação ao campo de aplicação do preceito em causa, já desde a sua anterior redacção, pode ser vista in Jean-René Gomez, *Un noveau droit de la vente commercial en Afrique*, in *Revue Penant*, n.º 827 (1998), pág. 151, na medida em que considera o preceito demasiado redutor relativamente aos objectivos de harmonização do AUDCG.

[223] No que se refere aos bens imóveis, esta é uma exclusão clássica, pois aqueles são considerados bens cuja transmissão está sujeita a um determinado formalismo que tutela os interesses das partes e de terceiros. Quanto aos bens imateriais, os Artigos 235.º, alínea *b*), e 236.º do AUDCG esclarecem o conteúdo desta exclusão, enumerando alguns dos bens imateriais como os valores mobiliários, os títulos de crédito, de moedas ou divisas e cessões de crédito. Para outros bens, a exclusão não parece assim tão óbvia. Trata-se, em primeiro lugar, dos bens móveis sujeitos a registo (aeronaves, navios, etc.) e, em segundo lugar, da electricidade, para os quais a tendência actual é de os assimilar aos bens móveis. No silêncio do legislador, nada se opõe à adopção de semelhante solução também para o caso da venda comercial OHADA – neste sentido, v. Akuté Pedro Santos, ob. cit..

[224] Cf. Artigo 236.º, alínea *b*), do AUDCG.

Depois, só os comerciantes, no sentido do Artigo 2.º do AUDCG, podem celebrar um contrato de compra e venda comercial, pelo que a venda feita ao consumidor ou a pessoa que actue de acordo com finalidades que não se enquadram na sua actividade profissional está fora da esfera de aplicação do regime da compra e venda comercial[225]. Finalmente, estão excluídos da aplicação das disposições em análise os contratos nos quais a parte preponderante da prestação daquele que fornece os bens é constituída por mão-de-obra ou serviços[226].

Sobre as normas aplicáveis à compra e venda comercial, note-se que o legislador OHADA teve a intenção de conservar os princípios fundamentais do direito dos contratos e do contrato de compra e venda previsto nos códigos civis de matriz francófona e no Código das Obrigações Civis e Comerciais do Senegal. As inovações introduzidas resultaram, na sua maioria, da adopção de alguns princípios da Convenção de Viena (CISG), outras da integração de alguns usos comerciais, entre os quais a faculdade de substituição[227].

A possibilidade de aplicação de normas de direito interno está expressamente consagrada no Artigo 237.º do AUDCG, nos termos do qual «*à compra e venda comercial aplicam-se as regras do direito comum dos contratos que não sejam contrárias às disposições do presente Livro*», pelo que tal aplicação tem carácter supletivo. Pode afirmar-se que as «*regras do direito comum*» previstas no Artigo 237.º compreendem as normas internas genericamente aplicáveis a qualquer contrato, as normas específicas aplicáveis ao contrato de compra e venda e, por fim, as normas que disciplinam as transacções comerciais[228]. No primeiro grupo inserem-se, em particular, as normas relativas à formação e à cessação do contrato; no segundo situam-se a normas relativas às várias modalidades de compra e venda (venda sujeita a prova, venda a retro, venda sob condição suspensiva ou resolutiva, etc.), à existência ou à natureza inalienável da coisa

---

[225] Cf. Artigo 235.º, alínea *a*), do AUDCG.

[226] Cf. Artigo 235.º, alínea *b*), do AUDCG. Sobre o tema, v. Akuté Pedro SANTOS e Jean Yado TOÉ, ob. cit., págs. 349 e segs..

[227] Segundo Etienne NSIE, *La formation du contrat de vente commerciale en Afrique*, in *Revue Penant*, n.º 829 (1999), pág. 5, a harmonização jurídica neste sector é extremamente importante visto que os Estados-membros da OHADA não aderiram à CISG. Sobre a influência desta última na elaboração do regime em análise, v. Alain Fénéon, *L'influence de la CVIM sur le noveau droit africain de la vente commerciale*, in *Revue Penant*, n.º 853 (2005), págs. 464 e segs..

[228] Neste sentido, v. Jean-René GOMEZ, *Un noveau droit* cit., pág. 152.

objecto da compra e venda e ao regime jurídico da promessa de compra e venda; quanto às normas que disciplinam as transacções comerciais, merecem destaque os princípios em matéria de solidariedade[229].

6.3. *A formação do contrato de compra e venda*

Para a formação do contrato, o AUDCG confere prevalência à vontade das partes[230] ou, na falta desta, aos usos nos quais consentirem ou que não podem ignorar tomando em consideração o seu sector de actividade[231]. O legislador OHADA estabeleceu também critérios de interpretação da vontade das partes prevendo que, em caso de cláusulas ambíguas, a vontade de uma parte deve ser interpretada de acordo com o sentido que uma pessoa razoável, da mesma qualidade da outra parte, colocada na mesma situação, teria, devendo ser tidas em conta as circunstâncias de facto, em particular os contactos que tiveram lugar entre as partes, as práticas estabelecidas entre elas e, ainda, os usos em vigor na profissão em causa[232].

O Acto Uniforme centrou, deste modo, a interpretação da vontade das partes no primado da vontade interna para verificar a intenção das mesmas em relação à formação do contrato, ao conteúdo das promessas feitas, à eventual modificação das condições contratuais, etc.; recurso à vontade interna que é temperado pela introdução da possibilidade que a vontade seja interpretada com recurso a um comportamento tipo de uma pessoa razoável e com indicação dos elementos a tomar em consideração para colocar em prática a técnica de interpretação jurídica no âmbito da compra e venda comercial.

---

[229] A questão da aplicação do regime anterior em conjunto com o AUDCG é tratada por Akuté Pedro SANTOS e Jean Yado TOÉ, ob. cit., págs. 359 e segs..

[230] Cf. Artigo 238.º do AUDCG, que eliminou a anterior referência à intenção de uma parte quando a outra parte a conhecia ou não a poderia ignorar e ao respectivo comportamento feita no primitivo Artigo 206.º.

[231] Cf. Artigo 239.º do AUDCG. Na jurisprudência, cf. a decisão do TCJA, de 22 de Dezembro de 2005 (n.º 64).

[232] Cf. Artigo 238.º do AUDCG. Na doutrina, v. Akrawati Wamsidine ADJITA, *L'interpretation de la volonté des parties dans la vente commeciale (OHADA)*, in *Revue Penant*, n.º 841 (2002), págs. 473 e segs., no qual se analisa sob vários ângulos da teoria geral do contrato os aspectos singulares previstos no preceito em causa em matéria de interpretação da vontade das partes.

O Acto Uniforme adoptou o princípio da consensualidade em matéria de contrato de compra e venda comercial, o que pressupõe unicamente o encontro de vontades derivado da troca de consensos em virtude da qual se verifica a coincidência de uma proposta e de uma aceitação ou comportamento idóneo a propiciar a celebração do contrato, não exigindo o AUDCG qualquer requisito de forma, nem sequer para fins probatórios[233].

Uma particularidade do AUDCG nesta matéria, de resto já presente na CISG, é a de ignorar por completo a fase pré-contratual.

a) A proposta contratual

O AUDCG define a proposta contratual como «*uma oferta de celebração de um contrato dirigida a uma ou várias pessoas determinadas*»[234].

Para que se possa configurar uma proposta é necessário o concurso de três requisitos.

Desde logo, a proposta contratual deve ser dirigida a uma ou mais pessoas determinadas, pelo que o destinatário deve ser claramente individualizado, ao mesmo tempo que uma vez feita a proposta, esta constitui um simples convite a contratar[235].

Em segundo lugar, a proposta deve ser suficientemente precisa. Ela cumpre esta condição quando contém informações detalhadas sobre os elementos essenciais do contrato como o preço – que deve ser determinado ou determinável[236] –, a descrição dos bens e a sua quantidade[237].

---

[233] Cf. Artigos 240.° e 241.° do AUDCG. Na jurisprudência, v. a decisão do CA de Douala, de 26 de Março de 2004 (n.° 95).

[234] Cf. Artigo 241.°, § 3, do AUDCG.

[235] Cf. Artigo 241.°, § 4, do AUDCG.

[236] Sendo o preço uma condição essencial da compra e venda (cf. Artigo 262.° do AUDCG), os elementos de determinação do preço – assim como a quantidade – devem estar previstos no contrato inicial, pelo que as partes não devem celebrar um outro contrato com esse fim específico, sendo nulo o contrato em que a quantidade e o preço não sejam determináveis *ab initio* por falta de um ou mais elementos essenciais, não podendo o tribunal substituir-se à estipulação das partes – neste sentido, v. Etienne NSIE, *La formation* cit., pág. 7. Para uma crítica à excessiva generalidade da fórmula adoptada no Artigo 210.° (hoje, 241.°) do AUDCG, v. Jean-René GOMEZ, *Un nouveau droit* cit., pág. 159.

[237] Cf. Artigo 241.°, § 2, do AUDCG. Em todo o caso, as partes, em virtude do princípio da autonomia da vontade, podem ter por essenciais elementos considerados acessórios, pelo que, na prática, a distinção entre elementos essenciais e acessórios é feita tomando

Por fim, a proposta deve indicar a vontade do seu autor de se vincular contratualmente em caso de aceitação, pelo que a mesma não deve incluir reservas nem a possibilidade de ser repensada e a intenção do proponente deve ser tal que a simples aceitação da proposta é suficiente para formar um contrato[238].

A proposta não pode ser revogada sempre que o proponente tenha fixado um determinado prazo para a sua aceitação ou quando tenha declarado a mesma irrevogável, ou então quando o destinatário tenha motivo suficiente para crer que a proposta é irrevogável e aja de acordo com essa convicção[239]. O prazo para a aceitação da proposta começa a correr a partir do dia em que é apresentada[240]. No anterior Artigo 218.º do AUDCG determinava-se que a proposta era recebida pelo destinatário quando lhe fosse entregue por qualquer meio no seu domicílio ou na sede do seu estabelecimento comercial. O actual regime não dispõe de norma idêntica.

A proposta produz efeitos a partir do momento em que chega ao conhecimento do destinatário[241]. Duas situações podem colocar em discussão a validade da oferta: a revogação e a cessação da sua eficácia. A proposta pode ser retirada se a revogação chegar ao destinatário antes de este ter expedido a sua aceitação[242]. Verifica-se a cessação da validade da proposta quando esta é rejeitada[243], quando o seu destinatário não res-

---

em consideração mais a vontade das partes do que a natureza do contrato, ficando o ónus da prova sobre a essencialidade de um elemento a cargo daquele que a invoca – sobre o assunto, v. Etienne NSIE, *La formation* cit., pág. 8.

[238] Cf. Artigo 241.º, § 3, do AUDCG. A intenção de celebrar um contrato não constitui uma proposta se o autor, no convite para contratar, se reserva o direito de não dar seguimento, ou de o fazer parcialmente, desde o momento que uma simples proposta não indica a vontade do autor se vincular no caso de aceitação da contraparte – neste sentido, cf. a decisão do TCJA, de 22 de Dezembro de 2005 (n.º 64).

[239] Cf. Artigo 242.º, § 3, do AUDCG. A norma nada diz a respeito da consequência da retirada da proposta no período da sua validade. Segundo Etienne NSIE, *La formation* cit., pág. 10, a proposta deve considerar-se válida e o contrato celebrado sempre que a aceitação tenha lugar no período originalmente proposto.

[240] Cf. Artigo 246.º, § 1, do AUDCG. A data indicada na proposta presume-se ser a da respectiva expedição, salvo quando outras circunstâncias determinem o contrário.

[241] Cf. Artigo 242.º, § 1, do AUDCG.

[242] Cf. Artigo 242.º, § 2, do AUDCG. Segundo Etienne NSIE, *La formation* cit., pág. 11, no silêncio da lei deve reter-se que a retirada de uma proposta que não compreenda um prazo para a aceitação dá origem unicamente à indemnização de eventuais danos.

[243] Cf. Artigo 242.º, § 3, do AUDCG.

ponde no prazo concedido pelo proponente, ou quando não é fixado qualquer prazo para a aceitação mas o destinatário não comunica a aceitação em tempo razoável[244].

b) *A aceitação*

A aceitação consiste numa declaração expressa ou num comportamento do destinatário da proposta que indica a vontade inequívoca de aceitar a proposta[245], não estando sujeita a qualquer exigência de forma[246]. O silêncio ou a inacção, por si, não podem valer como aceitação, embora haja aceitação quando o silêncio é acompanhado por circunstâncias que manifestam uma vontade nesse sentido[247]. A declaração de aceitação deve chegar ao proponente no período de validade da proposta, devendo ambas as vontades ser convergentes e coincidirem no tempo[248].

Como qualquer outro contrato, também na compra e venda comercial OHADA a aceitação não deve conter reservas, nem condições, devendo indicar o acordo do declaratário relativamente a todas as condições essenciais do contrato. O AUDCG segue os mesmos princípios previstos na Convenção de Viena quanto à validade da proposta, de acordo com a qual uma aceitação que contenha elementos complementares ou diferentes que não alteram substancialmente os termos da proposta é considerada válida, desde que o autor da proposta não manifeste de imediato o seu desacordo relativamente a estes elementos, considerando-se o contrato celebrado nos termos da proposta feita e alterações aditadas pela aceitação[249]. Por outro lado, quando a aceitação contém modificações que alteram substancialmente os termos da proposta, tais como aditamentos, limitações ou outras modificações, deve ser considerada como rejeição da proposta e assumir o valor de uma contraproposta[250].

---

[244] Cf. Artigo 243.º, § 1, do AUDCG.
[245] Cf. Artigo 243.º, § 2, do AUDCG.
[246] Cf. Artigo 240.º do AUDCG.
[247] Cf. Artigo 243.º, § 2, do AUDCG.
[248] Com esse objectivo, o Artigo 246.º do AUDCG dispõe que o prazo para a aceitação da proposta começa a correr a partir do momento em que esta é formulada.
[249] Cf. Artigo 245.º, § 2, do AUDCG. No entanto, ao contrário da Convenção de Viena (cf. Artigo 19.º, n.º 3), o AUDCG não especifica quais as modificações que podem ser consideradas substanciais.
[250] Cf. Artigo 245.º, § 1, do AUDCG.

Quanto aos efeitos da aceitação, eles são imediatos quando as partes estão presentes no contexto da formação do contrato. Pelo contrário, quando as partes se encontrem em lugares diversos, a aceitação torna-se efectiva no momento em que chega ao autor da proposta[251], pelo que o legislador OHADA adoptou a teoria da recepção para apurar o momento da celebração do contrato[252]. No entanto, tendo em consideração o prazo da proposta ou dos usos, o destinatário pode manifestar a sua aceitação mediante a prática de um acto, sem necessidade de comunicação formal ao proponente, sendo a mesma eficaz a partir desse momento[253].

A aceitação pode ser revogada na condição de que a revogação chegue ao proponente antes da aceitação produzir efeitos, ou seja, antes da sua recepção[254].

O contrato considera-se validamente celebrado mesmo que o alcance de uma cláusula contratual seja sujeito a um acordo posterior ou a decisão de um terceiro; na falta de tal acordo ou decisão, o contrato mantém-se válido se, por força das circunstâncias ou da vontade das partes, o conteúdo dessa cláusula for ainda assim determinável[255].

Na nova versão do AUDCG, o legislador OHADA integrou no regime da responsabilidade contratual uma regra de liberdade das partes para negociar bem como a responsabilidade da parte que de má fé conduz ou interrompe as negociações, de que é exemplo a situação em que uma parte inicia ou prossegue negociações sem ter a intenção real de chegar a um acordo[256].

6.4. *As obrigações das partes*

O AUDCG dedica particular atenção à definição das obrigações das partes no contrato de compra e venda comercial.

---

[251] Cf. Artigo 244.º, § 1, do AUDCG.

[252] Deste modo, o legislador OHADA pôs um ponto final nas diferenças verificadas entre os Estados-membros. Na Costa do Marfim, a teoria da emissão era perfilhada pela jurisprudência, enquanto o Artigo 82.º do COCC do Senegal considerava os contratos entre ausentes sujeitos à mesma regra daqueles concluídos entre pessoas presentes no acto de manifestação de vontades – sobre o assunto, v. Etienne Nsie, *La formation* cit., págs. 17 e segs.

[253] Cf. Artigo 244.º, § 2, do AUDCG. Contrariamente à Convenção de Viena (cf. Artigo 21.º), a aceitação tardia é ineficaz.

[254] Cf. Artigo 247.º do AUDCG.

[255] Cf. Artigo 248.º do AUDCG.

[256] Cf. Artigo 249.º do AUDCG.

a) As obrigações do vendedor

O AUDCG impõe ao vendedor três obrigações fundamentais: obrigação de entrega do bem vendido; entrega feita em conformidade com o estipulado no contrato; os documentos e os acessórios necessários para permitir o uso e comprovar a aquisição e recepção do bem[257].

Na falta de acordo entre as partes, o vendedor deve colocar os bens à disposição do comprador no lugar do seu fabrico, onde se encontrem armazenados ou no local da sede do seu estabelecimento[258].

Se o contrato estipular a entrega dos bens a um transportador, o vendedor deve proceder em conformidade, mas deve celebrar todos os contratos necessários para que o transporte dos bens seja efectuado até ao local acordado com o comprador, com os meios de transporte apropriados e de acordo com as condições conformes com os usos, fornecendo também ao comprador todas as informações necessárias à celebração de um contrato de seguro, caso o vendedor não o tenha feito[259]. Se o vendedor se obrigou a entregar documentos respeitantes à venda das mercadorias, deve cumprir essa obrigação no momento, lugar e forma previstos no contrato[260].

A entrega diz respeito aos bens objecto do contrato; se o vendedor entregar bens em quantidade superior à prevista no contrato, o comprador tem a faculdade de aceitar ou recusar a quantidade em excesso[261]. O vendedor deve cumprir a sua obrigação de entrega em conformidade com as previsões do contrato, seja na data estipulada, seja num momento posterior dentro do período contratualmente fixado para a entrega, ou ainda

---

[257] Cf. Artigo 250.º do AUDCG. Esta documentação, prevista no primeiro parágrafo, tem por finalidade permitir o funcionamento das garantias legais e substituir a obrigação de garantia anteriormente prevista no Artigo 219.º do AUDCG.

[258] Cf. Artigo 251.º do AUDCG. Segundo a decisão do TGI de Mfoundi, de 4 de Março de 2002 (n.º 246), na falta de acordo sobre o local da entrega da mercadoria, o adquirente que não tenha recolhido os bens no domicílio do vendedor não pode actuar contra este por falta de entrega dos mesmos.

[259] Cf. Artigo 252.º do AUDCG.

[260] Cf. Artigo 254.º do AUDCG.

[261] A entrega abrange também os bens acessórios distintos do bem principal mas afectos ao seu serviço, como sejam os documentos administrativos indispensáveis ao uso dos bens ou os documentos representativos da mercadoria. A jurisprudência francesa junta também a esta categoria um dever de aconselhamento através do qual o vendedor fornece ao comprador todas as informações necessárias para uma utilização satisfatória e sem riscos da mercadoria vendida.

num prazo razoável a partir da celebração do contrato – de acordo com a utilização a dar ao bem e tomando em consideração a natureza da mercadoria – quando o contrato não contenha qualquer previsão relativa à entrega[262].

No caso de entrega antecipada, o Artigo 257.º, § 1, do AUDCG reconhece ao vendedor a possibilidade de aperfeiçoar a execução do contrato substituindo os bens objecto da entrega ou eliminando os vícios de conformidade dos bens entregues.

A obrigação de conformidade é uma obrigação autónoma relativa à obrigação de entrega. De acordo com o primeiro parágrafo do Artigo 255.º do AUDCG, o vendedor deve entregar as mercadorias na quantidade, qualidade, especificação, acondicionamento e embalagem correspondentes ao previsto no contrato. Por outro lado, os bens só estão conformes ao contrato quando são idóneos para o uso para que são habitualmente destinados os bens desse tipo; se a venda for feita por amostra, a mercadoria deve possuir qualidades correspondentes à amostra; por outro lado, os bens devem ser embalados e acondicionados no modo normalmente usado para o mesmo tipo de bens, ou, na sua falta, de maneira idónea a conservá-los e a protegê-los[263]. Pode assim observar-se que, no caso da venda comercial, o legislador OHADA junta à conformidade material, definida como a correspondência do bem entregue com a quantidade, qualidade, especificação, embalagem e acondicionamento previstos no contrato, uma conformidade funcional fundada na aptidão do bem entregue para um uso habitual ou especial – tal como definido pelas partes no contrato – das mercadorias vendidas[264].

O comprador deve denunciar ao vendedor – sob pena de caducidade – qualquer falta de conformidade aparente no prazo de um mês após a data da entrega[265]; a acção de garantia por vício oculto caduca no prazo de um ano a contar do dia em que o vício é descoberto ou deveria ter sido, sem

---

[262] Cf. Artigo 253.º do AUDCG.

[263] Cf. Artigo 255.º do AUODG.

[264] Este alargamento suscita algumas reflexões. Ele é admissível se não eliminar, de facto, a garantia contra os vícios decorrentes da diminuição do uso do bem, ainda que por qualquer motivo o legislador tenha mantido a garantia para os vícios ocultos, ao passo que a Convenção de Viena, na qual foi inspirada a redacção do AUDCG, estabelece apenas o defeito de conformidade – sobre o tema, v. Akuté Pedro SANTOS, *Présentation* cit..

[265] Cf. Artigo 258.º do AUDCG.

que no entanto isso possa ter o efeito de reduzir o prazo de garantia eventualmente contemplado[266].

A obrigação de garantia implica para o vendedor a obrigação de transferir para o comprador a propriedade de uma coisa idónea para o uso para o qual é adquirida e a sua posse pacífica[267]. Qualquer cláusula contratual de limitação das obrigações de garantia deve ser interpretada restritivamente[268].

A garantia relativa aos vícios da coisa vendida está prevista na legislação OHADA de uma forma geral, impondo a responsabilidade do vendedor por todos os defeitos de conformidade existentes nos bens no momento da transferência do risco para o vendedor, mesmo que se venham a manifestar posteriormente[269]. O funcionamento desta garantia pressupõe um defeito oculto que, como tal, se contrapõe a um defeito evidente. É oculto o defeito de que o comprador não tem conhecimento no momento da venda e que não pode identificar tendo em conta a natureza da coisa vendida, ficando a respectiva apreciação do mérito desse desconhecimento a cargo do tribunal, tendo em consideração, também, a condição do comprador, nomeadamente a qualidade em que faz a aquisição e as suas competências. A consequente diminuição das possibilidades de utilização do bem deve ser tal que o próprio bem, mesmo estando conforme ao uso previsto, possa não estar em condições do ponto de vista da sua prestação[270], pelo que a diminuição da possibilidade de uso deve ser distinta da inidoneidade de uso nos termos da qual o bem não pode ser utilizado de acordo com o seu uso normal e segundo o contratualmente previsto.

---

[266] Cf. Artigo 259.º do AUDCG.

[267] Cf. Artigo 260.º do AUDCG. Cf., também, os Artigos 287 e segs. do COCC do Senegal.

[268] Cf. Artigos 261.º do AUDCG. Dúvidas sobre a formulação do primitivo Artigo 232.º são avançadas por Jean-René GOMEZ, *Un nouveau droit* cit., pág. 176, o qual considera que as hipóteses de exoneração da responsabilidade são imperativamente limitadas, vedando essa possibilidade quando o comprador não é um profissional do sector, admitindo-as quando ambas as partes são comerciantes do mesmo sector e só nos casos em que o vendedor ignora o vício no momento da venda. No futuro, a eventual emanação do acto uniforme sobre direito dos contratos, ou então sobre os contratos celebrados com os consumidores, talvez possa contribuir para a solução do problema.

[269] Cf. Artigo 256.º do AUDCG.

[270] Neste sentido, v. Komi WOLOU, *La notion de conformité dans la vente selon l'AUDCG*, Annales de l'Université du Bénim, série Droit, Tomo IX, 2000, pág. 95.

Em linha com as soluções veiculadas pela jurisprudência francesa[271], a versão primitiva do AUDCG estendia expressamente a garantia ao subadquirente nas relações com o produtor ou com o vendedor intermédio no caso dos vícios que tornam o bem defeituoso desde o seu fabrico[272]. Esta disposição foi eliminada na nova redacção do AUDCG.

A garantia de evicção, por sua vez, visa proteger o comprador das pretensões de terceiros relativamente ao bem objecto da venda – por exemplo, o terceiro reivindica a propriedade da coisa vendida ou o bem está onerado por direitos não declarados ao comprador –, mas a garantia não funciona se o comprador estiver ao corrente do risco de evicção ou da existência de um ónus não declarado sobre o bem e mesmo assim adquire-o[273].

O legislador OHADA admite cláusulas limitativas ou extensivas das garantias contratuais, impondo condições para a sua admissibilidade e fixando regras de interpretação. O regime uniforme prevê que essas cláusulas devam ser interpretadas restritivamente e que o vendedor que tenciona fazer-se valer delas deve provar que o comprador tinha conhecimento e aceite a cláusula no momento da celebração do contrato[274]. A disposição nada diz relativamente às cláusulas de exclusão da responsabilidade. Para garantia contra os vícios ocultos, não é admissível a previsão de cláusulas de exclusão, sendo as cláusulas limitativas da responsabilidade admitidas de forma muito restritiva e de acordo com o direito previamente vigente[275], enquanto que para a garantia de evicção as cláusulas de exclusão da responsabilidade são admitidas tendo em conta a hipótese de o comparador adquirir bens não libertos de direitos ou pretensões de terceiros prevista no Artigo 260.º do AUDCG[276].

---

[271] Cf., por exemplo, a decisão da 1.ª Secção Cível do Tribunal da Cassação de 9 de Outubro de 1979 (D 1981 IR 222).

[272] Cf. a redacção do primitivo Artigo 231.º, § 2, do AUDCG.

[273] Cf. Artigo 260.º do AUDCG. De acordo com a decisão da CA de Abidjan, de 6 de Maio de 2005 (n.º 497), se a venda tiver por objecto um bem não liberto de direitos de terceiros, o dolo do vendedor ao esconder a situação jurídica do bem é causa de nulidade do contrato de compra e venda.

[274] Cf. Artigo 261.º do AUDCG. De acordo com a decisão da CA de Abidjan, de 18 de Fevereiro de 2003 (n.º 117), a interrupção da entrega e a modificação dos acordos entre as partes podem justificar o diferimento do pagamento o preço, pelo que a decisão tem, deste modo, natureza provisória.

[275] Cf. Artigo 290 do COCC do Senegal.

[276] Neste sentido, v. Akutté Pedro SANTOS e Jean Yado TOÉ, *ob. cit.*, pág. 400, referindo-se ao antigo Artigo 230.º do AUDCG.

b) As obrigações do comprador

O comprador assume duas obrigações essenciais: o pagamento do preço e a recepção do bem adquirido[277].

O preço pago pelo comprador deve ser real e adequado ao valor do bem, facto que exclui o preço irrisório ou fictício; por outro lado, o preço deve ser determinado ou, pelo menos, determinável[278]. Esta última questão é objecto de duas normas do Acto Uniforme[279] das quais resulta a necessidade de clarificar o seu sentido antes de analisarmos o conteúdo da obrigação de pagar o preço e as modalidades da sua execução.

De acordo com o segundo parágrafo do Artigo 241.º do AUDCG *«uma proposta é suficientemente precisa quando indicar as mercadorias e, expressa ou implicitamente, fixar a sua quantidade e preço ou der indicações que permitam determiná-los»*. O Artigo 263.º, § 2, do AUDCG acrescenta que *«sempre que seja necessária a determinação do preço, as partes podem referir-se ao valor habitualmente praticado no momento da celebração do contrato para as mercadorias vendidas em circunstâncias comparáveis no mesmo ramo de actividade»*. Da combinação do disposto nestas duas normas resulta que a compra e venda sem determinação do preço é proibida: sendo o preço um elemento essencial do contrato, a sua ausência implica a nulidade[280].

Relativamente às modalidades de fixação do preço, as partes dispõem de três soluções distintas: podem fixar directamente o preço; prever no contrato as modalidades que permitem determinar o preço; e podem fazer referência ao preço praticado no mercado, no momento da celebração do contrato, para mercadorias similares e em circunstâncias idênticas. Em todo o caso, o preço ou a fixação dos preços não devem depender da vontade unilateral de uma das partes. Quando o preço é fixado em função do peso das mercadorias, em caso de dúvida deve-se ter como padrão o peso líquido para determinar o preço[281].

---

[277] Cf. Artigo 262.º do AUDCG.

[278] O preço previsto no contrato presume-se determinado de acordo com o valor líquido, uma vez subtraídas as taxas aplicáveis (cf. Artigo 263.º, § 1, do AUDCG).

[279] Cf. Artigos 241.º e 263.º do AUDCG.

[280] Jean-René GOMEZ, *Un nouveau droit* cit., pág. 180, critica o facto de a determinação do preço constituir um elemento essencial do contrato. A crítica diz respeito à anterior redacção dos Artigos 210.º e 235.º do AUDG, ainda que a nova redacção dos Artigos 241.º e 235.º não divirja muito da precedente.

[281] Cf. Artigo 265.º do AUDCG.

O comprador deve tomar as medidas e cumprir as formalidades necessárias para o pagamento do preço[282], que deve corresponder à importância prevista no contrato e na moeda acordada, estando também a seu cargo o pagamento das despesas acessórias à compra e venda, como as despesas relativas ao contrato, as despesas de transporte ou ainda os juros resultantes de mora no pagamento do preço. O pagamento do preço deve ser efectuado no domicílio do vendedor, ou, se o pagamento for feito nos termos do contrato contra a entrega das mercadorias ou remessa de documentos, no lugar previsto para a prática destes actos[283]. O pagamento do preço deve ser feito na data acordada pelas partes[284]. Quando o negócio implicar um transporte, o vendedor pode proceder à expedição sob a condição de que a mercadoria ou os respectivos documentos são remetidos ao comprador apenas contra o pagamento do preço; todavia, o contrato pode também prever que o comprador só pague o preço depois de ter tido a possibilidade de examinar a mercadoria[285]. O adquirente deve examinar a mercadoria tão brevemente quanto possível; no caso de venda com transporte, a vistoria pode ser diferida até à chegada da mercadoria ao destino[286].

A obrigação de receber a mercadoria adquirida implica que o comprador faça tudo quanto necessário para permitir que o vendedor efectue a entrega e para que desse modo possa tomar posse da mesma[287]. Quando o comprador tardar em receber a mercadoria ou a efectuar o seu pagamento – nos casos em que este deva ser efectuado no momento da entrega – o vendedor deve tomar todas as medidas necessárias para manter o controlo da mercadoria, tendo direito a retê-la até ao momento em que comprador pague o preço convencionado e as despesas de conservação[288]. No caso de o comprador que recebe a mercadoria decidir recusá-la, ele deve tomar todas as medidas necessárias à conservação da mercadoria, beneficiando de um direito de retenção até ao momento em que o vendedor pague as despesas de conservação[289].

---

[282] Cf. Artigo 264.º do AUDCG.
[283] Cf. Artigo 266.º do AUDCG. O preceito fala de «*lugar da actividade*».
[284] Cf. Artigo 268.º do AUDCG e nota 282.
[285] Cf. Artigo 267.º do AUDCG.
[286] Cf. Artigo 270.º do AUDCG.
[287] Cf. Artigo 269.º do AUDCG.
[288] Cf. Artigo 271.º do AUDCG.
[289] Cf. Artigo 272.º do AUDCG.

A parte a quem incumbe um dever de conservação pode depositar o bem junto de um estabelecimento de terceiro[290], ou então vendê-lo, desde que tenha prevenido a outra parte da sua intenção[291].

6.5. Efeitos do contrato de compra e venda

Ao disciplinar os efeitos do contrato de compra e venda, o legislador OHADA tomou unicamente em consideração os efeitos reais, ocupando--se da transmissão da propriedade – esta é uma grande novidade relativamente à CISG – e da transferência dos riscos inerentes à compra e venda.

A transmissão da propriedade tem lugar no momento da entrega dos bens alienados ao comprador[292], abandonando-se deste modo o princípio da consensualidade expressamente previsto no Código Civil francês[293].

Quando o comprador toma posse do bem alienado no momento em que o vendedor o coloca à sua disposição não surge qualquer problema, assim como quando o comprador procede à descarga das mercadorias transportadas no âmbito de uma alienação que implica um transporte. Todavia, nesta última hipótese podem surgir algumas dificuldades: considerando que a transmissão da propriedade, e os consequentes riscos de perecimento dos bens, tem lugar no momento em que a mercadoria é colo-

---

[290] Cf. Artigo 273.º do AUDCG. O depósito num estabelecimento de terceiro a expensas da outra parte pode ser efectuado sob condição de que as tarifas praticadas sejam razoáveis.

[291] Cf. Artigo 274.º do AUDCG.

[292] Cf. Artigo 275.º do AUDCG.

[293] Cf. Artigos 1138.º e 1583.º do *Code civil*. A doutrina francesa tratou amplamente dos inconvenientes derivados da aplicação do princípio da consensualidade – v. alguns exemplos in Rodolfo Sacco, *Introduzione al diritto comparato*, Turim, UTET, 1992 –, e, em particular, a actuação da regra *res perit domino* nos termos da qual, se a coisa perece fortuitamente no intervalo entre a celebração do contrato e a entrega, o comprador permanece obrigado ao pagamento do preço apesar de não mais poder obter a coisa, uma vez que adquiriu a propriedade com a celebração do contrato, suportando por isso os riscos próprios da coisa adquirida – v. Marcel Planiol, Georges Ripert, *Traité pratique de droit civil français*, tomo VI, *Obligations*, Paris, LGDJ, 1952, págs. 563 e segs., e tomo X, *Contrats civils*, Paris, LGDJ, págs. 14 e segs.; François Terrè, Philippe Simler, Yves Lequette, *Droit civil – Les obligations*, 9.ª ed., Paris, Dalloz, 2005, pág. 529; v., também, Alain Fenon, Jean-René Gomez, *Droit Commercial* cit, pág. 152; Akuetè Pedro Santos e Jean Yado Toé, ob. cit., págs. 433 e segs.. Possivelmente, o legislador OHADA quis contornar estes inconvenientes separando a conclusão do contrato do momento de transmissão da propriedade.

cada no transportador para posterior entrega ao comprador[294], este torna-se proprietário de bens dos quais não tem a posse efectiva, contrariando a regra geral que fixa o acto de entrega como o momento de transmissão da propriedade; além disso, parece difícil que a noção de descarga possa incluir a remessa dos bens para o transportador para a entrega ao adquirente. Na falta de uma solução legal explícita, devem ser as partes a fixar expressamente o momento da transmissão da propriedade.

Sobre o momento em que se dá a transmissão da propriedade na hipótese em que o vendedor coloca a mercadoria à disposição do comprador, são várias as soluções preconizadas: pode defender-se que, até à entrega da mercadoria, não há lugar à transmissão da propriedade; pode também considerar-se que a transmissão da propriedade tem lugar só após a notificação para a recolha da mercadoria alienada; ou pode ainda defender-se que a obrigação de entrega do vendedor consiste apenas na colocação das mercadorias à disposição do comprador, transferindo-se nesse momento a propriedade. O Artigo 271.º do AUDCG obriga o vendedor a assegurar a conservação das mercadorias em condições idóneas quando o comprador tarda em receber a entrega, pelo que o vendedor não age mais na qualidade de proprietário, razão porque a transmissão da propriedade tem lugar no momento em que a mercadoria é colocada à disposição do comprador.

A possibilidade de diferir o momento da transmissão da propriedade é concretizada, sobretudo, através da cláusula de reserva da propriedade, regulada no AUOG[295], pelo que o vendedor que não recebeu o pagamento conserva o direito de propriedade sobre as mercadorias alienadas.

Existem geralmente diversas cláusulas que têm por objecto o diferimento da transmissão da propriedade. Trata-se, em particular, de vendas sujeitas a período experimental em que a propriedade só se transfere após esse período e de vendas com cláusula de transmissão progressiva da propriedade em que esta se realiza à medida que o bem em causa vai sendo construído.

Acerca da transferência dos riscos conexos à transmissão de propriedade, o Artigo 277.º, § 1, do AUDCG dispõe que «*A transferência da propriedade importa a transferência do risco*»; consequentemente, a transferência do risco tem normalmente lugar no momento da entrega, suportando o comprador, a partir desse momento, a perda ou a deteriora-

---

[294] Cf. Artigo 278.º do AUDCG. Cf., também, as decisões da CA de Abidjan, de 15.12.2000 (n.º 1155), e de 01.06.2001 (n.º 677).
[295] Cf. Artigo 276.º do AUDCG.

ção das mercadorias, sem que por isso deixe de estar vinculado a pagar o respectivo preço. Este princípio tem, no entanto, algumas condicionantes: no caso de um contrato de compra e venda que implica transporte, a transferência do risco verifica-se no momento da remessa das mercadorias para o primeiro transportador, mesmo que o vendedor seja autorizado a conservar os documentos relativos à mercadoria[296]; no entanto, se as mercadorias forem vendidas no decurso do transporte, a transferência do risco não tem lugar no momento da transmissão da propriedade, mas no momento da conclusão do contrato[297]. Esta solução é um tanto onerosa para o comprador, o qual suporta o risco mesmo que os bens se tenham perdido ou deteriorado sem que a parte tenha tido conhecimento do facto no momento da conclusão do contrato; este facto, porém, não impede o comprador de opor o incumprimento ou o defeito de conformidade sempre que o vendedor esteja ao corrente da perda ou deterioração das mercadorias e não informe o comprador desse facto[298]. Por fim, na venda relativa a mercadorias que ainda não estão individualizadas, a transferência do risco só tem lugar após a identificação daquelas[299].

6.6. O incumprimento

Os remédios gerais para o incumprimento do contrato consistem na resolução do contrato e nas sanções pecuniárias[300].

a) Disposições de carácter geral

Qualquer parte num contrato de compra e venda pode pedir ao tribunal competente a resolução por incumprimento total ou parcial das obri-

---

[296] Cf. Artigo 278.º do AUDCG.
[297] Cf. Artigo 279.º, § 1, do AUDCG.
[298] Cf. Artigo 279.º, § 2, do AUDCG.
[299] Cf. Artigo 280.º do AUDCG.
[300] Diferentemente da CISG (cf. Artigo 71.º), o AUDCG não estabelece a possibilidade de uma prévia suspensão unilateral mediante simples comunicação à outra parte. A disciplina anterior previa genericamente a possibilidade, não acolhida ao nível geral pela revisão de 2010, de pedir a suspensão judicial da execução do contrato (cf. redacção do primitivo Artigo 245.º) – sobre a suspensão judicial do contrato, v. Emmanuel S. DARANKOUM, *La pérennité du lien contractuel dans la vente commerciale OHADA: analyse et rédaction des clauses*, in Revue Penant, n.º 853 (2005), págs. 507 e segs..

gações da outra parte, salvo se a gravidade do incumprimento de uma das partes, avaliada pelo órgão judicial competente a pedido da parte mais diligente, justificar que a outra parte, por sua conta e risco, coloque unilateralmente um ponto final ao contrato[301]. Independentemente da gravidade do incumprimento, a parte que o invoca pode ser obrigada a respeitar um prazo antes de notificar a outra parte da sua decisão, sendo responsabilizada pelo não cumprimento desse prazo, mesmo que o tribunal confirme a gravidade do incumprimento[302]. A parte que obtiver a resolução do contrato tem direito a ser indemnizada pelos danos emergentes e lucros cessantes resultantes directamente do incumprimento[303].

As sanções pecuniárias são de dois tipos: os juros de mora e a indemnização do dano.

Os juros de mora compensam o dano resultante da impossibilidade de dispor da soma devida sem que o credor seja obrigado a justificar o dano, podendo ser cumulados com a indemnização do dano. Os juros contam-se a partir da interpelação dirigida à outra parte, por carta registada com aviso de recepção ou por qualquer outro meio escrito[304].

O ressarcimento do dano tem o objectivo de reparar o prejuízo gerado pelo não cumprimento da obrigação. O dano que pode ser indemnizado é constituído, consoante quem sofre o dano seja o adquirente ou o vendedor, pelo dano emergente ou pelo lucro cessante, sendo o seu valor determinado com base na perda sofrida (diferença entre o preço de aquisição de um bem alternativo ao bem original) ou no valor que a parte deixou de ganhar (diferença entre o preço de venda original e o efectivamente conseguido)[305]. É interessante notar como, na questão da compensação do dano, o AUDCG fez sua a teoria da *mitigation of damages* própria dos sistemas da *common law*, prevendo que a parte lesada possa recorrer a todos os meios necessários para limitar o dano resultante do incumprimento da contraparte contratual[306].

Em todo o caso, nenhuma parte é responsável pela não execução de qualquer uma das suas obrigações se provar que o incumprimento é devido

---

[301] Cf. Artigo 281.°, §§ 1 e 2, do AUDCG.
[302] Cf. Artigo 281.°, § 3, do AUDCG.
[303] Cf. Artigo 281.°, último §, do AUDCG.
[304] Cf. Artigo 291.° do AUDCG.
[305] Cf. Artigo 292.° do AUDCG. Sobre a matéria, v. Komi WOLOU, *La restitution du profit consécutive à l'anéantissement de la vente commerciale dans l'AUDCG*, in Revue la voix de l'intégration juridique et judiciaire en Afrique, n.os 7-8 (2006), pág. 87.
[306] Cf. Artigo 293.° do AUDCG.

a um impedimento alheio à sua vontade, de que são exemplo factos praticados por terceiro ou um caso de força maior[307].

b) Os remédios para o incumprimento do vendedor

Se o vendedor não estiver em condições de executar no prazo estipulado a sua obrigação de entrega das mercadorias devido a insuficiência ou defeito da sua capacidade de produção, o comprador pode obter uma decisão do tribunal competente que lhe permita diferir o pagamento, autorização que pode ser acompanhada da obrigação de depósito de parte ou da totalidade do preço[308].

O comprador pode exigir ao vendedor a substituição das mercadorias entregues sempre que o defeito de conformidade tenha sido revelado nos termos dos Artigos 258.º e 259.º do AUDCG[309]. Por outro lado, o comprador pode convencionar com o vendedor um prazo durante o qual o vendedor deverá substituir, a expensas suas, as mercadorias defeituosas por outras conformes; durante este prazo o comprador não poderá iniciar qualquer outra acção fundada no incumprimento, e se o vendedor cumprir tal obrigação dentro do prazo concedido, o comprador não poderá pedir a indemnização do dano pelo atraso na execução do contrato[310]. Uma vez decorrido o prazo, o vendedor pode, ainda assim, cumprir à sua custa a obrigação de substituição e permanecer sujeito à indemnização dos eventuais danos causados[311].

Em caso de entrega antecipada, o vendedor pode propor ao comprador reparar à sua custa qualquer violação das suas obrigações «*sob condição de o exercício deste direito não causar danos ao comprador*»[312]. A concretização da oferta de reparação pode apresentar algumas dificuldades: trata-se de uma faculdade na disponibilidade do comprador, o qual pode preferir a resolução do contrato.

O comprador tem, por outro lado, o direito de recusar a entrega antecipada da mercadoria ou em quantidade superior ao estipulado contratualmente: nestes casos, o comprador deve exigir ao vendedor que

---

[307] Cf. Artigo 294.º do AUDCG.
[308] Cf. Artigo 282.º do AUDCG.
[309] Cf. Artigo 283.º, § 1, do AUDCG.
[310] Cf. Artigo 283.º, §§ 2 e 3, do AUDCG.
[311] Cf. Artigo 284.º do AUDCG.
[312] Cf. Artigo 257.º do AUDCG.

recolha a mercadoria[313]. Sempre que o comprador aceite uma entrega parcial da mercadoria não pode pedir a resolução do contrato, mas apenas a indemnização do dano relativo à parte não entregue ou não conforme[314].

A redução do preço configura-se como uma redução das prestações do contrato que aparecem reformuladas na perspectiva da manutenção do contrato. O legislador OHADA permite a redução do preço previsto no contrato em caso de defeito de conformidade das mercadorias: a iniciativa cabe ao comprador que procede directamente à redução do preço na medida da diferença entre o valor real das mercadorias entregues e o valor que as mercadorias conformes teriam nesse momento, sem necessidade, como tal, de recorrer ao tribunal[315].

c) Os remédios para o incumprimento do comprador

O vendedor não parece dispor das mesmas prerrogativas do comprador ao qual a lei reconhece o direito de exigir do vendedor a execução de todas as obrigações decorrentes do contrato[316]. Tal diferença explica-se pela diferente natureza das obrigações do comprador e pelo facto de que o vendedor dispõe dos meios previstos no AUOPSCE para obter a execução das obrigações por parte do comprador.

Se o comprador não estiver em condições de pagar a totalidade do preço, em razão da sua insolvência ou atraso nos seus pagamentos, o vendedor pode obter do tribunal competente a autorização para diferir a execução das suas obrigações de entrega, autorização essa que pode ser acompanhada da obrigação de depósito das mercadorias com antecipação das despesas[317].

Se o vendedor conceder um prazo suplementar para o pagamento do preço, não pode invocar o não cumprimento pelo devedor das respectivas obrigações antes do termo do referido prazo, e se o comprador cumpre as suas obrigações neste prazo, o vendedor não pode exigir qualquer compensação[318]. Uma vez decorrido o mencionado prazo, o comprador pode

---

[313] Cf. Artigo 262.º do AUDCG.
[314] Cf. Artigo 290.º do AUDCG.
[315] Cf. Artigo 288.º do AUDCG.
[316] Cf. Artigo 283.º do AUDCG.
[317] Cf. Artigo 285.º do AUDCG.
[318] Cf. Artigo 286.º do AUDCG.

ainda dar cumprimento às suas obrigações, mas o vendedor, que conserva o direito de exigir uma indemnização pelos danos causados, pode opor-se. Na impossibilidade de proceder à execução específica, ao vendedor restará unicamente a indemnização do dano[319].

O comprador que recebeu as mercadorias deve examiná-las tempestivamente para verificar a sua conformidade, pois quando não o faça decai o direito de fazer valer o defeito de conformidade e, por isso, de recorrer a qualquer um dos remédios disponíveis previstos no regime em causa[320].

Também para o comprador vale o princípio da não assunção de responsabilidades sempre que prove que o incumprimento é devido a causa que lhe não é imputável, como um facto de terceiro ou um caso de força maior[321].

d) A resolução do contrato

O AUDCG integra um princípio geral de resolução do contrato de compra e venda comercial em caso de não cumprimento de uma das partes[322].

O pedido de resolução do contrato de compra e venda comercial é proposto num tribunal[323]. Resta a aplicabilidade dos princípios gerais em matéria de prescrição previstos no AUDCG, e a parte que pretenda exercer o direito de resolução deve propor a respectiva acção no tribunal competente no prazo de dois anos contados a partir da data em que a acção pode ser exercida[324]. Se o vendedor concedeu uma garantia contratual, o prazo de prescrição conta-se a partir do momento em que a garantia expira[325].

A resolução produz uma série de efeitos: a extinção do contrato, a sobrevivência de algumas das suas cláusulas e a restituição de tudo o que foi fornecido ou pago.

---

[319] Cf. Artigo 291.º do AUDCG.
[320] Cf. Artigo 258.º do AUDCG.
[321] Cf. Artigo 294.º do AUDCG.
[322] Cf. Artigo 281.º do AUDCG.
[323] Cf. Artigo 281.º do AUDCG.
[324] Cf. Artigo 301.º do AUDCG.
[325] Cf. Artigo 302.º do AUDCG. A acção proposta depois do prazo dos dois anos após o fim da garantia contratual não é recebida, competindo ao comprador provar a existência da garantia contratual para beneficiar do protelamento do prazo (neste sentido, cf. TPI de Abidjan, decisão de 13.12.2001 (n.º 246)).

De acordo com o Artigo 296.º do AUDCG, a resolução do contrato liberta as duas partes das respectivas obrigações, pelo que nenhuma parte pode exigir da outra a execução de qualquer obrigação prevista no contrato, salvo a eventual indemnização do dano.

O Acto Uniforme prevê expressamente a sobrevivência à resolução do contrato das cláusulas destinadas a solucionar diferendos emergentes da cessação do contrato (cláusula que contenha o acordo das partes quanto à determinação do foro competente para os litígios decorrentes do contrato ou cláusula compromissória) ou das respectivas obrigações resultantes da resolução do contrato: estas consideram-se autónomas não tendo a resolução do contrato qualquer efeito sobre elas[326].

Na óptica de restaurar as condições existentes no momento anterior à celebração do contrato resolvido, a lei sanciona, no fim, o direito de qualquer das partes à restituição «*daquilo que forneceu ou pagou em execução do mesmo*»[327], pelo que o vendedor deve restituir o preço pago mais os respectivos juros a contar do dia do pagamento e o comprador deve restituir as mercadorias no estado em que se encontravam quando as recebeu ou o equivalente pecuniário de todas as mercadorias que não possa restituir[328]. Sempre que o comprador se veja impossibilitado de restituir as mercadorias nos termos em que a lei o determina, não poderá pedir a resolução do contrato excepto se a impossibilidade de restituição das mercadorias intactas for independente da sua vontade[329].

---

[326] Cf. Artigo 296.º do AUDCG.
[327] Cf. Artigo 297.º do AUDCG.
[328] Sobre as dificuldades de determinação do valor correspondente, v. Komi WOULOU, *La restitution* cit..
[329] Cf. Artigo 298.º do AUDCG.

CAPÍTULO III

O Acto Uniforme Relativo ao Direito das Sociedades Comerciais e ao Agrupamento de Interesse Económico

1. Introdução

1.1. *A índole da reforma*

O Acto Uniforme relativo ao Direito das Sociedades Comerciais e ao Agrupamento de Interesse Económico (AUDSCAIE) é um dos pilares da estrutura normativa da OHADA. Adoptado em Cotonou a 17 de Abril de 1997 e publicado no Jornal Oficial da OHADA de 11 de Outubro de 1997, este Acto Uniforme entrou em vigor a 1 de Janeiro de 1998[1], constituindo simultaneamente uma obra de codificação, de modernização e de integração.

Antes da reforma OHADA, o direito societário em vigor na maior parte dos Países africanos era constituído pelo direito francês da época colonial, articulado sobretudo em torno do *Code civil* (cf. Artigos 1832.° a 1873.°), do Código de Comércio (cf. Artigos 18.° a 46.°), da Lei de 24 de Julho de 1867, relativa às sociedades por acções e da Lei de 7 de Março de 1925, sobre as sociedades de responsabilidade limitada[2]. Depois da

---

[1] Cf. Artigo 920.°, § 2, do AUDSCAIE.

[2] O quadro normativo vigente no período anterior ao AUDSCAIE está descrito in AA.VV. (François ANOUKAHA, Abdoullah CISSÉ, Ndiaw DIOUF, Josette NGUEBOU TOUKAM, Paul-Gérard POUGOUÉ e Moussa SAMB), *OHADA. Sociétés commerciales et G.I.E.*, Bruxelas, Bruylant, 2002, e também, relativamente ao Níger e às relações entre o regime OHADA e o regime preexistente, Alhousseini MOULOUL, *Le régime juridique des sociétés commerciales dans l'espace OHADA: l'exemple du Niger*, Paris, LGDJ, 2005. Relativamente aos Países de língua portuguesa – e com particular destaque para a Guiné-Bissau – v. Rui ATAÍDE, *Estrutura, principais objectivos e inovações do Acto Uniforme relativo ao Direito das Sociedades Comerciais e do Agrupamento Complementar de Empresas*, in Boletim da Faculdade de Direito de Bissau, n.° 6 (2004), págs. 282 e segs. e Tiago SOARES DA FONSECA,

independência dos diversos Estados, algumas leis especiais vieram derrogar os diplomas de base ou complementá-los[3], embora, ao mesmo tempo, se notasse que este sistema normativo se revelava antiquado e pouco adaptado às necessidades hodiernas; por outro lado, era um sistema legislativo desorganizado, de difícil orientação para o intérprete. Deste ponto de vista, o Acto Uniforme em análise representa uma inegável operação de codificação e de sistematização normativa, com disposições bastante completas e frequentemente imperativas, que reduzem consideravelmente a necessidade de recurso a outros diplomas[4].

Para além de ser, de facto, um código, o Acto Uniforme é decididamente um código moderno, que se inspira nas recentes alterações introduzidas em França e nos outros países da União Europeia; essa inovação está também relacionada com as modificações introduzidas em alguns países africanos como o Senegal, o Mali, a Guiné e o projecto de um código das sociedades UAEAC (União Aduaneira e Económica dos Estados da África Central, hoje CEMAC – Comunidade Económica e Monetária da África Central); em substância, este Acto Uniforme visa adaptar o direito africano das sociedades comerciais às necessidades de uma economia moderna.

Dando mais um passo relativamente a esta intenção, o Acto Uniforme reforma o direito das sociedades e do agrupamento de interesse económico. As reformas são profundas: respeitam tanto à teoria geral da sociedade comercial como à sua forma.

A reforma em questão teve como ponto de partida uma nova e mais completa definição de sociedade comercial. Esta é uma convenção através da qual duas ou mais pessoas, por contrato, afectam bens (em dinheiro ou espécie) a uma actividade, com o escopo de obter lucros ou de beneficiar de alguma vantagem económica, em que os sócios se responsabilizam pelas perdas, razão pela qual a sociedade deve ser criada no interesse comum dos sócios[5]. A este propósito, muitos aspectos da reforma pretendem tornar a

---

O acto uniforme relativo ao direito das sociedades comerciais e do agrupamento complementar de empresas, Lisboa, Jus, 2002, o qual efectua também uma interessante comparação entre as disposições do AUDSCAIE e o regime normativo antecedente de matriz portuguesa.

[3] Foi o caso dos Camarões, Costa do Marfim, Mali e Senegal.

[4] Neste sentido, v. Jean PAILLUSSEAU, *L'Acte Uniforme sur le droit des sociétés*, in *Petites Affiches. La Loi*, n.º 205, de 13.10.2004, págs. 19 e segs. e Daniel TAPIN, *Droit des sociétés commerciales et du G.I.E. en Afrique*, in *Revue Penant*, n.º 827 (1998), págs. 186 e segs..

[5] Cf Artigo 4.º do AUDSCAIE. A noção é idêntica à prevista no Artigo 1832.º do Código Civil francês, com uma importante diferença: os bens não estão destinados a uma

sociedade mais operativa, com a redução dos casos de extinção da sociedade, contrabalançada com um aumento da responsabilidade, tanto civil como criminal, com o reforço do controlo, com particular incidência na profissionalização e uma maior flexibilidade na organização, no funcionamento e na gestão da sociedade, através da renovação dos laços societários[6].

Na sua classificação das sociedades comerciais, o Acto Uniforme reconhece, como a legislação precedente, três tipos de sociedade: a sociedade de pessoas, a sociedade de capitais e a sociedade de responsabilidade limitada (SARL), considerada uma sociedade que reúne características das duas categorias precedentes[7]. Na categoria das sociedades de pessoas, o Acto Uniforme integra a sociedade em nome colectivo e a sociedade em comandita simples, sociedades em que os sócios se conhecem e o contrato é celebrado *intuitu personae*; a contribuição dos sócios é representada pelas quotas atribuídas a cada um, as quais são livremente transmissíveis com o prévio consentimento de todos os outros sócios; os administradores são nomeados e exonerados por decisão unânime dos sócios. Neste tipo de sociedade, o aspecto contratual é, por isso, preponderante (prioridade dada às estipulações estatutárias). Em contrapartida, as sociedades de capitais são constituídas de acordo com os capitais que devem constituir as entradas dos sócios, razão pela qual a consideração das pessoas dos sócios é normalmente indiferente; cada sócio é chamado a contribuir com a sua entrada, adquirindo acções livremente transmissíveis ou negociáveis como contrapartida. A modalidade tomada em consideração pelo Acto Uniforme é a sociedade anónima (SA), na qual é permitido o recurso à oferta pública[8], sendo que a necessidade de transparência determinou a criação de

---

empresa comum mas sim a uma actividade. Assim, o AUDSCAIE adopta as disposições do Código guineense das actividades económicas.

[6] Para uma análise eminentemente prática do AUDSCAIE, v. Oumar SAMBE, Mamadou IBRA DIALLO, *Guide pratique des sociétés commerciales e du groupement d'intérêt économique (GIE) OHADA*, Dakar, Editions Comptables et Juridiques, 2008.

[7] Neste sentido, v. Paul-Gérard POUGOUÉ, François ANOUKAHA, Josette NGUEBOU TOUKAM, *Sociétés commerciales et GIE*, disponível a partir de *www.ohada.com*.

[8] O Artigo 81.º do AUDSCAIE define os requisitos que uma sociedade deve preencher para recorrer à oferta pública: ter mais de cem accionistas e ter os seus títulos admitidos numa bolsa de valores de um dos Estados-membros; ou ter recorrido, seja a estabelecimentos de crédito e intermediários financeiros, seja a outros métodos de publicidade, seja ainda à venda ao domicílio, para oferecer ao público de um Estado-membro os títulos próprios de qualquer natureza ou, por fim, distribuir os títulos próprios a um número de pessoas superior a cem.

uma regulamentação muito rigorosa. A sociedade tem responsabilidade limitada e tem uma natureza mista porquanto se assemelha, por um lado, às sociedades de pessoas, uma vez que as entradas dos sócios são representadas por quotas sociais, o que implica limites à sua livre transmissão, além de que existe o controlo pelos sócios de novas adesões, verificando-se a presença, em síntese, das características *intuitu personae*; por outro lado, possui características das sociedades de capital porque a responsabilidade dos sócios é limitada às suas entradas.

O Acto Uniforme permite também que a sociedade comercial tenha uma natureza unipessoal[9]. No entanto, a possibilidade de se constituírem sociedades unipessoais está limitada a alguns tipos de sociedade, em particular a SA e a SARL. O reconhecimento das sociedades unipessoais tem uma dupla vantagem: permite não só proteger o interesse dos grandes grupos privados que têm sucursais em África, simplificando assim a sua gestão, como também evitar o recurso a sócios fictícios para mascarar as sociedades nas quais um sujeito é gerente único, oferecendo as vantagens de uma gestão organizada e com limitação da responsabilidade para o sócio único. Dos novecentos e vinte artigos que compõem o AUDSCAIE, apenas quatro incidem sobre a sociedade unipessoal[10], pelo que não existe no Acto Uniforme um regime autónomo relativo a esta sociedade, constituindo a mesma uma mera variante operativa nas hipóteses em que é possível a sua utilização.

Note-se, desde já, que o Acto Uniforme veio introduzir uma série de importantes inovações.

Antes de tudo, o abandono da sociedade em comandita por acções (SCA), já em desuso na prática.

Em segundo lugar, a atenuação da tradicional distinção entre sociedade de pessoas e sociedade de capitais, que se manifesta na possibilidade de inserir no pacto social cláusulas através das quais os sócios podem modificar a aplicação normal de algumas normas, limitando ou reforçando desse modo o *intuitu personae*[11].

---

[9] Cf. Artigo 5.º do AUDSCAIE. Sobre o tema, v. François IPANDA, *La société d'une seule personne dans l'espace OHADA*, disponível a partir de www.juriscope.org.

[10] Trata-se do Artigo 5.º, que a prevê, do Artigo 201.º, § 4, que regula a questão relativa à sua transmissão, e dos §§ 2 dos Artigos 309.º e 385.º, que a ligam, respectivamente, à SARL e à SA.

[11] Na SNC os sócios podem decidir, por exemplo, eliminar a dissolução por morte ou por incapacidade de um dos sócios, inserindo no contrato uma cláusula onde conste a continuação da sociedade não obstante algum daqueles eventos (o Acto Uniforme permite-o

Por outro lado, o Acto Uniforme, acolhendo a solução francesa consagrada no Artigo 6.° da Lei n.° 66-637, de 24 de Julho de 1966 (cf. artigo 1.°, § 2), dispõe que a natureza comercial de uma sociedade pode depender do objecto ou da forma, considerando como comerciais pela sua forma e independentemente do seu objecto as sociedades em nome colectivo (SNC), as sociedades em comandita simples (SCS), as SARL e as SA[12].

Acresce que as disposições do AUDSCAIE são de ordem pública, salvo nos casos em que o próprio Acto Uniforme autoriza a sua substituição ou desenvolvimento por outras normas[13].

Por fim, o legislador OHADA integrou no Acto Uniforme as sociedades de facto que desenvolvem uma actividade comercial: trata-se da sociedade em participação (SEP), previamente designada no Código de Comércio francês como associação em participação, e da sociedade de facto (SCF); ambas são reguladas como sociedades sem personalidade jurídica.

Apesar da modificação terminológica, o legislador OHADA veio regulamentar a sociedade em participação nos termos tradicionalmente usados nesta matéria. Define-se a sociedade em participação como uma sociedade em que os sócios decidem que a mesma não seja registada no RCCM, não gozando de personalidade jurídica[14], tratando-se, por isso, de uma sociedade em que todas as normas que a regem estão na disponibilidade da vontade das partes[15]. A noção de sociedade de facto pode resultar da vontade das partes[16], da constituição de uma sociedade com violação de formalidades legais[17] e ainda da redução a escrito do acto de constituição da sociedade[18]. Esta variedade de possibilidades mostra claramente como o problema da sociedade de facto está na prova da sua existência: de

---

expressamente). Numa SA, cláusulas de aprovação ou de preferência podem fechar o acesso à sociedade a algumas pessoas que dela pretendam fazer parte (manifestação de um *intuitus personae* numa sociedade cujas características o excluem à partida).

[12] Antes desta alteração, a Lei de 1867, modificada pela Lei de 1 de Agosto de 1893, dispunha que as sociedades anónimas e as sociedades em comandita por acções tinham natureza comercial devido à sua forma (independentemente do seu objecto), enquanto que a Lei de 1925 continha uma previsão análoga para as SARL. O objectivo era o de sujeitar estas sociedades ao processo de falência, mesmo que o seu objecto tivesse natureza civil.

[13] Cf. Artigo 2.° do AUDSCAIE.
[14] Cf. Artigo 114.° do AUDSCAIE.
[15] Cf. Artigo 855.° do AUDSCAIE.
[16] Cf. Artigo 864.° do AUDSCAIE.
[17] Cf. Artigo 865.° do AUDSCAIE.
[18] Cf. Artigo 115.° do AUDSCAIE.

acordo com o Acto Uniforme, tal sociedade só existe quando estiverem reunidos todos os elementos constitutivos de uma sociedade que, uma vez verificados, implicam a aplicação das normas previstas para a SNC[19].

O reconhecimento do agrupamento de interesse económico (AIE) é uma inovação de extrema importância para os investidores, introduzida com o objectivo de facilitar os investimentos em conjunto de grandes empresas internacionais. Antes da aprovação deste regime, apenas o Burkina--Faso[20], os Camarões[21], o Mali[22] e o Senegal[23] consagravam o AIE nos respectivos ordenamentos: os Artigos 869.º a 885.º do Acto Uniforme contêm uma disciplina renovada da figura e estendem-na a todos os Estados--membros.

1.2. Os objectivos gerais da reforma

Três ideias orientaram o legislador OHADA na sua tarefa de harmonização. Certamente que não têm nada de original, pois são ideias que encontramos com frequência no decurso da história da legislação e da jurisprudência comercial sobre sociedades. São elas a protecção de terceiros, a protecção dos sócios e a protecção dos investidores.

Para garantir a protecção de terceiros, agilizando ao mesmo tempo o funcionamento das sociedades, torna-se necessário atribuir poderes mais amplos aos administradores das sociedades e, como tal, uma maior independência destes nas relações com os sócios. Em contrapartida, para proteger estes últimos contra os abusos dos administradores torna-se necessário aumentar os seus poderes de controlo, mas um controlo que só pode ser

---

[19] Cf. Artigo 868.º do AUDSCAIE. O legislador comunitário – de uma forma muito deficiente – usa indistintamente os termos «*sociedade de facto*» e «*sociedade criada de facto*». Segundo Paul-Gérard POUGOUÉ, François ANOUKAHA, Josette NGUEBOU TOUKAM, *Sociétés commerciales* cit., sob o plano jurídico, a sociedade de facto é uma sociedade na qual os sócios não respeitaram nenhuma formalidade legal; a sociedade de facto actua perante terceiros e funciona de forma aberta mas, sendo apenas uma sociedade de facto, presume-se a sua existência: todos os elementos do contrato de sociedade devem, por isso, manifestar-se nas relações com terceiros, não obstante a natureza «verbal» da sociedade.

[20] Cf. ZATU 86-9 de 29 de Janeiro de 1986.

[21] Cf. Lei n.º 93/015, de 22 de Dezembro de 1993.

[22] Cf. Artigos 722.º a 741.º do Código de Comércio.

[23] Cf. Artigos 1473.º a 1488.º do COCC e, antes, a Lei n.º 84/37, de 31 de Maio de 1984.

exercido *a posteriori*, o que comporta o reforço da responsabilidade civil e penal dos administradores, tendo por outro lado em conta que uma responsabilização muito vincada limita a acção do destinatário e ameaça a independência e o espírito de iniciativa dos administradores.

O equilíbrio não é, por isso, fácil de obter. Por outro lado, favorecer os investidores estrangeiros é uma finalidade da OHADA em geral, e não é certamente fácil combinar este objectivo com os anteriores.

O Acto Uniforme tem o mérito de tomar uma posição clara sobre o assunto. Vejamos como.

a) Protecção de terceiros

No direito em vigor anteriormente à reforma OHADA, a insegurança começava logo no momento constitutivo da sociedade. De facto, a personalidade jurídica da sociedade decorria da assinatura dos estatutos, o recurso à oferta pública era rodeado de poucas medidas de protecção relativamente a terceiros e as causas de nulidade eram numerosas. Daqui resultava uma grande insegurança para terceiros, os quais corriam o risco de ver ser invocada quer a invalidade dos negócios realizados por inexistência ou nulidade da sociedade com quem negociaram, causada pela inexperiência dos fundadores, quer a irregularidade das obrigações a cargo da sociedade, decorrente de contratos celebrados pelos órgãos sociais devido à sua situação irregular ou abuso de poder.

O Acto Uniforme introduziu alterações relativamente a estas questões, de forma a proteger mais eficazmente todos os que têm relações comerciais com as sociedades. O nascimento jurídico da sociedade é estabelecido de modo preciso: a sociedade adquire personalidade jurídica no momento em que é matriculada[24]. A mesma preocupação de segurança para os terceiros é encontrada na redefinição do regime dos actos praticados em nome da sociedade antes da sua matrícula, seja no momento em que a sociedade está apenas em fase de formação, seja após o momento da sua constituição mas antes da sua matrícula, em que o Acto Uniforme estabelece a responsabilidade ilimitada e solidária das pessoas que agem em nome da sociedade[25], salvo a possibilidade que a sociedade tem, uma vez

---

[24] Cf. Artigo 98.º do AUDSCAIE. Cf., também, o Artigo 1842.º do Código Civil francês.
[25] Cf. Artigo 110.º do AUDSCAIE.

matriculada, de assumir como seus os actos praticados no período de formação ou naquele que medeia entre a sua constituição e a matrícula[26].

Além disso, para limitar as fraudes a que o recurso à oferta pública tem dado lugar em África, o legislador OHADA determinou o respectivo campo de aplicação e regulou com precisão as informações a colocar à disposição do público[27]. Adicionalmente, enquanto que no direito comercial a nulidade é a sanção normal de cada irregularidade substantiva, o legislador OHADA identifica especificamente as causas de nulidade, prevê medidas alternativas, sistematiza o regime de acções de nulidade, disciplina as acções de responsabilidade dos sócios-fundadores e dos primeiros membros dos órgãos sociais[28]. Por fim, nas relações com terceiros, o Acto Uniforme confere aos administradores poderes mais amplos, de acordo com os quais os terceiros estão ao abrigo de qualquer contestação à validade dos negócios que realizem com os administradores da sociedade[29].

b) Protecção dos sócios

A criação de mecanismos eficazes de controlo para protecção dos sócios é precisamente uma das ideias principais do Acto Uniforme. Isso impõe, antes de mais, obrigações mais exigentes para os administradores, os quais têm a obrigação de prestar contas dos resultados obtidos no final de cada exercício[30], com o objectivo de melhorar a informação dos sócios. Os sócios têm ainda à sua disposição mecanismos de controlo mais eficazes: eles podem exercitar um mais amplo controlo da gestão da sociedade, seja por via directa, seja pela actividade de revisores de contas competentes e independentes, seja ainda através de um processo destinado a provocar a intervenção dos administradores ou a obter uma auditoria à gestão[31]. Por fim, o Acto Uniforme alargou o leque das disposições penais aplicáveis à conduta ilícita dos administradores[32], pretendendo com isso não só

---

[26] Cf. Artigos 107.º e 108.º do AUDSCAIE.
[27] Cf. Artigos 58.º e 823.º a 853.º do AUDSCAIE.
[28] Cf. Artigos 75.º a 80.º do AUDSCAIE.
[29] Cf. Artigos 121.º a 123.º do AUDSCAIE.
[30] Cf. Artigo 137.º do AUDSCAIE. Cf., também, no mesmo sentido, o Artigo 2.º do AUCE, os Artigos 13.º e 14.º do AUDCG, assim como os Artigos 150.º a 160.º do AUDSCAIE.
[31] Cf. Artigos 150.º a 160.º do AUDSCAIE.
[32] Cf. Artigos 886.º a 905.º do AUDSCAIE.

garantir protecção de terceiros e dos sócios, como também dos investidores estrangeiros.

c) Protecção dos investidores estrangeiros

Juntamente com o tradicional objectivo de protecção de terceiros e dos sócios, o Acto Uniforme, sob a égide do previsto no preâmbulo do Tratado OHADA, preocupou-se em não perder de vista o objectivo de encorajar os investimentos, não esquecendo ser missão do direito da OHADA promover um ambiente jurídico e judiciário idóneo a atrair os capitais estrangeiros.

Qualquer disposição do Acto Uniforme em análise que considere a protecção de terceiros, bem como dos sócios, interessa também aos investidores estrangeiros, mas algumas normas foram especificamente criadas para tutelar esta última situação. A generalização do agrupamento de interesse económico é disso exemplo, o que permite a associação de investidores estrangeiros para a realização de um projecto económico que não constitua o seu negócio tradicional. Também se pode identificar esta preocupação na regulamentação dos vínculos de direito entre as sociedades, especialmente nas participações e sucursais. Parece divergir desta orientação o artigo 120.° do Acto Uniforme pois exige que as sucursais de sociedades estrangeiras sejam convertidas em sociedades locais no prazo de dois anos; não obstante, o mesmo preceito prevê a possibilidade de o ministro do comércio competente aceitar excepções, situação que se tem verificado na prática.

Contudo, as disposições mais importantes relativamente aos investidores estrangeiros são, sem qualquer dúvida, aquelas que se referem às sociedades (SARL ou SA) unipessoais[33] e às sociedades anónimas com administrador único[34]: trata-se de sociedades anónimas com número de accionistas inferior a três e que têm a possibilidade de não constituir um conselho de administração, designando antes um administrador único, que assume, sob responsabilidade própria, as funções de administração e de direcção da sociedade. Trata-se de duas criações particulares do legislador africano que permitem, de facto, a criação de sociedades *holding*. E para África é uma inovação considerável.

---

[33] Cf. Artigos 309.° e 385.° do AUDSCAIE.
[34] Cf. Artigo 494.° do AUDSCAIE.

1.3. *A reforma operada através do AUDSCAIE*

A implementação de uma reforma da dimensão daquela que foi efectuada pelo AUDSCAIE não é, seguramente, automática. Ela requer um regime transitório ou, pelo menos, uma adaptação progressiva para as sociedades já constituídas. A questão é relevante, tomando sobretudo em conta a futura adesão de outros Estados africanos ao sistema OHADA. No entanto, sendo o Acto Uniforme um texto comunitário, devem ser determinadas as relações entre o direito uniforme e o direito nacional. Da aplicação do Acto Uniforme conjuntamente no tempo e no espaço resultará o campo material da reforma.

a) A entrada em vigor da reforma

Convém, antes de mais, distinguir em termos precisos a entrada em vigor do Acto Uniforme da sua oponibilidade. De acordo com o Tratado OHADA, os actos uniformes são directamente aplicáveis, uma vez decorridos noventa dias após a sua aprovação pelo Conselho de Ministros da OHADA, sem prejuízo das modalidades especiais de entrada em vigor previstas em cada acto uniforme[35]. O AUDSCAIE entrou em vigor a 1 de Maio de 1998, tal como o determina o artigo 920.°.

De acordo com o mesmo Tratado, os actos uniformes são invocáveis decorridos trinta dias da sua publicação no Jornal Oficial da OHADA[36]. As medidas transitórias são as previstas no Artigo 908.° do Acto Uniforme, que estabeleceu um período transitório de dois anos, contados a partir de Janeiro de 1998, para permitir que as sociedades comerciais e os agrupamentos de interesse económico já existentes se pudessem colocar de harmonia com as novas disposições. A deliberação de adaptação ao novo regime é da competência da assembleia dos sócios, que tanto pode ser ordinária como extraordinária[37].

---

[35] Cf. Artigo 9.° do Tratado.

[36] Cf. Artigo 9.°. Como vimos no Capítulo I, a publicação no jornal oficial de um Estado-membro não tem qualquer incidência sobre a aplicação de um acto uniforme no País em causa. Todavia, a publicação no Jornal Oficial da OHADA não proíbe nem a publicação no jornal oficial de um Estado-membro, nem em qualquer outro meio idóneo. O Artigo 9.° do Tratado OHADA promove, desta forma, uma melhor divulgação dos actos uniformes.

[37] Cf. Artigo 910.° do AUDSCAIE.

Ainda que o período de adaptação tenha decorrido, não é despiciendo recordar as várias situações que se verificaram e as normas jurídicas que as regulam, tendo em vista, conforme referimos, a futura adesão de outros Estados africanos ao sistema OHADA. Verificaram-se três situações.

Para as sociedades constituídas no período anterior à entrada em vigor do Acto Uniforme, o problema situou-se na aplicação do novo regime, ainda que as disposições nacionais contrárias ao Acto Uniforme tivessem permanecido transitoriamente aplicáveis às sociedades que não tivessem procedido à alteração dos seus estatutos em harmonia com as disposições do Acto Uniforme antes do decurso do período transitório[38]. A interpretação mais coerente desta disposição do Acto Uniforme é a que considera este regime imediatamente aplicável àquelas sociedades quando o direito nacional não contenha alguma disposição escrita e expressamente contrária à do Acto Uniforme. Assim, é de aplicação imediata a norma do Acto Uniforme que não tenha correspondência no direito nacional de um Estado--membro, enquanto que no caso de norma comunitária contrária ao direito nacional, aquela só é aplicável após a harmonização dos estatutos. O acto Uniforme aplica-se sem reservas e as eventuais disposições nacionais precedentes ou posteriores contrárias a ele são revogadas[39].

Quanto às sociedades em constituição no momento da entrada em vigor do Acto Uniforme, elas não têm de renovar os actos praticados anteriormente, mas devem prosseguir a sua constituição no respeito pelas modalidades impostas pelo novo regime.

Por fim, as sociedades constituídas depois da entrada em vigor do AUDSCAIE têm de seguir os trâmites previstos no Acto Uniforme.

Quid iuris no caso de falta de conformidade relativamente aos termos prescritos? O Acto Uniforme prevê uma série de sanções, mas convém fazer uma distinção em função das cláusulas estatutárias não harmonizadas: tratando-se da falta do capital social mínimo imposto pelo Acto Uniforme, as sociedades nessa situação são automaticamente dissolvidas[40], enquanto que relativamente a outras disposições, as cláusulas contrárias ao respectivo regime se consideram pura e simplesmente não escritas[41]. Se a ques-

---

[38] Cf. Artigo 908.°, § 1, do AUDSCAIE.
[39] Cf. Artigo 10.° do Tratado e Artigo 919.°, § 1, do AUDSCAIE. V., também, a decisão do CA N'Djamena, de 29 de Setembro de 2000 (n.° 459/2000) e ainda o Parecer do TCJA n.° 001/2001/EP, de 30 de Abril de 2001.
[40] Cf. Artigo 914.° do AUDSCAIE.
[41] Cf. Artigo 915.° do AUDSCAIE.

tão da falta de conformidade não for resolvida, põe-se o problema do destino da sociedade: no caso da falta de capital social adequado, a sociedade funcionará como uma sociedade de facto enquanto não for dissolvida, ao passo que nas outras hipóteses, como as cláusulas se consideram não escritas, convém regularizar a situação e, nesse sentido, as normas do Acto Uniforme relativas ao tipo de sociedade em causa parecem dever ser aplicadas. Resta a sorte das sociedades em comandita por acções, que já não estão previstas no novo regime: aquelas que existem regularmente num Estado--membro devem transformar-se em sociedades anónimas dentro do mesmo período de dois anos, sob pena de dissolução no termo desse prazo[42].

O regime nada diz relativamente ao prazo de adaptação concedido às sociedades dos países que aderirem posteriormente ao Tratado OHADA, adoptando legislação já em vigor. Pode defender-se que o prazo de dois anos estabelecido pela norma que regula a situação precedente começa a correr a partir da data em que o Acto Uniforme entra em vigor nesses Estados, ou seja, sessenta dias após o depósito do instrumento de adesão.

b) Relações entre o Acto Uniforme e as legislações nacionais

Para compreensão das relações entre o Acto Uniforme e as legislações nacionais cumpre conjugar o Artigo 10.° do Tratado OHADA com os Artigos 2.° e 919.°, § 1, do Acto Uniforme. As disposições deste último são de ordem pública, excepto nos casos em que o próprio Acto Uniforme autoriza expressamente o sócio único ou os sócios a substituí-las por outras diversas e autónomas[43]; consequentemente, qualquer outra substituição das disposições do Acto Uniforme está ferida de nulidade, sendo considerada como não realizada.

Tendo o Tratado OHADA optado pela força obrigatória dos Actos Uniformes e pela sua prevalência sobre as normas de direito interno existentes e futuras, também o AUDSCAIE se substitui obrigatoriamente e sem qualquer outra formalidade às normas do direito nacional aplicáveis em cada Estado-membro. Em conformidade com a determinação do Tratado, o parágrafo 1 do Artigo 919.° estabelece que as disposições internas em matéria de direito societário contrárias às do Acto Uniforme são revogadas, pelo que só permanecem aplicáveis as leis nacionais que não con-

---

[42] Cf. Artigo 908.°, § 2, do AUDSCAIE.
[43] Cf. Artigo 2.° do AUDSCAIE.

trariem o AUDSCAIE[44]. Todavia, na prática, pode colocar-se um problema de competência quando uma acção seja proposta contra uma decisão tomada com base no direito nacional considerado aplicável e, em particular, se o recurso em última instância deve ser interposto diante do TCJA ou do Tribunal Supremo nacional. Pode afirmar-se que, sendo o regime ordinário o previsto no Acto Uniforme e, tendo o direito nacional um carácter residual, a questão deve ser considerada da competência do TCJA[45].

c) Âmbito da reforma

Os Artigos 1.º, 6.º e 916.º do Acto Uniforme permitem a compreensão exacta da extensão da reforma resultante do regime uniforme[46].

Cada sociedade comercial, incluindo aquelas que surgem associadas a um Estado ou a uma pessoa colectiva de direito público, e cada agrupamento de interesse económico cujas respectivas sedes estejam situadas no território de um dos Estados-membros do Tratado estão sujeitas ao regime do AUDSCAIE[47]. A natureza comercial de uma sociedade é determinada pelo seu tipo ou objecto[48], nos termos previstos no AUDCG[49]. O Acto

---

[44] Cf. Artigo 1.º, § 3, do AUDSCAIE. Na doutrina, v. Joseph Issa-Sayegh, *O direito das sociedades comerciais da OHADA: direito comum e regimes especiais*, in *Boletim da Faculdade de Direito de Bissau*, n.º 6 (suplemento), 2007, pág. 79. Por outro lado, Alhousseini Mouloul, *Le régime* cit., refere que o regime jurídico da OHADA tem tido dificuldades de afirmação no Níger, mantendo-se a prática das sociedades reguladas por textos dispersos, muitas vezes incompletos e, na maior parte dos casos, não mais em vigor.

[45] Neste sentido, v. Paul-Gérard Pougoué, François Anoukaha, Josette Nguebou Toukam, *Sociétés commerciales* cit.. Sobre os efeitos revogatórios dos actos uniformes, cf. o parecer do TCJA n.º 001/2001/EP, de 30 de Abril de 2001.

[46] Para uma visão geral, v. Pascal K. Agboyibor, *OHADA: nouveau droit uniforme des sociétés*, in *Revue de droit des affaires internationales*, n.º 6 (1998), págs. 673 e segs., e Joseph Issa-Sayegh, *O direito* cit..

[47] Cf. Artigo 1.º do AUDSCAIE.

[48] Cf. Artigo 6.º do AUDSCAIE.

[49] De acordo com o Artigo 3.º do AUDCG, são considerados actos de comércio:
– A compra de bens, móveis ou imóveis, para revenda;
– As operações bancárias, de bolsa, de câmbio, de corretagem, de seguros e de expedição;
– Os contratos celebrados entre comerciantes relativos às necessidades das respectivas actividades comerciais;
– A exploração industrial de minas, pedreiras e de todos os jazigos de recursos naturais;

Uniforme não revoga as disposições legislativas que sujeitam uma sociedade a um regime específico: estas aplicam-se na medida em que não sejam contrárias às normas do Acto Uniforme, donde resulta que as disposições que sejam contrárias devem ser modificadas de acordo com as previsões do Acto Uniforme[50].

A leitura combinada destas normas do AUDSCAIE permite clarificar que o Acto Uniforme se aplica certamente às sociedades comerciais, isto é, às que tenham adoptado um tipo comercial previsto neste Acto Uniforme (SNC, SCS, SARL, SA)[51] e às que pratiquem habitualmente actos de comércio, entendidos no sentido que lhes confere o AUDCG, estendendo-se este regime aos agrupamentos de interesse económico. O Acto Uniforme não se aplica certamente às sociedades civis, ou seja, aquelas cujo objecto é de natureza civil[52], e também não se aplica às sociedades que não tenham adoptado um dos tipos de sociedade comercial previstos no Acto Uniforme. Podem ser classificadas no âmbito das sociedades não comerciais as sociedades que apenas prefiguram como finalidade a satisfação das exigências dos seus membros e não o rendimento de um investimento[53], e que podem compreender também as cooperativas, pela natureza ou finalidade social da actividade desenvolvida pelos sócios; mas convém realçar que se uma seguradora mutualista ou uma cooperativa

---

– As operações de locação de móveis;
– As operações de manufacturas, de transporte e de telecomunicações;
– As operações de intermediários de comércio, tais como a comissão, corretagem, agências, bem como as operações de intermediação para a compra, subscrição, venda ou locação de imóveis, de estabelecimentos comerciais, de acções ou de partes de sociedades comerciais ou imobiliárias;
– Os actos praticados por sociedades comerciais.

No Artigo 4.°, o legislador OHADA incluiu a emissão da letra de câmbio, da livrança e do *warrant* na categoria dos actos formais de comércio.

[50] Cf. Artigo 916.° do AUDSCAIE.

[51] Cf. Artigo 3.° do AUDSCAIE.

[52] No AUDSCAIE não encontramos qualquer critério que nos permita definir o conceito de sociedade civil. O Artigo 1845.° do Código Civil francês adopta uma definição residual, prevendo que «*têm natureza civil todas as sociedades às quais a lei não atribui um carácter diferente em razão da sua forma, da sua natureza ou do seu objecto*».

[53] Assim, os seguros mutualistas são disciplinados pelo CIMS (Conferência Interafricana dos Mercados de Seguros). O Tratado CIMS foi assinado a 10 de Junho de 1992 em Yaoundé e entrou em vigor a 14 de Abril de 1994 e o Código a 15 de Fevereiro de 1995. O Tratado engloba actualmente o Benim, o Burkina-Faso, os Camarões, o Senegal e o Togo; as Comores assinaram o Tratado mais ainda não o ratificaram.

adopta um dos tipos de sociedade comercial previstos no Acto Uniforme, ou pratica habitualmente actos de comércio, adquire por isso a qualidade de sociedade comercial e passa a estar sujeita, em consequência, ao regime do Acto Uniforme.

Em relação às empresas públicas, a leitura do Artigo 1.º do Acto Uniforme não deixa espaço para dúvidas. A presença do Estado ou de uma pessoa colectiva de direito público num dos tipos de sociedade comercial previstos nos termos do AUDSCAIE não influencia a natureza comercial da sociedade que, por isso mesmo, é disciplinada pelo Acto Uniforme[54]. Portanto, as sociedades do Estado ou nacionalizadas, as sociedades de capitais públicos e as sociedades de capital misto público e privado estão sujeitas ao regime previsto no Acto Uniforme, independentemente do grau de participação do Estado[55]; normas nacionais específicas podem ser consideradas para se ter em conta a origem pública do capital, mas não podem ser contrárias ao Acto Uniforme nem um obstáculo à sua aplicação. Em contrapartida, as empresas públicas que se apresentem apenas como um braço da administração estatal não são reguladas pelo Acto Uniforme: trata-se das entidades administrativas, independentemente da sua especificidade e do seu grau de autonomia, entre as quais se encontram os entes públicos de natureza industrial e comercial, relativamente aos quais se pode questionar a sua sujeição ao Acto Uniforme, embora, enquanto no exercício de uma actividade comercial, reentrem na definição do Artigo 2.º do AUDCG, ao qual, consequentemente, permanecem vinculados.

As sociedades sujeitas a um regime especial, mas comerciais quanto ao seu objecto ou ao seu tipo (como as SA de capital variável e as SA que exercem actividade bancária ou seguradora), são disciplinadas pelo Acto Uniforme, constituindo este direito comum relativamente àquelas sociedades, aplicando-se os regimes especiais na medida em que não sejam contrários ao direito comum[56].

---

[54] Neste sentido, v. Joseph ISSA-SAYEGH, *O direito* cit., pág. 76.

[55] Na decisão n.º 256/2000, de 17 de Agosto de 2000, a CA de Cotonou confirmou que o Acto Uniforme rege as sociedades de participação pública sem que haja lugar a qualquer distinção em função da quota de participação do sujeito de direito público.

[56] Cf. Artigo 916.º do AUDSCAIE. Esta interpretação encontra apoio no parecer do TJCA n.º 001/2001/EP, de 30 de Abril de 2001, que, relativamente à questão n.º 4, parte 4 (4-d), afirma: «*Les dispositions de l'Acte Uniforme relatif au Droit des Sociétés Commerciales e du Groupement d'Intérêt Economique étant d'ordre public et s'appliquant à toutes les société commerciales à raison de leur forme et quel que soit leur objet régissent*

2. O regime geral das sociedades comerciais

As regras comuns aos vários tipos de sociedades são relativas à sua constituição e à personalidade jurídica.

2.1. *A constituição da sociedade*

O Acto Uniforme faz depender o nascimento de uma sociedade de um contrato (sociedade pluripessoal) ou de um acto unilateral (sociedade unipessoal).

A sociedade pluripessoal encontra-se prevista no Artigo 4.° do Acto Uniforme, de acordo com o qual, conforme referido, a sociedade é constituída por duas ou mais pessoas que acordam, por contrato, afectar a uma actividade dinheiro ou outro bem, com o fim de repartirem os lucros ou beneficiarem da economia daí resultante, no interesse comum dos sócios. O AUDSCAIE, de acordo com o tipo de sociedade, exige um número mínimo e, por vezes, um número máximo de sócios, podendo, dentro desses limites, os sócios determinar o seu número. Em particular, na sociedade em nome colectivo, na sociedade de facto e na sociedade em participação, dois é o número mínimo de sócios e não é fixado nenhum limite máximo; na sociedade em comandita simples são pelo menos dois os sócios, dos quais um é comanditário e o outro comanditado; quando não assumam a forma unipessoal, na sociedade de responsabilidade limitada e na sociedade anónima, os sócios devem ser, pelo menos, dois. Independentemente do tipo de sociedade, o sócio tanto pode ser uma pessoa singular como uma pessoa colectiva.

A possibilidade de constituir uma sociedade unipessoal está prevista no Artigo 5.° do Acto Uniforme, mas apenas para as SARL[57] e as SA[58]. Nestes casos, é suficiente uma declaração de vontade do sócio único que, juridicamente, não configura um contrato.

---

les sociétés soumises à un régime particuleir entrant dasn le cadre juridique ainsi défini. Toutefois, à l'égard de ces sociétés, l'article 916 alínea 1er de l'Acte Uniforme précité laisse également subsister les dispositions législatives spécifiques auxquelles lesdites sociétés sont soumises». Na doutrina, v. Joseph ISSA-SAYEGH, *O direito* cit., págs. 82 e ss..

[57] Cf. Artigo 309.° do AUDSCAIE.
[58] Cf. Artigo 385.° do AUDSCAIE.

a) Requisitos derivados da teoria geral do contrato

Para ser válido, o contrato de sociedade tem de respeitar, antes de mais, os requisitos gerais relativos a qualquer contrato, que são os relativos ao consenso dos sócios, à capacidade das partes contraentes, ao objecto e à causa do contrato[59]. Todas as partes de um contrato de sociedade devem manifestar a vontade real de se vincularem ao contrato social: o acordo deve existir e não ser afectado por vícios da vontade nem simulado, razão pela qual as normas gerais relativas aos vícios da vontade e à simulação são aplicáveis ao contrato social, para impedir que a sociedade seja fictícia ou de fachada.

Os sócios podem ser pessoas singulares ou colectivas, salvo nos casos de proibição, incapacidade ou incompatibilidade derivada das normas do AUDCG[60], sendo os direitos das pessoas colectivas exercidos pela pessoa singular sua representante. Além da necessidade de capacidade jurídica para celebrar um contrato, a exigência de uma capacidade especial para as partes de um contrato de sociedade pode depender não só do tipo de sociedade, mas também da qualidade do sócio: assim, a capacidade comercial é exigida para todos os sócios responsáveis pessoal e solidariamente pelo pagamento das dívidas da sociedade, enquanto os mesmos tenham a qualidade de comerciantes; para os outros sócios que, *a priori*, não tenham tal qualidade (comanditários, accionistas ou sócios de uma SARL), são aplicáveis as normas gerais do direito civil. Quando a sociedade é comercial, sendo a celebração do contrato de sociedade um acto de comércio, a mesma é vedada a algumas pessoas consideradas incapazes: assim, os menores não emancipados e os incapazes não podem ser sócios de uma sociedade na qual serão responsáveis pelo pagamento das dívidas sociais em medida superior às suas contribuições[61]. Ambos os cônjuges não podem, assim, ser sócios de uma sociedade em que sejam ilimitada ou solidariamente responsáveis pelo pagamento das dívidas sociais[62].

---

[59] Estas condições gerais próprias da teoria geral do contrato devem ser aplicadas também ao acto unilateral constitutivo de uma sociedade unipessoal.

[60] Cf. Artigo 7.º do AUDSCAIE e Artigos 6.º a 12.º do AUDCG.

[61] Cf. Artigo 8.º. O artigo em questão prevê também alguns casos de incompatibilidade entre a qualidade de sócio e o exercício de uma actividade profissional liberal.

[62] Cf. Artigo 9.º do AUDSCAIE. Por outro lado, no elevado grau de informalidade das sociedades africanas importa, por vezes, encontrar as características sociais na relação conjugal no âmbito de uma actividade comercial: importa, por isso, verificar a efectiva in-

Quanto ao objecto do contrato, o Acto Uniforme estabelece que ele consiste na afectação de bens, em dinheiro ou em espécie, com o objectivo de dividir os lucros ou as economias que daí possam resultar[63]. Mais concretamente, o objecto da sociedade é o tipo de actividade que a mesma se propõe exercer, a qual deve estar determinada nos estatutos[64] e ser lícita[65]. Neste sentido, o objecto é um dos critérios fundamentais para a determinação da natureza comercial ou civil de uma sociedade (critério objectivo)[66]. O objecto social tem de ser possível, isto é, susceptível de ser realizado.

A causa do contrato constitui a razão de ser da sociedade, o motivo pelo qual foi constituída: consiste na realização do seu objecto. Para além de existir, a causa tem de ser lícita.

b) Os elementos relativos ao contrato de sociedade

As condições específicas de validade para o contrato de sociedade e que determinam a qualidade de sócio dizem respeito à afectação dos bens a uma actividade, à participação nos seus resultados e à *affectio societatis*.

Cada sócio é responsável pela realização da sua entrada[67]: trata-se de um requisito imperativo, sendo nulo o contrato de sociedade em caso de entradas fictícias ou em falta. A entrada pode ser realizada em dinheiro, em indústria ou em direitos sobre bens móveis ou imóveis, materiais ou imateriais[68].

A entrada em dinheiro é realizada através do pagamento de uma soma prometida pelo sócio, seja numa única prestação por ocasião da constituição da sociedade, seja em múltiplas prestações nos termos acordados pelos sócios. De acordo com o tipo de sociedade, a lei ou os estatutos fixam a

---

tenção de criar um contrato social e de se comportarem como sócios. Sobre o tema, v. Josette NGUEBOU TOUKAM, *Les sociétés crées de fait entre époux en droit camerounais*, in *Revue Penant*, n.º 801 (1989), p. 461.

[63] Cf. Artigo 4.º, § 1, do AUDSCAIE. A definição está em linha de conta com a prevista no Artigo 1832.º do Código Civil francês.

[64] Cf. Artigo 19.º do AUDSCAIE.

[65] Cf. Artigo 20.º do AUDSCAIE.

[66] Cf. Artigo 6.º, § 1, do AUDSCAIE.

[67] Cf. Artigo 37.º do AUDSCAIE.

[68] Cf. Artigo 40.º do AUDSCAIE.

percentagem do capital a realizar por ocasião da subscrição. Independentemente do tipo de sociedade, a entrada em dinheiro está sujeita a um regime rigoroso: no caso de atraso na entrada, as somas devidas à sociedade vencem juros à taxa legal, contados a partir do dia em que a entrega deveria ter tido lugar, sem prejuízo de outra indemnização a que haja lugar por dano posterior[69]. No caso de aumento de capital da sociedade, o Acto Uniforme prevê a possibilidade de compensação entre as entradas feitas em dinheiro e um crédito certo, líquido e exigível que o sócio tenha sobre a sociedade, salvo quando os estatutos o proíbam[70].

A entrada em indústria é representada, em geral, pelo trabalho ou actividade que o sócio realiza ou promete realizar usando as suas competências técnicas ou comerciais, fazendo a sociedade beneficiar do seu crédito, do seu *know-how* ou também da sua experiência. Todavia, o Acto Uniforme especifica que a entrada em questão só pode ser uma entrada de mão-de-obra, pelo que o sócio de indústria tem de ser, necessariamente, um trabalhador[71], consistindo a sua entrada na obrigação de trabalhar para a sociedade. Se bem que o Acto Uniforme não o precise, deve entender-se que a entrada em indústria não deve ser admitida nas sociedades cuja responsabilidade dos sócios está limitada à importância das suas entradas (SA e SARL), não podendo exigir-se a execução forçada em dinheiro por parte dos credores sociais em caso de falta de cumprimento do sócio de indústria[72]; poder-se-á, porém, colocar a hipótese de substituição da prestação pelo correspondente valor em dinheiro das quotas sociais subscritas pelo sócio como contrapartida pela sua (prevista) contribuição em indústria.

A entrada em espécie é realizada com a transmissão dos direitos reais ou pessoais sobre os bens correspondentes e sua colocação à disposição da sociedade[73]. A entrada em espécie transfere a propriedade do bem consignado à sociedade e produz os efeitos de uma venda[74], enquanto que a entrada realizada mediante a cessão de um direito de gozo importa a concessão do usufruto de um bem cuja nua propriedade é mantida pelo sócio

---

[69] Cf. Artigo 43.º do AUDSCAIE.
[70] Cf. Artigo 44.º do AUDSCAIE.
[71] Cf. Artigo 40.º, § 1 n.º 2, do AUDSCAIE.
[72] Neste sentido, v. Paul-Gérard POUGOUÉ, François ANOUKAHA, Josette NGUEBOU TOUKAM, *Sociétés commerciales* cit., pág. 17.
[73] Cf. Artigo 45.º do AUDSCAIE.
[74] Cf. Artigo 46.º do AUDSCAIE.

que, assim, fica responsável perante a sociedade nos mesmos termos em que um locador responde perante um locatário: o bem prometido deve ser colocado à disposição da sociedade por um determinado período (prazo fixado pelas partes), podendo a sociedade utilizar livremente o bem durante o prazo acordado, recuperando o sócio o bem no momento da dissolução da sociedade[75]. A entrada em espécie é realizada integralmente no momento da constituição da sociedade[76], sendo a respectiva avaliação feita pelos sócios e vertida nos estatutos, e, nos casos previstos no Acto Uniforme (SARL, Artigo 312.º, e SA, Artigo 400.º), controlada por um revisor oficial de contas[77].

Em troca da sua entrada, o sócio recebe títulos emitidos pela sociedade, que se designam por acções nas sociedades anónimas[78]; os títulos sociais são bens móveis[79], que têm um valor nominal determinado[80], representando a soma das entradas o capital social[81], que deve estar indicado nos estatutos[82].

O capital social é, assim, um elemento fixado no contrato ou acto de constituição da sociedade e, como tal, não pode ser modificado sem o acordo dos contraentes; o seu valor não varia enquanto os sócios não decidirem aumentá-lo ou reduzi-lo[83]; as condições de modificação são as previstas nos Artigos 67.º e seguintes do Acto Uniforme, de acordo com as normas para cada um dos tipos de sociedade.

A participação nos lucros, economias e perdas é feita normalmente de acordo com a proporção das entradas, ainda que os sócios possam acordar cláusulas estatutárias a prever uma repartição distinta, com o único limite de que as cláusulas previstas para este fim sejam aptas a atribuir ou eliminar a totalidade dos lucros ou das perdas a um sócio; caso contrá-

---

[75] Cf. Artigo 47.º do AUDSCAIE.
[76] Cf. Artigo 45.º, § 2, do AUDSCAIE.
[77] Cf Artigo 49.º do AUDSCAIE.
[78] Cf. Artigos 38.º e 51.º do AUDSCAIE.
[79] Cf. Artigo 52.º do AUDSCAIE. Sobre os valores mobiliários no direito societário OHADA, v. Didier LOUKAKOU, *Les valeurs mobiliéres dans l'acte uniforme relatif audroit des sociétés commerciales de l'espace OHADA*, in *Revue Penant*, n.º 844 (2004), págs. 261 e segs..
[80] Cf. Artigo 56.º do AUDSCAIE.
[81] Cf. Artigo 62.º do AUDSCAIE.
[82] Cf. Artigo 61.º do AUDSCAIE.
[83] Cf. Artigo 67.º do AUDSCAIE.

rio, tais cláusulas são consideradas não escritas (são cláusulas leoninas)[84]. As modalidades de distribuição de dividendos aos sócios estão previstas nos Artigos 144.º a 146.º do Acto Uniforme.

A sociedade não pode existir sem a *affectio societatis*, ou sem a vontade de associação, de formação de uma sociedade. Não se pode, contudo, confundir a *affectio societatis* com o consenso: este manifesta-se na vontade de celebrar o contrato no momento de constituição da sociedade, enquanto aquele existe tanto no momento da constituição da sociedade como no decurso de toda a vida da sociedade. Concretamente, a *affectio societatis* deriva da combinação de quatro elementos: o carácter voluntário da colaboração, a participação na gestão, a convergência de interesses e a ausência de um vínculo de subordinação, podendo ser identificada com o princípio segundo o qual a sociedade deve ser constituída no interesse comum dos sócios[85].

2.2. Requisitos de forma do contrato de sociedade

Por regra, a constituição de uma sociedade não requer qualquer autorização administrativa, salvo nos casos em que a actividade a exercer esteja sujeita a tal formalidade. Em compensação, o legislador consagrou uma série de requisitos relativos à forma do contrato de sociedade, comuns a todos os tipos de sociedade, bem como relativos à instituição da sociedade e à sua publicidade.

O acto constitutivo da sociedade, seja contrato ou acto unilateral, engloba os estatutos sociais e é formado por um acto notarial ou outro acto que ofereça garantias de autenticidade no Estado onde está localizada a sede da sociedade, com reconhecimento da letra e das assinaturas de todas as partes[86]: o acto constitutivo de uma sociedade pode ser realizado por documento particular, na condição de ser depois autenticado por um notá-

---

[84] Cf. Artigo 54.º do AUDSCAIE.
[85] Cf. Artigo 4.º, § 2, do AUDSCAIE. Sobre o tema, v. AA.VV., *OHADA. Sociétés* cit., págs. 71 e segs..
[86] Cf. Artigo 10.º do AUDSCAIE. O recurso ao notário, se é justificável sob o ponto de vista meramente formalístico, já não se concilia com a realidade africana, onde na maior parte dos casos os notários são poucos e estão concentrados nas grandes cidades, estando completamente ausentes fora desses centros, para mais quando em África são notórias as dificuldades de deslocação de um lugar para outro.

rio. Os actos de constituição de uma sociedade devem ser assinados pelos sócios, os quais podem fazê-lo pessoalmente ou através de um procurador especial. A sociedade nasce no dia da assinatura do pacto social e os estatutos são plenamente aplicáveis nas relações entre todos os sócios a partir da data da assinatura do pacto.

Os estatutos devem conter algumas indicações: o tipo de sociedade; a sua denominação, seguida, se for o caso, da sua sigla; a natureza e o sector de actividade que constitui o objecto social; a sede social; a duração; a identidade dos sócios com entradas em dinheiro ou em espécie, o seu montante, a natureza e o valor das entradas realizadas por cada sócio e o número e valor dos títulos sociais entregues a cada sócio pela sua entrada; a identidade dos sócios preferenciais e a natureza dos direitos especiais acordados; o valor do capital social; o número e o valor das participações sociais emitidas; as estipulações relativas à repartição dos lucros, à constituição das reservas e à repartição do saldo proveniente da liquidação; as modalidades do seu funcionamento[87]. Além disso, os estatutos podem conter quaisquer disposições úteis ao seu funcionamento, à organização e à dissolução da sociedade, quando tidas oportunas pelos sócios e sob condição de não violarem normas de ordem pública.

A publicidade, que permite levar ao conhecimento de terceiros a constituição da sociedade, está regulada nos Artigos 257.º a 269.º do Acto Uniforme. As formalidades relativas à publicidade são levadas a cabo e sob responsabilidade dos representantes legais da sociedade. O Acto Uniforme organiza para esse fim dois tipos de informação: a matrícula e a publicação de um aviso num jornal que inclua anúncios legais[88].

A matrícula é o acto através do qual a sociedade adquire personalidade jurídica. É feita no RCCM no prazo de um mês a contar da constituição da sociedade, no tribunal da área onde está situada a sede social[89]. Se uma sociedade não for registada denomina-se «sociedade em participação», caso exista um documento particular que sustente as obrigações dos sócios[90], ou «sociedade de facto», no caso de faltar esse do-

---

[87] Cf. Artigo 13.º do AUDSCAIE.
[88] Para uma definição dos jornais que publicam anúncios legais habilitados a receber a publicidade da sociedade, cf. Artigo 257.º do AUDSCAIE.
[89] Cf. Artigo 27.º do AUDCG. As formalidades da matrícula e os seus efeitos são os previstos nos Artigos 25.º a 43.º do AUDCG.
[90] Cf. Artigo 114.º do AUDSCAIE.

cumento[91]. Nos quinze dias posteriores à matrícula deve ser publicado um aviso num jornal autorizado a receber anúncios legais no Estado-membro em cujo território está localizada a sede social[92]. A publicidade é igualmente exigida em caso de modificação dos estatutos[93].

2.3. Sanções por falta dos requisitos formais

A nulidade, bem como a responsabilidade de todos os intervenientes no processo de constituição da sociedade, são as sanções previstas em caso de violação das disposições relativas à constituição da sociedade.

Sempre que falte um dos elementos constitutivos do contrato de sociedade, este deve – pelo menos do ponto de vista técnico – ser considerado nulo[94]. Por outro lado, por causa dos inconvenientes relativos à extinção de uma sociedade, o legislador procurou, na medida do possível, restringir os casos de nulidade. O Acto Uniforme estabelece que a nulidade deve derivar de disposição expressa ou de normas que disciplinam a nulidade dos contratos em geral e do contrato de sociedade em particular[95].

O Acto Uniforme estabelece com detalhe o regime jurídico das nulidades do contrato de sociedade. Os Artigos 242.º a 256.º do AUDSCAIE prevêem os casos de nulidade, ao passo que a violação de algumas disposições imperativas não é sancionada com a nulidade, mas as cláusulas daí resultantes são consideradas não escritas. Quando a consequência é a nulidade, o seu regime altera-se em função do vício que atinge a sociedade: no caso de nulidade do contrato de sociedade ou dos actos da sociedade, das suas decisões ou das suas deliberações, decorrentes de um vício da vontade ou de incapacidade de um sócio, a regularização é possível e qualquer

---

[91] Cf. Artigo 115.º do AUDSCAIE.
[92] Cf. Artigo 261.º do AUDSCAIE. O Artigo 262.º precisa as modalidades e o conteúdo deste anúncio.
[93] Cf. Artigos 263.º e ss. do AUDSCAIE.
[94] Neste sentido se manifestam também AA.VV., *OHADA. Sociétés* cit., pág. 109, e Tiago SOARES DA FONSECA, *O direito* cit., pág. 90. Sobre o tema, v. Carlos Pinto PEREIRA, *Das nulidades dos Actos Sociais no Acto Uniforme relativo ao Direito das Sociedades Comerciais e Agrupamentos de Interesse Económico*, in Boletim da Faculdade de Direito de Bissau, n.º 8, págs. 281 e segs..
[95] Cf. Artigo 242.º do AUDSCAIE.

interessado pode interpelar o sócio incapaz ou cuja vontade tenha sido viciada para sanar o vício ou intentar acção de nulidade no prazo de seis meses, sob pena de caducidade[96]. Sempre que seja declarada a nulidade, esta é também oponível aos terceiros de boa fé pelo incapaz ou pelo seu representante legal, ou pela pessoa cuja vontade se encontrava viciada[97]. A ilicitude e a imoralidade do objecto determinam a nulidade absoluta do contrato de sociedade, de acordo com os termos previstos no direito comum em matéria de ilicitude da causa do contrato e, nesta hipótese, a nulidade não pode ser sanada porque o vício é permanente. Excepto no caso da situação anterior, a acção de nulidade extingue-se se a causa que gerou a nulidade já não existir no dia em que o tribunal decida sobre a questão em primeira instância[98].

Em todo o caso, o regime da nulidade do contrato de sociedade é consideravelmente menos exigente: o tribunal competente para se pronunciar sobre o vício tem a faculdade de, oficiosamente, conceder um prazo para permitir a sanação da nulidade e não a pode declarar nos dois meses seguintes à data da propositura da acção[99]. Sempre que a nulidade seja consequência da violação das formalidades relativas à publicidade e haja interesse na respectiva sanação, pode-se interpelar extra-judicialmente a sociedade para que proceda no prazo de trinta dias à regularização da situação, podendo o interessado, na sua falta, pedir ao presidente do tribunal competente que designe um mandatário que actue no lugar da sociedade[100]. Se, não obstante, a nulidade do contrato for declarada, isso implica o fim da execução do contrato de sociedade, embora sem efeitos retroactivos; procede-se, assim, à dissolução da sociedade e, no que concerne às sociedades pluripessoais, à sua liquidação[101]. A acção de nulidade prescreve no prazo de três anos a contar da data do registo da sociedade, excepto quando a sociedade tenha um objecto social ilícito, sem prejuízo da caducidade prevista no Artigo 248.° do AUDSCAIE[102].

---

[96] Cf. Artigo 248.° do AUDSCAIE. O segundo parágrafo estabelece que a interpelação é feita por acto extrajudicial, por carta entregue por protocolo ou sob registo com aviso de recepção.
[97] Cf. Artigo 255.°, § 2, do AUDSCAIE.
[98] Cf. Artigo 246.° do AUDSCAIE.
[99] Cf. Artigo 247.°, § 1, do AUDSCAIE.
[100] Cf. Artigo 259.° do AUDSCAIE.
[101] Cf. Artigo 253.° do AUDSCAIE.
[102] Cf. Artigo 251.° do AUDSCAIE.

O aligeiramento do regime da nulidade do contrato de sociedade é em grande medida compensado pelo reforço das responsabilidades de todos quantos intervêm na constituição da sociedade. As responsabilidades iniciais recaem sobre os sócios fundadores e os seus primeiros dirigentes sociais[103]. Os sócios fundadores, tal como os primeiros membros dos órgãos de gestão, de direcção ou de administração, são solidariamente responsáveis pelos danos causados, seja pela falta de uma menção obrigatória no estatuto, seja pela omissão ou cumprimento irregular de uma formalidade prescrita para a constituição da sociedade[104]; do mesmo modo, incorrem na mesma responsabilidade os membros dos órgãos de gestão, de direcção ou de administração que ocupam o cargo no momento de uma eventual alteração dos estatutos[105]. Nas duas situações, a acção de responsabilidade prescreve no prazo de cinco anos a contar da data do registo da sociedade ou da publicação do acto de alteração dos estatutos[106]. Os sócios e os administradores aos quais a nulidade é imputada podem ser declarados solidariamente responsáveis pelo dano causado a terceiros pela consequente dissolução da sociedade; a acção de responsabilidade fundada na nulidade do contrato de sociedade e dos actos e deliberações posteriores à sua constituição prescreve no prazo de três anos a contar da data em que a declaração de nulidade transita em julgado e a eliminação da causa de nulidade não impede o exercício da acção de responsabilidade tendo em vista o ressarcimento do dano causado pelo vício que afectava o contrato de sociedade, os seus actos e as suas deliberações: neste caso, a acção reparadora prescreve no prazo de três anos a contar da data em que o vício gerador da nulidade é sanado[107].

Na hipótese de entradas em espécie, os sócios podem ser declarados solidariamente responsáveis quando procedam à sua valorização indevida, sem prejuízo de uma eventual responsabilidade penal.

2.4. *A personalidade jurídica*

A personalidade jurídica consiste num *status* através do qual o sujeito de direito adquire a susceptibilidade de ser um centro de imputação de direitos e obrigações. De acordo com o Acto Uniforme, para que a sociedade

---

[103] Cf. Artigos 75.º e segs. do AUDSCAIE.
[104] Cf. Artigo 78.º do AUDSCAIE.
[105] Cf. Artigo 79.º do AUDSCAIE.
[106] Cf. Artigo 80.º do AUDSCAIE.
[107] Cf. Artigo 256.º, § 3, do AUDSCAIE.

possa existir no plano jurídico, necessita de ser registada no RCCM[108]. Excepto quando o Acto Uniforme disponha em contrário, basta o cumprimento desta formalidade administrativa para que surja a sociedade enquanto pessoa colectiva[109], com património próprio, identidade, capacidade jurídica e também a autonomia necessária para agir como um sujeito distinto dos sócios no desenvolvimento da actividade dos seus órgãos de administração.

A personalidade jurídica de uma sociedade dura por um período de noventa e nove anos[110], sem prejuízo de eventuais prorrogações[111]. A transformação de uma sociedade noutro tipo de sociedade não implica a criação de uma nova pessoa colectiva[112]. Da mesma forma que surge, a personalidade jurídica de uma sociedade pode desaparecer: isso acontece nos casos de fusão ou cisão, ou mediante a dissolução da sociedade, caso em que a sociedade conserva a personalidade jurídica até ao fim da respectiva liquidação.

Os problemas mais delicados dizem respeito aos actos e às obrigações assumidas durante a fase de constituição da sociedade anterior ao seu registo, momento em que a sociedade adquire personalidade jurídica. Para o efeito, o Acto Uniforme contém normas aplicáveis às sociedades em formação e às já constituídas mas ainda não registadas[113], de acordo com as quais os sócios fundadores[114] assumem responsabilidade pessoal e solidária relativamente aos actos praticados durante a fase de constituição da sociedade anterior ao registo no RCCM[115]; de seguida, as obrigações assumidas em nome da sociedade pelos sócios fundadores e pelos primeiros administradores antes da sua constituição[116] podem ser por esta ratificadas de acordo com o procedimento descrito no Acto Uniforme[117],

---

[108] Cf. Artigo 97.º do AUDSCAIE. Qualquer interessado pode requerer o registo de uma sociedade no RCCM – neste sentido, cf. a decisão do TPI de Yaoundé n.º 180/C, de 14 de Dezembro de 2006.
[109] Cf. Artigo 98.º do AUDSCAIE.
[110] Cf. Artigo 28.º do AUDSCAIE.
[111] Cf. Artigo 32.º do AUDSCAIE.
[112] Cf. Artigo 99.º do AUDSCAIE.
[113] Cf. Artigos 100.º e segs. do AUDSCAIE.
[114] Para uma noção de sócios fundadores, cf. Artigo 102.º do AUDSCAIE.
[115] Cf. Artigo 110.º, § 2, do AUDSCAIE. Se estes actos não forem depois ratificados pela sociedade, ser-lhe-ão inoponíveis.
[116] De acordo com o Artigo 101.º, a sociedade considera-se constituída no momento da assinatura do acto constitutivo e dos estatutos.
[117] Cf. Artigos 106.º a 113.º do AUDSCAIE.

considerando-se, nesse caso, como actos praticados originariamente pela sociedade[118].

2.5. Os elementos identificadores da sociedade

Enquanto pessoa colectiva, a sociedade tem um nome, uma sede e uma nacionalidade.

O nome corresponde à denominação da sociedade, estando sujeito a publicidade[119]. Nas sociedades de pessoas, a denominação social compreende o nome de alguns ou de todos os sócios com responsabilidade ilimitada, seguida da menção «e Companhia»; nas sociedades de capitais e na SARL, a denominação social pode ser de fantasia, mas deve ser obrigatoriamente seguida da indicação do tipo de sociedade e do valor do capital social.

Qualquer sociedade deve ter a sua sede social indicada nos estatutos[120]. A localização da sede social pode situar-se, de acordo com a opção dos sócios, quer no lugar onde se encontra o estabelecimento principal, quer no local em que se situa a direcção administrativa e financeira, devendo o seu endereço ou localização geográfica ser suficientemente precisos[121]. Em todo o caso, os terceiros podem sempre prevalecer-se da sede estatutária – embora a sede real possa estar situada noutro local –, a qual, por sua vez, não é oponível pela sociedade aos terceiros se a sede real se encontrar num lugar diferente da sede social oficial[122]. A sede social pode ser modificada de acordo com as condições prescritas pelo Acto Uniforme para a alteração dos estatutos de qualquer tipo de sociedade, enquanto que para a transferência da mesma para outro lugar da mesma cidade basta uma decisão do órgão de gestão ou de administração da sociedade[123]; pode também ser transferida para fora do Estado[124] com o acordo de todos os sócios[125].

---

[118] Cf. Artigo 110.º, § 1, do AUDSCAIE.
[119] Cf. Artigos 14.º e 17.º do AUDSCAIE.
[120] Cf. Artigo 23.º do AUDSCAIE.
[121] Cf. Artigos 24.º e 25.º do AUDSCAIE.
[122] Cf. Artigo 26.º do AUDSCAIE. Quanto à jurisprudência, cf. a decisão do TJCA n.º 9/2002, de 21 de Março de 2002.
[123] Cf. Artigo 27.º do AUDSCAIE. Sobre a transferência da sede social no interior do espaço OHADA, v. Mayatta Ndiaye MBAYE, *Le transfert intracommunautaire de siége social dans l'espace OHADA*, in *Revue Penant*, n.º 857 (2006), pág. 416.
[124] Cf. Artigos 451.º e 551.º do AUDSCAIE.
[125] Cf. Artigos 359.º e 554.º do AUDSCAIE.

A nacionalidade é o critério de ligação de uma sociedade a um Estado. São vários os critérios que permitem determinar a nacionalidade de uma sociedade: geralmente toma-se em consideração o critério da localização da sede social, pelo que a sociedade tem a nacionalidade do País no qual aquela se encontra localizada; ou então através do critério do controlo em que a nacionalidade da sociedade é determinada pela qualidade daqueles que controlam a sociedade, ou seja, os administradores e a origem do capital. O Acto Uniforme não faz qualquer referência a esta questão, presumivelmente por consideração com a unicidade da disciplina normativa dos Estados-membros, mas a localização da sede social será, sem sombra de dúvida, muito importante para fins de aplicação do AUDSCAIE.

2.6. *Os órgãos da sociedade*

O funcionamento de uma sociedade implica a intervenção de três tipos de órgãos: o órgão decisor, o órgão de gestão e o órgão de controlo.

a) A assembleia dos sócios

O órgão decisor é a assembleia dos sócios, a qual permite a estes exercerem as prerrogativas de que gozam na sociedade.

As participações sociais conferem aos seus titulares um direito sobre os lucros obtidos pela sociedade quando seja deliberada a sua distribuição, um direito sobre os activos líquidos da sociedade por ocasião da sua repartição logo após a sua dissolução ou uma redução do capital, e também o direito de participar e votar nas deliberações da competência dos sócios, a menos que o Acto Uniforme disponha de outra forma relativamente a algumas categorias de participações sociais[126]. Tais direitos devem ser exercidos nas condições previstas para cada tipo de sociedade e só podem ser suspensos ou extintos de acordo com as disposições do Acto Uniforme[127].

A participação na vida da sociedade é indubitavelmente o direito mais importante dos sócios. Para o efeito, os sócios reúnem-se em assembleia, na qual todos os sócios têm o direito de participar[128], embora tam-

---

[126] Cf. Artigo 53.º do AUDSCAIE.
[127] Cf. Artigo 55.º do AUDSCAIE.
[128] Cf. Artigo 125.º do AUDSCAIE.

bém possam deliberar por correspondência[129], tudo em conformidade com as formalidades previstas no Acto Uniforme[130]. Tomando em conta a importância deste direito, estão previstas no Acto Uniforme regras próprias sobre a representação de um sócio através de mandatário e relativamente à situação em que vários sujeitos são comproprietários de acções ou quotas sociais[131].

O Acto Uniforme não tem qualquer norma que indique o âmbito de competências da assembleia, pelo que a análise das mesmas deve ser separada da análise daquele[132]. A participação do sócio na adopção de deliberações é feita por via do exercício do direito de voto, o qual é proporcional à quota do capital social detida pelo sócio, salvo disposição contrária estabelecida no Acto Uniforme[133]. O abuso do direito de voto é sancionado, seja no caso de abuso de posição maioritária, em que os sócios votam uma deliberação no seu exclusivo interesse, contrário aos interesses da minoria, sem que a deliberação tenha justificação do ponto de vista do interesse da sociedade[134], seja no caso de abuso de posição minoritária, na qual os sócios minoritários se opõem à aprovação de deliberações do interesse da sociedade através do exercício do seu direito de voto – por exemplo, ao impedirem uma maioria qualificada necessária para a aprovação da respectiva deliberação[135]. Os sócios podem pedir a nulidade das deliberações sempre que nelas não participem, mas a acção de nulidade das deliberações não é admissível quando seja intentada pelos sócios que estavam presentes ou representados na assembleia[136].

Além disso, para que possam expressar melhor a sua opinião sobre as questões da sociedade, o Acto Uniforme confere aos sócios um amplo direito de informação que pode ser exercido periódica ou continuadamente e lhes permite manter o controlo sobre a gestão da sociedade.

---

[129] Cf. Artigo 133.º do AUDSCAIE.
[130] Cf. Artigos 134.º a 136.º do AUDSCAIE.
[131] Cf. Artigos 126.º e 127.º do AUDSCAIE.
[132] Um elenco das competências pode ser conferido in Tiago SOARES DA FONSECA, *O direito* cit., págs. 105 e segs..
[133] Cf. Artigo 133.º do AUDSCAIE.
[134] Cf. Artigo 130.º do AUDSCAIE. Sobre a noção de interesse da sociedade prevista no AUDSCAIE, v. Bérenger Yves MEUKE, *De l'intérêt social dans l'AUSC de l'OHADA*, in *Revue Penant*, n.º 860 (2007), págs. 338 e segs..
[135] Cf Artigo 135.º do AUDSCAIE. Na jurisprudência, cf. a decisão do CA de Yaoundé n.º 75/Civ/04-05, de 17 de Novembro de 2004.
[136] Neste sentido, cf. a decisão do TPI de Abidjan n.º 1245, de 21 de Junho de 2001.

b) As obrigações de gestão

Os órgãos de gestão são diversos e a sua composição pode variar de acordo com o tipo de sociedade. Todavia, existem normas de organização da gestão comuns a todos os tipos de sociedades e que são as relativas à composição dos órgãos, às condições de acesso à actividade dos administradores, aos princípios sobre a nomeação, retribuição e cessação das suas funções, determinação dos poderes e responsabilidades.

A sociedade é dirigida por um ou mais administradores e qualquer pessoa pode ser escolhida para desempenhar o cargo. Com excepção da sociedade de responsabilidade limitada, uma pessoa colectiva pode ser designada como administrador e, nesse caso, o seu representante fica sujeito às mesmas condições e obrigações dos demais administradores, incorrendo num grau de responsabilidade, civil e penal, como se fosse administrador em nome próprio e prescindindo da responsabilidade solidária da pessoa colectiva que representa[137]. Algumas restrições estão previstas na lei, tanto no interesse do potencial administrador (normas relativas à matéria das incapacidades), como no interesse público (regime das proibições, das interdições e das incompatibilidades).

A designação dos administradores é feita pelos sócios, mas a título excepcional e em caso de desacordo entre os sócios, de dissolução da sociedade ou de abertura de um processo colectivo, os tribunais podem designar um administrador provisório ou um curador, cujas funções são sempre determinadas e temporárias. No caso de desacordo entre os sócios, esta nomeação justifica-se se o conflito persistir e for susceptível de paralisar o funcionamento da sociedade (hipótese de *deadlock*)[138], o que significa que a falta de entendimento entre os sócios que não paralise a sociedade e não condicione a actuação dos seus órgãos de administração não pode justificar a nomeação de um administrador provisório[139]. Conclui-se, assim, que a nomeação de um administrador provisório não pode ter lugar sem que sejam examinados em detalhe os problemas da sociedade[140].

---

[137] Cf. Artigos 276.º, 298.º (que remete para o Artigo 276.º) e 421.º do AUDSCAIE.

[138] Neste sentido, cf. a decisão da CA de Cotonou n.º 256/2000, e 17 de Agosto de 2000.

[139] Neste sentido, cf. a decisão da CA de Abidjan n.º 258, de 25 de Fevereiro de 2000.

[140] Neste sentido, cf. a decisão da CA de Cotonou n.º 178/99, de 30 de Setembro de 1999.

O administrador nomeado pode ser remunerado pela sociedade; se dela for dependente, o seu contrato de trabalho entra no grupo de acordos que devem ser aceites na assembleia. Em todo o caso, as funções de administrador de sociedade não são gratuitas e as regras sobre a matéria variam em função do tipo de sociedade[141].

O exercício das funções de administrador cessa com o termo do mandato, por morte, incapacidade, impedimento ou incompatibilidade, ou em caso de demissão ou destituição. O público deve ser informado da nomeação, destituição, demissão e cessação de funções dos administradores, mediante inscrição do acto no RCCM[142].

Os dirigentes e os administradores estão encarregados da gestão corrente da sociedade, vinculando a sociedade e agindo, por consequência, em nome dela. Os seus poderes são determinados pelos estatutos ou pela lei[143], mas qualquer limitação estatutária dos seus poderes legais é inoponível a terceiros[144]. A sociedade fica também vinculada pelos actos dos órgãos de gestão que não se enquadram no seu objecto social, a menos que se prove que o terceiro tinha conhecimento de que os actos excediam os limites do seu objecto social ou que não o poderia ignorar, tendo em conta as circunstâncias, não bastando para o efeito a simples publicação dos estatutos como prova desse potencial conhecimento[145]. Ademais, a sociedade pode ser responsabilizada, perante terceiros, pela má gestão dos administradores: trata-se de uma responsabilidade baseada em actos que decorrem da conduta profissional do dirigente.

Os administradores estão também vinculados às obrigações contabilísticas e financeiras. O AUDCG[146] estabelece, conjuntamente com o AUCE[147], a obrigação de qualquer comerciante ter contabilidade, especificando quais os livros obrigatórios e as regras para a sua conservação. Sob responsabilidade dos administradores, a sociedade comercial deve ter um diário onde são registadas todas as operações realizadas, deve conservar os respectivos documentos justificativos e efectuar um inventário anual para

---

[141] Cf. Artigo 278.º do AUDSCAIE para as SNC; Artigo 298.º do AUDSCAIE para as SCS; Artigo 325.º AUDSCAIE para as SARL; e Artigo 430.º do AUDSCAIE para as SA.
[142] Cf. Artigo 124.º do AUDSCAIE.
[143] Cf. Artigo 123.º do AUDSCAIE.
[144] Cf. Artigo 121.º do AUDSCAIE.
[145] Cf. Artigo 122.º do AUDSCAIE.
[146] Cf. Artigo 13.º.
[147] Cf. Artigo 1.º.

apurar o balanço e um registo dos lucros e das perdas. Para o efeito, no final de cada exercício, o órgão de administração da sociedade elabora as contas do exercício, de acordo com o disposto no AUCE[148]. De seguida, o mesmo órgão elabora um relatório sobre a gestão, no qual expõe a situação da sociedade durante o exercício findo, a sua previsível evolução e, em particular, a perspectiva de continuação da actividade, a evolução da situação de tesouraria e o plano de financiamento[149]. As contas do exercício devem indicar também a situação das fianças, avales e garantias prestadas pela sociedade, bem como a situação das garantias reais que tenha prestado[150]. Estes livros contabilísticos devem ser apresentados pelos administradores aos sócios e a qualquer pessoa interessada, sendo obrigação da sociedade, à semelhança do que acontece com os comerciantes, o respeito pelas regras contabilísticas na preparação dos livros, os quais devem ser autênticos e estar devidamente regularizados. A autenticidade pressupõe não só a boa fé na preparação dos documentos financeiros (autenticidade subjectiva), mas também uma avaliação, o mais exacta possível, dos valores contabilísticos e dos riscos (autenticidade objectiva). Por sua vez, a regularização implica o respeito pelas normas e procedimentos previstos no plano contabilístico em vigor: tudo de forma a que os sócios possam obter destes livros informação quanto à real situação da sociedade, pelo que qualquer modificação na apresentação das contas de exercício ou nos métodos de avaliação, amortização ou de provisão, em conformidade com as regras de contabilidade, deve ser mencionada no relatório de gestão e, se necessário, no relatório do revisor oficial de contas[151].

O Acto Uniforme estabelece uma série de infracções que podem ser cometidas pelos administradores da sociedade na gestão dos resultados financeiros cujo denominador comum é a falta de veracidade. Incorrem numa sanção de natureza penal ou administrativa os administradores que, com o objectivo de esconder a verdadeira situação da sociedade, tenham conscientemente publicado ou apresentado aos accionistas ou aos sócios, também em caso de falta de distribuição de dividendos, dados financeiros que não correspondam, para cada exercício, a uma imagem fiel das operações do exercício, da situação financeira e patrimonial da sociedade no

---

[148] Cf. Artigo 137.º do AUDSCAIE.
[149] Cf. Artigo 138.º do AUDSCAIE.
[150] Cf. Artigo 139.º do AUDSCAIE.
[151] Cf. Artigo 141.º do AUDSCAIE.

final desse período[152]. Nas sociedades por acções e nas SARL as sanções são muito mais severas porque as manobras fraudulentas dos dirigentes e dos administradores podem causar danos aos credores sociais que não têm – como nas sociedades de pessoas – o recurso da responsabilidade pessoal dos sócios; por esta razão, a lei impõe um maior controlo dos livros contabilísticos destas sociedades, pelos auditores e pela assembleia, e ainda a criação de uma reserva legal calculada de acordo com os lucros da sociedade.

O reconhecimento dos amplos poderes dos administradores é acompanhado por um rigoroso regime de responsabilidade dos mesmos perante a sociedade e perante terceiros. No plano civil, a sua responsabilidade pessoal pode ter lugar pelos erros cometidos no exercício das suas funções[153] e a ela corresponde o direito de propositura de uma acção individual ou social de responsabilidade civil[154].

A acção individual de responsabilidade concretiza-se numa acção de reparação do dano causado a um terceiro ou a outro sócio que tenha sofrido um dano autónomo do dano que a sociedade tenha eventualmente sofrido, por facto doloso ou negligente praticado individualmente ou colectivamente pelos administradores no exercício das suas funções[155]. O exercício da acção individual não preclude a possibilidade que um ou mais sócios têm de intentar uma acção social para a reparação do dano que a sociedade tenha sofrido[156]. A acção é proposta diante do tribunal territorialmente competente no lugar onde está situada a sede da sociedade e prescreve ao cabo de três anos a contar da data da ocorrência do facto danoso ou, se este tiver sido dissimulado, da data do seu conhecimento; em caso de crime, a acção individual prescreve no prazo de dez anos[157].

A acção social de responsabilidade pretende obter a reparação do dano sofrido pela sociedade por acto praticado pelos administradores no exercício das suas funções e é proposta contra os administradores,

---

[152] Cf. Artigo 890.º do AUDSCAIE.
[153] Cf. Artigo 161.º do AUDSCAIE, que salvaguarda a eventual responsabilidade da sociedade.
[154] Cf. Artigos 161.º a 172.º do AUDSCAIE. Sobre o assunto, v. Bérenger Yves MEUKE, *Breves observations sur le risque juridique du mandataire social dans l'espace OHADA*, in *Revue juridique tchadienne*, s.n. e d.
[155] Cf. Artigo 162.º do AUDSCAIE.
[156] Cf. Artigo 163.º do AUDSCAIE.
[157] Cf. Artigo 164.º do AUDSCAIE.

nas condições previstas no Acto Uniforme para cada tipo de sociedade[158]. Todavia, um ou mais sócios podem propor uma acção social trinta dias depois de notificarem os órgãos competentes para o fazer[159]; qualquer sócio tem legitimidade para intentar uma acção no interesse da sociedade[160] e, em caso de condenação, a reparação do dano é paga à sociedade.

Considera-se não escrita qualquer cláusula dos estatutos que subordine o exercício do direito de acção social a parecer prévio ou autorização da assembleia, de um órgão de gestão, de direcção ou de administração, ou que comporte uma renúncia ao exercício desta acção[161], mas em todo o caso, para colocar um ponto final no litígio, os sócios que tenham intentado a acção podem celebrar um acordo com as pessoas contra quem a mesma foi proposta. No mesmo sentido, nenhuma decisão da assembleia, de um órgão de gestão, de direcção ou de administração pode ter como efeito a extinção de uma acção de responsabilidade contra os administradores por factos praticados no exercício das suas funções[162]. O exercício da acção social não impede que um sócio possa propor contra a sociedade uma acção de reparação do dano que tenha sofrido[163]. Também a acção social de reparação é proposta no tribunal territorialmente competente relativamente ao lugar onde está localizada a sede da sociedade, prescrevendo esse direito no prazo de três anos a contar da data da prática do facto danoso ou, se este não foi de imediato conhecido, desde o momento do seu conhecimento, enquanto que em caso de crime a prescrição é sempre de dez anos[164]; as despesas e os honorários resultantes da acção social, sempre que esta é intentada por um ou mais sócios, são adiantados pela sociedade[165].

---

[158] Cf. Artigo 166.º do AUDSCAIE. A norma nada diz no caso de a acção ser proposta contra o órgão de administração colegial ou o administrador único. Parece que perante tal hipótese apenas a acção por iniciativa dos sócios é possível em face do que diz logo de seguida o Artigo 167.º do AUDSCAIE.

[159] Cf. Artigo 167.º do AUDSCAIE.

[160] Neste sentido, cf. decisão da CA de Cotonou n.º 65/99, de 29 de Abril de 1999.

[161] Cf. Artigo 168.º do AUDSCAIE. Este preceito é aplicado com muito rigor pela jurisprudência – neste sentido, cf. a decisão da CA de Cotonou n.º 256/2000, de 17 de Agosto.

[162] Cf. Artigo 169.º do AUDSCAIE.
[163] Cf. Artigo 172.º do AUDSCAIE.
[164] Cf. Artigo 170.º do AUDSCAIE.
[165] Cf. Artigo 171.º do AUDSCAIE.

Como *infra* se verá mais detalhadamente, a responsabilidade dos administradores pode relevar também no âmbito penal[166].

c) *O órgão de controlo*

O controlo da sociedade é uma prerrogativa dos sócios, que o fazem através do exercício do direito à informação, direito esse a que o Acto Uniforme dedica numerosas disposições e que evidencia um acesso permanente dos sócios à informação sobre os assuntos sociais[167].

Em particular, os sócios têm o direito, a ser exercido nos quinze dias que precedem a assembleia geral ordinária, de dirigir por escrito questões aos órgãos de gestão, os quais devem responder no decurso da assembleia[168]; além disso, compete à assembleia geral, que deve obrigatoriamente, salvo prorrogação concedida pelo tribunal, ter lugar nos seis meses posteriores ao fecho das contas do exercício convocada pelo órgão de gestão, a aprovação das contas do exercício e o relatório de gestão[169].

Quando os sócios, por ocasião do exercício do controlo da gestão, tenham conhecimento de factos tais que comprometam a continuidade da gestão, têm a faculdade de promover um procedimento de alerta, que consiste em endereçar ao órgão de gestão uma ou mais questões relativas aos mencionados factos, às quais este tem obrigação de responder no prazo de um mês e enviar cópia da questão colocada, bem como da sua resposta ao revisor oficial de contas, caso este exista[170]. Os sócios têm também a faculdade de pedir ao presidente do tribunal competente do local em que se situa a sede social uma auditoria sobre as operações de gestão[171], a qual não configura um processo urgente, salvo quando a demora na decisão seja susceptível de colocar em perigo os interesses de um ou mais sócios[172];

---

[166] Cf. Artigos 889.º a 895.º do AUDSCAIE e Artigos 226.º a 246.º do AUOPC.
[167] Cf. Artigos 344.º e segs. do AUDSCAIE.
[168] Cf. Artigos 345.º, §§ 2 e 3, e 526.º, § 2, do AUDSCAIE.
[169] Cf. Artigo 140.º do AUDSCAIE.
[170] Cf. Artigos 157.º e 158.º do AUDSCAIE.
[171] Cf. Artigos 159.º e 160.º do AUDSCAIE. Sobre a referida perícia, v. Bérenger Yves MEUKE, *L'information des actionnaires minoritaires dans l'OHADA: réflexion sur l'expertise de gestion*, in www.juriscope.org. Na jurisprudência, cf. a decisão da CA de Abidjan n.º 10, de 2 de Janeiro de 2001.
[172] Neste sentido, cf. a decisão da CA de Cotonou n.º 256/2000, de 17 de Agosto.

o âmbito do trabalho do auditor é determinado pelo juiz e rigorosamente circunscrito às operações em causa[173].

Aos sócios compete também o controlo de alguns acordos celebrados entre a sociedade e os seus administradores, de forma a prevenir qualquer conflito de interesses[174]. O legislador procedeu à distinção entre os acordos que, para serem válidos, devem ser autorizados pelos sócios a título preventivo e os acordos proibidos por apresentarem riscos certos para a sociedade: consequentemente, todos os acordos que não sejam regulamentados ou proibidos devem considerar-se permitidos.

Nalguns tipos de sociedade, existem órgãos externos encarregados do controlo da sociedade[175]: trata-se dos revisores oficiais de contas, a quem compete o controlo do património e dos livros contabilísticos da sociedade. Em particular, o revisor é chamado a verificar a regularidade e a autenticidade dos relatórios financeiros de síntese[176] e a verificar o respeito pela igualdade entre os sócios[177]. No exercício das suas funções, o revisor é obrigado a levar ao conhecimento dos administradores e dos sócios os factos descobertos no decurso da sua fiscalização, devendo comunicar ao Ministério Público a prática de eventuais crimes, assim como tem o poder de iniciar um processo de alerta quando a situação da sociedade seja tal que possa comprometer a continuidade da sua exploração[178], ainda que o início do processo não constitua *conditio sine qua non* para a adopção de qualquer medida urgente[179].

---

[173] A noção de operação de gestão é uma noção de facto: assim, são operações de gestão as transferências de fundos relativas às operações de reaquisição das acções de uma sociedade por parte de outra, como também os movimentos de fundos entre as duas sociedades (cancelamento dos depósitos a longo prazo e transferência do seu conteúdo). Neste sentido, cf. a decisão da CA de Cotonou n.° 256/2000, de 17 de Agosto. Ao tribunal, o Acto Uniforme confere o poder de considerar a oportunidade da perícia, enquanto que ao perito compete verificar a oportunidade económica do acto de gestão em relação à sociedade.

[174] Cf. Artigos 350.° e segs. para as SARL e 438.° e segs. para as SA, todos do AUDSCAIE.

[175] Cf. Artigos 694.° e 720.° para a SA e 376.° para a SARL, todos do AUDSCAIE.

[176] Cf. Artigo 710.° do AUDSCAIE.

[177] Cf. Artigo 714.° do AUDSCAIE.

[178] Cf. Artigos 150.° e segs. do AUDSCAIE.

[179] Neste sentido, cf. a decisão da CA de Cotonou n.° 178/99, de 30 de Setembro de 1999, nos termos da qual quando o revisor oficial de contas revela factos que podem comprometer a continuidade da exploração é possível recorrer-se ao tribunal a título urgente, mesmo que não tenha sido proposto nenhum processo de alerta.

O revisor pode ser civilmente responsabilizado, quer nas relações com a sociedade quer com terceiros, por força dos erros e negligência praticados no desempenho das suas funções[180]. O revisor pode ser considerado responsável pelos danos causados à actividade pelos membros do conselho de administração se, estando ao corrente dos mesmos, não o comunicar no seu relatório à assembleia da sociedade[181]. A sua responsabilidade penal tem lugar quando dolosamente forneça ou confirme informações não verdadeiras sobre a situação da sociedade ou quando não denuncie ao Ministério Público os ilícitos criminais de que tenha conhecimento[182].

2.7. Vida e evolução da sociedade

O Acto Uniforme contém uma série de preceitos destinados a disciplinar a vida da sociedade, cuja dinâmica pode implicar modificações estatutárias, reestruturações e outras intervenções necessárias para adaptar a realidade societária às exigências do momento. Por outro lado, a sociedade, tal como as pessoas singulares, está condenada, mais tarde ou mais cedo, ao desaparecimento: daí a necessidade de estabelecer as modalidades da sua dissolução.

No curso da vida societária, podem surgir conflitos entre os sócios ou entre um ou mais sócios e a sociedade. Estes são resolvidos através do recurso aos tribunais comuns ou à arbitragem, neste caso através de cláusula compromissória ou convenção arbitral[183].

O legislador OHADA estabeleceu uma regulamentação específica da reestruturação das sociedades, tomando em consideração várias operações. Os Livros III, IV e V do Acto Uniforme tratam em particular das relações de participação entre as sociedades, da transformação da sociedade comercial, da fusão, cisão e integração parcial dos activos.

---

[180] Cf. Artigo 725.º do AUDSCAIE.
[181] Cf. Artigo 726.º do AUDSCAIE.
[182] Cf. Artigo 899.º do AUDSCAIE. Este tipo de crime é o mais severamente punido pela legislação interna dos Estados-membros, sobretudo pelo papel particular que o Acto Uniforme atribui ao revisor oficial de contas. Cf., por exemplo, o Artigo 14.º da Lei camaronesa n.º 2003/008, de 10 de Junho de 2003, e o Artigo 14.º da Lei senegalesa n.º 98-22, de 26 de Março de 1998.
[183] Cf. Artigos 147.º, 148.º e 149.º do AUDSCAIE.

O Acto Uniforme estabelece três hipóteses de participação entre as sociedades com relevância jurídica: o grupo de sociedades, a participação no capital de uma outra sociedade e a filial.

a) O grupo de sociedades

Para definir o conceito de grupo de sociedades, faz-se geralmente menção ao controlo do grupo por um único sujeito jurídico. Foi esta a ideia vertida no Acto Uniforme, ou seja, trata-se de um grupo formado por sociedades relacionadas entre si por vínculos diversos que permitem a uma delas controlar todas as outras[184]. A noção pressupõe, assim, um conjunto de sociedades e uma relação de controlo que se concretiza com a detenção do poder de decisão no âmbito de uma outra sociedade[185].

Em relação ao grupo de sociedades, o Acto Uniforme não exige uma forma especial ou particular, pelo que todas as sociedades previstas no AUDSCAIE podem fazer parte de um grupo e a relação que une as sociedades partes do grupo pode ser de qualquer natureza.

Relativamente à relação de controlo, o Acto Uniforme presume que a mesma se verifica em dois casos: quando uma pessoa singular ou colectiva detém, directa ou indirectamente, e ainda que por interposta pessoa, mais de metade dos direitos de voto de uma sociedade, ou então quando dispõe de mais de metade dos direitos de voto numa sociedade em resultado de acordos com outros sócios dessa sociedade[186]. Desta forma, o Acto Uniforme tomou apenas em consideração os vínculos relativos ao capital que pressuponham um elemento objectivo – uma sociedade detém directa ou indirectamente, ou controla, uma parte importante das acções ou das quotas de uma outra sociedade, o que lhe permite exercer um controlo através do direito de voto inerente à titularidade do capital – e um elemento subjectivo – a participação não é feita com a finalidade de investimento mas para exercer o controlo ou a influência sobre a sociedade cujas acções ou quotas se detém.

O grupo de sociedades não tem uma existência jurídica no sistema do AUDSCAIE. Cada sociedade pertencente a um grupo conserva a sua auto-

---

[184] Cf. Artigo 173.º do AUDSCAIE.
[185] Cf. Artigo 174.º do AUDSCAIE. Sobre o tema, v. Mamadou KONE, *La notion de groupe de sociétés en droit OHADA*, in *Revue Penant*, n.º 856 (2006), pág. 285.
[186] Cf. Artigo 175.º do AUDSCAIE. Da segunda hipótese afastamos a validade dos acordos parassociais no âmbito do AUDSCAIE.

nomia jurídica, ainda que a sociedade principal possua a totalidade do capital da sociedade controlada. Todavia, na consideração do grupo de sociedades, tanto no âmbito do direito societário como no âmbito do direito fiscal, social e contabilístico, o legislador OHADA teve em consideração a protecção dos sócios, sobretudo dos minoritários, bem como dos credores e dos trabalhadores[187].

b) *Participação no capital de uma outra sociedade*

O Acto Uniforme organiza as modalidades de participação de uma sociedade no capital de uma outra: sempre que uma sociedade possua uma quota de capital igual ou superior a 10% numa outra sociedade deve considerar-se que aquela tem uma participação nesta para efeitos de aplicação do Acto Uniforme[188]. O Acto Uniforme regula com particular atenção os casos de participação cruzada, quando uma das sociedades em causa é uma sociedade anónima ou de responsabilidade limitada, proibindo a detenção de uma fracção do capital de um desses tipos de sociedade superior a 10% com a finalidade de garantir a efectividade do capital social: se uma sociedade de capitais possui uma parte do capital de outra que, por sua vez, detém uma parte do seu capital, a garantia de oferta do capital da primeira aos seus credores é claramente reduzida, resumindo-se, na prática, à auto--detenção de uma parte do capital. No caso de exceder a quota limite a lei impõe uma regularização mediante a cessão do excesso, ficando as acções ou quotas sociais a ceder privadas do direito de voto e do pagamento dos dividendos correspondentes até à respectiva cessão[189].

c) *A filial*

Uma das hipóteses de escolha entre os grupos de sociedades é aquela que apresenta de um lado uma sociedade controladora e do outro uma sociedade controlada: é o caso da sociedade-mãe e da sua filial[190].

---

[187] Sobre o assunto, v. AA.VV., *Ohada. Sociétés* cit., págs. 185 e segs..
[188] Cf. Artigo 176.º do AUDSCAIE.
[189] Cf. Artigos 177.º e 178.º do AUDSCAIE.
[190] Para mais desenvolvimentos, v. Henri-Desire MODI KOKO BEBEY, *Le controle de la gestion des filiales par la société mère dans le droit uniforme des sociétés commerciales en Afrique*, in *Mélanges en l'honneur de Yves Guyon*, Paris, Dalloz, 2003.

A sociedade-mãe define-se como aquela que possui mais de metade do capital de uma outra sociedade, que vem a ser a filial da primeira[191]. Uma filial pode também ser comum a diversas sociedades-mãe quando o seu capital é detido pelas ditas sociedades-mãe, as quais devem, de acordo com o Artigo 180.° do AUDSCAIE, deter na sociedade filial comum ou separadamente, directa ou indirectamente, uma participação financeira tal que nenhuma decisão extraordinária possa ser tomada sem o seu acordo, bem como participar na gestão da sociedade filial comum.

Assim, no plano jurídico, a sociedade filial é apenas uma sociedade sob controlo de uma outra, sendo, todavia, distinta da sucursal regulada nos Artigos 116.° e seguintes do AUDSCAIE. De facto, a sucursal, não obstante a sua autonomia de gestão, não tem personalidade jurídica, podendo ser considerada um departamento descentralizado, privado de património próprio, que beneficia da capacidade financeira e do crédito da sociedade sua proprietária; ao invés, a filial, contrariamente à sucursal, tem personalidade jurídica, com todas as consequências derivadas dessa condição (denominação, sede, nacionalidade, etc.) e, se bem que controlada, é para todos os efeitos uma sociedade autónoma[192].

2.8. *A transformação das sociedades*

Uma sociedade pode mudar de tipologia e adoptar um outro tipo, tendo em consideração as vantagens e os inconvenientes relativos a cada tipo de sociedade e as suas eventuais necessidades futuras. O primeiro parágrafo do Artigo 181.° do AUDSCAIE define a operação de transformação da sociedade como a operação mediante a qual uma sociedade altera o seu tipo social na sequência de uma deliberação dos sócios. O Acto Uniforme esclarece que a transformação não constitui a criação de uma nova pessoa colectiva, mas uma simples modificação dos seus estatutos sujeita às condições de forma aí previstas[193]; esta decisão impõe uma maioria qualificada que varia em função do tipo de sociedade, como também do novo tipo a adoptar. A transformação de uma sociedade em que a responsabilidade dos sócios é limitada ao valor das suas participações

---

[191] Cf. Artigo 179.° do AUDSCAIE.
[192] Neste sentido, cf. a decisão da CA de N'Djamena n.° 281/2000, de 5 de Maio de 2000.
[193] Cf. Artigo 181.°, § 2, do AUDSCAIE.

numa sociedade cuja responsabilidade dos sócios passa a ser ilimitada tem de ser deliberada unanimemente por todos os sócios e toda a cláusula em sentido contrário considera-se não escrita[194]. O Acto Uniforme regula especificamente os casos das SARL (cf. Artigos 374.º e 375.º) e das SA (cf. Artigos 690.º a 693.º) que pretendam transformar-se num outro tipo de sociedade.

À semelhança de todas as alterações aos estatutos, a publicidade da transformação é necessária e está prevista no Acto Uniforme[195]. A transformação torna-se efectiva desde o dia em que a decisão é tomada, embora só se torne oponível em relação a terceiros após o preenchimento das formalidades de publicidade, não tendo neste caso efeitos retroactivos[196]. Se ocorrer no decurso do exercício, a transformação não implica um encerramento das contas, salvo se os sócios deliberarem nesse sentido; o relatório de gestão e as contas do exercício no período em que teve lugar a transformação são elaborados e aprovados de acordo com as normas que disciplinam o novo tipo social, sendo o mesmo princípio aplicável à distribuição dos lucros[197]. A decisão de transformação extingue os poderes dos órgãos de administração ou de gestão da sociedade[198], sendo o correspondente relatório da gestão elaborado pelos antigos e novos órgãos de gestão, cada um deles para o respectivo período de gestão[199].

O Acto Uniforme teve em conta a necessidade de protecção de terceiros no período seguinte à operação de transformação: assim, os direitos e as obrigações contraídos pela sociedade ao abrigo do anterior tipo social e as garantias dadas por ela continuam a existir com a adopção do novo tipo social; os contratos de trabalho mantêm-se em vigor e a sociedade sob um novo tipo social permanece devedora dos salários e indemnizações devidas aos trabalhadores; também os contratos de locação se mantêm com a sociedade transformada[200]. A transformação da sociedade não coloca um ponto final à função do revisor oficial de contas no caso de o novo tipo social exigir a sua intervenção, mas se este não o exigir a sua função termina com a transformação, salvo se os sócios de-

---

[194] Cf. Artigo 181.º, § 3, do AUDSCAIE.
[195] Cf. Artigo 265.º do AUDSCAIE.
[196] Cf. Artigo 182.º do AUDSCAIE.
[197] Cf. Artigo 183.º do AUDSCAIE.
[198] Cf. Artigo 184.º do AUDSCAIE.
[199] Cf. Artigo 185.º do AUDSCAIE.
[200] Cf. Artigo 186.º do AUDSCAIE.

cidirem em sentido diferente; os revisores cuja missão venha a extinguir--se por tal motivo mantêm, contudo, o dever de exercerem a sua actividade no período compreendido entre o início do exercício e a data da transformação que determina a extinção das suas funções, competindo à assembleia deliberar sobre as contas do exercício durante o qual teve lugar a transformação[201]. Por fim, se a seguir à transformação a sociedade não adoptar um dos tipos sociais previstos no Acto Uniforme, ela perde a personalidade jurídica no caso de exercer uma actividade comercial[202].

2.9. Fusão e cisão da sociedade

A fusão consiste na operação de dissolução voluntária da sociedade que implica a transmissão de todo o seu património para uma outra sociedade. A fusão não se confunde com a transmissão parcial dos activos: a sociedade que cede a outra o seu negócio e os seus bens imobiliários não se funde nesta, uma vez que permanece enquanto entidade jurídica; não assim no caso da fusão.

Do ponto de vista jurídico existem dois tipos de fusão: num deles, uma sociedade já existente absorve uma outra (fusão por incorporação); no segundo, duas sociedades fundem-se com todo o seu património numa nova sociedade constituída expressamente para o efeito (fusão por união); ambos os tipos de fusão estão previstos no Acto Uniforme[203]. A fusão é deliberada por cada sociedade implicada de acordo com as condições exigidas para a alteração dos seus estatutos, ficando os sócios das sociedades dissolvidas sócios da sociedade resultante da fusão[204].

A cisão consiste numa operação de sentido inverso à fusão: uma sociedade que tenha atingido um determinado nível de expansão pode decidir transferir para uma filial a totalidade ou uma parte das suas actividades mediante cisão. A cisão é uma operação através da qual uma sociedade – que por efeito da operação está destinada a desaparecer – transmite a totalidade do seu património para sociedades já existentes ou

---

[201] Cf. Artigo 187.º do AUDSCAIE.
[202] Cf. Artigo 188.º do AUDSCAIE. Sobre o tema, v. Joseph Issa-Sayegh, *O direito* cit., pág. 77.
[203] Cf. Artigo 189.º do AUDSCAIE.
[204] Cf. Artigo 191.º do AUDSCAIE.

a criar, distribuindo esse património entre elas[205]. É possível a combinação de uma fusão e uma cisão numa mesma operação (fusão-cisão) quando uma sociedade transmite todo o seu património a outras sociedades (cisão) as quais, por sua vez, participam na constituição de uma nova sociedade (fusão). A cisão ou a fusão-cisão devem ser deliberadas pelas sociedades interessadas nas condições exigidas para a alteração dos respectivos estatutos.

As condições e os efeitos são os mesmos, quer para a fusão quer para a cisão. As operações de fusão e de cisão pressupõem, normalmente, dois actos sucessivos: a preparação do projecto de fusão ou de cisão e a sua ratificação pelas assembleias das sociedades interessadas de acordo com o regime previsto nos Artigos 193.º e 194.º do AUDSCAIE[206]. Diga-se que tanto a fusão como a cisão se podem concretizar não só entre sociedades sujeitas ao mesmo tipo social mas também entre sociedades de tipos diferentes – excepto quando o Acto Uniforme disponha em sentido diverso[207] – e sociedades em liquidação[208]. Quando a fusão ou a cisão têm lugar entre sociedades anónimas, o Acto Uniforme determina a aplicação de normas específicas[209], o mesmo acontecendo no caso de a fusão ter lugar mediante a transmissão dos patrimónios sociais para uma nova SARL[210]. A fusão ou a cisão irregulares podem ser objecto de uma acção de nulidade[211].

A fusão tem como efeito a transmissão universal do património da ou das sociedades que se extinguem para a sociedade incorporante ou para a nova sociedade, incluindo o activo e o passivo[212], ficando estas sociedades titulares dos direitos e obrigações da sociedade ou das sociedades extintas[213]. Os sócios das sociedades extintas recebem como contrapartida participações da sociedade resultante da fusão ou da cisão; neste sentido, o valor das participações emitidas após uma operação de fusão ou de cisão

---

[205] Cf. Artigo 190.º do AUDSCAIE.
[206] O Artigo 194.º estabelece também os modelos de publicidade dos projectos de fusão e de cisão.
[207] Cf. Artigo 196.º do AUDSCAIE.
[208] Cf. Artigo 189.º, § 2, do AUDSCAIE.
[209] Cf. Artigos 671.º a 689.º do AUDSCAIE.
[210] Cf. Artigo 383.º do AUDSCAIE.
[211] O Artigo 254.º do AUDSCAIE disciplina o regime das nulidades nestas operações.
[212] Cf. Artigos 189.º, § 3, e 190.º, § 3, do AUDSCAIE.
[213] Cf. Artigo 191.º do AUDSCAIE.

depende do valor atribuído à sociedade ou sociedades resultante dessas operações, sendo por isso independente do seu valor nominal, podendo incluir um prémio de fusão ou de cisão: é necessário, portanto, determinar o valor de troca das novas participações sociais atribuídas aos sócios e ter em conta, ao mesmo tempo, o prémio de fusão ou de cisão. Os sócios podem receber, eventualmente, em troca das suas entradas, tornas cuja importância não pode ser superior a dez por cento do valor de troca das quotas ou acções atribuídas; todavia, a troca das quotas ou acções da sociedade resultante da fusão ou da cisão por quotas ou acções das sociedades objecto da fusão ou cisão não é possível quando estas quotas ou acções sejam detidas pela sociedade beneficiária da fusão ou da cisão ou por uma pessoa que actua em nome próprio mas por conta desta sociedade, nem pela sociedade ou sociedades extintas ou por uma pessoa que actua em nome próprio mas por conta destas sociedades[214].

Com a fusão ou a cisão os administradores das sociedades extintas cessam as suas funções, mesmo que as regras das operações possam prever que eles venham a ser (re)nomeados na nova sociedade. Em todo o caso, a sua responsabilidade civil ou criminal por factos anteriores à fusão ou à cisão mantém-se.

No caso da criação de uma ou mais sociedades, a fusão ou a cisão produzem efeitos a partir da data da matrícula no RCCM da nova sociedade ou da última delas; nos restantes casos, a operação tem efeitos a partir da data da última assembleia geral que a aprovou, salvo quando o contrato estabeleça que a operação tem efeitos a partir de outra data, a qual não pode ser nem posterior à do fecho do exercício em curso da ou das sociedades beneficiárias, nem anterior à data do fecho do último exercício da ou das sociedades extintas[215].

2.10. *A integração parcial de activos*

A integração parcial de activos consiste na transmissão de uma sociedade a outra, nova ou já existente, de uma parte dos elementos da sua actividade, geralmente um ramo autónomo da mesma[216]. A integração parcial

---

[214] Cf. Artigo 191.º, §§ 2 e 3, do AUDSCAIE.
[215] Cf. Artigo 192.º do AUDSCAIE.
[216] Cf. Artigo 195.º do AUDSCAIE.

de activos não determina, como a fusão ou a cisão, a extinção de uma sociedade; a sociedade procede apenas à integração de uma parte do seu património, recebendo em troca participações da sociedade beneficiária, que pode conservar para si ou distribuir entre os seus sócios. A integração parcial obedece ao mesmo regime jurídico da fusão-cisão quando implica uma modificação do objecto social da sociedade integradora, como seja o caso da transferência de um ramo autónomo de actividade.

O Acto Uniforme contém uma série de normas aplicáveis tanto à fusão como à cisão e à integração parcial de activos[217]. Convém apenas recordar que estas podem ser realizadas entre sociedades sujeitas a um tipo social diverso e que a respectiva decisão tem lugar, em qualquer uma das sociedades envolvidas, de acordo com o processo de aumento de capital e dissolução da sociedade e nas condições exigidas para a alteração dos estatutos[218]. Por outro lado, tendo em consideração a natureza comunitária do regime, prevê-se que no caso de fusão, cisão ou integração parcial de activos que digam respeito a sociedades cuja sede social não está situada no território de um mesmo Estado-membro, cada sociedade interessada seja sujeita às disposições do Acto Uniforme no Estado-membro onde se situa a respectiva sede social.

2.11. *A dissolução das sociedades*

A dissolução da sociedade determina, no plano jurídico, a liquidação do património social e a sua divisão. O Acto Uniforme dedica todo o Livro VII à dissolução e à liquidação das sociedades comerciais. O Acto Uniforme não consagrou qualquer definição de dissolução, limitando-se a enumerar as causas e a precisar os seus efeitos. Deste regime se retira que a dissolução é o acto que, com base em determinados factos, constata ou declara a extinção da sociedade, ordenando por consequência a sua liquidação[219].

O Acto Uniforme estabelece sete causas de dissolução, entre as quais se distinguem aquelas que se verificam por efeito de circunstân-

---

[217] Cf. Artigos 196.º a 199.º do AUDSCAIE.
[218] Se, no entanto, a operação projectada comportar um aumento das obrigações dos sócios, ela só pode ser concretizada através de uma decisão unânime dos sócios.
[219] Neste sentido, v. Paul-Gérard POUGOUE, François ANOUKAHA, Josette NGUEBOU TOUKAM, *Sociétés commerciales* cit., pág. 32.

cias externas à sociedade, e por isso denominadas de pleno direito, e aquelas que resultam da vontade de todos, de alguns, ou de um só dos sócios[220].

Entre as causas de dissolução de pleno direito previstas no Acto Uniforme figuram o decurso do prazo fixado no contrato, a realização ou a extinção do objecto social, a anulação do contrato de sociedade, a decisão judicial que ordena a liquidação dos bens da sociedade e, por fim, qualquer outra causa prevista nos estatutos.

O decurso do prazo fixado determina a dissolução da sociedade[221]. São os sócios que estabelecem o prazo de duração da sociedade, o qual no entanto não pode ser superior a noventa e nove anos[222], podendo ser prorrogado ou a dissolução ser antecipada.

Em caso de realização ou extinção do objecto social passa a verificar-se a falta de um elemento essencial do contrato. A realização do objecto social pressupõe o cumprimento integral do objectivo para o qual a sociedade foi criada. A extinção do objecto verifica-se, por seu turno, quando a actividade para a qual a sociedade foi constituída se tornar impossível. Ambas as hipóteses raramente se verificam na prática, visto que os estatutos estabelecem normalmente um objecto social suficientemente amplo para garantir a prossecução da actividade da sociedade. Diversa é a possibilidade de uma sociedade existente mas não activa: nesse caso não está excluída a possibilidade de retoma da actividade a qualquer momento, não havendo assim lugar à dissolução da sociedade, devendo no entanto esta solução ocorrer quando a cessação da actividade for definitiva.

A anulação do contrato social é uma hipótese assaz rara de acontecer na prática. Sempre que declarada, ela não tem efeito retroactivo. Do mesmo modo, a declaração de falência pelo tribunal implica automaticamente a sua dissolução e liquidação com eficácia *ex tunc*.

A dissolução de uma sociedade pode dever-se à vontade de um ou mais sócios; em determinados casos, pode ser a consequência de uma decisão judicial. O Acto Uniforme dispõe apenas que a sociedade pode ser dissolvida por deliberação dos sócios nas condições previstas para a alteração dos estatutos, deliberação essa que pode ser resultante do acordo comum de todos os sócios ou da saída de um dos sócios; mas também é referida a

---

[220] Cf. Artigo 200.º do AUDSCAIE.
[221] Cf. Artigo 30.º do AUDSCAIE.
[222] Cf. Artigo 28.º, § 2, do AUDSCAIE.

hipótese de dissolução por reunião de todas as participações sociais num só sujeito.

Antes do prazo previsto nos estatutos os sócios podem decidir pôr fim ao contrato na mesma forma prevista para a sua alteração, ou seja, por unanimidade ou com maioria qualificada, de acordo com cada tipo de sociedade. Por sua vez, um sócio que não pretenda continuar a fazer parte da sociedade pode renunciar unilateralmente: nesse caso, o sócio deve estar impedido de sair da sociedade mediante uma cessão de quotas (por exemplo, porque a sociedade proíbe ou limita a negociação de quotas ou acções); por outro lado, a renúncia deve ser feita de boa fé, ou seja, não deve ser feita com a intenção de o sócio prejudicar a sociedade, apropriando-se dos lucros realizados, bem como deve evitar incorrer em perdas. Sob o plano da forma, a renúncia deve ser formalizada mediante notificação judicial aos demais sócios, podendo estes agir em juízo sempre que entendam que a renúncia não respeita os limites supra referidos.

A reunião de todas as quotas ou acções num único sujeito pode ser consequência de uma cessão ou de sucessão; a falta de pluralidade de sócios, condição do contrato de sociedade, determina a dissolução imediata. No entanto, tendo o Acto Uniforme previsto a sociedade unipessoal, diminuiu sensivelmente a relevância desta causa de dissolução das sociedades. Em consequência, uma sociedade, tida como pluripessoal e que se torna unipessoal por verificação de um qualquer facto, não pode ser automaticamente dissolvida. O Acto Uniforme estabelece que a reunião de todas as participações sociais num só titular somente pode ser causa de dissolução no caso de uma sociedade em nome colectivo ou de uma sociedade em comandita simples se ter tornado unipessoal e a detenção por parte de um único sócio de todas as participações sociais não implica a dissolução automática da sociedade: qualquer interessado só pode requerer ao presidente do tribunal competente a dissolução se a situação não for regularizada no prazo de um ano, podendo o tribunal conceder ainda um prazo suplementar de seis meses para regularizar a situação; além disso, o tribunal não pode decretar a dissolução se, no momento em que se toma a decisão, a regularização tiver tido lugar[223].

Por fim, a dissolução judicial por justa causa diz respeito à situação de não cumprimento das respectivas obrigações por parte de um sócio, ou do conflito entre sócios que impeça o normal funcionamento da

---

[223] Cf. Artigo 60.º do AUDSCAIE.

sociedade[224], competindo ao tribunal o juízo sobre a validade da razão invocada[225].

A dissolução de uma sociedade determina uma série de efeitos, dos quais o mais imediato é a liquidação da sociedade. Não podendo extinguir--se no momento da sua dissolução, a sociedade continua a existir e a conservar a sua personalidade jurídica – se bem que de uma forma reduzida, não podendo praticar actos que impliquem a existência de uma sociedade no pleno exercício das suas funções, como acontece, por exemplo, no caso do início de uma nova actividade – até ao encerramento da respectiva liquidação[226]. A dissolução determina a liquidação do património da sociedade e produz efeitos quer nas relações entre os sócios quer nas relações com terceiros; todavia, os efeitos nas relações com terceiros só se fazem sentir a partir da sua inscrição no RCCM[227]. Tomando em consideração finalidades de publicidade, o Acto Uniforme impõe a publicação da dissolução num jornal autorizado a publicar anúncios legais, no lugar da sede social, com entrega na secretaria do tribunal competente dos documentos ou actas das assembleias que verificam ou deliberem a dissolução da sociedade, assim como a modificação da inscrição no RCCM[228].

A dissolução de uma sociedade unipessoal implica a passagem de todo o património da sociedade para o sócio único sem que haja lugar a liquidação. Os credores podem opor-se à dissolução, no tribunal competente, no prazo de trinta dias a contar da data da sua publicação. O tribunal pode indeferir a oposição ou ordenar o reembolso dos créditos ou a constituição de garantias, se a sociedade as oferecer e forem consideradas suficientes. A transmissão do património e a extinção da sociedade só têm lugar após o decurso do prazo para a oposição, quando esta não tenha sido feita ou, quando o seja, se tiver sido indeferida ou se tiverem sido reembolsados os créditos ou constituídas as garantias[229].

---

[224] Cf. Artigo 200.°, n.° 5, do AUDSCAIE. Esta norma parece ser semelhante às hipóteses de *deadlock* próprias da prática comercial internacional.

[225] Neste sentido, cf. a decisão da CA de Ouagadougou n.° 40, de 20 de Maio de 2003, que precisou que o sócio que pretenda provocar a dissolução antecipada da sociedade não pode ter provocado a situação que fundamenta o seu pedido.

[226] Cf. Artigos 201.°, § 3, e 205.° do AUDSCAIE. Cf., também, a decisão da CA de Ouagadougou n.° 84, de 21 de Novembro de 2003.

[227] Cf. Artigo 201.°, § 1, do AUDSCAIE.

[228] Cf. Artigo 202.° do AUDSCAIE.

[229] Cf. Artigo 201.°, último §.

A liquidação da sociedade pressupõe o cumprimento de um determinado número de requisitos, implicando uma série de operações, algumas das quais revestem uma determinada forma[230]. Uma vez deliberada a liquidação, os sócios procedem à nomeação de um ou mais liquidatários[231], os quais podem ser escolhidos entre os sócios, podendo ser também uma pessoa colectiva[232]. O liquidatário é remunerado[233], pode ser destituído ou substituído nas mesmas condições em que é nomeado[234] e todas as vicissitudes relativas à sua nomeação ou destituição estão sujeitas a publicidade[235]. O liquidatário pode praticar todos os actos necessários à liquidação da sociedade, muito embora alguns deles estejam necessariamente sujeitos a autorização prévia dos sócios[236], sendo responsável perante a sociedade e terceiros pelos danos causados no exercício das suas funções[237]. Uma vez concluída a liquidação e extinta a sociedade, qualquer acção contra os sócios não liquidatários e respectivos cônjuges sobrevivos, herdeiros ou outros titulares deve ser instaurada no prazo de cinco anos a contar da data da publicação da dissolução da sociedade no RCCM[238].

A pedido dos sócios, dos credores sociais e dos titulares de obrigações, a liquidação pode ter lugar em sede judicial, de acordo com as disposições previstas no AUDSCAIE para o efeito.

3. As sociedades de pessoas

Algumas sociedades têm a particularidade de se caracterizarem pela importância da qualidade pessoal dos sócios. No AUDSCAIE encontramos dois tipos de sociedade que estão sujeitas a este âmbito: a sociedade em nome colectivo (SNC) e a sociedade em comandita simples (SCS).

---

[230] Cf. Artigos 203.º e segs do AUDSCAIE.
[231] Cf. Artigo 206.º do AUDSCAIE. Na falta de acordo entre os sócios, a nomeação é feita judicialmente (cf. Artigo 208.º do AUDSCAIE).
[232] Cf. Artigo 207.º do AUDSCAIE.
[233] Cf. Artigo 210.º do AUDSCAIE.
[234] Cf. Artigo 211.º do AUDSCAIE.
[235] Cf. Artigo 212.º do AUDSCAIE.
[236] Cf. Artigos 213.º, 214.º e 215.º do AUDSCAIE.
[237] Cf. Artigo 221.º do AUDSCAIE.
[238] Cf. Artigo 222.º do AUDSCAIE.

3.1. *A sociedade em nome colectivo*

A sociedade em nome colectivo define-se como a sociedade em que todos os sócios são comerciantes e respondem ilimitada e solidariamente pelas dívidas sociais[239]. Este tipo de responsabilidade tem a sua razão de ser pelo facto de o elemento pessoal desempenhar um papel extremamente importante nesta sociedade: uma vez que os sócios são solidariamente responsáveis com o próprio património, é normal que se verifique uma necessária confiança recíproca entre eles e a consequente exigência do acordo de todos para o ingresso de novos sócios na sociedade. Não obstante os riscos que este tipo de sociedade comporta, a opção pelo seu regime justifica-se pela existência de um reduzido número de sócios, de comerciantes com um património modesto e pela simplicidade das suas regras de constituição e de funcionamento.

a) Constituição

Sem esquecer a aplicação do regime geral em matéria de constituição da sociedade, vamos ocupar-nos nesta sede sobretudo das especificidades relativas à sociedade em nome colectivo, especificidades que tanto são referentes aos elementos formais como aos elementos substanciais.

Em relação aos elementos formais, diga-se antes de mais que a vontade de constituição de uma sociedade resulta da elaboração dos respectivos estatutos, sem os quais não é possível proceder às formalidades de publicidade previstas na lei. No que concerne às modalidades de formalização dos estatutos, os sócios podem optar entre a escritura pública e o escrito particular autenticado por um notário[240]. A falta do acto escrito é causa de nulidade pois impede o cumprimento das formalidades de publicidade que são impostas por lei.

A sociedade tem de ser inscrita no RCCM, sob pena de perda da personalidade jurídica[241]; é também necessária a publicação de um aviso num jornal autorizado a receber anúncios legais no Estado-membro em que está situada a sede social, aviso esse que deve estar assinado pelo notário que recebeu o contrato de sociedade ou pelo sócio ou sócios fundadores, devendo

---

[239] Cf. Artigo 270.º do AUDSCAIE.
[240] Cf. Artigo 10.º do AUDSCAIE.
[241] Cf. Artigo 98.º do AUDSCAIE.

ainda conter as menções previstas no Artigo 262.º do AUDSCAIE[242]. Esta medida de publicidade adquire particular relevo nas sociedades em nome colectivo uma vez que o não cumprimento desta obrigação implica a nulidade do contrato de sociedade; no entanto, a sociedade e os sócios não podem invocar essa nulidade nas relações com terceiros (por exemplo, para evitar a responsabilidade ilimitada), tendo o tribunal a faculdade de não decretar a nulidade se nenhuma fraude tiver lugar[243].

Do ponto de vista substantivo, cumpre tomar em consideração os sócios, o capital social e o objecto social.

Os sócios da sociedade em nome colectivo (SNC) são ilimitada e solidariamente responsáveis pelas dívidas sociais e gozam da qualidade de comerciantes. Isto explica a existência, no Acto Uniforme, de normas que regulam especificamente as condições impostas aos sócios deste tipo de sociedade. Devem ser dois, no mínimo, mas não está previsto qualquer limite máximo. À semelhança da SCS, a SNC é uma sociedade na qual os vícios da vontade são causa de nulidade do contrato de sociedade: isto é o que resulta da interpretação *a contrario* do Artigo 243.º do AUDSCAIE, o qual estabelece que nas SARL e SA a nulidade do contrato de sociedade não pode resultar de vícios da vontade ou da incapacidade de um sócio, salvo se afectar todos os sócios fundadores. Tal como o consenso, a capacidade constitui uma condição essencial para a constituição de uma SNC: sendo comerciantes, todos os sócios devem ter capacidade comercial e não estar em regime de incompatibilidade[244], ainda que a presença de uma

---

[242] O Artigo 262.º do AUDSCAIE estabelece que o aviso contém as seguintes menções:
    1. A denominação social bem como, quando aplicável, a sigla da sociedade;
    2. O tipo de sociedade;
    3. O capital social;
    4. A sede social;
    5. Uma indicação sumária do objecto social;
    6. A duração da sociedade;
    7. O montante das entradas em dinheiro;
    8. Uma descrição sumária e avaliação das entradas em espécie;
    9. O nome e o domicílio dos sócios de responsabilidade ilimitada;
    10. O nome e domicílio dos membros dos órgãos sociais e revisores oficiais de contas;
    11. As referências do depósito, na secretaria, dos documentos de constituição;
    12. As referências de matrícula no RCCM;
    13. A data efectiva ou prevista de início da actividade.
[243] Cf. Artigo 245.º do AUDSCAIE.
[244] Cf. Artigos 7.º a 10.º do AUDCG.

pessoa interdita para a actividade comercial ou que exerça uma profissão incompatível com uma actividade comercial numa SNC não constitua causa de nulidade do contrato de sociedade: será o sócio a incorrer, eventualmente, em responsabilidade civil ou penal[245].

O Acto Uniforme não estabelece um capital mínimo para as SNC, constituindo a responsabilidade ilimitada e solidária dos sócios uma garantia suficiente para os credores; nesta situação, o capital social pode ser, inclusivamente, puramente simbólico e dividido em partes sociais cujo valor seja também simbólico, não sendo exigido qualquer valor mínimo, ficando como único requisito a exigência de que todas as partes sociais tenham o mesmo valor nominal[246]. As partes sociais são passíveis de serem cedidas mediante documento escrito[247], desde que haja o acordo de todos os sócios, considerando-se não escrita toda a cláusula em contrário[248].

O objecto social tem um interesse particular nas sociedades em nome colectivo, porquanto estabelece os poderes dos administradores, os quais podem praticar todos os actos previstos no objecto social. Pelo que, quando este seja estabelecido de uma forma vaga, isso permite aos órgãos dirigentes praticar qualquer acto em nome da sociedade, expondo os sócios em virtude da sua responsabilidade ilimitada.

b) Gerência

O papel e os poderes dos gerentes estão previstos nos Artigos 276.º a 282.º do AUDSCAIE.

Os sócios gozam de um amplo poder para a nomeação e destituição dos gerentes, assim como para a determinação da sua retribuição. O Acto Uniforme confere aos sócios a liberdade de estabelecer nos estatutos a regulação da gerência; quando não façam uso desta prerrogativa, todos os sócios são considerados gerentes e qualquer um deles pode praticar com autonomia todos os actos necessários à gestão da sociedade[249]. Os sócios dispõem de uma grande margem de manobra quando decidem nomear um gerente: podem escolher entre efectuar a nomeação nos próprios estatutos ou através de um acto posterior; o gerente nomeado pode ser um sócio ou

---

[245] Cf. Artigos 196.º, 197.º e 229.º do AUOPC.
[246] Cf. Artigo 273.º do AUDSCAIE.
[247] Cf. Artigo 275.º do AUDSCAIE.
[248] Cf. Artigo 274.º do AUDSCAIE.
[249] Cf. Artigo 276.º, §§ 1 e 4, do AUDSCAIE.

um terceiro, pessoa singular ou colectiva, sendo que, neste último caso, os seus administradores estão sujeitos à responsabilidade civil e penal que teriam se fossem gerentes *utili singuli*, sem prejuízo da responsabilidade solidária da pessoa colectiva por eles representada[250]. De qualquer forma, o gerente não pode ser interdito após insolvência pessoal, uma vez que a declaração de insolvência pessoal implica automaticamente a proibição de dirigir, gerir, administrar ou controlar um estabelecimento comercial individual ou uma pessoa colectiva que exerça uma actividade económica[251].

Os gerentes gozam de amplos poderes para agirem em nome da sociedade. Isso deriva da combinação do disposto nos Artigos 121.° a 123.° do AUDSCAIE e encontra confirmação, relativamente aos gerentes das sociedades em nome colectivo, no Artigo 277.° do AUDSCAIE, que distingue relações entre sócios e com terceiros. Na falta de previsão estatutária dos seus poderes, o gerente único está autorizado a praticar todos os actos de gestão do interesse da sociedade[252], entendendo-se por actos de gestão todos os que são necessários à realização do objecto social, o que compreende actos de mera administração e actos de disposição. Os sócios têm assim o direito de fixar nos estatutos os poderes dos gerentes estipulando, por exemplo, que o gerente apenas pode praticar alguns actos ou que a prática de qualquer acto está sujeita a autorização prévia da assembleia dos sócios, muito embora o acto praticado em violação de uma cláusula estatutária que limite os poderes dos gerentes seja válido no âmbito das relações com terceiros. Quando sejam nomeados diversos gerentes, todos têm o poder de praticar actos de gestão no interesse da sociedade, mas qualquer um pode opor-se a qualquer operação feita por outro gerente antes que a mesma esteja concluída[253].

Também nas relações com terceiros cumpre fazer distinção consoante se trate de um único gerente ou de uma pluralidade de gerentes. Havendo apenas um gerente, o objectivo fundamental passa por garantir a protecção dos terceiros que contrataram com o gerente, evitando-lhes dificuldades relacionadas com a verificação dos poderes deste, razão pela qual o legislador estabeleceu que nas relações com terceiros o gerente vincula a sociedade por todos os actos que pratique ao abrigo do objecto

---

[250] Cf. Artigo 276.°, §§ 2 e 3 do AUDSCAIE.
[251] Cf. Artigo 203.° do AUOPC.
[252] Cf. Artigo 277.°, § 1, do AUDSCAIE. Para uma noção do interesse social, v. Bérenger Yves MEUKE, *De l'intérêt social* cit..
[253] Cf. Artigo 277.°, § 1, do AUDSCAIE.

social[254], estando essa garantia reforçada pela previsão de inoponibilidade a terceiros de eventuais cláusulas estatutárias que limitem os poderes do gerente[255]: contrariamente ao estabelecido no Artigo 123.°, § 2, do AUDSCAIE, que determina que no regime comum a todas as sociedades as cláusulas que limitam os poderes dos dirigentes apenas são inoponíveis a terceiros de boa fé, não se faz aqui qualquer distinção consoante o terceiro esteja ou não de boa fé. Compete ao TCJA, em sede de interpretação, ponderar entre a exigência de protecção de terceiros e a tutela dos sócios da SNC, ainda que seja plausível a não extensão da protecção ao terceiro que actue com conhecimento dos limites dos poderes do gerente.

Se os sócios optarem por uma pluralidade de gerentes, qualquer um destes pode praticar actos que vinculem a sociedade perante terceiros, desde que esses actos se reconduzam ao objecto social. Também neste caso as cláusulas estatutárias que limitem os poderes dos gerentes são inoponíveis a terceiros[256], pelo que nem a sociedade nem os sócios podem fazer valer nas relações com os credores as cláusulas que estabelecem os poderes dos gerentes. Do mesmo modo, a oposição de um gerente à prática de um acto por parte de um outro gerente não pode ser invocada nas relações com terceiros, salvo quando estes estiverem ao corrente da situação no momento da prática do acto[257].

A retribuição dos gerentes é estabelecida por uma maioria combinada do capital social e dos sócios, salvo quando haja disposição em contrário nos estatutos ou seja deliberada pelos sócios uma maioria diversa[258]; se o gerente for simultaneamente sócio, ele não participa na votação e a sua quota não é tomada em consideração[259]. Nada dizendo o Acto Uniforme sobre a matéria, os sócios podem optar entre uma retribuição fixa e independente dos resultados da gestão, uma retribuição calculada com base na facturação ou nos lucros e uma retribuição fixa à qual acresce uma parte variável calculada de acordo com os lucros.

---

[254] Cf. Artigo 277.°, § 2, do AUDSCAIE.
[255] Cf. Artigo 277.°, último parágrafo, do AUDSCAIE.
[256] Cf. Artigo 277.°, último parágrafo, do AUDSCAIE. Uma vez mais surge aqui o problema da tutela de terceiro de boa fé, por comparação com o terceiro de má fé.
[257] Cf. Artigo 277.°, § 4, do AUDSCAIE. Esta disposição justifica a interpretação anteriormente feita no sentido de não estender a protecção ao terceiro que age com conhecimento das limitações dos poderes dos gerentes por força de cláusulas estatutárias.
[258] Cf. Artigo 278.°, § 1, do AUDSCAIE.
[259] Cf. Artigo 278.°, § 2, do AUDSCAIE.

A cessação das funções dos gerentes pode ter lugar por destituição ou por outras causas. O legislador conferiu aos sócios o direito de destituírem os gerentes. Quando um sócio é gerente ou todos os sócios são simultaneamente gerentes, a destituição de um só pode resultar de uma decisão unânime dos outros sócios, assim como nos casos em que a gerência é desempenhada por um sócio designado nos estatutos, situação esta que determina a dissolução da sociedade, a não ser que a sua continuidade esteja prevista nos estatutos ou seja confirmada unanimemente por todos os outros sócios[260]. Quando, por sua vez, a gestão seja feita por um gerente – sócio ou terceiro – não designado nos estatutos, a destituição resulta de uma deliberação tomada pela maioria do capital e dos sócios[261], considerando-se não escrita qualquer cláusula em contrário[262]. O Acto Uniforme não contém nenhuma cláusula sobre a destituição do terceiro gerente nomeado nos estatutos; a solução mais razoável parece ser a que, por analogia com o primeiro parágrafo do Artigo 279.º do AUDSCAIE, determina que a destituição tem de ser sempre deliberada unanimemente por todos os sócios, embora, tratando-se de terceiro, sem a consequência da dissolução da sociedade.

Quando a destituição não é acompanhada pela dissolução da sociedade, o sócio-gerente destituído tem a faculdade de abandonar a sociedade e pedir o reembolso dos seus direitos sociais[263]. Se o gerente for destituído sem justa causa pode obter indemnização pelos danos sofridos[264], considerando-se não escrita toda a cláusula em contrário.

O Acto Uniforme não faz qualquer referência a outras cláusulas de cessação das funções de gerente, mas algumas situações relacionadas com a pessoa do gerente implicam necessariamente o fim das suas funções. São os casos de morte da pessoa singular ou dissolução da pessoa colectiva que exercem as funções de gerente, de incapacidade superveniente, de declaração de insolvência ou de qualquer outro evento que impeça de uma forma duradoura o exercício das funções; tal é também o caso da demissão dos gerentes, ou da caducidade do mandato, quando fixada nos estatutos ou no acto de nomeação.

---

[260] Cf. Artigo 279.º do AUDSCAIE.
[261] Cf. Artigo 280.º do AUDSCAIE.
[262] Cf. Artigo 282.º do AUDSCAIE.
[263] Cf. Artigo 280.º do AUDSCAIE, que nessa hipótese estabelece as modalidades de avaliação destes direitos.
[264] Cf. Artigo 281.º do AUDSCAIE.

c) Funcionamento

Na SNC os sócios têm direito a uma parte dos lucros distribuíveis nas condições previstas nos Artigos 143.° e seguintes do AUDSCAIE[265], a participarem nas deliberações e a serem informados sobre a actividade dos gerentes. O direito dos sócios de participarem nas decisões traduz-se no exercício do direito de voto de acordo com as modalidades previstas nos Artigos 283.° e seguintes do AUDSCAIE. Todas as deliberações que excedam as competências dos gerentes são tomadas por unanimidade, salvo disposição estatutária em contrário, podendo os sócios estabelecer que algumas delas sejam tomadas por uma maioria por eles definida[266]. As cláusulas estatutárias que derrogam o princípio da unanimidade são proibidas em matéria de destituição do sócio-gerente nomeado nos estatutos[267] e no âmbito da cessão de quotas[268].

O direito à informação consiste no direito reconhecido aos sócios de terem acesso a alguns documentos. Assim, com uma antecedência de pelo menos quinze dias relativamente à realização da assembleia anual, os gerentes devem pôr à disposição dos sócios um relatório de gestão, o inventário, as contas do exercício e, se necessário, o texto das propostas de deliberação e o relatório do revisor oficial de contas[269]. Por outro lado, os sócios podem, sob condição de informarem os gerentes com pelo menos quinze dias de antecedência, consultar na sede social os livros contabilísticos e as actas das deliberações e decisões colegiais; este direito de consulta, que só pode ser exercido duas vezes ao ano, compreende o direito de extrair cópia, a expensas do requerente, dos documentos requeridos, assim como de se fazer acompanhar por um contabilista ou um revisor oficial de contas[270].

Os sócios da SNC respondem ilimitada e solidariamente pelas obrigações sociais[271]. Por esta razão, os cônjuges não podem ser simultaneamente sócios deste tipo de sociedades[272] e, por essa mesma razão, a aber-

---

[265] Contrariamente à sociedade de responsabilidade limitada (cf. Artigo 346.°, § 2, do AUDSCAIE) e à sociedade anónima (cf. Artigo 546.°, § 2, do AUDSCAIE), a sociedade em nome colectivo não é obrigada a constituir uma reserva legal.
[266] Cf. Artigo 283.° do AUDSCAIE.
[267] Cf. Artigo 279.° do AUDSCAIE.
[268] Cf. Artigo 274.° do AUDSCAIE.
[269] Cf. Artigo 288.°, §§ 1 e 2, do AUDSCAIE.
[270] Cf. Artigo 289.° do AUDSCAIE.
[271] Cf. Artigo 270.° do AUDSCAIE.
[272] Cf. Artigo 9.° do AUDSCAIE.

tura de um processo colectivo implica automaticamente a liquidação dos bens de cada sócio[273]. O legislador regional indica claramente as condições de actuação do princípio da responsabilidade ilimitada e solidária, tanto em relação aos sócios nessa situação, quanto aos credores interessados. Relativamente aos sócios, a obrigação de responder pelas obrigações sociais deriva automaticamente da condição de sócio de uma sociedade em nome colectivo, o que vincula os sócios a uma responsabilidade ilimitada e solidária. O princípio é aparentemente simples, mas a sua aplicação pode colocar problemas, tomando em consideração as alterações que podem sempre ocorrer na composição da sociedade: em caso de cessão de participações sociais e entrada de novos sócios, o sócio que deixa a sociedade permanece vinculado ao pagamento das obrigações sociais contraídas em momento anterior à cessão, até que seja feita a publicidade da cessão na forma legalmente prevista, pois só a partir deste momento é que a sua saída se torna oponível a terceiros[274]. Em contrapartida, se um novo sócio ingressar na sociedade, ele fica ilimitadamente responsável por todas as obrigações sociais, contraídas antes ou depois da sua entrada.

As obrigações pelas quais os sócios respondem ilimitada e solidariamente são contraídas pelos gerentes em nome da sociedade e no âmbito do respectivo objecto social. O acto praticado pelo gerente em nome próprio ou que extravase do âmbito do objecto social não vincula a sociedade e a obrigação daí resultante não pode ser imputada aos sócios, pelo que em caso de reclamação dos credores compete a estes a prova de que o acto praticado entra no âmbito do objecto social. Em todo o caso, o legislador autoriza acções contra os sócios apenas nos casos de falta de pagamento pela sociedade, visto que os credores só podem exercer este direito decorridos sessenta dias da notificação extrajudicial para o efeito (prazo susceptível de prorrogação por mais trinta dias, por decisão do presidente do tribunal competente)[275]. Quando a notificação extrajudicial é feita de forma regular, o credor social pode, no fim do prazo, pedir a qualquer sócio a satisfação integral da dívida, visto que a solidariedade passiva exis-

---

[273] Cf. Artigo 33.º, § 3, do AUOPC.

[274] Considerando que na prática a publicidade é sempre feita depois da cessão, o sócio que sai permanece vinculado nas relações com terceiros ao pagamento das obrigações contraídas entre a data da cessão e a data em que se procede à respectiva publicidade.

[275] Cf. Artigo 271.º do AUDSCAIE. A obrigação imposta ao credor de proceder a uma notificação extrajudicial prévia demonstra a natureza subsidiária das obrigações do sócio.

tente entre os sócios o autoriza a agir segundo a ordem que tiver por mais conveniente e sem que tenha necessidade de cumprir qualquer outra formalidade. O sócio que satisfaz o crédito na íntegra dispõe do direito de regresso sobre os demais sócios, na proporção das participações sociais de cada um, salvo diversa repartição de obrigações sociais deliberada entre os sócios.

Entre as obrigações dos sócios está a realização da respectiva entrada, em dinheiro ou em espécie[276]. Existe depois a obrigação de fazer face às perdas da sociedade existentes no momento da respectiva liquidação, em medida proporcional à entrada efectuada por ocasião da sua constituição ou no decurso da vida da sociedade, salvo a possibilidade de os sócios evitarem o princípio da proporcionalidade prevendo uma distribuição irregular, na condição de ser respeitada a proibição do pacto leonino[277].

A natureza pessoal que caracteriza a vida das sociedades em nome colectivo encontra uma expressão no regime da cessão das participações sociais, seja esta voluntária ou forçada. No caso da cessão voluntária cumpre recordar que é vedado à sociedade em nome colectivo emitir títulos negociáveis[278], razão pela qual a cessão de participações sociais não pode nunca ser livre, mas sujeita a condições rigorosas, tanto para a sua validade como para a sua oponibilidade. Sobre a validade, o Acto Uniforme dispõe que as participações sociais só podem ser cedidas com o consentimento unânime de todos os sócios, sendo norma de ordem pública uma vez que qualquer cláusula em sentido contrário se considera não escrita[279]. Muito embora a lei não disponha expressamente, a terminologia utilizada – «Não havendo unanimidade, a cessão não pode efectuar-se» – parece indicar a nulidade do acto sempre que um sócio ceda a sua participação social em violação do preceito que exige o acordo da totalidade dos sócios[280]. O uso rigoroso da regra do acordo unânime pode, de facto, impedir o sócio que o deseje de ceder a sua participação na sociedade: para o evitar, o Acto Uniforme permite que os estatutos prevejam um processo de

---

[276] Cf. Artigo 37.º, § 2, do AUDSCAIE.
[277] Cf. Artigo 54.º do AUDSCAIE.
[278] Cf. Artigo 58.º, § 2, do AUDSCAIE.
[279] Cf. Artigo 274.º, §§ 1 e 2, do AUDSCAIE. A propósito da natureza genérica da terminologia utilizada deve considerar-se que a unanimidade é imposta tanto para a cessão a terceiros como para a cessão entre sócios.
[280] Cf. Artigo 274.º, § 3, do AUDSCAIE. Neste sentido, v. Paul-Gérard POUGOUE, François ANOUKAHA, Josette NGUEBOU TOUKAM, *Sociétés commerciales* cit., pág. 46.

aquisição pelos restantes sócios das participações do sócio que pretende sair da sociedade[281].

Havendo acordo da totalidade dos sócios a cessão é feita por documento escrito[282]. O preceito dispõe sobre as consequências da falta de documento escrito. Certamente que em tais circunstâncias a cessão não pode produzir efeitos, uma vez que não é possível cumprir com as formalidades de publicidade de que o mesmo preceito faz depender a produção de efeitos, visto que a cessão deve ser comunicada à sociedade para lhe ser oponível[283], enquanto que para ser eficaz em relação a terceiros, uma vez completadas as formalidades previstas para a oponibilidade à sociedade, a cessão tem que ser publicada no RCCM[284]. Pode talvez equacionar-se uma eficácia limitada do acto às relações entre cedente e cessionário – em cuja relação o cedente poderá porventura fazer-se valer em caso de execução efectuada nas relações entre eles –, restando no entanto todos os problemas e os limites – também de direito interno – relativos à prova da dita cessão.

Antes da entrada em vigor do AUOPSCE não existia nos Estados-membros da OHADA nenhuma regulamentação relativa à penhora dos direitos dos sócios e dos valores mobiliários, pelo que surgia a dúvida sobre se os direitos dos sócios poderiam ser objecto de execução forçada. Hoje o problema está definitivamente regulado, pois o AUOPSCE veio prever expressamente a penhora das participações sociais; também nos casos de entradas em espécie se deve ter em conta que o objecto da execução é uma participação social, que não pode ser cedida sem o acordo de todos os sócios. O AUOPSCE prevê que os eventuais procedimentos legais ou convencionais de autorização, de preferência ou de substituição se realizam de acordo com as disposições previstas para cada um deles[285], pelo que o ingresso do adquirente da participação social executada de um sócio de uma SNC deve ser autorizado por todos os outros sócios, sem considerar que a adjudicação é feita em favor de um sócio ou de um terceiro.

---

[281] Cf. Artigo 274.º, § 3, do AUDSCAIE.
[282] Cf. Artigo 275.º, § 1, do AUDSCAIE.
[283] Cf. Artigo 275.º, § 2, do AUDSCAIE. Para esse fim pode recorrer-se a uma das seguintes formalidades: notificação judicial à sociedade; aceitação da cessão por parte da sociedade reduzida a documento autêntico; ou depósito do acto original da cessão na sede da sociedade mediante entrega por parte do gerente de um comprovativo do depósito.
[284] Cf. Artigo 275.º, § 3, do AUDSCAIE.
[285] Cf. Artigo 244.º AUOPSCE.

d) Dissolução

Existem outras situações relativas à vida do sócio que se repercutem necessariamente no funcionamento da sociedade: é o caso da morte, da abertura de um processo de liquidação dos bens ou da incapacidade superveniente do sócio. Em termos gerais, a morte de um sócio implica a dissolução automática da sociedade; os estatutos podem prever, todavia, a continuação da sociedade com os restantes sócios ou com os herdeiros[286]. No primeiro caso[287], as participações do sócio falecido transmitem-se automaticamente aos sócios sobreviventes e os herdeiros apenas têm o direito correspondente ao valor da participação do *de cuius*, que os outros sócios são obrigados a adquirir e por cujo pagamento são solidária e ilimitadamente responsáveis[288]; o preceito nada diz em matéria de avaliação das participações do sócio falecido, pelo que na falta de consenso entre as partes elas devem ser avaliadas por um perito nomeado por estas ou ainda, na falta de acordo, por decisão do tribunal competente[289].

Se, por outro lado, os sócios pretendem permitir aos seus herdeiros a prossecução da gestão da sociedade, podem inserir nos estatutos uma cláusula de prossecução entre os sócios sobrevivos e os herdeiros do sócio falecido, com eventual aprovação prévia dos primeiros[290]. O exercício do direito de aprovação não aparece disciplinado pela norma, pelo que se pode fazer referência ao Artigo 283.º, § 1, do AUDSCAIE, de acordo com o qual todas as decisões que extravasem as competências dos gerentes são tomadas unanimemente pelos sócios, salvo estipulação contrária nos estatutos. A norma, por outro lado, estabelece as consequências da falta de aprovação prevendo que, em tal caso, os sócios devem adquirir dos herdeiros do sócio falecido, ou daqueles para os quais não se chegou a acordo, as suas participações sociais[291], sendo a avaliação feita de acordo com o Artigo 59.º do AUDSCAIE[292]; a utilização, a propósito da aquisição, da

---

[286] Cf. Artigo 290.º, § 1, do AUDSCAIE.
[287] A cláusula de continuidade com os sócios sobreviventes, deve sublinhar-se, não pode ser inserida nos estatutos se a sociedade for constituída por apenas dois sócios, uma vez que a SNC necessita de pelo menos dois sócios.
[288] Cf. Artigo 292.º, § 2, do AUDSCAIE.
[289] Cf. Artigo 59.º do AUDSCAIE, para o qual remete o Artigo 292.º, § 1, do mesmo diploma.
[290] Cf. Artigo 290.º, § 1, do AUDSCAIE.
[291] Cf. Artigo 290.º, § 1, do AUDSCAIE.
[292] Cf. Artigo 292.º do AUDSCAIE.

expressão «*não deram o seu consentimento*» parece admitir que quando os estatutos prevejam a necessidade de aprovação do ingresso dos herdeiros, a posição destes pode ser considerada individualmente. Se entre os herdeiros estão menores não emancipados, estes só respondem pelas obrigações sociais até ao limite das participações sociais que receberem na sucessão[293]; não podendo, porém, a situação protelar-se no tempo, a sociedade deve transformar-se, no prazo de um ano a contar do falecimento do sócio, numa sociedade em comandita simples, na qual o menor assume a condição de sócio comanditário; não se realizando a transformação no prazo definido, a sociedade dissolver-se-á[294].

No caso de liquidação dos bens de um sócio, da sua insolvência ou de incapacidade superveniente ou interdição para o exercício de uma actividade comercial, a SNC dissolve-se[295]. O Acto Uniforme não menciona o processo de recuperação judicial, mas a abertura deste processo não impede, per si, o exercício de uma actividade comercial tendo como fim remeter o comerciante para a direcção do seu estabelecimento. Ao invés, a insolvência de um sócio importa automaticamente a proibição do exercício de uma actividade comercial[296], razão que explica a dissolução da SNC. A sociedade em nome colectivo é também dissolvida se um sócio incorrer numa das situações previstas no Artigo 10.º do AUDCG, ou em caso de incapacidade superveniente. Em todos os casos, a dissolução pode ser evitada através da aposição nos estatutos de uma cláusula de prossecução da actividade ou de uma decisão nesse sentido, tomada por unanimidade pelos restantes sócios, situação em que o sócio interessado deixa a sociedade com o reembolso do valor da sua participação social[297].

A sociedade em nome colectivo pode ser transformada num outro tipo de sociedade. O Acto Uniforme não contém disposições específicas sobre a matéria, pelo que se remete aqui para o regime geral previsto nos Artigos 181.º a 188.º do AUDSCAIE. Interessa particularmente o segundo parágrafo do Artigo 186.º segundo o qual, em caso de transformação de uma sociedade de responsabilidade ilimitada numa sociedade de responsabilidade limitada, os credores cujo crédito seja anterior à transformação conservam os seus direitos contra a sociedade e os sócios.

---

[293] Cf. Artigo 290.º, § 3, do AUDSCAIE.
[294] Cf. Artigo 290.º, § 4, do AUDSCAIE.
[295] Cf. Artigo 291.º do AUDSCAIE
[296] Cf. Artigo 203.º do AUOPC.
[297] Cf. Artigo 59.º do AUDSCAIE.

Por fim, para além das causas relativas à situação pessoal dos sócios, a SNC pode dissolver-se por verificação de uma das causas gerais de dissolução comuns a qualquer sociedade[298].

3.2. *A sociedade em comandita simples*

A sociedade em comandita simples, tal como a sociedade em nome colectivo, é uma sociedade caracterizada pela sua natureza *intuitu personae*: permite ao comerciante privado de fundos beneficiar dos meios financeiros de pessoas que, por motivos diversos, não podem empenhar-se directamente numa actividade comercial. O Acto Uniforme define-a como uma sociedade em que coexistem um ou mais sócios responsáveis ilimitada e solidariamente pelas obrigações sociais, denominados sócios comanditados, com um ou mais sócios, denominados sócios comanditários, com responsabilidade limitada ao valor das suas entradas, cujo capital social é dividido em partes sociais[299]. O regime jurídico desta sociedade reclama a aplicação da maior parte das normas relativas à SNC, com algumas particularidades relativas ao seu funcionamento e à sua dissolução.

a) Particularidades da sociedade em comandita simples

A SCS é designada com uma denominação social precedida ou seguida em letras legíveis da expressão "Sociedade em Comandita Simples" ou da sigla "S.C.S.", na qual não pode ser incluído o nome de um sócio comanditário, sob pena de o mesmo responder ilimitada e solidariamente pelas obrigações sociais[300]. Os estatutos devem conter obrigatoriamente o montante ou o valor das entradas de todos os sócios, especificando a parte de cada sócio, comanditado ou comanditário, a participação global de todos os sócios comanditados e a participação de cada sócio comanditário na distribuição dos lucros e no saldo da liquidação[301].

---

[298] Cf. Artigo 200.º do AUDSCAIE.
[299] Cf. Artigo 293.º do AUDSCAIE.
[300] Cf. Artigo 294.º do AUDSCAIE.
[301] Cf. Artigo 295.º do AUDSCAIE.

O Acto Uniforme prevê que as participações sociais são transferíveis com o acordo de todos os sócios. Todavia, os estatutos podem estabelecer que as participações dos sócios comanditários sejam livremente cedidas entre os sócios, que as participações dos sócios comanditários possam ser cedidas a terceiros estranhos à sociedade com o acordo de todos os sócios comanditados e da maioria, em número e em capital, dos sócios comanditários, ou que um sócio comanditado possa ceder uma parte das suas participações sociais a um sócio comanditário ou a um terceiro estranho à sociedade com o consentimento de todos os sócios comanditados e da maioria, em número e em capital, dos sócios comanditários[302]. Tal com nas SNC, o Acto Uniforme exige que a cessão de participações de uma SCS seja feita por escrito e que a mesma é oponível à sociedade depois da sua notificação judicial ou aceitação da cessão por parte da sociedade em acto notarial, ou com o depósito do original do acto junto da sede social, contra a entrega pelo gerente de um recibo comprovativo do depósito; a cessão só é oponível a terceiros depois do cumprimento dessa formalidade e da publicação no RCCM[303].

b) *Funcionamento*

A SCS é gerida por todos os sócios comanditados, salvo estipulação em contrário presente nos estatutos, que podem designar um ou mais gerentes entre os sócios comanditados ou prever a designação por acto posterior nas mesmas condições e com as mesmas competências previstas para os gerentes da SNC[304]. O Acto Uniforme estabelece com clareza, por um lado, que os sócios comanditários não podem praticar nenhum acto de gestão, ainda que para tal estejam munidos de uma procuração[305], e, por outro, que em caso de violação desta proibição os sócios comanditários passam a estar obrigados ilimitada e solidariamente com os sócios comanditados pelas dívidas e obrigações da sociedade que resultem dos actos por eles praticados. Consoante o número ou a importância dos actos praticados, os sócios podem ser responsabilizados pelo cumprimento de todas as obrigações que deles resultem para a sociedade ou apenas por algumas

---

[302] Cf. Artigo 296.º do AUDSCAIE.
[303] Cf. Artigo 297.º do AUDSCAIE.
[304] Cf. Artigo 298.º do AUDSCAIE.
[305] Cf. Artigo 299.º do AUDSCAIE.

delas[306]. Todavia, os pareceres, conselhos, actos de controlo e de fiscalização não responsabilizam os sócios comanditários[307].

Os sócios comanditados e os comanditários podem reunir-se em assembleia nas mesmas condições previstas para a SNC, receber os relatórios e participar nas decisões que a lei ou os estatutos sujeitam à aprovação dos sócios. O Acto Uniforme estabelece as modalidades de tomada das decisões colegiais, prevendo que todas as deliberações que excedam a competência dos gerentes devem ser tomadas pela assembleia dos sócios, determinando ainda que os estatutos regulam as modalidades de consulta, em assembleia ou por escrito, de quórum e de maiorias necessárias; todavia, a reunião da assembleia dos sócios é obrigatória se ela for requerida por um sócio comanditado ou por um quarto, em número e em capital, dos sócios comanditários[308]. Quando as deliberações devam ser tomadas em assembleia geral, esta é convocada por pelo menos um dos gerentes, com uma antecedência mínima de quinze dias da data da sua realização, devendo a convocatória indicar a data, o lugar da reunião e a ordem de trabalhos; a assembleia irregularmente convocada pode ser anulada, mas a respectiva acção é inadmissível quando todos os sócios estiveram presentes ou representados na assembleia[309]. A acta deve ser assinada por todos os sócios presentes e, em caso de consulta escrita, é dela feita menção na acta à qual são anexadas as respostas dos sócios, sendo assinada pelos gerentes[310]. Qualquer alteração dos estatutos pode ser decidida com a aprovação de todos os sócios comanditados e com a maioria, em número e capital, dos sócios comanditários, considerando-se não escritas as cláusulas que fixem maiorias mais exigentes[311].

A assembleia geral tem lugar anualmente, nos seis meses seguintes ao fecho do exercício; no decurso da assembleia, o relatório de gestão, o inventário e as contas do exercício são disponibilizados pelos gerentes para serem sujeitos à aprovação da assembleia dos sócios; para esse fim, os documentos em questão, o texto das propostas de deliberação e, se necessário, o relatório do revisor oficial de contas, são disponibilizados aos

---

[306] Cf. Artigo 300.º do AUDSCAIE.
[307] Cf. Artigo 301.º do AUDSCAIE.
[308] Cf. Artigo 302.º do AUDSCAIE.
[309] Cf. Artigo 303.º do AUDSCAIE. A convocatória é feita mediante carta com protocolo, carta registada com aviso de recepção, telex ou telecópia.
[310] Cf. Artigo 304.º do AUDSCAIE.
[311] Cf. Artigo 305.º do AUDSCAIE.

sócios com pelo menos quinze dias de antecedência sobre a data de realização da assembleia, podendo ser anulada toda a deliberação tomada em violação destas disposições[312]. A assembleia geral anual só pode deliberar validamente se estiverem presentes ou representados sócios que detenham participações correspondentes a, pelo menos, metade do capital social e é presidida pelo sócio que exerça o direito de voto, por si ou como representante, relativamente ao maior número de participações sociais; considera-se não escrita qualquer cláusula contrária ao disposto nesta norma[313].

Os sócios, comanditados (não gerentes) e comanditários, têm o direito de controlar a gestão; para esse fim, o Acto Uniforme prevê que tenham direito, duas vezes por ano, a consultar os livros e os documentos sociais, bem como a colocar, por escrito, questões sobre a gestão social, as quais devem também ser respondidas por escrito[314].

c) Dissolução

As causas de dissolução da SCS e respectivos efeitos são os mesmos da SNC. Cumpre no entanto assinalar que, no que concerne aos sócios comanditários, sendo a sua posição menos importante, os estatutos prevêem que em caso de morte de um deles a sociedade continue em actividade sem eles ou com os herdeiros. Isto resulta do primeiro parágrafo do Artigo 308.º do AUDSCAIE, que determina que a sociedade se mantém em actividade apesar da morte de um sócio comanditário. Todavia, estabelece-se que nas situações em que a sociedade continua em actividade com os herdeiros do sócio comanditado falecido, estes se tornam sócios comanditários quando sejam menores não emancipados. Em compensação, se o sócio falecido era o único sócio comanditado e os seus herdeiros são menores não emancipados, deve estar prevista a sua substituição por um novo sócio comanditado ou a transformação da sociedade no prazo de um ano a contar da data do falecimento; caso contrário, a sociedade dissolve-se automaticamente no fim do referido prazo[315].

---

[312] Cf. Artigo 306.º, §§ 1 e 2, do AUDSCAIE.
[313] Cf. Artigo 306.º, §§ 3 e 4, do AUDSCAIE.
[314] Cf. Artigo 307.º do AUDSCAIE.
[315] Cf. Artigo 308.º, § 2, do AUDSCAIE. A norma, no entanto, não especifica a que tipo de sociedade se deve recorrer na transformação.

4. A sociedade de responsabilidade limitada

Com a SARL os sócios podem desenvolver uma actividade comercial sem adquirirem a qualidade de comerciante. O Acto Uniforme define-a como a sociedade na qual os sócios são responsáveis pelas obrigações sociais até ao limite do montante das respectivas entradas, sendo os correspondentes direitos representados por partes sociais[316]. A sociedade é designada por uma denominação social que deve ser imediatamente precedida ou seguida por letras legíveis, que contenham a expressão "Sociedade de Responsabilidade Limitada" ou a sigla "S.A.R.L."[317]. A sociedade pode ser constituída por uma pessoa singular ou colectiva, ou por duas ou mais pessoas, singulares ou colectivas[318]: pode por isso ser unipessoal ou pluripessoal.

O estudo das normas de constituição, organização, funcionamento e dissolução desta sociedade mostra como as suas características se aproximam, quer de uma sociedade de pessoas, quer de uma sociedade de capitais. Quanto à primeira, a SARL é fundada *intuito personae* pelo que a pessoa do sócio é muito importante; por outro lado, o capital da sociedade é dividido em partes sociais normalmente transmissíveis nas condições previstas por lei; por fim, a gestão da sociedade é confiada a um gerente. De um outro ponto de vista, a SARL assemelha-se às sociedades de capitais em diversos aspectos: os sócios não adquirem a qualidade de comerciantes, não são responsáveis pelo passivo social para além da importância das suas entradas e a ocorrência de um facto que afecte pessoalmente um sócio, como a morte, a insolvência ou a incapacidade, não tem normalmente qualquer efeito sobre a sociedade.

4.1. *Constituição da SARL*

Para além do regime comum a qualquer sociedade, à constituição da SARL aplicam-se algumas normas específicas, formais e substanciais, acompanhadas de sanções.

Se por um lado o legislador comunitário instituiu a sociedade limitada unipessoal, por outro não estabeleceu um número máximo de sócios,

---

[316] Cf. Artigo 309.º do AUDSCAIE.
[317] Cf. Artigo 310.º do AUDSCAIE.
[318] Cf. Artigo 309.º, § 2, do AUDSCAIE.

preferindo deixar na disponibilidade destes a eventual escolha de um número[319]. Os sócios podem ser pessoas singulares ou colectivas e nenhuma condição de capacidade é normalmente imposta, não sendo os sócios comerciantes: em consequência, da sociedade podem fazer parte incapazes, interditos, aqueles que se encontram numa situação de incompatibilidade com o exercício de uma actividade comercial e ainda os cônjuges[320].

O Artigo 311.º do AUDSCAIE estabelece um montante mínimo de capital social de um milhão de francos CFA, dividido em partes sociais iguais com um valor nominal de pelo menos cinquenta mil francos CFA[321]. Em princípio, a SARL só pode ser definitivamente constituída se todas as entradas estiverem completamente realizadas em dinheiro ou em espécie, tendo os sócios fundadores a obrigação de declarar expressamente no acto constitutivo que todo o capital foi subscrito e que todas as entradas estão realizadas na íntegra; no entanto, nada proíbe que seja inserida nos estatutos uma cláusula que permita a variação do capital.

Os fundos obtidos com a realização das entradas são objecto de depósito imediato pelos sócios fundadores junto de uma instituição de crédito numa conta aberta em nome da sociedade em formação ou junto de um notário[322]. A realização e o depósito dos fundos são conferidos por um notário do lugar onde se situa a sede social mediante uma declaração notarial de subscrição e de pagamento que indica a lista dos subscritores com o nome e domicílio das pessoas singulares e denominação social, forma jurídica e sede social para as pessoas colectivas, como também o domicílio bancário dos interessados, se necessário, e o valor das somas pagas por cada um. Os fundos depositados são inalienáveis até ao dia da matrícula da sociedade no RCCM, ficando a partir deste dia à disposição dos geren-

---

[319] Na prática, estas sociedades limitam-se a um máximo de cinquenta sócios. De resto, este número já se encontrava formalizado pelo legislador francês e, no âmbito dos Estados-membros da OHADA, na Guiné, Mali, Níger e Senegal, onde se estabelecia que se a SARL contasse com mais de cinquenta sócios deveria transformar-se em sociedade anónima nos dois anos seguintes, sob pena de dissolução.

[320] Cf. Artigo 9.º do AUDSCAIE.

[321] *Quid iuris* se um Estado-membro não adopta o franco CFA como moeda corrente? Pode equacionar-se que o capital social mínimo – bem como o valor das partes sociais – deva nesse caso ter um valor na moeda local que corresponda a um milhão de francos CFA, ainda que esta solução possa abrir o flanco a flutuações cambiais no tempo e à desvalorização da moeda devido à inflação, fenómeno que é muito frequente em África. Uma intervenção do legislador nesta matéria seria assim bem-vinda.

[322] Cf. Artigo 313.º do AUDSCAIE.

tes nomeados nos estatutos ou em acto sucessivo. Sempre que a sociedade não seja registada no RCCM no espaço de seis meses a contar da data do primeiro depósito de fundos junto de uma instituição de crédito ou de um notário, os subscritores podem, individual ou colectivamente, pedir autorização ao presidente do tribunal competente para proceder ao levantamento do montante das respectivas entradas[323].

No caso das entradas em espécie, os estatutos devem conter necessariamente a avaliação feita por um revisor oficial de contas – designado por unanimidade pelos futuros sócios ou pelo presidente do tribunal competente a pedido dos fundadores da sociedade ou de um deles – desde que o valor de uma entrada ou do seu conjunto seja superior a cinco milhões de francos CFA; os mesmos sócios podem proceder à avaliação das entradas em espécie quando não haja lugar à designação de um revisor oficial de contas ou quando os sócios não aceitem a avaliação feita por aquele: nestes casos os sócios são ilimitada e solidariamente responsáveis perante terceiros durante um período de cinco anos pelo valor que atribuam às entradas em espécie[324].

O Acto Uniforme não contém qualquer disposição sobre o conteúdo do objecto social, pelo que basta, à semelhança dos outros tipos de sociedade, que o mesmo seja lícito e possível.

As formalidades de constituição de uma SARL são as relativas à redacção dos estatutos e ao cumprimento das exigências de publicidade. Os estatutos da SARL devem ser formalizados por acto notarial ou escrito particular autenticado[325], tendo todos os sócios que intervir no acto, pessoalmente ou por intermédio de mandatário com poderes especiais para o efeito, sob pena de nulidade do acto[326]; esta nulidade é absoluta, tendo como objectivo a garantia da existência do acordo de cada sócio na celebração do pacto social.

O Acto Uniforme estabelece um conjunto de sanções para os vícios de constituição das sociedades; a esses acresce a inobservância das normas específicas de constituição da SARL; todavia, o Acto Uniforme prevê a possibilidade de sanar por via judicial as irregularidades na constituição da

---

[323] Cf. Artigo 314.º do AUDSCAIE.
[324] Cf. Artigo 312.º do AUDSCAIE. Esta responsabilização explica-se, evidentemente, com a necessidade de garantir a existência do capital social e uma sua avaliação exacta.
[325] Cf. Artigo 10.º do AUDSCAIE.
[326] Cf. Artigo 315.º do AUDSCAIE.

sociedade[327]. Em todo o caso, todas as pessoas às quais sejam imputadas as irregularidades na constituição da sociedade incorrem em responsabilidade solidária pelo prejuízo causado, prescrevendo a respectiva acção no prazo de cinco anos contados a partir da data de matrícula da sociedade[328]. Quando uma irregularidade determina a nulidade da sociedade, os primeiros gerentes e os sócios a quem as irregularidades são imputáveis são solidariamente responsáveis perante os outros sócios e terceiros pelos danos resultantes da invalidade, prescrevendo a correspondente acção num prazo de três anos a contar da data em que a decisão de nulidade transita em julgado[329]. Estão também previstas sanções criminais para os casos de falsas declarações sobre a realização do capital ou de avaliação excessiva dolosa das entradas em espécie[330].

4.2. *A organização social da SARL*

Os sócios recebem em troca das suas entradas partes sociais, que não são títulos negociáveis, visto que a SARL não pode emitir valores mobiliários; todavia, essas participações são por via de regra transmissíveis entre vivos ou *mortis causa* e são susceptíveis de penhor.

A cessão de partes sociais de uma SARL entre vivos deve ser feita por documento escrito, só sendo eficaz em relação à sociedade depois de a mesma ser levada ao conhecimento da sociedade por notificação extrajudicial, por aceitação da cessão por parte da sociedade em acto celebrado por documento autêntico, ou ainda por depósito do documento original do acto de cessão junto da sede social contra a entrega pela gerência de um recibo comprovativo do depósito; por outro lado, a cessão é oponível a terceiros depois do cumprimento de uma das formalidades acima indicadas, da consequente alteração dos estatutos e da respectiva publicidade no RCCM[331].

No que diz respeito às modalidades de cessão, cumpre distinguir a cessão entre sócios da cessão a terceiros. Os estatutos estabelecem livremente as modalidades de transmissão das participações sociais entre só-

---

[327] Cf. Artigo 75.º do AUDSCAIE.
[328] Cf. Artigo 80.º do AUDSCAIE.
[329] Cf. Artigo 316.º do AUDSCAIE.
[330] Cf. Artigo 887.º, n.ᵒˢ 1 e 4, do AUDSCAIE.
[331] Cf. Artigo 317.º do AUDSCAIE.

cios sendo, na falta de cláusula estatutária, a transmissão das participações entre sócios livre; os estatutos podem também estabelecer modalidades de transmissão das participações entre cônjuges, ascendentes e descendentes, sendo que na sua falta as participações são livremente transmissíveis entre os interessados[332]. O Acto Uniforme prevê[333] que os estatutos possam estabelecer livremente as modalidades de transmissão a título oneroso das partes sociais a terceiros estranhos à sociedade, podendo a transmissão de participações sociais a terceiros ser objecto de uma cláusula de aprovação ou de preferência inserida nos estatutos; na falta de previsão estatutária, a norma impõe a aprovação dos sócios por uma dupla maioria, ou seja, uma maioria dos sócios não cedentes que representem pelo menos três quartos do capital social, deduzidas as participações do sócio cedente, salvo eventual maioria qualificada mais exigente prevista nos estatutos. Para tal finalidade, o sócio cedente deve notificar a sociedade e cada um dos restantes sócios do projecto de cessão: se a sociedade não der a conhecer a sua decisão no prazo de três meses contados a partir da última notificação, considera-se obtido o acordo para a cessão, enquanto que se a sociedade recusar a cessão os sócios ficarão ilimitada e solidariamente responsáveis pela aquisição das partes sociais no prazo de três meses, contado desde a notificação da recusa ao sócio cedente e por um preço que, na falta de acordo entre as partes, é determinado por um perito nomeado pelo presidente do tribunal competente a pedido da parte interessada. O prazo de três meses previsto para a aquisição da participação do cedente por parte de todos os outros sócios pode ser prorrogado uma única vez por ordem do mesmo tribunal por um período não superior a cento e vinte dias, ficando os montantes devidos a vencer juros à taxa legal[334].

A sociedade pode também, com o acordo do sócio cedente, decidir no mesmo prazo reduzir o capital social no valor igual ao valor nominal das participações daquele e adquiri-las pelo preço fixado de comum acordo entre as partes ou determinado por um perito nomeado nos termos supra descritos[335]. Se no fim dos referidos prazos nenhuma das soluções previstas – aquisição das participações do cedente ou redução do capital social em valor igual ao valor nominal das participações e aquisição da mesmas – tiver lugar, o sócio cedente pode efectuar livremente a cessão inicialmente

---

[332] Cf. Artigo 318.º do AUDSCAIE.
[333] Cf. Artigo 319.º, § 1, do AUDSCAIE.
[334] Cf. Artigo 319.º, §§ 2 a 5, do AUDSCAIE.
[335] Cf. Artigo 319.º, último parágrafo, do AUDSCAIE.

prevista ou, se preferir, renunciar à cessão e conservar as suas participações[336].

A transmissão *mortis causa* das participações sociais é regulada pelo Artigo 321.º do AUDSCAIE, de acordo com o qual os estatutos podem estabelecer que, no caso de morte de um sócio, um ou mais herdeiros ou um sucessor não possam tornar-se sócios senão depois de serem autorizados nas condições aí previstas: nesse caso, o prazo concedido à sociedade para a aprovação não pode exceder os três meses, renováveis uma vez, e a maioria imposta não pode ser superior aos sócios que representem pelo menos três quartos do capital social, deduzida a participação do sócio falecido, sob pena de nulidade da cláusula[337]. O consentimento é notificado a cada herdeiro interessado mediante carta com protocolo ou registada com aviso de recepção; sendo o consentimento recusado, aplica-se o disposto nos Artigos 318.º (previsão nos estatutos das modalidades de transmissão das partes sociais entre cônjuge, ascendentes e descendentes) e 319.º (disciplina estatutária da transmissão) do AUDSCAIE; se não se verificar nenhuma das situações previstas no Artigo 319.º, nos prazos nele previstos, considera-se prestado o consentimento, o mesmo sucedendo se nenhuma notificação for feita aos interessados[338].

O legislador comunitário regulamentou o penhor de participações sociais, estabelecendo que a sociedade deve dar o seu consentimento para um projecto de penhor das participações sociais nas condições previstas para a cessão de participações a terceiros. Este acordo implica a aprovação do cessionário em caso de execução forçada das participações sociais regularmente dadas em penhor, a menos que a sociedade prefira, depois da cessão, adquirir imediatamente as referidas participações, com a intenção de reduzir o seu capital social; para a aplicação destas disposições e para ser eficaz em relação a terceiros, o penhor das participações deve resultar de acto notarial ou escrito particular autenticado notificado à sociedade e transcrito no RCCM[339].

---

[336] Cf. Artigo 320.º do AUDSCAIE. A norma não diz se o sócio está obrigado a conservar a sua participação nas hipóteses em que, por exemplo, a oferta de um terceiro cessionário tenha entretanto caducado ou este não pretenda mais adquirir a participação.

[337] Assim por força da remissão feita pelo § 2 do Artigo 321.º para os Artigos 319.º e 320.º, todos do AUDSCAIE.

[338] Cf. Artigo 321.º, §§ 3 e 4, do AUDSCAIE.

[339] Cf. Artigo 322.º do AUDSCAIE. As condições e a publicidade do penhor de participações sociais estão previstas nos Artigos 44.º e 45.º do AUDCG e nos Artigos 64.º e segs. do AUOG.

4.3. Os órgãos de gestão da SARL

A gerência é o órgão cardeal da sociedade e são diversas as normas que disciplinam a sua posição, precisando as condições de nomeação, retribuição, demissão e destituição. O legislador OHADA reconhece-lhe amplos poderes a que se contrapõem hipóteses precisas de responsabilidade pelos actos praticados no exercício das suas funções.

A SARL é dirigida por um ou mais gerentes, pessoas singulares[340], sócios ou não, designadas nos estatutos ou em acto posterior, sendo que em tal caso a decisão é tomada por uma maioria de sócios que represente mais de metade do capital, a menos que uma cláusula dos estatutos exija uma maioria superior[341]; na falta de previsão estatutária, os gerentes são nomeados para um mandato de quatro anos renováveis[342]. O gerente da SARL pode acumular o seu mandato com um contrato de trabalho com a sociedade desde que este seja efectivo e distinto das funções de gestão e configure uma relação de subordinação com a sociedade. As funções de gerente podem ser gratuitas ou remuneradas, sendo que nesta hipótese os estatutos ou uma deliberação dos sócios fixam a respectiva retribuição[343]. Os gerentes são destituídos por deliberação dos sócios que representem mais de metade da totalidade das partes sociais, considerando-se não escrita qualquer cláusula em sentido contrário. Fica salvaguardado o direito à indemnização do dano provocado por uma destituição sem justa causa. Além disso, o gerente pode ser destituído a pedido de qualquer sócio, desde que o tribunal territorialmente competente para questões comerciais

---

[340] Cf. Artigo 323.º do AUDSCAIE. O dirigente legal de uma SARL é um gerente e os estatutos destas sociedades não podem designar os próprios dirigentes como «presidente» ou «director-geral», uma vez que estas designações estão reservadas aos órgãos das SA, considerando-se não escritas, com a consequente obrigação de rectificação, as eventuais cláusulas nesse sentido – cf. decisão da CA de Cotonou n.º 67/99, de 29 de Abril de 1999.

[341] Cf. Artigo 323.º do AUDSCAIE.

[342] Cf. Artigo 324.º do AUDSCAIE.

[343] Cf. Artigo 325.º do AUDSCAIE. No caso da deliberação dos sócios equaciona-se se os gerentes participam também nessa decisão. A resposta depende da consideração da determinação da retribuição como um negócio abrangido pelo escopo do Artigo 350.º do AUDSCAIE. O § 2 do Artigo 325.º é explícito ao prever que a fixação da retribuição não está sujeita ao regime previsto no Artigo 350.º, pelo que o § 2 do Artigo 354.º do AUDSCAIE, que estabelece a obrigação para o gerente de não participar na decisão, não é aplicável no caso concreto.

considere atendível a causa invocada[344]. Os gerentes podem demitir-se livremente das suas funções, mas se a demissão não se fundar em justa causa a sociedade tem legitimidade para pedir em tribunal uma indemnização pelo dano eventualmente sofrido[345]. Quer a destituição quer a demissão dos gerentes estão sujeitas a registo no RCCM[346].

Em regra, o gerente actua em nome da sociedade e tem o poder de praticar todos os actos que se enquadrem no objecto social, pelo que tem um poder de representação ilimitada da sociedade[347]. Nas relações com os sócios tudo depende dos estatutos: estes podem prever a limitação de poderes e só na ausência de determinação de poderes é que os gerentes podem praticar todos os actos de gestão no interesse da sociedade, enquanto que no caso de existirem vários gerentes, estes detêm separadamente todos os poderes – a gestão é por isso individual e não colectiva –, salvo o direito de qualquer um se opor a qualquer operação antes de a mesma ser concluída[348]. Nas relações com terceiros o gerente está investido de poderes mais amplos para agir em qualquer circunstância em nome da sociedade, com a reserva de competências que o Acto Uniforme atribui expressamente aos sócios; por outro lado, a sociedade também fica vinculada pelos actos dos gerentes que não se enquadram no objecto social, a menos que se prove que o terceiro tinha conhecimento de que o acto excedia o objecto e que, dadas as circunstâncias, não podia ignorá-lo, ressalvando-se contudo que a publicação dos estatutos não é condição suficiente para essa prova; por fim, as cláusulas estatutárias que limitam os poderes dos gerentes, tal como previsto no Acto Uniforme, não são oponíveis a terceiros[349], ainda que estes tenham conhecimento da sua existência.

Os gerentes são responsáveis, individual ou solidariamente, consoante os casos, perante a sociedade, os sócios e terceiros, pelas infracções às dis-

---

[344] Cf. Artigo 326.º do AUDSCAIE. Em todo o caso, a verificação de um motivo atendível deve tomar em consideração a situação pessoal do gerente – por exemplo, a interdição superveniente do gerente – ou as consequências que o seu comportamento tenha causado à sociedade. Sobre o assunto, v. Bérenger Yves MEUKE, *Bréves réflexions sur la révocation des dirigeants sociaux dans l'espace OHADA*, disponível a partir de www.juriscope.org.

[345] Cf. Artigo 327.º do AUDSCAIE.

[346] Cf. Artigo 124.º do AUDSCAIE.

[347] Cf. a decisão da CA de Cotonou, de 29 de Abril de 1999 (n.º 65/99).

[348] Cf. Artigo 328.º do AUDSCAIE. A oposição de um gerente aos actos de um outro gerente não tem efeitos relativamente a terceiros, salvo se estes estiverem ao corrente da situação.

[349] Cf. Artigo 329.º do AUDSCAIE.

posições legislativas ou regulamentares aplicáveis às SARL, pela violação dos estatutos e ainda pelos erros cometidos na respectiva gestão; se vários gerentes contribuíram para os mesmos factos, o tribunal determina a quota de responsabilidade de cada um na reparação do prejuízo[350].

Por sua vez, os sócios dispõem de acções individuais ou sociais de responsabilidade contra os gerentes: de facto, para além das acções de reparação do dano pessoal, um quarto dos sócios que representem um quarto do capital social podem, seja a título individual ou em grupo, intentar uma acção social de responsabilidade contra os gerentes, podendo pedir também a reparação de todos os danos sofridos pela sociedade que, sendo caso disso, é indemnizada[351]. Quaisquer cláusulas dos estatutos que subordinem o exercício da acção social ao parecer prévio ou à autorização da assembleia, ou que impliquem a renúncia antecipada ao exercício desta acção, consideram-se não escritas; ademais, nenhuma deliberação da assembleia pode ter como efeito a extinção de uma acção de responsabilidade contra os gerentes por falhas praticadas no exercício das suas funções[352]. As acções de responsabilidade supra mencionadas prescrevem no prazo de três anos, contados da prática do facto danoso, ou, se este for dissimulado, a partir do momento da sua descoberta; todavia, quando o facto for de natureza criminosa, a prescrição só tem lugar ao fim de dez anos[353].

Os gerentes das SARL incorrem em responsabilidade criminal nos casos de uso abusivo dos bens sociais, subordinação dos interesses sociais a um fim pessoal, favorecimento de uma outra sociedade na qual tenham interesses, apresentação de relatórios de contas falsos que ocultem a verdadeira situação da sociedade e distribuição de lucros fictícios na ausência de inventário ou através de inventário fraudulento[354].

4.4. *Os sócios*

Como qualquer sócio, também os sócios das SARL têm direitos de natureza económica e direitos relativos à gestão da sociedade.

---

[350] Cf. Artigo 330.° do AUDSCAIE. Sobre o tema, v. Bérenger Yves MEUKE, *Bréves réflexions* cit..
[351] Cf. Artigo 331.°, §§ 1 e 2, do AUDSCAIE.
[352] Cf. Artigo 331.°, §§ 3 e 4, do AUDSCAIE.
[353] Cf. Artigo 332.° do AUDSCAIE.
[354] Cf. Artigos 889.° a 891.° do AUDSCAIE.

Os direitos de natureza económica resumem-se essencialmente ao direito aos dividendos. A repartição dos lucros efectua-se de acordo com o estipulado nos estatutos, com reserva das disposições imperativas comuns a todas as sociedades. Sob pena de nulidade de deliberação contrária, sobre os lucros do exercício, deduzidas as perdas transitadas, sendo caso disso, é abatida uma parte equivalente a pelo menos 10%, para constituição da reserva legal, montante esse cujo desconto, uma vez atingido um quinto do valor do capital social, passa a ser facultativo. A sociedade pode exigir aos sócios a devolução dos lucros que tiverem sido distribuídos e que não correspondam a lucros realmente formados, prescrevendo ao fim de três anos contados da data de distribuição dos dividendos o direito de propor a acção de restituição[355].

Os direitos relativos à gestão da sociedade estão inseridos no direito à informação e no direito de votar para exprimir a opinião sobre a orientação das actividades da sociais e, consequentemente, para participar nas deliberações comuns.

Os sócios têm um direito de informação permanente sobre os assuntos sociais; além disso, antes da realização da assembleia geral, os sócios têm um direito de informação prévio[356]. No que diz respeito à assembleia geral anual, o direito de informação abrange as contas de exercício e o relatório de gestão elaborados pelo órgão de gestão, as propostas de deliberação e, sendo caso disso, o relatório do revisor oficial de contas, bem como o relatório especial do revisor oficial de contas relativo aos negócios celebrados pela sociedade com gerentes ou com sócios; o direito à informação prévia é exercido nos quinze dias que precedem a assembleia, enquanto que, a partir da colocação daqueles documentos à disposição dos sócios, estes têm o direito de colocar questões por escrito às quais os gerentes são obrigados a responder no decurso da reunião da assembleia. No que concerne às restantes assembleias, o direito de informação abrange o texto das deliberações sociais propostas, o relatório do órgão de gestão e, sendo caso disso, o relatório do revisor oficial de contas[357]. Cada deliberação que seja tomada em violação das disposições sobre o direito de informação dos sócios é susceptível de ser anulada[358]. O sócio pode também, em qualquer momento, obter cópia dos documentos objecto deste direito

---

[355] Cf. Artigo 346.º do AUDSCAIE.
[356] Cf. Artigo 344.º do AUDSCAIE.
[357] Cf. Artigo 345.º, §§ 1 a 4, do AUDSCAIE.
[358] Cf. Artigo 345.º, § 5, do AUDSCAIE.

relativamente aos três últimos exercícios; e qualquer sócio pode ainda, duas vezes em cada exercício, colocar, por escrito, questões aos gerentes sobre quaisquer factos que possam comprometer a continuidade da gestão, sendo as respostas comunicadas ao revisor oficial de contas[359]. Considera-se não escrita qualquer cláusula contrária às disposições sobre o direito à informação dos sócios[360].

Cada sócio tem o direito de participar nas deliberações sociais e dispõe de um número de votos igual ao respectivo número de partes sociais que possui[361], considerando-se não escrita qualquer disposição em contrário[362], pelo que não podem ser criadas partes sociais com direito de voto privilegiado ou sem direito de voto. O legislador estabeleceu as modalidades de exercício do direito de voto, prevendo que da acta deva resultar a consulta dos sócios e distingue o voto em assembleia do voto por escrito. Em princípio, o direito de voto exerce-se na assembleia, mas os estatutos podem prever que todas ou algumas deliberações possam ser adoptadas mediante consulta escrita aos sócios[363]; em todo o caso, a convocação de uma assembleia é obrigatória para a aprovação das contas do exercício (assembleia geral anual), quando a reunião da assembleia seja pedida por um ou mais sócios que detenham metade do capital social ou por um quarto dos sócios que representem, pelo menos, um quarto do capital social, e ainda quando um sócio requeira a nomeação judicial de um mandatário encarregado de convocar a assembleia e fixar a respectiva ordem de trabalhos[364].

Para a convocação das assembleias os sócios têm de respeitar as modalidades previstas no Acto Uniforme. Normalmente os sócios são convocados pelos gerentes ou, na sua falta, pelo revisor oficial de contas, quando exista; os sócios não podem proceder à convocação, podendo no entanto, com se referiu, provocá-la por via judicial. Os sócios são convocados com a antecedência mínima de quinze dias da data da realização da assembleia, por carta com protocolo ou registada com aviso de recepção, na qual é indicada, sob pena de nulidade, a ordem de trabalhos – que é a indicada pelos requerentes, no caso de a assembleia ser pedida pelos

---

[359] Cf. Artigo 345.º, § 6, do AUDSCAIE.
[360] Cf. Artigo 345.º, último parágrafo, do AUDSCAIE.
[361] Cf. Artigo 334.º, § 1, do AUDSCAIE.
[362] Cf. Artigo 336.º, § 2, do AUDSCAIE.
[363] Cf. Artigo 333.º do AUDSCAIE.
[364] Cf. Artigo 337.º, §§ 2 e 3, do AUDSCAIE.

sócios; assim, os sócios devem estar em condições de exercer o direito de informação prévia já analisado[365]. As assembleias irregularmente convocadas são anuláveis, mas o exercício da acção de anulabilidade não é admissível quando todos os sócios estejam presentes ou nela representados[366].

Sempre que os estatutos o permitam, um sócio pode ser representado por outro sócio ou pelo seu cônjuge, salvo se a sociedade compreender apenas dois sócios ou tenha como sócios apenas os dois cônjuges[367]. O mandato conferido a outro sócio ou a um terceiro vale para uma assembleia ou para as assembleias sucessivas, convocadas com a mesma ordem de trabalhos[368]; por outro lado, um sócio não pode nomear um mandatário para votar apenas por uma parte da sua participação e votar pessoalmente pela restante parte[369]. As normas relativas à representação são de ordem pública, uma vez que o segundo parágrafo do Artigo 336.º considera como não escrita toda a disposição em contrário.

A presidência da assembleia é confiada a um dos gerentes e, se nenhum dos gerentes for sócio, a assembleia é presidida pelo sócio que possuir o maior número de partes sociais ou, em caso de igualdade, pelo mais velho[370]. O Acto Uniforme não exige a presença de um escrutinador ou de um secretário, pelo que os sócios têm ampla liberdade para inserir nos estatutos uma cláusula nesse sentido.

O voto por escrito é permitido quando previsto nos estatutos, devendo o texto das deliberações propostas e os documentos necessários à informação dos sócios ser enviados a cada um deles nos termos previstos para as modalidades de convocação das assembleias, dispondo os sócios de um prazo mínimo de quinze dias, a contar da data de recepção das propostas de resolução para emitir o respectivo voto[371].

As deliberações das assembleias são registadas em acta que indica a data e o lugar da reunião, o nome dos sócios presentes, os documentos e relatórios submetidos para apreciação, um resumo dos debates, o texto das deliberações postas a votação e o seu resultado, devendo a acta ser assi-

---

[365] Cf. Artigo 338.º do AUDSCAIE.
[366] Cf. Artigo 339.º do AUDSCAIE.
[367] Cf. Artigo 334.º, §§ 2 e 3, do AUDSCAIE.
[368] Cf. Artigo 335.º do AUDSCAIE.
[369] Cf. Artigo 336.º, § 1, do AUDSCAIE.
[370] Cf. Artigo 341.º do AUDSCAIE.
[371] Cf. Artigo 340.º do AUDSCAIE.

nada por todos os sócios presentes; em caso de consulta escrita, é feita menção na acta, à qual são anexadas as respostas aos sócios, devendo a acta ser assinada pelos gerentes[372].

4.5. *As assembleias*

As assembleias dos sócios são ordinárias ou extraordinárias.

As assembleias ordinárias deliberam sobre as contas do exercício findo, autorizam o órgão de gestão a efectuar operações que os estatutos subordinam ao consentimento prévio dos sócios, procedem à nomeação e à substituição dos gerentes e, se for caso disso, do revisor oficial de contas, aprovam os negócios celebrados entre a sociedade e um dos seus gerentes ou sócios e, mais genericamente, deliberam sobre todas as questões que não impliquem a alteração dos estatutos[373]. A assembleia-geral reúne-se nos seis meses seguintes ao fecho do exercício, mas os gerentes podem pedir a prorrogação do prazo ao presidente do tribunal competente, que decide o pedido[374]. Nas assembleias ordinárias, ou no decurso das consultas ordinárias por escrito, as deliberações são adoptadas por um ou mais sócios que representem mais de metade do capital social; se esta maioria não for atingida – e, salvo estipulação dos estatutos em contrário – os sócios, consoante o caso, são convocados ou consultados para uma segunda votação e as deliberações são tomadas pela maioria dos votos emitidos, independentemente da proporção de capital representada, muito embora a destituição dos gerentes só possa ser deliberada por maioria absoluta[375].

Para a aprovação dos negócios realizados entre a sociedade e um dos seus gerentes ou sócios, o legislador comunitário procede a uma distinção entre os acordos regulados com fins preventivos e os acordos proibidos devido aos riscos que representam para a sociedade, o que significa que todos os negócios não regulados nem proibidos são livres: trata-se daqueles relativos a operações correntes concluídas em condições nor-

---

[372] Cf. Artigo 342.º do AUDSCAIE. De acordo com o Artigo 343.º é suficiente a assinatura de um dos gerentes para certificar a conformidade das cópias ou dos extractos das actas das deliberações dos sócios.
[373] Cf. Artigo 347.º, § 1, do AUDSCAIE.
[374] Cf. Artigo 348.º do AUDSCAIE.
[375] Cf. Artigo 349.º do AUDSCAIE.

mais[376]. A assembleia geral ordinária pronuncia-se sobre os negócios realizados de forma directa ou por interposta pessoa entre a sociedade e um dos seus gerentes ou sócios; para esse fim, os gerentes ou, se existir, o revisor oficial de contas, apresentam na assembleia geral ordinária anual ou juntam aos documentos disponibilizados aos sócios um relatório sobre os negócios realizados[377]. O órgão de gestão comunica ao revisor oficial de contas, no caso de existir, os referidos negócios no prazo de um mês contado a partir da sua conclusão e, quando a execução dos acordos celebrados no decurso do exercício anterior prossiga no curso do último exercício, o revisor oficial de contas é informado dessa situação no prazo de um mês a contar da data do fecho do exercício[378]. A assembleia geral ordinária pronuncia-se sobre os negócios nas condições previstas para o funcionamento da assembleia geral ordinária anual, com particular atenção para os prazos e os votos dos sócios, mas o sócio interessado não toma parte na votação relativa ao negócio e os seus votos não são considerados para o cálculo da maioria[379]. Os negócios não sujeitos a aprovação pela assem-

---

[376] Cf. Artigo 352.º do AUDSCAIE. A norma define como operações correntes as que são efectuadas por uma sociedade de modo habitual no quadro da sua actividade, enquanto que são consideradas normais as condições exigidas em operações similares na sociedade ou, eventualmente, nas sociedades do mesmo sector.

[377] Cf. Artigo 350.º do AUDSCAIE. A norma especifica que a aprovação se estende aos negócios celebrados com empresas em nome individual cujo proprietário seja, ao mesmo tempo, gerente ou sócio da SARL, e aos negócios celebrados com uma sociedade em que um sócio de responsabilidade ilimitada, gerente, administrador, director-geral ou secretário-geral seja, simultaneamente, gerente ou sócio da SARL.

De acordo com o Artigo 353.º, o relatório do gerente ou do eventual revisor oficial de contas contém:
1) A indicação dos negócios sujeitos à aprovação da assembleia;
2) A identificação das partes no negócio e o nome dos gerentes ou sócios interessados;
3) A natureza e o objecto dos negócios;
4) As condições essenciais destes negócios, designadamente a indicação dos preços ou tabelas praticados, dos juros acordados, das garantias oferecidas e, sendo caso disso, qualquer outra indicação que permita aos sócios apreciar o interesse conexo com os negócios analisados;
5) A importância dos fornecimentos, em bens ou serviços, bem como o montante das somas pagas ou recebidas no exercício relativas a negócios celebrados no decurso de exercícios anteriores e cuja execução tenha continuado no último exercício.

[378] Cf. Artigo 351.º do AUDSCAIE.
[379] Cf. Artigo 354.º do AUDSCAIE.

bleia produzem os seus efeitos uma vez celebrados, mas fica a cargo dos gerentes ou do sócio contraente a obrigação de suportar individual ou solidariamente – consoante o caso – as consequências do contrato prejudicial para a sociedade; a eventual acção de responsabilidade deve ser proposta no prazo de três anos a contar da conclusão do negócio ou, se este for dissimulado, desde o seu conhecimento[380].

De acordo com o Artigo 356.º do AUDSCAIE, é proibido às pessoas singulares, gerentes ou sócios, contrair empréstimos junto da sociedade, obter descobertos na conta corrente utilizando o nome da sociedade ou obter uma fiança ou aval relativamente às obrigações por eles assumidas perante terceiros, sob pena de nulidade do contrato; a proibição abrange também os cônjuges, ascendentes e descendentes da pessoa em causa, bem como interpostas pessoas[381].

A assembleia extraordinária é, por sua vez, competente para as deliberações colectivas que têm como objecto a alteração dos estatutos[382].

O Acto Uniforme estabelece normas gerais relativas ao voto dos sócios nas assembleias extraordinárias e para as decisões relativas à alteração do capital. As alterações dos estatutos são decididas pelos sócios que representem pelo menos três quartos do capital social, considerando-se não escrita toda a cláusula que imponha uma outra maioria[383]. Todavia, o legislador comunitário estabeleceu excepções ao princípio, exigindo a unanimidade em caso de aumento das obrigações dos sócios, em caso de transformação da sociedade numa sociedade em nome colectivo e em caso de transferência da sede social para um Estado que não seja membro do Tratado[384]: nos dois primeiros, a decisão estende a vinculação inicial dos sócios que se encontram ilimitada e solidariamente responsáveis pelas perdas, enquanto que no último, transferindo a sede social para um Estado

---

[380] Cf. Artigo 355.º do AUDSCAIE.

[381] Cf. Artigo 381.º do AUDSCAIE. A proibição não se aplica se os empréstimos, descobertos, fianças e avales forem acordados com um sócio pessoa colectiva – neste sentido, v. Paul-Gérard POUGOUE, François ANOUKAHA, Josette NGUEBOU TOUKAM, *Societés commerciales* cit., pág. 67.

[382] Cf. Artigo 357.º do AUDSCAIE.

[383] Cf. Artigo 358.º do AUDSCAIE. Resulta pois que a não reunião de três quartos das partes sociais impede a decisão de ser adoptada. Em consequência, um sócio ou grupo de sócios que possua uma minoria de bloqueio (26% das partes sociais) pode paralisar um projecto de alteração dos estatutos: resta, todavia, a possibilidade de os outros sócios invocarem o abuso de minoria (cf. Artigo 131.º do AUDSCAIE).

[384] Cf. Artigo 359.º do AUDSCAIE.

estranho ao Tratado, a sociedade se coloca fora do campo de aplicação do Acto Uniforme.

4.6. As variações do capital social da SARL

Normas específicas e mais rigorosas regem as deliberações de aumento ou de redução do capital social, de variação do capital líquido e de reestruturação da sociedade. As deliberações de aumento de capital implicam uma alteração dos estatutos, pelo que é necessário ter lugar uma assembleia extraordinária na forma e condições impostas por lei. Em contrapartida, em derrogação ao princípio geral do Artigo 358.º do AUDSCAIE, que exige uma maioria de três quartos do capital social para a alteração dos estatutos, a deliberação de aumento do capital social mediante incorporação de lucros ou de reservas é tomada pelos sócios que representem, pelo menos, metade do capital social[385].

Em caso de aumento de capital mediante subscrição das partes sociais em dinheiro, os fundos que provenham da subscrição são depositados num banco ou junto de um cartório notarial, consoante as disposições aplicáveis aquando da constituição da sociedade; os gerentes podem dispor dos fundos provenientes da subscrição, remetendo para o banco ou para o cartório notarial depositário certidão do RCCM que ateste o depósito de uma inscrição modificativa subsequente ao aumento de capital[386]. Se o aumento de capital não for realizado no prazo de seis meses contados do primeiro depósito dos fundos provenientes da subscrição, qualquer subscritor pode pedir ao presidente do tribunal competente a autorização para a retirada dos fundos, a título individual ou através de mandatário que os represente colectivamente, tendo em vista a sua restituição aos subscritores[387].

No caso de aumento de capital efectuado, total ou parcialmente, através de entradas em espécie, os sócios devem nomear um revisor oficial de contas sempre que o valor de cada entrada ou o valor conjunto de todas as entradas seja superior a cinco milhões de francos CFA; o revisor oficial de contas é nomeado nos mesmos moldes previstos para a constituição da sociedade, podendo também ser nomeado pelo presidente do tribunal com-

---

[385] Cf. Artigo 360.º do AUDSCAIE.
[386] Cf. Artigo 361.º do AUDSCAIE.
[387] Cf. Artigo 362.º do AUDSCAIE.

petente a pedido de qualquer sócio, independentemente do número de partes sociais que represente; o revisor elabora um relatório sobre a avaliação dos bens tal como efectuada pelo subscritor, que é apresentado à assembleia encarregada de deliberar sobre o aumento de capital[388]. O autor da entrada em espécie não participa na votação da deliberação que aprova a sua entrada, não sendo consideradas as suas partes sociais para fins de quórum e maioria[389]. Na falta da avaliação a cargo do revisor oficial de contas ou, sempre que essa avaliação não seja seguida, os sócios são ilimitada e solidariamente responsáveis pela avaliação efectuada às entradas em espécie por um período de cinco anos; todavia, a assembleia só pode reduzir o valor das entradas por unanimidade dos subscritores e com o consentimento expresso do subscritor da entrada ou do beneficiário mencionado na acta; na falta destes requisitos o aumento de capital não tem lugar[390].

Também a deliberação de redução do capital social é da competência da assembleia extraordinária e os sócios devem ter tratamento igual, suportando todos da mesma forma a redução deliberada: a redução do capital não pode de forma alguma desrespeitar a igualdade entre os sócios[391]. A redução do capital pode ser efectuada com a redução do valor das partes sociais ou com a diminuição do seu número[392]. Existindo revisor oficial de contas, o projecto de redução do capital é-lhe comunicado nos trinta dias que precedem a realização da assembleia extraordinária, para que possa transmitir à assembleia a sua apreciação sobre as causas e as condições da redução; a aquisição pela sociedade de participações próprias é proibida, mas a assembleia que decide uma redução do capital não motivada por prejuízos pode autorizar os gerentes a adquirirem um número determinado de partes sociais, para as extinguir[393].

A redução do capital social não pode ter como efeito a redução do mesmo para um valor inferior ao mínimo legal, salvo no caso de aumento de capital simultâneo que o fixe, pelo menos, no valor correspondente ao mínimo legal[394]; a redução do capital para um valor abaixo do mínimo

---

[388] Cf. Artigo 363.º do AUDSCAIE.
[389] Cf. Artigo 364.º do AUDSCAIE.
[390] Cf. Artigo 365.º do AUDSCAIE, que remete para o Artigo 312.º do mesmo diploma.
[391] Cf. Artigo 366.º do AUDSCAIE.
[392] Cf. Artigo 367.º, § 1, do AUDSCAIE.
[393] Cf. Artigo 367.º, §§ 2, 3, 5 e 6, do AUDSCAIE.
[394] Cf. Artigo 368.º do AUDSCAIE.

legal é causa de dissolução da sociedade, pelo que, no caso de redução abaixo daquele mínimo não acompanhada pelo simultâneo aumento até ao mínimo exigido, qualquer interessado pode pedir a dissolução judicial da sociedade depois de ter, sem sucesso, colocado em mora os representantes da sociedade afim de regularizar a situação, considerando-se extinta a acção se a causa de dissolução deixar de se verificar no momento em que o tribunal decide sobre o pedido[395].

Para a salvaguarda dos seus créditos, os credores podem opor-se a uma redução do capital social não motivada em prejuízos, pois esta determina sempre uma diminuição de liquidez da sociedade. Neste sentido, o Acto Uniforme estabelece que, sempre que a assembleia delibere tal redução, os credores cujo crédito seja anterior à data do depósito junto do RCCM da acta que contém a deliberação se podem opor à redução do capital no prazo de um mês a contar da data do depósito, período durante o qual as operações de redução do capital não podem começar; a oposição é notificada à sociedade por via extrajudicial e o presidente do tribunal competente pode indeferir a oposição ou ordenar o reembolso dos créditos ou a constituição de garantias, se a sociedade as oferecer e se forem julgadas suficientes[396].

O capital próprio da sociedade compreende o valor do capital social, as reservas constituídas ou, negativamente, as perdas que não puderam ser verificadas; corresponde também ao activo líquido, isto é, o activo sem o passivo. É o capital próprio que dá a medida da situação financeira real da sociedade: quando supera o valor do capital social, é claramente um sinal de prosperidade, enquanto que no caso de perda de uma parte do capital os sócios devem adoptar medidas de protecção. Se, por causa dos prejuízos registados nas contas do exercício, o capital próprio da sociedade descer abaixo de metade do capital social, os gerentes ou, se for caso disso, o revisor oficial de contas, devem, nos quatro meses posteriores à aprovação das contas que confirmem os prejuízos, consultar os sócios sobre a oportunidade de proceder à dissolução antecipada da sociedade[397]. Se a dissolução for evitada, a sociedade é obrigada, nos dois anos posteriores à data do fecho do exercício em que se deu o prejuízo, a reconstituir o capital próprio, pelo menos até metade do capital social; se isso não acontecer, a

---

[395] Cf. Artigo 369.º do AUDSCAIE.
[396] Cf. Artigo 370.º do AUDSCAIE.
[397] Cf. Artigo 371.º do AUDSCAIE.

sociedade deve reduzir o seu capital social para um valor pelo menos igual aos prejuízos que não puderam ser cobertos pela reserva legal, desde que esta redução do capital social não tenha como efeito a redução do capital para um valor inferior ao mínimo legal[398]. Sempre que os gerentes ou o revisor oficial de contas não cumpram a obrigação de convocar a assembleia ou se os sócios não puderem deliberar validamente, assim como se a reconstituição do capital próprio não tiver lugar no prazo determinado, qualquer interessado pode pedir ao tribunal competente que declare a dissolução da sociedade, mas a acção extingue-se quando a causa de dissolução deixe de existir no dia em que o tribunal procede à apreciação do pedido[399].

4.7. *Transformação, fusão e cisão da SARL*

A transformação de uma SARL noutro tipo de sociedade, que não implica desde logo a constituição de uma nova pessoa colectiva, só pode ter lugar se a sociedade tiver pelo menos dois anos de existência, se tiverem sido aprovados pelos sócios os balanços dos seus dois primeiros exercícios e se tiver capitais próprios de montante igual, pelo menos, ao seu capital social no momento em que a operação está prevista[400], desde que o revisor oficial de contas – ou, na sua ausência, um revisor de contas escolhido pelo gerente nos termos previstos nos Artigos 694.° e seguintes do AUDSCAIE – confirme, sob sua responsabilidade, a verificação das condições previstas; é nula qualquer transformação realizada em violação destas disposições[401]. Em caso de transformação, os estatutos da SARL devem ser alterados de acordo com as disposições próprias do novo tipo escolhido.

Relativamente à fusão e à cisão, quando estas são realizadas entre tipos diversos de sociedades – em particular SA e SARL – são aplicáveis as normas previstas nos Artigos 671.° a 689.° do AUDSCAIE para as sociedades anónimas, enquanto que as normas previstas nos Artigos 672.°, 676.°, 679.°, 688.° e 689.° – relativas às SA, para cujo regime se remete – são também aplicáveis à fusão e cisão das SARL a favor de uma sociedade

---

[398] Cf. Artigo 372.° do AUDSCAIE.
[399] Cf. Artigo 373.° do AUDSCAIE.
[400] Cf. Artigo 374.° do AUDSCAIE.
[401] Cf. Artigo 375.° do AUDSCAIE.

do mesmo tipo; quando a operação seja realizada através de entradas em sociedades de responsabilidade limitada já existentes, é aplicável o disposto no Artigo 676.º do AUDSCAIE[402]. Se a fusão for realizada através de entrada numa nova sociedade de responsabilidade limitada, esta pode ser constituída sem outras entradas para além das provenientes das sociedades que se fundem; pelo contrário, quando a cisão seja realizada através da constituição de uma nova SARL, esta pode ser constituída sem outras entradas para além das da sociedade cindida: neste caso, se as participações de cada uma das novas sociedades forem atribuídas aos sócios da sociedade cindida em proporção aos respectivos direitos no capital social desta sociedade, não é necessário o relatório do revisor oficial de contas, podendo os sócios das sociedades dissolvidas, seja no caso de fusão seja no caso de cisão, agir automaticamente na qualidade de fundadores das novas sociedades[403].

4.8. *O órgão de controlo*

A nomeação de um revisor oficial de contas obedece a requisitos precisos. Estão obrigadas a nomear pelo menos um revisor oficial de contas as SARL cujo capital social seja superior a dez milhões de francos CFA ou que tenham um volume de negócios anual superior a duzentos e cinquenta milhões de francos CFA, ou ainda que empreguem uma força de trabalho permanente superior a cinquenta pessoas; para as outras SARL que não preencham estes requisitos, a nomeação de um revisor oficial de contas é facultativa, mas pode ser requerida em juízo por um ou mais sócios que detenham pelo menos um décimo do capital social[404]. O revisor oficial de contas é escolhido segundo as modalidades previstas nos Artigos 694.º e seguintes do AUDSCAIE[405], mas não podem desempenhar esta função os gerentes e respectivos cônjuges, os subscritores de entradas em espécie e os beneficiários de vantagens especiais, as pessoas que recebam da sociedade ou dos seus gerentes remunerações periódicas sob qualquer forma, bem como os respectivos cônjuges[406].

---

[402] Cf. Artigo 382.º do AUDSCAIE.
[403] Cf. Artigo 383.º do AUDSCAIE.
[404] Cf. Artigo 376.º do AUDSCAIE.
[405] Cf. Artigo 377.º do AUDSCAIE.
[406] Cf. Artigo 378.º do AUDSCAIE.

O revisor oficial de contas é nomeado para o período de três exercícios, por um ou mais sócios que representem mais de metade do capital social, maioria essa que, se não for alcançada e salvo estipulação estatutária em contrário, passa a maioria dos votos expressos, independentemente da percentagem do capital representado[407], sendo renovável, salvo disposição estatutária em sentido diverso.

São nulas as deliberações tomadas sem que exista nomeação regular do revisor oficial de contas ou com base em relatório de um revisor oficial de contas nomeado ou que exerça as suas funções em violação do disposto no Artigo 379.° do AUDSCAIE, mas a correspondente acção extingue-se se as deliberações forem expressamente confirmadas por uma assembleia que delibere com base num relatório de um revisor oficial de contas regularmente nomeado[408].

4.9. *A dissolução da SARL*

Para além das causas comuns a qualquer sociedade, a SARL pode ser dissolvida em caso de redução do capital social abaixo do mínimo legal[409]. Os factos que digam respeito unicamente à vida pessoal dos sócios não implicam a dissolução da sociedade: em consequência, a morte de um sócio, a sua interdição, a falência ou a incapacidade superveniente não são normalmente causa legal de dissolução da SARL, salvo disposição estatutária nesse sentido[410].

4.10. *A SARL unipessoal*

À semelhança do legislador francês, que na Lei de 11 de Julho de 1985 criou a sociedade unipessoal de responsabilidade limitada, o legislador africano instituiu a SARL com um único sócio. O regime de base é o previsto para a SARL, com os aditamentos julgados necessários pela presença de um só sócio no acto de constituição e no funcionamento da sociedade.

---

[407] Cf. Artigo 379.° do AUDSCAIE.
[408] Cf. Artigo 380.° do AUDSCAIE.
[409] Cf. Artigo 368.° do AUDSCAIE.
[410] Cf. Artigo 384.° do AUDSCAIE.

A SARL pode ser constituída por acto unilateral de uma pessoa singular ou de uma pessoa colectiva. A actividade da sociedade pode ser a mesma que a de uma sociedade pluripessoal; o sócio único realiza uma entrada, em espécie ou em dinheiro, de modo a dotar a sociedade do capital mínimo de um milhão de francos CFA exigido por lei. A intervenção de um revisor oficial de contas para a avaliação da entrada é possível nas mesmas condições previstas para as SARL pluripessoais. A sociedade unipessoal deve ter uma denominação social, na qual aparece o nome do sócio único, uma sede social e um domicílio precisos.

Para que a sociedade possa funcionar todos os requisitos têm de estar preenchidos: a nomeação de um gerente, a realização de assembleias e a nomeação de revisor oficial de contas estão sujeitas aos requisitos fixados na lei[411]. A gestão é confiada ao sócio único com funções de gerente, o qual deve, todavia, separar os negócios da sociedade dos seus negócios pessoais, podendo ser condenado por utilização abusiva dos bens sociais, e ser-lhe estendido o processo colectivo aplicado à sociedade. A gestão também pode ser confiada a um terceiro, o qual age como mandatário do sócio único. Se a sociedade for constituída por uma pessoa colectiva, o gerente tem necessariamente de ser uma pessoa singular, uma vez que na SARL a gestão não pode ser exercida por uma pessoa colectiva.

Nas sociedades unipessoais aplica-se o regime previsto para a sociedade anónima unipessoal previsto nos Artigos 558.º a 561.º do Acto Uniforme. Os poderes da assembleia são exercidos pelo sócio único sem que, obviamente, as normas relativas à convocação e funcionamento sejam aplicáveis[412]. As decisões que devam ser tomadas em assembleia, sejam da competência da assembleia ordinária ou da competência da assembleia extraordinária, são tomadas pelo sócio único: concretamente, nos seis meses posteriores ao encerramento do exercício, o sócio único toma todas as decisões que sejam da competência da assembleia ordinária anual[413], devendo estas ser registadas em acta e conservadas nos arquivos da sociedade[414].

Para que a sociedade unipessoal se possa transformar numa sociedade pluripessoal basta que o sócio ceda uma parte da sua participação; neste caso, todavia, o aumento do número de sócios não implica a trans-

---

[411] Cf. Artigo 376.º do AUDSCAIE.
[412] Cf. Artigo 558.º do AUDSCAIE.
[413] Cf. Artigo 559.º do AUDSCAIE.
[414] Cf. Artigo 560.º do AUDSCAIE.

formação da sociedade. O falecimento do sócio único não implica a dissolução da sociedade. As causas de dissolução são, com excepção da reunião de todas as participações num único sujeito, as mesmas da SARL pluripessoal mas, em todo o caso, o sócio é livre de a qualquer momento decidir a dissolução da sociedade, depois da satisfação dos créditos dos credores sociais.

5. A sociedade anónima

A sociedade anónima é uma sociedade na qual os accionistas apenas são responsáveis pelas dívidas sociais na medida do valor das suas entradas e em que os direitos dos accionistas são representados por acções. A sociedade anónima pode também ter apenas um accionista, falando-se aí de uma sociedade anónima unipessoal[415]. Elas podem recorrer ao investimento público, sendo nesse caso reguladas pelas disposições gerais sobre as SA e por disposições especiais relativas a este tipo de sociedade (cf. Artigos 823.º e seguintes do AUDSCAIE), que prevalecem sobre as primeiras em caso de conflito[416].

5.1. *Constituição da sociedade anónima*

O legislador OHADA estabeleceu algumas disposições de constituição comum às sociedades anónimas e outras próprias de alguns tipos particulares de sociedades anónimas.

a) Disposições comuns a todas as sociedades anónimas

Estas disposições aplicam-se a todas as sociedades anónimas em cuja constituição não se recorra a investimento público, sem entradas em espécie ou sem estipulação de vantagens particulares, ou seja, às sociedades anónimas cujo capital social seja constituído integralmente por entradas em dinheiro. Substancialmente, a constituição de uma sociedade anónima

---

[415] Cf. Artigo 385.º do AUDSCAIE. Sobre o assunto, v. Jean PAILLUSSEAU, *L'Acte uniforme* cit., pág. 23.
[416] Cf. Artigo 823.º, § 2, do AUDSCAIE.

obedece a cinco fases: emissão de um boletim de subscrição; depósito dos fundos e declaração notarial de subscrição e de pagamento; elaboração dos estatutos; matrícula no RCCM; e retirada de fundos.

O boletim de subscrição é emitido pelos fundadores da sociedade, que contactam cada potencial accionista, o qual, caso subscreva acções, data e assina o respectivo boletim, indicando o número de acções subscritas[417].

O Acto Uniforme relaciona as operações de depósito dos fundos e de emissão da declaração notarial de subscrição e de pagamento, factos que podem, no entanto, ser praticados em momentos diferentes, visto que o depósito dos fundos é efectuado pelos fundadores sempre que se verifiquem adesões. Os fundos entregues pelos subscritores são depositados junto de um cartório notarial ou de uma instituição de crédito domiciliada no Estado-membro em que a sociedade em formação tem a sua sede social, num prazo de oito dias contados da sua recepção; no momento do depósito, o depositante entrega ao depositário uma lista com a identidade dos subscritores e com o valor dos montantes pagos por cada um deles, lista essa que qualquer subscritor pode consultar e requerer uma cópia a expensas próprias[418]. Uma vez depositados os fundos e passado o certificado de depósito dos fundos e dos boletins de subscrição, o notário declara, em documento por si redigido, denominado «declaração notarial de subscrição e pagamento», que o montante das subscrições declaradas está conforme aos montantes que figuram nos boletins de subscrição e que o montante pago corresponde às somas entregues no seu cartório ou discriminadas no certificado bancário; os subscritores têm a possibilidade de consultar e tirar cópias, a expensas próprias, da declaração notarial[419].

Os estatutos são formalizados por escritura pública ou em acto que, no Estado da sede social, tenha força probatória semelhante e depositados com reconhecimento notarial da letra e assinatura de todas as partes[420], sendo assinados por todos os subscritores ou por procuradores com poderes espe-

---

[417] Cf. Artigo 390.º do AUDSCAIE. O Acto Uniforme estabelece que o boletim é emitido em dois exemplares: um para a sociedade em formação e outro para o notário incumbido de redigir a declaração de subscrição e pagamento.

[418] Cf. Artigo 393.º do AUDSCAIE.

[419] Cf. Artigo 394.º do AUDSCAIE.

[420] Cf. Artigo 10.º do AUDSCAIE, aplicável por remissão do Artigo 395.º do mesmo Acto. Os estatutos devem incluir os requisitos previstos no Artigo 13.º do AUDSCAIE – com excepção do n.º 6 – a que se juntam as menções elencadas no Artigo 397.º do AUDSCAIE.

ciais para o acto depois da declaração de subscrição e de pagamento[421]. A sociedade fica assim constituída entre as partes, mas ela só adquire personalidade jurídica depois da sua matrícula no RCCM, facto que permitirá aos órgãos designados o levantamento dos fundos depositados.

O levantamento dos fundos é efectuado, consoante o caso, pelo presidente director-geral ou pelo administrador-geral, mediante apresentação ao depositário da certidão da secretaria comprovativa da matrícula da sociedade no RCCM; qualquer subscritor pode requerer ao presidente do tribunal competente a nomeação de um administrador, incumbido de levantar os fundos para os restituir aos subscritores sempre que a sociedade não seja constituída no prazo de seis meses a contar do último pagamento dos fundos [422].

b) Disposições particulares relativas a algumas sociedades anónimas

A constituição de uma SA distingue-se do esquema anterior quando existam entradas em espécie ou vantagens especiais e ainda quando se recorra ao investimento público.

No caso das entradas em espécie ou das vantagens especiais, além do previsto nas disposições gerais supra analisadas, é necessária a realização de uma assembleia geral de constituição. Mas, antes disso, é necessário a nomeação de um revisor oficial de contas para avaliar as entradas ou as vantagens, nomeação que é feita por decisão unânime de todos os futuros sócios ou, na falta dessa nomeação, pelo presidente do tribunal competente, a pedido de qualquer um dos sócios fundadores[423]. O revisor oficial de contas, que pode ser auxiliado por um ou mais peritos por ele escolhidos no desempenho das suas funções[424], elabora, sob sua responsabilidade, um relatório que deve ser depositado no domicílio previsto para a futura sede social até, pelo menos, três dias antes da data da assembleia constitutiva[425].

A assembleia geral constitutiva delibera sobre a avaliação das entradas em espécie ou das vantagens especiais feita pelo revisor oficial de con-

---

[421] Cf. Artigo 396.º do AUDSCAIE.
[422] Cf. Artigo 398.º do AUDSCAIE.
[423] Cf. Artigo 400.º do AUDSCAIE.
[424] Cf. Artigo 402.º do AUDSCAIE.
[425] Cf. Artigos 401.º e 403.º do AUDSCAIE.

tas[426]; é também chamada a verificar se o capital social se encontra integralmente subscrito e se as acções respectivas acções estão pagas em pelo menos um quarto do seu valor nominal, a adoptar os estatutos da sociedade, que só podem ser modificados por unanimidade de todos os subscritores, a nomear os primeiros administradores e o revisor oficial de contas, a deliberar sobre eventuais actos praticados pelos fundadores por conta da sociedade em formação, a conferir mandato aos primeiros administradores e, se necessário, a assumir as obrigações da sociedade antes da aquisição da personalidade jurídica, isto é, antes da matrícula no RCCM.

Tomando em consideração a importância da assembleia, o legislador estabeleceu disposições especiais para a sua convocação, quórum e maiorias. A assembleia é convocada pelos fundadores com, pelo menos, quinze dias de antecedência em relação à data da sua realização e depois da emissão da declaração notarial de subscrição e de pagamento dos fundos, mediante carta com protocolo ou registada com aviso de recepção, com a menção da ordem de trabalhos, local, data e hora da assembleia[427]; a inobservância destas normas imperativas sobre a convocatória torna anulável a assembleia geral constitutiva, salvo quando todos os accionistas estejam presentes ou representados[428]. Sempre que a anulação cause prejuízos a terceiros, os fundadores ou os administradores em funções no momento em que a invalidade seja declarada podem ser declarados solidariamente responsáveis pela reparação[429].

Para que as deliberações sejam válidas, os subscritores presentes ou representados têm de possuir, pelo menos, metade das acções: se este quórum não estiver reunido, deve ser feita uma segunda convocatória, endereçada aos subscritores, com uma antecedência mínima de seis dias relativamente à nova assembleia, sendo o quórum fixado em um quarto das acções; sempre que este número não seja atingido, a assembleia deve realizar-se no prazo de dois meses a contar da data fixada na segunda convocatória, sendo os subscritores convocados com, pelo menos, seis dias de antecedência em relação à data da assembleia e com um quórum mínimo de um quarto das acções[430]. A assembleia é presidida pelo accionista que

---

[426] Cf. Artigo 408.º do AUDSCAIE.
[427] Cf. Artigo 404.º do AUDSCAIE.
[428] Cf. Artigo 412.º do AUDSCAIE. Cf., também, a decisão do TPI de Abidjan, de 21 de Junho de 2001 (n.º 1245).
[429] Cf. Artigo 413.º do AUDSCAIE.
[430] Cf. Artigo 405.º do AUDSCAIE.

detenha o maior número de votos ou, em caso de igualdade, pelo sócio mais velho de entre eles, e delibera por uma maioria de dois terços dos votos à disposição dos subscritores presentes ou representados[431], sem que no entanto contem para o cálculo do quórum e da maioria as acções subscritas em espécie ou dos beneficiários de vantagens especiais, ainda que tenham realizado também entradas em dinheiro. Da assembleia é feita uma acta, que indica a data e o lugar da reunião, a natureza da assembleia, o modo de convocação, a ordem de trabalhos, o quórum, as deliberações submetidas a votação, as condições de quórum e de voto e o resultado da votação para cada uma das deliberações, a aceitação do cargo por parte dos primeiros administradores – que tem efeitos a partir do momento da matrícula no RCCM – e do revisor oficial de contas[432].

Sempre que na constituição de uma SA se recorra ao investimento do público, antes da operação os fundadores devem apresentar, para visto do organismo de controlo da bolsa de valores dos Estados-membros em que o público é solicitado ou, na ausência de tal organismo, ao ministro das finanças, um prospecto informativo com o qual se informa o público sobre a organização, a situação financeira, a actividade e as perspectivas do emitente e os direitos inerentes aos títulos oferecidos ao público[433]. O Acto Uniforme impõe normas específicas para a constituição de uma sociedade através de uma oferta pública de venda. Antes do início das operações de subscrição das acções, os fundadores devem publicar em jornais autorizados a receberem anúncios legais no Estado-membro em que se situa a sede social e, se necessário, nos Estados-membros em que é solicitada a oferta pública de venda, um aviso[434] subscrito pelos fundadores, que contém as informações indicadas no Artigo 826.º do AUDSCAIE[435]. Para informa-

---

[431] Cf. Artigo 406.º do AUDSCAIE.
[432] Cf. Artigo 411.º do AUDSCAIE.
[433] Cf. Artigos 86.º e 90.º, § 1, do AUDSCAIE.
[434] Cf. Artigo 825.º do AUDSCAIE.
[435] De acordo com o Artigo 826.º, o aviso, para o qual não é necessário o visto de conformidade previsto no Artigo 90.º do AUDSCAIE, deve conter as seguintes informações:

    1) A denominação da sociedade a constituir, seguida, se for o caso, da sigla;
    2) O tipo de sociedade;
    3) O capital social;
    4) O objecto social;
    5) A sede social;
    6) A duração da sociedade;

ção do público devem ser elaborados três documentos: as circulares que devem reproduzir o enunciado no aviso prévio, a indicação da sua publicação e as modalidades previstas pelos fundadores para o uso dos fundos provenientes da realização das acções subscritas; os avisos publicados nos jornais devem conter, pelo menos, um extracto do enunciado na nota informativa com indicação da respectiva publicação[436].

Uma vez concluída a informação ao público e recolhidas as subscrições feitas, é convocada uma assembleia geral constitutiva que, na ausência de disposição em contrário, é disciplinada pelas mesmas normas estabelecidas para o caso de entradas em espécie.

5.2. *O conselho de administração*

O legislador africano fez sua a determinação francesa segundo a qual a gestão da SA é confiada a um órgão de administração, que se perfila como um órgão de direcção. A administração da sociedade anónima é constituída por um administrador-geral ou por um conselho de adminis-

---

7) O número de acções a subscrever em dinheiro e a soma imediatamente exigível, incluindo, se for o caso, o prémio de emissão;
8) O valor nominal das acções a emitir, distinguindo-se, se for o caso, cada categoria de acções;
9) A descrição sumária das entradas em espécie, a respectiva avaliação global e modo de remuneração, com a indicação do carácter provisório da avaliação e do modo de remuneração;
10) As vantagens especiais estipuladas nos projectos de estatutos em benefício de qualquer pessoa;
11) As condições de admissão nas assembleias de accionistas e de exercício do direito de voto, com indicação, se for o caso, das disposições relativas à atribuição de direito de voto duplo;
12) Se for o caso, as cláusulas relativas ao consentimento dos cessionários de acções;
13) As disposições relativas à distribuição dos lucros, à constituição de reservas e à distribuição do saldo de liquidação;
14) A identificação e o endereço do notário ou a denominação social e a sede social do intermediário financeiro encarregado de receber as importâncias provenientes da subscrição;
15) O período de subscrição, com indicação da possibilidade de encerramento antecipado, em caso de subscrição integral antes do fim do prazo;
16) As modalidades de convocação da assembleia geral constitutiva e o local da reunião.

[436] Cf. Artigo 827.º do AUDSCAIE.

tração[437] dirigido pelo presidente – com ou sem director-geral[438] – que dispõe de prerrogativas próprias. O legislador OHADA não regulou a sua composição, nem determinou os seus poderes e as suas normas de funcionamento.

O administrador pode ser uma pessoa singular ou colectiva, sendo necessário, no caso desta última, a designação de um representante permanente, que incorre nas responsabilidades do administrador pessoa singular[439]. O conselho de administração é constituído por um mínimo de três membros e um máximo de doze[440], podendo compreender membros não accionistas até um terço dos seus elementos[441]. O conselho é obrigatoriamente composto por pelo menos três membros no momento em que a sociedade procede à oferta pública, podendo ter até 15 membros quando as suas acções sejam admitidas em bolsa de valores, podendo, em caso de fusão, o número ser superado até ao total dos administradores em funções há mais de seis meses nas sociedades fundidas, com o limite máximo de vinte, enquanto que no momento em que a sociedade sai da bolsa, o número de administradores deve ser imediatamente reduzido a doze[442]. Os membros do primeiro conselho de administração são designados nos estatutos ou no decurso da assembleia geral constitutiva, sendo depois nomeados pela assembleia ordinária[443].

---

[437] Cf. Artigo 414.º do AUDSCAIE. Por decisão da assembleia extraordinária, a SA pode transformar em qualquer momento o regime de administração, modificando os estatutos e inscrevendo a alteração no RCCM.

[438] Cf. Artigo 415.º do AUDSCAIE. É o caso da «sociedade de direcção bicéfala» de que fala Pascal K. AGBOYIBOR, in *Ohada: nouveau droit* cit., pág. 686.

[439] Cf. Artigo 421.º do AUDSCAIE.

[440] Cf. Artigo 416.º do AUDSCAIE. De acordo com o Artigo 418.º do AUDSCAIE, em caso de fusão o número de administradores pode ser temporariamente superado desde que não exceda os vinte e quatro elementos. Enquanto o número de administradores não for igual ou inferior a doze, os administradores falecidos, destituídos ou demissionários não podem ser substituídos, assim como não podem ser nomeados novos administradores, salvo por causa de outra fusão.

[441] Cf. Artigo 417.º do AUDSCAIE. Esta solução afasta-se da solução francesa, de acordo com a qual os administradores têm de ser escolhidos entre os sócios, princípio que se encontrava também expresso na legislação camaronesa anterior à entrada em vigor do AUDSCAIE – sobre o assunto, v. Athanase FOKO, *Radioscopie des organes de gestion des sociétés anonymes depuis l'Acte Uniforme OHADA relatif ao droit des sociétés commerciales et du group d'intérêt économique*, in *Verfassung un Recht in Ubersee*, n.º 32 (1999), pág. 349.

[442] Cf. Artigo 829.º do AUDSCAIE.

[443] Cf. Artigo 419.º do AUDSCAIE.

Os administradores são designados pelo período estabelecido nos estatutos, o qual não pode exceder os dois anos em caso de designação inicial pelos estatutos ou pela assembleia geral constitutiva e seis anos nas sucessivas designações[444]; salvo disposição estatutária em contrário, os administradores podem ser reconduzidos no cargo[445]. Salvo estipulação estatutária em contrário, um trabalhador da sociedade pode ser designado administrador se o seu contrato de trabalho corresponder a uma ocupação efectiva[446]. O conselho escolhe o seu presidente de entre os seus membros – devendo ser uma pessoa singular – não estando previsto o lugar de vice--presidente[447], devendo a designação dos administradores ser publicada no RCCM[448], assim como a renúncia e a destituição[449], podendo os mandatos ser revogados a todo o tempo pela assembleia ordinária[450], a qual provê pela respectiva substituição. Em caso de destituição ou morte de um administrador o conselho pode cooptar novos administradores no prazo de três meses, contados a partir do dia em que o lugar fica vago, sempre que o número de administradores restantes seja inferior ao mínimo previsto nos estatutos, devendo a designação feita nestes termos ser ratificada pela primeira assembleia ordinária, mantendo-se válidas as deliberações

---

[444] Cf. Artigo 420.º do AUDSCAIE.
[445] Cf. Artigo 424.º, § 3, do AUDSCAIE. Todavia, o Artigo 425.º do AUDSCAIE proíbe que uma pessoa singular, que exerce funções como administrador em nome próprio ou como representante permanente de uma pessoa colectiva, possa pertencer simultaneamente a mais de cinco administrações de sociedades anónimas que tenham a sua sede social nos diversos Estados-membros. Quando uma pessoa se encontre nesta situação deve renunciar aos mandatos em excesso no prazo de três meses a contar da respectiva designação; expirado esse prazo, presume-se que se demitiu do seu novo mandato, devendo restituir as remunerações recebidas, embora as deliberações em que tenha participado permaneçam válidas.
[446] Cf. Artigo 426.º do AUDSCAIE. A rescisão e a demissão de administradores não interferem na relação de trabalho normal.
[447] No Parecer n.º 02/2000/EP, de 26 de Abril, o TCJA precisou que não é possível a previsão do lugar de vice-presidente nos estatutos sem violar a lei, pelo que se pode deduzir que as disposições do Acto Uniforme sobre os órgãos dirigentes das sociedades comerciais têm uma natureza imperativa.
[448] Cf. Artigo 427.º do AUDSCAIE.
[449] Cf. Artigo 434.º do AUDSCAIE. A norma nada diz acerca da possibilidade de pedir a renúncia em qualquer momento e sem consequências. Athanase Koko, ob. cit., pág. 349, faz sua a tese francesa de acordo com a qual a renúncia não pode ter lugar de má fé, inoportunamente, ou de forma que coloque a sociedade em dificuldades.
[450] Cf. Artigo 433.º, § 2, do AUDSCAIE.

em que participam os membros cooptados nas relações com terceiros caso não se verifique aquela ratificação; se após a abertura da vaga o número de administradores for inferior ao mínimo legal (três), os administradores remanescentes devem convocar imediatamente uma assembleia ordinária para reconstruir o conselho[451]. Salvo o caso de renúncia, destituição ou morte, as funções dos administradores cessam no final da assembleia geral ordinária que delibera sobre as contas do exercício e que reúne durante o ano em que expira o mandato[452].

Os administradores recebem uma indemnização estabelecida pela assembleia, a qual pode ser cumulada com uma remuneração especial pelas missões específicas ou mandatos que lhes forem confiados; é nula qualquer cláusula estatutária ou deliberação contrária[453].

O Acto Uniforme confere ao conselho de administração amplos poderes para agir em qualquer circunstância em nome da sociedade no respeito pelo objecto social e com reserva dos poderes reconhecidos à assembleia de accionistas; qualquer limitação estatutária a estes poderes não é oponível a terceiros de boa fé[454]. O AUDSCAIE elenca uma série de poderes do conselho de administração, entre os quais o poder de estabelecer os objectivos da sociedade e a orientação a dar à sua administração, o exercício de um controlo permanente da gestão, o fecho das contas de cada exercício[455], a transferência da sede social para o território de um dos Estados-membros[456], a autorização para a celebração de acordos entre a sociedade e os seus dirigentes ou uma pessoa colectiva da qual um dos dirigentes da sociedade anónima seja proprietário, sócio com responsabilidade ilimitada ou administrador[457], o consentimento na concessão de fian-

---

[451] Cf. Artigo 429.º do AUDSCAIE.
[452] Cf. Artigo 433.º, § 1, do AUDSCAIE.
[453] Cf. Artigos 431.º, § 3, 432.º e 433.º do AUDSCAIE.
[454] Cf. Artigo 435.º, § 4, do AUDSCAIE.
[455] Cf. Artigo 435.º, § 3, do AUDSCAIE.
[456] Cf. Artigo 27.º do AUDSCAIE. A deliberação deve ser ratificada pela assembleia ordinária seguinte, caso contrário caduca (cf. Artigo 451.º do AUDSCAIE) – sobre o assunto, v. Mayatta Ndiaye MBAYE, *Le transfert* cit. Para a transferência da sede para fora do território de um dos Estados-membros é necessária uma assembleia extraordinária (cf. Artigo 551.º, § 3, n.º 2, do AUDSCAIE).
[457] Cf. Artigos 438.º e segs. do AUSDCAIE. A autorização não é necessária quando os acordos respeitem a negócios correntes celebrados em condições normais. Negócio corrente é aquele que é normalmente efectuado por uma sociedade no âmbito das suas actividades. As condições normais são aquelas aplicadas por negócios similares, não só da socie-

ças, avales e garantias por parte da sociedade para cumprimento das obrigações assumidas perante terceiros[458] e a convocação das assembleias gerais, ordinárias e extraordinárias. O conselho de administração pode exercer directamente os seus poderes ou conferir a um ou a mais dos seus membros um mandato especial para um ou mais objectos determinados[459].

O Acto Uniforme proíbe os administradores e os respectivos cônjuges, ascendentes, descendentes ou interposta pessoa de contrair, sob qualquer forma, empréstimos junto da sociedade, obter dela crédito sob a forma de descoberto em conta corrente, ou que a sociedade preste fiança ou aval a obrigações suas perante terceiros, salvo quando se tratar de uma instituição de crédito ou financeira ou de negócios correntes realizados em condições normais, ou ainda quando o beneficiário seja uma pessoa colectiva membro do conselho de administração, com exclusão da pessoa singular que o representa[460].

O Acto Uniforme não estabelece uma periodicidade para as reuniões do conselho, mas dispõe que o presidente convoca o conselho sempre que necessário e reconhece a um terço dos seus membros o poder de convocar o conselho, fixando a ordem de trabalhos quando este não reúna há mais de dois meses; não está estabelecida qualquer modalidade de convocatória, pelo que são os estatutos a regular a questão, mas todos os membros devem ser regularmente convocados para que as deliberações sejam válidas[461]. O conselho só pode deliberar validamente se estiverem presentes pelo menos metade dos seus membros, sendo as deliberações tomadas por uma

---

dade em causa, mas também de outras sociedades do mesmo ramo de actividade. Quando o conselho concede autorização o presidente deve informar o revisor oficial de contas no prazo de um mês, a fim de lhe permitir a elaboração de um relatório a ser submetido à assembleia ordinária anual; se esta não aprovar o negócio, este mantém a sua eficácia nas relações do contraente com terceiros de boa fé, permanecendo as eventuais consequências negativas para a sociedade a cargo do administrador interessado. A anulabilidade do negócio pode, todavia, ser invocada em caso de fraude, devendo a acção ter lugar no prazo de três anos a partir da conclusão do acto, ou do dia do seu conhecimento, se o negócio foi dissimulado.

[458] Cf. Artigo 449.º do AUDSCAIE. Com o Parecer n.º 02/2000/EP, de 26 de Abril de 2000, do TCJA declarou que é necessária a autorização do conselho de administração quando estas garantias sejam dadas por uma sociedade anónima que exerça habitualmente esta actividade, de que são exemplos as instituições de crédito e financeiras.

[459] Cf. Artigo 437.º do AUDSCAIE.
[460] Cf. Artigo 450.º do AUDSCAIE.
[461] Cf. Artigo 463.º do AUDSCAIE.

maioria dos membros presentes ou representados[462], salvo quando os estatutos determinem uma maioria qualificada, sendo nula qualquer cláusula em contrário[463]. As sessões do conselho são presididas pelo seu presidente[464], o qual tem voto de qualidade em caso de empate nas votações, salvo disposição estatutária em contrário[465]. Nas reuniões do conselho de administração participam os administradores e o revisor oficial de contas, para as reuniões em que são analisados os resultados do exercício, bem como um secretário encarregado de elaborar a acta[466]. Um administrador pode outorgar a outro administrador um mandato de representação para uma sessão, mas cada administrador não pode aceitar mais do que uma delegação por reunião do conselho[467].

A acta da reunião do conselho de administração deve indicar a presença ou ausência das pessoas convocadas para a sessão e a presença de todas as pessoas que assistiram parcialmente à reunião[468], sendo certificadas pelo presidente da sessão e por, pelo menos, um administrador[469], enquanto que as cópias ou os extractos das actas são certificados pelo presidente do conselho de administração, pelo director-geral ou, na sua ausência, por outra pessoa habilitada com poderes para o efeito[470].

A responsabilidade civil dos administradores pode ser feita valer através da promoção de uma acção de reparação autónoma ou de uma acção social.

A primeira pode ser intentada assim que se verifique um dano por infracção das disposições legais ou regulamentares aplicáveis às SA, por violação de disposições dos estatutos, ou por faltas cometidas durante a

---

[462] Relativamente à outorga do mandato de representação, cf. Artigo 456.° do AUDSCAIE. Contudo, os estatutos podem proibir a representação.

[463] Cf. Artigo 454.° do AUDSCAIE.

[464] Cf. Artigo 457.° do AUDSCAIE. Em caso de impedimento do presidente, as sessões do conselho de administração são presididas pelo administrador que possua um número mais elevado de acções e, em caso de igualdade, pelo mais velho entre eles. Os estatutos podem dispor de forma diversa e, em especial, podem estabelecer que sejam os membros do conselho a designar quem deve presidir às sessões.

[465] Cf. Artigo 454.°, § 2, do AUDSCAIE.

[466] Cf. Artigo 458.° do AUDSCAIE.

[467] Cf. Artigo 456.° do AUDSCAIE.

[468] Cf. Artigo 458.° do AUDSCAIE.

[469] Cf. Artigo 459.° do AUDSCAIE. Em caso de impedimento do presidente da sessão, as actas são assinadas por, pelo menos, dois administradores.

[470] Cf. Artigo 460.° do AUDSCAIE.

sua gestão. Sempre que vários administradores tenham contribuído para a prática do mesmo acto, compete ao tribunal determinar em que medida cada um deles contribuiu para o dano, a fim de apurar a responsabilidade de cada um[471].

A acção de responsabilidade social pode ser proposta pelos sócios, individual ou colectivamente, contra um ou vários administradores; se aqueles sócios representarem, pelo menos, a vigésima parte do capital social e forem portadores de um interesse comum, os accionistas podem escolher, à sua custa e no interesse comum, um ou vários de entre eles para os representar e acompanhar a acção indemnizatória, estando estes habilitados a pedir a reparação do prejuízo integral sofrido pela sociedade[472]. Considera-se não escrita qualquer cláusula que subordine o exercício do direito de acção social ao consentimento prévio da assembleia ou que implique a renúncia a este direito[473].

As acções em análise prescrevem no prazo de três anos a contar do facto que causou o prejuízo – ou do seu conhecimento, se era oculto –, e no prazo de dez anos, caso integre uma conduta criminosa[474].

5.3. *O presidente do conselho de administração, o presidente director-geral e o director-geral*

O presidente do conselho de administração exerce três prerrogativas essenciais: convoca e preside às reuniões do conselho de administração e das assembleias de accionistas, garante o controlo da gestão da sociedade por parte do conselho e procede a todo o tempo às averiguações que considerar oportunas, podendo exigir que lhe sejam comunicados todos os documentos que entenda serem úteis para o cumprimento da sua missão[475]. A sua remuneração é determinada pelo conselho de administração, que pode também atribuir-lhe outras regalias (reembolso de despesas, indemnização de missão, etc.).

---

[471] Cf. Artigo 740.º do AUDSCAIE.
[472] Cf. Artigo 741.º do AUDSCAIE. Segundo Athanase FOKO, *Radioscopie* cit., pág. 364, o poder em questão abrange todas as acções reparadoras contra os administradores.
[473] Cf. Artigo 742.º do AUDSCAIE.
[474] Cf. Artigo 743.º do AUDSCAIE.
[475] Cf. Artigos 480.º e 453.º do AUDSDCAIE.

O presidente do conselho de administração é escolhido de entre os membros do conselho, devendo ser uma pessoa singular[476], com um mandato renovável com a duração igual à de um administrador[477]. O presidente não pode exercer simultaneamente mais de três mandatos como presidente do conselho de administração de sociedades anónimas que tenham a respectiva sede social no território de um Estado-membro, da mesma forma que o seu mandato não é cumulável com mais de dois mandatos de administrador-geral ou director-geral de sociedades anónimas que tenham a sua sede social no território de um Estado-membro[478].

No caso de impedimento temporário do presidente, o conselho pode delegar as suas funções num dos seus membros, enquanto que em caso de falecimento, renúncia ou destituição, o conselho nomeia o novo presidente ou delega num administrador as suas funções[479]. Como qualquer administrador, o presidente do conselho de administração pode ser destituído pelo conselho a todo o tempo e sem necessidade de motivação, considerando-se não escrita toda a disposição em contrário[480]; pode ser também destituído pela assembleia dos sócios. Mantém-se, em todo o caso, intacta a responsabilidade civil perante a sociedade, os sócios e terceiros pelas faltas cometidas no exercício das suas funções[481], devendo a correspondente acção ser proposta no prazo de três anos, contados a partir da data do facto danoso ou do seu conhecimento, se este era desconhecido, mas se o facto constituir um crime a acção só prescreve ao fim de dez anos[482].

Os accionistas podem confiar a direcção da sociedade quer ao presidente do conselho de administração – designado agora presidente director-

---

[476] Cf. Artigo 477.º do AUDSCAIE. O preceito nada diz sobre se o cargo pode ser confiado a um administrador não accionista. Athanase FOKO, *Radioscopie* cit., pág. 367, inclina-se para a resposta negativa, mas os fundamentos invocados – melhor salvaguarda do interesse social – não parecem convincentes, se for verdade, como o afirma o Autor, que essa razão não pode servir de pretexto para proibir a designação de um administrador não accionista. No silêncio da norma, deve propender-se para um resposta positiva, também por analogia com o Artigo 495.º do AUDSCAIE, que permite a nomeação de um administrador único não sócio.

[477] Cf. Artigo 478.º do AUDSCAIE.
[478] Cf. Artigo 479.º do AUDSCAIE.
[479] Cf. Artigo 483.º do AUDSCAIE.
[480] Cf. Artigo 484.º do AUSCAIE.
[481] Cf. Artigos 740.º e 741.º do AUDSCAIE. Sobre o assunto, v. Bérenger Yves MEUKE, *Bréves observations* cit..
[482] Cf. Artigo 743.º do AUDSCAIE.

-geral – quer a um director-geral distinto do presidente do conselho de administração. O presidente director-geral é designado pelo conselho de administração entre os seus membros e tem de ser necessariamente uma pessoa singular[483], que exerce um mandato que não pode exceder a duração do mandato de qualquer administrador, mas que é todavia renovável[484], sendo que o AUDSCAIE lhe reconhece amplos poderes para o exercício das suas funções, limitados apenas pelo objecto social. É-lhe proibido exercer simultaneamente mais de três mandatos da mesma natureza em sociedades anónimas que tenham a sua sede no território do mesmo Estado-membro, mas pode cumular esta função com dois mandatos, como director-geral ou administrador único de sociedades anónimas, também elas com a sede social no território do mesmo Estado-membro[485]. O presidente director-geral pode ser destituído a todo o tempo e sem aviso prévio pelo conselho de administração[486], podendo ainda este, em caso de impedimento temporário daquele, delegar as suas funções num outro administrador, enquanto que em caso de falecimento, renúncia ou destituição o conselho designa um novo presidente director-geral ou delega num administrador as funções correspondentes[487]. A seu pedido e por decisão do conselho, o presidente director-geral pode ser auxiliado por um ou mais directores-gerais adjuntos, que exercem os poderes que lhes são conferidos pelo conselho de administração[488].

Também o director-geral é designado pelo conselho de administração[489], que o pode destituir a todo o tempo[490] mas, ao invés do presidente, a sua presença não é necessária; pode ser também escolhido entre pessoas de fora do conselho de administração, podendo, à semelhança do presidente director-geral, propor ao conselho a nomeação de um ou mais directores-gerais adjuntos para o auxiliarem no exercício das suas funções[491]. O conselho determina a duração do mandato, que é renovável[492], bem

---

[483] Cf. Artigo 462.º do AUDSCAIE. Cf. nota 454 relativamente à possibilidade de ser designado um sujeito não accionista.
[484] Cf. Artigo 463.º do AUDSCAIE.
[485] Cf. Artigo 464.º do AUDSCAIE.
[486] Cf. Artigo 469.º do AUDSCAIE.
[487] Cf. Artigo 468.º do AUDSCAIE.
[488] Cf. Artigo 470.º do AUDSCAIE.
[489] Cf. Artigo 485.º do AUDSCAIE, podendo ser um não sócio – sobre o tema, v. Athanase FOKO, *Radioscopie* cit., pág. 369.
[490] Cf. Artigo 492.º do AUDSCAIE.
[491] Cf. Artigo 485.º do AUDSCAIE.
[492] Cf. Artigo 471.º do AUDSCAIE.

como as modalidades e o valor da remuneração do director-geral adjunto[493] que, nas relações com terceiros, dispõe dos mesmos poderes do director--geral ou do presidente[494]. O director-geral, tal como o presidente director-geral, garante a direcção geral da sociedade e a representação da sociedade perante terceiros. Para o exercício das suas funções, o Acto Uniforme confere-lhe amplos poderes que ele exerce dentro dos limites impostos pelo objecto social[495]. Nas relações com terceiros pode vincular a sociedade, ainda que por actos não contidos no objecto social, sendo inoponível a terceiros de boa fé qualquer cláusula estatutária ou deliberação do conselho ou da assembleia que limite os seus poderes[496]. Em caso de impedimento temporário ou definitivo do director-geral, o conselho de administração procede à nomeação de um novo director-geral[497].

5.4. *A sociedade anónima com administrador único*

A opção de não nomear um conselho de administração e de designar, em alternativa, um administrador único, só pode ter lugar se a SA tiver um número de accionistas inferior a três: nesse caso, o administrador acumula, sob sua responsabilidade, as funções de administração e direcção da sociedade[498]. Se achar conveniente, o administrador pode requerer à assembleia a designação de uma ou mais pessoas singulares para o auxiliarem como administrador-geral adjunto[499], competindo à assembleia, em conjunto com o administrador único, determinar a duração e os poderes do administrador adjunto[500], podendo, a todo o tempo, destituir o administrador adjunto, à semelhança do que acontece com o administrador único[501]. Este convoca e preside à assembleia de accionistas, sendo investido de amplos poderes para agir em qualquer circunstância em nome da sociedade, respeitando o objecto social e os poderes da assembleia. Nas relações com terceiros, o

---

[493] Cf. Artigo 474.° do AUDSCAIE.
[494] Cf. Artigo 472.° do AUDSCAIE.
[495] Cf. Artigos 465.°, § 3, e 487.°, § 2, do AUDSCAIE.
[496] Cf. Artigos 465.°, §§ 4 e 5, 472.°, §§ 2 e 3, e 488.° do AUDSCAIE.
[497] Cf. Artigo 491.° do AUDSCAIE.
[498] Cf. Artigo 494.° do AUDSCAIE. De acordo com o Artigo 495.°, § 2, do AUDSCAIE, o administrador único pode ser ou não sócio.
[499] Cf. Artigo 510.° do AUDSCAIE.
[500] Cf. Artigo 512.° do AUDSCAIE.
[501] Cf. Artigos 509.° e 515.° do AUDSCAIE.

administrador único pode vincular a sociedade por actos que não se integram no objecto social, não sendo oponível a terceiros de boa fé qualquer limitação dos seus poderes[502].

A ausência de um conselho de administração torna menos necessária a necessidade de obtenção de uma autorização prévia para celebrar quaisquer contratos com a sociedade: assim, o administrador único pode celebrar pessoalmente ou por interposta pessoa qualquer negócio com a sociedade que dirige ou entre esta e uma outra pessoa colectiva de que seja proprietário, sócio de responsabilidade ilimitada ou dirigente[503]; tem, no entanto, a obrigação de informar o revisor oficial de contas, no prazo de um mês após a sua conclusão, para permitir que este elabore um relatório a apresentar à assembleia para aprovação do acordo[504], o qual produz efeitos nas relações com terceiros, com a única diferença de que, em caso de falta de aprovação por parte da assembleia, os eventuais prejuízos para a sociedade são da responsabilidade do administrador único[505]. Em todo o caso, fianças, avales e garantias que a sociedade entenda prestar permanecem sujeitos à autorização prévia da assembleia[506].

O primeiro administrador único – que pode ser estranho à sociedade – é designado pelos estatutos ou pela assembleia constitutiva, não podendo o seu mandato exceder dois anos, sendo depois designado pela assembleia geral ordinária para um mandato não superior a seis anos, renováveis[507]. Também o administrador único tem direito a uma indemnização, podendo estar ligado à sociedade através de um contrato de trabalho e não podendo aceitar simultaneamente mais de três mandatos como administrador único de SA que tenha a sua sede social no território de um mesmo Estado-membro, ou ainda o mandato de administrador único e mais dois mandatos como presidente ou director-geral[508]. Em caso de impedimento temporário do administrador único, as suas funções são temporariamente

---

[502] Cf. Artigo 498.º do AUDSCAIE.
[503] Cf. Artigo 502.º do AUDSCAIE.
[504] Cf. Artigo 503.º do AUDSCAIE.
[505] Cf. Artigo 504.º do AUDSCAIE.
[506] Cf. Artigo 506.º do AUDSCAIE. Esta aprovação não é necessária quando os avales, fianças e garantias sejam prestadas às administrações aduaneiras e fiscais.
[507] Cf. Artigos 495.º e 496.º do AUDSCAIE.
[508] Cf. Artigo 497.º do AUDSCAIE. Nesse caso, o administrador tem a obrigação de renunciar aos mandatos em excesso e, assim não acontecendo, presume-se que renuncia aos mandatos mais recentes, ficando obrigado a restituir as remunerações recebidas, mantendo-se no entanto válidos os actos por si praticados.

exercidas pelo administrador adjunto, se este tiver sido designado; caso contrário, deve a assembleia reunir-se para escolher um. Em caso de morte ou renúncia do administrador único, as suas funções são exercidas pelo administrador adjunto até à designação, na assembleia seguinte, de um novo administrador único[509].

5.5. A assembleia de accionistas

A assembleia é normalmente convocada pelo conselho de administração ou pelo administrador único; na sua falta, o Acto Uniforme estabelece que também pode ser convocada pelo revisor oficial de contas que em vão tenha pedido ao órgão competente a sua convocação[510], por um mandatário do presidente do tribunal competente, em decisão proferida em processo urgente, seja a pedido de qualquer interessado, seja a pedido de accionistas que representem pelo menos um décimo do capital social, no caso de assembleia geral, ou um décimo das acções da categoria interessada em caso de assembleia especial[511], e ainda pelo liquidatário nomeado em caso de liquidação da sociedade após a sua dissolução[512].

Salvo disposição estatutária em contrário, as modalidades de convocação variam consoante a sociedade tenha emitido acções ao portador ou acções nominativas: no primeiro caso, a convocatória é feita por intermédio de um aviso num jornal autorizado a publicar anúncios legais, enquanto que no caso das acções nominativas o aviso da convocatória pode ser substituído por uma convocatória feita à custa da sociedade, através de carta com protocolo ou registada com aviso de recepção[513]; em todo o caso, o legislador africano estabeleceu que deve decorrer um prazo entre a data da convocatória e a realização da assembleia, fixado em pelo menos quinze dias para a primeira convocatória e seis dias para as convocatórias seguintes, mas no caso de convocatória realizada por mandatário, um prazo di-

---

[509] Cf. Artigo 508.º do AUDSCAIE.
[510] Cf. Artigo 156.º do AUDSCAIE. Cf., também, a decisão do CA Centre-Yaoundé, de 7 de Julho de 2000 (n.º 364/Civ.).
[511] O Supremo Tribunal do Níger, por decisão de 16 de Agosto de 2001 (n.º 01-158/C), determinou que é o juiz que julga o processo urgente quem tem competência para designar o mandatário.
[512] Cf. Artigo 516.º do AUDSCAIE.
[513] A convocatória deve conter as indicações previstas no Artigo 51.º do AUDSCAIE.

verso, geralmente mais curto, pode ser fixado pelo tribunal[514]. As SA que recorram ao investimento do público são obrigadas a publicar em jornais habilitados a receberem anúncios legais o conteúdo da convocatória[515]. A convocatória deve conter as indicações exigidas pelo AUDSCAIE[516]. Salvo disposição estatutária em contrário, a assembleia tem lugar na sede social[517], no dia e hora marcados. A indicação da ordem de trabalhos é essencial para o funcionamento da assembleia já que esta não pode deliberar sobre assuntos que não estejam inscritos na ordem de trabalhos[518]; o Acto Uniforme não estabelece qual a sanção que atinge uma deliberação sobre um assunto não inscrito na ordem de trabalhos, mas do teor da norma pode deduzir-se que seja a nulidade[519]. A ordem de trabalhos é normalmente estabelecida pelo autor da convocatória, mas um ou mais sócios que possuam uma participação do capital social variável com base no capital social podem pedir ao autor da convocatória a inscrição na ordem de trabalhos de alguns pontos sob a forma de projecto de deliberação[520] endereçado à sede social por carta com protocolo ou registada com aviso de recepção, e ainda via telex ou fax, com pelo menos dez dias de antecedência relativamente à data da assembleia; são nulas as deliberações da assembleia que não tenham em consideração estes projectos[521]. A ordem

---

[514] Cf. Artigo 518.º do AUDSCAIE.
[515] Cf. Artigo 831.º do AUDSCAIE.
[516] Cf. Artigo 519.º do AUDSCAIE.
[517] Cf. Artigo 517.º do AUDSCAIE.
[518] Cf. Artigo 522.º do AUDSCAIE. No entanto, a assembleia pode sempre destituir um ou mais membros do conselho de administração ou, se for o caso, o administrador único e o administrador único adjunto e proceder à sua substituição ainda que a questão não esteja inscrita na ordem de trabalhos.
[519] Neste sentido, v. Paul-Gérard POUGOUE, François ANOUKAHA, Josette NGUEBOU TOUKAM, *Sociétés commerciales* cit., pág. 89.
[520] Cf. Artigo 520.º do AUDSCAIE que estabelece as seguintes participações: 5% do capital, se o capital da sociedade for inferior a um bilião de francos CFA; 3% do capital, se o capital estiver compreendido entre um bilião e dois biliões de francos CFA; 0.5% do capital, se este for superior a dois biliões de francos CFA. A mesma norma dispõe que quando a assembleia é convocada por mandatário de justiça, a ordem de trabalhos é fixada pelo presidente do tribunal competente que o designou; a norma determina ainda o cumprimento dos requisitos indicados no Artigo 523.º do AUDSCAIE relativamente à apresentação dos candidatos a um lugar de administrador ou de administrador-geral: identidade, referências profissionais e actividades profissionais nos últimos cinco anos, ainda que a preclusão destas indicações não seja sancionada.
[521] Cf. Artigo 521.º do AUDSCAIE.

de trabalhos fixada na primeira convocatória não pode ser alterada nas convocatórias seguintes para a mesma assembleia[522]. O legislador determina expressamente que as deliberações tomadas em assembleias irregularmente convocadas são anuláveis; todavia, a acção de anulação não é admissível quando todos os accionistas estejam presentes ou representados na assembleia[523].

Podem participar nas assembleias os accionistas, mas o exercício deste direito pode depender de uma inscrição prévia no registo das acções nominativas da sociedade ou, para os titulares de acções ao portador, do seu depósito num local indicado na convocatória ou junto de uma instituição de crédito ou financeira, contra a emissão de um comprovativo do depósito, com a antecedência mínima de cinco dias sobre a data em que tem lugar a assembleia[524]. A pedido do devedor, e às custas deste, o credor pignoratício deposita as acções ao portador que detiver sob penhor[525]. O Acto Uniforme admite que um accionista se faça representar por um procurador da sua escolha, sendo o mandato normalmente conferido para uma certa e determinada assembleia, sendo porém válido para as sucessivas convocatórias da assembleia com a mesma ordem de trabalhos, podendo, além disso, ser também conferido para duas assembleias – uma ordinária e outra extraordinária – desde que tenham lugar no mesmo dia ou no espaço de uma semana; considera-se não escrita qualquer cláusula estatutária em contrário[526]. O Acto Uniforme confere também um direito de participação ao revisor oficial de contas incumbido de apresentar o relatório financeiro de síntese na assembleia geral anual[527], aos encarregados da fusão para apresentação do respectivo relatório na assembleia extraordinária[528], aos representantes de grupos de obrigacionistas[529], aos administradores não accionistas com funções meramente consultivas[530], às pessoas estranhas à sociedade autorizadas pelo presidente do tribunal competente ou pela assembleia[531], ao

---

[522] Cf. Artigo 524.º do AUDSCAIE.
[523] Cf. Artigo 519.º, § 4, do AUDSCAIE.
[524] Cf. Artigos 537.º, § 1, e 541.º do AUDSCAIE.
[525] Cf. Artigo 540.º do AUDSCAIE.
[526] Cf. Artigo 538.º do AUDSCAIE.
[527] Cf. Artigo 711.º do AUDSCAIE.
[528] Cf. Artigo 672.º do AUDSCAIE.
[529] Cf. Artigo 791.º do AUDSCAIE.
[530] Cf. Artigo 539.º do AUDSCAIE.
[531] Cf. Artigo 537.º, § 2, do AUDSCAIE.

director-geral, ao administrador único e a uma pessoa chamada a exercer as funções de secretário[532].

A assembleia é presidida, consoante os casos, pelo presidente director-geral, pelo presidente do conselho de administração ou pelo administrador único e, em caso de impedimento deste e na falta de disposição estatutária em contrário, pelo sócio que detenha ou represente o mais elevado número de acções ou, em caso de igualdade, pelo mais velho[533]. Os dois accionistas que representem o maior número de acções, pessoalmente ou como procuradores, são designados escrutinadores, sob reserva da sua aceitação[534]; a assembleia designa depois o secretário para redigir a acta[535]. Para cada assembleia tem de ser feita uma folha de presenças que contenha os elementos de identificação de cada participante e o número de acções que eles representam, com o respectivo número de votos autenticada pelos escrutinadores[536], sendo a acta da assembleia assinada pelo presidente, secretário e escrutinadores e arquivada na sede social juntamente com a folha de presenças[537]. As cópias ou certidões das actas são certificadas, consoante os casos, pelo presidente director-geral, pelo presidente do conselho de administração, pelo administrador único ou por qualquer outra pessoa munida dos correspondentes poderes[538].

Disposições especiais estão previstas para cada tipo de assembleia: ordinária, extraordinária e especial. A assembleia ordinária tem lugar pelo menos uma vez por ano, nos seis meses seguintes ao encerramento do exercício, prazo esse que pode ser prorrogado por decisão judicial, restando a possibilidade de convocar, em caso de necessidade, uma assembleia ordinária no decurso do exercício; qualquer accionista pode participar na assembleia, mas os estatutos podem impor a detenção de um número mínimo de acções – não superior a dez – para a sua admissão, muito embora esta previsão não possa privar os accionistas do seu direito de participar na assembleia, pelo que quando haja uma tal limitação os accionistas podem juntar-se para reunir o número mínimo e fazer-se representar por um deles[539].

---

[532] Cf. Artigo 531.º do AUDSCAIE.
[533] Cf. Artigo 529.º do AUDSCAIE.
[534] Cf. Artigo 530.º do AUDSCAIE.
[535] Cf. Artigo 531.º do AUDSCAIE.
[536] Cf. Artigos 532.º, 533.º e 534.º do AUDSCAIE.
[537] Cf. Artigo 535.º do AUDSCAIE.
[538] Cf. Artigo 536.º do AUDSCAIE.
[539] Cf. Artigo 548.º do AUDSCAIE.

Na primeira convocatória a assembleia ordinária delibera validamente com a presença, também por via de representação, de pelo menos um quarto dos accionistas com direito de voto, tornando-se necessária uma segunda convocatória quando não se verifique este quórum[540]. A assembleia delibera por uma maioria simples dos votos expressos[541] e tem competência para deliberar sobre todas as questões que não sejam reservadas às assembleias extraordinárias e especiais[542]. A fim de participar nas deliberações da assembleia geral, o accionista tem o direito de obter alguns documentos: qualquer accionista tem o direito de consultar e obter cópias, a expensas próprias, na sede social, nos quinze dias anteriores à realização da assembleia, dos documentos indicados no Artigo 525.° do AUDSCAIE[543].

---

[540] Cf. Artigo 549.° do AUDSCAIE.
[541] Cf. Artigo 550.° do AUDSCAIE.
[542] Cf. Artigo 546.° do AUDSCAIE, nos termos do qual, em especial (o elenco é meramente indicativo), a assembleia é competente para:
   1) Deliberar sobre o resultado financeiro de síntese do exercício;
   2) Deliberar sobre a aplicação dos resultados; sob pena de anulabilidade de qualquer deliberação contrária, deve afectar-se, no mínimo, um décimo do lucro do exercício a um fundo de reserva, designado «reserva legal», depois de subtraídas, se for caso disso, as perdas anteriores, dotação essa que deixa de ser obrigatória logo que a reserva legal atinja um quinto do valor do capital social:
   3) Nomear os membros do conselho de administração ou o administrador único e, se for caso disso, o administrador único adjunto, bem como o revisor oficial de contas;
   4) Aprovar ou recusar a aprovação dos acordos concluídos entre os dirigentes sociais e a sociedade;
   5) Emitir obrigações;
   6) Aprovar o relatório do revisor oficial de contas previsto no Artigo 547.° do AUDSCAIE (aquisição pela sociedade de um bem pertencente a um accionista).
[543] Em especial:
   1) O inventário, o resultado financeiro de síntese e a lista dos administradores quando um conselho de administração seja constituído;
   2) Os relatórios do revisor oficial de contas e do conselho de administração ou do administrador geral que forem submetidos à assembleia;
   3) Se for caso disso, o texto da exposição de motivos, das deliberações propostas, assim como das informações relativas aos candidatos ao conselho de administração ou ao lugar de administrador geral;
   4) A lista dos accionistas;
   5) O montante global, certificado pelo revisor oficial de contas, das remunerações pagas aos dez ou cinco dirigentes sociais e assalariados mais bem remunerados, conforme o efectivo da sociedade exceda ou não duzentos assalariados, respectivamente.

Acresce que, em qualquer época do ano, os accionistas podem consultar e obter cópias na sede social dos documentos dos três últimos exercícios colocados à sua disposição antes da assembleia ordinária, das actas e folhas de presença das assembleias realizadas no decurso destes três últimos exercícios e de qualquer outro documento, quando previsto nos estatutos[544]. Se a sociedade recusar disponibilizar os documentos pedidos, o accionista pode, em processo urgente, requerer ao presidente do tribunal competente que ordene à sociedade a comunicação desses documentos[545].

O direito de pedir esclarecimentos por escrito aos dirigentes sociais é uma novidade: qualquer accionista pode, duas vezes em cada exercício, pedir esclarecimentos por escrito ao órgão de gestão sobre qualquer facto que possa comprometer a continuidade da gestão; a resposta, por escrito, deve ser dada no prazo de um mês[546], sendo fornecidas ao revisor oficial de contas uma cópia do pedido e outra da resposta[547]. As SA que recorrem ao investimento do público e cujos títulos estão cotados em bolsa devem publicar, em jornal habilitado a receber anúncios legais, no prazo de quatro meses a contar do encerramento do exercício, e com pelo menos quinze dias de antecedência sobre a data da assembleia geral ordinária anual, um projecto do resultado financeiro de síntese, de aplicação de resultados e, para as SA que tenham filiais, o projecto dos resultados financeiros de síntese consolidado, quando disponíveis; a mesma publicação é feita depois da aprovação da assembleia ordinária[548].

A assembleia extraordinária é competente para a alteração dos estatutos, para autorizar fusões, cisões, transformações e integração parcial de activos, para transferir a sede social para qualquer localidade do Estado-membro em que está situada, para o território de um outro Estado-membro, para dissolver antecipadamente a sociedade ou prolongar a sua duração; todavia, a assembleia extraordinária só pode aumentar as obrigações dos accionistas, para além das respectivas entradas, com o acordo de cada um deles[549]. Antes da realização da assembleia extraordinária, qualquer accionista tem o direito de consultar na sede social o texto das delibera-

---

[544] Cf. Artigo 526.º, § 1, do AUDSCAIE.
[545] Cf. Artigo 528.º do AUDSCAIE. Cf., também, a decisão do TPI de Yaoundé, de 6 de Fevereiro de 2001 (n.º 494/O).
[546] Cf. Artigo 158.º do AUDSCAIE.
[547] Cf. Artigo 526.º do AUDSCAIE.
[548] Cf. Artigos 847.º e 848.º do AUDSCAIE.
[549] Cf. Artigo 551.º do AUDSCAIE.

ções propostas, o relatório do conselho de administração ou do administrador único e o relatório do revisor oficial de contas ou do liquidatário, consoante os casos. O direito de participação dos accionistas na assembleia extraordinária não pode ser de modo algum limitado[550]; a importância dos assuntos a debater explica a exigência de um quórum e de uma maioria mais elevada: a assembleia extraordinária só delibera se os accionistas presentes detiverem ou representarem, pelo menos, metade das acções na primeira convocatória e um quarto das acções na segunda convocatória e, caso este quórum não seja atingido, tem lugar uma terceira convocatória – com o mesmo quórum – que deve ter lugar nos dois meses seguintes à data fixada na segunda convocatória[551]. A assembleia extraordinária delibera por maioria de dois terços dos votos expressos, sendo porém exigida a unanimidade em caso de transferência da sede social para o território de um outro Estado[552].

A assembleia especial reúne os titulares de uma determinada categoria de acções e tem por finalidade a aprovação de deliberações da assembleia geral que modificam os direitos dos seus membros, as quais só se tornam definitivas depois desta aprovação[553]. A assembleia especial funciona nos mesmos termos da assembleia extraordinária em matéria de quórum e maiorias[554].

5.6. *O revisor oficial de contas*

A descrição dos órgãos sociais permitiu já delinear os mecanismos de controlo interno confiados sobretudo aos accionistas (direito de consulta de documentos, direito de pedir informações por escrito, direito de recorrer a uma consultadoria de gestão, direito do presidente do conselho de

---

[550] Cf. Artigo 552.º do AUDSCAIE.
[551] Cf. Artigo 553.º do AUDSCAIE.
[552] Cf. Artigo 554.º do AUDSCAIE. Segundo Mayatta Ndiaye MBAYE, *Le transfert* cit., a unanimidade é exigida para a transferência da sede social para fora do espaço OHADA, enquanto que para a transferência para um outro Estado-membro é suficiente a maioria pedida para a modificação dos estatutos, em analogia com o previsto para as SARL e considerando o facto de que a unanimidade é exigida para a protecção dos interesses dos sócios, assegurada, no caso concreto, pela uniformidade normativa presente no espaço OHADA.
[553] Cf. Artigo 555.º do AUDSCAIE.
[554] Cf. Artigos 556.º e 557.º do AUDSCAIE.

administração controlar a gestão quando confiada a um director-geral). Por sua vez, o controlo externo da sociedade anónima é efectuado por um revisor oficial de contas[555]: o Acto Uniforme impõe às sociedades anónimas a designação de um ou mais revisores oficiais de contas e um seu substituto, fixando-se em dois o número mínimo de um e de outro quando as SA recorrem ao investimento do público[556].

O legislador OHADA estabeleceu um regime rigoroso de actuação do revisor oficial de contas[557]. Para garantir a integridade dos revisores, o Acto Uniforme estabelece uma série de incompatibilidades, tanto externas[558] como internas à sociedade[559]. São nulas as deliberações tomadas na

---

[555] Cf. Artigo 695.º do AUDSCAIE.
[556] Cf. Artigo 702.º do AUDSCAIE.
[557] De acordo com o Artigo 695.º do AUDSCAIE, são revisores oficiais de contas os revisores de contas inscritos na respectiva Ordem de cada Estado-membro ou, no caso de não existência dessa Ordem, o Artigo 566.º do AUDSCAIE estabelece a formação prévia de uma lista de revisores elaborada por uma comissão actuante junto do tribunal de recurso na área geográfica respectiva.
[558] O Artigo 597.º do AUDSCAIE estabelece incompatibilidades com qualquer actividade ou qualquer acto que possa prejudicar a sua independência, com todo e qualquer emprego assalariado excepto no que respeita ao ensino e com toda e qualquer actividade comercial exercida directamente ou por interposta pessoa.
[559] De acordo com o Artigo 698.º do AUDSCAIE, não podem ser revisores oficiais de contas:
1) Os fundadores, titulares de entradas, beneficiários de vantagens especiais, dirigentes sociais da sociedade ou das suas filiais, bem como os respectivos cônjuges;
2) Os seus parentes e afins até ao quarto grau inclusive;
3) Os dirigentes sociais das sociedades que possuam um décimo do capital da sociedade ou de que esta possua um décimo do capital, bem como os respectivos cônjuges;
4) As pessoas que, directa, indirectamente ou por interposta pessoa, recebam, das pessoas mencionadas nos números anteriores, um qualquer salário ou uma qualquer remuneração em contrapartida de uma actividade diferente da de revisor oficial de contas, o mesmo se aplicando aos respectivos cônjuges;
5) As sociedades de revisores oficias de contas em que um dos sócios, accionistas ou dirigentes se encontrem numa das situações referidas nos números precedentes;
6) As sociedades de revisores oficiais de contas em que um dos dirigentes, sócio ou accionista que exerça a função de revisor oficial de contas seja casado com uma pessoa que se encontre numa das situações precedentes.

O Artigo 699.º do AUDSCAIE estabelece que o revisor oficial de contas não pode ser designado administrador, administrador único, e também adjunto, director-geral ou vice-director-geral da sociedade que fiscaliza antes de perfeitos cinco anos sobre o termo

assembleia de accionistas quando a designação do revisor oficial de contas seja irregular ou as deliberações tenham por base um relatório do revisor irregularmente designado ou que exerça funções em violação das normas que disciplinam a nomeação, mas o direito de intentar a correspondente acção extingue-se se entretanto a deliberação for expressamente confirmada em assembleia com base num relatório do revisor oficial de contas regularmente designado[560]. Por outro lado, incorrem numa sanção penal os dirigentes sociais que não tenham procedido à nomeação do revisor oficial de contas ou que os não convoquem para a assembleia geral anual[561].

O primeiro revisor oficial de contas e o seu substituto são designados pelos estatutos ou pela assembleia constitutiva pelo período de dois exercícios, sendo o mandato renovável, passando a seis exercícios quando a designação seja feita em assembleia geral ordinária[562]. Quando a assembleia geral não renove o mandato do revisor oficial de contas, a fim de designar outro[563], cessam as funções daquele; o mandato do revisor oficial

---

das respectivas funções. A mesma proibição é aplicável aos sócios de uma sociedade de revisores oficiais de contas; durante esse mesmo período não pode exercer a mesma função nas sociedades que possuam um décimo do capital social das sociedades por si fiscalizadas, nem nas sociedades nas quais a sociedade por si fiscalizada possui um décimo do capital social.

Por fim, de acordo com o Artigo 700.° do AUDSCAIE, as pessoas que tenham sido administradoras, administradoras gerais, administradores gerais adjuntos, directores-gerais ou directores-gerais adjuntos, gerentes ou assalariados de uma sociedade não podem ser nomeados revisores oficiais de contas antes de decorridos cinco anos sobre o termo das respectivas funções na dita sociedade; durante o mesmo prazo, essas pessoas não podem ser nomeadas revisores oficiais de contas nas sociedades que possuam um décimo do capital da sociedade na qual exerciam as respectivas funções ou de que estas possuíam um décimo do seu capital no momento do termo do seu mandato, sendo estas proibições também aplicáveis às sociedades de revisores oficiais de contas de que as referidas pessoas sejam sócias, accionistas ou dirigentes.

[560] Cf. Artigo 701.° do AUDSCAIE.
[561] Cf. Artigo 898.° do AUDSCAIE.
[562] Cf. Artigos 703.° e 704.° do AUDSCAIE. De acordo com o Artigo 508.° do AUDSCAIE, a título excepcional, o revisor pode ser designado por via judicial quando a assembleia geral se coíba de o nomear: nesse caso, qualquer accionista pode pedir, em processo urgente, ao presidente do tribunal competente, que proceda à designação, mantendo-se o mandato do revisor nomeado até à realização da assembleia ordinária anual seguinte.
[563] De acordo com o Artigo 707.° do AUDSCAIE, quando os dirigentes sociais propõem à assembleia a não renovação do mandato do revisor oficial de contas, este tem o direito a ser por ela ouvido.

de contas pode terminar também por renúncia, impedimento ou morte, sendo nesse caso o cargo desempenhado pelo suplente até ao momento da cessação do impedimento ou, se o mesmo for definitivo, até ao termo do mandato do revisor afectado pelo impedimento[564].

O revisor oficial de contas tem poderes para exercer um controlo dos valores e documentos contabilísticos da sociedade e verificar a conformidade da sua contabilidade com as regras em vigor[565], podendo, para o efeito, praticar todos os actos que entenda necessários para o controlo da sociedade, incluindo a requisição de documentos da sociedade, bem como de se fazer assistir ou representar por peritos ou colaboradores da sua escolha, cujo nome deve indicar à sociedade[566], e de recolher toda a informação considerada útil junto de terceiros que tenham actuado por conta da sociedade, muito embora estes não sejam obrigados a facultar essa documentação, excepto quando o tribunal competente o determine[567]. Em especial, o revisor oficial de contas é chamado a certificar que o balanço da sociedade está correcto e é verdadeiro, dando uma imagem fiel do resultado das operações desenvolvidas no exercício findo, bem como da situação patrimonial e financeira da sociedade no fim do exercício[568]; o revisor oficial de contas deve ainda assegurar-se de que a igualdade entre os sócios é respeitada verificando, nomeadamente, que todas as acções de uma mesma categoria beneficiam dos mesmos direitos[569]. O único limite que o revisor oficial de contas encontra no exercício das suas funções reside na impossibilidade de interferir na gestão da sociedade[570].

O legislador OHADA impõe ao revisor oficial de contas uma obrigação de informação e de denúncia no exercício da sua actividade de controlo. Em particular, o revisor oficial de contas deve levar ao conhecimento dos administradores e dos accionistas os factos descobertos no decurso da sua actividade, elaborando para o efeito um relatório endereçado ao conselho de administração ou ao administrador único com a indicação das investigações feitas e das irregularidades encon-

---

[564] Cf. Artigo 728.º do AUDSCAIE.
[565] Cf. Artigo 712.º do AUDSCAIE.
[566] Cf. Artigo 718.º do AUDSCAIE.
[567] Cf. Artigo 720.º do AUDSCAIE.
[568] Cf. Artigo 710.º do AUDSCAIE.
[569] Cf. Artigo 714.º do AUDSCAIE.
[570] Cf. Artigo 712.º do AUDSCAIE.

tradas[571], enunciando as irregularidades e inexactidões encontradas na assembleia geral mais próxima[572]. O revisor oficial de contas tem também o dever de iniciar o procedimento previsto no Artigo 153.º do AUDSCAIE quando, no exercício das suas funções, tome conhecimento de factos que possam comprometer a continuidade da gestão. Por fim, o revisor oficial de contas deve denunciar ao Ministério Público eventuais factos que constituam crime, quando descobertos no exercício das suas funções[573].

Os honorários, as despesas de deslocação e de estadia, bem como as remunerações excepcionais do revisor oficial de contas são pagos pela sociedade[574].

5.7. As acções

As acções integram-se no âmbito dos valores mobiliários emitidos pelas SA e definem-se como instrumentos que conferem direitos idênticos numa mesma categoria, dando acesso, directa ou indirectamente, a uma parte do capital social da sociedade emitente ou a um direito geral de crédito sobre o seu património, sendo indivisíveis relativamente à sociedade emitente[575].

O quadro descrito, se tem o mérito de realçar dois dos aspectos fundamentais dos valores mobiliários, a fungibilidade e a indivisibilidade, omitiu uma referência a outros dois aspectos fundamentais como são a negociabilidade e a característica de instrumento representativo de uma entrada – seja em dinheiro, seja em espécie –[576], pelo que a definição estabelecida no Acto Uniforme tem de ser complementada por outras disposições que permitem determinar o âmbito exacto da noção[577].

---

[571] Cf. Artigo 715.º do AUDSCAIE.
[572] Cf. Artigo 716.º, § 1, do AUDSCAIE.
[573] Cf. Artigo 716.º, § 2, do AUDSCAIE.
[574] Cf. Artigos 723.º e 724.º do AUDSCAIE.
[575] Cf. Artigo 744.º do AUDSCAIE.
[576] Neste sentido, v. Didier LOUKAKOU, *Les valeurs mobilières* cit., pág. 264.
[577] Para a negociabilidade, cf. Artigos 52.º e 58.º do AUDSCAIE, os quais definem os títulos sociais como bens mobiliários negociáveis; os Artigos 759.º a 763.º do AUDSCAIE para as acções; e o Artigo 779.º do AUDSCAIE. Sobre a representatividade da entrada na actividade da sociedade, cf. Artigo 745.º do AUDSCAIE.

Assim, de acordo com o AUDSCAIE, os valores mobiliários são bens móveis[578], indivisíveis[579], negociáveis[580] e fungíveis[581], que podem assumir a forma de acções ou obrigações, nominativas ou ao portador[582].

A acção é um título que representa a parte de um sócio no capital de uma sociedade: a mesma palavra designa o título – distinguem-se as acções ao portador e as acções nominativas – e o direito representado; é normalmente negociável e tem um valor nominal que corresponde à parte do capital social que representa. O legislador fixou em dez mil francos CFA o valor mínimo de uma acção[583] e, uma vez emitidas, não podem ser restituídas, excepto na hipótese de dissolução e liquidação da sociedade[584].

No que à tipologia das acções diz respeito, o Acto Uniforme distingue, consoante as modalidades do seu pagamento, as acções em numerário e as acções em espécie. As acções em numerário são as emitidas com contrapartida em dinheiro, em compensação de créditos certos, líquidos e exigíveis sobre a sociedade, por incorporação de reservas, de lucros ou de prémios de emissão, e ainda aquelas cujo montante resulta em parte de incorporação de reservas, lucros ou prémios de emissão e, em parte, de entradas em dinheiro; todas as demais acções são designadas acções em espécie[585].

Outra e mais importante distinção é a que se estabelece entre acções nominativas e acções ao portador. A acção diz-se nominativa quando é representada por um título no qual é mencionado o nome do seu titular, não podendo a sua transmissão ser validamente efectuada senão mediante inscrição no registo da sociedade do nome do adquirente e o cancelamento do antigo titular; enquanto que se diz que a acção é ao portador quando esta não indica o nome do seu titular, facto que facilita a sua transmissão através da simples posse do título. Ao princípio geral segundo o qual, con-

---

[578] Cf. Artigo 52.º do AUDSCAIE. Sobre as consequências desta classificação nas relações extra-societárias, v. Didier LOUKAKOU, *Les valeurs mobilières* cit., pág. 265.
[579] Cf. Artigo 744.º do AUDSCAIE.
[580] V. nota 577.
[581] Conforme observa Didier LOUKAKOU, *Les valeurs mobilières* cit., pág. 270, a fungibilidade está ligada à expressão «*direitos idênticos por categoria*» nos termos do Artigo 744.º do AUDSCAIE.
[582] Cf. Artigo 745.º do AUDSCAIE.
[583] Cf. Artigo 750.º do AUDSCAIE.
[584] Cf. Artigo 778.º do AUDSCAIE.
[585] Cf. Artigo 748.º do AUDSCAIE.

forme a escolha dos fundadores, as acções podem ser nominativas ou ao portador, o Acto Uniforme coloca algumas restrições, impondo a forma nominativa às acções em numerário até à completa realização das entradas[586], às acções a que seja atribuído um direito de voto duplo[587], às acções cuja cessão a um terceiro esteja sujeita a uma cláusula de aprovação[588], às acções em espécie nos dois primeiros anos após a data da sua emissão[589] e às acções adquiridas pela sociedade para serem redistribuídas pelos seus trabalhadores[590].

A distinção entre acções ordinárias e acções privilegiadas baseia-se no tipo de vantagens atribuídas a cada acção: quando a vantagem considerada é comum a todo o tipo de acções, estas dizem-se ordinárias, enquanto que as acções privilegiadas são aquelas que atribuem vantagens específicas, tanto operativas como económicas. Assim, os estatutos ou a assembleia extraordinária podem atribuir um direito de voto duplo às acções nominativas inteiramente realizadas, relativamente às quais exista inscrição nominativa há pelo menos dois anos em nome de um mesmo accionista, em caso de aumento de capital por incorporação de reservas, de lucros ou de prémios de emissão e a acções atribuídas gratuitamente a um accionista em virtude da titularidade de acções antigas com o mesmo benefício[591]; por outro lado, a conversão das acções nominativas em acções ao portador determina a perda do direito de voto duplo[592]. Relativamente às vantagens de natureza económica, o Artigo 755.º do AUDSCAIE estabelece que, no momento da constituição da sociedade ou no curso das suas operações, possam ser criadas acções às quais seja atribuído um valor superior dos lucros ou da parte residual da liquidação ou um direito de prioridade na distribuição dos lucros, ou dos dividendos acumulados.

A diferença entre acções de capital e acções de fruição reside na permanência do risco de perda à qual a entrada de capital fica sujeita. A acção de capital corresponde efectivamente a uma parte do capital social entregue pelo accionista, através da qual a sociedade adquire a propriedade da

---

[586] Cf. Artigo 749.º do AUDSCAIE.
[587] Cf. Artigo 752.º do AUDSCAIE.
[588] Cf. Artigo 765.º do AUDSCAIE.
[589] Cf. Artigo 749.º do AUDSCAIE
[590] Cf. Artiho 640.º, §§ 2 e 3, do AUDSCAIE.
[591] Cf. Artigo 752.º do AUDSCAIE. Em sentido contrário, por sua vez, o Artigo 751.º do AUDSCAIE estabelece que não podem ser criadas acções sem direito de voto.
[592] Cf. Artigo 753.º do AUDSCAIE.

entrada, que justifica, em contrapartida, a emissão da acção; por seu lado, a acção de fruição é aquela cujo valor nominal é restituído ao accionista através da retirada sobre os lucros ou sobre a reserva, a qual, na verdade, deixa o capital intacto; para que não perca a qualidade de accionista, ao sócio é atribuída uma acção de fruição que lhe permite continuar a usufruir de todas as prerrogativas inerentes à acção, com excepção do pagamento do valor residual resultante da liquidação.

Alguns dos direitos inerentes às acções encontram-se enumerados nos Artigos 751.º e seguintes do AUDSCAIE, estando outros dispersos pelo mesmo diploma, podendo uns e outros dividir-se em duas categorias: os direitos relativos à vida da sociedade e os direitos de natureza económica.

No primeiro grupo integra-se, desde logo, o direito de fazer parte da sociedade. O accionista não pode ser expulso da sociedade pelos administradores ou por deliberação da assembleia de sócios, a menos que falhe na realização da respectiva entrada, ou que a sociedade reduza o seu capital, diminuindo o número de acções, e um accionista deixe de possuir um número mínimo de acções antigas para que lhe seja atribuída uma acção nova.

Neste grupo integram-se o direito de informação, direito este que o accionista pode exercer de modo permanente e em certas ocasiões[593], como também o direito de participação e de voto nas assembleias: a participação na assembleia é, por via de regra, pessoal, mas o accionista pode fazer-se representar por um procurador da sua escolha[594]; o direito de participação compreende, também, o direito de voto. A cada acção corresponde um direito de voto proporcional à parte do capital social que a mesma representa, conferindo cada uma, pelo menos, um voto[595], salvo quando sejam estabelecidas nos estatutos limitações quanto ao número de votos que cada accionista dispõe nas assembleias – desde que tal limitação seja imposta a todas as categorias de acções[596] –, quando existam acções com direito de voto duplo[597], ou ainda na situa-

---

[593] Cf. a referência já feita ao direito de informação no ponto relativo ao funcionamento da assembleia, bem como o Artigo 526.º do AUDSCAIE, que indica os documentos que o accionista tem o direito de consultar e de obter cópia junto da sede social – sobre o assunto, v. AA.VV., *OHADA. Sociétés* cit., págs. 462 e segs..

[594] Cf. Artigo 538.º do AUDSCAIE.
[595] Cf. Artigos 543.º, § 1 e 751.º do AUDSCAIE.
[596] Cf. Artigo 543.º, § 2, do AUDSCAIE.
[597] Cf. Artigos 544.º, 752.º e 753.º do AUDSCAIE.

ção de supressão do direito de voto no caso de acções adquiridas pela sociedade[598].

Os accionistas têm, ainda, proporcionalmente ao montante das suas acções, um direito de preferência na subscrição de acções em dinheiro, emitidas para realizar um aumento de capital[599]. O accionista pode ser privado deste direito em assembleia geral, desde que esta delibere em condições de quórum e maioria de assembleia extraordinária, sendo a deliberação válida somente se o conselho de administração ou o administrador único, consoante o caso, indicarem à assembleia, no respectivo relatório, as razões do aumento do capital, as pessoas às quais serão atribuídas as novas acções, o número de acções atribuído a cada uma delas, a taxa de emissão e as bases de cálculo da mesma[600]. Todavia, o accionista pode renunciar ao exercício do seu direito, ou negociá-lo nas mesmas condições que a própria acção durante o período de subscrição[601].

Entre os direitos não patrimoniais resta ainda o direito de transmissão das acções[602]. O Acto Uniforme estabelece o princípio da livre transmissibilidade das acções, distinguindo entre as sociedades que não recorrem ao investimento do público e as que o fazem[603]. No primeiro caso, as modalidades de transmissão variam consoante se trate de acções nominativas ou ao portador: a transmissão de acções nominativas efectua-se com a inscrição da transferência no registo, momento a partir do qual surgem os direitos a favor do titular; a transmissão das acções ao portador realiza-se mediante a simples entrega do título (*traditio*), sendo o portador do título considerado como seu titular. As acções das sociedades que recorrem ao investimento público, sejam nominativas ou ao portador, são transmitidas de acordo com as modalidades supra descritas, podendo ser também transmitidas por transferência de conta quando estiverem representadas por uma inscrição numa conta aberta em nome do respectivo titular mantida pela sociedade emissora ou por um intermediário financeiro autorizado.

---

[598] Cf. Artigo 542.º do AUDSCAIE. Estas acções não são contabilizadas para efeitos de cálculo do quórum.

[599] Cf. Artigo 757.º, § 1, do AUDSCAIE.

[600] Cf. Artigo 758.º do AUDSCAIE.

[601] Cf. Artigo 757.º, § 2, do AUDSCAIE.

[602] Este direito é classificado entre os direitos de natureza patrimonial in AA.VV., *OHADA. Sociétés* cit., pág. 465. Preferimos a solução projectada no texto porque as vantagens patrimoniais derivadas da transmissão das acções não são inerentes às acções em si, mas derivam de um negócio jurídico, do qual a acção é apenas o objecto.

[603] Cf. Artigo 764.º do AUDSCAIE.

O legislador OHADA pretende, assim, a progressiva desmaterialização destes títulos.

A livre negociação das acções não é, todavia, absoluta. O legislador OHADA não permite que as acções sejam negociáveis antes da matrícula da sociedade no RCCM, antes do averbamento do aumento do capital social também no RCCM[604] e, no caso das acções em numerário, antes da realização integral das entradas[605]. A negociação da promessa de acções é proibida, excepto quando se trate de acções a criar por ocasião do aumento de capital de uma sociedade cujas acções estejam cotadas oficialmente em bolsa de valores de um ou mais Estados-membros, estando a transacção sujeita à condição de se efectuar o aumento de capital[606].

São válidas as cláusulas limitativas da transmissibilidade de acções quando o capital da sociedade seja exclusivamente representado por acções nominativas; os estatutos podem estabelecer também que a transmissão a terceiro fique sujeita ao consentimento do conselho de administração ou da assembleia geral ordinária; as limitações à transmissão de acções não se aplicam em caso de sucessão, de liquidação do património comum dos cônjuges ou de transmissão, quer ao cônjuge, quer a ascendente ou descendente[607]. Se tiver sido estipulada a necessidade de consentimento, o transmitente deve comunicar à sociedade a identificação completa do transmissário e as condições do projectado negócio[608]; se a sociedade não prestar o seu consentimento, deve, no prazo de três meses contados da data da recusa, fazer adquirir as acções por um accionista, por terceiro ou, com o consentimento do cedente, pela própria sociedade, para redução do capital[609]. Se passados três meses a compra não for efectuada, considera-se dado o consentimento, salva a possibilidade de prorrogação do prazo por via judicial sempre que seja nomeado um perito para determinar o preço da transmissão[610].

Enquanto valor mobiliário, a acção é susceptível de ser dada em penhor[611], permitindo ao accionista obter crédito utilizando os seus títulos.

---

[604] Cf. Artigo 759.º do AUDSCAIE.
[605] Cf. Artigo 761.º do AUDSCAIE.
[606] Cf. Artigo 760.º do AUDSCAIE.
[607] Cf. Artigo 765.º do AUDSCAIE.
[608] Cf. Artigo 767.º do AUDSCAIE.
[609] Cf. Artigo 769.º do AUDSCAIE.
[610] Cf. Artigo 771.º do AUDSCAIE.
[611] Cf. Artigo 64.º do AUOG.

Para esse fim, o accionista deve enviar à sociedade o projecto de constituição do penhor, indicando o beneficiário do penhor e o número de acções a empenhar, derivando o consenso da sociedade da aceitação expressa, comunicada nos mesmos termos do pedido, ou do silêncio no prazo de três meses a contar do pedido[612]. O consentimento dado pela sociedade ao penhor de acções implica também o consentimento de ingresso do cessionário em caso de execução forçada das acções cedidas em penhor, a menos que a sociedade prefira adquirir as suas acções e com isso reduzir o seu capital[613].

Passando aos direitos de natureza patrimonial, através da subscrição de acções o respectivo titular assegura o direito aos dividendos, o direito à eventual distribuição das reservas e, se for caso disso, o direito ao produto residual da liquidação.

O direito aos dividendos é normalmente proporcional à parte do capital que cada acção representa, mas, como supra mencionado, os estatutos ou a assembleia geral podem criar acções com prioridade no pagamento de dividendos relativos a um exercício[614]. A decisão de distribuir os dividendos é da competência da assembleia ordinária anual[615], que pode delegar no conselho de administração a sua execução, sendo o pagamento de dividendos feito de uma só vez no decurso de cada exercício[616] e no prazo máximo de nove meses a contar do encerramento do exercício, podendo no entanto este prazo ser prorrogado por decisão judicial[617].

Para além da reserva legal que têm a obrigação de constituir, as SA podem constituir livremente outras reservas, que os accionistas podem dividir entre si em caso de dissolução da sociedade ou no decurso da vida da sociedade. Para o efeito, quando os lucros distribuíveis de um exercício não permitam garantir um nível suficiente de dividendos, a assembleia pode decidir retirar reservas livres para completar a distribuição.

---

[612] Cf. Artigo 713.º do AUDSCAIE, o qual indica as modalidades em que deve ser efectuada a comunicação à sociedade. A hipótese de recusa não se encontra prevista no Acto Uniforme, mas é possível: pode colocar-se a hipótese de aplicação analógica da norma prevista para a situação de recusa da cessão, através da qual a sociedade deve oferecer ao accionista o valor que ele pretendia obter através da operação de constituição do penhor dos respectivos títulos.
[613] Cf. Artigo 772.º do AUDSCAIE.
[614] Cf. Artigo 754.º do AUDSCAIE.
[615] Cf. Artigo 546.º do AUDSCAIE.
[616] Cf. Artigo 756.º do AUDSCAIE.
[617] Cf. Artigo 146.º, § 2, do AUDSCAIE.

No momento da liquidação da sociedade, pagas as dívidas sociais e reembolsadas as entradas, os montantes remanescentes na caixa da sociedade constituem o valor residual da liquidação. O processo de liquidação encerra com a distribuição desta soma entre os accionistas e na proporção da respectiva quota no capital social.

Os direitos conexos à titularidade de acções podem ser exercidos somente quando o accionista cumpre a obrigação de realizar integralmente a sua entrada. Para o efeito, o Acto Uniforme faz uma distinção consoante se tratem de acções com entrada em espécie ou em dinheiro: no primeiro caso, e independentemente do tipo de sociedade, as entradas devem ser integralmente realizadas no momento da constituição da sociedade[618]; quanto às acções com entradas em dinheiro o Acto Uniforme é mais flexível, consentindo a liberação de um quarto do seu valor no momento da subscrição, devendo o saldo ser pago à medida da solicitação do conselho de administração, num prazo máximo de três anos a contar da data da subscrição[619]. Em caso de falta de pagamento dos montantes relativos a acções não liberadas nos termos estabelecidos pelo conselho de administração ou pelo administrador único, conforme o caso, a sociedade interpela o accionista faltoso para pagar: se o accionista não efectuar o pagamento no prazo de um mês a contar da interpelação, a sociedade procede à venda das acções subscritas e não liberadas e, a partir do mesmo prazo, as acções cujo pagamento não tenha sido feito não dão direito à admissão e ao voto nas assembleias de accionistas, sendo as mesmas acções deduzidas para cálculo do quórum e das maiorias, sendo também suspensos o direito aos dividendos e o direito de preferência na subscrição de novas acções em caso de aumento do capital, até ao pagamento das quantias em dívida[620].

Em caso de propriedade comum de acções indivisas, rege o princípio geral de que o exercício de direitos comuns é feito por unanimidade de todos os comproprietários, sendo a qualidade de accionista reconhecida a cada comproprietário; na falta de acordo entre comproprietários, todos são convocados para as assembleias, embora sejam representados por apenas um deles, competindo ao tribunal a designação do representante, a pedido de qualquer um dos comproprietários, sempre que não haja acordo entre

---

[618] Cf. Artigo 45.º, § 2, do AUDSCAIE.
[619] Cf. Artigo 744.º do AUDSCAIE.
[620] Cf. Artigo 775.º do AUDSCAIE. A interpelação é efectuada por meio de carta sob protocolo ou registada com aviso de recepção (cf. Artigo 775.º, n.º 1, do AUDSCAIE).

eles[621]. Por sua vez, quando as acções sejam objecto de um direito de usufruto, e na falta de previsão estatutária em contrário, o direito de voto nas assembleias pertence ao proprietário de raiz, com excepção das deliberações relativas à aplicação dos resultados, caso em que o direito de voto pertence ao usufrutuário[622]; em caso de aumento de capital, o proprietário e o usufrutuário têm liberdade para regular as condições de exercício do direito de preferência [623] que, na falta de estipulação em contrário, pertence ao respectivo titular[624], podendo, em caso de negligência, o usufrutuário substituir-se àquele[625]. Em caso de penhor sobre as acções, o devedor conserva o direito de voto nas assembleias[626] e também os direitos patrimoniais e financeiros relativos à titularidade das acções: normalmente, o credor pignoratício não participa na vida da sociedade, mas pode intentar acções de responsabilidade civil contra os administradores que através da sua gestão contribuam para desvalorizar o valor dos títulos dados em penhor.

5.8. As obrigações

As obrigações são títulos emitidos na sequência de empréstimos feitos à sociedade e definem-se como títulos negociáveis que, numa mesma emissão, conferem os mesmos direitos de crédito para o mesmo valor nominal[627]. A emissão obrigacionista só é permitida às sociedades anónimas e aos agrupamentos de interesse económico constituídos por sociedades anónimas, com o mínimo de dois anos de existência e cujos dois últimos

---

[621] Cf. Artigo 127.º do AUDSCAIE.
[622] Cf. Artigo 128.º do AUSDCAIE. Sobre o tema, v. Bérenger YVES MEUKE, *Observation sur le démembrement des droits sociaux dans l'espace OHADA*, in *Revue Penant*, n.º 858 (2007), págs. 97 e segs., de acordo com o qual o pacto estatutário contrário não pode ir ao ponto de negar a separação de direitos entre o proprietário e o usufrutuário.
[623] Cf. Artigo 581.º do AUDSCAIE. O Artigo 585.º do AUDSCAIE acrescenta que no caso de exercício do direito de preferência a divisão de direitos mantém-se quanto às novas acções.
[624] Cf. Artigo 582.º do AUDSCAIE, de acordo com o qual, se o proprietário ceder a terceiros o uso do seu direito de subscrição, os valores provenientes da alienação ficam onerados pelo usufruto.
[625] Cf. Artigos 583.º e 584.º do AUDSCAIE.
[626] Cf. Artigo 540.º do AUDSCAIE.
[627] Cf. Artigo 779.º do AUDSCAIE.

balanços estejam regularmente aprovados pelos accionistas[628], assim como o capital integralmente realizado[629]; a emissão de lotes de obrigações é proibida[630].

A decisão de emitir obrigações é tomada pela assembleia de accionistas, a qual pode delegar no conselho de administração ou no administrador geral, conforme os casos, a competência para a emissão obrigacionista, uma ou várias vezes, no prazo de dois anos, bem como para decidir sobre as respectivas modalidades[631]. O Acto Uniforme não especifica qual a assembleia competente para o efeito, pelo que tudo depende de qual seja o tipo de obrigações a emitir: se se trata de obrigações cuja emissão implica a alteração do capital social e dos estatutos, a deliberação compete à assembleia extraordinária, caso contrário pode ser tomada pela assembleia ordinária.

Se a colocação das obrigações for feita através do recurso ao investimento do público num ou mais Estados-membros, a sociedade emissora, antes da abertura da subscrição, deve publicar em jornais autorizados a receber anúncios legais um aviso com uma série de indicações, previstas no Acto Uniforme, que informam sobre a situação da sociedade e as condições de emissão[632], seguida de circulares que informam o público acerca da emissão obrigacionista, editais e avisos[633].

O legislador OHADA nada estabeleceu relativamente à forma e ao valor mínimo das obrigações. Pode por isso deduzir-se que as obrigações podem ser nominativas e ao portador e que, por analogia com o previsto quanto às acções, o seu valor nominal não pode ser inferior a dez mil francos CFA[634]. A assembleia pode decidir que o pagamento dos juros e o reembolso do capital das obrigações sejam acompanhados por uma garantia real ou pessoal[635]: geralmente, as garantias são constituídas pela socie-

---

[628] Cf. Artigo 780.º do AUDSCAIE.
[629] Cf. Artigo 781.º do AUDSCAIE.
[630] Cf. Artigo 782.º do AUDSCAIE. As obrigações dizem-se emitidas em lotes quando algumas delas fazem parte da mesma emissão designada mediante extracção à sorte. Do teor da norma pode deduzir-se que a emissão de outro tipo de obrigações é legítima.
[631] Cf. Artigo 783.º do AUDSCAIE.
[632] Cf. Artigo 841.º do AUDSCAIE. O conteúdo do aviso é regulado pelos Artigos 842.º e 843.º do AUDSCAIE.
[633] Cf. Artigo 844.º do AUDSCAIE.
[634] Neste sentido, v. Paul-Gérard POUGOUE, François ANOUKAHA, Josette NGUEBOU TOUKAM, *Sociétés commerciales* cit., pág. 108.
[635] Cf. Artigo 815.º do AUDSCAIE.

dade, antes da emissão, num acto especial e por conta do grupo de obrigacionistas em formação[636], mas podem, excepcionalmente, ser constituídas após a emissão das obrigações, sendo conferidas pelos representantes legais da sociedade, após autorização da assembleia geral dos accionistas, ou, se os estatutos o permitirem, do conselho de administração ou do administrador geral[637].

A subscrição de obrigações confere ao seu titular direitos individuais e colectivos. Sob o plano individual, o obrigacionista é um credor da sociedade e, como tal, não pode exercer um controlo sobre as operações da sociedade ou consultar os documentos da sociedade; todavia, tem o direito de obter por sua conta, junto da sociedade emissora, cópia das actas e das folhas de presença das assembleias de obrigacionistas do grupo de que faça parte[638]. Durante as assembleias, o obrigacionista dispõe de um direito de voto proporcional ao valor do empréstimo representado pelos seus títulos; cada obrigação confere pelo menos o direito a um voto, sendo possível o voto por correspondência[639], assim como a concessão de um mandato para se fazer representar nas assembleias[640]. O obrigacionista tem direito ao reembolso das obrigações por si subscritas no fim do prazo estipulado e, na falta de previsão expressa no contrato de emissão, a sociedade não pode impor o reembolso antecipado das obrigações[641]. As obrigações adquiridas ou reembolsadas pela sociedade emissora perdem o seu valor, são anuladas e não podem ser postas de novo em circulação[642].

No plano colectivo, os titulares de obrigações de uma mesma emissão agrupam-se numa massa que goza de personalidade jurídica: geralmente, existem tantos agrupamentos de obrigacionistas quantas as emissões de obrigações, mas no caso de emissões sucessivas, e desde que previsto em cláusula de cada uma das emissões, a sociedade pode reunir num agrupamento único os portadores de obrigações que tenham direitos idênticos[643]. O agrupamento manifesta-se através dos seus representantes

---

[636] Cf. Artigo 816.º do AUDSCAIE.
[637] Cf. Artigo 821.º do AUDSCAIE.
[638] Cf. Artigo 813.º do AUDSCAIE.
[639] Cf. Artigo 805.º do AUDSCAIE.
[640] Cf. Artigo 801.º do AUDSCAIE.
[641] Cf. Artigo 814.º do AUDSCAIE.
[642] Cf. Artigo 784.º do AUDSCAIE.
[643] Cf. Artigo 785.º do AUDSCAIE.

e das suas assembleias. Os representantes do agrupamento são designados pela assembleia dos obrigacionistas e o seu número varia de um a três[644], podendo ser apenas designadas pessoas singulares ou colectivas residentes no Estado-membro onde se localiza a sede social da entidade emitente[645]; em caso de urgência, os representantes podem ser designados judicialmente, a pedido de qualquer interessado[646]. Salvo restrição expressamente deliberada pela assembleia de obrigacionistas, os representantes têm poderes para praticar, em nome do agrupamento e de todos os obrigacionistas, todos os actos de gestão necessários para a defesa dos interesses comuns destes últimos[647], podendo participar nas assembleias de accionistas, sem direito de voto, e tendo o direito de obter, nas mesmas condições, os documentos colocados à disposição dos accionistas, embora não possam interferir com a gestão da sociedade[648]; em caso de liquidação dos bens ou de recuperação judicial da sociedade, os representantes agem em nome de todos e de cada um dos obrigacionistas para a tutela dos seus interesses[649]. A remuneração dos representantes do agrupamento é estabelecida pela assembleia ou pelo contrato de emissão e fica a cargo da sociedade emissora, sendo judicialmente fixada quando não haja acordo[650]. Compete à assembleia dos obrigacionistas destituir os representantes do agrupamento[651].

O agrupamento de obrigacionistas manifesta a sua vontade através da respectiva assembleia. Também neste caso se distinguem a assembleia ordinária e a assembleia extraordinária. A assembleia ordinária tem competência para deliberar sobre a designação dos representantes do agrupamento, a duração das respectivas funções, a eventual fixação das remunerações, a sua substituição, a respectiva convocação, bem como sobre as medidas que tenham por objecto garantir a defesa dos obrigacionistas e o cumprimento do empréstimo, sobre as despesas de gestão que estas medidas possam comportar e, em geral, sobre qualquer medida de natureza

---

[644] Cf. Artigo 786.º do AUDSCAIE.
[645] Cf. Artigo 787.º do AUDSCAIE, que indica também, no § 2, as incompatibilidades com a função de representante dos obrigacionistas.
[646] Cf. Artigo 788.º do AUDSCAIE.
[647] Cf. Artigo 790.º do AUDSCAIE.
[648] Cf. Artigo 791.º do AUDSCAIE.
[649] Cf. Artigo 792.º do AUDSCAIE.
[650] Cf. Artigo 794.º do AUDSCAIE.
[651] Cf. Artigo 789.º do AUDSCAIE.

administrativa e conservatória[652]; por sua vez, a assembleia extraordinária é chamada a deliberar sobre qualquer proposta destinada a modificar o contrato de empréstimo[653]. A assembleia pode ser convocada em qualquer momento[654] pelos representantes do agrupamento de obrigacionistas, ou, se necessário, pelo conselho de administração ou administrador geral e, se a sociedade estiver em liquidação, pelo liquidatário; pode ser também convocada a pedido dos obrigacionistas que representem, no mínimo, a trigésima parte das obrigações e por um mandatário judicial nomeado pelo presidente do tribunal competente[655]. A convocatória está sujeita às mesmas condições de forma e prazo aplicáveis às assembleias de accionistas, sendo aplicável regime idêntico à comunicação aos obrigacionistas dos projectos de resolução e aos relatórios a apresentar à assembleia[656], devendo a mesma conter as menções previstas no Artigo 798.º do AUDSCAIE[657]. A ordem de trabalhos que aparece no aviso convocatório é geralmente estabelecida pelo autor da convocatória, mas os obrigacionistas que representem pelo menos uma trigésima parte dos títulos podem requerer a inscrição na ordem de trabalhos de projectos de deliberação, estando a assembleia limitada à deliberação dos assuntos inscritos na ordem de trabalhos[658]. A assembleia dos obrigacionistas é presidida por um representante do agrupamento e, havendo vários ou não se chegando a acordo quanto ao presidente, a assembleia é presidida, consoante o caso, pelo obrigacionista presente que represente o maior número de obrigações ou por mandatário judicial; quanto ao resto, às assembleias de obrigacionistas são aplicáveis as regras

---

[652] Cf. Artigo 803.º do AUDSCAIE.
[653] Cf. Artigo 804.º do AUDSCAIE, que fornece um elenco exemplificativo dessas situações: modificação do objecto ou do tipo de sociedade, fusão ou cisão da mesma, qualquer proposta de compromisso ou de transacção sobre direitos litigiosos ou que tenham sido objecto de decisão judicial, modificação total ou parcial das garantias ou alteração da data de vencimento, deslocação da sede social e dissolução da sociedade.
[654] Cf. Artigo 795.º do AUDSCAIE.
[655] Cf. Artigo 796.º do AUDSCAIE.
[656] Cf. Artigo 797.º do AUDSCAIE.
[657] Trata-se, especificamente, de indicar o empréstimo subscrito, a identificação, a qualidade e o domicílio da pessoa que tomou a iniciativa da convocação e, se for o caso, a indicação da data da decisão judicial que nomeou o representante encarregado de convocar a assembleia.
[658] Cf. Artigo 800.º do AUDSCAIE.

de quórum e maiorias previstas para as assembleias de accionistas, sejam ordinárias ou extraordinárias[659].

Sempre que a assembleia dos obrigacionistas não aprove propostas da sociedade relativas à modificação do tipo de sociedade ou do seu objecto, a sociedade pode efectuar essas modificações se proceder ao reembolso antecipado dos obrigacionistas antes da realização da modificação proposta[660]; quanto a propostas relativas à fusão ou cisão da sociedade emitente, esta pode realizá-las sem o acordo da assembleia dos obrigacionistas desde que fiquem garantidos os direitos destes na sociedade absorvente (fusão por incorporação), na nova sociedade (fusão com criação de nova pessoa colectiva) ou nas sociedades que resultem da cisão, podendo o agrupamento de obrigacionistas, em todo o caso, deduzir oposição à fusão ou à cisão junto do presidente do tribunal competente, competindo a este rejeitar a oposição, ordenar o reembolso das obrigações ou a constituição de garantias se a sociedade incorporante ou a sociedade que se cinde as oferecer e as mesmas forem julgadas suficientes[661]; em todo o caso, a oposição não pode paralisar a operação. Se a dissolução da sociedade não for provocada por fusão ou cisão, torna-se imediatamente exigível o reembolso dos créditos dos obrigacionistas[662].

5.9. *Variação do capital social*

O legislador OHADA dedicou uma particular atenção às operações de aumento, redução e amortização do capital social.

a) Aumento do capital social

O aumento de capital é objecto de extensa regulamentação no Acto Uniforme. O legislador coloca apenas uma restrição à liberdade que a sociedade tem na decisão de proceder a um aumento de capital, a qual se

---

[659] Cf. Artigo 802.º do AUDSCAIE. Contudo, o Artigo 806.º do AUDSCAIE proíbe o voto nas assembleias de obrigacionistas às sociedades que detenham mais de dez por cento do capital da entidade emitente.
[660] Cf. Artigo 809.º do AUDSCAIE.
[661] Cf. Artigo 810.º do AUDSCAIE.
[662] Cf. Artigo 811.º do AUDSCAIE.

traduz na exigência de o capital social dever ser integralmente realizado antes de qualquer emissão de novas acções a efectuar por entradas em dinheiro, sob pena de nulidade da operação[663]. A decisão de aumento de capital é da exclusiva competência da assembleia extraordinária[664], considerando-se não escrita qualquer cláusula que confira esse poder ao órgão de administração[665], sendo a deliberação tomada por unanimidade quando o aumento de capital tem lugar mediante o aumento do valor nominal das acções[666]; quando o aumento for realizado por incorporação de reservas, dividendos ou prémios de emissão, a assembleia delibera nas condições de quórum e maiorias exigidas para a assembleia ordinária[667]. O aumento de capital deve ser realizado no prazo de três anos a contar da data da assembleia que o deliberou ou autorizou[668], e, para esse fim, a assembleia tem a faculdade de delegar no órgão de administração os poderes necessários para a execução do aumento estabelecido, bem como para fixar as respectivas modalidades[669].

O aumento de capital pode ser realizado através de contribuições externas à sociedade ou mediante incorporação de alguns dos seus valores[670]. No primeiro caso, o capital social é aumentado com a emissão de novas acções, pagas em dinheiro ou espécie. As acções comportam um direito de preferência na subscrição dos aumentos de capital, dispondo os accionistas, na proporção do valor das suas acções, de um direito de preferência na subscrição das acções em numerário emitidas para realizar o aumento de capital, direito esse irredutível e irrenunciável, no sentido de que cada accionista não pode exercer preferência relativamente a um número de acções inferior ao que resulta da respectiva proporção, considerando-se não escrita qualquer cláusula em sentido contrário[671]; sempre

---

[663] Cf. Artigo 572.º do AUDSCAIE.
[664] Cf. Artigo 564.º do AUDSCAIE.
[665] Cf. Artigo 569.º do AUDSCAIE.
[666] Cf. Artigo 562.º, § 3, do AUDSCAIE.
[667] Cf. Artigo 565.º do AUDSCAIE.
[668] Cf. Artigo 571.º do AUDSCAIE.
[669] Cf. Artigo 568.º do AUDSCAIE.
[670] Cf. Artigo 562.º do AUDSCAIE.
[671] Cf. Artigo 573.º do AUDSCAIE. No entanto, o Acto Uniforme reconhece (cf. Artigo 586.º) à assembleia a faculdade de eliminar o direito de subscrição preferencial para a totalidade ou uma parte do aumento de capital em favor de determinadas pessoas e ao titular do direito a faculdade de o ceder (cf. Artigo 574.º) ou renunciar a favor de um beneficiário, expressamente designado ou não (cf. Artigo 593.º).

que a assembleia o consinta, os accionistas podem também subscrever acções novas quando estas não forem integralmente subscritas pelo exercício do direito de preferência[672]. O prazo concedido aos accionistas para o exercício do seu direito de preferência é de pelo menos vinte dias a contar da data do início da subscrição[673], prazo esse que pode terminar antecipadamente quando todos os direitos de subscrição forem exercidos ou o aumento de capital for totalmente subscrito[674]. Por ocasião da subscrição, o prémio de emissão[675] deve ser pago na íntegra, enquanto que o valor nominal das acções subscritas em dinheiro pode ser liberado em apenas um quarto[676], devendo a liberação do remanescente ocorrer, por uma ou mais vezes, no prazo de três anos a contar da data da realização do aumento de capital[677].

As formalidades do aumento de capital com pagamento das novas acções em dinheiro são idênticas às já referidas a propósito da constituição da sociedade. Especificamente, os accionistas são informados, com pelo menos seis dias de antecedência relativamente à data da subscrição, sobre a emissão de novas acções e suas modalidades[678], seguindo-se o preenchimento dos boletins de subscrição[679], a liberação de fundos[680], a declaração notarial de subscrição e de realização[681] e o levantamento de fundos[682]: a única diferença diz respeito ao momento do levantamento dos fundos, que não tem lugar depois da inscrição da alteração do capital social no RCCM, mas depois da declaração notarial de subscrição e de pagamento, a cargo de um mandatário da sociedade, mediante a apresentação

---

[672] Cf. Artigo 575.º do AUDSCAIE.
[673] Cf. Artigo 577.º do AUDSCAIE.
[674] Cf. Artigo 578.º do AUDSCAIE.
[675] O prémio de emissão constitui uma espécie de direito de entrada que onera os novos accionistas e destina-se a compensar a diferença entre o valor nominal e o valor venal das velhas acções. Recorde-se que a determinação do preço das novas acções, ou as condições da sua fixação, é da competência da assembleia extraordinária (cf. Artigo 588.º do AUDSCAIE).
[676] Cf. Artigo 604.º do AUDSCAIE.
[677] Cf. Artigo 605.º do AUDSCAIE.
[678] Cf. Artigo 598.º do AUDSCAIE, relativamente ao conteúdo do aviso, e o Artigo 599.º sobre as modalidades de comunicação aos accionistas.
[679] Cf. Artigos 601.º e segs. do AUDSCAIE.
[680] Cf. Artigos 604.º e segs. do AUDSCAIE.
[681] Cf. Artigos 612.º e segs. do AUDSCAIE.
[682] Cf. Artigos 615.º e segs. do AUDSCAIE.

ao depositário da referida declaração notarial[683]. Tal como acontece no âmbito da constituição das sociedades, qualquer subscritor tem o direito, seis meses após o depósito das entradas, de pedir com carácter urgente ao presidente do tribunal competente a nomeação de mandatário incumbido de levantar as entradas e de as restituir aos subscritores se o aumento de capital não tiver sido realizado até àquele momento, após dedução das despesas de distribuição efectuadas[684].

Quanto ao aumento de capital com acções de fruição, a emissão destas acções destina-se a remunerar entradas em espécie ou a estipulação de direitos especiais. Tal como na constituição de sociedades, sempre que existam entradas em espécie ou estipulação de direitos especiais, a primeira assembleia extraordinária decide sobre o aumento de capital e suas modalidades, delegando no órgão de administração poderes para a designação de um revisor oficial de contas responsável pela avaliação das entradas em espécie e direitos especiais[685]; o relatório do revisor oficial de contas é depositado na sede social, com uma antecedência mínima de oito dias em relação à data da assembleia geral extraordinária[686] e a sua aprovação determina a realização do aumento de capital[687], sendo necessária, em caso de redução da avaliação das entradas ou da remuneração dos direitos especiais, a aprovação expressa de tais modificações pelos subscritores, beneficiários ou respectivos mandatários, investidos para o efeito[688]. À semelhança da constituição das sociedades, também no caso do aumento de capital as acções subscritas através de entradas em espécie são integralmente realizadas no momento da sua emissão[689].

O aumento de capital também pode ser efectuado através da incorporação de créditos, reservas ou benefícios[690], o que pressupõe a renúncia dos accionistas a fazer-se valer, pelo menos em parte, dos seus direitos sobre estes bens da sociedade, recebendo em contrapartida um aumento do valor nominal das suas acções (neste caso, nenhuma nova acção é emitida) ou a atribuição gratuita de acções na proporção dos direitos que tinham

---

[683] Cf, Artigo 615.º, § 2, do AUDSCAIE.
[684] Cf. Artigo 617.º do AUDSCAIE.
[685] Cf. Artigo 619.º do AUDSCAIE.
[686] Cf. Artigo 622.º do AUDSCAIE.
[687] Cf. Artigo 624.º do AUDSCAIE.
[688] Cf. Artigo 625.º do AUDSCAIE.
[689] Cf. Artigo 626.º do AUDSCAIE.
[690] Cf. Artigo 562.º do AUDSCAIE.

sobre aqueles valores. Por sua vez, sempre que o aumento de capital seja realizado em parte com entradas em dinheiro e, noutra parte, com incorporação de reservas, benefícios ou prémios de emissão, as acções subscritas em dinheiro devem ser completamente realizadas por ocasião da subscrição[691].

b) A redução do capital social

O Acto Uniforme contém disposições próprias relativas à redução do capital, inspiradas no princípio da igualdade entre os accionistas, o qual não pode ser derrogado, salvo consentimento expresso dos accionistas desfavorecidos[692]. A decisão de proceder à redução é da competência da assembleia extraordinária[693], que delibera com base num relatório do revisor oficial de contas, a quem o projecto de redução do capital deve ser comunicado pelo menos quarenta e cinco dias antes da reunião da assembleia extraordinária que decide ou autoriza a redução de capital[694], para que possa elaborar o relatório no qual dá a conhecer a sua avaliação sobre os fundamentos e condições da projectada redução[695]. A assembleia que aprova a redução pode delegar no órgão de administração os poderes necessários para a realizar, devendo este lavrar uma acta, a qual está sujeita a publicidade, e proceder à consequente alteração dos estatutos[696].

Quando a redução é motivada por prejuízos, os credores da sociedade são obrigados a suportá-la não obstante a diminuição da garantia comum que constitui o capital social. Se, pelo contrário, a redução do capital não for motivada por prejuízos, podem os credores sociais, cujo crédito seja anterior à data do depósito na secretaria do tribunal competente da acta da assembleia que deliberou ou autorizou a redução, opor-se à redução do capital[697]. O prazo de oposição é de trinta dias a contar da data do referido depósito[698], mediante acto extrajudicial a apresentar perante o tribunal

---

[691] Cf. Artigo 606.º do AUDSCAIE.
[692] Cf. Artigo 628.º, § 2, do AUDSCAIE.
[693] Cf. Artigo 628.º, § 1, do AUDSCAIE.
[694] Cf. Artigo 629.º do AUDSCAIE.
[695] Cf. Artigo 630.º do AUDSCAIE.
[696] Cf. Artigos 628.º, § 1, e 632.º do AUDSCAIE.
[697] Cf. Artigo 633.º do AUDSCAIE.
[698] Cf. Artigo 634.º do AUDSCAIE. De acordo com o Artigo 636.º do AUDSCAIE, as operações de redução não podem ser iniciadas na pendência do prazo de oposição.

competente, que decidirá em processo de urgência[699], sendo o processo de redução do capital, quando recebida a oposição, interrompido até que os créditos sejam reembolsados ou até que se constituam garantias a favor dos credores e estas sejam consideradas suficientes[700].

Uma situação especial de redução do capital é representada pela aquisição de acções próprias por parte da sociedade. Geralmente, são proibidas a subscrição ou a aquisição de acções próprias pela sociedade; todavia, no âmbito de uma redução de capital resultante de prejuízos, pode a assembleia extraordinária autorizar a aquisição em condições que permitam a extinção das acções num determinado prazo[701]. No respeito pelo princípio da igualdade entre accionistas, a oferta deve ser feita pela sociedade a todos os accionistas e, se as acções apresentadas para efeitos de aquisição excederem o número de acções a adquirir, procede-se, por cada accionista vendedor, a uma redução proporcional ao número de acções de que cada accionista é titular[702].

c) A amortização do capital social

Distinto é o caso da amortização do capital social, o qual consiste na operação pela qual a sociedade reembolsa aos accionistas a totalidade ou parte do valor nominal de cada acção a título de antecipação do produto da liquidação futura da sociedade[703]. As quantias usadas para a operação são retiradas dos lucros ou das reservas não estatutárias, não podendo ser utilizadas, para o efeito, a reserva legal e, salvo decisão expressa da assembleia extraordinária, as reservas estatutárias[704]. É a assembleia extraordinária o órgão que tem competência para decidir a operação, a menos que os estatutos atribuam essa competência à assembleia ordinária[705]. A amortização é efectuada mediante o reembolso igual para cada acção da mesma categoria e não implica uma redução do capital social[706], podendo as acções ser total ou parcialmente amortizadas, denominando-se acções de

---

[699] Cf. Artigo 635.º do AUDSCAIE.
[700] Cf. Artigo 637.º do AUDSCAIE.
[701] Cf. Artigo 639.º do AUDSCAIE.
[702] Cf. Artigo 645.º do AUDSCAIE.
[703] Cf. Artigo 651.º do AUDSCAIE.
[704] Cf. Artigo 655.º do AUDSCAIE.
[705] Cf. Artigo 652.º do AUDSCAIE.
[706] Cf. Artigo 654.º do AUDSCAIE.

fruição as que são integralmente amortizadas[707]; as acções, total ou parcialmente amortizadas, perdem o direito ao primeiro dividendo e ao reembolso do valor nominal, conservando, no entanto, todos os outros direitos[708]. A amortização não é irreversível, sendo possível que possam ser reconvertidas em acções de capital por decisão da assembleia extraordinária[709], ratificada por assembleia especial de cada uma das categorias de accionistas titulares dos mesmos direitos[710]. A reconversão pode ser efectuada com a retenção dos lucros de um ou mais exercícios ou através do pagamento à sociedade dos montantes recebidos pelos accionistas interessados na amortização das suas acções[711]. A eventual alteração dos estatutos, quando necessária após a operação de reconversão, é da competência do órgão de administração[712].

5.10. *Reestruturação das sociedades anónimas*

Além das disposições genéricas aplicáveis às operações de fusão, cisão e transformação das sociedades, o legislador estabeleceu um regime específico quando estas operações incidem exclusivamente sobre as sociedades anónimas[713], pelo que nas situações em que a reestruturação tenha lugar entre uma sociedade anónima e uma sociedade comercial de outro tipo é aplicável o regime geral previsto nos Artigos 181.º a 199.º do Acto Uniforme.

O legislador OHADA regulamentou as fusões e as cisões, mas nada estabeleceu sobre as entradas parciais de activos que devam ser sujeitos ao regime da cisão na aplicação do princípio geral contido no Artigo 195.º do AUDSCAIE. Apesar de estabelecer duas secções próprias para a fusão e para a cisão, o legislador estendeu à cisão as disposições relativas à fusão[714], razão pela qual se revela um tanto despicienda a repetição, na sec-

---

[707] Cf. Artigo 653.º do AUDSCAIE.
[708] Cf. Artigo 656.º do AUDSCAIE.
[709] Cf. Artigo 657.º do AUDSCAIE.
[710] Cf. Artigo 659.º do AUDSCAIE.
[711] Cf. Artigo 658.º do AUDSCAIE, o qual rege sobre as modalidades de realização da reconversão nos dois casos.
[712] Cf. Artigo 661.º, § 2, do AUDSCAIE.
[713] Cf. Artigo 670.º do AUDSCAIE.
[714] Cf. Artigo 684.º do AUDSCAIE.

ção dedicada à cisão, de normas já previstas para a fusão[715]; por tudo isto, fusão, cisão e entradas parciais de activos entre sociedades anónimas são reguladas, substancialmente, pelas mesmas normas.

Compete ao órgão de administração de cada sociedade participante na operação a elaboração de um relatório que deve enumerar os elementos fundamentais da operação, ou seja, as razões, objectivos e condições da operação, a indicação e a avaliação do património das sociedades interessadas, a relação de troca de acções, as modalidades de avaliação; o relatório deve ser apresentado aos accionistas[716] juntamente com o ou os relatórios elaborados por um ou mais encarregados da operação, os quais verificam se os valores atribuídos às acções das sociedades que participam na operação são adequados e se a relação de troca é equitativa, podendo, para o efeito, obter junto de cada sociedade a comunicação de todos os documentos úteis e proceder a todas as verificações necessárias[717]. Os relatórios são colocados à disposição dos accionistas na sede social de cada sociedade interessada na operação, com uma antecedência mínima de quinze dias relativamente à data de realização da assembleia que delibera sobre a operação[718].

No caso de fusão por incorporação ou com criação de uma nova SA, a sociedade incorporante – ou a nova – fica responsável pelas dívidas não obrigacionistas da sociedade absorvida sem que, no entanto, isso implique novação do crédito, mas os credores não obrigacionistas – tanto no caso da fusão como no caso da cisão –, cujo crédito seja anterior à publicação do projecto de fusão, podem deduzir oposição junto do tribunal competente, no prazo de trinta dias a contar dessa publicação: a operação prossegue se a oposição for indeferida, caso contrário, o tribunal ordena o pagamento dos créditos ou a constituição de garantias suficientes para autorizar a operação, não sendo a fusão oponível aos credores em caso de falta de cumprimento por parte da sociedade; a oposição não pode, contudo, impedir a prossecução da operação[719]. Os credores obrigacionistas da sociedade

---

[715] Cf. Artigos 685.º, 686.º, 687.º e 688.º do AUDSCAIE, incluídos no regime da cisão, os quais correspondem, na secção dedicada à fusão, aos Artigos 677.º, 678.º, 679.º, § 1, e 681 do AUDSCAIE.

[716] Cf. Artigo 671.º do AUDSCAIE.

[717] Cf. Artigo 672.º do AUDSCAIE.

[718] Cf. Artigo 674.º do AUDSCAIE, preceito que discrimina todos os documentos que devem ser colocados à disposição dos accionistas antes da assembleia em questão.

[719] Cf. Artigo 679.º do AUDSCAIE.

incorporada, objecto de fusão ou de cisão, são, por sua vez, consultados a propósito do projecto de fusão ou de cisão, a menos que seja proposto aos obrigacionistas o reembolso dos respectivos títulos mediante pedido destes: neste caso, a sociedade nova ou incorporante torna-se devedora dos obrigacionistas da sociedade incorporada, ao passo que os obrigacionistas que não tenham pedido o reembolso no prazo fixado conservam a sua qualidade face à sociedade incorporante, nas condições fixadas pelo contrato de fusão[720].

O Acto Uniforme impõe três condições para permitir a transformação de uma sociedade anónima num outro tipo de sociedade: a sociedade tem de estar constituída há pelo menos dois anos, ter os balanços dos dois primeiros exercícios aprovados e o seu activo líquido deve ser, pelo menos, igual ao seu capital social[721]. Como implica uma alteração dos estatutos, a transformação tem de ser decidida pela assembleia extraordinária, com base no relatório do revisor oficial de contas sobre o activo da sociedade, devendo ser obtida, se for caso disso, a prévia aprovação da assembleia de obrigacionistas[722]. Em caso de transformação numa SNC, o Acto Uniforme exige que a deliberação seja tomada pelos accionistas, por unanimidade, uma vez que está em causa uma decisão que implica o aumento das obrigações dos accionistas[723].

6. A sociedade em participação

A sociedade em participação define-se como a sociedade que os sócios decidem não matricular no RCCM e que, por isso, não tem personalidade jurídica[724]: a sociedade em participação é, como tal, desconhecida de terceiros, podendo ser por estes conhecida quando os participantes queiram revelar a sua existência.

---

[720] Cf. Artigo 678.º do AUDSCAIE.
[721] Cf. Artigos 690.º e 691.º do AUDSCAIE.
[722] Cf. Artigo 691.º do AUDSCAIE.
[723] Cf. Artigos 692.º e 72.º, § 2, do AUDSCAIE.
[724] Cf. Artigo 854.º do AUDSCAIE. Sobre o assunto, v. Bérenger Yves MEUKE, *La société non personnalisée dans l'OHADA: étude de l'impact de l'absence de personnalité morale dans la société en participation, in Revue juridique tchadienne*, s.n. e d., para quem este tipo de sociedade se adapta bem ao sector «informal», o qual se reveste de particular importância no sistema económico hodierno da África subsaariana.

Não possuindo personalidade jurídica, a sociedade em participação não é responsável pelas dívidas contraídas pelos administradores ou pelos sócios, não detém património próprio, não podendo ser sujeita a penhoras, e a administração não a pode representar judicialmente, pelo que, em geral, não existe qualquer distinção entre a sociedade e os seus sócios.

6.1. *Constituição da sociedade em participação*

Tal como em qualquer outro tipo de sociedade, também a sociedade em participação está sujeita a um conjunto de exigências de natureza substantiva, embora se distinga pela ausência de requisitos de forma.

A constituição de uma sociedade em participação pressupõe que duas ou mais pessoas decidam, no âmbito do objecto estabelecido, sujeitar determinados bens à actividade social. São necessárias pelo menos duas pessoas para constituir uma sociedade em participação: com efeito, é impossível a existência de uma sociedade em participação unipessoal, sendo por isso um contrato que não tem continuidade quando restar apenas um dos contraentes; por conseguinte, a sociedade em participação deve ser dissolvida quando reunidas todas as participações sociais num só sujeito. É necessário, portanto, o consenso dos sócios para a constituição da sociedade em participação, facto que pressupõe uma vontade séria dos interessados em associar-se e a capacidade para o fazer validamente.

Na ausência de estipulação em contrário, as relações entre os sócios são regidas pelas disposições relativas às sociedades em nome colectivo[725]; todavia, existem diferenças essenciais entre os dois tipos de sociedade, designadamente no âmbito da personalidade jurídica e da responsabilidade pelas dívidas sociais nas relações com terceiros, questões que não se suscitam na sociedade em participação.

Não é obrigatória a redução a escrito do acto constitutivo da sociedade, uma vez que a sua existência pode ser provada por qualquer meio[726], embora a falta de documento escrito possa suscitar dificuldades em matéria de prova, nomeadamente no que concerne ao acordo dos sócios e respectivo objecto. A ausência de forma escrita para a constituição da sociedade determina também a ausência de formalidades relativas à publicidade. O Artigo

---

[725] Cf. Artigo 856.º do AUDSCAIE.
[726] Cf. Artigo 854.º, § 2, do AUDSCAIE.

854.º do AUDSCAIE estabelece que a sociedade em participação não está sujeita a publicidade, razão pela qual a publicidade da sociedade não é obrigatória, facto que no entanto não significa a sua proibição.

O objecto da sociedade em participação pode ser civil ou comercial, competindo aos sócios escolher livremente a sua natureza[727], assim como os outros elementos do contrato social (duração, condições, direitos dos sócios, extinção, etc.), pelo que, não sendo a sociedade em participação uma sociedade comercial por causa da respectiva forma, a sua natureza civil ou comercial só depende do seu objecto. Em cumprimento das disposições gerais, o objecto da sociedade em participação tem de ser, obviamente, legalmente possível.

Sendo a sociedade em participação uma sociedade, a ela se aplicam as disposições gerais relativas às entradas; não possuindo, contudo, personalidade jurídica, algumas normas devem ser adaptadas na medida em que esta sociedade não dispõe de capital social, o que significa que os bens necessários ao desenvolvimento da actividade social não pertencem à sociedade, pois esta não existe enquanto entidade jurídica: estes bens são colocados à disposição do gerente, mas a propriedade dos mesmos permanece na titularidade dos sócios que os disponibilizaram[728]; assim, à semelhança de qualquer sociedade, também a sociedade em participação pressupõe a existência de entradas, factor sem o qual uma sociedade não se pode constituir, implicando por isso a obrigação de um sócio cumprir com a entrada prometida[729]. Na sociedade em participação é admissível qualquer tipo de entrada, em espécie, em dinheiro ou indústria, devendo a entrada ser pessoal e, caso algum dos sócios se vincule com entradas em dinheiro ou em espécie, fica pessoalmente responsável pela sua realização[730].

O não cumprimento das disposições relativas à formação da sociedade em participação implica a nulidade, importando saber em que casos a mesma se verifica. A este propósito, importa mencionar as disposições

---

[727] Cf. Artigo 855.º do AUDSCAIE.

[728] Cf. Artigo 857.º do AUDSCAIE. No entanto, a prática tem permitido identificar algumas soluções através das quais as entradas dos sócios são colocadas à disposição da sociedade, sendo exemplo disso a transmissão da propriedade para um dos comparticipantes ou a colocação dos bens em regime de propriedade indivisa, hipóteses essas acolhidas pelo AUDSCAIE nos termos que *infra* se referirá.

[729] Cf. Artigo 43.º do AUDSCAIE.

[730] Cf. Artigos 43.º e 45.º do AUDSCAIE, e, na doutrina, v. AA.VV., *OHADA. Sociétés* cit., págs. 507 e segs..

genéricas previstas nos Artigos 242.° e segs. do AUDSCAIE, cuja aplicação abrange todas as sociedades: numa sociedade em participação, o respectivo contrato de sociedade pode ser declarado nulo por violação de uma disposição expressa do AUDSCAIE ou por violação das normas aplicáveis aos contratos em geral e ao contrato de sociedade em particular.

6.2. Funcionamento da sociedade em participação

A originalidade da sociedade em participação reside no facto de esta poder funcionar sem órgãos. As disposições legais são supletivas na medida em que o funcionamento da sociedade em participação se baseia no contrato de sociedade, contrato esse inoponível a terceiros devido aos seus efeitos relativos.

Nas relações entre os sócios, a organização interna da sociedade em participação é regulada por uma norma de natureza supletiva de acordo com a qual, conforme referido, as relações entre os sócios são disciplinadas pelas disposições aplicáveis às sociedades em nome colectivo, a menos que esteja estabelecida uma organização diferente[731]. A plena liberdade contratual é afirmada e delimitada na previsão de que os sócios têm liberdade de decidir sobre o objecto, o funcionamento e as normas de organização da sociedade em participação, com reserva de não derrogação das normas imperativas às disposições comuns aos diversos tipos de sociedades, com excepção das que pressuponham a personalidade jurídica[732].

Um princípio de ordem pública determina que todos os sócios têm o direito de participar nas decisões colectivas[733], princípio esse que também se aplica aos sócios das sociedades em participação, e que não pode ser derrogado por vontade dos sócios; no entanto, respeitado este princípio, nada proíbe que o contrato de sociedade estabeleça livremente as modalidades desta participação, aplicando-se, na falta de previsões específicas, as disposições relativas às SNC. Os direitos dos sócios de uma sociedade em participação são transmissíveis de acordo com as modalidades de cessão de crédito do direito comum: a cessão deve resultar de acto escrito e

---

[731] Cf. Artigo 856.° do AUDSCAIE.
[732] Cf. Artigo 855.° do AUDSCAIE.
[733] Cf. Artigo 125.° do AUDSCAIE.

ser notificada aos restantes sócios para que lhes possa ser oponível, salvo disposição estatutária em contrário[734]. A parte dos lucros que cabe a cada um dos sócios é estabelecida no contrato de sociedade, aplicando-se, na sua falta, a regra da repartição proporcional ao valor das respectivas entradas; a proibição do pacto leonino também se aplica às sociedades em participação. Cada participante tem o direito de sair da sociedade, mas a remissão para as normas das SNC leva a admitir que a saída só tem lugar com autorização unânime de todos os outros sócios, salvo previsão expressa em contrário no contrato social[735]; a saída confere, normalmente, o direito ao reembolso do valor correspondente aos direitos sociais nos termos de uma avaliação amigável ou em conformidade com as cláusulas estatutárias.

Por outro lado, os sócios têm a obrigação de efectuar a entrada prometida e de participar nos prejuízos, cuja repartição é feita na mesma proporção da divisão dos lucros, ou seja, proporcionalmente às respectivas entradas, muito embora nada proíba que o contrato constitutivo disponha de modo diferente.

A escolha do gerente é deixada à discrição dos sócios, quer quanto ao modo de designação quer quanto às suas qualidades, podendo ser uma pessoa singular ou colectiva, caso em que será representado pelo seu representante legal, salvo expressa delegação de poderes noutra pessoa. Geralmente, o gerente é escolhido entre os sócios, mas nada proíbe confiar a um terceiro a gestão da sociedade em participação, o qual é considerado mandatário. Na falta de acordo entre os sócios para a designação do ou dos gerentes aplica-se o regime das sociedades em nome colectivo, de acordo com o qual todos os sócios são também gerentes.

Os poderes do gerente são definidos no mandato que delimita a sua função, mandato esse com uma duração, em princípio, por todo o período que durar a sociedade, podendo os sócios estabelecer um mandato mais curto. O gerente pode, por sua iniciativa, renunciar ao mandato[736]. As modalidades da destituição do gerente podem ser indicadas no pacto constitutivo, sendo a maioria exigida, em princípio, a necessária para a sua

---

[734] A cedência da participação efectua-se de acordo com as modalidades previstas para a cessão de créditos, embora a mesma esteja sujeita ao acordo de todos os outros sócios (cf. Artigo 274.º, § 1, do AUDSCAIE).
[735] Cf. Artigo 856.º do AUDSCAIE.
[736] Se a renúncia não for aceite, o gerente pode, em caso de prejuízo causado à sociedade, ser condenado ao ressarcimento dos danos.

designação[737]. A remuneração, bem como o seu método de cálculo, pode ser estabelecida no pacto constitutivo ou em acto posterior: pode ser uma remuneração fixa ou variável, podendo corresponder, neste caso, a uma percentagem dos lucros em dinheiro ou espécie. O gerente de uma sociedade em participação deve prestar contas da sua gestão aos sócios, o que pressupõe a existência de contabilidade, de acordo com uma periodicidade prevista nos estatutos; em todo o caso, os sócios têm legitimidade para pedir explicações e exigir a apresentação de documentos justificativos. O gerente é civilmente responsável perante os sócios pelos actos praticados no curso da sua gestão: trata-se de uma responsabilidade contratual fundada na natureza do contrato de mandato.

Nas relações com terceiros, vigora o princípio da responsabilidade pessoal dos sócios, enquanto que a actividade do gerente tem efeitos apenas perante os sócios, não sendo oponível a terceiros, ficando somente responsável perante terceiros, o sócio que contrata em nome próprio[738]. No entanto, quando os sócios agem especificamente nessa qualidade perante terceiros, eles são responsáveis, ilimitada e solidariamente, pelas obrigações assumidas[739]. A mesma solução vale para o sócio que, pela sua intervenção, crie na contraparte a convicção de que também se quer vincular, se for feita prova de que o mesmo retirou benefícios dessa vinculação[740].

No que respeita à gestão dos bens colocados à disposição da sociedade em participação, os bens pessoais, conforme referido, são colocados à disposição do gerente da sociedade, mas cada sócio conserva a propriedade dos bens que disponibilizou, suportando também os riscos de perecimento destes[741], razão pela qual o sócio conserva o direito de alienar o bem, embora fique obrigado a colocar à disposição da sociedade bem semelhante, sem prejuízo de eventual reparação do dano causado aos demais sócios após a subtracção do bem dado como entrada no pacto social, podendo acontecer também que os credores pessoais do sócio possam penho-

---

[737] Na falta de disposição específica são aplicáveis os Artigos 279.° e segs. do AUDSCAIE, relativos à destituição dos gerentes das SNC.

[738] Cf. Artigo 831.°, § 1, do AUDSCAIE. O princípio vale também *a contrario*, isto é, quando o terceiro é devedor da sociedade: ele está vinculado a realizar a sua prestação ao sócio com quem se vinculou.

[739] Cf. Artigo 831.°, §§ 2 e 3, do AUDSCAIE.

[740] Cf. Artigo 831.°, § 4, do AUDSCAIE.

[741] Cf. Artigo 857.° do AUDSCAIE.

rar o bem que lhe pertence; pelo contrário, os credores dos outros sócios não podem fazer valer qualquer direito sobre esse mesmo bem. Diverso é o regime previsto para os bens indivisos, ou seja, os bens adquiridos durante a vigência da sociedade e aqueles que já tinham essa qualidade antes de serem colocados à disposição da sociedade[742], aos quais são assimilados os bens que os sócios tenham decidido submeter a esse regime[743]: em ambas as situações, as disposições aplicáveis sobre a gestão dos bens indivisos são aquelas que em cada Estado-membro são relativas à comunhão legal e convencional. No entanto, salvo disposição estatutária em contrário, os sócios não podem pedir a divisão dos bens enquanto a sociedade não for dissolvida[744], pelo que este direito nem sequer é permitido aos seus credores: se a sociedade tiver uma duração indeterminada, o sócio tem o direito de pedir a sua dissolução a qualquer momento, mas se não o fizer, dificilmente se pode admitir que os seus credores pessoais possam suprir a sua inércia.

6.3. *Dissolução da sociedade em participação*

As causas de dissolução da sociedade em participação devem ser analisadas tomando em consideração as causas gerais de dissolução das sociedades previstas nos Artigos 200.º e segs. do AUDSCAIE, em conjunto com as causas específicas de dissolução das sociedades de pessoas e aquelas inseridas em disposições particulares relativas à sociedade em participação[745].

As causas comuns de dissolução das sociedades têm uma natureza geral e uma vocação para se aplicarem a todos os tipos de sociedade, salvo disposições especiais previstas no AUSCAIE; a sua aplicação à sociedade em participação deve ser ponderada face à ausência de personalidade jurídica deste tipo de sociedade. Nenhuma dúvida se coloca quanto à aplicação a este tipo de sociedade de um prazo de vigência, realização e extinção do objecto social, nulidade do contrato de sociedade, dissolução anteci-

---

[742] Cf. Artigo 859.º do AUDSCAIE.
[743] Cf. Artigo 858.º do AUDSCAIE.
[744] Cf. Artigo 860.º do AUDSCAIE.
[745] Bérenger Yves MEUKE, *La société* cit., duvida, contudo, que se possa falar de dissolução para um tipo de sociedade que não comporta o reconhecimento da personalidade jurídica.

pada por vontade unânime dos sócios, dissolução judicial a pedido de um sócio com fundamento em justa causa e causas previstas nos estatutos; é, pelo contrário, inaplicável à sociedade em participação o processo de liquidação dado que a ausência de personalidade jurídica não permite que este tipo de sociedade seja objecto de liquidação.

Relativamente à aplicação das causas de dissolução das sociedades de pessoas, a sociedade em participação dissolve-se nas mesmas circunstâncias em que se extingue a sociedade em nome colectivo, ou seja, morte, incapacidade, falência ou interdição do exercício da actividade comercial, se a sociedade tiver objecto comercial: todavia, o acto constitutivo ou os estatutos podem prever a continuidade da sociedade não obstante a verificação destes factos[746].

Quanto à causa especial de dissolução da sociedade em participação, ela tem lugar na situação em que a sociedade tem uma duração indeterminada e consiste na possibilidade que qualquer sócio tem de, após notificação feita por carta com protocolo ou registada com aviso de recepção aos restantes sócios e a todo o tempo, requerer a sua dissolução, desde que o pedido seja feito de boa fé e não seja extemporâneo[747].

Nenhuma norma em particular estabelece os efeitos da dissolução da sociedade em participação, razão pela qual cumpre recorrer às disposições gerais aplicáveis a todas as sociedades, com as adaptações necessárias atendendo às particularidades da sociedade em participação.

Na falta de personalidade jurídica, a liquidação da sociedade em participação resolve-se fundamentalmente através de uma operação contabilística entre os sócios uma vez que a não existência de património social não implica a realização de um activo social e o pagamento de dívidas sociais; esta operação consiste na regularização das contas entre os sócios através da distribuição dos prejuízos ou do activo disponível. Quanto à distribuição dos prejuízos, esta é feita entre os diversos participantes e, na falta de previsão contrária, no acto constitutivo da sociedade, sendo essa distribuição feita proporcionalmente ao valor das entradas realizadas. Para a distribuição do activo, o Artigo 856.º do AUDSCAIE remete para a aplicação das disposições relativas às sociedades em nome colectivo, a menos que seja estabelecida pelos sócios uma organização diversa: assim, depois da dissolução da sociedade, cada sócio tem direito, após o pagamento das

---

[746] Cf. Artigo 862.º do AUDSCAIE.
[747] Cf. Artigo 863.º do AUDSCAIE.

dívidas, à restituição da respectiva entrada – da qual permaneceu proprietário – e a uma parte do activo remanescente na proporção da sua entrada.

7. A sociedade de facto

O AUDSCAIE dedica apenas algumas disposições sumárias à sociedade de facto[748]. O legislador OHADA evitou o risco de confusão terminológica que existia no direito francês entre sociedade criada de facto e sociedade de facto ao estabelecer que existe uma sociedade de facto quando duas ou mais pessoas, singulares ou colectivas, se comportam como sócios sem ter constituído entre eles uma sociedade reconhecida nos termos do AUDSCAIE[749], acrescentando que existe igualmente uma sociedade de facto quando duas ou mais pessoas, singulares ou colectivas, constituam entre si um dos tipos de sociedade previstos no AUDSCAIE mas não tenham cumprido as formalidades legais constitutivas, ou tenham constituído entre si um tipo de sociedade não reconhecido pelo AUDSCAIE[750]. Diversamente do direito francês, que manda aplicar à sociedade de facto o regime previsto para a sociedade em participação[751], o AUDSCAIE remete para as disposições relativas às sociedades em nome colectivo[752].

Quem tiver interesse pode requerer em tribunal o reconhecimento da existência de uma sociedade de facto[753], e a prova, que pode ser feita por qualquer meio[754], compete ao sócios ou ao terceiro requerente. O requerente que pretende o reconhecimento de uma sociedade de facto deve demonstrar a existência de todos os elementos necessários para o contrato de sociedade[755]; a existência da sociedade pressupõe, portanto, que seja

---

[748] Na doutrina, v. AA.VV., *OHADA. Sociétés*, págs. 525 e segs..
[749] Cf. Artigo 864.º do AUDSCAIE.
[750] Cf. Artigo 865.º do AUDSCAIE.
[751] Cf. Artigo 1873.º do Código Civil francês.
[752] Cf. Artigo 868.º do AUDSCAIE. Segundo Paul-Gérard POUGOUE, François ANOUKAHA, Josette NGUEBOU TOUKAM, *Sociétés commerciales* cit., pág. 138, esta escolha justifica-se pela vontade do legislador em proteger os interesses de terceiros que possam trazer vantagens da responsabilidade indefinida e interdependente dos sócios.
[753] Cf. Artigo 866.º do AUDSCAIE.
[754] Cf. Artigo 867.º do AUDSCAIE
[755] Neste sentido, cf. decisão do Tribunal Supremo dos Camarões de 7 de Junho de 1973 (n.º 85/CC), in *Revue Camerounaise de Droit*, n.º 9 (1976), p. 62.

demonstrada a realização de entradas com a finalidade de partilhar lucros e contribuir para os prejuízos[756], bem como a intenção real de constituição de uma sociedade (*affectio societatis*).

Distintamente da sociedade em participação, na qual os sócios manifestam uma vontade de se considerarem como tal tendo em vista o alcance de um objectivo comum, na sociedade de facto não se verifica tal manifestação de vontade e a existência do pacto social presume-se a partir do comportamento das partes.

8. O agrupamento de interesse económico

O agrupamento de interesse económico (AIE) surgiu em França com a finalidade inicial de oferecer às empresas francesas um novo instrumento de cooperação que lhes permitisse enfrentar os concorrentes europeus no momento em que as fronteiras do mercado comum fossem abertas. Na abertura de um mercado comum africano não era aconselhável o legislador ignorar o AIE: este é indubitavelmente útil à cooperação entre empresas africanas para que estas possam fazer face à concorrência internacional; para isso, o AIE é objecto de uma regulamentação precisa e detalhada no Acto Uniforme (cf. Artigos 869.° e segs.).

8.1. *Definição do AIE*

O AIE é uma instituição que tem tanto de novo como de original, dotada de personalidade jurídica, de que goza a partir do momento da sua matrícula no RCCM[757]; todavia, apesar de ser um ente jurídico autónomo, ele não é uma sociedade, nem uma associação, mas um instrumento de colaboração entre empresas pré-existentes, mais ágil que uma sociedade e mais eficaz que uma associação. O AIE apresenta três características essenciais: prossegue um objectivo económico determinado mas não necessariamente com a finalidade de realizar e distribuir lucros,

---

[756] De acordo com a decisão da CA de Daloa, de 24 de Maio de 2000 (n.° 195), o problema da existência de uma sociedade de facto não se coloca na falta de prova relativamente à existência das entradas.

[757] Cf. Artigo 872.° do AUDSCAIE.

pode ser constituído com ou sem capital e a sua estrutura é extremamente simples.

O AIE é assim definido como a entidade que tem por escopo exclusivo a colocação em actividade durante um determinado período de todos os meios aptos a facilitar ou a desenvolver a actividade económica dos seus membros ou a melhorar ou aumentar os resultados desta actividade; a sua actividade deve ser essencialmente conexa à actividade económica dos seus membros, devendo ter um carácter auxiliar em relação a esta[758]. Noutros termos, através do AIE os membros colocam em comum meios de produção e desenvolvem os seus negócios mais eficazmente do que se permanecessem isolados. O Acto Uniforme acrescenta, por outro lado, que o AIE não dá lugar à realização e distribuição de lucros[759].

O AIE tem uma natureza civil ou comercial em função da actividade exercida, deve ser matriculado no RCCM e constitui uma estrutura auxiliar que permite aos seus membros realizar determinadas acções comuns, salvaguardando sempre a individualidade das empresas que nele participam, razão pela qual o AIE não se pode substituir às empresas que o compõem; em consequência, o Acto Uniforme esclarece que o AIE pode ser constituído sem capital social[760]. Todavia, o AIE pode praticar actos de comércio e também emitir obrigações nas condições gerais de emissão desses títulos, sempre que seja exclusivamente composto por sociedades autorizadas a fazer essa emissão[761]; e, sempre que sejam emitidas obrigações por parte do AIE, o regime sobre infracções relativas à emissão de obrigações é aplicável aos dirigentes do AIE e às pessoas colectivas que dirigem as sociedades que o compõem ou aos representantes das pessoas colectivas que administrem estas sociedades[762].

---

[758] Cf. Artigo 869.º do AUDSCAIE. V. João Espírito SANTO, *Constituição da sociedade de responsabilidade limitada. O agrupamento de interesse económico: caracterização e regime jurídicos; funcionalidade económica*, in Boletim da Faculdade de Direito de Bissau, n.º 6 (2004), págs. 314 e segs..

[759] Cf. Artigo 870.º, § 1, do AUDSCAIE. *Quid iuris* se o AIE obtém lucros? Segundo François ANOUKAHA, in AA.VV., *OHADA. Sociétés* cit., pág. 533, sempre que o AIE obtenha lucros, estes devem ser distribuídos entre os membros e não podem ser imputados ao AIE.

[760] Cf. Artigo 870.º, § 2, do AUDSCAIE.

[761] Cf. Artigo 875.º do AUDSCAIE.

[762] Cf. Artigo 881.º do AUDSCAIE.

8.2. Constituição do AIE

As disposições relativas à constituição do AIE são muito simples: tem lugar um contrato reduzido a escrito e sujeito às mesmas condições de publicidade previstas para as sociedades comerciais. O documento escrito deve indicar a denominação do AIE, a sua identificação, ou seja, o nome, denominação social, forma jurídica, endereço do domicílio ou da sede social e, se existente, o número de matrícula no RCCM de cada membro, o período pelo qual é constituído o AIE, o objecto e o endereço da sede do AIE; todas as alterações ao contrato são efectuadas e publicadas nas mesmas condições desse contrato e só são oponíveis a terceiros após a data da publicação, constituindo contra-ordenação qualquer infracção a estas disposições[763].

8.3. Funcionamento do AIE

As modalidades de funcionamento – funcionamento das assembleias dos membros, cálculo das maiorias, obrigações e prerrogativas dos membros, etc. – devem ser estipuladas em sede contratual.

O Acto Uniforme dispõe inicialmente que a assembleia dos membros do AIE está autorizada a tomar deliberações, entre as quais a dissolução antecipada ou a prorrogação nas condições previstas no pacto social, pelo que estabelece, para a realização deste fim, dois princípios supletivos de acordo com os quais o contrato pode estabelecer que todas ou algumas das deliberações possam ser tomadas com determinado quórum e maioria, sendo tomadas por unanimidade na falta de estipulação em contrário, e pode também atribuir a cada membro do AIE um número de votos diverso daquele atribuído aos demais, dispondo cada membro de um voto na falta de previsão contrária[764]; por outro lado, a assembleia é necessariamente convocada a requerimento de, pelo menos, um quarto dos membros do AIE[765].

---

[763] Cf. Artigo 876.º, §§ 4 a 7, do AUDSCAIE. Por outro lado, os actos e documentos emanados do AIE que sejam dirigidos a terceiros, nomeadamente cartas, facturas, anúncios e publicações diversas, devem indicar de forma legível a denominação do agrupamento, seguida da expressão "agrupamento de interesse económico" ou das iniciais "G.I.E.".

[764] Cf. Artigo 877.º do AUDSCAIE.

[765] Cf. Artigo 878.º do AUDSCAIE.

A responsabilidade dos membros de um AIE é ilimitada e solidária visto que todos são responsáveis pelas dívidas do agrupamento com todo o seu património e de forma solidária, salvo convenção em contrário celebrada com o terceiro contraente[766]. Os credores do AIE não podem exigir o pagamento dos seus créditos a qualquer um dos membros antes de terem interpelado extrajudicialmente o AIE para o efeito, sem que a obrigação tenha sido cumprida[767]. Cada membro participa no passivo do agrupamento: o contrato estabelece a organização do AIE e fixa livremente a participação de cada membro no passivo; caso não o faça, o passivo é suportado por todos os membros em partes iguais[768].

Os membros podem ceder os seus direitos nas condições previstas no pacto constitutivo, o qual estabelece também as condições de admissão de novos membros no decurso da vigência do AIE; por outro lado, qualquer membro pode retirar-se do agrupamento nas condições previstas no contrato, desde que tenha cumprido as suas obrigações[769]. Se o contrato assim o permitir, os novos membros podem exonerar-se das dívidas contraídas antes da sua entrada no agrupamento, devendo nesse caso ser publicada a decisão de exoneração[770].

O AIE é administrado por uma ou mais pessoas, singulares ou colectivas; neste último caso, a pessoa colectiva deve designar um representante permanente, que incorre em responsabilidade civil e penal nos mesmos termos que os demais administradores; a assembleia dos membros do AIE organiza livremente a administração do agrupamento e designa os administradores aos quais determina as respectivas funções, competências e condições de destituição; nas relações com terceiros, qualquer administrador obriga o AIE pelos actos que pratique no âmbito do objecto social, não sendo oponível a terceiros qualquer limitação dos seus poderes[771].

No que concerne ao controlo da sua actividade, o Acto Uniforme distingue entre a fiscalização da gestão e a fiscalização das contas do exercício, estabelecendo que ambas são exercidas nas condições previstas no contrato; todavia, sempre que um AIE emita obrigações, o controlo da gestão deve ser feito por uma ou mais pessoas singulares designadas pela

---

[766] Cf. Artigo 873.º do AUDSCAIE.
[767] Cf. Artigo 874.º do AUDSCAIE.
[768] Cf. Artigo 876.º, § 1, do AUDSCAIE.
[769] Cf. Artigo 876.º, §§ 2 e 3, do AUDSCAIE.
[770] Cf. Artigo 873.º, § 1, do AUDSCAIE.
[771] Cf. Artigo 879.º do AUDSCAIE.

assembleia, sendo a duração das suas funções e respectivas competências fixadas no contrato; a fiscalização das contas do exercício deve, por sua vez, ser feita por um ou mais revisores oficiais de contas – que têm os mesmo estatuto, atribuições e responsabilidades do revisor oficial de contas das sociedades anónimas – designados pela assembleia pelo período de seis exercícios[772].

8.4. *Transformação do AIE*

De acordo com o Acto Uniforme, qualquer sociedade ou associação cujo objecto corresponda à definição de AIE pode ser transformada em AIE sem causar a dissolução ou criação de uma nova pessoa colectiva; além disso, um AIE pode ser transformado numa sociedade em nome colectivo sem causar a dissolução ou a criação de uma nova pessoa colectiva[773].

8.5. *Dissolução do AIE*

Segundo o Acto Uniforme, o AIE dissolve-se pelo decurso do prazo, pela realização ou extinção do seu objecto, por deliberação dos seus membros, por decisão judicial com fundamento em justa causa e por morte de uma pessoa singular ou dissolução de uma pessoa colectiva membro do AIE, salvo cláusula contratual em contrário[774]. Por outro lado, se um dos membros se vier a tornar incapaz, falir ou for impossibilitado de gerir, administrar ou fiscalizar uma empresa, o AIE dissolve-se, a menos que a sua continuidade esteja prevista no contrato ou os membros assim o decidam por unanimidade[775].

A dissolução do AIE implica a sua liquidação, mantendo-se a personalidade jurídica pelo tempo necessário à liquidação, a qual tem lugar nos termos contratualmente estabelecidos; caso o contrato nada diga, é designado um liquidatário pela assembleia ou, se esta proceder a essa designa-

---

[772] Cf. Artigo 880.º do AUDSCAIE.
[773] Cf. Artigo 882.º do AUDSCAIE. Dada a natureza ilimitada e solidária da responsabilidade dos seus membros, não se admite a transformação de um AIE numa SARL ou numa SA.
[774] Cf. Artigo 883.º do AUDSCAIE.
[775] Cf. Artigo 884.º do AUDSCAIE.

ção, por decisão do presidente do tribunal competente; após o pagamento do passivo, o activo excedente é distribuído entre os membros de acordo com as condições estabelecidas no contrato e, se este nada estabelecer, a distribuição é feita em partes iguais[776].

9. O direito penal das sociedades comerciais

O legislador OHADA efectuou um esforço de sistematização do direito penal das sociedades. Ocorre no entanto questionar se, além dos tipos de crime previstos no Acto Uniforme, os legisladores nacionais podem acrescentar outros. A resposta afirmativa decorre do segundo parágrafo do Artigo 5.° do Tratado OHADA, nos termos do qual os actos uniformes podem incluir normas de incriminação penal: isto significa que essa inclusão pode não ser feita, competindo ao legislador nacional de cada Estado--membro a incumbência de as criar. Sempre que um acto uniforme estabeleça um conjunto de disposições penais, estas devem ser compreendidas como um patamar mínimo comum aos Estados-membros a que o legislador nacional está necessariamente vinculado.

Cumpre também referir que o AUDSCAIE contém disposições penais de direito substantivo e só esporadicamente estabelece normas de natureza processual, designadamente no âmbito da prescrição[777]. À parte disto, a fase processual e a repressão dos crimes são regulados pela legislação de cada Estado-membro. Assinale-se que o Acto Uniforme não prevê a responsabilidade criminal das pessoas colectivas[778]. Neste quadro, o legisla-

---

[776] Cf. Artigo 885.° do AUDSCAIE.

[777] Cf. os Artigos 164.°, 727.° e 743.° do AUDSCAIE, relativos à prescrição da acção de responsabilidade civil contra dirigentes sociais baseada em facto tido como criminoso.

[778] Sobre o tema, v. Elisabeth L. KANGAMBEGA, *Observations sur les aspects pénaux de l'OHADA*, in *Revue Penant*, n.° 834 (2004), págs. 304 e segs, onde defende a extensão da responsabilidade penal às sociedades comerciais, assim como Roger SOCKENG, *Droit pénal des affaires OHADA*, Douala, Minsi Le Competing, 2007; Athanase FOKO, *Analyse critique de quelques aspects du droit pénal OHADA*, in *Revue Penant*, n.° 859 (2007), págs. 208 e segs., procede a uma minuciosa crítica sob diversos aspectos relativamente à escolha feita pelo legislador OHADA de não estender a responsabilidade penal às sociedades comerciais, propondo uma reforma inspirada nos modelos francês, alemão e da *common law*, com a extensão da imputabilidade penal às sociedades comerciais.

dor comunitário africano configurou tipos de crime na constituição, funcionamento e dissolução das sociedades comerciais[779].

9.1. Infracções relativas à constituição das sociedades

O primeiro ilícito criminal previsto no AUDSCAIE pune a emissão irregular de acções, estabelecendo que constitui infracção penal a emissão de acções pelos fundadores, pelo presidente director-geral, pelo director-geral, administrador-geral ou administrador-geral adjunto de uma sociedade anónima antes da respectiva matrícula, ou em qualquer momento quando o registo tiver sido obtido mediante fraude ou a sociedade tiver sido irregularmente constituída[780]; neste caso, compete ao tribunal determinar se a sociedade foi constituída irregularmente para punir a emissão irregular de acções. Situação similar verifica-se no caso da emissão de acções em violação das disposições relativas ao investimento do público (cf. Artigos 81.º a 96.º do AUDSCAIE), onde se pune a emissão de valores mobiliários que não respeitem as exigências de publicidade estabelecidas nos Artigos 825.º, 826.º e 827.º do AUDSCAIE[781].

O Acto Uniforme criminaliza, também, as falsas declarações notariais efectuadas para dar cumprimento ao disposto no Artigo 73.º do AUDSCAIE, as quais podem consistir no facto de afirmar como verdadeiras subscrições fictícias, ou no facto de declarar como pagos montantes que não foram definitivamente colocados à disposição sociedade[782]. O preenchimento de um destes dois tipos é suficiente para a verificação do conceito material de crime, sendo necessário que o autor do facto criminoso tenha consciência quer do carácter fictício das subscrições, quer da inexistência ou do carácter não definitivo dos pagamentos[783].

Constitui conduta criminosa a entrega de uma lista de accionistas ou dos boletins de subscrição e de pagamento mencionando subscrições fictícias ou pagamentos de fundos que não foram definitivamente colo-

---

[779] O sistema dos crimes societários é examinado com detalhe por Roger SOCKENG, Droit penal cit., e AA.VV., OHADA. Sociétés cit., págs. 225 e segs..
[780] Cf. Artigo 886.º do AUDSCAIE.
[781] Cf. Artigo 905.º do AUDSCAIE.
[782] Cf. Artigo 887.º, § 1, do AUDSCAIE.
[783] A exigência do elemento subjectivo resulta da utilização, pelo legislador, do advérbio «dolosamente».

cados à disposição da sociedade[784]. O legislador africano foi particularmente rigoroso na repressão deste tipo de crime, uma vez que não se exige a consumação dolosa deste tipo de factos, sendo suficiente a simples emissão de documentos falsos em conjunto com a consciência da não veracidade do seu conteúdo para integrar o tipo de crime, mesmo que o autor da entrega não tenha participado na fraude, ou o tenha feito sem ter consciência.

Hipótese similar é a que diz respeito à simulação de subscrições ou de pagamentos efectuados dolosamente com o objectivo de obter subscrições ou novos pagamentos de fundos fazendo crer às vítimas que a constituição da sociedade está em curso, utilizando quer anteriores subscrições falsas, quer pagamentos de fundos que não tiveram lugar[785].

Outra hipótese diz respeito à publicação de factos falsos e, em particular, de subscrições ou pagamentos que não existem[786] ou nomes de pessoas aparentemente ligadas à sociedade a qualquer título[787], ou ainda outro facto falso[788], com a intenção de obter subscrições ou pagamentos. É suficiente a publicação dos factos falsos, independentemente do meio, devendo a mesma ser feita com dolo, isto é, voluntariamente pelo autor da infracção.

Relativamente à constituição da sociedade, o Acto Uniforme criminaliza, ainda, a sobreavaliação fraudulenta das entradas em espécie[789].

Incorre também numa sanção penal quem dolosamente negociar acções nominativas que não tenham permanecido como tal até à sua realização, acções representativas de entradas em espécie antes de expirar o prazo durante o qual não são negociáveis e acções representativas de entradas em numerário relativamente às quais não tenha sido realizado um quarto do respectivo valor nominal[790]. O que é proibido é a negociação, ou seja, a transmissão comercial dos títulos, não sendo, portanto, proibidos os modos de transmissão de natureza civil: doação, testamento ou cessão de crédito.

---

[784] Cf. Artigo 887.º, § 2, do AUDSCAIE.
[785] Cf. Artigo 887, § 3, do AUDSCAIE. Também neste caso a exigência do elemento subjectivo resulta da utilização, pelo legislador, do advérbio «*dolosamente*».
[786] Cf. Artigo 887.º, § 3, do AUDSCAIE.
[787] Cf. Artigo 887.º, § 4, do AUDSCAIE.
[788] Cf. Artigo 887.º, § 3, do AUDSCAIE.
[789] Cf. Artigo 887.º, § 4 *in fine*, do AUDSCAIE.
[790] Cf. Artigo 888.º do AUDSCAIE.

9.2. *Infracções relativas ao funcionamento e à organização das sociedades*

No que diz respeito ao tipo legal relativo à gestão das sociedades cumpre distinguir a gestão corrente e as operações relativas ao capital social.

Quanto à gestão corrente, as infracções abrangem praticamente todos os dirigentes sociais e dizem respeito à distribuição de dividendos fictícios, à publicação ou apresentação de relatórios de contas de cada exercício que não sejam exactos e ao abuso na utilização de bens ou do crédito da sociedade.

Relativamente à distribuição de dividendos fictícios, o legislador comunitário africano quis abranger toda a distribuição feita entre accionistas ou associados, incluindo deste modo todas as sociedades comerciais tuteladas pelo Acto Uniforme. O ilícito criminal pressupõe a existência de um tipo objectivo e de um tipo subjectivo[791]. O primeiro decompõe-se em três elementos: a falta de inventário ou a elaboração de um inventário fraudulento, a natureza fictícia dos dividendos distribuídos, ou seja, a sua não correspondência com os lucros realizados pela sociedade no momento da sua distribuição[792], e a distribuição de dividendos entre os accionistas ou os sócios, ou seja, a sua efectiva distribuição, não preenchendo o tipo a simples tentativa. O tipo subjectivo é constituído pela intenção fraudulenta, razão pela qual o agente deve estar ao corrente da falta ou imprecisão das contas do exercício e do carácter fictício dos dividendos distribuídos; por sua vez, a imprecisão das contas, considerada isoladamente, pode configurar um crime se elas forem apresentadas ou publicadas com a consciência da sua falta de exactidão.

Quanto à publicação do relatório de contas que não dê uma imagem fiel das operações do exercício, cumpre recordar que as contas incluem o balanço, a demonstração de resultados do exercício e um quadro financeiro das actividades do exercício em anexo[793]. A imprecisão pode ser material ou verificar-se na distribuição de valores nas rubricas do balanço

---

[791] Cf. Artigo 889.º do AUDSCAIE.

[792] De acordo com o Acto Uniforme, trata-se de um dividendo distribuído em violação das normas do Artigo 144.º do AUDSCAIE. Pode, por isso, ser retirado irregularmente quer sobre o capital social, quer sobre as reservas intangíveis (legais ou estatutárias), quer como antecipação de vantagens futuras, quer ainda sobre lucros indisponíveis.

[793] Cf. Artigo 26.º do AUCE.

ou na avaliação do activo e do passivo; o tipo objectivo revela-se quer na apresentação destes dados aos accionistas ou aos sócios, quer na sua publicação; o tipo subjectivo traduz-se no conhecimento da inexactidão dos relatórios de contas e na vontade do agente de não fornecer, para o exercício em causa, uma imagem fiel das operações do exercício, da situação financeira e do património da sociedade[794].

O crime de utilização abusiva dos bens ou do crédito da sociedade abrange qualquer dirigente social, independentemente do tipo de sociedade. Para que a infracção seja cometida, é necessário o uso dos bens ou do crédito da sociedade, ou seja, a sua apropriação, a alienação ou ainda a simples administração de um bem ou o uso impróprio do crédito social; o uso deve ser contrário ao interesse social e potenciar, directa ou indirectamente, um risco anormal para o património da sociedade[795]. O legislador africano não consagrou, todavia, o crime de abuso de poder e de voto.

O legislador OHADA só dedica um preceito às assembleias, estabelecendo que incorre em sanção penal quem, dolosamente, impedir um accionista ou um sócio de participar numa assembleia geral[796]. Trata-se de um preceito de natureza muito aberta em que o legislador comunitário parece ter procedido a uma incriminação de princípio, deixando para os legisladores nacionais a determinação dos comportamentos proibidos assim como a previsão da respectiva moldura penal. O preceito aplica-se, indubitavelmente, a todas as assembleias de accionistas e sócios, deixando de fora as assembleias de obrigacionistas ou outros sujeitos que não correspondam à categoria de accionista ou sócio. Em rigor, a norma nem sequer se aplica às assembleias especiais previstas nos Artigos 555.º e segs. do AUDSCAIE, nas quais participam accionistas de certas categorias: é verdade que o Acto Uniforme faz apenas referência nesta matéria às assembleias gerais, mas é também verdade que se pode impedir estes accionistas de participarem nestas assembleias e que, juridicamente, uma assembleia especial não é uma assembleia geral, ainda que tome desta algumas das suas normas de funcionamento, embora no plano penal tal assimilação não possa ser sustentada, pelo que é necessário uma clarificação.

---

[794] Cf. Artigo 890.º do AUDSCAIE.
[795] Cf. Artigo 891.º do AUDSCAIE. O argumento é tratado sob o perfil do interesse social por Bérenger Yves MEUKE, *De l'intérêt* cit..
[796] Cf. Artigo 892.º do AUDSCAIE.

Os crimes relativos às modificações do capital social dizem apenas respeito às sociedades anónimas. Quanto ao aumento de capital, o legislador comunitário decidiu punir, sobretudo, os dirigentes sociais que emitem acções ou lotes de acções nas seguintes circunstâncias: antes de ser emitido o certificado do depositário após o pagamento por parte do mandatário da sociedade, certificado esse que permite a posterior inscrição da alteração no RCCM; antes de as formalidades prévias ao aumento de capital terem sido regularmente cumpridas[797]; sem que o capital da sociedade anteriormente subscrito tenha sido integralmente realizado; sem que as novas acções representativas de entradas em espécie tenham sido integralmente realizadas antes da inscrição da alteração no RCCM; sem que as novas acções tenham sido realizadas em, pelo menos, um quarto do valor nominal que tinham no momento da subscrição; sem que a totalidade do prémio de emissão tenha sido paga no momento da subscrição, se for esse o caso; e ainda a quem não conserve as acções em numerário sob forma nominativa até à sua completa liberação[798]. Por outro lado, nada é dito sobre a negociação das acções emitidas irregularmente, pelo que deve ser a legislação interna de cada um dos Estados-membros a punir tal conduta.

O legislador comunitário protegeu o direito de preferência dos accionistas na subscrição de novas acções, indicando, para o efeito, uma série de condutas que constituem infracções de natureza penal: terem os dirigentes sociais ignorado o direito de preferência dos accionistas na subscrição sempre que este direito não tenha sido suprimido pela assembleia geral e os accionistas não tenham renunciado ao mesmo; não terem os dirigentes sociais reservado aos accionistas um prazo de pelo menos vinte dias, a contar da abertura da subscrição, para o exercício do direito de preferência; terem os dirigentes sociais atribuído as novas acções em violação da norma de proporcionalidade, incluída a violação do direito de cada accionista de subscrever, proporcionalmente à sua participação social, novas acções que não tenham sido distribuídas a título preferencial; terem os

---

[797] Estas formalidades consistem na publicidade que precede a subscrição (cf. Artigos 598.º a 600.º do AUDSCAIE) e na emissão de um boletim de subscrição e de pagamento (cf. Artigos 612.º a 614.º do AUDSCAIE). Quando a sociedade recorre ao investimento do público devem ser cumpridas as formalidades previstas nos Artigos 832.º e segs. do AUDSCAIE. Neste grupo entram também os comportamentos puníveis por ocasião da constituição da sociedade (cf. Artigo 866.º do AUDSCAIE) e que não são considerados para o aumento de capital.

[798] Cf. Artigo 893.º do AUDSCAIE.

dirigentes sociais ignorado os direitos dos titulares de bónus de subscrição[799]. Em todos estes casos, a infracção tem lugar mesmo que não tenha sido cometida com dolo. Incorrem também numa sanção penal os dirigentes sociais que, dolosamente, prestarem ou confirmarem indicações inexactas nos relatórios apresentados à assembleia geral convocada para deliberar sobre a supressão do direito de preferência na subscrição[800]. Pode questionar-se se a infracção tem lugar quando as indicações inexactas conduzem à renúncia do accionista ao seu direito de preferência na subscrição. A interpretação restritiva de um tipo penal dá-nos uma resposta negativa a esta questão.

Contrariamente aos crimes relativos ao aumento de capital, dos quais apenas um tem natureza dolosa (cf. Artigo 895.° do AUDSCAIE), os tipos de crime previstos na hipótese de redução de capital implicam todos dolo. O legislador OHADA criminalizou a redução do capital feita com desrespeito pela igualdade entre os accionistas[801] e a não comunicação do projecto de redução do capital aos revisores oficiais de contas com a antecedência de quarenta e cinco dias relativamente à realização da assembleia convocada para deliberar sobre a redução do capital[802].

O legislador comunitário não estabeleceu qualquer tipo de infracção penal no âmbito da emissão e negociação de obrigações, confirmando assim a ideia genérica de que o direito penal das sociedades, tal como está regulado no AUDSCAIE, é ainda incompleto.

9.3. *Infracções relativas ao controlo das sociedades*

As infracções aqui analisadas referem-se ao controlo externo das sociedades e só podem ser cometidas nas SA e, em parte, nas SARL, pelos dirigentes sociais ou pelos revisores oficiais de contas.

Os tipos penais imputáveis aos dirigentes sociais podem ligar-se à designação dos revisores oficiais de contas, à sua convocação para as diversas assembleias, ou ainda ao impedimento do exercício da missão

---

[799] Cf. Artigo 894.° do AUDSCAIE.
[800] Cf. Artigo 895.° do AUDSCAIE.
[801] *Quid iuris* se os accionistas em desvantagem consentiram na falta de cumprimento do princípio da igualdade? A hipótese, embora possível, não é contemplada pelo legislador OHADA.
[802] Cf. Artigo 896.° do AUDSCAIE.

de controlo dos revisores oficiais de contas. Para o legislador comunitário são assim puníveis as condutas dos dirigentes sociais que não tenham promovido a designação dos revisores oficiais de contas ao não convocarem a assembleia ordinária competente para a designação ou não incluindo a questão na ordem de trabalhos da assembleia, assim como a não comunicação da designação do revisor oficial de contas; o mesmo sucede quando o revisor oficial de contas não seja convocado para a assembleia[803].

Os dirigentes sociais são também punidos de forma diferente quando a sua omissão resulte de simples negligência, uma vez que, ao contrário das outras hipóteses, a conduta não é intencional. A falta de convocação do revisor oficial de contas para as reuniões do conselho de administração não é punida.

No que concerne aos obstáculos à actividade de controlo, o Acto Uniforme prevê dois tipos de comportamentos: obstáculos ao controlo do revisor oficial de contas, que podem concretizar-se na recusa de acesso ao local, na não disponibilização dos meios necessários ao controlo e na recusa em dar explicações, e, por outro lado, a recusa em fornecer os elementos úteis ao exercício da actividade de controlo, designadamente a não disponibilização de contratos, livros, documentos contabilísticos e registos de actas; para garantir a possibilidade de realizar efectivamente o controlo, o legislador não só pune os dirigentes sociais, mas também «qualquer pessoa que esteja ao serviço da sociedade»[804].

As infracções imputáveis ao revisor oficial de contas incidem sobre a inobservância das disposições em matéria de incompatibilidades para o exercício da função, a revelação de informações não verdadeiras e a falta de denúncia às autoridades judiciárias dos crimes de que venha a ter conhecimento no exercício das suas funções.

Incorre numa sanção penal quem, em nome pessoal ou na qualidade de sócio de uma sociedade de revisores oficiais de contas, dolosamente aceitar, exercer ou mantiver funções de revisor oficial de contas em situação de incompatibilidade legal[805]. A difusão ou confirmação de informações falsas consiste na inexactidão de dados sobre a situação da sociedade, tal qual resulta dos livros contabilísticos, e pode tratar-se tanto de uma declaração como de uma omissão[806]; cumpre, como tal, a prova de que o

---

[803] Cf. Artigo 897.º do AUDSCAIE.
[804] Cf. Artigo 900.º do AUDSCAIE.
[805] Cf. Artigo 898.º do AUDSCAIE.
[806] Cf. Artigo 899.º do AUDSCAIE.

revisor oficial de contas tem conhecimento de que a informação não é verdadeira, prova que deve ser facilitada dada a sua condição profissional. A não revelação à autoridade judiciária de crimes de que o revisor oficial de contas toma conhecimento no desempenho da sua actividade de controlo pressupõe a existência da prática de um crime, não podendo, todavia, a infracção ser consumada se o agente não tiver consciência que o facto constitui um crime: exige-se por isso dolo[807].

9.4. *Infracções relativas à dissolução e à liquidação das sociedades*

As infracções criminais conexas à dissolução das sociedades dizem respeito à protecção do direito de informação das partes interessadas, bem como dos bens da sociedade dissolvida, dos seus accionistas e dos seus credores.

O legislador sanciona a inobservância da obrigação de informação dos sócios a cargo dos dirigentes sociais e dos liquidatários da sociedade. Assim, incorrem numa sanção penal os dirigentes socais que, quando os capitais próprios da sociedade se tornem inferiores a metade do capital social em virtude de perdas verificadas nas contas de exercício, dolosamente, não tenham convocado a assembleia geral extraordinária, nos quatro meses subsequentes à aprovação das contas do exercício, para deliberar a eventual dissolução antecipada da sociedade, ou não tenham efectuado as formalidades de transcrição no RCCM e de publicidade da dissolução antecipada da sociedade[808].

A responsabilidade penal do liquidatário pode derivar de diversas hipóteses de inobservância das suas obrigações de informação. Assim, incorre numa sanção penal o liquidatário que, dolosamente, não publicar, no prazo de um mês a contar da sua nomeação, num jornal do lugar da sede social habilitado a receber anúncios legais, o acto que o nomeia liquidatário e não depositar no RCCM a decisão que determina a dissolução da sociedade; não convocar os sócios, no final da liquidação, para deliberarem sobre a conta definitiva da liquidação, sobre a prestação de contas da sua gestão e o termo do seu mandato, e ainda para verificarem o encerramento da liquidação; não entregar as contas definitivas na secretaria do tri-

---

[807] Cf. Artigo 899.º do AUDSCAIE.
[808] Cf. Artigo 901.º do AUDSCAIE.

bunal competente para as questões comerciais do lugar da sede social, nem tiver requerido a aprovação judicial daquelas[809].

Em caso de liquidação judiciária, o liquidatário incorre numa sanção penal quando, dolosamente, decorridos seis meses após a sua nomeação, não tiver apresentado um relatório sobre a situação do activo e do passivo da sociedade em liquidação e sobre o decurso das operações de liquidação, nem solicitado as autorizações necessárias para as terminar; não tiver, decorridos três meses após o encerramento de cada exercício, elaborado as contas necessárias ao inventário e um relatório escrito sobre as operações de liquidação no decurso do exercício findo; não tiver permitido aos sócios, durante a liquidação, o exercício do seu direito de informação sobre os documentos sociais; não tiver convocado os sócios, pelo menos uma vez ao ano, para prestar contas do exercício, em caso de continuação da exploração social[810].

A protecção dos bens da sociedade em liquidação e dos sócios é razão para impedir que o liquidatário utilize incorrectamente o que resta dos bens da sociedade. Além do abuso de utilização dos bens e do crédito da sociedade, de que o liquidatário deve ser considerado responsável sempre que faça deles um uso que saiba ser contrário aos interesses da sociedade, em benefício próprio ou para favorecer uma pessoa colectiva na qual tem interesses, directa ou indirectamente, o liquidatário pode ser punido em caso de cessão, sem o consentimento de todos os sócios ou sem autorização judicial, de todo ou parte do activo da sociedade em liquidação a um adquirente que tenha tido a qualidade de sócio gerente, de comanditado, de gestor, de administrador ou de revisor oficial de contas[811].

A última hipótese de infracção deriva da inobservância pelo liquidatário da obrigação de depósito numa conta aberta num banco em nome da sociedade em liquidação, no prazo de quinze dias a contar da decisão de partilha, das somas destinadas a serem distribuídas entre os sócios e os credores. Por outro lado, para garantir que os bens distribuídos da sociedade liquidada chegam aos seus beneficiários, o legislador impôs ao liquidatário o depósito numa conta de consignação aberta nos serviços de finanças das somas atribuídas a credores ou a sócios e por eles não reclamadas no prazo de um ano a contar do encerramento da liquidação[812].

---

[809] Cf. Artigo 902.º do AUDSCIAE.
[810] Cf. Artigo 903.º, n.ºs 1 a 4, do AUDSCAIE.
[811] Cf. Artigo 904.º do AUDSCAIE.
[812] Cf. Artigo 903.º, n.ºs 5 e 6, do AUDSCAIE.

CAPÍTULO IV

O Acto Uniforme Relativo à Organização das Garantias

1. Introdução

No âmbito das obrigações os credores têm ao seu dispor diferentes meios de recuperação dos seus créditos: uns podem ser utilizados por qualquer credor (medidas cautelares, acção pauliana, acção de resolução), embora não estejam previstos no Acto Uniforme em análise; outros estão ao alcance dos credores que beneficiam de garantias especiais, sendo estas o objecto do Acto Uniforme relativo à Organização das Garantias (AUOG), as quais incidem sobre um bem, um conjunto de bens, ou sobre a totalidade do património do devedor[1], de modo a garantir o cumprimento das obrigações, independentemente da sua natureza jurídica, sejam presentes ou futuras, determinadas ou determináveis, com ou sem condição, de valor fixo ou variável[2]. Um credor titular de uma garantia goza de uma maior protecção contra a insolvência do devedor, dada a preferência que lhe é conferida relativamente aos outros credores, razão pela qual se revela necessário proceder a uma graduação das garantias.

O Acto Uniforme, que se aplica às garantias constituídas após a sua entrada em vigor[3], inspira-se no modelo francês, embora com algumas

---

[1] Sobre os limites da vontade das partes em matéria de garantias, v. Joseph Issa-Sayegh, *La liberté contractuelle dans le droit des garantias OHADA*, in *Revue Penant*, n.º 851 (2005), págs. 150 e segs..

[2] Cf. Artigo 1.º do AUOG. Acerca deste Acto Uniforme, v. Cláudia Madaleno, *As Garantias das Obrigações nos Direitos Guineense e da OHADA*, Coimbra, Almedina, 2009.

[3] Cf. decisão do TCJA, de 15 de Julho de 2004 (n.º 29), decisão proferida na vigência da redacção primitiva do AUOG. O princípio foi acolhido no Artigo 227.º da nova redacção do AUOG.

novidades[4]; ele foi objecto de profundas alterações resultantes da aprovação de um novo AUOG em Dezembro de 2010.

À semelhança da anterior versão[5], também no novo AUOG o legislador OHADA procedeu mais a uma harmonização do que a uma uniformização do sistema, tomando em consideração o papel que as diversas legislações nacionais podem desempenhar. Com efeito, parece haver nesta matéria uma competência concorrente entre o Acto Uniforme e a legislação dos diversos Estados-membros[6].

O problema, como já foi devidamente apontado, traduz-se em determinar até que ponto vai a competência dos Estados-membros e quais são os efeitos deste espaço de manobra[7].

Se é certo que os Estados-membros não podem legislar em colisão com um Acto Uniforme sem contrariar o Tratado OHADA, a interpretação do Artigo 10.º do Tratado feita pelo TJCA[8] permite a possibilidade de actos legislativos *secundum* e *praeter legem*. A primeira hipótese parece estar prevista no AUOG, no qual se permite aos Estados-membros regularem alguns aspectos aí estabelecidos ou mesmo a possibilidade de derrogar as suas disposições[9]. Mais difícil parece ser a possibilidade de um poder legislativo *praeter legem* o qual pode, de facto, subverter o objectivo de harmonização prosseguido pelo legislador OHADA[10], ainda que um poder desta natureza possa já ser encontrado no domínio penal[11] e no âmbito das garantias instituídas como a consignação de rendimentos ou o direito de retenção, as quais não se encontram entre as garantias imobiliárias previstas no AUOG[12], permanecendo disciplinadas, quando o são, nas disposições

---

[4] Sobre o tema, v. Michel GRIMALDI, *L'Acte Uniforme portant organization des garantias*, in *Petites Affiches. La loi*, n.º 205, 13 de Outubro de 2004, págs. 30 e segs..

[5] V. Michel GRIMALDI, *L'Acte Uniforme* cit..

[6] Cf., por exemplo, o segundo parágrafo do Artigo 179.º do AUOG, o qual permite aos Estados-membros a constituição de privilégios creditórios gerais distintos dos previstos no Acto Uniforme.

[7] Neste sentido, v. Michel GRIMALDI, *L'Acte Uniforme* cit..

[8] Cf. Parecer do TCJA n.º 001/2001/EP, de 30.04.2001.

[9] Cf. Artigos 20.º e 173.º, § 2, do AUOG.

[10] Neste sentido, v. Joseph ISSA-SAYEGH, «*Introduction*», in AA.VV. (François ANOUKAHA, Aminata CISSE-NIANG, Messanvi Foli, Joseph ISSA-SAYEGH, Isaac Y NDIAYE, Moussa SAMB) *OHADA. Garantias*, Bruxelas, Bruylant, 2002, pág. 5.

[11] Cf. Artigo 5.º do Tratado OHADA.

[12] Sobre as razões desta exclusão, v. Jean-Clary OTOMOU, *Le droit de rétention en droit OHADA*, in *Revue Penant*, n.º 838 (2002), pág. 78.

internas dos Estados-membros, pelo que parece difícil que estes não possam intervir para modificar – ou também criar – um regime próprio numa área não regulada pelo AUOG[13]; não obstante, também se pode recorrer à norma transitória estabelecida no segundo parágrafo do Artigo 227.º do AUOG que, interpretada extensivamente, permite a aplicação das disposições anteriores às garantias não disciplinadas pelo AUOG e ainda existentes até à sua extinção, sem possibilidade de serem criadas de novo: o regime anterior é assim conduzido a uma espécie de «morte natural»[14].

O que acontece é que se corre o risco de este poder legislativo dos Estados-membros se imiscuir nas malhas do AUOG e ter o efeito de atacar a coerência do sistema, embora sem contrariar formalmente o Acto Uniforme. Se o legislador OHADA parece ter tido em conta esta hipótese e consentido que os Estados-membros interviessem normativamente[15], o mesmo não se poderá dizer relativamente a outras situações de que o AUOG não se ocupou.

O problema coloca-se, portanto, num plano mais geral, ou seja, compreender se a inclusão de um determinado sector jurídico entre os que são objecto da harmonização e a sucessiva emanação de um acto uniforme nesse sector tiveram como efeito submergir por completo todo o correspectivo regime jurídico interno dos Estados-membros em benefício do regime supranacional incluído na OHADA. O facto de o Artigo 10.º do Tratado estabelecer a nulidade das disposições de direito interno anteriores e posteriores contrárias ao conteúdo dos actos uniformes faz propender para um solução negativa desta questão; uma interpretação do TCJA poderia clarificar eventuais dúvidas sobre a matéria[16].

---

[13] De acordo com Michel GRIMALDI, *L'Acte Uniforme* cit., a mesma possibilidade reconhecida aos Estados-membros de instituírem privilégios gerais pode configurar em si uma situação de legislar *praeter legem*.

[14] Neste sentido, v. Joseph ISSA-SAYEGH, *Le nouveau droit des garanties de l'OHADA*, comunicação apresentada ao primeiro colóquio da Associação Marfinense Henri Capitant, Abidjan, 02.04.2002, Actas do Colóquio, pág. 159.

[15] Cf. Artigo 179.º do AUOG. Estabelece-se que o legislador nacional deve conferir ao privilégio creditório geral eventualmente criado um alcance no interior do sistema previsto no Artigo 180.º do AUOG, caso contrário o novo privilégio fica automaticamente colocado no fim.

[16] O facto de a interpretação do TJCA não ter sido ainda clarificadora do significado do Artigo 10.º do Tratado é revelador de que o debate doutrinal sobre a matéria se mantém, motivado pela infeliz redacção do preceito, devendo ser tomada em conta uma possível revisão do mesmo.

Sublinhe-se por fim a introdução, com a nova versão do AUOG, da figura do «devedor profissional», ou seja, o devedor cuja posição devedora se encontra numa relação directa com a sua actividade profissional, ainda que não exercida a título principal[17].

2. O agente das garantias

Uma das mais importantes inovações introduzidas pelo AUOG na sua nova formulação é a criação do agente das garantias.

Qualquer garantia do cumprimento de uma obrigação pode ser constituída, inscrita, gerida e realizada por uma instituição financeira ou um instituto de crédito, nacional ou estrangeiro, que actue em nome próprio e na qualidade de agente das garantias em proveito dos credores das obrigações garantidas que o tenham designado para o efeito[18].

Salvo estipulação em contrário, e para tudo que seja relacionado com as obrigações garantidas, os credores são representados pelo agente das garantias nas suas relações com os devedores, fiadores, as pessoas que tenham afectado ou cedido um bem para garantia destas obrigações e terceiros; no limite dos poderes que lhe sejam conferidos pelo credor, o agente das garantias pode intentar todas as acções necessárias para a defesa dos interesses do credor, indicando que intervém unicamente na qualidade de agente das garantias[19].

Quando a constituição ou a realização de uma garantia importe a transferência da propriedade ou um pagamento a favor do agente das garantias, os bens transferidos e o dinheiro recebido formam um património separado do património do agente das garantias[20]. Sob reserva do eventual exercício do direito de sequela sobre esses bens e fora dos casos de fraude, esse património só pode ser objecto de execução pelo titular de créditos derivados de despesas de conservação e gestão desses bens e ainda no caso de abertura de um processo colectivo contra o agente das garantias[21].

---

[17] Cf. Artigo 3.º do AUOG.
[18] Cf. Artigo 5.º do AUOG. A designação deve respeitar os requisitos do Artigo 6.º do AUOG.
[19] Cf. Artigo 8.º do AUOG. O Artigo 7.º do AUOG estabelece para o agente das garantias uma obrigação genérica de indicar esta sua qualidade sempre que actue no interesse do credor da obrigação garantida.
[20] Cf. Artigo 9.º, § 1, do AUOG.
[21] Cf. Artigo 9.º, § 2, do AUOG.

O acto que designa um agente das garantias pode prever as condições em que ele pode, sob sua responsabilidade, substituir-se a um terceiro para cumprir a sua missão, podendo neste caso os credores das obrigações garantidas agir directamente contra a pessoa a que o agente das garantias se substituiu; o mesmo acto pode também prever as condições de substituição do agente das garantias que não cumpra os seus deveres e, na ausência de disposições contratuais nesse sentido, os credores representados podem pedir ao órgão jurisdicional competente a nomeação de um agente das garantias provisório ou solicitar a sua substituição.

3. As garantias pessoais

As garantias pessoais consistem na obrigação de um pessoa responder pelo cumprimento da obrigação do devedor principal em caso de incumprimento por parte deste ou à primeira solicitação do beneficiário da garantia[22]. A garantia pessoal caracteriza-se pela junção ao devedor principal de um ou mais devedores, facultando ao credor o direito de não só exigir do devedor principal a satisfação do seu crédito, mas fazê-lo também relativamente a um terceiro que aceite responder pelas obrigações do devedor. É exemplo de uma garantia pessoal a fiança, à qual se junta também a garantia autónoma[23].

3.1. A fiança

a) Princípios gerais

A fiança é regulada nos Artigos 3.º e segs. do AUOG e consiste no contrato pelo qual uma pessoa, o fiador, se compromete perante o credor, que aceita, a cumprir a obrigação do devedor se este a não cum-

---

[22] Cf. Artigo 4.º, § 1, do AUOG.
[23] Cf. Artigo 12.º do AUOG. Jean-Clary OTOMOU, *La lettre de garantie OHADA*, in *Revue de droit des affaires internationales*, n.º 4 (1999), págs. 429 e segs., realça que as especificidades do elenco das garantias pessoais tipificadas no AUOG implicam a não inclusão de outros instrumentos de garantia que podem ser utilizados, criados e reconhecidos no direito interno dos Estados-membros em virtude – acrescentamos nós – da interpretação feita pelo TJCA ao Artigo 10.º do Tratado OHADA, com a consequência de fragmentar o sistema que, na óptica do legislador OHADA, deve ser harmonizado.

prir[24]; a fiança pode também ser prestada sem o conhecimento do devedor ou contra a vontade deste[25]. A natureza da fiança resulta da sua fonte, convencional, e da sua estrutura pessoal.

Como instrumento de natureza convencional, a fiança não pode ser constituída sem expressa manifestação de vontade do fiador e, como tal, presumida, devendo resultar sempre de um acordo entre o fiador e o credor[26], podendo ter uma natureza legal ou judicial[27]. A exigência de um contrato estipulado entre o fiador e o credor é essencial, tal como se depreende do Artigo 14.° do AUOG, não sendo o devedor parte no mesmo. A importância do contrato no regime jurídico da fiança decorre também da norma que determina que o contrato em que o fiador se compromete deve ser reduzido a escrito do qual conste a assinatura das partes e a indicação, por extenso e por algarismos, do montante garantido[28] e da norma que estabelece que nos casos em que o fiador não possa ou não saiba escrever se deve fazer acompanhar por duas testemunhas que, identificadas no dito documento, atestem que o fiador tomou consciência da natureza e dos efeitos da fiança[29]. A utilização da expressão «*ser expressamente declarada*» usada no anterior Artigo 4.° do AUOG, relativa à constituição do contrato de fiança, levantava a questão de saber se era exigível um acto público para o efeito. O Artigo 14.° do AUOG eliminou a dita expressão exigindo-

---

[24] Cf. Artigo 13.°, § 1, do AUOG. Sobre o regime da fiança na primeira versão do AUOG, v., em língua portuguesa, M. Januário da COSTA GOMES, *O regime da fiança no AUG da OHADA. Alguns aspectos*, in "Estudos de Direito das Garantias", I, Coimbra, Almedina, 2004, págs. 211 e segs. e Cláudia MADALENO, *Conceito, característica e constituição da fiança no Acto Uniforme da OHADA relativo à Organização das Garantias*, in "Estudos sobre a OHADA", Bissau, 2008, págs. 303 e segs..

[25] Cf. Artigo 13.°, § 2, do AUOG.

[26] Cf. Artigo 14.°, § 2, do AUOG. O AUOG tem o mérito de revelar explicitamente a natureza contratual da fiança: não estando mais em discussão, o Código Civil francês adoptou uma fórmula descritiva do instituto. Conforme refere M. Amadou KANE, *O direito* cit., no caso da fiança bancária a necessidade de subscrição do credor não coloca problemas quando a instituição de crédito recebe a fiança, contrariamente ao que acontece quando é a instituição de crédito a prestar a fiança, sobretudo quando estão em causa contratos públicos.

[27] Cf. Artigo 15.° do AUOG.

[28] Cf. Artigo 14.°, § 2, do AUOG. A norma é claramente inspirada pelo Artigo 22.° do COCC senegalês.

[29] Cf. Artigo 14.°, § 3, do AUOG. A norma foi claramente pensada tendo em conta o alto grau de analfabetismo existente em África. O Artigo 20.° do COCC senegalês também estabelece esta possibilidade para o devedor principal, preenchendo esta norma uma lacuna evidente do regime previsto no AUOG.

-se assim que a fiança seja objecto de um acto que inclua, sob pena da nulidade do negócio, a assinatura das duas partes e a menção escrita do regime da fiança e do montante garantido[30].

Enquanto a doutrina tradicional sempre insistiu na unilateralidade das obrigações resultantes da fiança, o facto dela estar sujeita a constituição reduzida a escrito entre as partes da relação leva a questionar se o legislador OHADA criou uma «fiança sinalagmática», visto não se compreender a razão de exigir também a subscrição do credor, motivo pelo qual se questiona a existência de uma troca de prestações entre as partes «contraentes». Se não existe problema algum relativamente à prestação do fiador, as dúvidas adensam-se na identificação da prestação a que o beneficiário está vinculado. A análise do AUOG permite-nos concluir simplesmente pela existência de uma obrigação de informação a cargo do credor nos termos dos Artigos 23.° e 24.° do diploma. A doutrina francesa tradicional não considera esta exigência suficiente para determinar a natureza sinalagmática da fiança[31]; contudo, saliente-se que o segundo parágrafo do Artigo 24.° do AUOG – disposição que é inderrogável[32] – faz depender o direito aos juros vencidos da obrigação de informar imposta ao credor, para além de poder ser aplicado ao contrato de fiança a *exceptio non adimpleti contractus*, ou seja, a recusa em realizar a prestação principal enquanto a contraparte não efectuar a sua, facto que pode levar a defender a sinalagmaticidade da fiança[33].

Não restam dúvidas de que a necessidade de subscrição do beneficiário encontra pouca justificação perante a ausência da sinalagmaticidade, razão pela qual a obrigação de informação imposta ao credor não parece

---

[30] Cf. Artigo 14.°, § 2, do AUOG. Na doutrina, com referência aos requisitos formais, v. François ANOUKAHA, *Le droit* cit., pág. 35. Na jurisprudência, para casos de nulidade por falta dos requisitos exigidos pelo antigo Artigo 4.° do AUOG, agora previstos no actual Artigo 14.°, cf. decisão do TJCA, de 19 de Outubro de 2003 (n.° 18/2003); decisão do TPI de Yaoundé, de 8 de Julho de 2004 (n.° 794/C); decisão do TPI Gagnoa, de 4 de Junho de 2003 (n.° 79); decisão do TPI de Abidjan, de 22 de Março de 2001 (n.° 31). A obrigação de indicar o montante máximo garantido no contrato de fiança leva a considerar inadmissível no sistema OHADA a fiança *omnibus sic et simpliciter*, isto é, sem indicação de um montante máximo garantido – neste sentido, v. também Djimansa N'DONIGAR, *Les exigences* cit..

[31] V., por todos, Michel CABRILLAC e Christien MOULY, *Droit des garanties*, 8.ª ed., Paris, Lexis Nexis Litec, 2007.

[32] Cf. Artigo 24.°, § 3, do AUOG.

[33] A sinalagmaticidade manifesta-se também sob bases diversas (obrigação de informação ligada à natureza própria do contrato de fiança) – neste sentido, v. Djimasna N'DONIGAR, *Les exigences* cit..

ser suficiente para determinar a existência desse elemento, embora o seu não cumprimento seja severamente punido. A proposta de enquadrar a fiança na categoria dos contratos sinalagmáticos[34] – ou bilaterais – imperfeitos – ou seja, os contratos de que resulta uma só obrigação principal, que constitui a causa do contrato, enquanto o credor, por sua vez, pode estar vinculado a uma prestação secundária e eventual também, ela sancionada com a mesma acção contratual – se tem o defeito de recorrer a uma tipologia contratual para a qual o debate sobre a sua admissibilidade é ainda bem vivo, parece ser aquela que melhor traduz a situação normativa, ainda que só uma intervenção clarificadora do TJCA ou uma reforma normativa possam resolver definitivamente a questão[35].

A fiança, enquanto instrumento de garantia pessoal, obriga pessoal e indefinidamente o fiador perante o credor, juntando-se assim ao devedor principal. O facto de o fiador se obrigar pessoalmente, e de o credor encontrar assim um devedor suplementar vinculado da mesma forma que o devedor principal, induziu o legislador OHADA a colocar como condição para a formação do contrato a solvabilidade da garantia através da consideração de todos os elementos do património do fiador[36], e ao devedor

---

[34] V. AA.VV., *OHADA. Garantias* cit., pág. 14.

[35] A categoria dos contratos sinalagmáticos imperfeitos resultava já do estudo do direito privado romano – neste sentido, v. Biondo BIONDI, *Instituzioni di diritto romano*, 4.ª ed., Giuffrè, Milão, 1972, pág. 459; Cesare SANFILIPPO, *Instituzioni di diritto romano*, Rubbettino, Catanzaro, 2002, pág. 292; António SANTOS JUSTO, *Direito Privado Romano*, vol. II, 3.ª ed., Coimbra Editora, 2008, págs. 26 e segs.. A doutrina francesa parece admitir esta categoria contratual, destacando-se, entre outros, Jean CARBONNIER, *Derecho civil* (trad. espanhola da 1.ª ed. Francesa), tomo II, vol. II, Bosh, Barcelona, 1971; Jacques GHESTIN, *Traité de droit civil. Les obligations. Le contrat: formation*, 2.ª ed., LGDJ, Paris, 1988; François TERRÉ, Philippe SIMLER, Yves LEQUETTE, *Droit civil – Les obligations*, 9.ª ed., Dalloz, Paris, 2005. Na doutrina portuguesa, v. Carlos Alberto da MOTA PINTO, *Teoria Geral do Direito Civil*, 4.ª ed., Coimbra Editora, 2005. Na doutrina espanhola, v. Juan OSSORIO Y MORALES, *Notas para una teoría general del contrato*, in *Revista de Derecho Privado*, 1965, págs. 1098 e segs; Luiz DIEZ-PICAZO, Antonio GULLON, *Sistema de derecho civil*, 7.ª ed., vol. II, Tecnos, Madrid, 1995; AA.VV., *Tratado de derecho civil*, tomo III, Bosh, Barcelona, 2003. Em Itália, v. Francesco MESSINEO, *Dottrina generale del contratto*, Giuffrè, 1952, e, ID., «*Contratto (diritto privado)*», in *Enc. Dir.*, vol. IX, Giuffrè, Milão, 1961; em sentido contrário, v. Giuseppe OSTI, «*Contratto*», in *Nov. Dig. It.*, vol IV, UTET, Turim, 1959; e Riccardo CRISTOFARI, *Mutuo e risoluzione del contratto*, Giuffrè, Milão, 2002.

[36] Cf. Artigo 15.°, § 2, do AUOG. O Artigo 2296.° do Código Civil francês (anterior Artigo 2019.°) estabelece que a solvabilidade de um fiador se mede a partir da sua propriedade fundiária, excepto em matéria comercial ou quando a dívida seja modesta.

obrigado que não consiga arranjar um fiador nestas condições é permitido substituir esta garantia por uma garantia real idónea que dê ao credor as mesmas garantias[37]. O Acto Uniforme impõe ao fiador o estabelecimento do domicílio na jurisdição onde a fiança deva ser prestada[38], com o objectivo claro de facilitar eventuais diligências processuais contra o fiador.

b) Objecto da fiança

As disposições contidas no AUOG aplicam-se a todas as fianças, tenham natureza civil ou comercial, não estando prevista qualquer distinção a esse respeito. O devedor pode fornecer uma ou mais fianças, mas, independentemente do número, a garantia tem uma natureza solidária, embora seja lícito à lei de cada Estado-membro, ou às partes, mediante declaração expressa, a adopção de um regime nos termos do qual o fiador só responda após excutidos todos os bens do devedor[39]. O fiador pode ser também afiançado por um subfiador, cuja garantia é, salvo pacto de solidariedade, subsidiária[40].

A fiança tem um carácter acessório, razão pela qual ela só é válida se a obrigação principal for regularmente constituída[41], não podendo ser assumida em condições mais onerosas do que as estabelecidas para a obrigação principal, estando, quando isso aconteça, sujeita a redução nos limites da obrigação principal[42]; sempre que a obrigação principal seja validamente constituída, ela pode ser objecto de garantia, independentemente da sua natureza[43]. Dentro dos limites do montante máximo garantido, a fiança

---

[37] Cf. Artigo 15.º, § 3, do AUOG.
[38] Cf. Artigo 15.º, § 1, do AUOG.
[39] Cf. Artigo 20.º do AUOG. Neste sentido, v. Jean-Jacques ANVILLE N'GORAN, *Du cautionnement solidaire dans l'Acte uniforme portant organisation des garantias*, in *Revue Penant*, n.º 857 (1996), pág. 401; Djimansa N'DONIGAR, *De la solidarité du cautionnement issu du traité OHADA*, in *Revue juridique tchadienne*, s.n. e d., o qual justifica a extensão da solidariedade à fiança civil com a sobrevivência em África de laços de solidariedade familiar e tribal na formação e execução do contrato.
[40] Cf. Artigo 21.º do AUOG.
[41] A acessoriedade manifesta-se na possibilidade de o fiador requerer a junção do acto constitutivo da obrigação principal ao contrato de fiança (cf. Artigo 18.º do AUOG) e na obrigação do credor avisar o fiador do incumprimento do devedor (cf. Artigo 23.º do AUOG).
[42] Cf. Artigo 17.º do AUOG.
[43] V. AA.VV., *OHADA. Garantias* cit., pág. 25.

pode ser alargada, para além do capital, aos juros e às despesas para a recuperação do crédito[44].

A constituição da fiança implica a indicação de um montante máximo. A fiança geral pode ser expressamente renovada sempre que a dívida garantida atinja o montante máximo e pode ser revogada a qualquer momento pelo fiador, ficando a sua responsabilidade limitada às obrigações já contraídas pelo devedor principal; salvo declaração em contrário, a fiança não abrange as dívidas contraídas em momento anterior à sua constituição[45].

A fiança tem como objecto a totalidade do património do fiador ou só um ou mais bens específicos, podendo neste caso ser acompanhada por determinados bens móveis, imóveis, ou por um conjunto de bens de ambas as categorias; quando a garantia seja composta por uma hipoteca, denomina-se fiança hipotecária[46].

O legislador OHADA nada disse a propósito do regime aplicável à fiança hipotecária, questionando-se se é aplicável o regime geral da fiança, o regime da hipoteca, ou se ambos, e, neste caso, qual prevalece na hipótese de conflito[47].

O sentido da norma faz propender a doutrina para uma hipótese de garantia pessoal acompanhada por uma garantia real (hipoteca), o que não confere à garantia a perda da sua natureza pessoal, estando a garantia real dependente, para a sua validade, eficácia e extensão, da garantia pessoal com a qual coexiste[48].

No que respeita à pluralidade de fiadores, o Acto Uniforme não parece, aparentemente, ter tido em consideração a situação em que vários fiadores prestam garantia a um mesmo devedor, garantindo, cada um por inteiro, a prestação principal e obrigando-se a pagar em caso de incumprimento do devedor principal. A pluralidade de fiadores não está contemplada entre as modalidades da fiança, mas na secção dedicada aos efeitos da garantia, onde o Acto Uniforme estabelece que se existir mais de um fiador para um mesmo devedor e uma mesma obrigação, cada um dos fiadores pode,

---

[44] Cf. Artigo 18.º do AUOG.
[45] Cf. Artigo 19.º do AUOG.
[46] A hipótese está contemplada pelo Artigo 22.º, § 1, do AUOG que permite ao fiador garantir a sua obrigação através de uma garantia real sobre um ou vários dos seus bens.
[47] O problema é levantado por Mathurin BROU KOUAKOU, *Le droit OHADA et le cautionnement hypothécaire*, in *Revue Penant*, n.º 856 (2006), págs. 273 e segs.
[48] Neste sentido, v. Mathurin BROU KOUAKOU, *Le droit* cit..

assim que o credor inicie o processo de execução, requerer a divisão da obrigação entre os fiadores; nesse caso, cada fiador só responde pela parte da obrigação que lhe ficar adstrita e o credor que consinta na divisão não pode revogar o seu consentimento, tendo de suportar o risco de insolvência dos fiadores sem poder exigir dos demais o cumprimento da parte que exceda a respectiva quota[49]. Isto permite concluir pela admissibilidade da existência de vários fiadores do mesmo devedor[50].

c) *Efeitos da fiança*

Os efeitos da fiança decorrem da natureza secundária da garantia, dispondo o AUOG que o fiador só é obrigado a pagar se o devedor principal não pagar[51]. A natureza acessória da fiança condiciona a relação entre credor e fiador, relação essa marcada pela redução dos direitos do credor sobre o fiador e protecção reforçada deste último perante o credor, porquanto este está vinculado a uma série de obrigações nas relações com o fiador.

O credor não pode intentar qualquer acção contra o fiador sem antes colocar em mora o devedor principal e deve informá-lo do termo ou prorrogação do prazo acordado com o devedor[52], sob pena de perda do direito aos juros vencidos desde a data da informação anterior até à data da comunicação da nova informação[53]. Conforme já referido, além da obrigação de informação, o Acto Uniforme obriga o credor a interpelar o devedor antes

---

[49] Cf. Artigo 28.º do AUOG. V., também, François ANOUKAHA, *Le droit* cit., pág. 13.
[50] Cf., também, Artigo 34.º do AUOG. No mesmo sentido, v. Léon MESSANVI FOLI, *Présentation de l'Acte uniforme portant organisation du droit des garantias*, disponível a partir de *www.ohada.com*.
[51] Cf. Artigo 23.º, § 1, do AUOG.
[52] Cf. Artigos 23.º, §§ 2 e 3, e 24.º, § 1, do AUOG. O fiador tem o direito de se opor e agir contra o devedor principal para que este realize o pagamento, preste uma garantia ou para obter uma medida cautelar. O quarto parágrafo do Artigo 23.º do AUOG prevê que o termo do benefício do prazo em relação ao devedor não se aplica ao fiador, a quem o pagamento só pode ser exigido no termo do prazo estabelecido no contrato de fiança.
[53] Cf. Artigo 24.º, §§ 2 e 3, do AUOG. Na doutrina, v. Prosper NKOU MVONDO, *L'information de la caution dans le nouveau droit des garantias des Etats africains*, disponível a partir de *www.ohada.com*. De acordo com a decisão do TCJA, de 15 de Julho de 2004 (n.º 24), aplicando-se o Acto Uniforme às garantias constituídas após a sua entrada em vigor, a obrigação de informação não é exigível quanto às fianças constituídas antes da sua entrada em vigor, permanecendo reguladas pelas disposições anteriormente vigentes.

de agir contra o fiador[54]; além disso, quando propõe uma acção contra o fiador, o credor está obrigado a citar o devedor principal[55]. Quando é demandado para o pagamento da obrigação do devedor principal, o fiador pode invocar o benefício da excussão prévia do devedor principal – salvo no caso de fiança judiciária ou solidária, sendo o benefício da excussão preventiva do devedor principal invocável pelo fiador, a menos que tenha renunciado a este direito[56] – ou o benefício da divisão em caso de pluralidade de fiadores[57].

O fiador está obrigado a cumprir a obrigação do mesmo modo que o devedor principal[58], e o fiador solidário é obrigado a cumprir a obrigação nas mesmas condições do devedor solidário[59], mantendo-se, contudo, fiador[60]. Uma vez satisfeito crédito, o fiador fica sub-rogado nos direitos e

---

[54] Cf. Artigo 23.°, § 2, do AUOG. O TRHC de Dakar, por decisão 7 de Março de 2000, decidiu que também o fiador deve ser posto em mora para poder cumprir e assim evitar a execução coactiva da garantia. Segundo a CA de Abidjan, decisão de 28 de Março de 2003 (n.° 270), a mesma interpelação pode ser dirigida simultaneamente ao devedor principal e ao fiador. Para o TRHC de Dakar, decisão de 24 de Dezembro de 2003 (n.° 2377), uma vez levado o incumprimento do devedor principal ao conhecimento do fiador, ambos ficam vinculados ao pagamento solidário da obrigação. Seja no caso do Artigo 24.° (obrigação de informação), seja no caso do preceito em análise, nada se diz sobre a forma que deve respeitar a informação, pelo que, na falta de acordo entre as partes, qualquer meio (escrito) deve considerar-se idóneo para o efeito.

[55] Cf. Artigo 26, § 2, do AUOG. Cf., também, a decisão da CA de Abidjan, de 27 de Julho de 2001 (n.° 1070).

[56] Cf. Artigo 27.° do AUOG. O benefício da excussão não funciona automaticamente, devendo ser invocado pelo fiador no início do processo, caso contrário presume-se que ele renunciou a fazer-se valer do mesmo.

[57] Cf. Artigo 28.° do AUOG. Também o benefício em causa deve ser invocado *in limine litis*.

[58] Cf. CA de Dakar, de 15 de Junho de 2001 (n.° 340); TGI de Mfoundi, de 2 de Maio de 2000 (n.° 481); TRHC de Dakar, de 2 de Fevereiro de 1999 (n.° 131).

[59] Cf. Artigo 26.°, § 1, do AUOG. Sobre a aplicação das normas em matéria de solidariedade, v. Jean-Jacques ANVILLE N'GORAN, *Du cautionnement* cit., págs. 409 e segs..

[60] Cf. Djimansa N'DONIGAR, *De la solidarité* cit.. Jean-Jacques ANVILLE N'GORAN, *Du cautionnement* cit., realça a prevalência da acessoriedade da garantia – que constitui a sua essência – sobre a solidariedade, não podendo o fiador em caso algum ser considerado e assimilado ao devedor principal. Em consequência, em caso de conflito as normas sobre a fiança prevalecem sobre as relativas à solidariedade, pelo que, por exemplo, o princípio resultante dos Artigos 17.° e 29.° do AUOG, segundo os quais o fiador pode opor ao credor todas as excepções inerentes à obrigação principal ou à relação de fiança, que se destina a prevalecer sobre a regra em matéria de solidariedade, pelo que qualquer co-devedor pode apenas opor ao credor as excepções inerentes à sua relação com este.

garantias do credo equivalentes ao valor pago[61]; se são vários devedores a responder solidariamente pela mesma obrigação, o fiador sub-rogado pode exigir de qualquer um aquilo que haja prestado ao credor, ainda que a fiança só beneficiasse um credor[62]. Depois, o fiador, bem como o sub-fiador, podem deduzir contra o credor todas as excepções inerentes à obrigação garantida, susceptíveis de a reduzir, extinguir ou diferir o respectivo cumprimento; o fiador, ainda que solidário, fica liberado da obrigação na medida em que, por facto imputável ao credor, não puder ficar sub-rogado nos direitos deste face ao devedor, considerando o AUOG não escrita qualquer cláusula em contrário, enquanto que se o facto imputável ao credor limitar simplesmente a sub-rogação, o fiador libera-se somente até ao limite da insuficiência da garantia conservada[63]. Na hipótese de vários fiadores da mesma obrigação, o fiador que houver feito o pagamento da obrigação principal goza do direito de regresso contra os restantes fiadores, limitado à parte que a cada um respeita[64].

O fiador não tem só direitos; também tem obrigações. Quando interpelado, o fiador deve informar o devedor principal, ou fazê-lo intervir na lide, antes de satisfazer o crédito, dado que, se não o fizer e o devedor principal tiver entretanto cumprido a sua obrigação sem ter dado conhecimento do pagamento, ele perde a possibilidade de exigir a satisfação do seu crédito ao devedor principal, sem prejuízo, no entanto, de demandar o credor relativamente à prestação efectuada[65]. O fiador que cumprir a obrigação tem o direito de exigir ao devedor principal o pagamento do que houver cumprido a título de obrigação principal, juros e despesas e pode ainda pedir uma indemnização pelos prejuízos sofridos pela interpelação do credor; quando o fiador haja garantido apenas parte da obrigação e feito o respectivo pagamento, o credor não goza, relativamente ao remanescente, de preferência face ao fiador, considerando-se não escrita qualquer cláusula em contrário[66]. O sub-fiador beneficia dos mesmos direitos do fiador[67].

Por fim, o fiador pode demandar o devedor principal, ainda que não tenha efectuado o pagamento, sempre que seja judicialmente citado para

---

[61] Cf. Artigo 31.º, § 1, do AUOG.
[62] Cf. Artigo 31.º, § 2, do AUOG.
[63] Cf. Artigo 29.º do AUOG.
[64] Cf. Artigo 34.º do AUOG.
[65] Cf. Artigo 30.º do AUOG.
[66] Cf. Artigo 32.º do AUOG.
[67] Cf. Artigo 33.º do AUOG.

cumprir, o devedor haja cessado o cumprimento das suas obrigações ou se encontre em insolvência, se o devedor não o houver liberado na data convencionada, ou ainda se a obrigação principal se tornar exigível pelo decurso do prazo de cumprimento[68].

d) Extinção da fiança

Neste ponto, o legislador adoptou o princípio clássico segundo o qual a extinção total ou parcial da obrigação principal importa a extinção similar da fiança[69], admitindo diversos modos de extinção, tais como a dação em cumprimento, ainda que o credor sofra de seguida a perda do bem aceite a título de pagamento[70], a novação ou a modificação das modalidades ou das garantias que acompanham a obrigação principal, considerando-se não escrita qualquer cláusula contrária[71].

Mas a fiança pode também extinguir-se independentemente da obrigação principal: isso verifica-se quando, na sequência de uma acção intentada contra si, o fiador invocar a compensação com um crédito que detenha contra o credor; quando o credor conceder ao fiador um perdão, total ou parcial, da dívida; por confusão, por se reunirem na mesma pessoa a condição de credor e fiador[72]. Todavia, a reunião na mesma pessoa das qualidades de devedor principal e fiador não extingue o direito do credor contra o sub-fiador[73].

3.2. A garantia autónoma

A garantia autónoma substitui a anterior carta de garantia e é definida pelo AUOG como a convenção através da qual o garante, por força de uma obrigação subscrita pelo ordenador e sob instruções deste, se obriga a pagar uma determinada quantia ao beneficiário, logo que interpelado por este último, salvo convenção em contrário; por seu turno, a contra-garantia é

---

[68] Cf. Artigo 35.º do AUOG.
[69] Cf. CA de Dakar, de 15 de Junho de 2001 (n.º 340); e TRHC de Dakar, de 4 de Fevereiro de 2003, n.º 253.
[70] A falta de aceitação por parte do credor do bem oferecido em pagamento não liberta o fiador – neste sentido, cf. VT de Sassandra, de 29 de Janeiro de 2003 (n.º 14).
[71] Cf. Artigo 36.º do AUOG.
[72] Cf. Artigo 37.º do AUOG.
[73] Cf. Artigo 38.º do AUOG.

definida como a convenção através da qual o contra-garante se obriga, por força de uma obrigação subscrita pelo ordenador e sob instruções deste, a pagar uma determinada quantia ao garante, logo que interpelado por este, salvo convenção em contrário[74].

A existência deste segundo conceito induz a uma primeira observação: o AUOG admite expressamente que o garante possa obter por si uma contra-garantia; uma segunda observação consiste no facto de que, contrariamente à fiança, se trata aqui de uma obrigação distinta da obrigação principal[75]. A garantia autónoma cria uma obrigação pessoal, em que o garante não se obriga a pagar a obrigação do devedor, mas assume uma obrigação própria e autónoma através de um contrato de garantia: se neste contrato se faz alusão à obrigação do devedor principal para com o credor, isso só acontece porque se trata de uma garantia; uma vez concluído o contrato de garantia, qualquer ligação deste com o contrato principal extingue-se. A eficácia, a execução e respectivas modalidades, bem como a extinção da garantia – e da contra-garantia – são exclusivamente determinadas pelo contrato de garantia, não podendo o garante opor qualquer excepção fundada no contrato principal[76]. O garante, interpelado para cumprir a sua obrigação, não pode opor ao beneficiário qualquer excepção, salvo as previstas no contrato de garantia, visto que o garante assume a título principal uma nova obrigação, bem como as resultantes das suas relações com o beneficiário (ex. compensação).

A formação da garantia autónoma está sujeita a uma série de requisitos formais. O legislador OHADA teve a preocupação de não permitir que as pessoas singulares subscrevessem garantias e contra-garantias, sob pena de nulidade[77]. As convenções de garantia e de contra-garantia não se pre-

---

[74] Cf. Artigo 39.º do AUOG. Sobre o anterior regime da carta de garantia, v. Jean--Clary OTOMOU, *La lettre cit.*; Charles MBA-OWONO, *Le régime juridique des lettres de garantie dans l'Acte Uniforme de l'OHADA portant organisation des garanties*, in Revue Penant, n.º 835 (2001), pág. 56; M. Januário da COSTA GOMES, *O regime da carta de garantia no AUG da OHADA. Alguns aspectos*, in "Estudos de Direito das Garantias", vol. I, Coimbra, Almedina, págs. 243 e segs. e Samara SAMPA, *Carta de Garantia*, in Estudos sobre a OHADA, Bissau, 2008, págs. 357 e segs..

[75] Isto mesmo resulta do Artigo 30.º do AUOG, de acordo com o qual esta consiste numa obrigação autónoma, distinta das convenções, actos e factos susceptíveis de constituir o seu fundamento.

[76] Cf. Artigo 40.º, § 2, do AUOG.

[77] Cf. Artigo 40.º, § 1, do AUOG. A *ratio* da norma, de protecção das pessoas singulares e do seu património, é bem ilustrada por Jean-Clary OTOMOU, *La lettre* cit.,

sumem, devendo resultar de documento reduzido a escrito[78] que deve indicar, sob pena de nulidade, a denominação da garantia ou da contra-garantia, o nome do ordenador, o nome do beneficiário, o nome do garante ou do contra-garante, a convenção de base, o acto ou o facto causa da emissão da garantia, o valor máximo da garantia ou da contra-garantia, a data do termo da garantia ou do facto que provoca a respectiva extinção, as condições do pedido de pagamento, quando existam, e a impossibilidade, para o garante ou contra-garante, de beneficiar das excepções da fiança, ou seja, a impossibilidade de fazer valer as excepções relativas ao contrato principal[79].

No que se refere aos efeitos da garantia, tendo em vista a finalidade de evitar exercícios fraudulentos[80] e salvo estipulação expressa em contrário[81], o direito do beneficiário à garantia não é transmissível, o que não afecta o direito deste ceder o produto do exercício da acção de garantia em virtude de relação subjacente[82]. A garantia e a contra-garantia produzem efeitos a partir da data em que são emitidas, excepto quando haja estipulação de uma data posterior; as instruções do ordenador, a garantia e a contra-garantia são irrevogáveis no caso de garantia a termo certo, enquanto que são revogáveis as garantias constituídas por tempo indeterminado[83].

---

pág. 433, ao descrever também o processo de emissão de uma garantia por uma pessoa colectiva.

[78] A disposição nada diz sobre o tipo de documento escrito exigível, pelo que, em conformidade com a prática do comércio, qualquer documento escrito é suficiente – neste sentido, v. Charles MBA-OWONO, *Le régime* cit., pág. 69; e François ANOUKAHA, *Le droit* cit., pág. 35.

[79] Cf. Artigo 41.º do AUOG. Para um exemplo de nulidade por falta de indicação das menções obrigatórias previstas para a anterior carta de garantia, repetidas, porém, na nova disciplina da garantia autónoma, cf. decisão da CA de Abidjan, de 21 de Fevereiro de 2003 (n.º 184). Segundo Jean-Clary OTOMOU, *La lettre* cit., o formalismo deriva da necessidade de fornecer às garantias os instrumentos necessários para compreender o âmbito da sua obrigação e evitar possíveis controvérsias a esse respeito.

[80] Sobre o tema, v. Jean-Clary OTOMOU, *La lettre* cit., págs. 444 e segs..

[81] Em tal situação as partes podem ligar a garantia à obrigação principal acordando a cessão de uma à transmissão da outra, mantendo-se a execução da primeira autónoma relativamente à segunda.

[82] Cf. Artigo 42.º do AUOG. Sobre o assunto, v. François ANOUKAHA, *Le droit* cit., págs. 47 e segs.

[83] Cf. Artigo 43.º do AUOG. Sobre o tema, v. Charles MBA-OWONO, *Le régime* cit., pág. 71, e também Jean-Clary OTOMOU, *La lettre* cit., pág. 439, que critica a admissibilidade de garantias revogáveis, atribuindo esta situação a uma confusão do legislador OHADA entre as garantias autónomas e os créditos documentários.

Recorde-se que o garante e o contra-garante só estão obrigados até ao limite do valor indicado na garantia ou na contra-garantia, com dedução dos pagamentos entretanto efectuados pelo garante ou pelo ordenador, não contestados pelo beneficiário[84], mas a garantia pode prever que a quantia garantida seja reduzida, por montantes determinados ou determináveis, em datas precisas ou contra a apresentação ao garante ou contra-garante de documentos estipulados para esse fim[85].

A excussão da garantia ou da contra-garantia é efectuada através de um pedido por escrito feito exclusivamente pelo beneficiário, o mais tardar até à data do respectivo termo, acompanhado dos documentos exigidos no contrato; a excussão da contra-garantia é acompanhada por declaração escrita do garante, em que este declara ter recebido um pedido de pagamento por parte do beneficiário em conformidade com o estipulado na garantia e na contra-garantia. Em princípio, o garante efectua o pagamento assim que seja interpelado para o fazer, salvo nas situações em que se trate de garantia acompanhada dos documentos estipulados, situação em que o garante só faz o pagamento após verificação da documentação apresentada. O pedido não tem que ser acompanhado da prova do não cumprimento por parte do ordenador, mas o beneficiário deve precisar que o ordenador não cumpriu as obrigações para consigo (obrigação de fundamentar o pedido)[86]. Não está prevista qualquer sanção por ausência de fundamentação, mas deve entender-se que o garante pode recusar o pagamento da garantia por não cumprimento dos requisitos previstos na lei para o pedido de excussão[87]. Salvo estipulação em contrário, o pedido de pagamento é apresentado no local de emissão da garantia ou contra-garantia[88].

O garante e o contra-garante dispõem de um prazo de cinco dias para examinar a conformidade do pedido de excussão com a garantia ou a contra-garantia, e não podem rejeitar o pedido de pagamento se não comunicarem ao beneficiário – ou ao garante no caso da contra-garantia – as

---

[84] Jean-Clary Otomou, *La lettre,* cit., págs. 440 e segs., nota que a possibilidade prevista no Artigo 44.º do AUOG de proceder a tais deduções acaba, de facto, por tornar a garantia subsidiária da obrigação principal, extinguindo-se aquela com a extinção desta. A esta posição pode obstar-se que na falta de liberação por parte do beneficiário e até à caducidade da garantia o garante, considerando, em princípio, a irrevogabilidade da garantia, pode permanecer obrigado em eventuais relações posteriores entre o ordenador e o beneficiário.

[85] Cf. Artigo 44.º do AUOG.
[86] Cf. Artigo 45.º, § 1, do AUOG.
[87] Neste sentido, v. Jean-Clary Otomou, *La lettre,* cit., pág. 449.
[88] Cf. Artigo 45.º, § 3, do AUOG.

irregularidades detectadas[89]. O ordenador – assim como o garante e o contra-garante – não podem impedir o garante e o contra-garante de pagar, salvo se o pedido de pagamento feito pelo beneficiário for manifestamente abusivo ou fraudulento[90]. O garante ou o contra-garante que tenha efectuado um pagamento nos termos da garantia ou da contra-garantia dispõe dos mesmos direitos que assistem ao fiador contra o ordenador[91]. A garantia ou a contra-garantia extinguem-se no dia determinado ou no termo do prazo previsto, no momento da apresentação ao garante ou contra-garante dos documentos indicados na garantia ou na contra-garantia que lhes põem termo, ou ainda por declaração escrita do beneficiário que desobrigue o garante e o contra-garante da respectiva obrigação[92].

4. As garantias reais

As garantias reais são diversas e existem múltiplas classificações. Uma é feita de acordo com as fontes, distinguindo-se entre garantias legais e convencionais; há depois a classificação que tem por base o direito de preferência que algumas garantias oferecem ao seu beneficiário; existe, por fim, uma terceira classificação que tem por referência o objecto, de acordo com a qual se distinguem as garantias reais gerais e as garantias reais especiais, que têm por escopo, respectivamente, todo o património do devedor ou só um bem desse património. Outra classificação fundada

---

[89] Cf. Artigo 46.º do AUOG. Sobre o tema, v. Charles MBA-OWONO, *Le régime* cit., pág. 79.

[90] Cf. Artigo 47.º do AUOG. Na doutrina, v. Charles MBA-OWONO, *Le régime* cit., págs. 81 e segs., o qual propõe uma interpretação dos conceitos «abusivo» e «fraudulento» baseada na jurisprudência francesa, considerando suficiente para impedir o pagamento, no silêncio da norma, uma simples dificuldade.

[91] Cf. Artigo 48.º do AUOG. De acordo com a decisão da CA de Abidjan, de 21 de Fevereiro de 2003 (n.º 184), efectua um pagamento errado, que lhe confere o direito ao reembolso e à indemnização por danos, o garante que, logo após a recepção do pedido de pagamento do beneficiário de uma garantia, remete a quantia para este último, ao invés de apresentar o referido pedido ao ordenador, de acordo com a previsão do Artigo 35.º do AUOG (actual Artigo 46.º). Sobre o tema, v. Jean-Clary OTOMOU, *La lettre* cit., págs. 452 e segs.; Charles MBA-OWONO, *Le regime* cit., o qual refere que o garante que efectue o pagamento goza, além do direito de regresso, também de uma acção pessoal por força do Artigo 21.º do AUOG (actual Artigo 32.º).

[92] Cf. Artigo 49.º do AUOG.

no objeto da garantia é a que distingue garantias reais imobiliárias e mobiliárias, sendo esta a classificação adoptada pelo Acto Uniforme, que as define como os instrumentos que garantem ao credor o direito de se fazer pagar preferencialmente pelo preço de venda do bem móvel ou imóvel objecto da garantia[93].

Na sua nova redacção, o AUOG introduziu o princípio segundo o qual só as garantias previstas no Acto Uniforme podem ser validamente constituídas.

4.1. Garantias reais mobiliárias

No AUOG estão previstas as seguintes garantias mobiliárias: o direito de retenção, o penhor, os penhores sem entrega e os privilégios creditórios[94]. O exame do elenco permite constatar que o Acto Uniforme toma em consideração duas categorias de garantias mobiliárias: as que dependem da entrega do bem e as que não dependem dessa entrega.

4.1.1. Garantias reais mobiliárias com entrega de bem

Estão previstos nesta categoria o direito de retenção, a retenção ou cessão em garantia do direito de propriedade e o penhor.

---

[93] Cf. Artigo 4.°, § 2, do AUOG. Jean-Clary OTOMOU, *La lettre*, cit., salienta que tal definição deixa de fora alguns instrumentos – por exemplo, renúncia à propriedade, alienação fiduciária do bem – que são utilizados na prática para alcançarem o mesmo objectivo de garantia.

[94] Cf. Artigo 50.°, § 1, do AUOG. O segundo parágrafo do mesmo artigo precisa que as garantias mobiliárias sujeitas a publicidade devem ser inscritas no RCCM, salvo disposição contrária. Para esse fim, os Artigos 51.° a 66.° do AUOG estabelecem as modalidades de inscrição das garantias reais no RCCM. Em particular, a inscrição das garantias é feita pelo credor, pelo agente de garantias e pelo devedor (cf. Artigo 51.°) através do preenchimento de um formulário que contém os elementos previstos no Artigo 53.° do AUOG e, uma vez efectuada a inscrição, passa a ter efeitos perante terceiros a contar da data da respectiva inscrição (cf. Artigo 57.° do AUOG). As partes podem estipular um prazo máximo de duração da garantia de dez anos (cf. Artigo 58.°) e a inscrição é renovável (Artigo 59.°) ou modificável por acordo das partes ou decisão judicial tendo em consideração o valor da garantia (cf. Artigo 60.°) e passível de ser cancelada por decisão judicial (cf. Artigo 63.°) ou acordo entre as partes (cf. Artigo 64.°). A inscrição fraudulenta é tipificada como ilícito criminal (cf. Artigo 65.°).

a) Direito de retenção

O credor que detém legitimamente um bem do devedor pode retê-lo até que receba o pagamento completo daquilo que lhe é devido, independentemente de qualquer outra garantia[95]. Esta garantia constitui um instrumento de pressão reconhecido pela lei em favor do credor para tentar convencer o devedor a cumprir a sua obrigação; os seus fins e características permitem compreender que esta garantia tanto pode recair sobre bens comerciáveis como sobre bens sem valor económico, sendo utilizada como meio de pressão para induzir o devedor a pagar ou a oferecer uma garantia alternativa[96].

O Acto Uniforme qualifica o direito de retenção como garantia real mobiliária típica[97], com um tratamento jurídico autónomo[98], reconhecendo ao seu titular o direito de proceder à venda do bem que não possa ser posteriormente conservado mediante autorização judicial[99], considerando-se nula qualquer convenção ou cláusula em contrário[100].

A abertura de um processo de acordo prévio ou de recuperação judicial suspende todas as prerrogativas concedidas ao credor, que se mantém sujeito às regras destes processos nos mesmos termos do credor pignoratício, enquanto o devedor não pode mais valer-se da faculdade de substituição da garantia; em caso de abertura de processo de liquidação de bens é o curador que é titular dos direitos e obrigações do devedor, mantendo-se o credor sujeito às regras gerais do processo[101].

---

[95] Cf. Artigo 67.º do AUOG.
[96] Neste sentido, v. Jean-Clary OTOMOU, *Le droit de rétention* cit., pág. 78 e François ANOUKAHA, *Le droit* cit., pág. 27.
[97] Neste sentido, v. François ANOUKAHA, *Le droit* cit..
[98] Segundo Joseph ISSA-SAYEGH, *Le nouveau droit* cit., e Akrawati Wamsidine ADJITA, *Le droit de rétention comme sûreté en droit uniforme (O.H.A.D.A)*, in *Revue Penant*, n.º 844 (2003), pág. 286, o legislador OHADA seguiu o modelo senegalês (Artigo 926 do COCC), pois no direito francês a pertença do direito de retenção à categoria das garantias reais é contestada pela doutrina na medida em que o credor não beneficia nem do direito de preferência, nem do direito de sequela, nem da possibilidade de retirar uma qualquer utilidade da coisa possuída – sobre o assunto, v. Henri, Leon e Jean MAZEAUD, François CHABAS, Veronique RANOUIL, *Garantias. Publicite foncière*, 6.ª ed., Paris, Montchrestien, 1988.
[99] Cf. Artigo 70.º do AUOG. Na doutrina, v. Jean-Clary OTOMOU, *Le droit de rétention* cit., págs. 75 e segs..
[100] Na doutrina cf. Akrawati Wamsidine ADJITA, *Le droit de rétention* cit., págs. 289 e segs..
[101] Sobre a relação entre o direito de retenção e os processos previstos no AUOPC, v. Akrawati Wamsidine ADJITA, *Le droit de rétention* cit., págs. 318 e segs., e Jean-Clary OTOMOU, *Le droit de rétention* cit., págs. 87 e segs..

No que se refere às condições de exercício, o AUOG exige a procedência e a licitude da detenção do credor, a disponibilidade do bem, uma relação entre a constituição da obrigação e a coisa detida, que a obrigação seja certa, líquida e exigível e que o bem não seja objecto de penhor ou outra medida de protecção do crédito[102].

Sobre a procedência e a licitude da detenção do credor refira-se que este pode exercer o direito de retenção sobre um bem do devedor que o detenha legitimamente[103], enquanto o requisito da disponibilidade do bem implica que este não esteja onerado a favor de um outro credor do devedor ou, se for o caso, de um credor do proprietário do bem[104]. Se a relação entre o bem e a obrigação for difícil de determinar, o AUOG facilita este processo ao considerar verificada a ligação sempre que o bem retido fique consignado até ao pagamento integral do crédito devido a quem exerce o direito de retenção, caso o crédito resulte do contrato que obriga o devedor a entregar o bem detido, ou se o crédito não satisfeito tiver surgido por ocasião da detenção do bem[105]. O novo AUOG estabelece a possibilidade de o devedor obter a restituição do bem oferecendo uma garantia real equivalente, faculdade essa que já se encontrava prevista na anterior versão do AUOG (cf. Artigo 42.º).

---

[102] Cf. Artigo 68.º do AUOG. Na falta desses requisitos – assim como na falta de legitimidade da detenção – o direito de retenção é exercido ilegitimamente, devendo o credor restituir o bem – neste sentido, cf. a decisão do TCJA, de 27 de Junho de 2002 (n.º 16//2002), que confirmou a decisão da CA de Dakar, de 16 de Fevereiro de 2001 (n.º 120). Na vigência da anterior redacção, semelhante à actual, a jurisprudência teve oportunidade de efectuar diversas aplicações do princípio: assim, em matéria de propriedade do bem retido, cf. a decisão da CA de Abidjan, de 31 de Janeiro de 2003 (n.º 92); sobre a existência da obrigação, cf. a decisão da CA de Abidjan, de 7 de Março de 2000 (n.º 321), e a decisão do TPI de Cotonou, de 21 de Outubro de 2002 (n.º 234). Na doutrina, v. Akrawati Wamsidine ADJITA, *Le droit de rétention* cit., págs. 300 e segs..

[103] Sobre o assunto, v. Akrawati Wamsidine ADJITA, *Le droit de rétention* cit., págs. 289 e segs..

[104] V. Jean-Clary OTOMOU, *Le droit de rétention* cit..

[105] Cf. Artigo 69.º do AUOG. Sobre a aplicação do princípio, à luz da anterior versão, que considerava a conexão existente se a detenção da coisa e a obrigação fossem consequência de relações comerciais existentes entre o credor e o devedor, cf. as decisões do TCJA, de 4 de Novembro de 2004 (n.º 30), da CA de Conakry, de 1 de Abril de 2003 (n.º 75), e da CA de Abidjan, de 14 de Fevereiro de 2004 (n.º 141), e 7 de Março de 2000 (n.º 321). Trata-se de um presunção ilidível – neste sentido, v. Akrawati Wamsidine ADJITA, *Le droit de rétention* cit., pág. 308.

b) Retenção ou cessão em garantia do direito de propriedade

Esta nova tipologia de garantia real mobiliária foi introduzida na nova versão do AUOG, o qual estabelece que a propriedade de um bem móvel pode ser retida para garantia de uma obrigação por efeito de uma cláusula de reserva da propriedade, ou então cedida em garantia[106]. A cláusula de reserva da propriedade suspende o efeito translativo previsto num contrato até ao cumprimento integral da respectiva contraprestação[107] e deve ser acordada, sob pena de nulidade, o mais tardar até à entrega do bem[108], e inscrita no RCCM para ser oponível a terceiros[109].

Em caso de falta de pagamento no prazo acordado, o credor pode pedir a restituição do bem a fim de o tornar a ter à sua disposição, sendo o seu valor imputado ao montante do crédito que o bem garantia e, caso o valor do bem exceda o crédito, deve o credor pagar a diferença ao devedor[110]. O AUOG também estabeleceu a possibilidade de o credor fazer prevalecer o seu direito diante do sub-adquirente ou em caso de indemnização recebida devido à cessão ou perecimento do bem[111].

A propriedade de um bem, presente ou futuro, ou de um conjunto de bens, pode ser cedida para garantir uma obrigação, também presente ou futura, ou um conjunto de obrigações[112]. Em especial, o AUOG estabelece que a cessão possa ter como objecto créditos e quantias em dinheiro.

Um crédito perante terceiro pode ser cedido[113] a título de garantia de qualquer crédito concedido por uma pessoa colectiva, nacional ou estrangeira, que exerça habitualmente como profissão e por conta própria operações bancárias ou de crédito, não podendo a incindibilidade do crédito ser oposta ao cessionário do devedor cedido quando a mesma derive do acordo das partes e o crédito seja resultado ou esteja em relação directa com o exercício da actividade profissional, ainda que não seja a título prin-

---

[106] Cf. Artigo 71.º do AUOG.
[107] Cf. Artigo 72.º do AUOG.
[108] Cf. Artigo 73.º do AUOG.
[109] Cf. Artigo 74.º do AUOG.
[110] Cf. Artigo 77.º do AUOG, o qual determina a ineficácia de qualquer cláusula em contrário.
[111] Cf. Artigo 78.º do AUOG.
[112] Cf. Artigo 79.º do AUOG.
[113] De acordo com o Artigo 83.º do AUOG, a cessão tem como objecto, salvo acordo em contrário, créditos e outros valores acessórios tais como juros, despesas, etc.

cipal, do devedor cedido[114]. A cessão do crédito deve ser efectuada por escrito com a menção da denominação social do cedente e do cessionário, data da cessão, designação dos créditos garantidos e dos cedidos, juntamente com os elementos que permitam a identificação em caso de créditos futuros[115]; uma vez efectuada a cessão, esta torna-se imediatamente eficaz entre as partes, tornando-se oponível a terceiros a partir da sua inscrição no RCCM[116], assim como ao devedor desde a sua notificação[117]. Sempre que o devedor seja um profissional, nos termos do Artigo 3.º do AUOG, ele pode vincular-se por escrito a pagar a sua dívida ao cessionário quando interpelado por este, não podendo opor ao cessionário as excepções derivadas da sua relação com o cedente, salvo quando o cessionário não tenha agido conscientemente em prejuízo do devedor[118].

As quantias pagas pelo devedor ao cessionário são imputadas no crédito garantido, sendo o eventual excesso restituído ao cedente; qualquer cláusula em contrário é ineficaz[119].

A transferência fiduciária de uma quantia em dinheiro é a convenção através da qual o devedor cede os fundos para garantir o cumprimento de uma obrigação, fundos esses que devem ser transferidos para uma conta bloqueada, aberta em nome do credor, junto de uma instituição de crédito autorizada[120]. A convenção estabelece, sob pena de nulidade, os créditos garantidos, o valor dos fundos cedidos a título de garantia e identifica a conta[121]. A transferência fiduciária torna-se oponível a terceiros na data da sua notificação à instituição de crédito junto da qual a conta é aberta[122], e, caso os fundos cedidos vençam juros, estes são creditados na referida conta, salvo convenção em contrário[123].

No termo do prazo, e em caso de pagamento do crédito garantido, os fundos são restituídos ao seu titular, ao passo que, em caso de não cumprimento pelo devedor, e oito dias após o titular ser devidamente infor-

---

[114] Cf. Artigo 80.º do AUOG.
[115] Cf. Artigo 81.º do AUOG.
[116] Cf. Artigo 82.º do AUOG.
[117] Cf. Artigo 84.º do AUOG.
[118] Cf. Artigo 85.º do AUOG.
[119] Cf. Artigo 86.º do AUOG.
[120] Cf. Artigo 87.º do AUOG.
[121] Cf. Artigo 88.º do AUOG.
[122] Cf. Artigo 89.º do AUOG.
[123] Cf. Artigo 90.º do AUOG.

mado, o credor pode fazer a remição dos fundos cedidos até ao limite do valor das obrigações garantidas e não pagas; qualquer cláusula em contrário é considerada ineficaz[124].

c) Penhor

O penhor está regulado nos Artigos 92.º a 124.º do AUOG, os quais se aplicam ao penhor de bens móveis corpóreos. O penhor é o contrato através do qual um credor tem o direito de se fazer pagar com preferência sobre um bem ou conjunto de bem materiais, presentes ou futuros, do devedor[125]. Esta definição, que substituiu a anterior redacção do Artigo 44.º do AUOG, tem sido considerada muito imprecisa, sendo objecto das mesmas críticas que já eram dirigidas à anterior redacção[126].

A constituição do penhor está sujeita às regras do direito comum dos contratos, mas a formação deste contrato exige requisitos suplementares[127]. Para que o devedor possa empenhar um bem presente ele tem de ser proprietário do bem[128] e ter a capacidade para alienar esse direito.

O penhor pode ser constituído para a garantia de obrigações, presentes ou futuras, determinadas ou determináveis[129], e qualquer bem móvel, corpóreo ou incorpóreo, é susceptível de ser entregue em penhor, podendo as partes convencionar, durante o cumprimento do contrato, a substituição da coisa empenhada por uma outra[130]. O contrato de penhor deve ser reduzido a escrito, sob pena de nulidade – na versão anterior do AUOG a exigência de forma escrita não constituía uma condição de validade do acto –, mas para que o penhor possa ser oponível a terceiros o contrato tem de ser inscrito no RCCM ou os bens entregues ao credor pignoratício ou a ter-

---

[124] Cf. Artigo 91.º do AUOG.
[125] Cf. Artigo 92.º do AUOG.
[126] Neste sentido, v. Léon MESSAVANI, *Présentations* cit..
[127] A questão de saber se o credor pignoratício deve ser um sujeito com características específicas não se coloca relativamente às instituições financeiras uma vez que os adiantamentos por conta dos títulos são legais e estão expressamente regulados no AUOG (cf. Artigos 140.º e segs. do AUOG). Quanto às outras pessoas singulares e colectivas, não parecem existir disposições que proíbam o empréstimo contra um penhor – sobre o assunto, v. AA.VV., *OHADA. Garantias* cit., pág. 84.
[128] Cf. Artigo 95.º do AUOG. Na jurisprudência, cf. decisão do TRHC de Dakar, de 5 de Junho de 2000.
[129] Cf. Artigo 93.º do AUOG.
[130] Cf. Artigo 94.º do AUOG.

ceiro escolhido pelas partes[131]; além disso, o acto deve conter a indicação da quantia em dívida, a espécie, natureza e quantidade dos bens móveis empenhados[132].

O contrato de penhor produz efeitos entre as partes com a entrega do bem ao credor pignoratício ou a terceiro escolhido pelas partes[133], os quais têm de ter necessariamente a coisa na sua posse durante o período do contrato, uma vez que este se considera resolvido quando a coisa regressa, ainda que temporariamente, à posse do devedor. Se o penhor tiver por objecto coisa futura, ele constitui-se no momento em que o devedor adquire a propriedade[134].

O contrato de penhor tem por finalidade fornecer ao credor pignoratício uma garantia especial, não devendo a sua constituição realizar-se em prejuízo da posição do devedor. É por isso que o AUOG estabelece a favor do credor pignoratício alguns direitos, mas também obrigações. Designadamente, o AUOG reconhece ao credor pignoratício o direito de retenção do bem[135], o direito de recorrer à acção de reivindicação[136] e o direito de proceder à respectiva execução[137].

O direito de retenção permite ao credor que detém o bem entregue em penhor recusar a restituição até ao pagamento integral da dívida, incluindo juros e despesas, podendo ser exercido pelo próprio credor pignoratício ou por um terceiro detentor do bem, para além de garantir também o reembolso das despesas feitas pelo credor para a conservação ou melhoramento do bem[138]. Além disso, a repartição da dívida entre os herdeiros do devedor não pode prejudicar o credor que retém o bem até ao pagamento integral daquela[139].

O direito de sequela é uma consequência da acção de reivindicação prevista no Artigo 100.º do AUOG, nos termos do qual o credor que tiver sido desapossado contra sua vontade pode reivindicar a coisa empenhada nos mesmos termos que o pode fazer um possuidor de boa fé. Trata-se de

---

[131] Cf. Artigo 97.º, § 1, do AUOG.
[132] Cf. Artigo 96.º, § 1, do AUOG.
[133] Cf. Artigo 97.º, § 1, do AUOG.
[134] Cf. Artigo 96.º, § 2, do AUOG.
[135] Cf. Artigo 99.º do AUOG.
[136] Cf. Artigo 100.º do AUOG.
[137] Cf. Artigos 104.º e 105.º do AUOG.
[138] Cf. Artigo 99.º, § 1, do AUOG.
[139] Cf. Artigo 114.º do AUOG.

um corolário do direito de preferência que permite ao credor pignoratício conservar o seu direito mantendo o penhor até ao pagamento integral da dívida, seja em caso de perda da coisa, seja por reivindicação do proprietário – ainda que, na verdade, neste caso não exerça um direito de sequela mas se limite a resistir à acção do proprietário. Todavia, e independentemente destas hipóteses, o credor não se pode valer do direito de sequela se não estiver de boa fé: assim, em caso de restituição voluntária, ou quando detenha um bem que pertence a um terceiro, o credor pignoratício não pode beneficiar mais da protecção conferida ao possuidor de boa fé[140].

Na falta de pagamento da obrigação no momento do vencimento, o credor pignoratício, munido de um título executivo, tem a possibilidade de requerer a venda judicial da coisa empenhada, estando previstas no Artigo 104.º do AUOG algumas regras relativas ao respectivo processo, fazendo-se uma remissão para as disposições que regulam a organização do processo executivo[141]. Se no momento do vencimento faltar o pagamento, o credor pignoratício, munido de um título executivo, pode requerer a venda judicial da coisa empenhada, oito dias após notificação judicial avulsa dirigida ao devedor ou, se for o caso, ao terceiro empenhador, a pedido do credor pignoratício[142]; o tribunal competente pode autorizar a adjudicação da coisa empenhada ao credor pignoratício até ao limite do que lhe seja devido após uma avaliação de acordo com o preço de mercado ou o parecer de um perito[143]. O processo de venda judicial previsto no Artigo 104.º do AUOG interrompe-se em caso de abertura de processo colectivo contra o devedor[144], ou no caso de perda ou destruição do bem, mas, nessa situação, o credor pode exercer um direito de indemnização paga pelo seu seguro, desde que a perda ou destruição do bem não se deva a facto que lhe deva ser imputado[145].

A detenção de um bem comporta algumas obrigações para o credor pignoratício, das quais as principais são a obrigação de conservação e a de restituição.

---

[140] Cf. Artigo 100.º do AUOG.
[141] Cf. Artigos 91.º e segs. do AUOPSCE.
[142] Cf. Artigo 104.º, n.º 1, § 1, do AUOG. Na jurisprudência, cf. a decisão do TRHC de Dakar, de 2 de Dezembro de 2003 (n.º 1971).
[143] Cf. Artigo 104.º, § 2, do AUOG. Disposições especiais estão previstas no terceiro parágrafo para as situações em que o objecto do penhor se traduza numa quantia em dinheiro ou bens cujo valor seja objecto de uma cotação oficial.
[144] Cf. Artigo 9.º do AUOPC.
[145] Cf. Artigo 106.º do AUOG.

Em cumprimento da obrigação de conservação, o credor pignoratício deve agir de modo a que o bem não perca o seu valor, pelo que o deve manter como um depositário remunerado, ao passo que, ficando o bem na disponibilidade do garante, ele deve mantê-lo com a diligência de um *bonus pater familias* e assegurar o bem contra os riscos de perda ou deterioração total ou parcial[146]. Se o bem correr o risco de perecer o credor pignoratício pode, mediante autorização do tribunal, proceder à sua venda, sendo os efeitos do penhor transferidos para o preço obtido com a venda[147].

Salvo convenção em contrário, o devedor não pode pedir o cancelamento do penhor e a restituição do bem antes do pagamento integral da dívida em capital, juros e despesas[148], razão por que a obrigação de restituição só tem lugar quando a obrigação garantida seja integralmente satisfeita[149]. Sendo o penhor indivisível, o pagamento parcial não obriga o credor a proceder à restituição, ainda que o bem seja por natureza divisível[150].

O penhor extingue-se quando a obrigação garantida é integralmente satisfeita em capital, juros e despesas[151]. O AUOG não indica qualquer causa de extinção da obrigação principal, pelo que, no silêncio da lei, entende-se que há uma remissão para o regime geral das obrigações, que prevê como causas de extinção das obrigações o pagamento ou a remição da dívida. O penhor extingue-se, deixando sobreviver a obrigação garantida, quando o credor pignoratício restitua voluntariamente a coisa, quando a coisa se extinga por facto imputável ao credor pignoratício, ou quando uma decisão judicial ordene a sua restituição ao devedor[152]. Na hipótese de restituição voluntária, o gesto do credor é entendido como uma renúncia à garantia, acto unilateral abdicativo do direito que o credor pignoratício pode efectuar livremente, sendo o penhor constituído no seu exclusivo interesse.

---

[146] Cf. Artigo 108.º do AUOG. Em caso de não cumprimento das respectivas obrigações de conservação, o Artigo 109.º do AUOG confere ao devedor a possibilidade de pedir a restituição do bem e ao credor a possibilidade de pedir a integração do penhor, de forma a compensar a perda do valor do bem.
[147] Cf. Artigo 111.º do AUOG.
[148] Cf. Artigo 98.º do AUOG.
[149] Cf. Artigo 113.º do AUOG.
[150] Cf. Artigo 114.º do AUOG. Joseph ISSA-SAYEGH, *La liberté* cit., é da opinião de que as partes são livres de estatuir diversamente, sendo a referida disposição derrogável.
[151] Cf. Artigo 116.º do AUOG.
[152] Cf. Artigo 117.º do AUOG.

4.1.2. *Disposições específicas para determinados tipos de penhor*

Na nova versão do AUOG, o legislador estabeleceu disposições específicas para o penhor de equipamento profissional, veículos automóveis e estoques de matérias-primas. A particularidade do direito uniforme é que a constituição e a realização da garantia dependem das disposições do AUOG, enquanto a sua eficácia depende da inscrição no RCCM[153].

O penhor de equipamento profissional e de veículos automóveis está regulado nos Artigos 118.º e 119.º do AUOG. Este último limita-se a prever que estão sujeitos ao penhor os veículos automóveis, matriculados ou não; o Artigo 118.º do AUOG estabelece que, para produzir efeitos, ambos os tipos de penhor têm de ser inscritos no RCCM[154] e que o equipamento profissional que seja parte de um estabelecimento comercial está sujeito ao penhor nas formas estabelecidas pela dação em garantia de estabelecimento comercial[155].

No penhor sem entrega de estoques de matérias-primas e de mercadorias podem ser empenhados sem entrega, através da emissão de um título de penhor, as matérias-primas[156], os produtos de uma exploração agrícola ou industrial e as mercadorias[157]. O penhor de estoques é constituído mediante escrito particular[158] e só produz efeitos quando inscrito no RCCM[159]. O título de penhor é transmissível mediante endosso, que confere ao portador os direitos do credor pignoratício[160]. Até final do contrato, o devedor é responsável pela conservação do estoque, embora mantenha o direito de vender a mercadoria[161]. No fim do contrato, se a obrigação do devedor

---

[153] Cf. Artigos 119.º e 122.º do AUOG.
[154] Cf. Artigo 118.º, § 1, do AUOG, o qual faz uma remissão para os Artigos 92.º e segs..
[155] Cf. Artigo 118.º, § 2, do AUOG. Na jurisprudência, cf. a decisão do TRCH de Dakar, de 25 de Novembro de 2002.
[156] Sobre o conteúdo deste título, cf. Artigo 122.º do AUOG.
[157] Cf. Artigos 120.º e 121.º do AUOG.
[158] Cf. Artigo 121.º, § 2, do AUOG, que, sob pena de nulidade, contém a indicação do conteúdo obrigatório do acto.
[159] Cf. Artigo 122.º do AUOG.
[160] Cf. Artigo 132.º do AUOG.
[161] Cf. Artigo 124.º do AUOG. As partes podem convencionar que o estoque seja confiado a um terceiro. Sobre o conteúdo desta obrigação de custódia, v. François ANOUKAHA, *Le droit* cit., págs. 53 e segs..

perante o credor for completamente satisfeita, procede-se à libertação dos bens objecto da garantia; na falta de pagamento da obrigação, o credor exerce o seu direito de sequela e preferência sobre os estoques garantidos, procedendo à sua execução nos termos do disposto no Artigo 104.º, n.º 1, do AUOG, preceito esse que faz uma remissão para as disposições relativas à venda de bens mobiliários previstas no AUOPSCE[162].

4.1.3. *O nantissement dos bens móveis incorpóreos*

O legislador OHADA reagrupou nesta nova categoria uma série de garantias particulares, que na anterior versão do AUOG se encontravam integradas no penhor, introduzindo assim novas figuras.

O AUOG define esta garantia (*nantissement*) como a destinação convencional ou judicial de um bem ou conjunto de bens móveis incorpóreos, presentes ou futuros, garantes de um ou mais créditos, presentes ou futuros, que sejam determinados ou determináveis[163].

Podem ser sujeitos a este tipo de garantia os créditos, as contas bancárias, os direitos sociais, os valores mobiliários e as contas de títulos financeiros, a empresa e os direitos de propriedade intelectual[164].

O *nantissement* dos créditos deve ser efectuado por acto escrito que contenha, sob pena de nulidade, a individualização das obrigações garantidas e daquelas objecto de *nantissement*, juntamente com os elementos que permitam a sua identificação em caso de cessão de créditos futuros, indicação do devedor, do lugar de pagamento e do montante do crédito[165]; uma vez efectuado, o *nantissement* é imediatamente eficaz entre as partes, tornando-se oponível a terceiros desde a data de inscrição no RCCM[166] e ao devedor no momento em que lhe for notificado[167].

Se o termo do crédito objecto de *nantissement* decorrer antes do prazo para cumprimento da obrigação onerada, a garantia recai sobre as quantias recebidas, as quais são depositadas numa conta aberta numa instituição de crédito autorizada: em caso de falta de pagamento do devedor no prazo

---

[162] Cf. Artigo 120.º do AUOG.
[163] Cf. Artigo 125.º do AUOG.
[164] Cf. Artigo 126.º do AUOG.
[165] Cf. Artigo 127.º do AUOG.
[166] Cf. Artigo 131.º do AUOG.
[167] Cf. Artigo 132.º, §§ 2 e 3, do AUOG.

convencionado, e decorridos que sejam oito dias da data em que este se colocou em mora, o credor pode obter o pagamento das quantias depositadas, até ao limite do seu crédito em capital, juros e despesas[168]. Sempre que o crédito garantido tenha um prazo inferior ao crédito objecto de *nantissement*, o credor pode escolher se pede a atribuição deste último ou se espera pelo fim do prazo daquele[169].

Se as quantias pagas ao credor excederem o crédito, aquele responde perante o garante a título de mandato; qualquer cláusula em sentido contrário é ineficaz[170].

O *nantissement* de uma conta bancária é equiparado ao crédito em análise, cujas regras são aplicáveis nesta situação, salvo algumas particularidades[171]. O *nantissement* opera sobre o saldo do credor da conta – provisório ou definitivo – na data de realização da garantia, restando apenas a regularização das operações em curso[172]. Também depois da realização da garantia, o *nantissement* persiste enquanto a conta não seja encerrada e o crédito principal inteiramente pago[173].

O *nantissement* dos direitos sociais e de valores mobiliários está previsto nos Artigos 140.° e segs. do AUOG e ainda nos Artigos 44.° e 45.° do AUOG, relativos à publicidade no RCCM. Podem ser objecto de *nantissement* convencional ou judicial os direitos sociais, os valores mobiliários das sociedades comerciais, bem como os direitos transmissíveis de pessoas colectivas sujeitas a registo no RCCM[174]. Os requisitos de forma variam consoante a dação em garantia seja convencional[175] ou judicial[176], mas em qualquer caso deve constar de um documento escrito, ser notificado à pessoa colectiva emitente do título e ser inscrito no RCCM[177]. Uma vez inscrita no RCCM, a dação em garantia confere ao credor um direito de sequela, outro de obter a execução forçada e um direito de preferência,

---

[168] Cf. Artigo 134.°, §§ 1 e 4, do AUOG.
[169] Cf. Artigo 134.°, §§ 2 e 3, do AUOG.
[170] Cf. Artigo 135.° do AUOG.
[171] Cf. Artigo 136.° do AUOG.
[172] Cf. Artigo 137.° do AUOG, que nesta matéria remete para as disposições do AUOPSCE.
[173] Cf. Artigo 139.° do AUOG.
[174] Cf. Artigo 140.° do AUOG.
[175] Cf. Artigo 141.° do AUOG.
[176] Cf. Artigo 142.° do AUOG. O *nantissement* judicial é concedido pelo tribunal a pedido do credor.
[177] Cf. Artigo 143.°.° do AUOG.

bem como o direito de receber os frutos do bem se as partes tiverem convencionado nesse sentido[178].

O *nantissement* de contas e de títulos financeiros é a convenção por intermédio da qual o garante destina um conjunto de valores mobiliários e de outros títulos financeiros a garantir o cumprimento de uma obrigação[179], sendo celebrada por acto escrito datado e subscrito pelo titular da conta[180]. Abrange títulos existentes e respectivos frutos à data da sua constituição, bem como os títulos inscritos posteriormente a essa data[181], transformando-se a conta objecto de *nantissement* numa conta especial aberta em nome do titular, gerida pela pessoa colectiva emissora dos títulos ou por intermediário financeiro[182].

O credor e o titular da conta definem as condições em que este último pode dispor dos títulos e das quantias depositadas, tendo o credor um direito de retenção sobre os mesmos, estando ambos obrigados a informar por escrito a instituição onde está aberta a conta acerca das referidas condições, não podendo a obrigação de informação ser derrogada pela instituição sem o acordo escrito do credor[183]. O credor titular de um crédito certo, líquido e exigível pode realizar o *nantissement* sobre os títulos e quantias uma vez decorridos oito dias – ou prazo diverso convencionado entre as partes – a contar da data em que o devedor se colocou em mora, devendo ser-lhe comunicado pessoalmente ou por carta registada com aviso de recepção e enviado ao garante o *nantissement* quando seja pessoa diversa do devedor, bem como à entidade que detém a conta[184]. No limite do crédito garantido, e de acordo com a ordem indicada pelo titular da

---

[178] Cf. Artigo 144.º do AUOG, nos termos do qual o direito de sequela é exercido nos termos previstos no § 2, do Artigo 97.º do AUOG, através do qual se obtém a execução forçada (cf., também, Artigos 104.º e 105.º do AUOG) bem como o exercício do direito de preferência tal como definido pelo Artigo 226.º do AUOG.

[179] Cf. Artigo 146.º do AUOG.

[180] Cf. Artigo 147.º do AUOG, que, sob pena de nulidade, contém, no § 2, as indicações que o acto deve conter.

[181] Cf. Artigo 148.º, §§ 1 e 2, do AUOG.

[182] Cf. Artigo 149.º do AUOG. De acordo com o Artigo 150.º do AUOG, se a conta for aberta junto de um sujeito não autorizado, os resultados dos títulos são creditados numa conta especial junto de uma instituição habilitada, tornando-se a conta objecto de um *nantissement*.

[183] Cf. Artigo 151.º do AUOG.

[184] Cf. Artigo 152.º do AUOG. Sob pena de nulidade, a comunicação da situação de mora deve conter as indicações previstas no Artigo 153.º do AUOG.

conta, o *nantissement* realiza-se sobre as quantias em dinheiro mediante transferência directa para o credor e, quanto aos títulos financeiros negociados num mercado regulado, mediante venda dos títulos ou atribuição da propriedade dos mesmos ao credor no valor por ele determinado; as despesas ficam a cargo do titular da conta, que as deduz do montante da venda[185].

O *nantissement* dos direitos de propriedade intelectual é a convenção mediante a qual o garante dá em garantia do cumprimento de uma obrigação a totalidade ou parte dos seus direitos de propriedade intelectual, presentes ou futuros, sejam eles patentes, marcas, desenhos ou modelos industriais[186]. Pode ter também origem judicial[187], situação em que o AUOG remete para as regras relativas às medidas cautelares de títulos sociais regulamentadas no AUOPSCE[188].

Salvo convenção em contrário, o *nantissement* não abrange os resultados derivados da utilização de direitos de propriedade intelectual[189], deve ser inscrito no RCCM para que seja oponível a terceiros[190] e confere ao credor o direito de sequela, a ser exercido nos termos do Artigo 97.º, § 2, do AUOG, o direito de obter a execução nos termos dos Artigos 104.º e 105.º do AUOG e o direito de preferência, nos termos do Artigo 226.º do AUOG[191].

O *nantissement* de um estabelecimento comercial traduz-se na convenção mediante a qual o garante dá como garantia do cumprimento de uma obrigação os elementos que compõem um estabelecimento comercial[192], podendo ser também constituído mediante decisão judicial[193]; deve ser reduzido a escrito[194] e só é oponível a terceiros no momento em que seja inscrito no RCCM[195]; ele tem por objecto os elementos mencio-

---

[185] Cf. Artigo 154.º do AUOG.
[186] Cf. Artigo 156.º, § 1, do AUOG. O documento deve conter as indicações previstas no Artigo 157.º do AUOG, embora não prescreva, ao contrário dos casos anteriores, a sanção de nulidade em caso de incumprimento.
[187] Cf. Artigo 156.º, § 2, do AUOG.
[188] Cf. Artigo 158.º do AUOG.
[189] Cf. Artigo 159.º do AUOG.
[190] Cf. Artigo 160.º do AUOG.
[191] Cf. Artigo 161.º do AUOG.
[192] Cf. Artigo 162.º do AUOG.
[193] Cf. Artigo 164.º do AUOG.
[194] Cf. Artigo 163.º do AUOG, que indica, sob pena de nulidade, o conteúdo do acto.
[195] Cf. Artigo 165.º do AUOG.

nados no Artigo 162.° do AUOG, o qual distingue os elementos que são obrigatoriamente abrangidos pela garantia (elementos obrigatórios), os elementos que podem ser abrangidos (elementos facultativos) e os elementos que não podem ser abrangidos (elementos excluídos). Os elementos obrigatórios são a clientela, a insígnia do estabelecimento e o nome do estabelecimento[196]. Os elementos facultativos podem ser o direito de arrendamento comercial, as licenças de exploração, os bens incorpóreos do estabelecimento comercial, nomeadamente, as patentes de invenção, as marcas de fabrico e de comércio, os desenhos e modelos e outros direitos de propriedade intelectual, bem como o equipamento do estabelecimento, quando não seja objecto de penhor distinto[197]. Alguns elementos do estabelecimento comercial não podem, de todo, ser objecto de penhor sem entrega do estabelecimento comercial: trata-se dos direitos reais imobiliários atribuídos ou reconhecidos por contratos de arrendamento ou por convenções sujeitas a inscrição no registo predial[198].

O privilégio do vendedor de um estabelecimento comercial funciona na falta de pagamento, total ou parcial, do respectivo preço de venda. Para garantir a recuperação do crédito devido, o Acto Uniforme estabelece um privilégio sobre o estabelecimento alienado que, para ser oponível a terceiros e consentir o exercício da acção de resolução da venda do estabelecimento, deve ser inscrito no RCCM[199]. Quer o penhor sem entrega, quer o privilégio do vendedor de estabelecimento comercial estão sujeitos a regras específicas de publicidade previstas nos Artigos 170.° e segs. do AUOG. A inscrição garante ao credor um direito de preferência, a exercer nos termos do Artigo 226.° do AUOG, um direito de obter a execução forçada por força do Artigo 104.°, § 1, do AUOG, um direito de sequela a exercer nos termos do Artigo 97.°, § 2, do AUOG[200] e um direito de informação nos casos de transferência do estabelecimento comercial[201], resolução do contrato de locação comercial pelo locador[202], desde que o credor tenha

---

[196] Cf. Artigo 162.°, § 1, do AUOG.
[197] Cf. Artigo 162.°, § 2, do AUOG.
[198] Cf. Artigo 162.°, § 4, do AUOG.
[199] Cf. Artigo 167.° do AUOG. Sempre que o privilégio abranja direitos de propriedade intelectual, ele deve ser inscrito no registo especial da Organização Africana da Propriedade Intelectual (cf. Artigos 170.° do AUOG) nos termos do Artigo 13.° desse Acordo.
[200] Cf. Artigo 178.° do AUOG.
[201] Cf. Artigo 175.° do AUOG.
[202] Cf. Artigo 87.° do AUOG.

comunicado ao locador a inscrição da garantia[203], e resolução do contrato de cessão do estabelecimento comercial[204].

4.1.4. Privilégios creditórios

Os privilégios creditórios estão previstos no capítulo VI do título II do AUOG, dedicado às garantias mobiliárias, facto que, no entanto, não deve levar a pensar que os privilégios previstos no Acto Uniforme são exclusivamente mobiliários, visto que o AUOG os considera independentemente do seu objecto para efeitos de distribuição do produto resultante da execução de bens móveis e imóveis[205].

O Acto Uniforme distingue os privilégios gerais dos privilégios especiais, conferindo a ambos um direito de preferência sobre o produto resultante da venda de bens, recaindo os primeiros sobre todo o património do devedor e os segundos exclusivamente sobre um determinado bem, móvel ou imóvel[206]. No Artigo 180.° estão descritos, por ordem de preferência, os créditos sobre os quais recai um privilégio creditório geral, independentemente de qualquer publicidade[207], embora alguns só produzam efei-

---

[203] Cf. Artigo 81.° do AUOG.
[204] Cf. Artigo 136.° do AUDCG.
[205] Cf. Artigos 225.° e 226.° do AUOG.
[206] Cf. Artigos 179.° e 182.° do AUOG.
[207] Em particular, gozam de privilégio creditório geral, e na ordem que se segue:
1) As despesas de funeral e da doença terminal do devedor que precedam a penhora dos seus bens;
2) Os créditos emergentes de fornecimentos de bens necessários à subsistência do devedor durante o último ano que preceda a sua morte, a penhora dos seus bens, ou a sentença judicial de abertura de um procedimento colectivo;
3) As quantias devidas a trabalhadores e aprendizes pela execução e resolução do seu contrato durante o último ano que preceda a morte do devedor, a penhora dos seus bens, ou a sentença judicial de abertura de um procedimento colectivo;
4) As quantias devidas aos autores de obras intelectuais, literárias e artísticas durante os três últimos anos que precedam a morte do devedor, a penhora dos seus bens, ou a sentença judicial de abertura de um procedimento colectivo;
5) Dentro da quantia legalmente fixada para a execução provisória das decisões judiciais, as quantias pelas quais o devedor seja responsável a título de créditos fiscais, alfandegários e dos organismos de segurança social;
6) As quantias devidas por dívidas fiscais e aduaneiras, dentro dos limites legalmente fixados para a execução provisória das decisões judiciais.

tos se inscritos, dentro dos seis meses a contar do momento da sua exigibilidade, no RCCM[208]. O elenco não é taxativo, tendo cada Estado-membro a possibilidade de criar outros privilégios gerais e de estabelecer a sua categoria e hierarquia[209]. Os Artigos 182.° e segs. do AUOG são dedicados aos privilégios especiais e estabelecem: o privilégio do vendedor sobre o bem móvel vendido para garantia do pagamento do preço não pago, se aquele se encontrar ainda na posse do devedor, ou sobre o preço ainda devido pelo sub-adquirente[210]; o privilégio do senhorio sobre os móveis que equipem o local arrendado[211]; o privilégio do transportador terrestre sobre a coisa transportada[212]; o privilégio do trabalhador ou prestador de serviços sobre as quantias devidas pelo comitente[213]; o privilégio dos trabalhadores e fornecedores de empresas de construção sobre as quantias que permaneçam em dívida pela obra, com preferência pelos salários devidos aos trabalhadores sobre as quantias devidas aos fornecedores[214]; o privilégio do comissário sobre as mercadorias que detenha por conta do comitente[215]; e, finalmente, o privilégio de quem suportar despesas ou prestar serviços para evitar o desaparecimento de uma coisa ou para salvaguardar o uso ao qual a mesma esteja destinada[216].

4.2. *Garantias reais imobiliárias*

O AUOG só trata da hipoteca, deixando de fora do elenco das garantias a anticrese, garantia imobiliária que comporta a entrega de um imóvel

---

[208] Cf. Artigo 181.° do AUOG. Se existir violação da legislação fiscal, aduaneira ou da segurança social, o prazo apenas começará a correr a partir da notificação ou de qualquer outro meio de interpelação para o pagamento.
[209] Cf. Artigo 178.°, § 2, do AUOG. Na falta de hierarquização os privilégios estabelecidos pelos Estados-membros ocuparão o último lugar previsto no AUOG. François ANOUKAHA, *Le droit* cit., p. 28, chama a atenção para o risco da criação de privilégios em favor de entidades e empresas públicas, esvaziando assim de conteúdo as garantias estabelecidas a favor dos credores privados.
[210] Cf. Artigo 183.° do AUOG.
[211] Cf. Artigo 184.° do AUOG.
[212] Cf. Artigo 185.° do AUOG.
[213] Cf. Artigo 186.° do AUOG.
[214] Cf. Artigo 187.° do AUOG.
[215] Cf. Artigo 188.° do AUOG.
[216] Cf. Artigo 189.° do AUOG.

por parte do devedor como garantia de uma obrigação[217]. A hipoteca consiste na destinação de um imóvel determinado ou determinável, pertencente ao garante, em garantia de uma ou mais dívidas, determinadas ou determináveis, presentes ou futuras[218].

A hipoteca, sem privar o devedor do gozo do imóvel, confere ao credor cujo crédito não seja satisfeito no prazo acordado o direito de penhorar e vender o imóvel, ainda que não o tenha na sua posse, com preferência sobre os demais credores do devedor. O AUOG estabelece os requisitos de constituição da hipoteca, coerciva ou convencional[219], os quais dizem respeito ao objecto da garantia, ou seja, um imóvel existente e registado ou direitos reais imobiliários regularmente inscritos de acordo com as regras de cada Estado-membro[220]. Quanto aos efeitos, não se verificam inovações particulares: trata-se do direito de sequela[221], que se exerce de acordo com as regras da penhora de imóveis e do direito de preferência nos termos do Artigo 225.º do AUOG.

Tanto a hipoteca coerciva como a hipoteca convencional devem ser inscritas no registo predial, produzindo efeitos a partir deste acto e até ao dia da sua extinção[222]. A inscrição conserva o direito do credor até à data fixada por convenção ou por determinação legal ou decisão judicial, com um limite máximo de trinta anos a contar do dia da inscrição, salvo se a lei nacional de cada Estado-membro dispuser de outra forma, ou se a respectiva renovação por período determinado tiver lugar antes do final do contrato[223].

O credor hipotecário pode pedir em tribunal que o imóvel lhe seja adjudicado para pagamento do seu crédito, a menos que prefira efectuar a venda do bem hipotecado de acordo com as modalidades previstas para o

---

[217] Cf. Artigos 2373.º e 2387.º do CC francês, bem como o Artigo 1960.º do CC italiano. François ANOUKAHA, *Le droit* cit., atribui a escolha do legislador comunitário africano à escassa utilidade prática da garantia, facto que já tinha levado vários legisladores africanos da era pós-colonial a excluí-la do elenco das garantias.

[218] Cf. Artigo 190.º do AUOG. V., sobre o anterior regime da hipoteca no AUOG, Cláudia MADALENO, *A garantia hipotecária*, in Boletim da Faculdade de Direito de Bissau, n.º 8, págs. 293 e segs..

[219] Cf. Artigo 191.º do AUOG.

[220] Cf. Artigo 192.º do AUOG.

[221] Cf. Artigo 223.º do AUOG.

[222] Cf. Artigo 195.º do AUOG.

[223] Cf. Artigo 196.º do AUOG. Na jurisprudência, cf. a decisão do TPI de Yaoundé, de 2 de Junho de 2002 (n.º 623/C).

penhor imobiliário – as quais o acto constitutivo da hipoteca não pode derrogar – e sempre que o imóvel não seja a residência principal do garante[224].

No acto de constituição da hipoteca, as partes podem prever que o credor se possa tornar proprietário do imóvel hipotecado, na condição de que o garante seja uma pessoa singular ou uma pessoa colectiva devidamente inscrita no RCCM e desde que o imóvel hipotecado não seja usado para habitação; nesse caso, o credor pode concretizar a transmissão da propriedade mediante acto praticado de acordo com as formalidades exigidas em cada Estado-membro para a transmissão de bens imóveis, decorridos trinta dias da interpelação extrajudicial para pagamento[225].

Em ambos os casos, o imóvel deve ser avaliado por um perito designado por acordo entre as partes ou por via judicial e, se o respectivo valor exceder o montante garantido, o credor deve restituir ao garante – ou aos outros credores hipotecários, quando existam – uma quantia igual à diferença entre o valor do imóvel e o valor da dívida garantida; qualquer cláusula em contrário é ineficaz[226].

4.2.1. Constituição da hipoteca

O Acto Uniforme estabelece uma distinção entre a hipoteca convencional e a hipoteca coerciva.

a) Hipoteca convencional

A hipoteca convencional pode ser concedida ao titular de um direito real imobiliário regularmente inscrito, que tenha capacidade para dele dispor[227] para garantia de uma quantia determinada ou determinável, conhecida de terceiros mediante a respectiva inscrição[228]. Relativamente ao crédito garantido convém sublinhar que, sendo a hipoteca destinada a garantir um crédito, é não só necessário que este exista mas que seja também deter-

---

[224] Cf. Artigo 198.° do AUOG.
[225] Cf. Artigo 199.° do AUOG.
[226] Cf. Artigo 200.° do AUOG.
[227] Sobre o caso de um imóvel propriedade de ambos os cônjuges em que não é exigido o acordo de um dos cônjuges quando o imóvel não seja destinado à morada da família, conforme decorre do Artigo 305.° do Código das Pessoas e da Família do Burkina-Faso, cf. a decisão da CA de Ouagadougou, de 2 de Abril de 2004 (n.° 42).
[228] Cf. Artigo 204.° do AUOG.

minado ou determinável: desse modo, o Acto Uniforme pretende recolher a informação relativa à origem e valor do crédito, para que os terceiros sejam devidamente informados através da respectiva inscrição do registo predial.

Conforme já referido, o Artigo 119.° do AUOG dispõe que só os imóveis inscritos no registo predial podem ser objecto de hipoteca; todavia, este princípio sofre desvios em duas situações previstas no AUOG: a hipoteca de imóveis ainda não existentes e a hipoteca judicial provisória. A hipoteca que recai sobre bens imóveis futuros pode ser permitida quando o devedor não possua bens imóveis suficientes para garantir o crédito, quando haja perda total ou parcial do imóvel objecto da hipoteca susceptível de tornar a garantia insuficiente e quando o garante possua um título real que lhe permita constituir sobre o solo outros direitos reais que onerem construções já iniciadas ou projectadas[229]. Em segundo lugar, o Acto Uniforme admite implicitamente a inscrição de uma hipoteca judicial provisória sobre um imóvel não inscrito no registo predial, desde que feita em conformidade com as disposições da respectiva legislação nacional[230].

A hipoteca pode incidir sobre qualquer imóvel inscrito no registo predial, independentemente da sua natureza ou destinação, e pode onerar quer o direito de propriedade, quer os direitos reais de gozo limitados, tais como o direito de usufruto, o direito de superfície ou a enfiteuse. Acrescente-se que a hipoteca sobre um imóvel consentida por todos os comproprietários mantém os seus efeitos sobre todo o imóvel, ainda que haja divisão da coisa comum[231].

O contrato de constituição da hipoteca é um acto formal cuja validade está sujeita ao cumprimento dos requisitos de forma. Sob pena de nulidade, a hipoteca é constituída de acordo com a lei nacional do lugar da situação do imóvel, por documento autêntico outorgado pelo notário territorialmente competente ou por autoridade administrativa ou judicial habilitada a praticar esses actos, ou por documento particular, conforme modelo aprovado pela conservatória do registo predial[232]. Para ser eficaz e oponível a terceiros, a hipoteca regularmente constituída deve ser inscrita no registo predial[233], podendo esta inscrição ser diferida a título excepcio-

---

[229] Cf. Artigo 203.°, § 2, do AUOG.
[230] Cf. Artigo 216.°, § 1, (4, do AUOG.
[231] Cf. Artigo 194.°, § 2, do AUOG.
[232] Cf. Artigo 128.° do AUOG.
[233] Cf. Artigos 195.° e 206.° do AUOG.

nal sempre que garanta um empréstimo de curto de prazo[234]. Independentemente das alternativas, é a data da inscrição da hipoteca que determina a ordem de pagamento dos credores hipotecários nas situações em que existam várias hipotecas sobre um mesmo bem ou direito[235].

b) Hipoteca coerciva

O Acto Uniforme admite a constituição de uma hipoteca sem o acordo do devedor, quer por lei (hipoteca legal), quer por decisão judicial (hipoteca judicial); disposições especiais de cada Estado-Membro regulam também as hipotecas coercivas[236]. O Acto Uniforme impõe que cada decisão judicial constitutiva de uma hipoteca seja inscrita no registo predial em conformidade com as disposições relativas à publicidade registal, situação que também se verifica no caso da hipoteca legal[237].

A hipoteca legal resulta automaticamente da lei, independentemente da manifestação de vontade do credor ou do devedor. Segundo o Acto Uniforme, independentemente da previsão de cada legislação nacional, a hipoteca legal da massa beneficia os credores nos processos colectivos, o vendedor, o permutante e o outorgante em partilha, bem como aquele que disponibiliza dinheiro para a aquisição de imóvel vendido, permutado ou partilhado – desde que seja atestado autenticamente no acto de empréstimo que a soma em dinheiro é destinada a esse uso –, o arquitecto, o empreiteiro e outras pessoas que participem na edificação, reparação ou reconstrução da obra, e também aquele que disponibilize dinheiro para pagar ou reembolsar os sujeitos supra mencionados.

Os credores de uma pessoa singular ou colectiva em estado de cessação dos pagamentos e, como tal, sujeita a um processo colectivo de recuperação judicial ou de liquidação de bens[238], beneficiam de uma hipoteca legal sobre os bens imobiliários do respectivo devedor[239]. Esta hipoteca, que resulta automaticamente da abertura de processo colectivo, tende a

---

[234] Cf. Artigo 207.º do AUOG. A inscrição pode ser diferida pelo período máximo de noventa dias, prazo que uma vez decorrido implica a perda para o credor do grau que haja adquirido.
[235] Cf. Artigo 195.º, § 2, do AUOG.
[236] Cf. Artigo 209.º do AUOG.
[237] Cf. Artigo 195.º do AUOG.
[238] Sobre estes processos, cf. Capítulo VI.
[239] Cf. Artigo 210.º do AUOG.

favorecer a recuperação dos créditos da massa a favor dos credores cujo crédito é anterior à decisão de abertura de processo colectivo, ainda que a exigibilidade deste crédito fosse prevista para uma data posterior a esta decisão, na condição de este crédito não ser inoponível à massa durante o período suspeito ou fonte de prejuízo para a massa dos credores.

Na falta de uma hipoteca convencional, o vendedor, o permutante e o outorgante em partilha beneficiam de uma hipoteca coerciva sobre o imóvel objecto de transacção para garantir o pagamento do preço de venda, do saldo da troca ou dos créditos resultantes da partilha. Esta hipoteca beneficia também aquele que disponibilize dinheiro para a aquisição de um imóvel vendido, permutado ou partilhado na medida em que se ateste, no acto de empréstimo, que a soma em dinheiro é destinada a esse uso e, para quitação do vendedor, permutante ou outorgante da partilha, que o pagamento foi feito com o dinheiro adquirido[240].

Os arquitectos, empreiteiros e outras pessoas que participem na edificação, reparação ou reconstrução de obras podem, antes do início dos trabalhos, exigir uma hipoteca convencional ou obter uma decisão judicial que autorize uma hipoteca coerciva sobre o imóvel objecto dos trabalhos[241]. A mesma hipoteca, na falta de uma hipoteca convencional, é também constituída a favor daquele que disponibilize dinheiro para pagar ou reembolsar os arquitectos, os empreiteiros e outras pessoas que participem na edificação, reparação ou reconstrução de edifícios, desde que seja formalmente atestado, no acto de empréstimo, que a quantia emprestada é destinada a esse fim e ainda que, de acordo com o recibo de quitação emitido pelos interessados, o pagamento foi efectivamente feito com o dinheiro emprestado[242].

A hipoteca judicial resulta de uma decisão judicial[243] e destina-se a garantir um crédito em risco de não ser satisfeito. O tribunal competente do domicílio do devedor ou do lugar em que se situa o imóvel pode autorizar o credor a inscrever uma hipoteca provisória sobre os imóveis do seu devedor, indicando o montante pelo qual a hipoteca é autorizada e fixando ao credor um prazo, sob pena de caducidade, para o início da competente acção

---

[240] Cf. Artigo 211.º do AUOG. Não é, contudo, dado a conhecer como é que o terceiro no contrato de empréstimo pode ter conhecimento de que o dinheiro utilizado para lhe pagar seja efectivamente o do empréstimo sempre que ele não esteja presente no acto de entrega do dinheiro em causa.
[241] Cf. Artigo 212.º, § 1, do AUOG.
[242] Cf. Artigo 212.º, § 3, do AUOG.
[243] Cf. Artigo 209.º do AUOG.

de validação da hipoteca[244]. A hipoteca é inscrita juntamente com a apresentação da documentação indicada no Artigo 139.° do AUOG e pode ser cancelada em qualquer fase do processo se o devedor demonstrar a existência de motivos sérios e legítimos[245]. Se o crédito for reconhecido na decisão da acção creditória a hipoteca é convertida em definitiva[246]; o credor deve requerer a inscrição desta hipoteca nos seis meses seguintes ao dia em que a decisão haja transitado em julgado; na sua falta – ou no caso em que o crédito não seja reconhecido –, a hipoteca provisória perde retroactivamente o seu efeito, podendo qualquer interessado pedir o seu cancelamento[247].

4.2.2. Efeitos da hipoteca

Os efeitos resultantes da hipoteca reportam-se aos poderes das partes sobre o imóvel hipotecado, poderes esses que variam consoante o bem esteja na posse do devedor ou de terceiro.

O proprietário devedor conserva sobre o bem hipotecado os direitos que sejam compatíveis com os poderes do credor hipotecário (propriedade, uso, gozo e, pelo menos em parte, administração), com reserva da não oponibilidade de alguns actos que pratique em prejuízo do credor hipotecário. Este não retira qualquer utilidade imediata da sua garantia, só a fazendo funcionar no momento da respectiva execução, obtendo o bem para si, caso estejam reunidos os requisitos, ou provocando a venda do bem de acordo com as disposições do AUOPSCE[248]. Uma vez efectuada a venda do imóvel, o credor hipotecário exerce o seu direito de preferência nos termos do Artigo 225.° do AUOG. O direito de preferência pode também ser exercido, por sub-rogação, sobre a indemnização do seguro do imóvel sinistrado[249].

O devedor conserva sobre o bem hipotecado as prerrogativas do proprietário, designadamente, o direito de o alienar, mas o direito do credor hi-

---

[244] Cf. Artigo 213.° do AUOG. A constituição da hipoteca provisória é revogada caso o credor não cumpra estas disposições. Na jurisprudência, cf. a decisão do TGI de Ouagadougou, de 9 de Maio de 2001 (n.° 446), e a decisão do CA de Abidjan, de 23 de Março de 2004.
[245] Cf. Artigo 219.° do AUOG.
[246] Cf. a decisão do TRHC de Dakar, de 24 de Dezembro de 2003 (n.° 2375), e a decisão do TPI de Cotonou, de 21 de Março de 2003.
[247] Cf. Artigo 221.° do AUOG.
[248] Cf. Capítulo V.
[249] Cf. Artigo 197.° do AUOG.

potecário é oponível ao terceiro adquirente, exercendo o direito de sequela de acordo com as disposições da penhora imobiliária. O credor hipotecário tem o direito de penhorar e vender o imóvel do terceiro adquirente cujo título seja registado posteriormente à hipoteca, podendo este paralisar a acção do credor, procedendo ao pagamento do montante total do respectivo crédito, do capital, juros e despesas, ficando subrogado na sua posição[250].

4.2.3. Extinção da hipoteca

A extinção da hipoteca, convencional ou coerciva, tem lugar por extinção da obrigação principal, renúncia do credor à hipoteca, caducidade da inscrição, atestada, sob sua responsabilidade, pelo conservador do registo predial, e em caso de expurgação da hipoteca resultante do processo de expropriação do bem hipotecado por razões de utilidade pública[251].

5. Classificação dos credores para fins de distribuição do preço

Os Artigos 225.° e 226.° do AUOG dividem os credores titulares de garantias em dois grupos distintos dedicados à distribuição do produto da venda dos bens imobiliários e mobiliários[252]. As classificações presentes nestes preceitos constituem o regime geral e são referentes ao dinheiro proveniente da venda de bens de um devedor em falta[253].

5.1. *Classificação dos credores em matéria imobiliária*

O Artigo 225.° do AUOG classifica os credores com a finalidade de distribuir as quantias provenientes da venda de um bem imobiliário na ordem que se segue.

---

[250] Cf. Artigo 223.° do AUOG.
[251] Cf. Artigo 201.°, último parágrafo, do AUOG.
[252] A anteposição dos credores de salários aos credores hipotecários e pignoratícios não foi, obviamente, bem recebida no seio das instituições de crédito. Sobre o tema, v. M. Amadou KANE, *O direito* cit., p. 99.
[253] Quando o devedor é objecto de um processo colectivo são aplicáveis os artigos 166.° e 167.° do AUOPC.

a) Credores por despesas de justiça

As despesas de justiça contraídas para proceder à execução do bem vendido e à distribuição do respectivo preço prevalecem sobre qualquer outro crédito. Numa interpretação literal do n.º 1 do Artigo 225.º do AUOG, apenas são pagas com precedência as despesas de venda e de distribuição do preço da venda, pelo que se o preço da construção em causa não for suficiente para pagar estas despesas, o resto não pode prevalecer sobre um outro bem e vice-versa, excepto na ordem quirografária. Não sendo a natureza destas despesas precisada pelo Acto Uniforme, deve continuar a interpretar-se a mesma de acordo com a jurisprudência vigente[254]. Estas despesas são pagas a quem praticou os actos ou a quem as tenha antecipado, caso do tribunal, do curador, do advogado, etc.; em caso de insuficiência do preço de venda, os credores são pagos na proporção dos seus créditos.

b) Credores salariais

Muito embora não se encontre no elenco dos privilégios gerais enumerados no Artigo 180.º do AUOG, o privilégio creditório dos trabalhadores dependentes encontra-se previsto, com um direito de preferência relativamente a outros créditos, nos Artigos 225.º e 226.º do AUOG. Se as quantias provenientes da execução de bens imóveis não forem suficientes para o pagamento de todos os trabalhadores credores, estes são pagos na proporção dos respectivos créditos.

c) Credores hipotecários

Os credores hipotecários são pagos de acordo com a ordem de inscrição da respectiva hipoteca, seja esta convencional ou coerciva. Neste caso, não se verifica uma distribuição equitativa das quantias provenientes da venda de um bem imóvel: ou o preço é suficiente para compensar cada um

---

[254] Cf. a jurisprudência francesa citada in Michel CABRILLAC e Christien MOULY, *Droit des garantias* cit.: Philippe SIMLER e Philippe DELEBECQUE, *Les garantias. La publicité foncière*, 5.ª ed., Paris, Dalloz, 2007. Trata-se de despesas relativas, por um lado, à venda de imóvel – resultante da penhora imobiliária e, eventualmente, da hipoteca judicial – excluídas as despesas de justiça inerentes ao juízo de condenação do devedor e, por outro lado, à distribuição do preço, convencional ou judicial.

dos credores, ou não o é, caso em que os credores são pagos pela ordem resultante da inscrição no registo.

d) Credores beneficiários de um privilégio creditório geral submetido a publicidade

São credores que beneficiam de um crédito privilegiado sujeito a publicidade no RCCM o fisco, a alfândega e os organismos da segurança social relativamente aos créditos que superam o limite da soma fixada por cada legislação nacional para aplicação provisória das decisões dos tribunais. Cada credor será satisfeito de acordo com a ordem resultante da data de inscrição no registo e pela soma nele inscrita.

e) Credores beneficiários de um privilégio geral não submetido a publicidade

Os credores titulares de um privilégio creditório geral não submetido a publicidade são os que se encontram indicados no Artigo 180.° do AUOG, sendo pagos pela ordem aí prevista, salvo quando outros privilégios estiverem também assegurados na lei nacional de um dos Estados-membros[255].

f) Credores quirografários

Para verem o seu crédito satisfeito, os credores quirografários devem estar munidos de um título executivo e intervir no processo executivo, desde que o devedor e os credores titulares de um título executivo aceitem acolher, por unanimidade, credores não intervenientes.

5.2. *Classificação dos credores em matéria mobiliária*

A quantia proveniente da venda de um bem mobiliário é distribuída entre os credores de acordo com a ordem prevista no Artigo 226.° do AUOG.

---

[255] Recorde-se que esta hipótese está prevista no Artigo 179.°, § 2, do AUOG, o qual dispõe que, nestes casos, a legislação nacional deverá precisar o lugar desta garantia relativamente à ordem prevista no Artigo 180.° do AUOG; caso contrário, estes privilégios ocuparão o último lugar previsto no Artigo 180.°.

a) Credores por despesas de justiça

São aplicáveis à venda de um bem mobiliário as normas relativas à distribuição das quantias provenientes da venda de um bem imóvel. São assim aplicáveis as normas que impõem o pagamento proporcional em caso de insuficiência das quantias resultantes da venda. O direito de preferência derivado das despesas de justiça relativas à venda de um bem móvel constitui um privilégio mobiliário especial não submetido a publicidade.

b) Credores privilegiados por despesas contraídas para a conservação de bens

Este privilégio é instituído a favor de quem efectue despesas ou pratique actos para evitar a perda de um bem ou para salvaguardar o uso ao qual a coisa está destinada[256]. Este credor é pago com preferência sobre credores cujo título seja anterior, quando tenha sido constituído no interesse destes últimos.

c) Credores salariais

As disposições relativas aos créditos salariais em matéria imobiliária são aqui aplicáveis.

d) Credores pignoratícios

Em caso de pluralidade de penhores sobre o mesmo bem móvel, os credores pignoratícios são pagos de acordo com a ordem de constituição do respectivo penhor. A constituição de um penhor sem entrega produz efeitos a partir da data de inscrição do penhor no RCCM, na medida em que só a partir desse momento pode ser conhecido por terceiros. Em caso de constituição sucessiva de um penhor e de uma cessão em garantia, prevalece o penhor, tanto mais que sendo detentor do bem, o credor pignoratício pode opor a qualquer outro titular sucessivo de direitos reais sobre a coisa o seu direito de retenção, excepto no caso de fraude ou má fé do credor pignoratício de penhores sobre um mesmo bem móvel[257].

---

[256] Cf. Artigo 189.º do AUOG.
[257] Cf. Artigo 95.º, § 1, do AUOG.

e) Credores inscritos no RCCM

Os credores aqui considerados são os titulares de um privilégio geral submetido a publicidade de acordo com a ordem de inscrição no RCCM. Trata-se, por um lado, da cessão em garantia de valores mobiliários, empresas, materiais e equipamentos, viaturas, estoques de matérias-primas e mercadorias, e, por outro lado, de créditos fiscais, aduaneiros e de organismos da segurança social submetidos a publicidade[258].

f) Credores titulares de privilégios mobiliários especiais

Trata-se dos privilégios mobiliários especiais previstos nos Artigos 109.º a 116.º do AUOG[259]. Em caso de execução de um mesmo bem por diversos credores titulares de um privilégio especial, a prioridade é atribuída ao credor que primeiro efectuar a penhora e assim sucessivamente. As mesmas normas são aplicáveis aos outros privilégios mobiliários especiais estabelecidos na lei nacional de um Estado-Membro.

g) Credores titulares de um privilégio geral não submetido a publicidade

Os credores desta categoria estão sujeitos às regras previstas em matéria imobiliária.

h) Credores quirografários

Os credores quirografários participam sempre que estejam munidos de um título executivo e tenham intervindo no processo de distribuição. Em caso de insuficiência de dinheiro para proceder ao pagamento integral do respectivo crédito, estes credores são pagos na proporção do seu crédito.

---

[258] Sobre os últimos, cf. Artigo 181.º do AUOG.
[259] Sobre estes, cf. n.º 3.1.4. supra.

CAPÍTULO V

O Acto Uniforme Relativo à Organização dos Pocessos Simplificados de Cobrança e de Execução

1. Introdução

O Acto Uniforme relativo à Organização dos Processos Simplificados de Cobrança e de Execução ocupa uma posição singular no sistema do direito da OHADA. Para o efeito, basta ler as disposições finais, onde, contrariamente aos restantes actos uniformes – que se limitam a revogar as disposições contrárias aplicáveis nos Estados-membros[1] – o AUOPSCE «*revoga as disposições em vigor nos Estados Partes sobre as matérias nele reguladas*»[2]. Ao revogar todas as disposições nacionais, contrárias ou não ao Acto Uniforme, o legislador OHADA teve a clara intenção de criar um corpo normativo fechado, não complementado por disposições de direito interno, que contém toda a disciplina normativa aplicável em matéria de cobrança e execução de créditos.

2. O processo de recuperação de créditos

Com o AUOPSCE o legislador não só procedeu a uma revisão das normas sobre cobrança de créditos aplicáveis nos Estados-membros, como introduziu um processo até então completamente desconhecido naqueles sistemas jurídicos: o processo de injunção para pagamento.

---

[1] Cf. Artigo 1.º, § 2, do AUDCG; Artigo 1.º, § 3, do AUDSCAIE; Artigo 150.º do AUOG; e Artigo 257.º do AUOPC.

[2] Cf. Artigo 336.º do AUOPSCE. Na jurisprudência, cf. decisão do TCJA, de 29 de Abril de 2004 (n.º 16), in *Revue Penant* n.º 851 (2005), p. 242, com anotação de Bakari DIALLO.

2.1. O processo de injunção para pagamento

Este processo, importado de legislação análoga francesa, é o resultado de um compromisso para conciliar duas necessidades: por um lado, a dos credores que necessitam de um processo expedito para recuperação dos seus créditos cuja existência e valor não sejam colocados em causa[3]; por outro, a necessidade de protecção do devedor em caso de erro, razão das condições impostas pelo legislador comunitário relativas às características e origem do crédito objecto de recuperação.

As normas aplicáveis ao processo de injunção para pagamento foram objecto de profunda modificação relativamente às regras nas quais se inspirou o Acto Uniforme: exemplos disso são as condições para obtenção de uma injunção para pagamento e o desenvolvimento do processo.

a) As condições

A necessidade de conjugar as exigências mencionadas justifica as condições impostas pelo legislador comunitário relativamente às características e origem da dívida objecto de cobrança.

O processo de injunção para pagamento só tem lugar quando a dívida seja certa, líquida e exigível[4]. A dívida é certa quando a sua existência é

---

[3] A posição do credor relativamente ao processo de cobrança e execução é objecto da análise de Apolilinaire A. de SABA, in *OHADA. La protection du créancier dans la procédure simplifiée de récouvrement de créances civiles et commerciales*, Lomé, Les éditions de la rose bleue, 2005.

[4] Cf. Artigo 1.º do AUOPSCE. V. Madalena NORA, *Os procedimentos simplificados para cobrança de créditos*, in Boletim da Faculdade de Direito de Bissau, n.º 6 (2004), págs. 553 e segs.. As condições de certeza, liquidez e exigibilidade da dívida devem ser invocadas no pedido de injunção e não compete ao juiz proceder ao adiamento do pagamento da dívida com a finalidade de efectuar a liquidação ou acerto de contas entre as partes; com efeito, se após a sua apreciação o juiz entender que essas operações devem ter lugar, pode legitimamente recusar dar a ordem de injunção – neste sentido, cf. a decisão do TCJA, de 8 de Janeiro de 2004 (n.º 7). Por outro lado, estas condições não podem ser consideradas retroactivamente em sede de oposição sobre a base de novos elementos de prova introduzidos na acção – neste sentido, cf. a decisão do TCJA, de 15 de Julho de 2004 (n.º 26). Seguindo estes princípios, a CA de Daloa, decisão de 2 de Fevereiro de 2005 (n.º 28/05), decidiu que o passivo de uma conta corrente bancária estabelecida unilateralmente por uma instituição de crédito através de um extracto bancário próprio não é suficiente para considerar a dívida certa, líquida e exigível, pelo que a eventual concessão do pedido de injunção com este fundamento deve ser invalidada. Sobre o assunto, v. Georges

incontestável e actual, pelo que o titular de um crédito sob condição, eventual ou futuro, não pode recorrer ao processo de injunção para pagamento[5]. A dívida é líquida quando é susceptível de ser redutível a uma quantia em dinheiro determinada ou facilmente determinável com recurso a outros elementos do contrato acessíveis às partes[6], pelo que em caso de dívida indeterminada não é possível o recurso ao processo de injunção[7]. A dívida é exigível quando o credor pode obter imediatamente o seu pagamento, pelo que não é possível o recurso ao processo de injunção para pagamento e cobrança de dívidas ainda não vencidas, uma vez que ainda não é exigível o seu pagamento, a menos que o devedor perca o benefício do prazo; além disso, não é possível o recurso a este processo quando o devedor esteja sujeito a um processo colectivo nos termos do AUOPC.

O recurso ao processo em causa tem lugar quando a dívida, de natureza monetária, tem origem contratual ou quando resulta da emissão ou aceitação de um título de crédito[8].

Gérard WAMBA MAKOLLO, *La procédure simplifiée de recouvrement des créances civiles et commerciales: l'injunction de payer dans le traité OHADA*, in *Revue Penant*, n.º 830 (1999), págs. 135 e segs..

[5] Note-se que o referido Artigo 1.º do AUOPSCE consagra os requisitos que a doutrina e jurisprudência italianas unanimemente identificam como características da dívida objecto de um processo de injunção nos termos do Artigo 633.º do CPC italiano, enquanto que o CPC francês não menciona a exigência da certeza da dívida entre os requisitos de admissibilidade do processo de injunção devido à dificuldade em determinar nesta fase – na pendência de uma eventual oposição do devedor – se a dívida é ou não certa.

[6] Neste sentido, cf. a decisão do TCJA, de 24 de Abril de 2003 (n.º 7). V., também, François ANOUKAHA, *Les procédures simplifiées de recouvrement et les voies d'exécution de l'OHADA*, Yaoundé, Presses Universitaires d'Afrique, 1999, pág. 9.

[7] De acordo com a decisão da CA de Yaoundé, de 3 de Março de 2003 (n.º 188), sempre que o valor reclamado não seja determinado e conhecido no acto de celebração do contrato, mas resulte apenas de uma futura factura emitida posteriormente pelo credor na qual seja indicada uma quantia que não tem o acordo do devedor, não é possível o recurso ao processo de injunção.

[8] Cf. Artigo 2.º do AUOPSCE. As duas condições previstas neste preceito são alternativas, pelo que a verificação de uma é suficiente para que o titular de um crédito certo, líquido e exigível possa iniciar o processo de injunção para pagamento – neste sentido, cf. a decisão do TCJA, de 30 de Janeiro de 2003 (n.º 1). Komlan ASSOGBAVI, *La nouvelle procédure d'injonction de payer dans l'Acte Uniforme portant organisation des procédures simplifiées de recouvrement et des voies d'exécution*, in *Revue Penant*, n.º 829 (1999), pág. 22, salienta que o uso da expressão *«pode»* implica que estes créditos podem ser objecto de um processo ordinário. Sobre a exclusão de obrigações de natureza extracontratual, cf. a decisão da CA de N'Djamena, de 5 de Maio de 2000 (n.º 281).

Seguindo um critério tradicionalmente adoptado nas legislações dos Estados-membros, onde geralmente se admitia a cobrança de dívidas através do processo de injunção para pagamento de todas as dívidas de origem contratual, sendo esses contratos civis ou comerciais, o recurso ao processo de injunção para cobrança de dívidas de origem contratual foi consagrado na legislação comunitária. Há, todavia, uma diferença notória relativamente a algumas legislações: enquanto alguns códigos de processo civil fixavam um limite quantitativo, apenas admitindo o recurso a este processo quando o respectivo valor não ultrapassasse uma determinada quantia – por exemplo, no Senegal, a quanto fixada era de 1.000.000 francos CFA –, o Acto Uniforme não estabeleceu qualquer limite máximo.

Conforme referido, o processo de injunção para pagamento também pode ter lugar no caso de dívida que resulte da emissão de um título de crédito ou de um cheque cuja provisão se tenha revelado inexistente ou insuficiente[9]. Para as dívidas que resultam de uma letra de câmbio nota-se uma ligeira diferença entre o Acto Uniforme e algumas das legislações anteriormente aplicáveis, como o Código de Processo Civil do Senegal. Enquanto que no código senegalês o recurso ao processo de injunção só era possível quando houvesse a aceitação da letra, o Acto Uniforme admite a sua utilização também nos casos em que a obrigação cambiária resulta da simples emissão da letra. No entanto, cumpre referir que nenhuma obrigação cambiária pode ter lugar, para o emitente, pela simples emissão do título; consequentemente, a utilização do processo em causa deve ser possível, na falta de aceitação, somente contra o emitente e os outros signatários (garantes, avalistas, etc.). No que concerne aos cheques, o Acto Uniforme procede a uma precisão de natureza terminológica, visto que o Código de Processo Civil senegalês estabelecia o recurso ao processo de injunção apenas na hipótese de provisão insuficiente, ao passo que o Acto Uniforme refere também a provisão inexistente; contudo, e apesar do silêncio da lei processual senegalesa, não se duvidava que a admissibilidade do recurso ao processo de injunção em caso de provisão insuficiente legitimava também o recurso ao mesmo meio processual quando de todo em

---

[9] Sobre o assunto, v. Apollinaire A. de SABA, ob. cit., págs. 46 e segs., o qual salienta que a norma não se aplica nos casos em que a dívida resulta de endosso ou aval de um título de crédito, para as quais propõe o recurso ao processo ordinário dada a natureza excepcionalmente derrogatória do processo injuntivo, cuja aplicação deve ser, portanto, limitada aos casos expressamente previstos na lei. Em sentido contrário, François ANOUKAHA, *Les procédures* cit., pág. 11, propende para uma aplicação extensiva da norma.

todo existisse uma provisão[10], como de resto já se previa nas legislações togolesa e camaronesa[11].

2.2. O desenvolvimento do processo

Centremos a nossa atenção nas modalidades de desenvolvimento do processo de injunção para pagamento reguladas no AUOPSCE.

a) A injunção de pagamento

O processo tem início com um requerimento feito pelo credor contendo, sob pena de recusa de recebimento, os elementos de identificação das partes (nome, apelido, profissão, domicílio das partes para as pessoas singulares e natureza, denominação e sede social para as pessoas colectivas)[12], a indicação exacta da quantia reclamada com a discriminação dos diferentes elementos do crédito e da sua proveniência[13]. O requerimento, acompanhado dos originais ou cópias autenticadas dos documentos de prova[14], é apresentado no tribunal competente[15]. O Acto Uniforme dá

---

[10] Neste sentido, v. Ndiam DIOUF, *Le recouvrement des créances et les voies d'execution*, disponível a partir de *www.ohada.com*.

[11] O efeito prático da norma fica no entanto limitado pelo facto de o legislador UEMOA ter consagrado um processo mais rápido para a recuperação dos créditos derivados de cheques sem provisão (cf. Artigo 81.º da Lei Uniforme UEMOA – Lei n.º 98.007, de 19 de Março de 1998). Sobre as vias alternativas de cobrança, v. Appolinaire A. de SABA, ob. cit., pp. 60 e segs..

[12] O pedido de injunção em que não seja referida a natureza jurídica da sociedade requerente e da sociedade requerida viola o disposto no Artigo 4.º do AUOPSCE e deve por isso ser recusado o seu recebimento – neste sentido, cf. a decisão do TCJA, de 7 de Julho de 2005 (n.º 41).

[13] Cf. Artigo 4.º do AUOPSCE. Para um caso de não recebimento do requerimento em que o credor não especificou os elementos do crédito reclamado, v. decisão do TCJA, de 29 de Abril de 2004 (n.º 16).

[14] O não recebimento sanciona o requerimento em que não são indicados os elementos exigidos pelas alíneas 1) e 2) do § 2 do Artigo 4.º do AUOPSCE e não se aplica à falta de apresentação dos documentos probatórios, razão pela qual deve ser rejeitada a oposição que invoque o não recebimento do requerimento por não apresentação dos referidos documentos – neste sentido, cf. decisão do TRHC de Dakar, de 12 de Junho de 2001.

[15] Cf. Artigos 3.º, § 1, e 4.º, § 3, do AUOPSCE.

indicações precisas quanto à competência territorial[16], mas não contém qualquer disposição relativamente à determinação do tribunal competente, pelo que se deve entender que a determinação do tribunal competente deve ser deixada à lei nacional de cada Estado-membro[17].

De acordo com as regras aplicáveis nos Estados-membros, é geralmente competente o tribunal de primeira instância do domicílio ou do lugar da sede do devedor[18], podendo o credor, no caso de pluralidade de devedores, recorrer ao tribunal do domicílio de qualquer um dos devedores[19]; é o presidente do tribunal competente que profere despacho de injunção para pagamento[20]. A competência territorial pode ser afastada pelas partes, desde que o estipulem contratualmente[21]. Em caso de violação das regras relativas à competência territorial, a incompetência só pode ser conhecida oficiosamente pelo tribunal onde foi apresentado o requerimento ou arguida pelo devedor quando deduzir oposição[22].

Se considerar que o pedido tem fundamento, o presidente profere um despacho de injunção para pagamento da quantia por ele fixada[23]; a interpretação da norma permite considerar que o juiz pode acolher parcialmente o pedido, condenando o devedor a pagar uma quantia diversa daquela pedida pelo credor – «*Se (...) o pedido aparente ser procedente no*

---

[16] Cf. Artigo 3.º, § 1, do AUOPSCE: lugar do domicílio ou, na sua falta, no lugar da residência do devedor; para as pessoas colectivas já se decidiu no sentido de ser o lugar em que se desenvolve o exercício da sua actividade principal – neste sentido, cf. decisão da CA de N'Djamena, de 5 de Maio de 2000 (n.º 281/2000).

[17] Neste sentido, v. Ndiaw DIOUF, *Le recouvrement* cit..

[18] Cf., por exemplo, o Artigo 67.º do CPC togolês, conjuntamente com o Artigo 37.º da *Ordonnance* n.º 78-35, de 7 de Setembro de 1998, que regula a organização judiciária do Togo. Nos Camarões, a matéria está regulada nos Artigos 13.º a 16.º da Ordonnance n.º 72/4, de 26 de Agosto de 1972, alterada pela Lei n.º 89-019, de 29 de Dezembro de 1989, que divide a competência entre o TGI e o TPI, conforme o valor da acção seja ou não superior a cinco milhões de francos CFA.

[19] Cf. Artigo 3.º, § 1, do AUOPSCE. V., também, Komlan ASSOGBAVI, *La nouvelle procédure* cit., pág. 23; Appolinaire A. de SABA, loc. cit., p. 67.

[20] Cf. Artigo 5.º do AUOPSCE.

[21] Cf. Artigo 3.º, § 2, do AUOPSCE.

[22] Cf. Artigo 3.º, § 3, do AUOPSCE.

[23] Cf. Artigo 5.º, § 1, do AUOPSCE. A decisão é tomada sem audiência ou contraditório. Sobre o assunto, v. Coffi Alexis AQUEREBURU, *La procédure d'injonction à payer telle quelle est organisée par l'Acte Uniforme OHADA constitue-t-elle un recul par rapport à la loi togolese du 20 avril 1988?*, in Revue Penant, n.º 831 (1999), pág. 290; Apollinaire A. de SABA, loc. cit., pág. 76.

todo ou em parte (...) proferirá despacho de injunção para pagamento da quantia que ele determinar» –, sendo que, em tal caso, o credor deverá escolher entre aceitar o valor do crédito parcialmente reconhecido, renunciando assim à diferença, ou renunciar à injunção de pagamento e proceder em processo ordinário ao pedido de pagamento da totalidade da dívida. O requerimento e o despacho de injunção são arquivados pelo escrivão, que entrega uma certidão dos mesmos ao requerente[24].

Se o presidente do tribunal indeferir total ou parcialmente o pedido, não cabe recurso da decisão, mas o credor tem sempre a possibilidade de recorrer aos meios comuns[25]. Em caso de indeferimento do pedido, o requerimento e os documentos juntos são restituídos ao requerente[26].

A cópia autenticada do requerimento e o despacho de injunção para pagamento são notificados a cada um dos devedores[27], por iniciativa do credor, em acto extrajudicial[28]. Sob pena de caducidade, o despacho de injunção deve ser notificado no prazo de três meses após a sua data[29].

A notificação do despacho de injunção deve conter uma intimação ao devedor para pagamento da quantia fixada pelo tribunal, bem como os juros[30] e despesas judiciais cujo montante seja indicado ou, querendo, de-

---

[24] Cf. Artigo 6.°, § 1, do AUOPSCE.
[25] Cf. Artigo 5.°, § 2, do AUOPSCE. A aparente rigidez da norma é mitigada pela prática dos tribunais que, antes de indeferirem o pedido, convidam o requerente a juntar a documentação; no entanto, nada impede o credor de apresentar novo requerimento juntando a documentação em falta.
[26] Cf. Artigo 6.°, § 2, do AUOPSCE.
[27] A CA de Abidjan (decisão de 3 de Fevereiro de 2004 (n.° 187)), declarou a irregularidade de uma notificação cujo original indicava como devedor determinada pessoa, mas cuja cópia indicava uma outra pessoa.
[28] Cf. Artigo 7.°, § 1, do AUOPSCE. Não é claro o significado da norma, e em particular de que forma se concretiza este acto «extrajudicial», tomando também em consideração as formalidades processuais a que o acto deve obedecer, nos termos do Artigo 8.° do AUOPSCE, sob pena de nulidade. No sentido da necessidade de recurso a um oficial de justiça se pronunciam Komlan Assogbavi, *La nouvelle procédure* cit., e Rock Dieudonné Landze, *La place de l'acte extrajudiciaire dans les procédures simplifiées de recouvrement*, disponível a partir de *www.ohada.com*; contra, v. Apollinaire A. de Saba, loc. cit., de acordo com o qual qualquer acto do devedor praticado por escrito é suficiente para preencher os requisitos da notificação.
[29] Cf. Artigo 7.°, § 2, do AUOPSCE.
[30] A falta de indicação dos juros na notificação não implica a nulidade da mesma, visto que o credor tem a liberdade de reclamar apenas o pagamento da quantia correspondente ao capital em dívida – neste sentido, cf. decisão do TCJA, de 7 de Julho de 2005 (n.° 44/2005).

duzir oposição ao pedido inicial do credor e ao litígio considerado no seu conjunto, junto do tribunal competente. Por outro lado, a notificação deve conter a indicação do prazo em que a oposição deve ser apresentada, o tribunal onde deve ser apresentada e as formalidades que se lhe impõem; e ainda advertir o devedor de que pode consultar na secretaria do tribunal competente, cujo presidente proferiu a injunção para pagamento, os documentos apresentados pelo credor e que, na falta de apresentação da oposição no prazo indicado, não poderá intentar qualquer tipo de recurso e poderá ser obrigado, por todos os meios legais, a pagar as quantias exigidas. Todas estas indicações são obrigatórias, sob pena de nulidade da notificação[31].

b) A oposição

A oposição, que constitui a forma ordinária de impugnação do despacho de injunção para pagamento[32], é apresentada no tribunal competente, cujo presidente tenha proferido o despacho de injunção para pagamento, sendo deduzida através de acto extrajudicial[33]. O devedor tem quinze dias para apresentar a oposição, contados da data da notificação do despacho de injunção[34]; todavia, se o devedor não recebeu pessoalmente a notificação do despacho de injunção, a oposição pode ser apresentada no prazo de quinze dias a contar da primeira notificação pessoal que ocorra

---

[31] Cf. Artigo 8.° do AUOPSCE.

[32] Sendo a impugnação o meio processual ordinário contra o despacho de injunção, a oposição deduzida de acordo com a legislação dos diversos Estados-membros não constitui um meio idóneo de defesa, razão pela qual deve ser recusado o seu recebimento – neste sentido, cf. decisão do TGI de Ouagadougou, de 17 de Março de 1999 (n.° 236); decisões da CA de Abidjan, de 6 de Junho de 2000 (n.° 714), e 7 de Novembro de 2000 (n.° 997).

[33] Cf. Artigo 9.° do AUOPSCE. Também aqui surgem dúvidas relativamente à natureza extrajudicial da notificação – e à falta de referência à respectiva forma – tendo em vista as suas consequências de natureza puramente processual. De acordo com Apollinaire A. de SABA, loc. cit., p. 101, na génese desta previsão está a necessidade de reduzir os custos do processo, pelo que uma simples peça escrita ou a manifestação pessoal da vontade do devedor junto da secretaria do tribunal – que emite uma certidão de entrada da oposição – parecem ser suficientes.

[34] A oposição deduzida fora de prazo implica a recusa do seu recebimento – neste sentido, cf. a decisão do TPI de Gagnoa, de 14 de Janeiro de 2000. Na doutrina, v. Apollinaire A. de SABA, loc. cit., pág. 104; Komlan ASSOGBAVI, *La nouvelle procédure* cit., pág. 26.

ou, na sua falta, a contar da primeira diligência executiva de que resulte a indisponibilidade total ou parcial dos bens do devedor[35].

O oponente deve, sob pena de nulidade, notificar a oposição a todas as partes[36] e à secretaria do tribunal que proferiu o despacho de injunção[37], convidando as partes a comparecerem perante o tribunal competente numa data que fixa e que não deverá ultrapassar trinta dias a contar da data da oposição[38]. No tribunal junto do qual a oposição tenha sido deduzida, em que o processo de injunção se transforma num processo ordinário, incumbe ao requerente do despacho o ónus da prova do seu crédito[39].

---

[35] Cf. Artigo 10.º do AUOPSCE. O prazo estabelecido no preceito em causa é um prazo em que não são contados os dias *a quo* e os dias *ad quem* – neste sentido, cf. decisão do TCJA, de 7 de Julho de 2005 (n.º 41).

Na falta de notificação do despacho de injunção, o prazo para deduzir a oposição permanece indefinido até que se verifique uma das duas condições previstas no Artigo 10.º, § 2, do AUOPSCE; deve ser considerada nula a sentença que recuse o recebimento da oposição quando falte a notificação ou alguns dos actos de execução que tenham por efeito tornar indisponíveis os bens do devedor – neste sentido, cf. decisão da CA de Abidjan, de 8 de Fevereiro de 2005 (n.º 153). Assim, o TPI de Daloa, decisão de 21 de Novembro de 2003 (n.º 303), recusou o recebimento de uma oposição apresentada três anos após a primeira diligência de execução.

Sempre que a primeira diligência de execução esteja afectada por uma irregularidade, a sua prática não determina o decurso do prazo para a oposição – neste sentido, cf. decisão da CA de Abidjan, de 20 de Maio de 2005 (n.º 527); decisão da CA de Daloa, de 2 de Junho de 2004 (n.º 122 *bis*/04).

Para uma visão crítica da norma à luz das consequências negativas que a mesma pode ter sobre a posição do credor, v. Apollinaire A. de SABA, loc. cit., págs. 148 e segs..

[36] Se a oposição tiver de ser feita a quem se encontre numa outra jurisdição, o oponente pode recorrer a actos diferentes desde que contenham as mesmas indicações – neste sentido, cf. decisão do TCJA, de 29 de Abril de 2004 (n.º 16/2004).

[37] Quando a oposição só é apresentada na secretaria do tribunal competente, e não à contraparte, aquela fica sem efeito, impossibilitando o tribunal de analisar os fundamentos da oposição – neste sentido, cf. decisão da CA de Ouagadougou, de 16 de Janeiro de 2004 (n.º 15).

[38] Cf. Artigo 11.º do AUOPSCE. O TCJA, por decisão de 21 de Julho de 2005 (n.º 49/2005), determinou que o oponente que não possa, por qualquer motivo, registar a oposição, pode ser autorizado a notificar o credor para comparecer numa nova audiência cuja data deverá respeitar o prazo de trinta dias da data da primeira audiência.

[39] Cf. Artigo 13.º do AUOPSCE. Sempre que o devedor não conteste a existência do crédito, limitando-se a invocar a excepção de extinção da dívida, deve facultar prova do pagamento da mesma (cf. decisão do TCJA, de 15 de Julho de 2004 (n.º 26)), sob pena de indeferimento da oposição (cf. decisão do TRHC de Dakar, de 15 de Dezembro de 2004 (n.º 2734)). O preceito não clarifica se o devedor deve limitar-se à mera oposição ou se

Na audiência de julgamento o tribunal procede a uma tentativa de conciliação: se houver acordo, o presidente redige um auto de conciliação, que é assinado pelas partes, devendo numa das cópias ser aposta a fórmula executória, constituindo título executivo; se, ao invés, a tentativa de conciliação se frustrar, o tribunal decide imediatamente o pedido de cobrança, mesmo na ausência do devedor que tenha deduzido oposição[40], produzindo essa decisão os efeitos de uma decisão proferida após contraditório entre as partes[41]. A decisão do tribunal que decide a oposição substitui o despacho de injunção para pagamento[42] e é susceptível de recurso nas condições previstas pelas disposições processuais de cada Estado-membro no prazo de trinta dias a contar da data da decisão[43], sob pena de recusa do recurso[44].

O credor pode requerer a aposição da fórmula executória sempre que o devedor não apresente oposição no prazo estabelecido, ou dela desista[45].

---

pode também deduzir pedido reconvencional. Em sentido positivo se pronuncia Komlan Assogbavi, loc. cit., invocando para o efeito o Artigo 8.° do AUOPSCE; no mesmo sentido, embora com algumas dúvidas, v. Apollinaire A. de Saba, loc. cit., pág. 108.

[40] De acordo com a decisão do TPI de Cotonou, de 15 de Julho de 2002 (n.° 020/1), sempre que a parte que apresenta oposição e a regista no tribunal decide não se apresentar em juízo, deve entender-se que renuncia à oposição, podendo ser condenada ao pagamento da quantia reclamada, desde que esta tenha origem contratual e seja certa, líquida e exigível.

[41] Cf. Artigo 12.° do AUOPSCE. Dúvidas surgem a propósito da possibilidade de conciliar o processo previsto pelo legislador OHADA com as disposições internas de cada Estado-membro, tendo em vista, entre outros, a necessidade de respeito pelo princípio do contraditório e a obrigação de o credor provar a existência do seu crédito, o que implica a necessidade de avaliação da prova em sede processual – sobre o tema, v. Apollinaire A. de Saba, loc. cit., págs. 116.° e segs..

[42] Cf. Artigo 14.° do AUOPSCE. Em consequência, não pode ser acolhida a pretensão de atribuir força executiva à injunção de pagamento impugnada (cf. decisão do TRHC de Dakar, de 15 de Dezembro de 2004 (n.° 2734)). No mesmo sentido, v. Apollinaire A. de Saba, loc. cit., pág. 120.

Alguns tribunais, entre os quais o TCJA (cf. decisão de 15 de Julho de 2004 (n.° 26)), continuam a dar valor ao despacho impugnado ou procedem à sua anulação (cf. decisão da CA de Yaoundé, de 7 de Março de 2003 (n.° 198)).

[43] Cf. Artigo 15.° do AUOPSCE.

[44] Cf. decisão do TCJA, de 31 de Outubro de 2002 (n.° 19); e decisão da CA de Abidjan, de 5 de Março de 2004 (n.° 411).

[45] Cf. Artigo 16.°, § 1, do AUOPSCE. Os Artigos 854.° do CPC do Mali e 9.° da Lei marfinense n.° 93-669, de 9 de Agosto de 1993, estabeleciam que a ordem de injunção devia ser imediatamente dotada de força executiva, possibilidade agora afastada pelo Acto Uniforme, que exige ao credor o pedido de aposição da fórmula executória.

O pedido deve ser apresentado no prazo de dois meses a contar do fim do prazo estabelecido para a oposição ou da desistência do devedor[46]. O despacho de injunção dotado de força executiva produz todos os efeitos de uma decisão proferida com contraditório, mas não pode ser objecto de recurso[47].

2.3. *O processo de injunção para entrega ou restituição*

O processo para obter a entrega ou a restituição de um determinado bem móvel constitui uma inovação do Acto Uniforme, uma vez que praticamente todas as legislações dos Estados-membros não contemplavam um processo similar[48].

a) As condições

Quem recorre a este processo tem de ser titular de um crédito que tenha como objecto a entrega ou a restituição de um bem móvel corpóreo. É o que resulta do Artigo 19.° do AUOPSCE, nos termos do qual «*quem se considerar credor de uma obrigação de entrega ou de restituição de coisa móvel, corpórea e certa, pode requerer ao presidente do tribunal competente que ordene a sua entrega ou restituição*». A obrigação de entrega prevista no referido preceito pode derivar da execução de um contrato, enquanto que a restituição pode encontrar a sua fonte na anulação ou resolução de um contrato. A entrega e a restituição recaem sobre coisas móveis corpóreas determinadas, pelo que deste processo estão subtraídas as coisas móveis não corpóreas[49].

b) O processo

O pedido, acompanhado dos originais ou cópias autenticadas dos respectivos documentos justificativos, é apresentado na secretaria do tri-

---

[46] Cf. Artigo 17.° do AUOPSCE.
[47] Cf. Artigo 16.°, § 2, do AUOPSCE.
[48] A única excepção residia nos Artigos 855.° e 866.° do CPC do Mali.
[49] O processo em causa não pode ser utilizado para obter a entrega ou restituição de quantias em dinheiro, devendo ser indeferido pedido nesse sentido (cf. decisão da CA de Daloa, de 7 de Abril de 2003 (n.° 112)).

bunal competente do domicílio ou lugar da residência do devedor; também neste caso cumpre fazer referência à lei nacional de cada Estado--membro para determinação do tribunal competente onde o pedido deve ser depositado[50].

O pedido deve indicar os elementos de identificação das partes (nome e domicílio das pessoas singulares; natureza, denominação e sede social das pessoas colectivas) e fazer a identificação precisa da coisa cuja entrega é pedida: a omissão de um destes elementos importa o indeferimento do pedido[51].

Se o pedido não tiver fundamento, a decisão que o indefere não é susceptível de recurso, sem prejuízo de o credor accionar os meios comuns[52]. Uma vez indeferido o pedido, este é restituído ao requerente juntamente com os respectivos documentos[53]. Se, pelo contrário, o pedido for procedente, o presidente do tribunal profere despacho de injunção para entrega ou restituição do bem objecto do litígio; o requerimento e o despacho de injunção são arquivados pelo escrivão, que envia ao requerente cópia autenticada dos mesmos; os documentos originais são entregues ao requerente e são feitas cópias autenticadas dos mesmos para serem arquivadas na secretaria[54].

O despacho de injunção para entrega ou restituição, acompanhado das cópias autenticadas dos documentos juntos com o requerimento, é notificado a quem tem de entregar ou restituir o bem no prazo de três meses a contar da data da sua emissão, sob pena de caducar[55]. A notificação é feita por acto extrajudicial que contém, sob pena de nulidade, a intimação ao devedor para, no prazo de quinze dias, transportar, à sua custa, o bem para o local designado e nas condições indicadas, ou então, no caso de o detentor do bem ter meios de defesa a apresentar, deduzir oposição na secretaria do tribunal que proferiu o despacho, por declaração escrita ou verbal contra a entrega de documento comprovativo do acto, sob pena de o despacho se revestir de força executiva[56].

---

[50] Cf. Artigo 20.º do AUOPSCE. Também neste processo a incompetência só pode ser conhecida oficiosamente pelo tribunal ou arguida pelo devedor quando deduz oposição (cf. Artigo 20.º, § 3, do AUOPSCE).
[51] Cf. Artigo 21.º do AUOPSCE.
[52] Cf. Artigo 22.º do AUOPSCE.
[53] Cf. Artigo 24.º do AUOPSCE.
[54] Cf. Artigo 23.º do AUOSPCE.
[55] Cf. Artigo 25.º, §§ 1 e 3, do AUOPSCE.
[56] Cf. Artigo 25.º, § 2, do AUOPSCE.

À oposição são aplicáveis as regras estabelecidas para a oposição à injunção para pagamento[57]. Na falta de oposição[58], o requerente pode pedir a aposição da fórmula executória no despacho: o pedido é feito através de declaração escrita ou verbal apresentada na secretaria do tribunal competente nos dois meses seguintes ao termo do prazo de oposição ou da desistência do devedor; na sua falta, a eventual decisão é considerada sem efeito[59].

3. As acções executivas. O regime geral da execução

3.1. *Introdução*

Com a finalidade de permitir uma execução eficaz das decisões e demais títulos executivos, o AUOPSCE inclui uma série de disposições dedicadas à execução forçada: trata-se dos Artigos 28.° e seguintes, que fixam as normas aplicáveis aos vários tipos de medidas cautelares e penhoras[60]. Estas disposições não se limitam a regular as penhoras, uma vez que também fixam as modalidades de distribuição das quantias recebidas entre os credores. O AUOPSCE não confere prioridade ao primeiro credor titular de uma penhora, o qual tem de concorrer com os outros credores, ou pelo menos com aqueles que intervêm no processo, manifestando assim a sua vontade de obter o pagamento do respectivo crédito: as modalidades

---

[57] Cf. a remissão feita no Artigo 26.° do AUOPSCE para os Artigos 9.° a 15.° do mesmo diploma.

[58] A oposição constitui o único meio de impugnação contra a injunção de entrega ou restituição; a sua falta implica a atribuição do valor de caso julgado ao despacho; em consequência, deve ser reformulada a sentença que declara a resolução de um contrato pedida por uma parte quando a outra parte, reconhecendo que os bens em causa eram objecto de uma dação em pagamento, tinha obtido uma injunção a ordenar a entrega da coisa que não foi objecto de impugnação (cf. decisão da CA de Ouagadougou, de 21 de Março de 2003 (n.° 22)).

[59] Cf. Artigo 27.° do AUOPSCE, com remissão para os Artigos 16.°, 17.° e 18.° do mesmo diploma.

[60] Sobre os meios colocados à disposição do beneficiário de uma sentença ou outro título executivo para obter uma execução, v. Mainassara MAIDAGI, *Le défi de l'execution des décisions de justice en droit OHADA*, in *Revue Penant*, n.° 855 (2006), págs. 176 e segs..

de distribuição das quantias recebidas estão previstas nos Artigos 324.° a 334.° do AUOPSCE.

Uma análise do AUOPSCE permite concluir que o legislador OHADA não se limitou à previsão dos diversos meios ao alcance do credor, mas que elaborou uma verdadeira e própria teoria geral das execuções que é objecto do título I do livro II do Acto Uniforme.

Os Artigos 28.° a 53.°, que disciplinam esta teoria geral das execuções, adoptam alguns dos princípios clássicos do processo executivo. Assim, as acções executivas permanecem processos individuais, visto não existir qualquer disposição que considere os credores colectivamente. Por outro lado, o princípio do contraditório, que é um princípio fundamental de cada fase do processo, entra no processo executivo através do Artigo 35.° do AUOPSCE, de acordo com o qual quem se prevaleça de um documento no decurso de uma providência adequada a assegurar a execução ou a conservar um crédito é obrigado a apresentá-lo ou dele fornecer cópia, a menos que tenha sido notificada anteriormente. Além deste princípio, os Artigos 28.° e seguintes contêm um determinado número de normas que respeitam simultaneamente aos sujeitos do processo e às coisas objecto do processo.

3.2. *O credor*

Normalmente, qualquer credor[61] pode recorrer a um processo de execução forçada. Isso resulta claramente do primeiro parágrafo do Artigo 28.° do AUOPSCE, nos termos do qual «*na falta de cumprimento voluntário*[62],

---

[61] Ao credor são naturalmente equiparados os respectivos herdeiros a título universal. Os herdeiros legatários podem recorrer a uma penhora relativamente ao crédito que lhes seja transmitido, fazendo prova do seu direito. O representante do credor pode proceder à penhora nos mesmos termos do seu representado.

[62] A norma é um tanto ou quanto equívoca neste ponto, ao não estabelecer se o devedor deve ser posto em mora no final da execução voluntária da dívida ou antes de o credor propor uma acção executiva. A jurisprudência tem-se pronunciado tanto no sentido positivo, declarando consequentemente a nulidade de uma execução interposta na falta de prévia colocação do devedor em mora para efeitos da execução voluntária (cf. decisão do TPI de Douala, de 11 de Janeiro de 2000 (n.° 865/ref.)), como em sentido negativo (cf. decisão do TPI de Yaoundé, de 23 de Novembro de 2001 (n.° 459/ref.)). Neste sentido, é recomendável uma intervenção clarificadora do TCJA, ainda que – como observa Mainassara MAIDAGI, loc. cit., pág. 182 – quando o AUOPSCE considera necessária uma notificação o indique expressamente (cf. Artigos 91.°, 218.° e 254.°).

qualquer credor pode, seja qual for a natureza do seu crédito, e nos termos do presente Acto Uniforme, obrigar o devedor a cumprir as suas obrigações para com ele, ou obter uma medida cautelar adequada à salvaguarda dos seus direitos»[63].

Não cumpre, por isso, distinguir se o credor está munido de um privilégio real especial ou simplesmente quirográfico, visto que a natureza privilegiada ou quirográfica do crédito releva apenas no momento da distribuição. A execução efectua-se, primeiramente, sobre os bens móveis do devedor, só recaindo sobre os bens imóveis em caso de insuficiência daqueles, salvo tratar-se de um crédito hipotecário ou privilegiado[64]. No mesmo sentido, o Artigo 251.º do AUOPSCE estabelece que o credor não pode proceder à venda de bens imóveis que não estejam hipotecados salvo se os bens hipotecados forem insuficientes ou se o conjunto dos bens constituir uma só exploração e o devedor o requerer[65].

Sendo o recurso a uma acção executiva, e portanto a cobrança de uma dívida, um acto de administração do património, é necessário que quem o faz tenha a capacidade necessária para praticar tal acto, razão pela qual o incapaz deve ser representado ou assistido consoante o caso[66]; ademais, na penhora imobiliária o bem pode ser adjudicado ao credor se no dia da venda ninguém se apresentar para o licitar: é por este motivo que, nalguns Estados-membros, o menor emancipado, na falta de assistência, não pode

---

[63] O recurso ao Artigo 28.º do AUOPSCE não é possível para a recuperação de um estabelecimento cedido em locação, não estando esta situação prevista entre as tipologias de execução previstas no AUOPSCE (cf. decisão do TCJA, de 21 de Julho de 2005 (n.º 51)).

[64] Cf. Artigo 28.º, § 2, do AUOPSCE. De acordo com a decisão do TRHC de Dakar, de 4 de Maio de 1999 (n.º 800), o processo de venda forçada de um imóvel para pagamento de um crédito não hipotecário nem privilegiado não pode ter início antes da penhora dos bens móveis e só é admissível se a quantia resultante da venda for insuficiente, pelo que deve ser anulada penhora imobiliária iniciada por um credor não hipotecário ou privilegiado que não comprove a insuficiência da penhora mobiliária prévia e a insuficiência dos bens móveis para a satisfação do seu crédito. No entanto, no respeito pela hierarquia, o credor é livre de escolher a medida executiva que considere mais apropriada (cf. decisão do TPI de Douala, de 29 de Outubro de 2002 (n.º 1321/C)).

[65] Isto dito, refira-se, contudo, que se também os credores quirográficos podem recorrer a uma penhora, por vezes podem não ter interesse em fazê-lo. Tal é o caso cujo valor dos créditos hipotecários ou garantidos por um privilégio supera o valor do imóvel: nesse caso o credor quirográfico que proceda a uma penhora fá-lo a favor os credores garantidos.

[66] O regime das incapacidades é estabelecido pela legislação de cada Estado-membro.

recorrer a uma penhora imobiliária[67], ao passo que já o pode fazer numa execução mobiliária.

O problema do exercício de poderes tem lugar quando a execução é efectuada por sujeito distinto do credor. O representante dotado de poderes de representação especiais age de acordo com o conteúdo da procuração, enquanto o mandatário, que tem um mandato geral para a gestão do património do respectivo mandante, pode agir sobre os bens móveis, mas não no âmbito de penhoras imobiliárias. Os representantes legais podem recorrer à penhora mobiliária, enquanto que em matéria de penhora imobiliária só o podem fazer munidos de uma autorização especial[68].

3.3. *Os requisitos do crédito*

O crédito no qual se fundamenta a execução forçada deve preencher certos requisitos, designadamente, deve ser certo, líquido e exigível, sem prejuízo das disposições relativas à execução para entrega de coisa móvel e à apreensão judicial para execução de coisa móvel[69].

O crédito é certo quando não contestada a sua causa nem o seu valor. Isto quer dizer que o crédito deve ser também actual, pelo que não se pode proceder a uma execução forçada de obrigações sujeitas a condição suspensiva ou eventual. A norma segundo a qual a penhora só pode ser efectuada a favor de um crédito certo é afastada quando o titular de um crédito que aparenta ser fundado solicita ao tribunal competente autorização para realizar uma medida cautelar com a finalidade de conservar o património do devedor[70].

Contrariamente à lei francesa, segundo a qual «*o crédito é líquido quando é avaliado em dinheiro ou quando o título contém todos os elementos que permitem a sua avaliação*»[71], o Acto Uniforme – como de resto acontece com os outros critérios – não define o requisito da liquidez. Perante o silêncio da lei deve entender-se que um crédito é líquido quando

---

[67] É o caso do Níger (cf. Artigo 482.° do CC).

[68] Sobre o assunto, v. Anne-Marie H. Assi Esso, Ndiaw Diouf, *OHADA. Recouvrement des créances,* Bruxelas, Bruylant, 2002, págs. 39 e segs..

[69] Cf. Artigo 31.° do AUOPSCE.

[70] Cf. Artigo 54.° do AUOPSCE.

[71] Cf. Artigo 4.° da Lei n.° 91-650, de 9 de Julho de 1991, relativa à reforma da acção executiva.

o seu valor em dinheiro é conhecido e determinado. Assim, não é admissível uma acção executiva se o crédito tiver um objecto diverso de uma quantia monetária. Todavia, importa salientar que em matéria imobiliária o processo também pode ter lugar com base numa obrigação monetária ilíquida, mas a adjudicação dos bens só pode ser efectuada após a respectiva liquidação[72].

A obrigação é exigível quando se vencer, podendo o pedido de pagamento ser feito de imediato; em consequência, não pode ter lugar a execução forçada quando a obrigação estiver sujeita a um termo suspensivo, salvo quando o devedor perca o benefício do prazo ou quando este seja estabelecido em benefício do credor. Todavia, a condição de exigibilidade diz unicamente respeito ao processo executivo e não às medidas cautelares, que podem ser deferidas caso o credor demonstre a existência de circunstâncias que comprometem a recuperação do seu crédito.

3.4. *A forma do crédito*

Normalmente, um crédito só pode dar lugar à execução forçada se for fundado num título executivo[73], ou seja, um título ou acto que permite ao seu titular prosseguir a execução forçada recorrendo, se for caso disso, ao auxílio da força pública[74], que se caracteriza pela aposição da fórmula executória na primeira expedição do título ou do acto.

Consideram-se títulos executivos[75] as decisões judiciais munidas da fórmula executória[76] e os despachos orais imediatamente executórios que não sejam susceptíveis de suspensão ou oposição[77]; os actos e decisões judiciais estrangeiras, bem como as sentenças arbitrais declaradas exequíveis por sentença judicial e não passíveis de recurso suspensivo no Estado

---

[72] Cf. Artigo 247.º, § 2, do AUOPSCE.
[73] Cf. Artigo 32.º, § 1, do AUOPSCE. Sobre a admissibilidade de um título executivo provisório, prevista no Artigo 32.º, v. Rui PINTO, *Execução provisória no Acto Uniforme para a Organização dos Processos Simplificados de Cobrança e das Vias de Execução*, in Boletim da Faculdade de Direito de Bissau, n.º 6 (2004), págs. 601 e segs..
[74] Cf. Artigo 29.º, § 2, do AUOPSCE.
[75] Cf. Artigo 33.º do AUOPSCE.
[76] Entre estas encontra-se a injunção para pagamento munida da fórmula executória (cf. decisão do TRHC de Dakar, de 27 de Janeiro de 2003 (n.º 139)).
[77] Não constitui título executivo a sentença objecto de recurso e não declarada executória (cf. decisão da CA de Abidjan, de 2 de Dezembro de 2003 (n.º 1280)).

no qual o título é invocado; as actas de conciliação orais homologadas pelo juiz e assinadas pelas partes; os actos notariais dotados de força executiva[78]; os despachos aos quais a lei nacional de cada Estado-membro confira os efeitos de uma decisão judicial[79].

O AUOPSCE, assim como os demais actos uniformes[80], embora estabelecendo em diversas disposições a possibilidade de execução provisória, não estabelece um regime geral, nem as modalidades, de uma eventual suspensão, pelo que se pode considerar que esta matéria permanece disciplinada pela lei de cada Estado-membro[81]. A este propósito, o Acto

---

[78] A estes actos são assimiladas as escrituras particulares autenticadas, cujo original seja depositado num cartório notarial.

[79] Trata-se dos actos obrigatórios da Administração e dos títulos fiscais que têm força executiva *per si* (cf. decisão do TPI de Dschang, de 6 de Outubro de 2003 (n.° 1/ADD)).

[80] Cf., por exemplo, o Artigo 28.° do AUDA e os Artigos 23.°, § 1, e 217.° do AUOPC.

[81] Neste sentido se manifesta Felix ONANA ETOUNDI, *Droit OHADA et exécution provisoire*, Abidjan, 2006. A questão foi objecto de jurisprudência contraditória do TCJA, a qual passou num primeiro momento por anular uma sentença da CA de Abidjan que tinha suspendido a execução provisória de uma decisão da primeira instância fundada no direito interno por violação do Artigo 32.° do AUPSCE (cf. decisão do TCJA, de 11 de Outubro de 2001 (n.° 2/2001)), para numa segunda decisão se declarar incompetente acerca de questão análoga – deixando assim a competência para a jurisdição interna – (cf. decisão do TCJA, de 19 de Junho de 2003 (n.os 12, 13 e 14)), para depois decidir, de acordo com o referido preceito, que a oposição só pode ser suspensa em caso de irregularidade no processo, correndo então a execução sob responsabilidade do credor, com o dever de, se o título vier a ser modificado, reparar integralmente os danos causados pela execução, independentemente de culpa da sua parte (cf. decisão do TCJA, de 9 de Março de 2006 (n.° 8)). A primeira decisão do TCJA foi objecto de críticas severas da doutrina – v., por todos, Henri TCHANTCHOU, Alexis NDZUENKEU, *L'exécution provisoire a l'ere de l'OHADA*, in *Revue Penant*, n.° 850 (2005), págs. 62 e segs., e bibliografia aí citada, nota 37 – enquanto a segunda – v., também, os AA. citados e Mainassara MAIDAGI, *Le défi* cit., págs. 184 e segs. – foi criticada por estar demasiado afastada do espírito do Artigo 32.° do AUOPSCE. Sobre o assunto v., também, a atenta – e em nosso entender correcta – análise feita por Felix ONANA ETOUNDI, loc. cit., para quem as críticas feitas pela doutrina à posição tomada pelo TCJA no Acórdão n.° 2/2001 são excessivas na medida em que interpretaram a decisão do Tribunal como tendo o efeito de impedir qualquer recurso contra o despacho que declara a suspensão provisória da execução, estando o Tribunal limitado, ainda segundo o mesmo Autor, a confirmar o princípio segundo o qual o devedor – que recebe a notificação do despacho e de ordem de pagamento e não o faça voluntariamente – não pode impedir a execução iniciada pelo credor por força do título executivo provisório, obtendo assim a suspensão da execução, a qual é levada a cabo pelo credor por sua conta e risco, com o dever de indemnizar caso o título venha a ser revogado. Como tal, prossegue o Autor, as posteriores decisões do TCJA estão em linha de conta com a anteriormente referida e per-

Uniforme manteve a distinção entre execução provisória de direito e facultativa sob despacho do juiz prevista nos códigos de processo civil dos Estados-membros[82], limitando-se a acrescentar algumas hipóteses específicas[83] e prevendo a aplicação do instituto a casos particulares previstos no direito uniforme. Em especial, o legislador OHADA estende expressamente o âmbito de operatividade da execução provisória às decisões do juiz de execução, às adoptadas no decurso de um processo colectivo e às decisões arbitrais.

3.5. Os sujeitos passivos dos processos de execução

Em geral, qualquer devedor pode ser confrontado com uma acção executiva, assimilando-se ao devedor o cessionário a título universal. Pode todavia acontecer que a acção seja proposta contra um terceiro detentor do bem[84].

---

mitem estabelecer o princípio de acordo com o qual os meios de recurso previstos no direito processual interno dos Estados-membros contra a execução provisória mantêm-se em vigor enquanto a execução não tiver sido iniciada e o princípio de que o TJCA é incompetente no caso de um recurso contra a decisão de um tribunal nacional que emitiu despacho relativamente à execução provisória com base na legislação interna quando a impugnação da execução provisória seja propícia a impedir o início da execução fundada em qualquer título. O Autor defende assim a atribuição aos tribunais nacionais da competência para conhecer todos os processos relativos ao recurso contra um despacho de deferimento provisório da execução, ainda que a execução tenha sido já iniciada, de acordo com as normas de direito interno, exercendo o TCJA o papel de tribunal de última instância. Apollinaire A. de SABA, loc. cit., p. 123, manifesta adesão à decisão n.° 2/2001 do TCJA, ao defender que a possibilidade de iniciar uma execução com base num título executivo provisório, sem possibilidade de requerer a suspensão por parte do devedor, é contrabalançada pelas consequências que são imputadas ao credor caso a reivindicação do seu crédito venha a ser recusada na decisão que julga a oposição.

[82] Para uma análise das disposições dos Estados-membros nesta matéria, v. Felix ONANA ETOUNDI, loc. cit., págs. 19 e segs..

[83] É o caso da autorização para realizar uma medida cautelar prevista no Artigo 54.° do AUOPSCE – da qual Felix ONANA ETOUNDI, loc. cit., pág. 25, não contesta a natureza jurisdicional – ou da autorização para realizar medidas cautelares sobre bens móveis penhorados, podendo ainda o tribunal designar um administrador para a exploração agrícola.

[84] É o caso da penhora imobiliária que, devido ao direito de sequela dos credores beneficiários de uma garantia especial sobre o bem, pode afectar o terceiro adquirente do imóvel.

A incapacidade do devedor não o coloca a salvo do processo de execução. A única questão que se coloca é a de saber contra quem a acção deve ser proposta, dependendo a solução do tipo de incapacidade. Se se tratar de uma incapacidade total – por exemplo, o menor não emancipado – a acção deve ser proposta contra o representante legal; no caso de se tratar de uma incapacidade parcial, a acção é proposta contra o interessado que, no entanto, deverá ser assistido.

Por outro lado, a execução judicial e as medidas cautelares não podem ter lugar contra quem beneficie de imunidade relativamente às acções executivas[85], esteja essa imunidade prevista no direito interno de cada Estado-membro[86] ou no direito internacional. Para atenuar as consequências da imunidade no direito interno está prevista a possibilidade de compensação dos créditos certos, líquidos e exigíveis com dívidas igualmente certas, líquidas e exigíveis entre as partes[87].

A preocupação de garantir a protecção do devedor manifesta-se através de uma série de disposições destinadas a preservar a sua vida privada, bem como os seus interesses por ocasião da prática dos actos executi-

---

[85] Cf. Artigo 30.°, § 1, do AUOPSCE. Para uma visão crítica desta regra, v. Coffi Alexis AQUEREBURU, *L'état justiciable de droit commun dans le traité de l'OHADA*, in *Revue Penant*, n.° 832 (2000), págs. 52 e segs..

[86] Cf., por exemplo, o Artigo 194.° do COCC senegalês, a Lei n.° 98-338, de 2 de Julho de 1998 (Costa do Marfim), ou ainda a Lei n.° 99/016, de 22 de Dezembro de 1999 (Camarões); em sentido contrário, cf. a Lei n.° 90-96, de 4 e Dezembro de 1990 (Togo). Na jurisprudência, cf. decisão do TPI de Bouaké, de 23 de Junho de 2005 (n.° 105); decisão do TPI de Bafoussam, de 28 de Janeiro de 2004 (n.° 37); e decisão da CA de Abidjan, de 25 de Março de 2003 (n.° 344).

[87] Cf. Artigo 30.°, § 2, do AUOPSCE. De acordo com o TJCA – decisão de 7 de Julho de 2005 (n.° 43) – o Artigo 30.° do AUOPSCE contém um princípio geral de imunidade dos processos executivos a favor dos beneficiários no direito interno e internacional, representando o § 2 do preceito apenas uma solução de equilíbrio. Em consequência, o Tribunal estabeleceu que a Lei togolesa de 4 de Dezembro de 1990, que subtrai as empresas públicas ao regime do direito público para as sujeitar ao regime do direito privado, priva estas entidades da imunidade geral de que poderiam beneficiar ao abrigo do Artigo 30.° do AUOPSCE. Numa análise crítica ao conceito de imunidade e seus beneficiários, e crítica também da decisão do TJCA, Filiga Michel SAWADOGO, *La question de la saisissabilité ou de la insaisissabilité des biens des entreprises publiques en droit OHADA*, in Revue Penant, n.° 860 (2007), págs. 305 e segs., entende que se deve interpretar o disposto no § 2 do Artigo 30.° do AUOPSCE de harmonia com o Artigo 2.° do AUOPC, que sujeita aos processos colectivos as empresas públicas com natureza jurídica privada, para dessa forma estarem excluídas da possibilidade de gozarem da imunidade prevista no Artigo 30.°.

vos[88]. Foi também no interesse do devedor que o legislador OHADA estabeleceu[89] que a ele sejam confiados os bens penhorados, permitindo--lhe – sob condição de que não cometa quaisquer abusos, que serão criminalmente sancionados de acordo com as disposições dos respectivos Estados-membros – continuar a utilizar os seus bens e a perceber os frutos necessários à sua subsistência e da sua família.

O Acto Uniforme estabelece que o devedor não pode forçar o credor a receber o pagamento parcial de uma dívida, ainda que divisível[90]; todavia, ponderada a situação do devedor e em face das necessidades do credor, o Acto Uniforme confere ao tribunal competente o poder para reformular ou escalonar o pagamento das quantias devidas durante um período não superior a um ano, excepto no capítulo da obrigação de alimentos[91] e das obrigações cambiárias[92]; o devedor pode também decidir que os pagamentos são, em primeiro lugar, imputados ao capital[93]. Por outro lado, o legislador estabeleceu que essas medidas podem ser subordinadas ao cumprimento, pelo devedor, de actos idóneos a facilitar ou garantir o pagamento da dívida[94]. O depósito ou a consignação de quantias, de títulos ou de valores, ordenados judicialmente a título de garantia ou como medida

---

[88] Assim, de acordo com o Artigo 46.º, § 1, do AUOPSCE, nenhuma diligência executiva pode ser realizada num Domingo ou em dia feriado, salvo em caso de necessidade e mediante uma autorização especial do presidente do tribunal em cuja circunscrição decorra a execução. No mesmo sentido, o § 2 do preceito estabelece que nenhuma diligência executiva pode ser iniciada antes das oito horas ou depois das dezoito, salvo em caso de necessidade, mediante autorização do tribunal competente e apenas nos lugares que não sirvam de habitação. A protecção do devedor é também garantida pelo Artigo 43.º do AUOPSCE, o qual impõe ao solicitador ou agente de execução o dever de assegurar o fecho da porta ou da passagem pela qual entrou no local, quando a execução é realizada sem a presença do devedor ou de qualquer outra pessoa.

[89] Cf. Artigo 36.º, § 1, do AUOPSCE.

[90] Cf. Artigo 39.º, § 1, do AUOPSCE.

[91] O Plenário do TPI de Bangangté, decisão de 6 de Maio de 2004 (n.º 10/Ord), qualificou como obrigação alimentar a soma necessária para assegurar as necessidades vitais do indivíduo.

[92] Fazendo uso dos referidos critérios, o TGI de Ouagadougou, decisão de 14 de Janeiro de 2003 (n.º 2), permitiu a dilação a um devedor que, pese embora dificuldades financeiras, continuou a efectuar pagamentos parciais aceites pelo credor para cumprimento de uma dívida decorrente de uma obrigação cambiária, demonstrando assim a sua boa fé.

[93] Cf. Artigo 39.º, § 2, do AUOPSCE.

[94] Cf. Artigo 39.º, § 3, do AUOPSCE.

de conservação, conferem o direito de preferência ao credor beneficiário da garantia[95].

O Acto Uniforme impõe ao devedor penhorado o encargo de informar os credores e a obrigação de pagar as despesas da execução.

O dever de informar consubstancia-se na obrigação, para o devedor cujos bens são objecto de uma penhora, de levar ao conhecimento dos novos credores que constituam uma garantia sobre os mesmos bens a existência de penhora anterior sobre os bens e a identidade de quem a efectuou[96], estendendo-se a obrigação ao terceiro que detenha bens por conta do devedor[97]; o devedor tem um prazo de cinco dias, contados da data de conhecimento do acto, para informar os credores da penhora anterior, sob pena de incorrer em responsabilidade por perdas e danos. As despesas da execução judicial correm por conta do devedor, salvo quando as mesmas sejam manifestamente supérfluas[98]; por outro lado, correm por conta do credor os encargos da execução iniciada sem título executivo, mas apenas quando estas despesas não digam respeito a actos cujo cumprimento esteja prescrito pela lei nacional de um Estado-membro, pelo Acto Uniforme, ou que sejam autorizados pelo tribunal competente[99].

3.6. *Os outros sujeitos dos processos executivos*

Diversamente da lei francesa, que assegura um papel essencial ao solicitador ou agente de execução, único sujeito legitimado a proceder à execução judicial e à execução das medidas cautelares[100], o AUOPSCE não contém normas desta natureza, limitando-se simplesmente a referir os actos que devem ser praticados pelo solicitador ou agente de execução ou pelos oficiais de justiça encarregados de uma penhora, nos termos que de seguida se analisam no n.º 3.8., relativo às disposições de natureza processual.

---

[95] Cf. Artigo 40.º do AUOPSCE.
[96] Cf. Artigo 36.º, § 3, do AUOPSCE.
[97] Cf. Artigo 36.º, § 4, do AUOPSCE.
[98] Cf. Artigo 47.º do AUOPSCE.
[99] Cf. Artigo 47.º, § 2, primeira parte, do AUOPSCE. Sempre que tome a iniciativa de propor uma acção executiva sem título executivo, o credor pode pedir ao tribunal competente que coloque a cargo do devedor uma parte ou a totalidade das despesas da execução, sempre que este esteja de má fé (cf. Artigo 47.º, § 2, segunda parte, do AUOPSCE).
[100] Cf. Artigo 18.º da Lei n.º 91-650, de 9 de Julho de 1991, relativa à reforma da acção executiva.

O Acto Uniforme introduziu desta forma algumas obrigações a cargo de terceiros estranhos à acção executiva e também ao Estado. O Estado está obrigado a auxiliar na aplicação das decisões judiciais e demais títulos executivos[101], sendo esta uma obrigação de resultado, uma vez que a sua falta de colaboração implica responsabilidade civil[102]. Os terceiros têm, acima de tudo, a obrigação de não criarem obstáculos ao processo destinado à execução ou à conservação do crédito, abstendo-se de qualquer acto que possa impedir tal finalidade; os terceiros têm também a obrigação de prestar a sua colaboração no processo executivo quando isso seja uma obrigação legal, podendo a falta de cumprimento importar a condenação no pagamento de indemnização por perdas e danos[103]. Se não colaborar no decurso da acção executiva, o terceiro que detém o bem penhorado pode ser condenado ao pagamento da obrigação exequenda, sem prejuízo do direito de regresso contra o devedor[104].

3.7. Os bens

O Acto Uniforme estabelece um princípio geral de penhorabilidade de todos os bens do devedor e admite a possibilidade de a lei nacional de cada Estado-membro estabelecer a impenhorabilidade de alguns bens.

A execução pode incidir sobre todos os bens que pertençam ao devedor, ainda que detidos por terceiro[105]. Este princípio pressupõe a propriedade do bem na esfera do devedor e a sua disponibilidade; a execução de um bem que pertence a pessoa diversa do devedor fica sem efeito e

---

[101] Cf. Artigo 29.º, § 1, do AUOPSCE. A norma importa uma disposição inserida na Lei francesa de 9 de Julho de 1991. Note-se, porém, uma ligeira diferença na medida em que a lei francesa estabelece apenas que o solicitador ou agente de execução responsável pela execução pode solicitar a ajuda das forças de segurança (cf. Artigo 17.º) sem precisar a forma como o pode fazer, enquanto o Acto Uniforme estabelece que a fórmula executória permite aos oficiais de justiça requisitarem directamente a intervenção das forças de segurança (cf. Artigo 29.º, § 2) sem necessidade prévia de recorrer ao Ministério Público (cf. decisão da CA de Abidjan, de 8 de Abril de 2003, (n.º 1124)).

[102] Neste sentido, v. Coffi Alexis AQUEREBURU, L'état, págs. 48 e segs..

[103] Cf. Artigo 38.º do AUOPSCE.

[104] Cf. Artigo 38.º, parte final, do AUOPSCE.

[105] Cf. Artigo 50.º do AUOPSCE. Nalgumas legislações, como acontecia na Costa do Marfim (cf. Artigo 351.º do CPC), a posse de um bem do devedor por um terceiro constituía obstáculo à penhora desse bem pelos credores.

o sujeito que sofra essa execução ilegal dispõe de uma acção especial de recuperação dos bens penhorados[106].

Não é, porém, suficiente que o bem pertença ao devedor, pois exige-se que ele esteja disponível. O devedor deve ter a livre disposição do bem, caso contrário os credores não poderão penhorá-lo. É o que acontece no caso do devedor sujeito a um processo colectivo de apuramento do passivo, na medida em que a abertura do processo colectivo suspende ou impede todas a acções individuais para reconhecimento de direitos e de créditos, bem como todas as acções executivas destinadas à obtenção do pagamento[107]. Um outro caso de indisponibilidade resulta da existência prévia de uma outra penhora sobre o mesmo bem, motivo pelo qual os credores posteriores deverão intervir no processo iniciado pelo primeiro credor penhorante.

Existem, pois, bens que são impenhoráveis. A impenhorabilidade do bem é uma consequência da sua indisponibilidade. Como foi referido, o Acto Uniforme remete para a lei nacional de cada Estado-membro a fixação do elenco de bens e direitos impenhoráveis[108].

O AUOPSCE não estabelece uma disciplina geral sobre a penhorabilidade dos bens indivisos. A única previsão do Acto Uniforme encontra-se no Artigo 249.º e é relativa à penhora de bens imóveis indivisíveis, nos termos da qual a quota indivisa de um imóvel não pode ser posta à venda sem que antes se faça a respectiva divisão a pedido de qualquer credor de um dos comproprietários. O âmbito da norma parece bastante amplo, pelo

---

[106] Uma consequência do princípio da proibição de execução de bens que não pertencem ao devedor é a impossibilidade de actuar sobre bem indiviso: de acordo com o Artigo 249.º do AUOPSCE, «*a parte indivisa de um imóvel não pode ser posta à venda antes de se proceder à sua partilha ou liquidação, o que pode ser requerido pelos credores de um dos comproprietários*».

[107] Cf. Artigo 75.º, § 1, do AUOPC.

[108] Cf. Artigo 51.º do AUOPSCE. Estão previstos inúmeros casos de impenhorabilidade: não são penhoráveis os bens móveis indispensáveis à vida do devedor, os créditos de natureza alimentar, as pensões civis e militares, as indemnizações ou rendas recebidas ao abrigo de legislação sobre acidentes de trabalho, as prestações familiares e os salários em percentagem estabelecida por lei. Estes são casos de impenhorabilidade estabelecidos por razões sociais; também algumas legislações nacionais (por exemplo, o Artigo 15.º, § 2, do Código do Trabalho do Níger e o Artigo 17.º do Código do Trabalho do Senegal) prevêem que os bens móveis e imóveis necessários às reuniões dos sindicatos, à respectiva biblioteca e aos seus cursos de formação profissional são impenhoráveis. Diversas legislações estabelecem também a impenhorabilidade dos títulos de crédito.

que se pode pensar estender a sua aplicação à penhora de bens indivisos em geral[109].

3.8. *As disposições processuais*

O Acto Uniforme estabelece que todos os litígios relativos a uma providência executiva ou a uma medida cautelar[110] são resolvidos pelo presidente do tribunal competente, decidindo com carácter de urgência, ou por magistrado por ele designado[111], o que veio colocar problemas quanto a saber se o juiz designado pode ser chamado no mesmo procedimento também por razões de urgência não inerentes ao processo executivo[112].

---

[109] Neste sentido, v. Anne-Marie H. ASSI ESSO, Ndiaw DIOUF, *OHADA. Recouvrement* cit., págs. 56 e segs..

[110] O juiz decide as questões relativas à providência executiva, mas não pode colocar em discussão as decisões tomadas por outros juízes, sobretudo se o recorrente esgotou os meios de impugnação previstos na lei – cf. decisão da Câmara do Conselho do TPI de Douala-Ndokoti, de 16 de Dezembro de 2004 (n.º 111/04-05).

[111] Cf. Artigo 49.º, § 1, do AUOPSCE. A escolha do juiz de execução nos vários Estados-membros foi objecto de algumas decisões, todas orientadas no sentido de atribuir a competência dos processos urgentes ao presidente do TPI. Relativamente à Costa do Marfim, cf. decisões do TCJA, de 9 de Outubro de 2003 (n.º 17), 24 de Abril de 2003 (n.º 7), e 21 de Março de 2002 (n.º 8), e da CA de Abidjan, de 15 de Fevereiro de 2000 (n.º 226); para o Gabão, cf. decisão da CA de Port-Gentil, de 6 de Fevereiro de 2002; no Burkina-Faso, cf. a Ordem da Câmara do Conselho da CA de Ouagadougou, de 15 de Maio de 2003 (n.º 28). De acordo com a decisão do TPI de Douala-Bonanjo, de 29 de Abril de 2003, a norma estabelece uma situação de competência exclusiva. Neste sentido se manifesta Joseph FOMETEU, *Le juge de l'execution au pluriel ou la parturition au Cameroun de l'Article 49 de l'Acte Uniforme OHADA sur les voies d'execution*, in *RDIC* (2008), n.º 1, págs. 19 e segs., o qual descreve também o problema da aplicação da norma nos Camarões, onde a jurisprudência – como também a doutrina – está dividida na identificação do juiz previsto no Artigo 49.º do AUOPSCE, entre a que defende que é o juiz competente para os processos urgentes de acordo com as disposições processuais internas (opinião maioritária) e a posição que defende um juiz especial que exerça as funções de juiz de execução (opinião minoritária). Sobre a matéria, v. Mainassara MAIDAGI, *Le défi* cit., págs. 186 e segs., Felix ONANA ETOUNDI, *La pratique de la saisie-attribuition des créances à la lumière de la jurisprudence de la CCJA de l'OHADA*, Abidjan, 2006, e jurisprudência citada.

[112] De acordo com o TPI de Yaoundé, decisão da Câmara do Conselho de 23 de Outubro de 2003 (n.º 36/C), o recorrente deve indicar a que título chama o juiz, que deverá, em consequência, declarar-se incompetente sempre que, por motivos de urgência, seja entretanto iniciada a fase executiva. Deve, por outro lado, declarar-se incompe-

A decisão do juiz é susceptível de recurso no prazo de quinze dias a contar da data em que for proferida[113], não tendo este prazo efeito suspensivo, o mesmo acontecendo com o prazo para a oposição, salvo decisão contrária, devidamente fundamentada, do presidente do tribunal competente[114].

A penhora deve ter lugar no dia e hora previstos na lei, salvo quando haja autorização expressa do juiz em contrário. Na ausência do devedor, ou se este se recusar a permitir o acesso do solicitador ou agente de execução, este pode entrar em qualquer lugar, ainda que seja a habitação do devedor, e proceder à abertura de portas e de móveis[115]; o Acto Uniforme permite assim que o solicitador ou agente de execução tome as medidas necessárias para resolver os problemas com que se depare no decurso da execução[116], incluindo qualquer uma que se destine a evitar qualquer contestação[117].

---

tente o juiz que tenha sido chamado a título urgente como juiz da execução, quando não possa determinar a que título se deve pronunciar sem deturpar o objecto da acção – neste sentido, cf. a decisão da Câmara do Conselho do TPI de Douala de 26 de Março de 2002 (n.º 737).

[113] Este prazo não é aplicável ao recurso relativo à decisão de litígio sobre a propriedade dos bens objecto de penhora, para o qual vale o disposto no Artigo 172.º do AUOPSCE – cf. decisão da CA de Abidjan, de 1 de Fevereiro de 2005 (n.º 140).

[114] Cf. Artigo 49.º, §§ 2 e 3, do AUOPSCE. Sobre o assunto, v. Henri TCHANTCHOU, Alexis NDZUENKEU, *L'exécution* cit..

[115] Cf. Artigo 41.º do AUOPSCE.

[116] Assim, o Artigo 42.º do AUOPSCE permite que o solicitador ou agente de execução possa encarregar alguém de vigiar as portas para evitar a perturbação da diligência; pode ainda solicitar a assistência da força pública. O Artigo 48.º permite ainda ao solicitador ou agente de execução solicitar a intervenção do tribunal competente sempre que encontre uma dificuldade na execução de um título executivo, notificando as partes, a expensas do devedor, para comparecerem na audiência em que é apreciada a dificuldade.

[117] Trata-se, em particular, do Artigo 44.º, que autoriza o solicitador ou agente de execução a fazer-se acompanhar por uma ou duas testemunhas, que não sejam parentes nem afins em linha recta das partes, nem estejam ao seu serviço. Quando o solicitador ou agente de execução decide recorrer a testemunhas, lavra em auto os respectivos nomes, apelidos, profissões a domicílios e convida as testemunhas a assinarem o original e as cópias do auto. O Artigo 45.º permite ao solicitador ou agente de execução fotografar os objectos penhorados e conservar as fotografias para verificação dos bens apreendidos. Estas fotografias só podem ser apresentadas em caso de contestação apresentada ao tribunal competente.

4. As apreensões cautelares

As apreensões cautelares servem para subtrair à disponibilidade do devedor alguns bens móveis que lhe pertencem: podem abranger todos os bens móveis corpóreos e incorpóreos do devedor, não sendo possível prosseguir a execução e realizar a venda do bem apreendido, tendo por finalidade tornar inalienável o bem de modo a garantir o crédito do recorrente.

Este âmbito encontra apoio no Acto Uniforme, nos termos do qual *«aquele cujo crédito aparente ser fundado pode, em requerimento, solicitar ao tribunal do domicílio ou lugar onde reside o devedor, autorização para realizar uma medida cautelar sobre todos os bens móveis corpóreos ou incorpóreos do seu devedor, sem prévia interpelação de pagamento, se justificar a natureza das circunstâncias que possam ameaçar o ressarcimento da dívida»*[118].

O Acto Uniforme distingue quatro tipos de apreensões cautelares: apreensão cautelar de bens móveis materiais, apreensão cautelar de créditos, apreensão cautelar de direitos de participações sociais e valores mobiliários e apreensão cautelar com apreensão física do bem. Estas quatro tipologias de apreensão cautelar estão sujeitas a disposições gerais, completadas por disposições específicas de cada tipo de apreensão.

4.1. *Disposições gerais relativas à apreensão cautelar*

Estas normas determinam as condições da apreensão cautelar, estabelecendo os efeitos e prevendo os modos de resolução de eventuais litígios.

Para recorrer a uma apreensão cautelar é necessário, antes de mais, ser titular de um crédito que aparente ser fundado, pelo que o crédito não deve ser certo, podendo ser contestado, condicionado ou eventual, líquido ou exigível[119]. Além disso, o legislador OHADA subordinou o exercício da apreensão cautelar à verificação da existência de circunstâncias capa-

---

[118] Cf. Artigo 54.º do AUOPSCE.
[119] A lei não permite individualizar um critério que defina quando um crédito possa ser aparentemente fundado, pelo que compete à jurisprudência determiná-lo caso a caso. A CA de Abidjan, decisão de 19 de Abril de 2005 (n.º 458), não considerou ser suficiente para a subsistência de crédito aparentemente fundado o pedido da comissão do agente imobiliário na falta da prova da execução do encargo e da realização da venda do imóvel.

zes de ameaçar a recuperação do crédito[120], onerando o credor com a exigência de provar a existência de tais circunstâncias, devendo este deduzir em sede de recurso todos os elementos necessários à avaliação do risco relativo ao pagamento do crédito[121].

O conteúdo da norma, que fala de «*circunstâncias que possam ameaçar o ressarcimento da dívida*», leva a crer que a apreensão cautelar só pode ter lugar quando em causa esteja um crédito que tenha por objecto uma soma em dinheiro, uma vez que a expressão «*ressarcimento*» não parece ser utilizável relativamente a créditos de natureza diversa, parecendo esta interpretação estar sufragada pela fórmula utilizada no Artigo 59.° do AUOPSCE, nos termos do qual o juiz, no despacho que autoriza a apreensão, tem a obrigação de indicar «*o montante das quantias para cuja garantia a medida cautelar é autorizada*»[122].

De acordo com o Artigo 54.° do AUOPSCE, o requerimento deve ser apresentado no tribunal do domicílio ou lugar onde reside o devedor. Se a disposição indica o tribunal territorialmente competente, ela não esclarece qual o juiz a que o requerimento deve ser dirigido: para esse fim, vale o disposto no Artigo 49.° do AUOPSCE, que estabelece a competência do presidente do tribunal local, que delibera em processos urgentes, ou do magistrado por ele designado.

O juiz competente aceita ou recusa a apreensão por despacho. Se o juiz acolher o pedido, deve, sob pena de nulidade da decisão, indicar o montante das quantias para cuja garantia a apreensão é autorizada e indicar a natureza dos bens sobre que recai[123]. A autorização caduca se a apreensão não for realizada no prazo de três meses a contar da data da decisão[124].

O credor que esteja munido de um título executivo não necessita de autorização prévia do tribunal competente para agir cautelarmente, o mesmo sucedendo em caso de falta de pagamento de uma letra aceite,

---

[120] A fórmula utilizada para manifestar esta condição é idêntica à prevista no Artigo 67.°, § 1, da citada Lei francesa de 9 de Julho de 1991, e, segundo a jurisprudência e a doutrina francesas, esta fórmula reconduz-se ao risco de não solvabilidade eminente do devedor. O TPI de Bafoussam, decisão de 10 de Março de 2001 (n.° 49), teve presente este requisito no caso das folhas de trabalho assinadas pela contraparte que dão emissão de uma letra de câmbio. Cf., também, a decisão do TCJA, de 21 de Março de 2002 (n.° 6/2002).

[121] Cf. decisão da CA de Port-Gentil, de 28 de Abril de 1999.
[122] Cf. decisão da CA de Dakar, de 23 de Junho de 2000 (n.° 282).
[123] Cf. Artigo 59.° do AUOPSCE.
[124] Cf. Artigo 60.° do AUOPSCE.

de uma livrança ou de um cheque: em todos estes casos, a falta de pagamento deve ser devidamente verificada através do protesto; por fim, a mesma regra é aplicável às vantagens do locador após interpelação para pagamento de rendas em dívida relativas a contrato de arrendamento celebrado por escrito[125].

O efeito principal da apreensão cautelar reside na indisponibilidade para o devedor dos bens objecto da medida[126]. Neste aspecto cumpre distinguir entre a apreensão que tem por objecto uma quantia em dinheiro e a apreensão que incide sobre bens de outra natureza. No primeiro caso, o acto de apreensão torna-a indisponível até ao montante autorizado pelo tribunal competente ou, se esta autorização não for necessária, até ao montante para o qual a apreensão é realizada[127]; na hipótese de a apreensão incidir sobre bens depositados em instituição bancária ou financeira, esta tem obrigação de declarar a natureza das contas do devedor e respectivo saldo à data da apreensão[128]. A indisponibilidade é acompanhada por um aumento das garantias relativas às quantias objecto da apreensão, a qual vale para o credor como consignação da quantia tornada indisponível, sem que haja necessidade de uma intervenção do tribunal, assim como um direito de penhor sobre o mesmo objecto, o que lhe confere o direito de ser pago com preferência relativamente aos outros credores[129]. Relativamente aos bens que não sejam quantias em dinheiro, a apreensão cautelar tem o efeito de os tornar indisponíveis[130].

É evidente que a apreensão, enquanto medida cautelar, não é um fim em si mesmo, tendo uma natureza provisória e constituindo um meio de pressão sobre o devedor; caso não seja obtido qualquer resultado, tem forçosamente de se passar à fase de execução da dívida. O Acto Uniforme estabelece um procedimento simples que permite a conversão da apreensão cautelar num processo executivo: se o credor agir com base num título executivo, ele pode proceder de imediato à execução; se a apreensão for realizada sem título executivo, o credor deve, no prazo de um mês, propor a acção correspondente ou cumprir as formalidades necessárias à obtenção

---

[125] Cf. Artigo 55.º do AUOPSCE.
[126] Cf. Artigo 56.º do AUOPSCE.
[127] Cf. Artigo 57.º, § 1, do AUOPSCE.
[128] Assim o dispõe o Artigo 161.º do AUOPSCE, aplicável por força da remissão feita pelo artigo 58.º do mesmo diploma.
[129] Cf. Artigo 57.º, § 2, do AUOPSCE.
[130] Cf. Artigo 56.º do AUOPSCE.

de um título executivo, sob pena de caducidade[131]. O credor, munido do título executivo que demonstre a existência do crédito, notifica o devedor da conversão da apreensão em penhora[132].

O Acto Uniforme prevê dois tipos de oposição.

O requerimento do devedor[133] para o levantamento da providência cautelar é apreciado pelo tribunal que a autorizou, excepto quando esta seja efectuada sem intervenção prévia do tribunal: nesta situação, é competente o tribunal do domicílio ou do lugar onde reside o devedor[134]. O tribunal competente pode, a todo o tempo, a requerimento do devedor e depois de ouvido ou citado o credor, ordenar o levantamento da medida cautelar se o exequente não demonstrar a verificação das condições estabelecidas na lei (cf. Artigos 54.°, 55.°, 59.°, 60.° e 61.° do AUOPSCE)[135].

As demais oposições, e em especial as relativas à execução da providência cautelar, são deduzidas perante o tribunal do lugar da situação dos bens apreendidos[136]. Nada se prevê quanto ao procedimento destas oposições.

As normas gerais analisadas são aplicáveis a todos os procedimentos de apreensão cautelar e são acompanhadas pelas disposições especiais relativas a cada tipo de apreensão.

4.2. *Apreensão cautelar de coisa móvel corpórea*

Este tipo de apreensão pode abranger todas as coisas móveis corpóreas, estando o desenvolvimento dos actos de apreensão, os efeitos, a sua conservação e a eventual oposição regulados nos Artigos 64.° a 76.° do AUOPSCE.

Cumpre, antes de mais, distinguir as situações consoante os bens objecto de apreensão estejam na disponibilidade do devedor ou de terceiro.

---

[131] Cf. Artigo 61.° do AUOPSCE. Cf., também, a decisão da CA de Abidjan, de 3 de Fevereiro de 2004 (n.° 194).

[132] Cf. Artigo 69.° do AUOPSCE.

[133] A norma estabelece claramente a necessidade do requerimento do devedor, pelo que um terceiro não tem legitimidade para levantar questões sobre a regularidade do procedimento de apreensão – neste sentido, cf. a decisão do TGI de Ouagadougou, de 4 de Fevereiro de 2004 (n.° 30).

[134] Cf. Artigo 63.°, § 1, do AUOPSCE.

[135] Cf. Artigo 62.° do AUOPSCE.

[136] Cf. Artigo 63.°, § 2, do AUOPSCE.

Se os bens estiverem na disponibilidade do devedor, estando este presente, o solicitador ou agente de execução deve reiterar o pedido de pagamento da dívida[137]; quando o pedido não logra êxito, o devedor é obrigado a indicar ao solicitador ou agente de execução os bens que tenham sido objecto de penhora ou apreensão anteriores e de lhe transmitir o respectivo auto[138]. Depois desta exigência, o solicitador ou agente de execução redige um auto de apreensão, que contém, sob pena de nulidade, as indicações previstas no Artigo 64.° do AUOPSCE. A sequência do procedimento depende da presença ou ausência do devedor: se o devedor estiver presente no acto de apreensão, o solicitador ou agente de execução recorda-lhe que os bens apreendidos são indisponíveis, que são colocados à guarda do devedor ou de terceiro, que não podem ser alienados nem deslocados, salvo no caso previsto no Artigo 97.°, sob pena de responsabilidade criminal, e que o devedor deve informar da apreensão actual qualquer credor que pretenda realizar uma nova apreensão[139]. Depois, o solicitador ou agente de execução entrega de imediato ao devedor uma cópia do auto com as mesmas assinaturas que o original, produzindo os mesmos efeitos que uma notificação[140]; se o devedor não assistir ao acto de apreensão, o solicitador ou agente de execução notifica-o com uma cópia do auto e determina-lhe um prazo de oito dias dentro do qual o devedor deverá comunicar toda a informação relativa à existência de execução ou penhora anteriores e entregar-lhe o respectivo auto[141].

Se os bens estiverem em poder de um terceiro são aplicáveis as normas relativas à penhora junto de terceiro[142]; neste caso, se a apreensão cautelar tiver tido lugar sem prévia decisão judicial, é necessária autorização do tribunal do lugar da situação dos bens[143]. O Acto Uniforme estabelece que o auto de apreensão deve ser notificado ao devedor no prazo de oito dias após a sua ocorrência; sob pena de nulidade, o auto deve incluir

---

[137] Sempre que os bens estejam em poder do devedor, manda o Artigo 66.° do AUOPSCE aplicar o regime previsto nos artigos 99.° e 103.° do mesmo diploma relativo à penhora.
[138] Cf. Artigo 64.°, § 1, do AUOPSCE.
[139] Cf. Artigo 65.°, § 1, do AUOPSCE.
[140] Cf. Artigo 65.°, § 2, do AUOPSCE.
[141] Cf. Artigo 65.°, § 3, do AUOPSCE.
[142] Cf. a remissão feita pelo § 1 do Artigo 67.° do AUOPSCE para os Artigos 107.° a 110.° e 112.° a 114.° do AUOPSCE.
[143] Cf. Artigo 105.° do AUOPSCE, aplicável por força da remissão feita pelo § 1 do Artigo 67.° do AUOPSCE.

uma cópia da autorização prévia do tribunal competente ou do título que fundamenta a apreensão; a menção do direito que assiste ao devedor de pedir o levantamento da apreensão junto do tribunal do lugar do seu domicílio caso os requisitos de validade da apreensão não estejam reunidos; a reprodução dos Artigos 62.° e 63.° do AUOPSCE, relativos às oposições em matéria de apreensão cautelar incluídas nas disposições gerais[144].

Se a apreensão atingir um bem que se encontra na posse do devedor, este pode ser designado seu depositário; o bem pode ser também confiado à guarda de um terceiro designado por acordo das partes ou, na falta de acordo, pelo tribunal competente, que decide com carácter urgente. Se a apreensão incidir sobre um bem que se encontra na posse de um terceiro, este é designado depositário[145]. Se a apreensão incidir sobre bens de um devedor que não tenha domicílio fixo ou cujo domicílio ou estabelecimento se encontrem no estrangeiro, é competente para a execução o tribunal do domicílio do credor, ficando o exequente com a guarda dos bens se estes se encontrarem em seu poder; caso contrário será nomeado um depositário[146].

O credor, munido de um título executivo que demonstre a existência do crédito, deve notificar o devedor da conversão da apreensão em penhora[147], devendo a notificação conter, sob pena de nulidade, os elementos previstos no Artigo 69.° do AUOPSCE[148]. A conversão da apreensão

---

[144] Cf. Artigo 67.°, §§ 2 e 3, do AUOPSCE.

[145] O Artigo 112.° do AUOPSCE, relativo à penhora, mas aplicável à apreensão cautelar, permite ao terceiro recusar a guarda ou ser substituído a qualquer momento.

[146] Cf. Artigo 73.°, § 2, do AUOPSCE. A norma fala em «*país estrangeiro*»: não é claro se a referência é feita a um Estado diverso do País do credor ou a um Estado não pertencente à OHADA. A primeira solução parece preferível, tendo em conta as exigências de tutela do credor e as dificuldades de «comunicação judiciária» que se verificam em África.

[147] Em consequência, deverá ser declarada nula ou improcedente a providência de convalidação da apreensão cautelar eventualmente proposta pelo credor, não estando a mesma prevista em qualquer texto legal – neste sentido, cf. decisões da CA de Daloa, de 9 de Abril de 2003 (n.° 81), do TPI de Bouafflé, de 9 de Janeiro de 2003 (n.° 2), do TRHC de Dakar, de 14 de Novembro de 2000, e do TPI de Nkongsamba, de 19 de Janeiro de 2000 (n.° 15).

[148] De acordo com o § 1 do Artigo 69.° do AUOPSCE, o acto de conversão deve indicar:

1) Os nomes, apelidos e domicílios daquele contra o qual foi realizada a apreensão e daquele que a obteve ou, quando se trate de pessoas colectivas, as respectivas natureza, denominação e sede social;
2) A referência ao auto de apreensão cautelar;

em penhora pode ser feita no acto de notificação do título executivo; quando a apreensão cautelar incida sobre bens em poder de terceiro, deve--lhe ser entregue cópia do auto de conversão[149]. No final do prazo de pagamento de oito dias a contar da data do acto de conversão, o solicitador ou agente de execução procede à verificação dos bens apreendidos e regista no auto a eventual falta ou deterioração dos bens; no auto de verificação é dado conhecimento ao devedor de que dispõe de um mês para realizar a venda voluntária dos bens apreendidos, nas condições previstas nos Artigos 115.° a 119.° do AUOPSCE, na falta da qual se procede à venda forçada. Sempre que no decurso do procedimento o solicitador ou agente de execução constate que os bens não se encontram no lugar onde foram apreendidos, ele interpela o devedor para que o informe, no prazo de oito dias, do local onde se acham e para que, se eles tiverem sido objecto de penhora, lhe comunique o nome e endereço, quer do solicitador ou agente de execução que a realizou, quer do credor por conta de quem ela teve lugar, sem prejuízo de acção penal por descaminho de objectos penhorados[150].

Quando o solicitador ou agente de execução responsável pela apreensão cautelar se apercebe que sobre os mesmos bens já incide procedimento análogo, deve notificar com uma cópia do auto cada credor do procedimento anterior. Quando os bens apreendidos cautelarmente sejam depois objecto de uma penhora, o solicitador ou agente de execução notifica o auto de apreensão aos credores que tenham procedido anteriormente a uma apreensão cautelar e, se for uma apreensão destinada a ser convertida numa penhora, o acto de conversão deve ser notificado aos credores que, antes desta conversão, tenham feito a apreensão dos mesmos bens[151].

---

3) Uma cópia do título executivo, salvo se este já tiver sido entregue junto com o auto da apreensão cautelar; nesse caso, será simplesmente mencionado;
4) A discriminação das quantias a pagar, com indicação do montante principal, despesas e juros vencidos, assim como a indicação da taxa de juro;
5) Uma ordem de pagamento desta quantia no prazo de oito dias, findo o qual terá lugar a venda dos bens apreendidos.

[149] Cf. Artigo 69.°, §§ 2 e 3, do AUOPSCE.
[150] Cf. Artigo 71.° do AUOPSCE. Na falta de resposta por parte do devedor, o credor pode requerer a intervenção do tribunal competente, o qual pode ordenar ao devedor a prestação dessas informações.
[151] Cf. Artigo 74.° do AUOPSCE. A solução é diferente da anteriormente em vigor nos Estados-membros; para um confronto entre a velha e a nova regulamentação, v. Anne--Marie H. Assi Esso, Ndiaw Diouf, *OHADA. Recouvrement* cit., págs. 93 e segs..

Se o devedor apresentar uma proposta de venda voluntária dos bens e esta vier a ser aceite pelo credor, este comunica as condições aos outros credores que tenham obtido a apreensão cautelar dos mesmos bens[152]. Sob pena de nulidade, a comunicação deve conter o aviso a cada credor de que deve, no prazo de quinze dias a contar da data da recepção da carta registada ou do meio escrito utilizado, pronunciar-se sobre as propostas de venda voluntária e dar a conhecer àquele que obteve a apreensão a natureza e montante do crédito; se nada for dito nesse prazo, entende-se que o credor aceitou as propostas de venda; o credor que não dê nenhuma indicação sobre a natureza e montante do seu crédito perde o direito de concorrer à distribuição do produto resultante da venda voluntária, ressalvada a possibilidade de invocar o seu direito sobre um eventual remanescente[153].

Caso não haja venda voluntária, procede-se à venda forçada dos bens apreendidos[154]. O credor que, tendo obtido a apreensão, proceda à remoção de bens com vista à sua posterior venda executiva, deve informar os outros credores que hajam obtido apreensão cautelar sobre os mesmos bens[155]. A comunicação deve indicar, sob pena de nulidade, o nome e o endereço do funcionário judicial encarregado da venda, de modo a que cada credor possa, no prazo de quinze dias a contar da data da recepção da carta registada ou do meio escrito utilizado, informar o funcionário judicial sobre a natureza e montante do respectivo crédito no dia da remoção; se nada for dito, o credor em falta perde o direito de concorrer à distribuição do produto resultante da venda executiva, ficando ressalvada a possibilidade de fazer valer os seus direitos sobre um eventual remanescente[156]. Proceder-se-á também à venda forçada na situação em que as propostas de venda feitas ao devedor não sejam aceites pelos credores.

4.3. *Apreensão cautelar de créditos*

O Acto Uniforme consagra uma série de normas para este tipo de apreensão cautelar, eliminando assim as dúvidas que se levantaram sobre a

---

[152] A comunicação deve ser feita por carta registada com aviso de recepção ou por qualquer outro meio idóneo a fornecer prova escrita.
[153] Cf. Artigo 75.º do AUOPSCE.
[154] Cf. Artigo 72.º do AUOPSCE.
[155] Também neste caso a comunicação deve ser feita por carta registada com aviso de recepção ou por qualquer outro meio idóneo a fornecer prova escrita.
[156] Cf. Artigo 76.º do AUOPSCE.

sua admissibilidade na vigência do regime anterior, que nada dispunha a este propósito[157]. Além da norma geral prevista no Artigo 57.° do AUOPSCE, os Artigos 77.° a 84.° do diploma contêm o regime específico relativo a esta matéria.

A existência de um terceiro, devedor do devedor principal, junto do qual deve ser feita a apreensão, confere a esta providência características particulares. O credor, uma vez obtida autorização judicial, procede à apreensão por meio de auto de um solicitador ou agente de execução, notificado aos terceiros, devendo o acto conter, sob pena de nulidade, os elementos indicados no Artigo 77.° do AUOPSCE[158]; no prazo de oito dias após a execução deve a apreensão cautelar ser levada ao conhecimento do devedor por intermédio de solicitador ou agente de execução, sob pena de caducidade[159].

---

[157] De facto, só a legislação do Mali continha disposições relativas a este tipo de procedimento (cf. Artigos 747.° e 748.° do CPC).

[158] O auto deve indicar os seguintes elementos:
1) A designação dos nomes, apelidos e domicílios do devedor e do credor que procede à apreensão ou, quando se trate de pessoas colectivas, a denominação, natureza e sede social;
2) A escolha de domicílio na circunscrição judicial onde se efectua a apreensão, quando o credor aí não resida; qualquer notificação ou diligência poderá ser feita nesse domicílio escolhido;
3) A indicação da autorização do tribunal competente ou do título que fundamenta a realização da apreensão;
4) A discriminação do montante das quantias pelas quais é feita a apreensão;
5) A proibição dirigida a terceiros de dispor das somas reclamadas até ao limite da sua obrigação perante o devedor executado;
6) A reprodução do § 2 do Artigo 36.° e do Artigo 156.° do Acto Uniforme.

Algumas decisões judiciais anularam actos de apreensão cautelar em que o solicitador ou agente de execução indicou juros em excesso e despesas superiores em relação às efectivamente devidas, em prejuízo do credor, que se vê na contingência de ter de recomeçar todo o processo por motivos que lhe não são imputáveis – neste sentido, cf. decisões da CA de Abidjan, de 21 de Fevereiro de 2002 (n.° 169), do TPI de Douala, de 29 de Novembro de 2002 (n.° 1631/C) e do TPI de Abidjan, de 25 de Março de 2000 (n.° 336), todos citados in Mainassara MAIDAGI, Le défi cit., pág. 190.

[159] Cf. Artigo 79.°, § 1, do AUOPSCE. Da notificação devem constar, sob pena de caducidade:
1) Uma cópia da autorização do tribunal competente ou do título que fundamenta a realização da apreensão;
2) Uma cópia do auto de apreensão;
3) A menção, em letra bem legível, do direito que assiste ao devedor de, caso os requisitos de validade da apreensão não estejam reunidos, pedir o respectivo levantamento junto do tribunal do lugar do seu domicílio;

A apreensão determina a indisponibilidade do crédito objecto da medida até ao valor autorizado ou pelo qual é executado e confere ao credor um direito de penhor; sobre a parte indisponível do montante apreendido não pode haver concurso entre os credores. Na falta de acordo entre as partes, quem nisso tiver interesse pode solicitar que os montantes apreendidos sejam depositados junto de terceiro designado pelo tribunal do domicílio ou do lugar onde resida o devedor; neste caso, a entrega das importâncias suspende a contagem dos juros devidos pelo terceiro executado[160].

O terceiro junto do qual a apreensão é efectuada é obrigado a prestar ao solicitador ou agente de execução as informações relativas ao conteúdo das suas obrigações perante o devedor, bem como quaisquer circunstâncias que as possam afectar, devendo entregar cópia de todos os documentos comprovativos[161]. Quando o terceiro prestar as informações, estas são redigidas num auto; sempre que o terceiro, sem razões justificativas, não preste as informações previstas, sujeita-se a pagar as quantias pelas quais é feita a apreensão, caso esta seja convertida em penhora, sem prejuízo de regresso contra o devedor[162]. Por outro lado, o terceiro pode estar sujeito

---

4) A indicação do tribunal onde serão deduzidas as restantes oposições, nomeadamente as relativas à realização da apreensão;
5) A reprodução dos Artigos 62.º e 63.º do AUOPSCE.
Sobre a matéria, o TCJA determinou que a situação em causa não se insere entre os casos previstos no AUOPSCE, cuja declaração de nulidade está expressamente condicionada à verificação de um prejuízo súbito do sujeito a favor do qual a norma está prevista, pelo que o tribunal deve declarar a nulidade sempre que a mesma seja invocada e esteja verificada a falta dos requisitos previstos, sob pena de nulidade, sem necessidade de verificar qualquer prejuízo – neste sentido, cf. parecer do TCJA, de 7 de Julho de 1999 (n.º 001/99/JN), in *Revue des affaires internationales*, n.º 6 (1999), com anotação de Pascal AGBOYIBOR. O AUOPSCE contém algumas disposições cuja inobservância implica a nulidade, mas apenas em algumas delas – as previstas no Artigo 297.º – a declaração de nulidade pressupõe a verificação de um efectivo prejuízo para aquele que a invoca, devendo nos outros casos a nulidade ser invocada sempre que se verifique a violação de uma norma legal – neste sentido, cf. as decisões do TCJA, de 26 de Fevereiro de 2004 (n.º 8/2004), e 18 de Março de 2004 (n.º 12/2004), embora o Tribunal tenha tido posteriormente uma posição menos exigente no acórdão de 7 de Abril de 2005 (n.º 26/2005), num caso muito particular onde a errada indicação do tribunal competente era compensada pela reprodução do Artigo 9.º do AUOPSCE, que permitia identificar o tribunal competente, o que possibilitou também qualificar a infracção como simples irregularidade.

[160] Cf. Artigo 178.º do AUOPSCE.
[161] Cf. Artigo 80.º do AUOPSCE, que remete para o Artigo 156.º do diploma.
[162] Cf. Artigo 81.º, § 1, do AUOPSCE. Esta norma configura uma aplicação específica, nesta matéria, da regra geral prevista no Artigo 38.º do AUOPSCE.

a sanções quando cumpra a obrigação de prestar informações: pode ser condenado no pagamento de indemnização pelos danos causados em caso de negligência culposa ou declaração inexacta ou falsa[163].

A apreensão cautelar de créditos é provisória e não induz o devedor ao pagamento da dívida própria, que pode ser convertida em execução – que assume a forma de penhora junto de terceiro – nos termos previstos nos Artigos 82.° a 84.° do AUOPSCE[164].

O credor munido de título executivo deve notificar o terceiro devedor da conversão da apreensão em penhora[165], devendo do acto constar a informação de que, dentro dos limites das quantias envolvidas, o pedido implica a atribuição imediata do crédito penhorado a favor do credor[166]; o devedor é notificado, juntando-se-lhe uma cópia do acto de conversão, dispondo de um prazo de quinze dias, a contar da notificação, para contestar o acto de conversão no tribunal do seu domicílio ou do lugar onde resida[167]. Se o devedor não apresentar oposição dentro de um determinado prazo[168], o terceiro efectuará o pagamento ao credor ou ao seu mandatário, mediante a apresentação de certidão da secretaria atestando a falta de oposição, podendo o pagamento ser feito antes do termo daquele

---

[163] Cf. Artigo 81.°, § 2, do AUOPSCE.

[164] De acordo com Joseph Anatole BAYONNE, *Les procédures civiles d'execution selon l'acte uniforme OHADA*, in *Hebdo Informations*, Libreville, n.° 409, de 16 de Outubro de 1999, este procedimento específico decorre da tendência geral subjacente ao Acto Uniforme de favorecer o credor munido de título executivo.

[165] Nos termos do § 1 do Artigo 82.° a notificação deve conter, sob pena de nulidade:
1) Os nomes, apelidos e domicílios daquele contra a qual foi realizada a apreensão e daquele que a obteve ou, quando se trate de pessoas colectivas, as respectivas natureza, denominação e sede social;
2) A referência ao auto de apreensão cautelar;
3) Uma cópia do título executivo, salvo se este já tiver sido entregue na notificação do auto de apreensão cautelar, caso em que será simplesmente mencionado;
4) A discriminação das quantias a pagar, com indicação do montante principal, despesas e juros vencidos, assim como a indicação da taxa de juro; e
5) Uma ordem de pagamento dessas quantias até ao limite do valor reconhecido pelo terceiro ou do qual foi declarado devedor.

[166] Cf. Artigo 82.°, § 2, do AUOPSCE.

[167] Cf. Artigo 83.°, §§ 1 e 2, do AUOPSCE. Este direito de contestação tutela a posição do devedor e não do terceiro, a quem falta interesse em agir para contestar o acto de conversão.

[168] A eventual oposição apresentada após este prazo é extemporânea e não aceite, com a consequente ordem de pagamento da quantia apreendida a cargo do terceiro – neste sentido, cf. decisão do TPI de Bafoussam, de 17 de Outubro de 2003 (n.° 3).

prazo quando o devedor declare por escrito que não se opõe ao acto de conversão[169].

4.4. Apreensão cautelar de direitos sobre participações sociais e de valores mobiliários

O legislador OHADA permitiu que os credores possam solicitar a apreensão cautelar de direitos sobre participações sociais e valores mobiliários. Se a regra se justifica relativamente aos valores mobiliários – acções e obrigações – que são livremente transmissíveis, já não é assim no que concerne aos direitos sobre participações sociais. Com efeito, tendo em conta a estrutura das sociedades em causa – sociedades em nome colectivo, sociedades em comandita simples e sociedades de responsabilidade limitada – tais direitos apenas são transmissíveis quando certos requisitos estejam preenchidos: assim, nas sociedades em nome colectivo, as partes sociais só podem ser cedidas com o consentimento de todos os sócios[170]; nas sociedades em comandita simples, as partes só podem ser cedidas com o consentimento de todos os sócios[171]; nas sociedades de responsabilidade limitada, se a transmissão a outro sócio é, em geral, livre, salvo estipulação estatutária em contrário[172], a cedência a terceiros está normalmente subordinada ao acordo da maioria dos sócios não cedentes que representem três quartos das partes sociais, não contando com o sócio cedente[173]. Todavia, convém salientar que um eficaz sistema de recuperação dos créditos não pode ignorar estes valores mobiliários, que podem representar valores muito consideráveis, evitando assim que os devedores possam esconder os seus bens da execução forçada transformando-os em partes sociais[174].

O procedimento inicia-se com a notificação do acto de apreensão, quer à sociedade ou pessoa colectiva que emitiu os títulos, quer ao mandatário encarregado de conservar ou gerir os títulos[175]. O auto de apreensão

---

[169] Cf. Artigo 83.º, §§ 3 e 4, do AUOPSCE.
[170] Cf. Artigo 274.º, § 1, do AUDSCAIE.
[171] Cf. Artigo 296.º, § 1, do AUDSCAIE.
[172] Cf. Artigo 318.º do AUDSCAIE.
[173] Cf. Artigo 319.º, § 1, do AUDSCAIE.
[174] Neste sentido, v. Marc e Jean-Baptiste DONNIER, Voies d'exécution et procédures de distribuition, Paris, Litec, 8.ª ed., 2007.
[175] Cf. Artigo 85.º, § 1, do AUOPSCE, que faz uma remissão para o subsequente Artigo 236.º.

deve conter, sob pena de nulidade, os elementos indicados pelo Artigo 237.° do AUOPSCE, com a diferença de que na apreensão cautelar o título executivo é substituído pela autorização do tribunal competente para efectuar a apreensão[176]. O procedimento continua com a notificação da apreensão ao devedor no prazo de oito dias, sob pena de caducidade[177]. A apreensão torna indisponíveis os direitos pecuniários do devedor relativos aos títulos apreendidos. Todavia, este pode obter o respectivo levantamento mediante a consignação de uma quantia suficiente para satisfazer o interesse do credor, soma essa que é afecta exclusivamente em proveito deste último[178].

Também para esta forma de apreensão cautelar o Acto Uniforme estabelece, a favor do credor munido de título executivo, um procedimento

---

[176] Os elementos previstos no Artigo 237.° são os seguintes:
1) Os nomes, os apelidos e domicílios do devedor e do exequente ou, quando se trate de pessoas colectivas, a denominação, natureza e sede social;
2) O domicílio escolhido na circunscrição judicial do tribunal onde se efectua a penhora, quando o credor aí não resida; no domicílio escolhido podem ser feitas todas e quaisquer notificações e ofertas;
3) A indicação do título executivo que fundamenta a penhora;
4) A indicação das quantias a pagar, com discriminação do capital, despesas e juros vencidos, bem como da taxa de juro;
5) A advertência de que a penhora torna indisponíveis os direitos de natureza pecuniária associados às partes sociais ou valores imobiliários de que o devedor é titular;
6) A obrigação de comunicar, no prazo de oito dias, a existência de eventuais penhores, apreensões ou penhoras anteriores e de entregar ao exequente cópia dos estatutos.

[177] De acordo com o Artigo 86.° do AUOPSCE, o acto deve conter, sob pena de nulidade:
1) Uma cópia da autorização do tribunal competente ou do título que fundamenta a realização da apreensão;
2) Uma cópia do auto de apreensão;
3) A menção, em letra bem legível, do direito que assiste ao devedor de, caso os requisitos de validade da apreensão não estejam reunidos, pedir o respectivo levantamento junto do tribunal do lugar do seu domicílio;
4) A indicação do tribunal onde serão deduzidas as restantes oposições, nomeadamente as relativas à realização da apreensão;
5) A escolha de domicílio na circunscrição judicial onde se efectua a apreensão quando o credor aí não resida; qualquer notificação ou diligência pode ser feita nesse domicílio escolhido;
6) A reprodução dos Artigos 62.° e 63.° do AUOPSCE.

[178] Assim o dispõe o Artigo 239.° do AUOPSCE, aplicável por remissão do Artigo 87.° do mesmo Acto.

de conversão, que se efectua por meio da notificação do devedor e do terceiro[179]. O devedor tem a possibilidade de efectuar a venda voluntária dos títulos apreendidos no prazo de um mês a contar da notificação do acto de conversão, caso contrário procede-se à venda forçada nos termos previstos nos Artigos 240.º a 244.º do AUOPSCE[180].

4.5. Apreensão cautelar para reivindicação

Trata-se de uma forma particular de apreensão, que se destina a acautelar a restituição definitiva de um bem móvel corpóreo ao seu titular, tornando-o indisponível no período em que este espera pela restituição. O Acto Uniforme, após determinar as condições que devem ser satisfeitas para que os bens móveis que devam ser entregues ou restituídos possam ser apreendidos, estabelece que os mesmos bens podem também ficar indisponíveis, antes de qualquer execução, através de uma apreensão cautelar para reivindicação[181]. Contudo, não é necessário proceder a uma apreensão para reivindicação prévia para efectuar uma execução para entrega ou restituição de coisa móvel corpórea, visto tratar-se apenas de uma precaução suplementar, que o credor da entrega de um bem é livre de utilizar[182].

---

[179] Cf. Artigos 88.º e 89.º do AUOPSCE. A notificação deve conter, sob pena de nulidade, as seguintes indicações:
1) Os nomes, apelidos e domicílios daquele contra o qual foi realizada a apreensão e daquele que a obteve ou, quando se trate de pessoas colectivas, as respectivas natureza, denominação e sede social;
2) A referência ao auto de apreensão cautelar;
3) Uma cópia do título executivo, salvo se este tiver já sido entregue na notificação do auto da apreensão cautelar; nesse caso, é simplesmente mencionado;
4) A discriminação das quantias a pagar, com indicação do montante principal, despesas e juros vencidos, assim como a indicação da taxa de juro;
5) Uma ordem de pagamento destas quantias, sem o que terá lugar a venda dos bens apreendidos;
6) A menção, em letra bem legível, de que o devedor dispõe do prazo de um mês para realizar a venda voluntária dos valores apreendidos nas condições estabelecidas nos Artigos 115.º a 119.º do AUOPSCE;
7) A reprodução dos referidos Artigos 115.º a 119.º do AUOPSCE.

[180] Cf. Artigos 88.º, n.º 6, e 90.º do AUOPSCE.
[181] Cf. Artigo 218.º do AUOPSCE.
[182] Neste sentido, cf. Marc e Jean-Baptiste DONNIER, Voies d'exécution cit..

Aquele que aparente ter fundamento para reivindicar a entrega ou a restituição de um bem móvel pode, enquanto espera pela sua entrega, torná-lo indisponível através da apreensão para reivindicação, mediante autorização prévia dada pelo tribunal competente[183]. Todavia, esta autorização não é necessária quando o credor estiver munido de um título executivo ou de uma decisão judicial que ainda não tenha força executiva[184]. Sob pena de caducidade, a decisão que autoriza o credor a executar a apreensão para reivindicação deve ser executada no prazo de três meses a contar da sua emissão[185], podendo ser executada em qualquer lugar e perante qualquer detentor do bem[186].

Após lembrar o detentor do bem que este é obrigado a indicar se o bem já foi objecto de uma penhora ou apreensão anteriores e, se for esse o caso, a entregar-lhe cópia do respectivo auto, o solicitador ou agente de execução redige um auto da apreensão[187], que deve ser entregue ao deten-

---

[183] O pedido feito a um tribunal territorialmente incompetente determina a nulidade da autorização e da subsequente autorização – neste sentido, cf. decisão da CA de Abidjan, de 11 de Julho de 2003 (n.º 897).

[184] Cf. Artigo 227.º, §§ 1 e 2, do AUOPSCE.

[185] Cf. Artigo 228.º do AUOPSCE.

[186] Cf. Artigo 230.º do AUOPSCE. Para que a apreensão seja feita em local que sirva de habitação a um terceiro é necessária uma autorização especial do tribunal competente.

[187] De acordo com o Artigo 231.º do AUOPSCE, o auto de apreensão deve conter, sob pena de nulidade, as seguintes indicações:

1) Os nomes, apelidos, domicílios dos credores e dos devedores ou, quando se trate de pessoas colectivas, as respectivas natureza, denominação e sede social;
2) A menção da autorização do tribunal competente anexada ao auto do título por força do qual a apreensão tem lugar;
3) A identificação pormenorizada do bem apreendido;
4) Se o detentor estiver presente, a sua declaração sobre uma eventual penhora ou apreensão anteriores sobre o mesmo bem;
5) A menção, em letra bem legível, de que o bem apreendido fica à guarda do detentor, que não o poderá alienar nem deslocar, salvo no caso do Artigo 103.º do AUOPSCE, sob pena de responsabilidade criminal, e de que o devedor deve informar da apreensão para reivindicação qualquer credor que pretenda realizar uma nova apreensão ou penhora sobre os mesmos bens;
6) A menção, em letra bem legível, do direito de impugnar a validade da apreensão e de pedir o respectivo levantamento junto do tribunal do domicílio ou lugar onde resida o devedor;
7) A indicação do tribunal onde serão deduzidas as oposições relativas à realização da apreensão;

tor, sendo-lhe recordado verbalmente que está proibido de dispor dos bens e de que tem a possibilidade de recorrer contra a apreensão[188].

Se o bem estiver em poder de terceiro, o auto é notificado no prazo máximo de oito dias a quem esteja obrigado a entregá-lo ou a restituí-lo; por outro lado, quando o detentor não estiver presente no acto de apreensão, deve ser-lhe entregue uma cópia do auto e dado um prazo de oito dias para que dê a conhecer ao solicitador ou agente de execução toda e qualquer informação relativa à existência de eventuais penhora ou apreensão anteriores e lhe entregue cópia do respectivo auto[189].

Sempre que o detentor invoque um direito sobre o bem apreendido, deve comunicá-lo ao solicitador ou agente de execução por carta registada com aviso de recepção ou por outro meio escrito, salvo quando haja feito a declaração no momento da apreensão. Nesta situação, o credor tem um mês para impugnar este direito no tribunal do domicílio ou do lugar onde reside o detentor, permanecendo o bem indisponível durante o incidente; na falta de impugnação no prazo de um mês, cessa a indisponibilidade[190].

Quando a apreensão tem lugar, o bem que é objecto desta torna-se indisponível, sendo colocado à guarda do detentor, que não o pode alienar ou dele fazer uso; a todo o momento, e mediante requerimento, o presidente do tribunal competente pode autorizar a entrega do bem a uma terceira pessoa que seja designada para o guardar[191]. Como qualquer apreensão cautelar, também a apreensão para reivindicação pode tornar o bem indisponível; trata-se de uma solução provisória, cujo prosseguimento depende da natureza do título: existindo um título executivo procede-se à execução para entrega e, na sua falta, recorre-se ao processo de obtenção do título executivo.

---

8) A indicação, se for o caso, dos nomes, apelidos e qualidade das pessoas que assistiram aos actos de apreensão, os quais deverão apor a sua assinatura no original e nas cópias; a recusa deverá ficar a constar do auto;
9) A escolha de domicílio na circunscrição judicial onde se efectua a apreensão, quando o credor aí não resida; qualquer notificação ou oferta pode ser feita nesse domicílio escolhido;
10) A reprodução das disposições penais que sancionam o descaminho dos objectos apreendidos bem como os artigos 60.°, 61.°, 227.° e 228.° do AUOPSCE.

[188] Cf. Artigo 232.°, § 1, do AUOPSCE.
[189] Cf. Artigo 232.°, §§ 2 e 3, do AUOPSCE.
[190] Cf. Artigo 234.° do AUOPSCE.
[191] Cf. Artigo 233.° do AUOPSCE.

5. Processos de execução

Os processos de execução destinam-se a permitir que o credor recupere o seu crédito através dos bens do devedor. A execução pode incidir sobre bens que são objecto de venda forçada, sendo o montante arrecadado depositado a favor do credor que obteve a penhora e daqueles que tenham intervindo no processo; pode também dizer respeito a um crédito de que o devedor seja titular, o qual será atribuído ao credor dentro dos limites do próprio crédito.

Estes dois tipos de execução constituem os processos que atingem os bens do devedor. A estes cumpre acrescentar o processo de execução para entrega, que tem por objecto determinados bens móveis que devam ser entregues ou restituídos. Deste modo, ocupar-nos-emos agora dos processos que determinam a venda de bens penhorados, dos processos que determinam a atribuição de um crédito e do processo que tem como objecto a garantia da execução de uma obrigação de entrega ou de restituição.

5.1. *A penhora mobiliária*

O credor, munido de título executivo de que conste uma obrigação líquida e exigível, pode proceder à apreensão e venda dos bens móveis do devedor, estejam ou não em seu poder, a fim de se fazer pagar pelo respectivo preço[192].

a) Ordem prévia de pagamento

Para que se possa proceder à penhora cumpre, antes de mais, notificar o devedor para pagar[193]: só depois se pode proceder à penhora. A penhora é assim precedida de uma ordem de pagamento, notificada pessoalmente

---

[192] Cf. Artigo 91.º, § 1, do AUOPSCE. A falta de força executiva do título com base no qual é efectuada a penhora constitui uma violação do Artigo 91.º do AUOPSCE e determina a nulidade da penhora – neste sentido, cf. decisão da CA de Daloa, de 18 de Fevereiro de 2004 (n.º 49).

[193] Deve ser anulada a penhora que não seja precedida da ordem prévia de pagamento – neste sentido, cf. decisão do T. de Sassandra, de 20 de Fevereiro de 2003 (n.º 42).

ou para o domicílio do devedor[194] com pelo menos oito dias de antecedência sobre a execução; a notificação deve conter, sob pena de nulidade, as seguintes menções: a indicação do título executivo em virtude do qual as diligências são realizadas, com discriminação das quantias a pagar, indicando o montante principal, despesas e juros vencidos e a taxa de juro[195]; a ordem de pagamento das quantias em dívida no prazo de oito dias, com a indicação de que, na sua falta, se poderá proceder à venda forçada dos bens móveis[196]; a escolha do domicílio na circunscrição judicial onde a execução deve ser realizada[197].

b) A penhora

Decorrido o prazo de oito dias sem que o devedor proceda ao pagamento, o solicitador ou agente de execução pode ter acesso ao lugar onde se encontram os bens do devedor, ainda que seja na habitação deste, nas condições previstas nos Artigos 41.º a 46.º do AUOPSCE[198]. Se o devedor estiver presente no momento da execução, o solicitador ou agente de execução repete verbalmente a ordem de pagamento e informa o devedor da obrigação de indicar que bens foram já objecto de apreensão anterior[199]; concluída esta formalidade, o solicitador ou agente de execução lavra inventário dos bens e procede à penhora[200]. Depois, caso o devedor esteja

---

[194] Cf. Artigo 94.º do AUOPSCE, nos termos do qual a notificação da ordem de pagamento não pode ser feita em domicílio escolhido.

[195] A ordem de pagamento que não contenha a indicação da taxa de juro nem o montante das despesas e juros é nula, porquanto viola o disposto no Artigo 92.º do AUOPSCE – neste sentido, cf. decisões da CA de Abidjan, de 11 de Janeiro de 2005 (n.º 39) e do TPI de Nkongsamba, de 25 de Abril de 2001 (n.º 16/REF).

[196] Cf. Artigo 92.º do AUOPSCE. De acordo com a decisão da CA de Abidjan, de 27 de Janeiro de 2004 (n.º 37), não constitui causa de nulidade da ordem de pagamento a indicação de um prazo superior ao previsto no Acto Uniforme e a omissão da advertência de que, na falta de pagamento, se procederá à venda forçada dos bens do devedor, salvo quando este prove que dessa falta decorreu um prejuízo para si.

[197] Cf. Artigo 93.º do AUOPSCE.

[198] Cf. Artigo 98.º do AUOPSCE.

[199] Cf. Artigo 99.º do AUOPSCE.

[200] Nos termos do Artigo 100.º do AUOPSCE, o acto de penhora deve conter, sob pena de nulidade:
  1) Os nomes, apelidos e domicílios daquele contra o qual foi realizada a apreensão e daquele que a obteve ou, quando se trate de pessoas colectivas, a sua natureza, denominação e sede social e ainda o domicílio eventualmente escolhido pelo exequente;

presente, o solicitador ou agente de execução lembra-lhe verbalmente a indisponibilidade dos bens penhorados e respectivas consequências, assim como a faculdade que o devedor tem de proceder à venda voluntária: estas declarações devem ser mencionadas no auto de penhora, sendo entregue ao devedor uma cópia do auto[201]. Se o devedor não estiver presente no acto de apreensão, ser-lhe-á entregue uma cópia do auto, dando-se-lhe um prazo de oito dias para informar o solicitador ou agente de execução da existência de apreensão ou penhora anteriores e entregar-lhe o respectivo auto[202].

---

2) A referência ao título executivo com base no qual as diligências são realizadas;
3) A identificação da pessoa a cuja guarda ficam os bens;
4) A identificação detalhada dos bens penhorados;
5) Se o devedor estiver presente, a sua declaração sobre uma eventual penhora ou apreensão anteriores sobre os mesmos bens;
6) A menção, em letra bem legível, de que os bens apreendidos ficam indisponíveis, de que ficam à guarda do devedor, de que não podem ser alienados nem deslocados, salvo o caso previsto no Artigo 97.°, sob pena de responsabilidade criminal, e de que o devedor deve informar da penhora todo e qualquer credor que pretenda realizar uma nova apreensão ou penhora sobre os mesmos bens;
7) A menção, em letra bem legível, de que o devedor dispõe do prazo de um mês para realizar a venda voluntária dos bens penhorados nas condições estabelecidas nos Artigos 115.° a 119.° do AUOPSCE;
8) A indicação do tribunal no qual podem ser deduzidas as oposições relativas à penhora;
9) A indicação, se for o caso, dos nomes, apelidos e qualidade das pessoas que assistiram aos actos de penhora, as quais devem apor a sua assinatura no original e nas cópias, devendo a recusa constar do auto;
10) A reprodução das disposições penais que sancionam o descaminho dos bens penhorados, bem como as constantes dos Artigos 115.° a 119.° do AUOPSCE;
11) A reprodução dos Artigos 143.° a 146.° do AUOPSCE.

A falta de qualquer um dos referidos elementos implica a nulidade do acto – relativamente à falta ou errónea identificação do credor ou do devedor pessoa colectiva, cf. decisões da CA de Abidjan, de 2 de Dezembro de 2003 (n.° 1280), da CA de Daloa, de 8 de Janeiro de 2003 (n.° 9) e do TPI de Nkongsamba, de 25 de Abril de 2001 (n.° 15/REF); relativamente à falta de indicação da declaração do devedor sobre eventuais acções executivas anteriores sobre os mesmos bens e sobre a falta da reprodução dos Artigos 143.° a 146.° do AUOPSCE, cf. decisão do TCJA, de 18 de Março de 2004 (n.° 12/2004).

[201] Cf. Artigo 101.° do AUOPSCE.
[202] Cf. Artigo 102.° do AUOPSCE. Disposições específicas estão previstas para a penhora de bens consumíveis, veículos automóveis (cf. Artigo 103.° do AUOPSCE) e para os casos em que o solicitador ou agente de execução penhore quantias em dinheiro no domicílio do devedor (cf. Artigo 104.° do AUOPSCE).

Quando a penhora deva ser feita perante um terceiro, deve ser autorizada pelo tribunal do lugar da situação dos bens[203]. Quando o solicitador ou agente de execução se apresente perante terceiro, interpela-o para declarar quais os bens que tem em seu poder por conta do devedor e, de entre estes, quais foram objecto de apreensão ou penhora anteriores; se o terceiro se recusar a fazer a declaração ou, ainda que o faça, esta se revele inexacta ou falsa, ele pode ser condenado no pagamento da obrigação exequenda, sem prejuízo do direito de regresso contra o devedor, podendo ainda ser condenado no pagamento de indemnização por danos[204]. Se o terceiro declarar que não tem bens do devedor em seu poder ou se se recusar a responder, é lavrado um auto da declaração, que é entregue ou notificado ao terceiro com a indicação das sanções em que incorre caso a declaração seja inexacta ou falsa[205].

Se o terceiro declarar que tem em seu poder bens por conta do devedor, o solicitador ou agente de execução lavra um inventário[206]; se o ter-

---

[203] Cf. Artigo 105.° do AUOPSCE.
[204] Cf. Artigo 107.° do AUOPSCE.
[205] Cf. Artigo 108.° do AUOPSCE.
[206] Cf. Artigo 109.° do AUOPSCE. O acto deve conter, sob pena de nulidade, as seguintes indicações:

1) A referência ao título executivo com base no qual as diligências são realizadas;
2) A data da penhora, o nome, o apelido e domicílio do exequente ou, quando se trate de pessoa colectiva, a respectiva natureza, denominação e sede social, bem como o domicílio eventualmente escolhido pelo exequente;
3) O nome, apelido e domicílio do executado ou, quando se trate de pessoa colectiva, a respectiva natureza, denominação e sede social;
4) A menção do nome, apelido e domicílio do terceiro;
5) A declaração do terceiro e menção, em letra bem legível, de que qualquer declaração inexacta ou falsa importa a sua condenação no pagamento da obrigação exequenda, sem prejuízo de poder ser condenado no pagamento de indemnização por danos;
6) A identificação detalhada dos bens penhorados;
7) A menção, em letra bem legível, de que os bens apreendidos ficam indisponíveis, de que ficam à guarda do terceiro, de que não podem ser alienados nem deslocados, salvo o caso previsto no Artigo 97.° do AUOPSCE, sob pena de responsabilidade criminal, e de que o devedor deve informar da penhora todo e qualquer credor que pretenda realizar uma nova apreensão ou penhora sobre os mesmos bens;
8) A menção de que o terceiro pode invocar o disposto no Artigo 112.° do AUOPSCE, o qual será reproduzido no auto do inventário;

ceiro estiver presente no acto da penhora, o solicitador ou agente de execução lembra-lhe verbalmente que cada informação inexacta ou falsa pode implicar o pagamento da obrigação exequenda e, eventualmente, o pagamento de indemnização por danos, que os bens são indisponíveis e que não podem ser alienados nem deslocados e que pode recusar a guarda dos bens: uma cópia do auto é entregue ao terceiro, valendo como notificação[207]. Se o terceiro não estiver presente no acto da penhora, é-lhe entregue uma cópia do auto, dando-se-lhe um prazo de oito dias para informar o solicitador ou agente de execução sobre a existência de uma eventual apreensão ou penhora anteriores, entregando-lhe o respectivo auto[208].

Em todos os casos é entregue ao devedor uma cópia do auto no prazo de oito dias a contar da data da penhora, informando-o do seu direito de proceder à venda voluntária dos bens no prazo de um mês[209].

Se a penhora for feita perante o devedor, este é designado seu depositário[210]. O devedor conserva o uso dos bens tornados indisponíveis pela penhora e, sempre que se trate de bens consumíveis, é obrigado a respeitar o valor atribuído no momento da penhora; a todo o tempo, o tribunal competente pode ordenar, mediante requerimento, a entrega dos bens a um depositário por ele nomeado[211]. Se a penhora for feita perante um terceiro, cabe a este assegurar a guarda dos bens; todavia, contrariamente ao devedor, ele pode recusar a guarda dos bens e, a todo o tempo, pode pedir para ser dispensado do encargo: nessa situação compete ao solicitador ou

---

9) A menção de que o terceiro pode fazer valer os seus direitos sobre os bens penhorados, por meio de declaração, por carta registada com aviso de recepção ou por qualquer outro meio escrito, dirigidos ao solicitador ou agente de execução do credor exequente;
10) A indicação do tribunal em que podem ser deduzidas as oposições relativas à penhora;
11) A indicação, se for o caso, dos nomes, apelidos e qualidade das pessoas que assistiram aos actos de penhora, as quais devem apor a sua assinatura no original e nas cópias, ficando a recusa a contar do auto;
12) A reprodução das disposições penais que sancionam o descaminho dos bens penhorados.

[207] Cf. Artigo 110.°, § 1, do AUOPSCE.
[208] Cf. Artigo 110.°, § 2, do AUOPSCE.
[209] Cf. Artigo 11.° do AUOPSCE.
[210] Cf. Artigo 36.°, § 1, do AUOPSCE.
[211] Cf. Artigo 103.°, §§ 1 e 2, do AUOPSCE. É oportuna a nomeação do depositário sempre que a execução seja prejudicada pela falta de colaboração do devedor – neste sentido, cf. decisão do TGI de Bobo-Dioulasso, de 17 de Janeiro de 2003 (n.° 2).

agente de execução proceder à nomeação de outro depositário e remover os bens[212]. A todo o tempo o tribunal competente pode ordenar, mediante requerimento, mesmo antes do início dos actos de penhora, a entrega de um ou mais objectos a uma pessoa por ele designada para os guardar, ressalvado o direito de uso de que um terceiro seja eventualmente titular[213].

Sempre que o terceiro depositário invoque um direito de retenção sobre o bem penhorado, deve informar o solicitador ou agente de execução por carta registada com aviso de recepção ou por qualquer meio escrito, excepto quando haja feito a declaração no momento da penhora. O credor pode impugnar este direito no prazo de um mês perante o tribunal do domicílio ou lugar onde reside o terceiro, permanecendo indisponível o bem penhorado durante a pendência do incidente; findo o prazo, e na falta de impugnação, a pretensão do terceiro considera-se como fundada para os fins da execução[214].

c) A venda

O Acto Uniforme introduziu uma importante inovação em matéria de penhora mobiliária ao estabelecer a hipótese da venda voluntária em conjunto com a venda executiva.

O direito de proceder à venda voluntária vem consagrado no Artigo 115.° do AUOPSCE, por força do qual o devedor, perante o qual é executada a venda executiva, pode vender voluntariamente os bens penhorados para com o respectivo preço realizar o pagamento aos credores. O devedor dispõe do prazo de um mês a contar da data da notificação do auto de penhora para proceder, por si, à venda dos bens penhorados, os quais permanecem indisponíveis, sob responsabilidade do depositário, até que seja feito o depósito do produto da venda junto do solicitador ou agente de execução ou na secretaria do tribunal, salvo por motivo de urgência absoluta[215].

O processo da venda voluntária tem início com a informação prestada pelo devedor ao solicitador ou agente de execução sobre as propostas que haja recebido, devendo indicar, a esse propósito, o nome, apelido

---

[212] Cf. Artigo 112.° do AUOPSCE.
[213] Cf. Artigo 113.° do AUOPSCE.
[214] Cf. Artigo 114.° do AUOPSCE.
[215] Cf. Artigos 116.° e 118.°, § 1, do AUOPSCE.

e domicílio ou sede do eventual adquirente, bem como o prazo em que este se compromete a entregar o preço proposto. Estas informações são comunicadas pelo solicitador ou agente de execução ao credor exequente e aos outros credores que hajam deduzido impugnação[216]. Estes dispõem de um prazo de quinze dias para se pronunciarem sobre a proposta, decidindo se aceitam a venda, se a rejeitam ou se eles próprios compram os bens[217].

Se nenhum credor se manifestar no prazo de quinze dias, considera-se aceite a proposta[218] e o preço é depositado junto do solicitador ou agente de execução ou na secretaria do tribunal, conforme escolha do credor exequente, dependendo a transferência da propriedade e a entrega dos bens do depósito do preço; se o pagamento não for efectuado no prazo acordado, procede-se à venda executiva[219], assim como no caso em que um dos credores se oponha à venda voluntária[220].

A venda executiva só pode ter lugar após o termo do prazo de um mês conferido ao devedor para proceder à venda voluntária, acrescido, se for o caso, de quinze dias a favor dos credores para se pronunciarem sobre eventuais ofertas[221]. A venda é feita em hasta pública, por funcionário judicial habilitado pela lei nacional de cada Estado-membro, seja no local em que os objectos penhorados se encontram, seja em lugar mais idóneo (instalação ou mercado público), consoante as circunstâncias mais apropriadas para permitir aos interessados o mínimo de despesas[222]; a venda é publicitada e o solicitador ou agente de execução notifica o devedor da data e hora da venda, no mínimo com dez dias de antecedência[223]. Antes da venda, o agente encarregado da mesma verifica a existência e natureza dos bens penhorados e lavra um auto em que apenas menciona os objec-

---

[216] Cf. Artigo 117.º, §§ 1 e 2 do AUOPSCE. A comunicação é efectuada por carta registada com aviso de recepção ou por qualquer meio escrito.
[217] Cf. Artigo 117.º, § 3, do AUOPSCE.
[218] Cf. Artigo 117.º, § 4, do AUOPSCE.
[219] Cf. Artigo 118.º do AUOPSCE.
[220] Nos termos do Artigo 119.º do AUOPSCE, a recusa em autorizar a venda implica a responsabilidade do credor, quando este tenha a intenção de prejudicar o devedor.
[221] Cf. Artigo 117.º, último parágrafo, do AUOPSCE.
[222] Cf. Artigo 120.º do AUOPSCE. Na falta de acordo entre credor e devedor acerca do lugar de venda, recorre-se ao tribunal competente para resolver o litígio em situações de urgência.
[223] Cf. Artigos 121.º e 123.º do AUOPSCE. O Artigo 122.º obriga o solicitador ou agente de execução a certificar o cumprimento das formalidades da publicidade.

tos em falta e aqueles que se tenham deteriorado[224]. A adjudicação é feita à oferta mais alta após três lances, sendo o preço pago de imediato, sob pena de se proceder à sua revenda[225].

A venda, da qual se lavra um auto, termina logo que o preço dos bens vendidos seja suficiente para pagar o montante dos créditos, incluindo capital, juros e despesas[226].

d) Oposição e reclamação dos credores

O devedor pode pedir a nulidade da penhora por vício de forma, como é o caso da ordem de pagamento que não se encontre redigida ou notificada de forma correcta ou o acto não contenha as indicações exigidas; ele pode também opor-se ao acto por falta dos pressupostos da penhora, como por exemplo quando a dívida se tenha extinto após pagamento, por prescrição ou compensação, ou o devedor não seja proprietário dos bens penhorados[227]; pode também pedir a nulidade por impenhorabilidade do bem[228]. A nulidade por vício de forma ou por falta dos pressupostos que não diga respeito à penhorabilidade dos bens abrangidos pode ser alegada pelo devedor até ao momento da venda dos bens penhorados[229] e o pedido de nulidade não suspende os actos de execução, a menos que o tribunal competente disponha de outro modo[230].

Se a penhora for declarada nula antes da venda, o devedor pode requerer a restituição do bem penhorado se este estiver em poder de terceiro, sem prejuízo de acção de responsabilidade civil nos termos gerais[231]; se a penhora for declarada nula depois da venda, mas antes da distribuição do produto da venda, o devedor pode pedir a restituição deste último[232]; não é possível a restituição se a nulidade for invocada

---

[224] Cf. Artigo 124.º do AUOPSCE.
[225] Cf. Artigo 125.º do AUOPSCE.
[226] Cf. Artigos 126.º e 127.º do AUOPSCE.
[227] Cf. Artigo 140.º do AUOPSCE.
[228] A eventual nulidade do auto de verificação dos bens não é causa de nulidade da penhora – neste sentido, cf. decisão da CA de Abidjan, de 9 de Maio de 1995 (n.º 457).
[229] Cf. Artigo 144.º, § 1, do AUOPSCE. Cf., também, a decisão da 1.ª Secção do TCJA, de 29 de Junho de 2006 (n.º 13).
[230] Cf. Artigo 146.º do AUOPSCE.
[231] Cf. Artigo 144.º, § 3, do AUOPSCE.
[232] Cf. Artigo 144.º, § 4, do AUOPSCE.

depois da distribuição do produto da venda[233]. O tribunal que declarar a nulidade da penhora pode condenar o devedor que não tenha invocado a nulidade em tempo útil no pagamento da totalidade ou de parte das despesas[234].

Pese embora a ausência de normas específicas, deve entender-se ser permitido ao devedor pedir a limitação ou redução da penhora nos termos das regras gerais relativas aos incidentes de execução[235].

Qualquer credor que esteja munido de um título executivo de que conste uma obrigação líquida e exigível pode aderir a uma penhora já realizada sobre bens do seu devedor por meio de reclamação, direito este que se estende ao credor que procede a uma penhora e ao qual o devedor apresenta um auto contendo uma penhora anterior; a reclamação deve ser feita antes da verificação dos bens que precede a venda[236].

O requerimento de reclamação deve indicar, sob pena de nulidade, o título executivo que a fundamenta, a discriminação das quantias a pagar, com indicação do montante principal, despesas e juros vencidos, assim como da taxa de juro; a reclamação é notificada ao devedor e ao credor exequente, salvo nos casos em que seja ele quem deduz reclamação para juntar novo crédito ou estender o âmbito da penhora anterior[237]. A notificação da reclamação ao credor exequente tem por efeito a unificação de procedimentos.

A venda é efectuada pelo credor exequente[238] e, uma vez realizada, podem fazer valer os seus direitos sobre o produto da venda os credores que efectuem a reclamação antes da verificação dos bens penhorados ou que tenham obtido medida cautelar sobre os mesmos bens[239]. Se bem que a reclamação incida sobre uma execução já existente, os processos são independentes, pelo que a nulidade da primeira penhora não implica a caducidade das reclamações, salvo quando ocorra uma irregularidade na realização dos actos de penhora[240].

---

[233] Neste sentido, cf. decisão do TJCA de 22 de Dezembro de 2005 (n.º 60/2005).
[234] Cf. Artigo 145.º do AUOPSCE.
[235] Cf. Artigo 143.º do AUOPSCE. Na doutrina, v. Anne-Marie H. Assi Esso, Ndiaw Diouf, *OHADA. Recouvrement* cit., págs. 117 e segs..
[236] Cf. Artigos 130.º e 133.º, § 1, do AUOPSCE.
[237] Cf. Artigo 131.º, §§ 1, 2 e 3, do AUOPSCE.
[238] Cf. Artigo 131.º, § 4, do AUOPSCE.
[239] Cf. Artigo 138.º do AUOPSCE.
[240] Cf. Artigo 137.º, § 1, do AUOPSCE.

O credor reclamante pode estender a penhora inicial a outros bens móveis do devedor. Nesse caso é lavrado um auto de penhora complementar, a notificar ao credor exequente – excepto quando a penhora complementar seja da sua autoria – e ao devedor[241]. Só se procede à venda executiva de todos os bens penhorados no termo de todos os prazos impostos para a venda voluntária, podendo no entanto proceder-se à venda executiva imediata dos bens cujo prazo para a venda voluntária tenha terminado, quer mediante acordo com o devedor ou autorização do tribunal competente, quer quando as formalidades de publicidade já tenham sido efectuadas no momento da reclamação[242].

O credor reclamante, se não for também exequente, não pode assumir a iniciativa do impulso processual, pelo que, se o credor exequente não fizer o pedido para a venda executiva no final dos prazos previstos, qualquer credor reclamante fica automaticamente sub-rogado na posição dele, depois de interpelação infrutífera para que ele as realize no prazo de oito dias: nesse caso, o credor que obteve a primeira penhora fica desonerado das suas obrigações, mas é obrigado a colocar à disposição do credor sub-rogado os documentos necessários[243].

Quando um terceiro reivindique direitos sobre um ou mais objectos penhorados – por exemplo, o cônjuge do devedor executado reclama a propriedade de alguns bens penhorados pelo credor do seu cônjuge ou um terceiro declara ser proprietário de um bem incluído na penhora[244] – pode requerer ao tribunal competente o levantamento da penhora[245] até ao momento da venda[246]. O incidente de execução concretiza-se num pedido que deve precisar, sob pena de não ser recebido, os elementos que servem de fundamento ao direito de propriedade invocado[247]; o pedido deve ser no-

---

[241] Cf. Artigo 132.º do AUOPSCE.
[242] Cf. Artigo 134.º do AUOPSCE.
[243] Cf. Artigo 135.º do AUOPSCE.
[244] O levantamento não pode ser requerido relativamente a bens não compreendidos no auto de penhora – cf. decisão do TRHC de Dakar, de 31 de Janeiro de 2001 (n.º 218) – pelo que a decisão que ordene a restituição de bens aí não mencionados deve ser anulada – neste sentido, cf. decisão da CA de Bouaké, de 4 de Abril de 2001 (n.º 61).
[245] A acção de levantamento é permitida apenas a favor do terceiro e não pode, pois, ser proposta pelo devedor – neste sentido, cf. decisões da CA de Daloa, de 8 de Janeiro de 2003 (n.º 9) e da CA de Bouaké, de 16 de Maio de 2001 (n.º 77/2001).
[246] Cf. Artigos 141.º e 142.º, § 1, do AUOPSCE.
[247] Se a penhora for feita em local propriedade do devedor, presume-se que os bens penhorados pertencem ao devedor, pelo que o pedido feito por terceiro com base em sim-

tificado ao credor exequente, ao devedor e, sendo o caso, ao depositário, competindo ao credor exequente o ónus de interpelar os credores reclamantes por meio de carta registada com aviso de recepção ou por qualquer meio escrito[248]. O levantamento da penhora não pode ser requerido depois da venda dos bens penhorados, pelo que posteriormente só pode ser proposta uma acção de reivindicação; se o bem for subtraído admite-se, em geral, a possibilidade de o reivindicar no prazo de três anos, ressalvando-se a protecção de terceiros de boa fé, a quem é devido o reembolso do preço pago sempre que tenham adquirido o bem num mercado ou em instalações públicas[249]. Contudo, um terceiro que haja sido reconhecido como proprietário de um bem já vendido pode, até à distribuição do produto da venda, retirar o respectivo preço sem dedução das despesas[250].

5.2. Penhora sujeita a normas particulares por causa do objecto onerado

O AUOPSCE estabelece normas particulares para as penhoras das colheitas, das participações sociais e dos valores mobiliários.

a) Penhora de frutos pendentes

Antes de o Acto Uniforme entrar em vigor existia uma acção específica destinada a bloquear os frutos pendentes; esta acção permitia ao credor munido de título executivo bloquear os frutos pendentes, na expectativa de realizar uma futura venda: tratava-se de uma execução

---

ples afirmações, e, portanto, carecido de prova idónea a ilidir a presunção, deve ser rejeitado – neste sentido, cf. decisão do TJCA, de 15 de Dezembro de 2005 (n.º 52/2005); por outro lado, sempre que o auto de penhora não contenha uma completa identificação dos bens penhorados que permita identificá-los com aqueles que são objecto do pedido de levantamento, o tribunal pode considerar as facturas produzidas por terceiro em tribunal como relativas aos bens penhorados – neste sentido, cf. decisão do TRHC de Dakar, de 17 de Janeiro de 2001 (n.º 96).
[248] Cf. Artigo 141.º do AUOPSCE.
[249] Na grande maioria dos Estados-membros da OHADA vigora uma regra idêntica fundada na solução adoptada nos Artigos 2279.º e 2280.º do Código Civil francês.
[250] Cf. Artigo 142.º, § 2, do AUOPSCE.

mobiliária sobre bens que juridicamente eram considerados imóveis, em aplicação da teoria dos "*meubles par antecipation*"[251]. O Acto Uniforme eliminou esta forma de execução, substituindo-a pela penhora de frutos pendentes.

Esta modalidade da penhora assume particular relevo em sociedades rurais como as africanas e incide sobre as colheitas e os frutos que estejam próximos de se encontrarem maduros e que ainda não tenham sido separados do solo; o Acto Uniforme estabelece ainda que a penhora não pode ser feita, sob pena de nulidade, se faltarem mais de seis semanas para a época normal da colheita[252]. Os actos de penhora decorrem nos mesmos termos da penhora mobiliária, embora com algumas particularidades, tendo em consideração a natureza dos bens objecto da penhora: mais propriamente, no auto de penhora importa fazer a descrição dos terrenos onde se situam as colheitas, o seu conteúdo, a sua localização e a indicação da natureza dos frutos[253]. A publicidade é sujeita a normas particulares, tendo em conta a natureza dos bens[254]. Finalmente, a venda é feita no lugar onde se encontram os frutos ou no mercado mais próximo[255].

b) Penhora de participações sociais e de valores mobiliários

Este tipo de penhora confronta-se com a dificuldade de realizar um crédito através de bens mobiliários – sobretudo quando se trate de acções ao portador, tendo em conta a facilidade com que são transmissíveis – convindo realizar previamente uma apreensão cautelar.

Como para efectivar a penhora é necessária uma interpelação prévia para pagamento da dívida no prazo de oito dias, só depois do não cumprimento desta ordem se pode efectuar a penhora junto da sociedade emissora ou do mandatário responsável pela conservação e gestão dos títulos.

---

[251] Sobre o assunto, v. Guillaume Justin CARRÉ, *Cours élementaire d'organisation judiciaire, de compétence, de procédure civile et criminelle, de notariat et de législation criminelle*, Paris, P. Dupont et Cailleux, 1833, pág. 257.

[252] Cf. Artigo 147.° do AUOPSCE.

[253] Cf. Artigo 148.° do AUOPSCE. O auto da penhora é assinado pelo presidente do município ou da unidade administrativa onde se situam os bens, sendo-lhe deixada uma cópia.

[254] Cf. Artigo 150.° do AUOPSCE.

[255] Cf. Artigo 150.° do AUOPSCE com a remissão que faz para o Artigo 120.° do AUOPSCE.

O credor efectua a penhora junto da sociedade emissora ou do mandatário responsável pela conservação e gestão dos títulos[256], mediante auto que deve conter, sob pena de nulidade, os elementos indicados no Artigo 237.° do AUOPSCE[257]; para evitar a caducidade dos efeitos jurídicos da penhora deve o credor, no prazo de oito dias, levar a penhora ao conhecimento do devedor por notificação, que deve conter, sob pena de nulidade, os elementos previstos no Artigo 238.° do AUOPSCE[258].

A penhora torna indisponíveis os direitos do devedor que tenham natureza pecuniária, podendo este, no entanto, obter o respectivo levantamento mediante a consignação de uma quantia suficiente para satisfazer o interesse do credor[259].

O devedor tem a possibilidade de vender voluntariamente as colheitas e os frutos pendentes nas condições previstas para a venda voluntária

---

[256] Cf. Artigo 236.° do AUOPSCE.
[257] O auto de penhora deve conter as seguintes indicações:
 1) Os nomes, apelidos e domicílios do devedor e do exequente ou, quando se trate de pessoas colectivas, a denominação, natureza e sede social;
 2) O domicílio escolhido na circunscrição judicial do tribunal onde se efectua a penhora, quando o credor aí não resida; no domicílio escolhido podem ser feitas todas e quaisquer notificações e ofertas;
 3) A indicação do título executivo que fundamenta a execução da penhora;
 4) A indicação das quantias a pagar, com discriminação do capital, despesas e juros vencidos, bem como da taxa de juro;
 5) A advertência de que a penhora torna indisponíveis os direitos de natureza pecuniária associados às partes sociais ou valores mobiliários de que o devedor é titular;
 6) A obrigação de comunicar, no prazo de oito dias, a existência de eventuais penhores, apreensões ou penhoras anteriores e de entregar ao exequente cópia dos estatutos.
[258] São as seguintes as indicações previstas neste preceito:
 1) Cópia do auto de penhora;
 2) A advertência, em letra legível, de que as oposições devem ser apresentadas no prazo de um mês após a notificação, sob pena de não serem recebidas, devendo ser indicada a data do termo desse prazo;
 3) A indicação do tribunal competente, que é o do domicílio do devedor;
 4) A indicação, em letra legível, de que o devedor dispõe do prazo de um mês para proceder à venda voluntária dos valores penhorados, nas condições previstas nos Artigos 115.° a 119.° do AUOPSCE;
 5) A reprodução dos Artigos 115.° a 119.° do AUOPSCE.
[259] Cf. Artigo 239.° do AUOPSCE.

de bens mobiliários penhorados[260]. Na falta da venda voluntária procede-se à venda executiva, sob a forma de adjudicação, precedida da apresentação do caderno de encargos, que deve conter os estatutos da sociedade e todo e qualquer documento necessário à apreciação da solidez e do valor dos direitos postos à venda[261]. Uma cópia do caderno de encargos é notificada aos sócios, sendo notificados no mesmo dia os outros credores reclamantes para tomarem conhecimento do caderno de encargos[262].

Sendo várias as penhoras, o produto da venda é repartido entre os credores que tenham a seu favor uma penhora antes da venda; caso um credor tenha efectuado uma apreensão cautelar anterior à penhora que motivou a venda, ele deve ser considerado na distribuição do preço, embora as quantias que lhe sejam distribuídas fiquem consignadas até que ele obtenha um título executivo[263].

5.3. Penhora de créditos do devedor

O legislador OHADA, inspirado no exemplo francês, estabeleceu uma disciplina específica para as hipóteses de penhora junto de terceiros.

a) Penhora de créditos pecuniários junto de terceiros (saisie-attribution)

Trata-se de acção mediante a qual o credor, munido de um título executivo, penhora os créditos pecuniários que o seu devedor tem sobre terceiro[264].

---

[260] Isto porque o Artigo 240.º do AUOPSCE determina o reenvio para os Artigos 115.º a 119.º do AUOPSCE.

[261] Cf. Artigo 241.º do AUOPSCE. As convenções que estabeleçam uma cláusula de acordo prévio na aceitação de novos sócios ou que criem um direito de preferência que beneficie outros sócios só são oponíveis ao adjudicatário se constarem do caderno de encargos.

[262] Cf. Artigo 242.º do AUOPSCE. A publicidade é feita de acordo com o disposto no Artigo 243.º do AUOPSCE.

[263] Cf. Artigo 245.º do AUOPSCE.

[264] De acordo com a decisão do TJCA, de 27 de Janeiro de 2005 (n.º 9/2005), para fins de penhora de créditos pecuniários, terceiro é aquele que tem em seu poder quantias em dinheiro devidas ao devedor por virtude de uma relação própria e independente. Relativamente aos efeitos da acção em análise sobre as contas bancárias, v. Joseph Anatole BAYONNE, *Les procédures* cit..

Esta acção tomou o lugar da *saisie-arrêt:* em ambas as acções estão presentes o credor exequente, o devedor e o terceiro executado, mas entre elas verificam-se diferenças: no que concerne ao processo, a *saisie-arrêt* tinha uma natureza cautelar na sua primeira fase, passando posteriormente a ter uma natureza executiva, enquanto a penhora de créditos pecuniários junto de terceiro tem uma natureza exclusivamente executiva; quanto ao objecto, a *saisie-arrêt* tanto podia incidir sobre créditos pecuniários como sobre créditos relativos à entrega de bens mobiliários, ao passo que a acção em causa diz apenas respeito a créditos pecuniários. Além disso, nesta última, o juiz só intervém em caso de necessidade.

O credor exequente deve estar munido de um título executivo de que conste uma obrigação líquida[265] e exigível[266] para penhorar os créditos pecuniários que o seu devedor tenha sobre o terceiro executado[267]; todos os créditos pecuniários podem ser objecto da acção, não exigindo o Acto Uniforme que o crédito seja certo, líquido e exigível, como no caso do crédito que dá origem à penhora: é suficiente que o crédito exista, pelo menos potencialmente, no momento da notificação do auto de penhora. Por sua vez, o crédito do devedor perante o terceiro executado deve existir[268] e estarem as respectivas quantias na disponibilidade do devedor, isto é, devem fazer parte do seu património[269].

O auto de penhora constitui o acto inicial e fundamental da acção de penhora de créditos (*saisie-attribution*)[270]. O solicitador ou agente de exe-

---

[265] Sobre o requisito da liquidez, cf. decisão do TJCA, de 17 de Junho de 2004 (n.º 21/2004).

[266] Acerca da exigibilidade da obrigação, cf. decisão do TJCA, de 26 de Maio de 2005 (n.º 32/2005).

[267] Cf. Artigo 153.º do AUOPSCE. Cf., igualmente, a decisão do TCJA, de 24 de Fevereiro de 2005 (n.º 13/2005). Os títulos executivos são os previstos no Artigo 33.º do AUOPSCE. Na legislação anteriormente aplicável em alguns Estados-membros, a *saisie--arrêt* podia ser requerida como título não executivo – como acto privado, por exemplo – ou mesmo sem título, necessitando, neste último caso, de autorização do tribunal.

[268] Segundo Felix ONANA ETOUNDI, *La pratique* cit., o crédito existe mesmo que esteja sujeito a termo ou condição.

[269] Argumento que se pode retirar do Artigo 167.º do AUOPSCE. Neste sentido, v. Ndiaw DIOUF, *Le recouvrement* cit., e Felix ONANA ETOUNDI, *La pratique* cit..

[270] De acordo com o Artigo 157.º do AUOPSCE, o auto de penhora deve indicar, sob pena de nulidade (cf., também, decisões do TJCA, de 26 de Fevereiro de 2004 (n.º 8), e 21 de Março de 2002 (n.º 8)), os seguintes elementos:
    1) A designação dos nomes, apelidos e domicílios do devedor e do credor, ou, quando se trate de pessoas colectivas, a denominação natureza e sede social;

cução notifica[271] o auto de penhora ao terceiro, o qual[272] deve declarar ao credor o conteúdo das suas obrigações perante o devedor, bem como outras circunstâncias que as possam afectar e, se for o caso, cessões, sub--rogações, penhoras e apreensões anteriores, entregando cópia de todos os documentos comprovativos; a declaração inexacta, incompleta ou tardia sujeita o terceiro executado à possibilidade de ser condenado no pagamento da obrigação exequenda e ao pagamento de indemnização por perdas e danos[273]. A declaração e a entrega dos documentos devem ser feitas de imediato ao solicitador ou agente de execução e mencionadas no auto de penhora ou, o mais tardar, nos cinco dias subsequentes, se o auto de penhora não for notificado pessoalmente[274].

A realização da penhora deve ser notificada ao devedor pelo solicitador ou agente de execução no prazo de oito dias[275], sob pena de caducidade da penhora, devendo constar do acto de notificação a informação

---

2) A indicação do título executivo que serve de base à realização da penhora;
3) A discriminação das quantias a pagar, com indicação do capital, despesas e juros vencidos, acrescidas de uma provisão suficiente para os juros que se venham a vencer no prazo de um mês previsto para a dedução da oposição;
4) A indicação de que o terceiro é pessoalmente responsável perante o exequente e de que não pode dispor das somas reclamadas até ao limite da sua obrigação perante o devedor executado;
5) A reprodução literal dos Artigos 38.°, 156.° e 169.° a 172.° do AUOPSCE.

[271] O último parágrafo do Artigo 157.° do AUOPSCE estabelece que o auto deve indicar a hora a que é feita a notificação, com a finalidade de determinar a validade de um pagamento feito no mesmo dia pelo terceiro executado; sobre isto, o Artigo 46.° do AUOPSCE estabelece que as notificações sejam feitas entre as 8 e as 18 horas.

[272] As normas em questão só são aplicáveis ao terceiro executado, pelo que não podem ser invocadas perante quem não revista essa qualidade, ainda que a inexactidão da declaração seja inequívoca – neste sentido, cf. decisão do TJCA, de 27 de Janeiro de 2005 (n.° 9/2005).

[273] Cf. Artigo 156.°, § 1, do AUOPSCE. De acordo com o Artigo 161.° do mesmo Acto, na penhora de depósito em instituição bancária ou em instituição financeira, esta deve declarar a natureza da conta ou contas do devedor, assim como o respectivo saldo à data da penhora.

[274] Cf. Artigo 156.°, § 2, do AUOPSCE. A falta da declaração e entrega dos documentos comprovativos pelo terceiro implica a nulidade do auto de penhora – neste sentido, cf. decisão do TJCA, de 21 de Março de 2002 (n.° 8).

[275] A norma não esclarece a partir de quando começa a correr o prazo: parece lógico fazê-lo corresponder com o dia da notificação do auto de penhora feita ao terceiro executado – neste sentido, v. Felix ONANA ETOUNDI, *La pratique*, cit., Anne-Marie H. ASSI ESSO, Ndiaw DIOUF, *OHADA. Recouvrement* cit..

de que o devedor pode autorizar, por escrito, que o credor obtenha de imediato, junto do terceiro executado, a entrega das quantias devidas ou de parte delas[276].

O acto de penhora determina a indisponibilidade das quantias apreendidas pelo terceiro[277] e a atribuição imediata, a favor do credor exequente, do montante disponível junto do terceiro, ficando este responsável pela obrigação exequenda, até ao limite da sua obrigação perante o devedor[278]. A atribuição feita dentro deste limite é exclusiva e nenhuma outra acção posterior, ainda que proveniente de um credor privilegiado, pode colocá-la em questão; um concurso só é possível quando os actos de penhora forem notificados em simultâneo e quando as quantias dispo-

---

[276] Cf. Artigo 160.º do AUOPSCE. Sob pena de nulidade, deve a notificação conter os seguintes elementos:
1) Uma cópia do auto de penhora;
2) A menção, em letra bem legível, de que as oposições devem ser deduzidas no prazo de um mês a contar da notificação do acto, sob pena de não poderem ser recebidas, da data em que termina o prazo, bem como a indicação do tribunal onde podem ser deduzidas as oposições.

O prazo indicado no n.º 2 é um prazo contínuo, na acepção do Artigo 335.º do AUOPSCE, razão por que não são contabilizados os dias *a quo* e dias *ad quem* no cálculo do prazo – cf. decisão do TCJA, de 29 de Março de 2004 (n.º 17) – e a indicação errada do prazo não implica a nulidade do acto de notificação sempre que o prazo de que o devedor dispõe para deduzir oposição for o indicado no Artigo 160.º do AUOPSCE – neste sentido, cf. decisões da CA de Abidjan, de 5 de Abril de 2005 (n.º 396) e de 20 de Janeiro de 2004 (n.º 85). Ao invés, constitui irregularidade, que determina a nulidade do acto, a indicação errónea da jurisdição competente para conhecer eventuais litígios relativos à penhora – neste sentido, cf. decisão da CA de Daloa, de 15 de Janeiro de 2003 (n.º 13).

[277] A indisponibilidade implica a impossibilidade de o terceiro executado pagar validamente ao credor e a impossibilidade para o devedor de dispor do seu crédito mediante cessão, renúncia ou remissão. Sempre que a penhora incida sobre depósitos bancários, o Artigo 161.º, § 2, do AUOPSCE estabelece que o saldo contabilístico declarado pela instituição bancária ou financeira pode variar, por efeito das operações em curso nos quinze dias úteis a seguir à penhora.

[278] Cf. Artigo 154.º do AUOPSCE. Segundo o TCJA, decisão de 21 de Março de 2002 (n.º 7), viola o referido Artigo 154.º e deve ser declarada nula a penhora de créditos pecuniários (*saisie-attribution*) efectuada relativamente a quantias em parte não previstas no título executivo. A interpretação da norma pode conduzir ao entendimento de que o devedor pode utilizar um eventual excesso de crédito perante o terceiro executado relativo ao montante da quantia penhorada – neste sentido, v. Felix ONANA ETOUNDI, *La pratique* cit..

níveis não permitam satisfazer na íntegra todos os credores: quando assim seja, o Acto Uniforme estabelece que os actos de penhora notificados no mesmo dia ao mesmo terceiro se consideram feitos em simultâneo[279]. O pagamento efectivo só se verifica após a emissão de uma certidão pela secretaria atestando que nenhuma oposição foi deduzida no prazo de um mês subsequente à notificação da penhora ou contra a apresentação de decisão com força executiva do tribunal rejeitando a oposição[280], salvo quando o devedor, antes do termo do prazo para deduzir a oposição, declare por escrito não se opor à penhora[281]. Feito o pagamento ao exequente ou a um seu mandatário que exiba procuração com poderes especiais[282] extinguem-se, no limite das quantias pagas, as obrigações do devedor e do terceiro executado[283]; quando a penhora recaia sobre créditos com vencimento sucessivo, o terceiro deve cumprir à medida que ocorrerem os vencimentos, deixando a penhora de produzir efeitos para o terceiro executado quando este deixar de estar obrigado perante o devedor, devendo o credor ser informado do facto[284]. Em caso de recusa de pagamento do terceiro executado das quantias que ele reconhece dever ou de que foi julgado devedor, é deduzida oposição no tribunal competente, que pode emitir um título executivo contra o terceiro[285]; em qualquer caso, sempre que o terceiro executado não cumpra as obrigações a que está adstrito por força da lei, pode ser declarado responsável nos termos do Artigo 38.º do

---

[279] Cf. Artigo 155.º do AUOPSCE.
[280] Neste sentido, cf. decisões do TCJA, de 29 e Abril de 2004 (n.º 15/2004) e do TGI de Bobo-Dioulasso, de 17 de Janeiro de 2003 (n.º 1).
[281] Cf. Artigo 164.º do AUOPSCE. O TRHC de Dakar, decisão de 10 de Fevereiro de 2002, decidiu que uma vez iniciada uma acção de penhora de créditos pecuniários (*saisie-attribution*), esta deve ser levada até ao seu final, não sendo, por isso, consentido ao credor contornar o regime e propor uma outra acção com carácter urgente para obter uma entrega provisória do valor do crédito nos termos da lei processual civil de cada Estado--membro.
[282] Cf. Artigo 165.º do AUOPSCE.
[283] O terceiro executado deve efectuar o pagamento nos termos prescritos no Artigo 165.º do AUOPSCE.
[284] Cf. Artigo 167.º do AUOPSCE.
[285] Cf. Artigo 168.º do AUOPSCE. A acção em causa não consiste numa contestação, antes sendo um incidente de execução previsto no Artigo 49.º do AUOPSCE – neste sentido, cf. decisões do TCJA, de 15 de Dezembro de 2005 (n.º 54/2005) e de 21 de Março de 2002 (n.º 8/2002).

AUOPSCE e condenado ao pagamento das despesas da acção executiva e ao ressarcimento dos danos, ressalvado o seu direito de regresso perante o devedor principal[286].

As oposições são deduzidas no tribunal do domicílio ou no lugar onde reside o devedor; na falta de domicílio conhecido, as oposições são deduzidas no tribunal do domicílio ou do lugar onde reside o terceiro executado[287] e devem ser apresentadas, sob pena de não poderem ser recebidas, no prazo de um mês a contar da notificação da penhora ao devedor; quando não deduza oposição dentro do prazo, o devedor executado pode pedir a restituição do indevido junto do tribunal competente[288].

Em caso de oposição apresentada dentro do prazo[289], qualquer parte pode requerer ao tribunal competente a nomeação de um depositário a quem o terceiro, que deve ser sempre chamado a intervir na instância[290], entrega as quantias apreendidas[291]. Se a oposição incidir apenas sobre parte da dívida, o tribunal confere de imediato eficácia à penhora na parte não impugnada da dívida, com força executiva imediata; por outro lado, se for manifesto que nem o montante do crédito do exequente nem a dívida do terceiro são seriamente contestáveis, o tribunal pode decretar provisoriamente o pagamento de uma quantia por ele determinada, impondo, se necessário for, a apresentação de garantias[292].

---

[286] Para uma aplicação jurisprudencial deste princípio, cf. decisão do TCJA, de 30 de Março de 2006 (n.° 006/2006).
[287] Cf. Artigo 169.° do AUOPSCE. O regime previsto nos Artigos 169.° e segs. do AUOPSCE diz respeito às oposições deduzidas pelo devedor principal perante o credor exequente, pelo que não tem aplicação no âmbito das relações entre o credor exequente e o terceiro executado para obtenção do pagamento do crédito penhorado depois da recusa deste último, tratando-se, neste caso, de um incidente de execução regido nos termos do Artigo 49.° do AUOPSCE – neste sentido, cf. decisão do TCJA, de 10 de Janeiro de 2002 (n.° 4/2002). A determinação do tribunal competente é feita a nível nacional, de acordo com os princípios estabelecidos no Artigo 49.° do AUOPSCE.
[288] Cf. Artigo 170.°, §§ 1 e 3, do AUOPSCE.
[289] Sobre o não recebimento da oposição deduzida fora de prazo, cf. decisões da CA de Abidjan, de 5 de Abril de 2005 (n.° 402) e do TPI de Bouaké, de 23 de Junho de 2005 (n.° 105).
[290] Cf. Artigo 170.°, § 2, do AUOPSCE. Sempre que da causa resulte que o terceiro não foi chamado ao processo, o pedido não deve ser recebido – neste sentido, cf. decisão da CA de Abidjan, de 20 de Janeiro de 2004 (n.° 82).
[291] Cf. Artigo 166.° do AUOPSCE.
[292] Cf. Artigo 171.° do AUOPSCE.

Da decisão proferida pelo tribunal competente sobre a oposição[293] cabe recurso, no prazo de quinze dias a contar da sua notificação[294]. O prazo para recorrer, bem como a interposição do recurso, suspendem a execução, salvo decisão do tribunal em contrário, devidamente fundamentada[295].

O Acto Uniforme dispõe também de normas específicas relativas à penhora de quantias em dinheiro efectuada em instituição bancária ou instituição financeira similar[296].

b) A penhora das remunerações

As remunerações podem ser objecto de penhora por parte dos credores do trabalhador dependente; as remunerações podem também ser cedidas voluntariamente pelo trabalhador.

A penhora só pode incidir sobre a parte disponível da remuneração do trabalhador; compete a cada Estado-membro determinar a quota disponível da remuneração do trabalhador, limitando-se o Acto Uniforme a fixar a base de cálculo da parte penhorável[297]. O credor que queira proceder à penhora das remunerações do trabalhador dependente deve estar munido de título executivo que demonstre a existência de um crédito líquido e exigível[298], só podendo a penhora ter lugar após a realização de uma tentativa de conciliação perante o tribunal do domicílio do devedor[299].

---

[293] O preceito em causa só é aplicável aos recursos das decisões proferidas sobre as oposições previstas nos Artigos 169.° e segs. do AUOPSCE, não sendo aplicável às decisões que remetem para o âmbito de aplicação do Artigo 49.° do AUOPSCE – neste sentido, cf. decisão do TCJA, de 15 de Dezembro de 2005 (n.° 54) – nem invocável por terceiro – sujeito sem legitimidade para propor uma acção em primeiro grau – o qual, ainda que ouvido na acção, nela permanece como terceiro; neste sentido, cf. decisão da CA de Abidjan, de 8 de Fevereiro de 2005 (n.° 149).

[294] Não estando prevista no Acto Uniforme qualquer formalidade especial para a notificação, qualquer notificação regularmente feita – pessoal, no domicílio, no domicílio escolhido, etc. – é idónea para fazer correr o prazo para a impugnação – neste sentido, cf. decisão do TCJA, de 27 de Janeiro de 2005 (n.° 3/2005).

[295] Cf. Artigo 172.° do AUOPSCE.

[296] Cf. Artigo 161.°, 162.° e 163.° do AUOPSCE. Sobre o tema, v. Anne-Marie H. Assi Esso, Ndiaw Diouf, *OHADA. Recouvrement* cit., págs. 165 e segs..

[297] Cf. Artigo 177.° do AUOPSCE.

[298] Cf. Artigo 173.° do AUOPSCE.

[299] Cf. Artigo 174.° do AUOPSCE. A tentativa prévia de conciliação já se encontrava prevista nas legislações do Gabão, da Costa do Marfim e da Nigéria.

O pedido de conciliação prévia é deduzido pelo credor em requerimento dirigido ao tribunal competente, que deve conter os elementos previstos no Artigo 179.° do AUOPSCE[300]. O escrivão comunica ao credor o dia e hora de realização da audiência para a tentativa de conciliação[301] e convoca o devedor[302]. Se a conciliação tiver sucesso, é lavrado auto em que se mencionam as condições do acordo que põe fim ao processo; na falta de acordo, procede-se à penhora[303]. No prazo de oito dias a contar da audiência concluída sem conciliação[304], o escrivão notifica a entidade emprega-

---

[300] Ao contrário de outras disposições do AUOPSCE que exigem a indicação de uma série precisa de elementos, sob pena de nulidade, o Artigo 179.° do AUOPSCE não sanciona – não se sabe se voluntariamente, se por mero esquecimento – com a nulidade a falta de indicação dos elementos aí previstos, muito embora estes sejam substancialmente idênticos a outras normas análogas do Acto Uniforme. Esses elementos são os seguintes:
1) Nome, apelido e domicílio do devedor;
2) Nome, apelido e domicílio da entidade empregadora ou, quando se trate de pessoa colectiva, a denominação, natureza e sede social;
3) A discriminação das quantias a pagar, com indicação do montante principal, despesas e juros vencidos, bem como da taxa de juro;
4) A eventual existência de um privilégio;
5) As indicações relativas às modalidades de pagamento das somas penhoradas. Uma cópia do título executivo deve ser entregue juntamente com o requerimento.
[301] Cf. Artigo 180.° do AUOPSCE.
[302] Cf. Artigo 181.° do AUOPSCE. A convocatória:
1) Menciona os nomes, apelidos e domicílios do credor ou, quando se trate de pessoa colectiva, a respectiva natureza, denominação e sede social, bem como o local, dia e hora da tentativa de conciliação;
2) Identifica o objecto da demanda e o estado das quantias reclamadas;
3) Informa o devedor de que deve deduzir, aquando da audiência, todas as oposições que pode fazer valer e de que uma oposição tardia não suspende o curso das operações de penhora;
4) Indica também os termos em que o devedor pode ser representado na audiência.
[303] Cf. Artigo 182.° do AUOPSCE.
[304] Cf. Artigo 183.° do AUOPSCE. De acordo com o Artigo 184.° do AUOPSCE, o auto de penhora contém os seguintes elementos (sem indicação de qual a sanção para a sua falta):
1) Nomes, apelidos e domicílios do devedor e do credor ou, tratando-se de pessoas colectivas, as respectivas natureza, denominação e sede social;
2) A discriminação das quantias a pagar, com indicação do capital, despesas e juros vencidos, bem como da taxa de juro;
3) O modo de cálculo da parte penhorável e as modalidades do seu pagamento;

dora do auto de penhora, tendo esta que declarar junto da secretaria, no prazo de quinze dias, a situação de direito existente entre si e o executado e as eventuais cessões e apreensões pendentes[305]; a entidade empregadora é também obrigada a informar, num prazo de oito dias, a secretaria e o exequente sobre qualquer modificação das suas relações jurídicas com o executado, se tal facto puder influenciar a execução em curso[306]. De particular relevância para fins de publicidade das acções e consequente tutela dos credores, que evitam assim instaurar acções inúteis, é o registo de todos os actos, decisões e formalidades que dão lugar a cessões e apreensões das remunerações feito pela secretaria de cada tribunal[307].

A notificação do auto de penhora torna indisponível a parte penhorável do salário[308]. A entidade empregadora envia todos os meses à secretaria judicial ou ao organismo designado para o efeito por cada Estado--membro o montante das quantias retidas sobre o salário do executado, sem exceder a parte penhorável[309]; na falta de pagamento, a entidade empregadora pode ser declarada pessoalmente responsável pela dívida que justifica a penhora[310].

Qualquer credor que esteja munido de um título executivo pode intervir na penhora de remunerações pendente, sem necessidade de recorrer previamente à tentativa de conciliação[311] e, em caso de pluralidade de penhoras, os credores são pagos por rateio sobre cada uma delas, sem pre-

---

4) A obrigação de a entidade empregadora declarar junto da secretaria, no prazo de quinze dias, a situação de direito existente entre si e o executado e as eventuais cessões ou apreensões pendentes, bem como qualquer outra informação que permita a retenção quando a penhora seja feita sobre uma remuneração ou salário pago por fundos públicos;
5) A reprodução dos artigos 185.° a 189.° do presente Acto Uniforme.

[305] Nos termos do Artigo 185.° do AUOPSCE, a entidade empregadora que, sem justo motivo, não preste a declaração, ou preste falsas declarações, pode ser declarada, pelo tribunal competente, devedora das retenções a fazer e condenada nas despesas por ela provocadas, sem prejuízo de condenação no pagamento de indemnização por danos – sobre a matéria, cf. decisão do TRHC de Dakar, de 2 de Janeiro de 2002.

[306] Cf. Artigo 186.° do AUOPSCE.
[307] Cf. Artigo 176.° do AUOPSCE.
[308] Cf. Artigo 187.° do AUOPSCE.
[309] Cf. Artigo 188.° do AUOPSCE.
[310] Cf. Artigo 189.° do AUOPSCE. Cf., também, a decisão da CA de Dakar, de 16 de Fevereiro de 2001 (n.° 124).
[311] Cf. Artigo 190.° do AUOPSCE.

juízo das causas legítimas de preferência[312]; compete ao tribunal proceder trimestralmente à repartição das quantias depositadas[313]. Saliente-se que sempre que o devedor mude de entidade empregadora, a penhora manter--se-á sobre o novo empregador, sem que haja necessidade de prévia tentativa de conciliação, desde que tal seja requerido no ano subsequente ao aviso feito pela anterior entidade empregadora, nos termos do Artigo 186.º do AUOPSCE[314]. O levantamento da penhora pode resultar quer de um acordo com o credor, quer por força da constatação, pelo presidente do tribunal competente, da extinção da dívida[315].

c) *Cessão das remunerações*

A cessão das remunerações só pode ter lugar de acordo com os limites fixados por cada Estado-membro e, para que se realize, é necessária uma declaração pessoal do cedente, depositada na secretaria do tribunal do seu domicílio ou do lugar onde reside, com indicação do montante e do fundamento da dívida para cujo pagamento é feita a cessão[316]. O tribunal é chamado a verificar se a cessão respeita os limites da parte penhorável, tomando em consideração as retenções já eventualmente efectuadas; depois desta verificação, o escrivão inscreve a declaração no registo e notifica-a à entidade empregadora e ao cessionário[317].

A entidade empregadora entrega directamente ao cessionário o montante das retenções, mediante apresentação de uma cópia da declaração, podendo ser condenada, caso recuse a entrega, ao pagamento das quantias cedidas[318]. Em caso de superveniência de uma penhora, o cessionário é considerado exequente quanto às somas que ainda lhe sejam devidas e concorre com os outros credores exequentes[319], competindo ao escrivão,

---

[312] Cf. Artigo 196.º do AUOPSCE.
[313] Cf. Artigo 198.º do AUOPSCE.
[314] Cf. Artigo 204.º, § 1, do AUOPSCE.
[315] Cf. Artigo 201.º do AUOPSCE.
[316] Cf. Artigo 205.º do AUOPSCE.
[317] Cf. Artigo 206.º do AUOPSCE.
[318] Cf. Artigo 207.º do AUOPSCE.
[319] Cf. Artigo 208.º do AUOPSCE. De acordo com o Artigo 210.º do AUOPSCE, sempre que a penhora seja levantada antes da cessão, o cessionário recupera os direitos que tinha pelo acto da cessão, com o consequente dever de informação à entidade empregadora a cargo da secretaria.

nesse caso, notificar a entidade empregadora de que os pagamentos devem passar a ser feitos junto da secretaria[320]. Os efeitos da cessão terminam em caso de anulação[321], resolução amigável ou pagamento integral da dívida[322].

5.4. Execução para entrega e apreensão cautelar para reivindicação de bens móveis corpóreos

Os bens móveis que devam ser entregues ou restituídos só podem ser apreendidos através da *saisie-apprehension* com base num título executivo, que pode ser, se for o caso, uma injunção do tribunal competente[323], podendo os mesmos bens ficar indisponíveis através de uma apreensão cautelar para reivindicação (*saisie-revendication*)[324].

A apreensão (*saisie-apprehension*) tem por objecto a entrega ou a restituição de bens móveis que devam ser entregues ou restituídos a quem esteja munido de um título executivo[325]. Antes de efectuada a apreensão é emitida uma ordem de entrega ou restituição do bem[326], dirigida à pessoa obrigada a entregar ou restituir, que contém, sob pena de nulidade, os elementos previstos no Artigo 219.° do AUOPSCE[327]. O bem pode ser ime-

---

[320] Cf. Artigo 209.° do AUOPSCE.

[321] A anulabilidade da cessão pode ser invocada junto do tribunal pelo credor a favor do qual a cessão foi efectuada (cf. artigo 211.° do AUOPSCE).

[322] Cf. Artigo 312.° do AUOPSCE.

[323] A apreensão de bens efectuada por um sujeito que se assuma titular de um direito mas que não o comprove através de um título executivo idóneo e que não tenha proposto uma acção de reivindicação (*saisie-reivindication*) com a finalidade de obter a entrega, constitui uma via de facto que pode ser impedida pelo tribunal que ordena a respectiva cessação com a consequente restituição dos bens – neste sentido, cf. CA de Daloa de 2 de Julho de 2003 (n.° 168).

[324] Cf. Artigo 218.° do AUOPSCE.

[325] O título executivo pode ser qualquer um dos previstos no Artigo 33.° do AUOPSCE ou uma injunção, prevista nos Artigos 23.° e segs. do AUOPSCE, que se tenha tornado executiva.

[326] São nulas as ordens de entrega ou restituição e a apreensão subsequente (*saisie-reivindication*) sempre que o título executivo apresentado não consagre a propriedade do requerente sobre os bens objecto da execução – neste sentido, cf. decisão do TGI de Bobo-Dioulasso, de 16 de Maio de 2003 (n.° 60).

[327] A ordem de entrega contém as seguintes indicações:

diatamente apreendido, sem ordem prévia e mediante simples apresentação do título executivo, se a pessoa obrigada à entrega estiver presente e se, questionada pelo solicitador ou agente de execução, não se propuser fazer o transporte à sua custa[328].

A acção tem continuidade com a redacção do auto de entrega voluntária ou apreensão do bem[329]. Se o bem for apreendido para ser entregue ao seu proprietário, uma cópia do auto de apreensão é entregue à pessoa obrigada a entregar ou restituir por força de título executivo[330]; se o bem for apreendido para ser entregue a um credor pignoratício, o acto de entrega ou de apreensão vale como penhora, ficando o credor como depositário e procedendo-se à venda de acordo com as modalidades aplicáveis à venda dos objectos penhorados[331].

Se a apreensão do bem for efectuada perante terceiro, este é intimado directamente por notificação para entregar esse bem, tendo oito dias para o fazer ou para comunicar os motivos que justificam a sua oposição à entrega[332]. Na falta de entrega voluntária no prazo fixado, o exequente pode

---

1) A indicação do título executivo com base no qual a entrega é pedida, bem como os nomes, apelidos e domicílios do credor e do obrigado à entrega da coisa e, quando se trate de pessoa colectiva, as respectivas natureza, denominação e sede social;
2) A indicação de que a pessoa obrigada à entrega tem a faculdade de, num prazo de oito dias, transportar, a expensas suas, o bem indicado para local e segundo condições indicadas;
3) A advertência de que, caso não o entregue dentro do prazo, o bem pode ser apreendido à sua custa;
4) A indicação de que as oposições podem ser deduzidas perante o tribunal do domicílio ou do lugar onde reside o destinatário do acto;
5) A escolha de domicílio na circunscrição judicial onde se efectua a apreensão, quando o credor aí não resida; a indicação de que qualquer notificação ou diligência pode ser feita para o domicílio escolhido.

[328] Cf. Artigo 220.º do AUOPSCE.
[329] Cf. Artigo 221.º do AUOPSCE. O auto contém uma descrição detalhada do bem, que pode, se tal for necessário, ser fotografado e a fotografia ser junta ao auto.
[330] Cf. Artigo 222.º do AUOPSCE.
[331] Cf. Artigo 223.º do AUOPSCE.
[332] Cf. Artigo 224.º do AUOPSCE. A notificação deve conter, sob pena de nulidade, as seguintes indicações:
1) Uma cópia do título executivo por força do qual a entrega é exigida e, sendo decisão judicial, do traslado desta, bem como os nomes, apelidos e domicílios do credor e do terceiro detentor da coisa e, caso se trate de pessoa colectiva, as respectivas natureza, denominação e sede social;

pedir ao tribunal competente que ordene a entrega do bem[333]; a ordem de entrega e as medidas cautelares eventualmente decretadas caducam se a intervenção do tribunal não for requerida no prazo de um mês a contar do dia em foi feita a notificação daquela ordem[334].

5.5. *A penhora de bens imóveis*

A penhora de bens imóveis disciplinada no AUOPSCE impõe ao credor exequente uma série de formalidades que fazem desta acção uma acção longa e complexa, mesmo na falta de incidentes. Este longo percurso processual, desenhado numa óptica de protecção e garantia do devedor executado, é uma etapa obrigatória tendo em consideração o valor de ordem pública atribuído às normas aplicáveis à penhora de bens imóveis, que se vem a traduzir na nulidade de todas as convenções que tenham como efeito libertar o credor do cumprimento das formalidades prescritas ou impor ao devedor a renúncia à protecção que lhe é garantida[335].

a) Requisitos da penhora de bens imóveis

As condições necessárias para proceder à penhora de bens imóveis dizem respeito aos sujeitos envolvidos na acção e aos bens objecto da penhora.

Qualquer credor tem legitimidade para propor uma acção executiva: a natureza quirografária de um crédito não retira ao seu titular o direito de

---

2) Uma ordem para, no prazo de oito dias, entregar o bem designado ou informar o solicitador ou agente de execução das razões pelas quais se opõe à entrega, sob pena de ter de responder pelas perdas e danos que vier a causar;
3) A indicação de que as dificuldades serão comunicadas ao tribunal do domicílio ou do lugar onde resida o destinatário da notificação;
4) A escolha de domicílio na circunscrição judicial onde se efectua a apreensão quando o credor aí não resida; a indicação de que qualquer notificação ou diligência pode ser feita no domicílio escolhido.

[333] Cf. Artigo 225.º do AUOPSCE.
[334] Cf. Artigo 226.º do AUOPSCE.
[335] Cf. Artigo 246.º do AUOPSCE. Cf., também, decisão da CA de Niamey, de 19 de Abril de 2004 (n.º 79).

prosseguir com a execução forçada de um bem imóvel pertencente ao seu devedor, uma vez que o mecanismo da preferência entre credores só intervém no momento da distribuição do preço recebido com a venda forçada; o único limite resulta do parágrafo segundo do Artigo 28.° do AUOPSCE, nos termos do qual os credores quirográficos só podem proceder à execução de bens imóveis após terem agido sobre os bens móveis do devedor e desde que o produto destes seja insuficiente para satisfazer os respectivos créditos. Em todo o caso, não basta a condição de credor para se poder efectuar a penhora de um bem imóvel; é também necessário ter capacidade judiciária: com efeito, esta acção implica quase sempre a intervenção de um tribunal dado que, mesmo quando a execução seja feita perante um notário, compete ao tribunal decidir as oposições que surjam no seu decurso. Isto explica porque é que, mesmo que o Acto Uniforme não o tenha previsto, o credor exequente tem que ter capacidade judiciária.

A execução de um bem imóvel só pode ser realizada mediante a apresentação de um título executivo de onde conste a existência de uma obrigação líquida e exigível[336]. O texto da norma não refere expressamente a certeza do crédito, talvez porque esta condição deriva directamente da existência do título executivo. Contudo, o credor pode propor uma acção de execução com base num título executivo provisório ou uma obrigação monetária ilíquida, mas a adjudicação dos bens só pode ser efectuada quando houver título executivo definitivo e após a liquidação[337].

O requerido é, na maior parte dos casos, o devedor proprietário do imóvel ou o titular de um direito real limitado sobre o imóvel. Caso o imóvel seja propriedade de mais do que uma pessoa, a parte indivisa não pode ser posta à venda antes de se proceder à sua partilha ou liquidação[338]. Por outro lado, a venda executiva de bens imóveis comuns do casal deve ser pedida contra ambos os cônjuges[339].

Para se recorrer à penhora de bem imóvel é necessário que o credor recorra previamente à execução dos bens móveis do devedor e que estes

---

[336] Cf. Artigo 247.°, § 1, do AUOPSCE.
[337] Cf. Artigo 247.°, § 2, do AUOPSCE.
[338] Cf. Artigo 249.° do AUOPSCE.
[339] Cf. Artigo 250.° do AUOPSCE. Tomando em consideração o texto da norma, «*deve ser pedida contra ambos os cônjuges a venda executiva de bens imóveis comuns do casal*», surge a dúvida de saber qual a solução a adoptar em caso de casamento poligâmico, celebrado de acordo com o direito tradicional ou o direito islâmico.

não sejam suficientes para a satisfação do seu crédito[340]. Apesar de o Acto Uniforme conter uma secção dedicada à natureza dos bens, não existe qualquer disposição que indique os bens imóveis que podem ser objecto de uma penhora. Diga-se, no entanto, que todos os bens susceptíveis de serem hipotecados podem também ser objecto de uma acção executiva[341]. Para serem objecto de uma execução, os bens imóveis devem ser previamente registados[342]; o legislador comunitário teve bem presente a realidade africana, caracterizada por sistemas de inscrição predial um tanto ou quanto fragmentados, estabelecendo que, na falta de registo do bem imóvel, e sempre que a legislação nacional preveja o seu registo, o credor deve requerer o registo depois de ter sido autorizado pelo presidente do tribunal competente[343]. Além disso, o credor só pode pedir a venda de bens imóveis que não estejam hipotecados a seu favor nos casos em que os bens imóveis hipotecados a seu favor sejam insuficientes ou se o conjunto dos bens constituir uma só exploração e o devedor o requerer[344].

Um segundo limite à venda executiva resulta do Artigo 252.º do AUOPSCE, nos termos do qual a venda executiva de imóveis situados em diferentes circunscrições judiciais deve ser feita de modo sucessivo; todavia, a venda executiva pode ser feita simultaneamente quando os bens imóveis integrem uma mesma e única exploração e mediante autorização do presidente do tribunal competente, quando o valor dos imóveis situados na mesma circunscrição seja inferior ao total das somas devidas, quer ao credor exequente, quer aos credores reclamantes.

---

[340] Cf. Artigo 28.º do AUOPSCE. Esta obrigação tem riscos óbvios, na medida em que o devedor tem a possibilidade de tornar o bem imóvel indisponível no decurso da acção executiva mobiliária.

[341] O Artigo 119.º do AUOG indica os bens que podem ser hipotecados: terrenos edificados ou não edificados, suas benfeitorias ou construções supervenientes, com excepção das coisas móveis que lhes sejam acessórias; os direitos reais imobiliários inscritos regularmente, segundo as regras do registo predial.

[342] Cf. Artigos 119.º do AUOG e 253.º do AUOPSCE.

[343] Cf. Artigo 253.º do AUOPSCE. Segundo Seydou BA, *The Example of the Organization for the Harmonization of Business Law in Afirca (OHADA)*, in Rudolf V. VAN PUYMBROECK, *Comprehensive Legal an Judicial Development. Toward an Agenda for a Just and Equitable Society in the 21st Century*, Washington D.C., Banco Mundial, 2001, pág. 425, a solução adoptada, que reproduz a solução legal que já existia no Senegal e no Gabão, é preferível à opção feita no Mali, que exige apenas uma declaração que certifique a titularidade dos direitos do devedor sobre o bem imóvel.

[344] Cf. Artigo 251.º do AUOPSCE.

Quando o valor dos bens imóveis penhorados for manifestamente superior ao valor da obrigação exequenda, o devedor pode requerer ao tribunal competente a suspensão da penhora sobre um ou mais bens indicados na ordem de penhora preliminar prevista no Artigo 254.° do AUOPSCE[345].

Por outro lado, a penhora pode ser suspensa se o devedor demonstrar que os rendimentos líquidos e disponíveis dos seus bens imóveis durante dois anos são suficientes para o pagamento do capital, juros e despesas e se propuser a sua consignação ao credor[346].

A análise das disposições dedicadas às condições da penhora de bens imóveis demonstra que o Acto Uniforme introduziu importantes inovações relativamente à legislação até então vigente em alguns Estados; estas inovações são ainda mais importantes no que concerne ao procedimento da venda executiva.

b) O procedimento da venda executiva

O procedimento de venda executiva de bens imóveis é composto por uma série de actos, alguns dos quais destinados a colocar o imóvel sob controlo judiciário, enquanto outros têm por objecto a execução propriamente dita.

Na sua primeira fase, o procedimento de execução de bem imobiliário desenrola-se praticamente fora dos tribunais e tem início com uma ordem de penhora, que se destina a possibilitar ao devedor o cumprimento da sua obrigação e a colocar o bem imóvel sob controlo judicial; este acto deve conter, sob pena de nulidade, as indicações constantes do Artigo 254.° do AUOPSCE[347]. A ordem é notificada ao devedor e, se for o caso, ao ter-

---

[345] Cf. Artigo 264.° do AUOPSCE.
[346] Cf. Artigo 265.° do AUOPSCE.
[347] São elas:
1) A cópia do título executivo e o montante da dívida, bem como a indicação dos nomes, apelidos e domicílios do credor e do devedor e, quando se trate de pessoas colectivas, a denominação, natureza e sede social;
2) A cópia de procuração com poderes especiais para proceder à penhora, passada ao solicitador ou agente de execução pelo credor exequente, salvo se na ordem constar, quer no original quer na cópia, a menção de procuração assinada por este último;
3) A advertência de que, no caso de falta de pagamento no prazo de vinte dias, a ordem poderá ser inscrita na conservatória do registo predial e valerá como penhora a partir da data da inscrição;

ceiro detentor, sob pena de nulidade, muito embora não estejam previstas quaisquer formalidades específicas para a referida notificação[348].

O solicitador ou agente de execução requer ao conservador do registo predial, ou à autoridade administrativa, nos casos em que a apreensão tenha por objecto benfeitorias realizadas pelo devedor em terrenos de que não seja proprietário mas que lhe tenham sido afectados por esta entidade, que aponha o seu visto no original da ordem de penhora, entregando a este uma cópia para efeitos de registo[349]. A ordem de apreensão deve ser depositada, sob pena de caducidade[350], na conservatória ou junto da autoridade administrativa respectiva, no prazo de três meses após a sua notificação e depois de efectivamente registada, sob pena de o credor não poder prosseguir com qualquer apreensão sem repetir todo o processado[351]. Se o devedor pagar a dívida no prazo de vinte dias previsto na alínea 3) do Artigo

---

4) A indicação do tribunal onde a venda será efectuada;
5) A indicação do número de ficha do registo e a indicação da localização exacta dos bens imóveis objecto da apreensão; se for um bem imóvel ainda não registado, deve indicar-se o número do pedido de registo; se forem benfeitorias realizadas pelo devedor sobre um terreno de que ele não é proprietário mas que lhe foi afectado por decisão de uma autoridade administrativa, deve indicar-se a sua descrição exacta, tal como a referência à decisão de afectação;
6) A constituição de advogado em cujo escritório o credor exequente tem o seu domicílio e para onde serão enviadas as notificações de actos de oposição à ordem de apreensão, proposta e todas as notificações relativas à penhora.

Note-se que a jurisprudência tem insistido na necessidade de conferir o encargo ao solicitador ou agente de execução – neste sentido, cf. decisões do TGI de Ouagadougou, de 29 de Janeiro de 2003 (n.º 31) e do TCJA, de 9 de Março de 2006 (n.º 2), no sentido da nulidade da penhora iniciada por solicitador ou agente de execução diferente daquele incumbido da tarefa – mas sem exigência de formalidades particulares, não existindo no Acto Uniforme qualquer norma que subordine a concessão deste encargo a formalidades específicas – neste sentido, cf. decisão do TCJA, de 15 de Julho de 2004 (n.º 28).

[348] O Acto Uniforme procedeu à simplificação do regime da notificação no que respeita aos requisitos previstos nas legislações dos Estados-membros. Por exemplo, no Senegal, o Artigo 485.º do CPC estabelecia que a notificação devia ser feita pessoalmente ou no domicílio escolhido pelo devedor: uma interpretação rigorosa da norma, que era adoptada pelo Tribunal Supremo do Senegal (cf. decisão de 3 de Abril de 1996 (n.º 73)), expunha o credor ao risco de não poder apreender os bens do devedor, visto que a notificação se tornava impossível quando, na falta de domicílio escolhido, o devedor era incontactável.

[349] Cf. Artigo 259.º, §§ 1 e 2, do AUOPSCE.
[350] Cf. Artigo 297.º do AUOPSCE.
[351] Cf. Artigo 259.º, § 3, do AUOPSCE.

254.º do AUOPSCE, a inscrição da ordem de apreensão é cancelada pelo conservador ou pela autoridade competente mediante autorização do credor exequente; na falta de cancelamento, o devedor ou qualquer outro interessado podem requerer o cancelamento ao tribunal competente, que decide com carácter de urgência, no prazo de oito dias a contar da apresentação do pedido[352].

Se o devedor não efectuar o pagamento, a ordem vale como penhora a partir da data da sua inscrição no registo, tornando o bem indisponível, pelo que o devedor não pode, a partir daí, alienar o bem imóvel, nem onerá-lo com direitos reais ou encargos[353]. No entanto, a alienação ou a constituição de direitos reais são válidas se, antes da data da adjudicação, o adquirente ou o credor consignarem uma quantia suficiente para pagar o capital, os juros e as despesas que são devidos aos credores reclamantes e ao exequente[354].

Os actos de administração e de gozo dos bens são limitados. Uma vez feita a venda, ao devedor resta a detenção do bem imóvel, se este não estiver arrendado, mas na qualidade de depositário judicial, salvo decisão diversa do tribunal competente a pedido de um ou mais credores[355]. Além disso, todos os frutos são retidos para serem distribuídos com o preço da venda do bem imóvel[356].

Se a apreensão for relativa a um bem detido por um terceiro cumpre respeitar formalidades adicionais. Sobre este ponto, o Acto Uniforme, contrariamente a algumas legislações nacionais (ex: CPC do Senegal) que referiam apenas a chamada à causa do terceiro, sem precisarem em que termos, exige especificamente que, sob pena de nulidade, a ordem de apreensão seja notificada ao terceiro detentor, com a intimação para

---

[352] Cf. Artigo 261.º do AUOPSCE. Contrariamente a algumas legislações que falavam em decisões definitivas e executivas (cf., por exemplo, o Artigo 487.º do CPC do Senegal), o Acto Uniforme estabelece a possibilidade de impugnar a decisão que autoriza ou recusa o cancelamento, nos termos previstos nos meios comuns (cf. Artigo 261.º, § 3, do AUOPSCE).

[353] Cf. Artigo 262.º, §§ 1 e 2, do AUOPSCE. Em consequência, o parágrafo 3 obriga o conservador ou a autoridade administrativa a recusar qualquer nova inscrição sobre o bem.

[354] Cf. Artigo 262.º, § 4, do AUOPSCE. Pode deduzir-se, portanto, que na falta da consignação, os actos de alienação ou de constituição de direitos reais não são válidos.

[355] Cf. Artigo 263.º, § 2, do AUOPSCE.

[356] Cf. Artigo 263.º, § 1, do AUOPSCE. Os frutos podem ser depositados em instituição de crédito ou entregues a um depositário designado pelo presidente do tribunal competente.

o pagamento integral da dívida em capital e juros, para entregar o bem imóvel hipotecado ou ainda para se sujeitar ao processo de expropriação, permitindo-lhe optar, antes da venda do bem imóvel, por uma das soluções consagradas[357].

c) A venda do bem imóvel

A venda do bem imóvel é a conclusão normal do procedimento, mas não está excluído que tenham lugar ofertas posteriores com possíveis lanços; em todas as situações existe uma fase preparatória prévia, que se concentra no caderno de encargos.

O legislador OHADA determinou que seja redigido e depositado um documento, o caderno de encargos, que tem a finalidade de permitir ao devedor, aos credores reclamantes e aos eventuais interessados na aquisição que tenham informações sobre as condições e as modalidades da venda; o caderno de encargos é redigido de acordo com as indicações estabelecidas no Acto Uniforme[358] e assinado pelo advogado do credor exequente, para

---

[357] Cf. Artigo 255.º do AUOPSCE.
[358] Nos termos do Artigo 267.º do AUOPSCE, o caderno de encargos deve indicar, sob pena de nulidade, os seguintes elementos:
1) A designação do documento;
2) A indicação do título executivo que fundamenta a execução contra o devedor e a indicação da ordem de penhora, com a menção do seu registo, bem como de outros actos e despachos judiciais posteriores à ordem de apreensão e que tenham sido notificados ao credor exequente;
3) A indicação do tribunal ou do notário escolhido por acordo entre o exequente e o executado perante o qual se fará a adjudicação;
4) A indicação do local onde se realiza a audiência preliminar prevista no Artigo 270.º do AUOPSCE;
5) O nome, apelido, profissão, nacionalidade, data de nascimento e domicílio do exequente;
6) O nome, qualidade e endereço do advogado do exequente;
7) A identificação do imóvel penhorado, tal como consta da ordem de penhora ou no auto de descrição feito pelo solicitador ou agente de execução;
8) As condições de venda, nomeadamente os direitos e obrigações dos vendedores e dos adjudicatários, o montante das despesas da execução e toda e qualquer outra condição especial;
9) A formação de lotes, se a eles houver lugar;
10) O preço, fixado pelo exequente, pelo qual o bem é posto à venda, o qual não pode ser inferior a um quarto do valor venal do imóvel. O valor do imóvel deve ser

depois ser depositado na secretaria do tribunal da circunscrição judicial da situação do bem, no prazo máximo de cinquenta dias a contar do registo da ordem de penhora, sob pena de caducidade[359]. A data da venda é fixada no acto do depósito e deve realizar-se entre quarenta e cinco e noventa dias após este acto, sob pena de caducidade[360].

No prazo de oito dias após o depósito do caderno de encargos, o credor exequente intima[361] o executado e os credores inscritos para consultarem na secretaria o caderno de encargos e nele declararem o que tiverem por conveniente[362]; esta intimação é notificada ao devedor, pessoalmente ou no domicílio, e aos credores reclamantes inscritos junto do domicílio designado, sob pena de nulidade[363].

A realização de uma audiência preliminar destinada a apreciar as questões que tenham sido formuladas é uma inovação do Acto Uni-

---

considerado em função quer da avaliação feita pelas partes, no caso de ter havido hipoteca voluntária, quer, no caso de não ter havido hipoteca, por comparação com transacções feitas sobre imóveis de natureza e localização semelhantes.
O AUOPSCE apresenta uma inovação nesta matéria relativamente às legislações precedentes, que estabeleciam um preço base determinado pelo presidente do tribunal competente a requerimento do credor exequente.
Ao caderno de encargos é junta certidão do registo predial, com indicação dos direitos reais inscritos sobre o imóvel na data da ordem de penhora.
[359] Cf. Artigos 266.º e 297.º do AUOPSCE.
[360] Cf. Artigos 268.º e 297.º do AUOPSCE.
[361] Nos termos do Artigo 270.º do AUOPSCE a intimação deve conter, sob pena de nulidade, as seguintes indicações:
1) O dia e a hora da audiência preliminar, na qual são decididas as questões que tenham sido formuladas, sendo a audiência realizada nos trinta dias posteriores à última intimação;
2) O dia e hora previstos para a adjudicação, que deve ter lugar entre trinta a sessenta dia após a realização da audiência preliminar;
3) A indicação de que as declarações e observações a fazer são recebidas até cinco dias antes da audiência e que, se no mesmo prazo, não forem feitos ou mencionados no caderno de encargos o pedido de anulação de uma venda anterior ou o incidente de repetição da venda relativo a venda executiva anterior, perdem o direito de intentar as acções previstas que afectem o adjudicatário.
[362] Segundo o TPI de Menoua, decisão de 12 de Maio de 2003 (n.º 35/ADD/civ.), a comunicação do depósito do caderno de encargos e a intimação podem ser feitas num único acto.
[363] Cf. Artigo 269.º do AUOPSCE.

forme[364], tendo a mesma que ter impreterivelmente lugar nos trinta dias seguintes à última intimação[365]. Por ocasião da audiência, o juiz pode ordenar a exclusão de alguns bens, caso constate que o valor global dos bens penhorados é manifestamente desproporcional relativamente ao valor dos créditos a recuperar, podendo modificar o valor do preço base se este não for fixado em conformidade com o regime previsto na alínea 10) do Artigo 267.° do AUOPSCE[366]: neste caso, o juiz informa as partes da sua intenção de modificar o caderno de encargos, convidando-as a apresentar as suas declarações no prazo máximo de cinco dias, fixando dia e hora da audiência, caso tal matéria não possa ser julgada na data inicialmente prevista[367]. A decisão de modificar o caderno de encargos apenas constitui motivo do adiamento da audiência quando se verifiquem razões sérias[368] devidamente justificadas[369].

Entre quinze e trinta dias antes da adjudicação, um extracto do caderno de encargos assinado pelo advogado do exequente[370] é publicado num jornal de anúncios oficiais e é afixado edital à porta do domicílio do

---

[364] São extemporâneas, e por isso não são recebidas, as formulações destinadas a declarar a caducidade de uma hipoteca, assim como a nulidade de uma intimação e do procedimento de penhora de bem imóvel, sempre que sejam formuladas após a data da eventual audiência – neste sentido, cf. decisão do TCJA, de 13 de Março de 2004 (n.° 13).

[365] Cf. Artigo 270.°, n.° 1, do AUOPSCE.

[366] Para um exemplo prático, cf. decisão do TPI de Menoua, de 12 de Maio de 2003 (n.° 35/ADD/civ.).

[367] Cf. Artigo 275.° do AUOPSCE. Na falta de declarações e de bens para os quais se torna necessária uma afectação específica, o juiz adia para a audiência em que tem lugar a adjudicação – neste sentido, cf. decisão da CA de Dakar, de 23 de Janeiro de 2003 (n.° 50).

[368] Constitui razão idónea para o adiamento da audiência o facto de esta ter sido fixada em dia de descanso semanal – cf. decisão do TGI de Mfoundi, de 27 de Fevereiro de 2002 (n.° 232/ADD); não é razão idónea a invocação do credor da pouca relevância do crédito e a inexistência de perigos reais relativos à sua recuperação – cf. decisão do TRHC de Dakar, de 7 de Junho de 1999 (n.° 1044).

[369] Cf. Artigo 273.° do AUOPSCE.

[370] O extracto contém, sob pena de nulidade, os seguintes elementos:
1) Os nomes, apelidos, profissões, domicílios ou residências das partes e dos respectivos advogados;
2) A designação dos bens imóveis penhorados, tal como consta do caderno de encargos;
3) O preço pelo qual os bens são postos à venda;
4) A indicação do dia, lugar e hora da adjudicação, do tribunal competente ou do notário escolhido perante o qual ela terá lugar.

executado, do tribunal competente ou do notário escolhido e ainda nos locais de afixação oficial da localidade onde se situem os bens[371].

A adjudicação constitui o termo normal do processo e deve ocorrer entre trinta e sessenta dias após a audiência indicada no Artigo 272.º do AUOPSCE[372], salvo adiamento por despacho judicial motivado por razões graves e legítimas, proferido mediante requerimento apresentado até cinco dias antes do dia marcado para a venda; em caso de adiamento, o despacho judicial fixa novo dia para a adjudicação, que deve ter lugar nos sessenta dias seguintes, procedendo o credor exequente a nova publicidade[373]. Contudo, por ocasião da audiência preliminar, o tribunal pode fixar uma nova audiência para a adjudicação, se a que já estiver fixada não puder ser mantida[374].

Não sendo adiada, a venda é feita no dia marcado para a adjudicação, a pedido, ainda que verbal, do advogado do credor exequente ou de qualquer credor reclamante[375].

A venda do imóvel é feita em hasta pública nas instalações do tribunal competente ou no cartório do notário escolhido e as ofertas são feitas através de advogado ou pelos próprios licitantes[376]; se a oferta for feita através de um advogado, este tem três dias para declarar quem é o adjudicatário e apresentar a sua aceitação ou a procuração, sob pena de o advogado ser tido como adjudicatário em nome pessoal[377].

Se não houver qualquer lanço depois de terem ardido sucessivamente três velas, o exequente é declarado adjudicatário[378], a menos que peça o

---

[371] Cf. Artigo 276.º do AUOPSCE.
[372] V. Artigo 270.º, alínea 2), do AUOPSCE.
[373] Cf. Artigo 281.º do AUOPSCE. A decisão judicial que determina o adiamento não é passível de recurso, salvo quando não respeite o prazo de sessenta dias.
[374] Cf. Artigo 274.º, § 2, do AUOPSCE.
[375] Cf. Artigo 280.º do AUOPSCE.
[376] Cf. Artigo 282.º, §§ 1 e 3, do AUOPSCE. Trata-se de uma inovação introduzida com o Acto Uniforme visto que algumas legislações precedentes apenas previam as ofertas feitas através de advogado (ex.: CPC do Senegal). De acordo com o Artigo 284.º do AUOPSCE, os advogados não podem licitar para os membros do tribunal competente ou do cartório notarial perante o qual a venda seja feita, sob pena de nulidade da adjudicação ou do lanço mais alto e da indemnização a que haja lugar, não podendo também os advogados, sob pena de se sujeitarem às mesmas sanções, licitar em nome do executado ou de pessoas manifestamente insolventes.
[377] Cf. Artigo 286.º do AUOPSCE.
[378] Cf., também, a decisão do TPI de Menoua, de 11 de Agosto de 2003 (n.º 48/civ.).

adiamento da adjudicação para uma outra audiência, com novo preço de venda; caso não seja feita qualquer proposta nesta nova audiência, o bem é adjudicado ao credor exequente pelo primeiro preço a que foi posto à venda[379].

No momento da licitação adopta-se o sistema das velas: se, enquanto a vela arder, for feito um lanço, ele só se torna definitivo e só implica a adjudicação se não houver novo lanço antes da extinção de duas velas; o licitante deixa de estar obrigado quando o seu lanço for coberto por outro, mesmo que este novo lanço seja declarado nulo[380]. Os bens são adjudicados àquele que apresente o lanço mais alto e após despacho judicial ou auto de adjudicação notarial transcritos para os autos a seguir ao caderno de encargos[381].

O despacho judicial ou o auto de adjudicação notarial não podem ser objecto de recurso, sem prejuízo do disposto no Artigo 313.° do AUOPSCE relativo à impugnação por meio de acção autónoma de anulação intentada no tribunal competente[382]. Quando a adjudicação se torna definitiva é apresentada na conservatória do registo predial (quando se trate de imóvel descrito na conservatória) ou junto da autoridade administrativa (quando se trate de benfeitorias realizadas pelo devedor sobre um imóvel pertencente à administração), para efeitos de inscrição, uma certidão do despacho judicial ou do auto de adjudicação notarial, sob pena de, não sendo cumprido este requisito, se proceder à repetição da venda[383]. A adjudicação transmite os direitos reais de que o devedor era titular[384], pelo que, se os direitos do devedor estivessem ameaçados por uma acção de nulidade ou de resolução, também esta ameaça se mantém agora sobre os direitos do adjudicatário. Seguindo as formalidades estabelecidas pelo Artigo 294.° do AUOPSCE, o conservador procede ao cancelamento de todas as hipotecas e privilégios inscritos que tenham sido expurgados com a venda.

Nem sempre a adjudicação determina a transmissão da propriedade na medida em que qualquer interessado – desde que não incluído no núcleo daqueles que estão proibidos por lei de fazer ofertas – pode, no prazo de dez dias a contar da adjudicação, fazer um sobrelanço de, pelo menos,

---

[379] Cf. Artigo 283.°, §§ 5 e 6, do AUOPSCE.
[380] Cf. Artigo 283.°, §§ 2, 3 e 4, do AUOPSCE.
[381] Cf. Artigo 290.° do AUOPSCE.
[382] Cf. Artigo 293.° do AUOPSCE.
[383] Cf. Artigo 294.° do AUOPSCE.
[384] Cf. Artigo 296.° do AUOPSCE.

um décimo do preço da venda[385]. O sobrelanço é feito na secretaria do tribunal que ordenou a venda ou junto do notário escolhido, devendo quem fez o sobrelanço, ou o seu advogado, notificar o adjudicatário, o exequente e o executado no prazo de cinco dias, fazendo menção da notificação no prazo de cinco dias; a notificação indica a data da eventual audiência preliminar, na qual serão examinadas as impugnações relativas à validade do sobrelanço, devendo esta audiência ter lugar, sob pena de caducidade[386], depois de passados vinte dias sobre a notificação, devendo a nova adjudicação ter lugar nos trinta dias seguintes à audiência[387]. Sob pena de caducidade[388], a validade do sobrelanço pode ser impugnada através de oposição escrita entregue e notificada até cinco dias antes da audiência preliminar; na falta de oposição, o sobrelanço é considerado válido e, se no dia marcado para a adjudicação não forem apresentados lanços mais altos – situação em que se abre nova venda nos termos já mencionados –, aquele que o fez é declarado adjudicatário[389].

d) Incidentes da penhora de bens imóveis

O Acto Uniforme contém um capítulo exclusivamente dedicado aos incidentes no procedimento da penhora de bens imóveis[390]. Para o efeito, importa determinar com precisão o que se entende por incidente no procedimento de penhora de bens imóveis, uma vez que a respectiva regulamentação só é aplicável às oposições que se enquadrem no âmbito da penhora de bens imóveis. O Acto Uniforme usa a expressão mas não a define[391], pelo que é necessário optar por uma de duas acepções possíveis: a primeira, mais ampla, define o incidente da penhora como todo e qual-

---

[385] Cf. Artigo 287.º do AUOPSCE. O sobrelanço não pode ser retirado.
[386] Cf. Artigo 297.º do AUOPSCE.
[387] Cf. Artigo 288.º do AUOPSCE.
[388] Cf. Artigo 297.º do AUOPSCE.
[389] Cf. Artigo 389.º do AUOPSCE.
[390] Esta é uma inovação relativamente a algumas legislações precedentes (ex.: CPC do Senegal) que ignoravam a noção de incidente no processo de venda executiva de bem imóvel.
[391] Os Artigos 298.º e segs. do AUOPSCE reproduzem praticamente as disposições dos Artigos 718.º e segs. do velho CPC francês, criando, por isso, as mesmas dificuldades de interpretação das normas que lhes serviram de modelo; a principal dificuldade reside na própria definição da noção de incidente da penhora de bens imóveis.

quer pedido que, feito no decurso do procedimento da penhora, nele tenha influência, o que inclui não só oposições relacionadas com o procedimento mas também as que dizem respeito ao mérito da causa; a segunda, mais restritiva, considera incidentes da penhora apenas as oposições relativas ao respectivo procedimento, que nele exerçam uma influência imediata e directa[392]. No seguimento da orientação do Tribunal da Cassação francês, a jurisprudência dos Estados-membros da OHADA aderiu também à acepção mais restritiva ao definir, em linha com o disposto no Artigo 298.º do AUOPSCE, os incidentes da penhora de bens imobiliários como as oposições e as deduções que nascem no decurso de um procedimento de penhora imobiliária, ou que a ela se refiram, e que são formulados depois da notificação da ordem de penhora prevista no Artigo 254.º do AUOPSCE[393].

Existem dois tipos de normas relativas à disciplina dos incidentes da penhora: as normas comuns a todos os incidentes de penhora e as normas próprias de cada tipo de incidente. O tribunal competente para apreciar o procedimento da penhora de bens imóveis tem também a competência exclusiva para decidir sobre os incidentes da penhora. O procedimento caracteriza-se por uma extrema simplicidade e rapidez: a oposição ou a dedução de incidente, que devem ser apresentadas, sob pena de caducidade, antes da audiência prevista na alínea 1) do Artigo 270.º do AUOPSCE[394], são feitas por simples acto do advogado, que contém os fundamentos e as

---

[392] Foi esta segunda acepção que em França o Tribunal da Cassação perfilhou numa decisão de 21 de Maio de 1954 – cf. D. 1954, p. 590; cf., também, decisão da Cassação, de 3 de Junho de 1998 (D. 2000, p. 23). Para o Tribunal da Cassação francês, não têm a natureza de incidentes de penhora as oposições relativas a pedidos externos ou anteriores ao procedimento da penhora. É o caso, em particular, das oposições que dizem respeito ao mérito da causa, ou seja, as que contestam a existência do direito do credor exequente. A recusa do Tribunal da Cassação está relacionada com os inconvenientes que surgem a propósito dos meios de recurso: a adopção da acepção mais ampla leva a considerar algumas oposições relativas ao mérito da causa como incidentes, em contraste com o regime restritivo do Artigo 731.º do velho CPC, que proíbe as oposições e limita os recursos.

[393] Neste sentido, cf. decisão do TRHC de Dakar, de 2 de Fevereiro de 1999 (n.º 132).

[394] Cf. Artigo 299.º, § 1, do AUOPSCE. No entanto, os pedidos fundados sobre um facto ou acto superveniente ou conhecido depois da audiência, bem como os que visam excluir todos ou parte dos bens penhorados, os que pedem a nulidade de todo ou parte do processado após a audiência preliminar e os que pedem o cancelamento da penhora, podem ser ainda apresentados depois daquela audiência, mas só até ao oitavo dia anterior à adjudicação, sob pena de caducidade (cf. Artigo 299.º, § 2, do AUOPSCE).

conclusões, sendo instruídas e julgadas com carácter de urgência e sem fixação de qualquer prazo[395].

Os despachos judiciais proferidos em matéria de penhora não são impugnáveis e o recurso dos mesmos está sujeito a requisitos muito rigorosos, só sendo admitido quando o despacho incide sobre o próprio crédito, sobre a incapacidade de uma das partes, sobre a titularidade, impenhorabilidade ou inalienabilidade dos bens penhorados; sempre que o recurso seja possível, ele é regido pelas normas do direito comum interno de cada Estado-membro[396], sendo impugnáveis as decisões do tribunal de recurso[397]. O recorrente deve notificar o acto a todas as partes interessadas no respectivo domicílio, efectivo ou escolhido, e ao escrivão do tribunal competente, devendo a decisão ter lugar nos quinze dias posteriores à interposição do recurso[398].

O Acto Uniforme estabelece quatro tipos de procedimentos: os incidentes decorrentes da pluralidade de penhoras; os embargos de terceiro; a arguição da nulidade da execução; e o incidente de repetição da venda.

Quando haja vários credores, os respectivos processos podem ser apensados, a requerimento da parte mais diligente[399] e continuados pelo primeiro exequente[400], ainda que em tal hipótese um outro credor possa pedir para ser sub-rogado na iniciativa do processo.

A este propósito, o Acto Uniforme prevê a hipótese em que dois ou mais credores fazem registar ordens de penhora sobre imóveis diferentes

---

[395] Cf. Artigo 298.º do AUOPSCE.

[396] O Acto Uniforme não faz qualquer menção relativamente ao prazo para a interposição de recurso, tendo alguma jurisprudência interna considerado aplicável os prazos ordinários previstos nas respectivos CPC, por força da remissão feita pelo último parágrafo do Artigo 300.º do AUOPSCE – neste sentido, cf. decisão da CA de Abidjan, de 6 de Fevereiro de 2004 (n.º 205) –, mas o TCJA tem outro entendimento e declarou ser aplicável o prazo geral de quinze dias previsto no Artigo 49.º, § 2, do AUOPSCE – neste sentido, cf. decisão de 18 de Abril de 2002 (n.º 13/2002).

[397] Cf. Artigo 300.º do AUOPSCE.

[398] Cf. Artigo 301.º do AUOPSCE.

[399] Quando um credor pretende penhorar um imóvel que foi já objecto de uma penhora, ele não pode iniciar um segundo procedimento independente do primeiro. Nestas hipóteses, o conservador não pode registar a segunda ordem, limitando-se a fazer uma menção à margem da primeira inscrição; este sistema permite que os credores tenham conhecimento uns dos outros. O procedimento segue com o primeiro exequente, mas o cancelamento da penhora só pode ser feito com o consentimento dos outros credores (cf. Artigo 260.º, § 4, do AUOPSCE).

[400] Cf. Artigo 302.º, § 1, do AUOPSCE.

pertencentes ao mesmo devedor e cuja penhora seja feita no mesmo tribunal: neste caso, os processos podem ser apensados a pedido da parte mais diligente e continuados pelo credor exequente[401]. O Acto Uniforme prevê também a hipótese em que uma segunda ordem de penhora incida sobre mais imóveis do que a primeira: neste caso, o segundo exequente notifica o primeiro exequente relativamente à ordem de penhora, o qual passa a dirigir o processo em representação de ambos quando os processos se encontrem no mesmo estado; caso contrário, o processo que se encontrar mais adiantado é suspenso até que o outro atinja o mesmo estado: chegados aqui, as duas execuções são apensadas e apresentadas no tribunal da primeira penhora[402].

Um primeiro caso de sub-rogação tem lugar quando o primeiro credor exequente se abstém de prosseguir o processo da segunda penhora que lhe seja notificada: neste caso, o segundo exequente pode, por documento escrito dirigido ao conservador do registo predial, pedir a sua sub-rogação[403]. Uma segunda hipótese tem lugar em caso de conluio, fraude, negligência ou outra causa de atraso imputável ao credor exequente: a sub-rogação pode ser pedida passados oitos dias sobre a intimação que se haja revelado infrutífera para continuar as execuções, efectuada entre advogados, aos credores cujas ordens de penhora tenham sido anteriormente inscritas na conservatória do registo predial[404]. Em caso de sub-rogação, o processo é continuado pelo sub-rogante a partir do último acto útil, tendo o credor exequente originário a obrigação de lhe entregar as peças do processo de execução[405].

Os embargos de terceiro definem-se como o incidente de penhora em que um terceiro, que se arroga proprietário de um imóvel, procura libertá-lo da penhora. O Acto Uniforme permite que os terceiros recorram aos embargos quando não sejam pessoalmente responsáveis pela dívida nem tenham constituído uma garantia real sobre o bem imóvel[406]. Os embar-

---

[401] Cf. Artigo 302.º do AUOPSCE.
[402] Cf. Artigo 303.º do AUOPSCE.
[403] Cf. Artigo 304.º do AUOPSCE.
[404] Cf. Artigo 305.º do AUOPSCE.
[405] Cf. Artigo 306.º, § 2, do AUOPSCE. Nos termos do Artigo 307.º do AUOPSCE, o credor sub-rogado pode, em particular, modificar o preço base fixado pelo credor exequente primitivo, sob condição de efectuar novamente a publicidade da venda com o novo preço, sempre que esta já tenha sido efectuada.
[406] Cf. Artigo 308.º, § 1, do AUOPSCE.

gos de terceiro têm lugar depois da audiência preliminar estabelecida no Artigo 270.° do AUOPSCE, até ao oitavo dia anterior à adjudicação[407]; se recaírem sobre a totalidade dos bens imóveis, suspende-se o processo de execução; se o embargo recair apenas sobre parte dos bens, pode proceder-se à adjudicação dos bens não embargados, muito embora o tribunal possa, a pedido das partes interessadas, ordenar a suspensão da execução quanto à totalidade dos bens e, nos casos em que a penhora venha a ser parcialmente levantada, pode o exequente alterar o preço da venda dos bens que constam do caderno de encargos[408].

Os pedidos de nulidade constituem os incidentes mais frequentes da execução de bem imóvel, uma vez que os requisitos de substância e de forma são muito numerosos. Existem, assim, duas causas de nulidade: de um lado, as nulidades por falta de requisitos substantivos e, do outro lado, a nulidade por vícios de forma que atingem o actos praticados irregularmente.

O prazo para arguir a nulidade resulta da combinação entre os Artigos 299.°, § 2, e 311.°, § 1, do AUOPSCE. Quando se trate de nulidade que preceda a audiência preliminar prevista no Artigo 270.° do AUOPSCE, é feita uma declaração anexa ao caderno de encargos nos cinco dias anteriores à data fixada para esta audiência; quando o pedido seja relativo a uma causa de nulidade conhecida depois da audiência ou da fase processual posterior a esta, ele pode ser feito até ao oitavo dia anterior à adjudicação[409]. Em caso de deferimento das nulidades, o processo retoma-se a partir da data da notificação do último acto válido e os prazos para praticar os actos seguintes contam-se a partir da data da notificação do despacho judicial que declarou a nulidade[410].

---

[407] Cf. Artigo 299.°, § 2, do AUOPSCE, aplicável por força do Artigo 308.°, § 1, do AUOPSCE.

[408] Cf. Artigo 310.° do AUOPSCE.

[409] O Artigo 313.° do AUOPSCE estabelece um caso particular na medida em que trata os casos em que o pedido é feito depois da adjudicação: trata-se da arguição da nulidade do despacho judicial ou do auto notarial de adjudicação. O pedido pode ser feito mediante acção autónoma de nulidade intentada no tribunal competente da área onde a adjudicação foi feita, no prazo de quinze dias a contar da adjudicação.

[410] Cf. Artigo 311.°, § 1, do AUOPSCE. Sempre que seja declarada a nulidade do despacho de adjudicação a decisão tem o efeito de invalidar todo o processado, a partir da audiência preliminar prevista no Artigo 270.° do AUOPSCE ou depois desta, consoante o motivo da nulidade.

No caso do incidente de repetição da venda, que tem lugar depois da adjudicação e da entrega forçada do bem imóvel[411], o procedimento visa anular a adjudicação a favor do adjudicatário por falta de cumprimento das obrigações que lhe são impostas e tornar possível uma nova venda do imóvel em hasta pública[412]. A nulidade pode ser consequência de duas causas: quando o adjudicatário não prove, no prazo de vinte dias após a adjudicação, ter pago o preço e as despesas e cumprido todas as condições do caderno de encargos[413], ou quando não proceda à publicação do despacho judicial ou do auto notarial da adjudicação na conservatória do registo predial no prazo previsto no Artigo 294.º do AUOPSCE[414]. O incidente não está sujeito a um prazo, mas não pode ser requerido ou prosseguir quando as causas que o justificam deixam de existir[415].

Relativamente às formalidades, importa distinguir consoante o título da adjudicação tenha sido emitido ou não. Neste último caso, o requerente do incidente pede ao escrivão ou ao notário uma certidão da qual conste que o adjudicatário não comprovou o cumprimento das cláusulas e condições do caderno de encargos, competindo ao presidente do tribunal competente, a requerimento da parte mais diligente, decidir, sem possibilidade de recurso[416]. Na primeira hipótese, em que há emissão do título da adjudicação, o requerente notifica o adjudicatário da cópia do despacho judicial ou do auto notarial da adjudicação.

Salvo nos casos em que o adjudicatário demonstre ter cumprido todas as condições exigidas para a adjudicação e tenha consignado uma quantia suficiente, fixada pelo presidente do tribunal, para cobrir as despesas processuais, procede-se a uma nova venda com base no preço fixado pelo credor exequente, na qual o adjudicatário faltoso fica proibido de licitar. Se não houver licitações, o preço pelo qual o bem foi posto à venda pode ser diminuído e se, não obstante esta redução, nenhum lanço for feito, o

---

[411] Pode questionar-se se a repetição da venda constitui um verdadeiro incidente da execução uma vez que tem lugar depois da adjudicação e da entrega forçada do imóvel, configurando mais uma consequência do que um incidente da execução. Todavia, cumpre ter presente que a execução só termina no momento em que os credores recebam a respectiva quota-parte do preço pago pelo adjudicatário.

[412] Cf. Artigo 314.º, § 1, do AUOPSCE.

[413] Cf. decisão do TGI de Ouagadougou, de 8 de Janeiro de 2003 (n.º 2).

[414] Cf. Artigo 314.º, § 2, do AUOPSCE.

[415] Cf. Artigo 315.º do AUOPSCE.

[416] Cf. Artigo 316.º do AUOPSCE.

exequente é declarado adjudicatário pelo primeiro preço por que o bem foi posto à venda[417], enquanto o autor do lanço falso fica obrigado ao pagamento dos juros calculados sobre o valor que propôs até ao dia da segunda venda, bem como pela diferença entre o valor do seu lanço e o da segunda adjudicação, quando este seja inferior; caso o segundo preço seja mais elevado, o faltoso não beneficia com a diferença[418].

5.6. *A distribuição do produto da venda*

Sobre a distribuição do produto da venda resultante de acção executiva, o Acto Uniforme estabelece um procedimento simples, que só nalguns casos requer intervenção judicial.

a) Procedimentos que não implicam intervenção dos tribunais

A intervenção dos tribunais está excluída em dois casos: quando existe apenas um credor ou quando, embora sejam vários os credores, estes estejam de acordo quanto à distribuição do produto da venda.

Sempre que exista um só credor, o produto da venda é-lhe entregue até ao limite do seu crédito – constituído por capital, despesas e juros – no prazo máximo de quinze dias a contar do pagamento do preço da venda, sendo entregue ao devedor, também nesse prazo, o saldo remanescente[419].

Havendo acordo entre os credores, tanto na execução de bem móvel como na execução de bem imóvel, o mesmo é enviado em documento particular ou autêntico ao órgão judiciário depositário do preço da venda[420]; o pagamento dos credores deve ser feito no prazo de quinze dias a contar da recepção do acordo, sendo o saldo remanescente entregue ao devedor dentro do mesmo prazo.

---

[417] Cf. Artigo 322.º do AUOPSCE.
[418] Cf. Artigo 323.º do AUOPSCE.
[419] Cf. Artigo 324.º do AUOPSCE.
[420] Nada se prevê relativamente ao sujeito que está obrigado a notificar o acordo ao órgão judiciário: pode concluir-se que o seu cumprimento fica a cargo da parte mais diligente; por outro lado, nada se prevê quanto às modalidades de notificação.

b) O processo contencioso

O processo contencioso tem lugar quando haja vários credores e entre eles não se alcance um acordo para a distribuição do produto da venda. O Acto Uniforme estabelece que, se no prazo de um mês a contar do pagamento do preço da venda os credores não chegarem a um acordo[421], o credor mais diligente pode requerer ao presidente do tribunal do lugar da venda ou ao magistrado por ele designado que decida sobre a distribuição do montante da venda[422]. O requerimento deve conter a indicação da data da audiência[423], notificando-se os credores para declararem o que lhes seja devido, a posição em que devem ser graduados os respectivos créditos e apresentarem os documentos justificativos[424].

Sob pena de caducidade, os credores têm um prazo de vinte dias a contar da notificação para efectuarem a entrega dos elementos produzidos[425]. Podem ser apresentadas declarações, o mais tardar até cinco dias antes da realização da audiência em que se procede à distribuição, devendo as mesmas ser notificadas às outras partes[426]. No dia da audiência, o tribunal procede à distribuição do produto da venda; havendo motivos graves e justificados, o tribunal pode ordenar o adiamento da distribuição e fixar uma data para nova audiência[427].

O pagamento aos credores é feito de acordo com uma classificação estabelecida no Acto Uniforme em matéria de garantias, que diz respeito apenas à distribuição dos bens penhorados perante um devedor *in bonis*. Em caso de execução de bem imóvel, a distribuição é feita de acordo com a ordem seguinte[428]:

---

[421] O TRHC de Dakar, decisão de 15 de Março de 2001 (n.º 319), decidiu que os credores não são, no entanto, obrigados a tentar chegar a acordo antes de recorrerem aos tribunais.

[422] Cf. Artigo 326.º do AUOPSCE.

[423] A audiência não pode ter lugar antes de decorridos quarenta dias sobre a última notificação (cf. Artigo 329.º do AUOPSCE).

[424] Cf. Artigo 327.º do AUOPSCE. O requerimento contém, por outro lado, a reprodução do Artigo 330.º do AUOPSCE.

[425] Cf. Artigo 330.º do AUOPSCE. Cf., também, a decisão do TRHC de Dakar, de 15 de Março de 2001, cit..

[426] Cf. Artigo 331.º do AUOPSCE.

[427] Cf. Artigo 332.º do AUOPSCE.

[428] Cf. Artigo 225.º do AUOG.

1) Créditos por despesas de justiça, contraídas para proceder à execução do bem vendido e à distribuição do respectivo preço;
2) Créditos resultantes de salários superprivilegiados;
3) Créditos resultantes de uma hipoteca convencional ou coerciva e créditos separados inscritos no prazo legal, de acordo com a ordem de inscrição no registo predial;
4) Créditos provenientes de um privilégio creditório geral submetido a publicidade, de acordo com a ordem de inscrição no RCCM;
5) Créditos provenientes de um privilégio creditório geral não submetido a publicidade[429];
6) Créditos quirografários fundados num título executivo, desde que os credores tenham intervindo por via de penhora ou de oposição ao processo.

Em matéria de bens móveis, a ordem é a seguinte[430]:

1) Créditos resultantes de despesas de justiça, contraídas para proceder à execução do bem vendido e à distribuição do respectivo preço;
2) Créditos por despesas contraídas para a conservação dos bens do devedor no interesse dos credores com título de data anterior;
3) Créditos privilegiados resultantes de salários superprivilegiados;
4) Créditos garantidos por penhor, pela ordem da respectiva constituição;
5) Créditos garantidos por penhor sem entrega ou por um privilégio creditório geral submetido a publicidade, de acordo com a ordem de inscrição no RCCM;

---

[429] O Artigo 225.º do AUOG esclarece que a distribuição entre estes credores é feita de acordo com a ordem estabelecida no Artigo 180.º do AUOG, ou seja: despesas de funeral e da doença terminal do devedor que precedam a penhora dos seus bens; créditos emergentes de fornecimentos de bens necessários à subsistência do devedor durante o último ano que preceda a sua morte, a penhora dos seus bens, ou a sentença judicial de abertura de um processo colectivo; quantias devidas a trabalhadores e aprendizes pela execução e resolução do seu contrato de trabalho durante o último ano que preceda a morte do devedor, a penhora dos bens, ou a sentença judicial de abertura de um processo colectivo; quantias devidas aos autores de obras intelectuais, literárias e artísticas durante os três últimos anos que precedam a morte do devedor, a penhora dos seus bens, ou a sentença judicial de abertura de um processo colectivo; quantias devidas pelo devedor a título de créditos fiscais, aduaneiros e dos organismos de segurança social.

[430] Cf. Artigo 226.º do AUOG.

6) Créditos beneficiários de um privilégio especial[431], cada um segundo o móvel que onera o privilégio; em caso de conflito entre credores titulares de privilégio especial sobre o mesmo bem móvel, é atribuída prioridade ao que primeiro efectuar a penhora[432];
7) Créditos beneficiários de um privilégio creditório geral não submetido a publicidade, de acordo com a ordem estabelecida no Artigo 180.º do AUOG;
8) Créditos quirografários fundados num título executivo, desde que os credores tenham intervindo por via de penhora ou de oposição no processo de distribuição.

Sempre que o produto da venda não seja suficiente para satisfazer integralmente todos os credores com direitos iguais na distribuição, procede-se à sua repartição de modo proporcional. O despacho judicial que determina a distribuição só pode ser impugnado quando tenham lugar as circunstâncias previstas no Artigo 333.º do AUOPSCE, devendo nesse caso o recurso ser interposto no prazo de quinze dias a contar da notificação da decisão.

---

[431] São os seguintes os privilégios especiais (cf. Artigos 182.º e segs. do AUOG): privilégio do vendedor de bem móvel; privilégio do senhorio sobre os móveis que equipam local arrendado; privilégio do transportador terrestre sobre a coisa transportada; privilégio do trabalhador de um prestador de serviços sobre as quantias devidas por um cliente; privilégio dos trabalhadores e fornecedores de empresas de construção sobre quantias em dívida por obras realizadas; privilégio do comissário; privilégio de quem incorra em despesas ou preste serviços para evitar o desaparecimento de uma coisa ou salvaguardar o seu uso. Segundo Joseph Issa-Sayegh, in AA.VV., *OHADA. Sûretés*, Bruxelas, Bruylant, 2002, pág. 252, este último privilégio é conferido nesta ordem quando a situação tenha lugar depois de constituídos os restantes privilégios, pois quando assim não seja o privilégio pode figurar até ao segundo lugar em matéria mobiliária.

[432] É possível que a legislação nacional dos Estados-membros preveja outros privilégios, circunstância em que a lei deverá precisar a respectiva classificação relativamente à ordem estabelecida no Artigo 180.º do AUOG; na sua falta, são classificados no nível mais baixo previsto no Artigo 180.º do AUOG, tal como resulta do Artigo 179.º, § 2, do AUOG.

CAPÍTULO VI

O Acto Uniforme para a Organização dos Processos Colectivos de Apuramento do Passivo

1. Introdução

Os processos colectivos têm lugar quando a empresa, pessoa singular ou colectiva, não consegue fazer face às suas obrigações pecuniárias ou se encontra, no mínimo, em graves dificuldades financeiras, visando assim garantir o pagamento dos credores e, se possível, a recuperação da empresa ou da actividade. Neste sentido, o Acto Uniforme relativo à Organização dos Processos Colectivos, adoptado em Libreville a 10 de Abril de 1998 e em vigor desde 1 de Janeiro de 1999, veio reformar e substituir a legislação até então em vigor nos Estados-membros.

O Acto Uniforme estabelece três processos: o processo preventivo, que tem lugar antes da cessação dos pagamentos e que constitui o mecanismo mais importante em sede de prevenção, e a recuperação judicial e a liquidação de bens, que têm lugar após a cessação dos pagamentos e que dizem respeito, respectivamente, à recuperação da empresa e à sua liquidação[1]. De modo a compreender melhor o conteúdo e finalidades do Acto Uniforme, convém antes recordar as características e finalidades dos processos colectivos.

Os traços característicos dos processos colectivos podem ser descritos da seguinte forma[2]: têm uma dimensão colectiva, pelo que os credores

---

[1] Cf. Artigo 2.º do AUOPC. Em geral, sobre os processos previstos no AUOPC, v. Joseph ISSA-SAYEGH, *Présentation de l'Acte de l'OHADA sur procédures collectives d'appurement du passif*, comunicação apresentada no seminário de formação da ERSUMA em Maio de 1999. V., também, Januário Pedro CORREIA, *Plano de Insolvência no Código da Insolvência – CIRE*, in Estudos sobre a OHADA, Bissau, 2008, págs. 117 e segs..

[2] Sobre a relação entre os processos colectivos e a teoria geral do processo, v. Ndiaw DIOUF, *A especialidade das normas processuais em matéria de recuperação judicial e de*

são colocados sob um conjunto de normas destinadas a fazer com que os respectivos pagamentos sejam realizados de acordo com os princípios da justiça e da igualdade. Assim, em caso de recuperação judicial ou de liquidação de bens, os credores são reunidos na massa falida, à qual é reconhecida personalidade jurídica e no seio da qual os respectivos sujeitos estão adstritos a uma disciplina colectiva. Cumpre, por isso, ter em conta o conflito de interesses existente entre, por um lado, os credores e o devedor ou empresa e, por outro, o grupo de credores, e em particular entre os credores quirografários, os credores titulares de garantias e os credores que beneficiam de um direito de preferência. Outro traço característico reside na intervenção judicial: nos Estados-membros do Tratado OHADA existem tribunais de primeira instância, de grande instância, tribunais de comércio e também tribunais regionais, no caso do Senegal, que estão dotados de competências nesta matéria sem qualquer distinção em função da qualidade da pessoa objecto de um processo desta natureza; o AUOPC prefere falar, vagamente, de jurisdição competente em matéria comercial, sem estabelecer uma competência precisa[3] para não entrar num sector – o processual-civilístico – cuja invasão depararia certamente com objecções, não tendo sido este sector, até ao momento, objecto de intervenção harmonizadora; isto para dizer que a intervenção dos tribunais é essencial no âmbito dos processos colectivos, pois destina-se a proteger os interesses das partes e a garantir a eficácia e correcção dos processos, variando a sua intervenção conforme se verifique a cessação dos pagamentos e consoante se trate de recuperação judicial ou liquidação. O tribunal territorialmente competente é o do local onde o devedor tem o seu estabelecimento principal ou, caso se trate de pessoa colectiva, o do lugar onde esta tem a sua sede social ou, se esta se localizar no estrangeiro, o do lugar onde se situa o principal centro de exploração no território nacional[4].

---

liquidação de bens, in *Boletim da Faculdade de Direito de Bissau*, n.º 6 (suplemento) 2004, pág. 173.

[3] Cf. Artigo 3.º do AUOPC. Fora os casos de ordenamentos dotados de tribunais de comércio (ex.: Mali), na maioria dos Estados compete aos tribunais de primeira instância decidirem estas questões.

[4] Cf. Artigo 4.º do AUOPC. A norma deixa espaço para algumas dúvidas, já que não é possível determinar claramente o significado da expressão «*no estrangeiro*» na óptica da harmonização e, em particular, se se deve referir ao território dos Estados-membros ou àqueles sob influência da OHADA.

Um outro elemento característico reside na exigência de que o devedor pessoa singular seja comerciante, ao passo que o devedor pessoa colectiva não tem de o ser: esta exigência é clássica e explica-se porque o AUOPC, na esteira das reformas havidas em França e nos Estados africanos, aplica os processos colectivos, por um lado, às pessoas singulares comerciantes e, por outro, a pessoas colectivas de direito privado, ainda que não comerciantes, e ainda a qualquer empresa pública que tenha a forma de uma pessoa colectiva de direito privado[5].

Os processos colectivos prosseguem essencialmente três objectivos. Em primeiro lugar visam proteger os credores não pagos e garantir a liquidação nas melhores condições, daí o papel relativamente importante dos credores na conclusão do processo e na instauração entre eles de uma disciplina colectiva e de uma certa igualdade e solidariedade, subordinada à existência de garantias, as quais permitem aos respectivos titulares melhores possibilidades de liquidação ou de pagamento. O segundo objectivo consiste em sancionar o comerciante que não cumpre com as suas obrigações. Finalmente, os processos colectivos devem permitir a salvaguarda das empresas que estejam em condições de prosseguir a sua actividade, ainda que com um certo sacrifício dos credores, com o escopo de salvar postos de trabalho e de manter a mais-valia que a empresa produz para a economia[6].

O AUOPC foi adoptado tendo em conta, por um lado, a experiência dos Estados africanos membros da OHADA que, à excepção de alguns

---

[5] Cf. Artigo 2.º do AUOPC. A definição de comerciante consta do Artigo 2.º do AUDCG. Em França, também os artesãos (Lei de 25 de Janeiro de 1985) e os agricultores (Lei de 30 de Dezembro de 1988) são considerados comerciantes, facto que não se verifica no sistema OHADA. Segundo Philippe TIGER, *Les procédures collectives après cessation de paiements en droit harmonisé de l'OHADA*, in Petites Affiches. La loi, n.º 205, 13 de Outubro de 2004, pág. 37, o motivo da exclusão reside na dificuldade em organizar estas actividades de uma maneira uniforme; todavia, não sendo tal exclusão imperativa, os Estados têm autonomia para decidirem de modo diferente – no Gabão, por exemplo, os artesãos estão sujeitos aos processos colectivos por força do Artigo 2.º da Lei de 4 de Agosto de 1986. Sobre a aplicabilidade dos processos colectivos às empresas públicas constituídas sob a forma de pessoas colectivas de direito privado, v. Pascal NGUIHE KANTE, *Réflexions sur le régime juridique de dissolution et de liquidation des entreprises publiques et parapubliques au Cameroun depuis la réforme des procédures collectives OHADA*, in Revue Pénant, n.º 837 (2001), págs. 245 e segs..

[6] V. Komlan ASSOGBAVI, *Les procédures collectives d'apurement du passif dans l'espace OHADA*, in Revue Penant, n.º 832 (2000), págs. 55 e segs..

países como o Gabão, o Mali, o Senegal e a República Centro-Africana, que já tinham revisto a sua legislação inspirando-se nos textos legais franceses posteriores às respectivas independências, continuavam a aplicar legislação do período colonial[7], e, por outro lado, a grande evolução entretanto verificada em França[8], que se contrapunha ao imobilismo legislativo que nesta matéria caracterizava a maior parte dos Estados africanos, evolução caracterizada pela preferência pela recuperação da empresa para o pagamento dos credores, pelo alargamento do campo de aplicação dos processos colectivos e, sobretudo, pelo nascimento do direito das empresas em dificuldades[9].

---

[7] Trata-se do Código de Comércio de 1807, modificado pela Lei de 28 de Maio de 1889, a Lei de 4 de Março de 1889 sobre a liquidação judicial e os Decretos-Lei de 8 de Agosto e 20 de Outubro de 1935: o primeiro estende as consequências da falência aos membros dos corpos sociais, enquanto o diploma de 30 de Outubro modifica certas disposições do Código de Comércio com o objectivo de acelerar os trâmites do processo. Sobre a situação normativa anterior vigente nos países membros da OHADA, v. a análise de Jean--René GOMEZ, *Entreprises en difficulté*, Pierrefitte-Sur-Seine, Bajag-Meri, 2003, págs. 19 e segs., e Phiplippe TIGER, *Les procédures* cit.; sobre as inovações introduzidas nestas matéria pelo AUOPC, v. Komlan ASSOGBAVI, *Les procédures* cit., pág. 56. A situação normativa dos Estados-membros no período anterior à adopção do AUOPC é ilustrada por Filiga Michel SAWADOGO, *OHADA. Droit des entreprises en difficulté*, Bruxelas, Bruylant, 2002.

[8] Recorde-se, a este propósito, a sucessão de textos normativos nesta matéria: Código de Comércio de 1807, caracterizado por uma grande severidade para com o devedor; Lei de 28 de Maio de 1838; Lei de 4 de Março de 1889 sobre a liquidação judicial; os Decretos-Lei de 1935, que estenderam as consequências da falência aos membros dos corpos sociais; Decreto de 20 de Maio de 1955, que distinguia, para fins de abertura do processo, a dissolução e a recuperação da empresa; Lei de 13 de Julho de 1967, que estabeleceu a separação entre os sujeitos e a empresa; Regulamento de 23 de Setembro de 1967, que instaurou um processo de recuperação de grandes empresas antes da cessação dos pagamentos; Leis de 1 de Março de 1984 e de 25 de Janeiro de 1985, que instituíram a concordata amigável, o *redressement* e a liquidação judicial; Lei de 10 de Janeiro de 1994, que reformou as Leis de 1984 e 1985.

[9] V. Filiga Michel SAWADOGO, *L'Acte Uniforme portant organisation des procédures collectives d'apurement du passif*, disponível a partir de *www.ohada.com*; Renaud SORIEUL, Jennifer R. CLIFF, *International Aspects of the OHADA Uniform Act on Insolvency and Liquidation Procedures*, apresentação feita ao Secretariado da UNCITRAL, s.d.. Pascal NGUIHE KANTÉ, *Réflexions sur la notion d'entreprise en difficulté dans l'acte uniforme portant organisation des procédures collectives d'apurement du passif OHADA*, in *Revue Penant*, n.º 838 (2002), pág. 245, observa que o legislador OHADA não inseriu no AUOPC uma noção de empresa em dificuldade, pelo que a mesma deve ser deduzida a partir dos conceitos «situação difícil mas não irremediavelmente comprometida» e «cessação dos pagamentos», que constituem os requisitos para a aplicação dos processos colectivos.

Do título do AUOPC e dos seus Artigos 1.º e 2.º resulta claramente que todos os processos instaurados visam eliminar o passivo, o que permite pensar que o AUOPC tem como prioridade o pagamento dos credores em relação à recuperação das empresas, circunstância que na realidade vem a ser desmentida se se considerar o facto de que dois dos três processos, o processo preventivo e a recuperação judicial, prosseguem este último objectivo[10]. Em síntese, a abordagem ao Acto Uniforme pode ser efectuada partindo da prevenção das dificuldades das empresas, para depois prosseguir com o seu regime antes de terminar com a aplicação de sanções aos devedores e dirigentes das empresas.

O AUOPC atribui competências aos tribunais nacionais para resolver conflitos específicos e, no âmbito destas competências, o legislador africano procedeu à separação entre as competências que são do tribunal (colectivo) e as que são de um juiz comissário, ao qual são atribuídas prerrogativas próprias e competências importantes, entre as quais se encontram a concessão de autorizações[11], a adopção de medidas coercivas[12] ou de outra natureza[13], verificação do passivo[14] e adopção de todas as medidas judiciais necessárias para o exercício das suas funções[15]. Em razão das competências que lhe são atribuídas, o juiz comissário é considerado um órgão judicial autónomo relativamente ao tribunal e não apenas uma sua dependência[16].

O tribunal pode actuar a instâncias das partes interessadas ou por sua iniciativa, caso da abertura do processo de recuperação judicial ou de liquidação de bens[17], de revisão das decisões do juiz comissário[18] e de condenação dos dirigentes das pessoas colectivas a pagar as respectivas dívidas[19].

O respeito pelo princípio do contraditório é garantido através da obrigação de convocar o devedor a estar presente perante a jurisdição competente[20].

---

[10] Sobre os processos previstos no Acto Uniforme, v. Joseph ISSA-SAYEGH, *Présentation* cit..
[11] Cf. Artigos 52.º, 149.º e 150.º, § 2, do AUOPC.
[12] Cf. Artigo 52.º, último parágrafo, do AUOPC.
[13] Cf. Artigo 164.º do AUOPC.
[14] Cf. Artigo 86.º do AUOPC.
[15] Cf. Artigo 40.º do AUOPC.
[16] Neste sentido, v. Ndiaw DIOUF, *A especialidade* cit., pág. 182.
[17] Cf. Artigo 29.º do AUOPC.
[18] Cf. Artigo 40.º, § 3, do AUOPC.
[19] Cf. Artigo 183.º, § 1, do AUOPC.
[20] Cf. Artigos 29.º e 200.º do AUOPC.

2. Os processos preventivos

2.1. *O procedimento de alerta*

A actuação de acordo com este procedimento pressupõe o conhecimento das causas e o modo de manifestação das dificuldades de uma empresa[21]. Se bem que todas elas estejam ligadas, é possível distinguir as causas das dificuldades de acordo com o modo como se manifestam.

As causas das dificuldades das empresas podem ser classificadas de modos diversos: causas internas e externas, acidentais e não acidentais, estruturais e conjunturais, jurídicas e não jurídicas. Um outro critério[22] propõe a seguinte divisão: causas ligadas à gestão e ao gozo da empresa, como a contabilidade não organizada, mal organizada ou não elaborada, os trabalhadores em excesso ou as regalias salariais excessivas, as despesas voluptuárias, uma política comercial não idónea, a insuficiência do património ou dos investimentos, a incapacidade, a incompetência, a incúria ou a má gestão dos dirigentes; causas ligadas à evolução do ambiente comercial e da conjuntura internacional, como são os casos do aumento da concorrência, da alteração das condições comerciais locais, do aumento do custo das matérias-primas, da modificação de regulamentações num sentido penalizante, da falta de um parceiro importante; causas puramente acidentais, como sejam a morte de um dirigente carismático, um acidente não coberto por seguro, greves prolongadas ou repetidas, ou ainda a diminuição da produtividade; causas de natureza jurídica, tais como a desadequação da forma jurídica escolhida ou a falta de domínio de questões de natureza jurídica. Como é evidente, a facilidade ou dificuldade de recuperação da empresa depende muito da sua situação e da natureza das suas dificuldades.

As manifestações das situações de dificuldade das empresas são diversas. Com efeito, os sinais podem manifestar-se através, por exemplo, da renovação de uma letra, da notificação de um protesto por falta de pagamento de uma letra ou falta de cobertura de um cheque, da falta de pagamento dos impostos e das contribuições para a segurança social, da falta de convocação ou realização das reuniões dos órgãos sociais nos prazos previstos por lei, da recusa do visto pelo revisor oficial de contas ou a

---

[21] Sobre o tema, v. Filiga Michel SAWADOGO, *OHADA. Droit,* cit..
[22] V. Filiga Michel SAWADOGO, *L'Acte uniforme* cit..

recusa da sua aprovação pela assembleia de accionistas, do despedimento de um número elevado de trabalhadores, da perda de uma parte importante do capital social ou do património, da venda de imobilizado ou de estoques relevantes de matérias-primas, da saída voluntária de quadros ou de dirigentes influentes, da não renovação de contratos importantes uma vez atingido o respectivo termo e ainda da perda de posição dominante.

Considerada a diversidade de sinais, importa relevar a sua relatividade, já que enquanto alguns se traduzem numa cessação dos pagamentos ou sua iminência, outros podem não configurar a existência de graves dificuldades em circunstâncias particulares; por fim, de acordo com o sector de actividade, outros sinais podem ser mais pertinentes: por exemplo, a falta de renovação de um contrato de produção de uma empresa com o cliente para o qual produz em exclusivo pode significar o seu fim.

O conhecimento das causas que geram as dificuldades de uma empresa, através da sua manifestação ou da sua comunicação, pode ter consequências imediatas e mediatas. Antes de mais, o comerciante deve adoptar rapidamente as necessárias medidas de recuperação e, sempre que estas sejam impossíveis ou ineficazes, deve recorrer ao procedimento de alarme ou, quando necessário, ao processo preventivo.

O procedimento de alarme não vem previsto no AUOPC, encontrando-se antes o seu regime disciplinado nos Artigos 150.º a 158.º do AUDSCAIE, facto que exclui os empresários em nome individual do âmbito de aplicação deste procedimento. Este tem lugar, ou deve ter lugar, quando se verificam um ou mais factos passíveis de comprometerem a continuidade da gestão da sociedade. Esta questão é tratada em detalhe no capítulo III do AUDSCAIE. Aqui basta dizer que o procedimento de alarme deve permitir à empresa devedora, se necessário, recorrer ao processo preventivo.

2.2. *O processo preventivo*

Este processo, regulado nos Artigos 5.º a 24.º do AUOPC, deriva do *règlement amiable* francês e do direito libanês e tem lugar quando uma empresa se encontra em situação económica e financeira difícil mas não irremediavelmente comprometida[23], tendo o objectivo de evitar a cessação

---

[23] Sobre esta noção, v. Pascal NGUIHE KANTÉ, *Réflexions sur la notion* cit., pág. 12.

dos pagamentos. O mecanismo aplica-se a qualquer comerciante, pessoa singular ou colectiva, a pessoa colectiva de direito privado não comerciante e a empresa pública sob a forma de pessoa colectiva de direito privado que, independentemente da natureza das suas dívidas, se encontre numa situação económica e financeira difícil mas não irremediavelmente comprometida[24].

A não cessação dos pagamentos é condição fundamental para a admissibilidade do recurso a este processo[25], o qual é composto por duas fases principais, que são a fase preparatória, ou seja, a da respectiva formação, e a fase de produção dos efeitos do processo, que coincide com a sua conclusão.

A fase preparatória inclui a apresentação do requerimento, a entrega da proposta de concordata preventiva e a decisão do tribunal competente.

A apresentação do requerimento é feita pelo devedor, que expõe a sua situação económica e financeira e apresenta as perspectivas de recuperação da empresa e de apuramento do passivo; o requerimento é dirigido ao presidente da jurisdição competente e entregue na secretaria dessa jurisdição e deve indicar os créditos para os quais o devedor pede a suspensão das acções individuais[26]. O requerimento é acompanhado de uma certidão do RCCM, do relatório e contas[27], da situação da tesouraria, da relação dos créditos e das dívidas, da situação pormenorizada das garantias pessoais e reais prestadas e recebidas pela empresa e pelos seus dirigentes, do inventário dos bens móveis sujeitos a reivindicação ou afectados por uma cláusula de reserva de propriedade, da indicação do número de trabalhadores, do montante de salários e dos encargos sociais, do montante do volume de negócios e dos lucros tributáveis nos últimos três anos, do nome e endereço dos representantes dos trabalhadores e, no caso das pessoas colectivas, da lista dos membros solidariamente responsáveis pelas dívidas sociais, com indicação dos respectivos nomes e domicílios; todos os documentos devem ser datados, assinados e autenticados pelo requerente e, caso um destes documentos não possa ser apresentado ou só o possa ser de forma incompleta, o requerimento deve especificar os moti-

---

[24] Cf. Artigo 2.°, § 1, do AUOPC.
[25] Sobre as condições do recurso ao processo preventivo, cf. decisão do TGI de Ouagadougou de 25 de Maio de 2004, com anotação de Filiga Michel SAWADOGO.
[26] Cf. Artigo 5.° do AUOPC.
[27] Compreende o balanço, a demonstração de resultados e um quadro financeiro dos recursos e das aplicações.

vos dessa situação[28]. Juntamente com a explicação da situação económica e financeira da empresa, o requerimento indica também as perspectivas da sua recuperação e de apuramento do passivo.

Surge depois a entrega da proposta de concordata preventiva, em conjunto com a documentação junta ao requerimento ou num prazo máximo de trinta dias após esta junção[29], na qual se mencionam as medidas e as condições previstas para a recuperação da empresa[30].

Uma vez entregue a proposta de concordata, ela é de imediato transmitida ao presidente da jurisdição competente, que toma uma decisão de suspensão das acções individuais e nomeia um perito encarregado de elaborar um relatório sobre a situação económica e financeira da empresa, as perspectivas da sua recuperação tendo em conta as prorrogações de prazos de pagamento, a redução de dívidas consentidas ou susceptíveis de o serem pelos credores e qualquer outra medida que faça parte da concordata[31]. A decisão aqui prevista suspende ou impede a propositura de todas as acções individuais ainda não decididas que tenham como objecto a obtenção do pagamento dos créditos, assim como as acções executivas e os procedimentos cautelares, estando excluídas as acções que tenham como objecto

---

[28] Cf. Artigo 6.º do AUOPC. A falta de inclusão de um dos documentos previstos, não acompanhada da respectiva indicação dos motivos da sua ausência, determina o não recebimento do requerimento – neste sentido, v. Jean-René GOMEZ, *Entreprises* cit., pág. 35.

[29] Cf. Artigo 7.º do AUOPC.

[30] Em particular, a norma prevê que a concordata deve indicar: as modalidades de continuação da empresa, tais como o pedido de prorrogação de prazos de pagamento e redução de dívidas, a cessão parcial do activo com indicação precisa dos bens a ceder, a cessão ou a locação de um sector de actividade, a cessão ou locação da totalidade da empresa, sem que estas modalidades sejam limitativas ou restritivas umas das outras; as pessoas obrigadas a cumprir a concordata e o conjunto das obrigações por si subscritas e necessárias à recuperação da empresa, as modalidades de manutenção e de financiamento da empresa, do pagamento do passivo anterior à decisão de suspensão das acções previstas no Artigo 8.º do AUOPC, bem como, se for o caso, as garantias dadas para assegurar o respectivo cumprimento, as quais podem consistir, designadamente, num aumento do capital a subscrever pelos antigos ou novos sócios, na abertura de linhas de crédito pelos estabelecimentos bancários ou financeiros, na continuação do cumprimento de contratos concluídos antes do requerimento ou na prestação de cauções; os despedimentos que devam ser efectuados por razões económicas, nas condições previstas pelas leis do trabalho em vigor; a substituição dos dirigentes.

[31] Cf. Artigo 8.º do AUOPC. Para um exemplo deste procedimento, cf. decisões do TGI de Ouagadougou, de 24 de Julho de 2002 (n.º 741) e do TPI de Libreville, de 28 de Março de 2003 (n.º 34/2003).

o reconhecimento de direitos ou créditos contestados[32] e as acções cambiárias propostas contra os subscritores de títulos de crédito diversos dos beneficiários da suspensão das acções[33]; por outro lado, os juros legais ou convencionais, os juros de mora e os seus acréscimos continuam a correr mas não são exigíveis[34]. Salvo autorização fundamentada do presidente da jurisdição competente, a decisão no processo preventivo proíbe o devedor de pagar os créditos constituídos antes da decisão ou de reembolsar os fiadores que tenham pago créditos também constituídos antes da decisão, além de proibir a realização de actos de disposição estranhos à exploração normal da empresa ou de prestação de quaisquer garantias[35].

O perito é informado das suas funções pelo presidente da jurisdição competente ou pelo devedor, no prazo de oito dias a contar da data da decisão de suspensão das acções individuais[36]; o perito pode pedir a qualquer sujeito habilitado para o efeito todas as informações sobre o quadro exacto da situação económica e financeira do devedor, tem o dever de informar a jurisdição competente do não cumprimento pelo devedor das respectivas obrigações e tem, sobretudo, o dever de facilitar um acordo entre o devedor e os seus credores[37]. O perito deve entregar o relatório, que contém a concordata proposta pelo devedor ou celebrada entre este e os credores, no prazo máximo de dois meses a contar da sua nomeação, com ressalva de autorização fundamentada do presidente da jurisdição competente para prorrogar este prazo por um mês[38].

---

[32] Tais acções não incidem de forma igual entre os credores na medida em que os credores interessados procuram obter um título para poderem participar na regulação dos créditos num plano de igualdade com os outros credores. Para uma correcta aplicação do AUOPC neste ponto, cf. decisões da CA de Dakar, de 8 de Setembro de 2000 (n.° 397), da CA de Abidjan, de 11 de Junho 2004 (n.° 633) e de 22 de Julho de 2003 (n.° 1030) e do TPI de Libreville, de 28 de Março de 2003 cit..

[33] Cf. Artigo 9.° do AUOPC.

[34] Cf. Artigo 10.°. Segundo Filiga Michel SAWADOGO, L'Acte Uniforme cit., a explicação para esta situação reside no facto de que a empresa não se encontra em estado de cessação dos pagamentos, pelo que o pagamento aos credores não está ainda comprometido, razão pela qual não há motivo para pôr em discussão o que foi já decidido entre as partes.

[35] Cf. Artigo 11.° do AUOPC.

[36] Cf. Artigo 8.°, § 3, do AUOPC.

[37] Cf. Artigo 12.° do AUOPC.

[38] Cf. Artigo 13.° do AUOPC. A norma nada diz sobre as consequências em caso de atraso ou falta de entrega do relatório, sendo muito distintas as soluções jurisprudenciais nesta matéria. Na decisão do TPI de Libreville, de 17 de Janeiro de 2005 (n.° 02/2005), o

No prazo de oito dias a contar da entrega do relatório do perito, o presidente da jurisdição competente convoca o devedor, o perito e qualquer credor que entenda dever ser ouvido, com pelo menos três dias de antecedência, para uma audiência não pública com o objectivo de deliberar, no prazo de um mês a contar do pedido, sobre a homologação da concordata[39]. A concordata só é homologada se estiverem reunidas as condições da sua validade, se nenhum motivo de interesse colectivo ou de ordem pública obstar à homologação, se a concordata oferecer possibilidades sérias de recuperação da empresa e se os prazos concedidos não excederem os três anos para o conjunto dos credores e um ano para os credores de salários; se a concordata comportar um pedido de concessão de um prazo não superior a dois anos, a jurisdição competente pode impor esse prazo aos credores que tenham recusado qualquer prorrogação dos prazos e redução dos pagamentos, salvo nas situações em que a concessão desse prazo coloque em risco a empresa do credor[40]. A decisão que homologa a concordata preventiva põe um ponto final na missão do perito[41], nomeia um juiz comissário e pode designar um síndico e fiscais de controlo[42], devendo ser publicada no RCCM e, por extracto, no Jornal Oficial OHADA[43]. Em contrapartida, a falta de homologação da concordata anula a decisão de sus-

---

perito entregou o relatório oito meses depois da sua nomeação e o tribunal, passados outros onze meses – o Artigo 15.° do AUOPC estabelece o prazo de um mês – constatou a cessação dos pagamentos do devedor e deu início a outro processo colectivo; o mesmo TPI de Libreville, em decisão de 19 de Junho de 2006 (n.° 628/2006), rejeitou um pedido de anulação de uma ordem de suspensão precedente de acções individuais fundada na falta de entrega do relatório do perito no prazo previsto pelo Artigo 13.° do AUOPC, limitando-se a substituir o perito e a conceder um novo prazo para a entrega. O TC de Bamaco, decisão de 2 de Março de 2005 (n.° 113), iniciou directamente um processo colectivo de liquidação de bens vinte meses depois da entrega do relatório do perito, por sua vez entregue três meses e meio depois da respectiva nomeação, sem que para tal tivesse havido autorização expressa. Também o TGI de Ouagadougou, decisão de 29 de Janeiro de 2003 (n.° 20), determinou a liquidação dos bens do devedor decorridos seis meses da nomeação do perito, considerando provado que o devedor não se encontrava em condições de efectuar uma proposta de concordata séria. Uma intervenção clarificadora do TCJA sobre a matéria revela-se premente.
[39] Cf. Artigos 14.° e 15.°, §§ 1 e 4, do AUOPC.
[40] Cf. Artigo 15.°, § 2, do AUOPC.
[41] Este deve apresentar um relatório das suas actividades no prazo de um mês a contar da decisão de homologação da concordata (cf. Artigo 19.° do AUOPC).
[42] Cf. Artigo 16.° do AUOPC. Cf., como exemplo de uma nomeação dos referidos órgãos, a decisão do TPI de Libreville, de 11 de Julho de 2003 (n.° 48/2003).
[43] Cf. Artigos 36.° e 37.° do AUOPC.

pensão das acções individuais e coloca as partes na situação em que se encontravam antes da decisão[44].

Uma vez aprovada, a concordata preventiva produz determinados efeitos nas relações entre os credores e os devedores.

A homologação da concordata preventiva torna-a obrigatória para todos os credores anteriores à decisão no processo preventivo, sem distinção entre créditos quirografários e créditos dotados de garantias, nas condições, prazos de pagamento e reduções que eles consentiram ao devedor, salvo quando, nos termos do n.º 2 do Artigo 15.º do AUOPC, a jurisdição competente determinar que a concordata é também oponível aos credores que tenham recusado a prorrogação de prazos e reduções de créditos, desde que o prazo pedido para a execução da concordata não supere os dois anos[45]; o mesmo princípio é aplicável aos fiadores que tenham cumprido dívidas do devedor constituídas antes da decisão de homologação da concordata[46]. Os credores titulares de garantias reais não as perdem, mas só podem executá-las em caso de anulação ou de resolução da concordata a que tenham dado consentimento ou que lhes tenha sido imposta, ao passo que os fiadores e os co-obrigados do devedor se podem valer da prorrogação de prazos e das reduções estabelecidas na concordata; a prescrição continua suspensa relativamente aos credores que, após a homologação da concordata preventiva, não possam exercer os direitos ou acções de que são titulares, enquanto que a partir do momento em que a decisão que homologa a concordata transita em julgado o devedor recupera a liberdade de administração e disposição dos seus bens[47].

Quando nomeado, o síndico tem a obrigação de controlar a execução da concordata preventiva no que diz respeito ao pagamento dos credores e às medidas de recuperação da empresa: compete-lhe comunicar ao juiz comissário eventuais incumprimentos e prestar contas de três em três meses sobre o andamento das operações[48]. Eventuais modificações da concordata destinadas a abreviar ou a favorecer a sua execução podem ser apreciadas pela jurisdição competente a pedido do devedor e ouvido o síndico, quando nomeado[49].

---

[44] Cf. Artigo 15.º, § 3, do AUOPC.
[45] Sobre o tema, cf. decisão da CA de Abidjan, de 1 de Dezembro de 2000 (n.º 1054).
[46] Cf. Artigo 18.º, § 1, do AUOPC.
[47] Cf. Artigo 18.º, §§ 2 a 5 do AUOPC.
[48] Cf. Artigo 20.º do AUOPC.
[49] Cf. Artigo 21.º do AUOPC.

Os meios de recurso são regulados de modo rigoroso a fim de favorecer a celeridade e a eficácia da concordata preventiva. Em termos gerais, os prazos são breves e a jurisdição competente deve pronunciar-se com rapidez. A decisão de suspensão das acções individuais não é susceptível de recurso[50]. As decisões tomadas no âmbito da concordata preventiva têm uma natureza executiva provisória e podem ser objecto de recurso no prazo de quinze dias a contar da respectiva pronúncia, devendo a decisão do recurso ser proferida no prazo de um mês a contar da sua interposição: se o tribunal competente confirmar a decisão, admite a concordata preventiva; se, ao invés, a reformular e verificar a cessação dos pagamentos, procede à marcação de uma data para a abertura do processo de recuperação judicial ou de liquidação dos bens, remetendo o processo para a jurisdição competente[51].

3. Tratamento das dificuldades das empresas em sede judicial: os processos colectivos

3.1. *As condições de abertura*

Quando a empresa deixa de fazer os pagamentos têm lugar os processos colectivos em sentido estrito, ou seja, a recuperação judicial e a liquidação de bens. A recuperação judicial, por sua vez, pode ser convertida numa liquidação de bens; todavia, não obstante as suas finalidades diversas – de um lado a recuperação e do outro o encerramento da empresa –, estes dois processos apresentam inúmeras similitudes, o que explica as várias disposições comuns do Acto Uniforme, sobretudo na matéria relativa às condições de abertura e aos órgãos, bem como relativamente aos efeitos sobre o devedor e os respectivos credores.

A abertura do processo pressupõe que estejam reunidos determinados requisitos relativos, por um lado, à qualidade do devedor – deve ser pessoa singular ou colectiva comerciante, ou ser pessoa colectiva de direito privado não comerciante ou empresa pública constituída sob a forma de pessoa colectiva de direito privado – e, por outro, à situação económica

---

[50] Cf. Artigo 22.º do AUOPC.
[51] Cf. Artigo 23.º do AUOPC.

deste – deve ter interrompido os pagamentos[52]. O comerciante que morre em estado de cessação dos pagamentos pode ser sujeito a um processo colectivo no prazo de um ano a contar da data do falecimento[53], enquanto que, por sua vez, o comerciante que cessou a sua actividade pode ser objecto de um processo colectivo no prazo de um ano a contar da publicação do cancelamento da inscrição do devedor no RCCM[54]; desta forma, a abertura do processo colectivo pode ser feita contra um sócio ilimitada e solidariamente responsável pelo passivo da sociedade, no prazo de um ano a contar da inscrição da sua saída da sociedade no RCCM, sempre que a cessação dos pagamentos seja anterior a essa inscrição[55]. Relativamente à realidade «empresarial» africana, põe-se a questão da possibilidade e da oportunidade de sujeitar aos processos colectivos os agentes do comércio «informal»[56], que constitui hoje uma dimensão importante na economia africana[57].

A condição jurídica do sujeito a que é aplicado um processo colectivo deve ser acompanhada da respectiva situação económica e da situação de cessação dos pagamentos para que se inicie o processo. A noção de cessação dos pagamentos é importante para a abertura do processo colectivo e vem definida no AUOPC como a situação em que o devedor se encontra impossibilitado de pagar o seu passivo exigível – as dívidas devem ser certas, líquidas, exigíveis e não contestadas –, independentemente da natureza das suas dívidas, com o seu activo disponível, devendo a declaração

---

[52] Cf. Artigo 2.º, § 4, do AUOPC. Sobre o assunto, v. Jean-René GOMEZ, *Entreprises* cit., págs. 57 e segs..

[53] Cf. Artigo 30.º do AUOPC.

[54] Cf. Artigo 31.º, § 1, do AUOPC.

[55] Cf. Artigo 31.º, § 2, do AUOPC.

[56] Sobre a economia «informal», v. Jean-Louis LESPÉS (ed.), *Les pratiques juridiques économiques et sociales informelles*, Actas do colóquio internacional de Nouakchott, 8-11 de Dezembro de 1988, Paris, Puf, 1991. O relatório de síntese – redigido por Ahmed Salem OULD BOUBOUT – considera informais «*as práticas que se desenvolvem à margem – e em violação – da legalidade (estatal ou consuetudinária) amplamente aceites pelos interessados e com vocação para substituir as leis e as estruturas oficiais ou a serem com elas tomadas em consideração*» (cf. pág. 550), e Constatin TOHON, *Les représentations juridiques du commerce «informel»*, in AA.VV, *Anthropologie et droit: intersections et confrontations*, série Cahiers d'anthropologie du droit, Paris, Khartala, 2004, págs. 355 e segs..

[57] Segundo dados do Banco Mundial e do FMI, em 2007, a contribuição informal para o PNL dos Países africanos rondava em média os 20% e, se excluído o sector agrícola, 34%. O comércio representava 50% da produção do sector informal, a produção manufactureira 32%, os serviços 14% e os transportes 4%.

ser feita no prazo de trinta dias a contar da cessação dos pagamentos e ser entregue na secretaria da jurisdição competente[58], acompanhada em simultâneo – ou nos quinze dias posteriores – de uma proposta de concordata com vista à recuperação da empresa[59]. A cessação dos pagamentos não corresponde à falência, caracterizada pelo facto de o activo total ser inferior ao passivo total. Todavia, sucede frequentemente que a cessação dos pagamentos é manifestação da falência, o que torna impossível uma recuperação da empresa e o pagamento dos credores; também se pode reter que a cessação dos pagamentos, ainda que não constitua uma verdadeira falência, corresponde a uma situação irremediavelmente comprometida, que torna a recuperação da empresa muito difícil, ou francamente impossível, tendo os credores escassas hipóteses de receber o pagamento dos seus créditos[60]. Discute-se, por isso, a oportunidade da adopção de semelhante critério por parte do legislador OHADA com a finalidade da abertura dos processos colectivos em análise. Um critério que poderia substituir a cessação dos pagamentos poderia ser o da existência de factos graves que comprometam a continuidade da gestão da empresa, critério este que é tomado em consideração para a abertura do processo de alarme, previsto tanto no AUDSCAIE como na legislação francesa; todavia, importa referir que este é um critério de difícil percepção para um credor ou pessoa externa à empresa[61]. No entanto, o critério da cessação dos pagamentos pode permanecer válido se interpretado com uma certa elasticidade e sempre que as jurisdições nacionais competentes, à semelhança dos tribunais de comércio belgas, estejam dotadas de serviços de investigação comercial, que permitam obter uma informação rápida e uma consequente célere abertura do processo colectivo apropriado[62], ainda que uma solução deste género se confronte actualmente com as carências infra-estruturais crónicas da estrutura judicial africana.

---

[58] Cf. Artigo 25.º do AUOPC. Para alguns exemplos práticos, cf. decisões do TGI de Ouagadougou, de 24 de Abril de 2002 (n.º 455) e de 26 de Setembro de 2001 (n.º 790), do TPI de Libreville, de 4 de Setembro de 2001 (n.º 37/2001), do TGI de Ouagadougou, de 10 de Agosto de 2001 (n.º 710), de 13 de Setembro de 2000 (n.º 779), de 6 de Outubro de 1999 (n.º 894), de 2 de Junho de 1999 (n.º 432) e de 24 de Fevereiro de 1999 (n.º 192).

[59] Cf. Artigo 27.º. Sobre a noção de cessação dos pagamentos, v. Pascal NGUIHE KANTÉ, *Réflexions sur la notion* cit., págs. 9 e segs. e Jean-René GOMEZ, *Entreprises* cit., págs. 57 e segs., com amplas referências à jurisprudência francesa sobre esta matéria.

[60] V. Renaud SORIEUL e Jennifer R. CLIFF, *International Aspects* cit., pág. 7.

[61] Neste sentido, cf. Filiga Michel SAWADOGO, *L'Acte Uniforme* cit..

[62] *Ibidem*.

A necessidade de uma decisão judicial para a abertura de um processo colectivo válido decorre do Artigo 32.° do AUOPC, nos termos do qual a abertura de um processo colectivo de recuperação judicial ou de liquidação de bens apenas pode resultar de uma decisão da jurisdição competente, o que impede a falência de facto ou virtual. Contudo, o AUOPC, que não contempla a falência de facto em geral, parece reclamá-la no caso de condenação por falência simples ou fraudulenta, ou por crime similar à falência simples ou fraudulenta, podendo assim ser proferida ainda que a cessação dos pagamentos não tenha sido constatada nas condições estabelecidas pelo AUOPC[63].

Permanecendo todavia o princípio da exigência de uma pronúncia judicial, põe-se a questão da determinação da jurisdição competente. Quanto à competência em razão da matéria, o processo é confiado à jurisdição com competência em matéria comercial[64]: com excepção de alguns Estados-membros que estão dotados de tribunais de comércio, na grande maioria dos que não estão são os tribunais de primeira instância ou os tribunais regionais que têm essa competência. O tribunal territorialmente competente é o do lugar em que o devedor tem o seu estabelecimento principal ou, tratando-se de pessoa colectiva, a sua sede social, ou ainda, caso a sede não se localize no território nacional, o seu estabelecimento principal[65]. Coloca-se, depois, a questão de saber como proceder quando o devedor, pessoa singular ou colectiva, possui bens e credores situados em dois ou mais Estados: a este propósito, a teoria da unidade ou da universalidade da falência defende dever ser aberto apenas um processo contra o devedor, que permita apreender todos os seus bens independentemente da sua localização e pagar a todos os credores domiciliados nos vários Estados num plano de igualdade; por seu lado, a teoria dos processos territoriais, admite a abertura de processos colectivos em todos os Estados em que o devedor possua bens, tese esta que favorece os credores domiciliados nos Estados em que o devedor possui bens, sobretudo se as quantias devidas não forem muito elevadas. O direito francês admite as duas teorias e procura realçar os elementos positivos de cada uma delas[66]; o mesmo faz o

---

[63] Cf. Artigo 236.° do AUOPC.
[64] Cf., também, o Artigo 3.° do AUOPC. Sobre a questão da competência, v. Jean--René GOMEZ, *Entreprises* cit., págs. 75 e segs..
[65] Cf. Artigo 4.° do AUOPC.
[66] V. Yves GUYON, *Droit des affaires*, tomo 2, *Les entreprises en difficulté, redressement judiciaire et faillite*, 9.ª ed., Paris, Económica, 2003.

AUOPC[67] que, por um lado, consente a abertura de um processo contra uma empresa que não tem a sua sede no Estado em cujo tribunal o processo tem início e, por outro, prevê a existência de um processo principal e de um ou mais processos secundários: no interesse da empresa, dos credores e do devedor, está previsto um dever de informação recíproca entre os síndicos do processo, a colaboração entre os diversos órgãos do processo e uma hierarquização, com vantagem do processo principal, que se traduz na necessidade de obter o acordo do síndico do processo principal para as soluções propostas para os processos secundários, ainda que este sistema pareça limitar os seus efeitos aos territórios dos Estados-membros do Tratado OHADA[68].

O AUOPC estabelece que a abertura do processo colectivo depende de uma declaração do devedor[69], à qual se junta toda a documentação prevista no Artigo 26.º do AUOPC, ou do pedido de um credor que detenha um crédito certo, líquido e exigível, no qual indique a natureza e o montante, bem como o título em que se fundamenta[70], ou ainda de uma iniciativa a título oficioso da jurisdição competente, com base em informações dadas pelo Ministério Público, pelos síndicos, ou pelos sócios, que indicam os factos que motivam a abertura do processo[71]. Independentemente da modalidade de abertura, o tribunal competente pode solicitar uma investigação preliminar para se pronunciar com conhecimento de causa, devendo decidir na primeira audiência útil – mas nunca antes

---

[67] Cf. Artigos 4.º e 247.º a 256.º do AUOPC.

[68] Para um caso interessante relativo à conexão de diversos processos colectivos em diferentes Estados, v. decisão do TR de Niamey, de 7 de Dezembro de 2005 (n.º 544), que, ao fixar a data da cessação dos pagamentos num processo colectivo em que era devedora a Air Afrique, tomou como referência o dia 2 de Janeiro de 2001, data em que o TPI de Abidjan declarou a falência da Companhia na Costa do Marfim.

[69] Cf. Artigo 25.º do AUOPC.

[70] Cf. Artigo 28.º do AUOPC. Na jurisprudência, cf. decisões do TGI de Bobo-Dioulasso, de 29 de Dezembro de 2004 (n.º 298), do TGI de Mfoundi, de 23 de Janeiro de 2002 (n.º 158) e do TPI de Libreville, de 21 de Março de 2001 (n.º 11/2001). Filiga Michel SAWADOGO, *L'Acte Uniforme* cit., nota como esta modalidade de abertura do processo, que era utilizada quase em exclusivo sempre que o devedor solicitava a abertura do processo de recuperação, é curiosamente mais utilizada pelos devedores que requerem a liquidação dos seus bens, citando para o efeito as decisões do TGI de Ouagadougou, de 10 de Agosto de 2001 (n.º 710), de 25 de Abril de 2001 (n.º 432), de 13 de Setembro de 2000 (n.º 779), de 6 de Outubro de 1999 (n.º 894) e de 2 de Junho de 1999 (n.º 432).

[71] Cf. Artigo 29.º do AUOPC. Para um caso de aplicação deste princípio, cf. decisão do TPI de Port-Gentil, de 9 de Março de 2006.

de decorridos trinta dias a contar da abertura do processo – sendo proibida a inscrição do processo na tabela geral, a fim de evitar atrasos na sua apreciação[72]. A decisão de abertura de um processo colectivo é objecto de publicidade no RCCM, num jornal habilitado para receber anúncios legais e ainda no Jornal Oficial[73].

Compete à jurisdição competente a escolha do processo a seguir: verificada a cessação dos pagamentos, escolhe entre o processo de recuperação judicial, caso lhe pareça que o devedor propôs uma concordata séria, ou o processo de liquidação de bens[74]. A apresentação de uma concordata séria, que deve ser apresentada em simultâneo ou, o mais tardar, no prazo de quinze dias a contar da entrega da declaração da cessação dos pagamentos[75], permite optar entre a recuperação judicial e a liquidação de bens, podendo definir-se a proposta de concordata séria como aquela que, mantendo a actividade da empresa e permitindo a sua recuperação, garante o pagamento dos credores em condições aceitáveis[76].

Verificada a cessação dos pagamentos – cuja prova pode ser feita pelo requerente por qualquer meio – e fixada provisoriamente a respectiva data, a jurisdição competente decide entre a recuperação judicial ou a liquidação dos bens, nomeia um juiz comissário entre os juízes da jurisdição – diferente do presidente, com excepção do juiz único –, nomeia o síndico e decide a eventual aposição de selos sobre os bens do devedor[77].

---

[72] Cf. Artigo 32.º, §§ 2, 3 e 4, do AUOPC. No entanto, a CA de Abidjan, decisão de 1 de Dezembro de 2000 (n.º 1054), procedeu à inscrição de um recurso relativo a um processo preventivo na tabela geral; Filiga Michel SAWADOGO, *L'Acte Uniforme* cit., defende que a mesma celeridade que a lei quer promover para a administração judiciária e a falência deve também valer para o processo preventivo, seguindo o espírito dos Artigos 22.º a 24.º do AUOPC, e que tal celeridade deve ser assegurada não só na primeira instância mas também em sede de recurso.

[73] Cf. Artigos 36.º e 37.º do AUOPC.

[74] Cf. Artigo 33.º do AUOPC.

[75] Cf. Artigo 27.º do AUOPC. Na jurisprudência, cf. decisão do TGI de Banfora, de 31 de Janeiro de 2003. Segundo Komlan ASSOGBAVI, *Les procédures* cit., pág. 61, considera-se séria a proposta de concordata que assegura o pagamento dos credores em condições por estes normalmente aceitáveis.

[76] Cf. Artigo 27.º do AUOPC. Cf. decisão da CA de Ouagadougou, de 4 de Maio de 2001 (n.º 32), que revê a decisão do TGI da mesma cidade, de 24 de Janeiro de 2001 (n.º 100 *bis*), que recusou a abertura de um processo de recuperação judicial de uma empresa porque considerou não idónea a proposta de concordata apresentada.

[77] Cf. Artigos 34.º e 35.º do AUOPC. Sobre o problema da fixação da data de cessação dos pagamentos, que não pode ser anterior em mais de dezoito meses à decisão que

A decisão de abertura ou rejeição de abertura de um processo colectivo é susceptível de recurso e de oposição, a interpor no prazo de quinze dias a contar da sua ocorrência, sendo decididas no prazo de um mês a contar da sua recepção[78].

3.2. Os órgãos do processo

Os processos colectivos só podem concretizar as suas finalidades com o contributo dos órgãos nomeados com o requerimento de abertura.

a) Órgãos judiciários

Para compreender o papel dos órgãos judiciários cumpre distinguir as diversas funções daquela que o AUOPC identifica como jurisdição competente e a figura do juiz comissário, a que se junta, também, o Ministério Público.

A jurisdição competente é o órgão judiciário encarregado dos processos colectivos nos termos da legislação interna de cada um dos Estados-membros, seja ou não um tribunal colectivo, ao qual o AUOPC reserva funções essenciais: a primeira é uma função de gestão do processo, que se manifesta no poder de nomear e exonerar os outros órgãos, no poder de autorizar as operações mais importantes ou mais perigosas – tais como a aposição de selos, a continuação da actividade em caso de liquidação dos bens, a homologação da concordata, a conversão da recuperação judicial em liquidação de bens e o encerramento das operações uma vez terminado o processo; a segunda é uma função de gestão de todos os conflitos surgidos no decurso do processo colectivo, tais como os que dizem respeito à falência e às outras sanções, com excepção das que são da exclusiva competência das jurisdições administrativa, penal e social[79].

---

ordene a abertura do processo, cf. decisões do TGI de Ouagadougou, de 25 de Abril de 2001 (n.º 423) e do TC de Bamako, de 8 de Junho de 2005 (n.º 237).

[78] Cf. Artigos 216.º a 225.º do AUOPC. Cf. decisão da CA de Ouagadougou, de 5 de Abril de 2002 (n.º 39), que indeferiu o recurso proposto contra a decisão de abertura de uma falência – erroneamente qualificada como liquidação de bens – por preclusão do prazo de quinze dias.

[79] Cf. Artigo 3.º do AUOPC.

O juiz comissário é nomeado na decisão de abertura de um processo colectivo, normalmente de entre os juízes da jurisdição responsável pelo processo, com excepção do presidente, e pode ser substituído a qualquer momento[80]. Ele zela pelo rápido desenvolvimento do processo e pelos interesses em presença; não obstante disposições legislativas ou regulamentares contrárias, ele pode obter todas as informações necessárias para dispor de um conhecimento exacto da situação económica e financeira da empresa e elabora um relatório para a jurisdição competente sobre todas as contestações decorrentes do processo colectivo[81]. O síndico deve, no prazo de um mês a contar da sua entrada em funções, elaborar um relatório para o juiz comissário sobre a situação do devedor, bem como posteriormente, de acordo com uma periodicidade determinada pelo juiz comissário.

São numerosas as competências do juiz comissário. Ele controla a actividade do síndico, autoriza as operações e toma as decisões da sua competência, sem necessidade de intervenção do tribunal competente – escolhe os dispositivos de controlo, as modalidades de fixação das condições de venda dos bens imóveis, decide sobre a cessão global dos bens e sobre a admissibilidade dos créditos. Decide sobre os pedidos, contestações e reivindicações que sejam da sua competência, no prazo de oito dias a contar da data do requerimento, sendo as suas decisões susceptíveis de recurso diante da jurisdição competente, cujas decisões são tomadas na audiência mais próxima[82] e não são susceptíveis nem de oposição, nem de recurso, com excepção daquelas que decidam sobre reivindicações e das decisões previstas nos Artigos 162.° e 164.° do AUOPC[83].

O Ministério Público, por fim, tem assumido uma importância crescente nos processos colectivos, ainda que o AUOPC só preveja deveres de comunicação e informação recíprocos entre o representante do MP e o juiz comissário[84], além do poder de solicitar a abertura de um processo colectivo[85].

---

[80] Cf. Artigo 35.° do AUOPC.
[81] Cf. Artigo 39.° do AUOPC.
[82] Cf. Artigo 40.° do AUOPC. Sobre a aplicação deste preceito, cf. decisão da CA de Ouagadougou, de 21 de Junho de 2002 (n.° 67).
[83] Cf. Artigo 216.° do AUOPC.
[84] Cf. Artigos 47.° e 66.° do AUOPC.
[85] Cf. Artigo 29.° do AUOPC. Para mais desenvolvimentos sobre o tema, v. Jean-René GOMEZ, *Entreprises* cit., págs. 95 e segs..

Em conclusão, o papel dos órgãos judiciários é essencial para o correcto desenvolvimento dos processos colectivos e alcance dos respectivos fins, com tendência para o aumento das suas competências, ainda que se tenha a impressão de que em África os órgãos judiciários não tomaram ainda plena consciência da dimensão do seu papel[86].

b) O síndico

O síndico assume uma função de primeiro plano no desenvolvimento e na conclusão dos processos colectivos. A decisão de abertura de um processo colectivo designa entre um e três síndicos, que podem ser aumentados – respeitando sempre o número máximo de três – substituídos ou destituídos[87] pela jurisdição competente mediante proposta do juiz comissário[88]. Geralmente, os síndicos são escolhidos a partir de uma lista existente na jurisdição competente, sendo, porém, proibido nomear parentes ou afins do devedor, até ao quarto grau inclusive[89]. O síndico é um man-

---

[86] Filiga Michel SAWADOGO, *L'application judiciaire du droit des procédures collectives en Afrique francophone à partir de l'exemple du Burkina Faso*, in *Revue burkinabé de droit*, n.º 26 (1994), págs. 191 e segs., nota que depois da decisão de abertura, onde já mostram uma certa ligeireza na análise das condições de abertura, pouco interesse há no seguimento das operações, o que pode permitir a um síndico incompetente ou simplesmente pouco atento aos interesses do processo de o conduzir a uma fase de paralisação: não é raro que os processos judiciais abertos se concluam sem uma decisão de encerramento, sem a recuperação da empresa e sem o pagamento dos credores, pelo que, segundo o Autor, exigir-se-ia, de acordo com o novo direito harmonizado, que os juízes dos processos colectivos, e em particular o presidente da jurisdição competente e o juiz comissário, se dedicassem sobretudo a estes processos. A falta de uniformidade do direito aplicável pelos órgãos judiciários, fruto da vigência de textos legais anteriores ao Acto Uniforme, permanece uma realidade, não obstante a entrada em vigor deste: assim, o TPI de Ouagadougou, decisão de 6 de Outubro de 1999 (n.º 894-99), determinou a liquidação judicial e não a dissolução, único processo reconhecido pelo AUOPC, de uma sociedade com base no n.º 7 do Artigo 200.º do AUDSCAIE, nomeando um juiz comissário para seguir as operações de liquidação. A incongruência é tanto maior quanto a cessação dos pagamentos foi afirmada na motivação e constatada na conclusão.

[87] Sobre a destituição de um síndico por falta de cumprimento das suas obrigações legais, cf. decisões do TR de Niamey, de 2 de Outubro de 2002 (n.º 297) e do TRHC de Dakar de 15 de Março de 2001 (n.º 398).

[88] Cf. Artigos 41.º, § 2, e 42.º, § 1, do AUOPC.

[89] Cf. Artigo 41.º, § 1, do AUOPC. Quando o processo tem lugar depois de uma concordata preventiva, é proibido nomear o perito como síndico, a fim de afirmar a separação entre os dois processos.

datário da justiça remunerado pelo seu trabalho; no entanto, a fixação da sua remuneração não é objecto de um critério claro nos Estados-membros, pelo que a fixação de uma remuneração excessivamente elevada pode conduzir a ter menos esperanças na recuperação da empresa ou no pagamento dos credores[90].

A função do síndico consiste na representação da massa falida e do interesse colectivo[91]; em ambas as situações, o síndico adopta, com ou sem o acordo do devedor, todas as decisões relativas à gestão do processo, recorrendo, para as decisões mais importantes, à autorização do juiz comissário ou do tribunal[92], propondo também todas as acções judiciais (pagamento dos créditos, responsabilidade civil, extensão do processo, etc.). Em caso de recuperação judicial, compete ao síndico conduzir o processo de verificação dos créditos[93] e preparar a concordata, procurando aproximar as posições do devedor e dos credores; em caso de adopção da concordata, o síndico pode manter-se em funções para vigiar a respectiva execução, pode praticar actos de conservação e pode ser autorizado a praticar determinados actos em caso de inércia da parte do devedor[94]. Em caso de liquidação dos bens, para além da verificação dos créditos, o síndico assume todas as operações de liquidação – recuperação de créditos e venda de bens móveis e imóveis separadamente ou em bloco[95], pagamentos aos credores de acordo com a respectiva posição, etc. – mas necessita de autorização do juiz comissário. O síndico presta contas da sua actividade ao juiz comissário de acordo com a periodicidade que este determinar[96].

A responsabilidade do síndico pode ser de natureza civil ou penal, consoante o caso. As hipóteses de responsabilidade são numerosas: ele é obrigado a verificar se as publicações foram efectuadas e a inscrever a decisão de abertura de acordo com as disposições que regulam o registo predial[97]; deve prestar contas da sua actividade ao juiz comissário[98]; deve vender os bens do devedor sujeitos a perecimento ou a rápida depreciação;

---

[90] Sobre o problema da fixação da remuneração do síndico, cf. decisão da CA de Dakar, de 27 de Abril de 2001 (n.° 261).
[91] Cf. Artigo 72.° do AUOPC.
[92] Cf. Artigo 43.° do AUOPC
[93] Cf. Artigos 79.°, 80.°, 84.° e 85.° do AUOPC.
[94] Cf. Artigo 52.°, § 3, do AUOPC.
[95] Cf. Artigo 147.° do AUOPC.
[96] Cf. Artigo 43.°, § 4, do AUOPC.
[97] Cf. Artigos 37.° e 38.° do AUOPC.
[98] Cf. Artigo 43.°, último parágrafo, do AUOPC.

recuperar os créditos do devedor e depositar as quantias amealhadas numa conta ligada ao processo; responder pelo cumprimento regular de todas as operações que a lei coloca a seu cargo. No plano criminal, é punido com as penas previstas pelo direito penal vigente nos diversos Estados-membros qualquer síndico do processo colectivo que exerça uma actividade pessoal encoberta pela empresa do devedor que dissimula as suas acções, disponha do crédito ou dos bens do devedor como se fossem seus, dissipe os bens do devedor, continue de forma abusiva e de má fé, no seu interesse pessoal, quer directa quer indirectamente, uma exploração deficitária da empresa do devedor e que, em violação do disposto no Artigo 51.° do AUOPC, se torne comprador, por sua conta, directa ou indirectamente, dos bens do devedor[99].

O síndico que cessar as suas funções é obrigado a prestar contas ao novo síndico, na presença do juiz comissário, bem como do devedor, devidamente convocado[100].

c) Os órgãos dos credores

O papel dos credores manifesta-se através da assembleia de credores e da instituição facultativa de fiscais. No AUOPC existe apenas uma assembleia de credores competente para votar a concordata em caso de recuperação judicial mas, em bom rigor, ela não se considera constituída se a concordata não contiver propostas de redução das dívidas e apenas prever a prorrogação dos prazos de pagamento que não exceda dois anos. Quanto aos fiscais, a sua nomeação compete ao juiz comissário e é facultativa, salvo quando o pedido para a sua nomeação seja feito por credores que representem, pelo menos, metade do total dos créditos[101]. Os fiscais são consultados sobre questões relativas à continuação da empresa e assistem o juiz comissário na sua missão de fiscalização do desenvolvimento do processo colectivo, para o qual podem formular propostas; os seus membros só são responsáveis em caso de culpa grave e as suas funções são gratuitas[102].

---

[99] Cf. Artigo 243.° do AUOPC. Sobre a figura do síndico, v. Jean-René GOMEZ, *Entreprises* cit., págs. 90 e segs..
[100] Cf. Artigo 44.° do AUOPC.
[101] Cf. Artigo 48.° do AUOPC.
[102] Cf. Artigo 49.° do AUOPC.

3.3. Efeitos dos processos colectivos relativamente aos devedores

A decisão que declara a recuperação judicial ou a liquidação de bens produz efeitos a partir da data em que é proferida, mesmo perante terceiros, independentemente de publicação[103], ainda que um Regulamento UEMOA tenha introduzido uma derrogação em matéria bancária[104].

a) Efeitos jurídicos dos processos colectivos sobre os bens do devedor

O processo colectivo tem importantes consequências sobre o devedor, em particular sobre o seu património: deste modo, o AUOPC estabelece, por um lado, medidas cautelares e medidas de verificação dos activos e, por outro, medidas destinadas à administração dos bens do devedor, através do respectivo desapossamento.

As medidas cautelares e de verificação dos activos do devedor dizem fundamentalmente respeito à liquidação dos bens. As medidas cautelares traduzem-se, por um lado, na subtracção da administração e disposição dos bens do devedor através da aposição de selos[105] e, por outro, nos actos de conservação praticados pelo síndico ou pelo devedor. A primeira é uma

---

[103] Cf. Artigo 52.° do AUOPC.
[104] O Regulamento n.° 15/2002/CM/UEMOA, de 19 de Setembro de 2002, relativo aos sistemas de pagamentos nos Estados-membros da União Económica e Monetária da África Ocidental, estabelece o seguinte nos seus Artigos 6.° e 7.°:
   «Não obstante disposição contrária, as ordens de transferência introduzidas num sistema de pagamentos interbancários, em conformidade com as normas de funcionamento do referido sistema, são oponíveis a terceiros e à massa dos credores e não podem ser anuladas antes do dia em que é proferida a decisão de abertura de um processo de recuperação judicial ou de liquidação de um participante, apenas pela razão de que interveio esta decisão. Estas disposições são também aplicáveis às ordens de transferência que se tornam irrevogáveis. O momento em que uma ordem de transferência se torna irrevogável no sistema é definido pelas normas de funcionamento do respectivo sistema» (cf. Artigo 6.°);
   «Não obstante disposição contrária, a compensação efectuada na câmara de compensação ou num local de acesso à compensação de acordo com as normas de funcionamento do sistema de pagamento interbancário em causa é oponível a terceiros e à massa de credores e não pode ser anulada pela razão de que haverá uma decisão de abertura de um processo de recuperação judicial ou de liquidação perante um participante do referido sistema» (cf. Artigo 7.°).
[105] Cf. Artigo 53.° do AUOPC. Sobre o resultado dessa subtracção, v. Jean-René GOMEZ, *Entreprises* cit., págs. 103 e segs..

medida que pode ter lugar na decisão judicial de abertura do processo e incide sobre os objectos do devedor que são relevantes para o processo (caixas, cofres, pastas, livros, documentos, móveis, títulos, lojas e balcões do devedor) e, caso existam sujeitos com responsabilidade ilimitada pelas dívidas de pessoa colectiva, a aposição de selos estende-se automaticamente aos bens de cada um deles; assinale-se que o AUOPC inova ao admitir a possibilidade de se efectuar a aposição de selos sobre os bens dos dirigentes das pessoas colectivas[106]. Mediante proposta do síndico, o juiz comissário pode dispensá-lo da aposição de selos ou autorizá-lo a retirar selos dos objectos móveis e objectos indispensáveis ao devedor e à sua família, dos objectos sujeitos a deterioração próxima ou a perda iminente de valor e dos objectos necessários à actividade profissional do devedor ou à sua empresa, quando a continuação da exploração seja autorizada; estes objectos são imediatamente inventariados pelo síndico, na presença do juiz comissário, que assina o auto[107]. A aposição de selos sobre os bens do devedor tem um carácter provisório, esgotando-se a sua finalidade com o início do inventário[108].

Os actos de conservação destinam-se a manter os direitos do devedor e, geralmente, a conservar o património deste. O AUOPC estabelece que o síndico deve praticar todos os actos necessários à conservação dos bens do devedor[109], devendo, nomeadamente, requerer as inscrições das hipotecas sobre os bens imóveis dos devedores do devedor e, em geral, a inscrição ou a renovação das garantias mobiliárias e imobiliárias, exercer a acção sub-rogatória e vender os bens sujeitos a rápido perecimento ou depreciação; com esta finalidade, após a decisão de abertura do processo de liquidação, são conferidos poderes ao síndico para que este pratique os actos ou exerça os direitos e acções do devedor relativos ao seu património, entre os quais se encontram, naturalmente, os actos de conservação[110]. Sempre que o síndico deixe de praticar um acto ou de exercer um direito ou uma acção relativos ao património do devedor, este último, assim como os dirigentes de pessoa colectiva sujeita a um processo colectivo ou os fis-

---

[106] Cf. Artigo 59.º do AUOPC.
[107] Cf. Artigo 60.º do AUOPC. De acordo com Jean-René GOMEZ, *Entreprises* cit., pág. 111, o elenco previsto no preceito em causa não é exaustivo, podendo outros bens ser considerados excluídos do desapossamento.
[108] Cf. Artigos 62.º e 63.º, § 2, do AUOPC.
[109] Cf. Artigo 54.º do AUOPC.
[110] Cf. Artigo 53.º, § 3, do AUOPC.

cais, quando nomeados, podem obrigá-lo a fazê-lo, por decisão do juiz comissário[111]. Em caso de recuperação judicial, o devedor apenas pode praticar os actos de conservação e os de gestão corrente que correspondam à actividade habitual da empresa; se o devedor – ou os dirigentes de pessoa colectiva – se recusar a praticar um acto necessário à salvaguarda do património, a prática desse acto compete ao síndico, autorizado pelo juiz comissário; a decisão de abertura do processo de recuperação judicial implica, a partir da sua data, a assistência obrigatória do síndico ao devedor relativamente a toda a actividade de administração ou disposição dos bens; se o síndico recusar assistência ao devedor ou aos dirigentes para a prática de um acto, podem estes obter do juiz comissário uma decisão que obrigue o síndico a intervir[112]. Para a prática de actos de conservação, e em particular para a inscrição de hipotecas, o síndico deve juntar ao requerimento uma certidão que prove a sua nomeação[113].

Nos três dias seguintes à decisão de abertura, o devedor deve apresentar-se ao síndico com os seus livros de contabilidade para exame e fecho dos mesmos[114]; este, no mês seguinte ao início das suas funções, deve remeter ao juiz comissário um relatório sumário sobre a situação económica do devedor e as perspectivas da sua recuperação, de acordo com a proposta de concordata apresentada pelo devedor[115], ao passo que, para fins de apuramento dos activos, o síndico deve, no prazo de três dias a contar da sua aposição, requerer o levantamento dos selos para fazer o inventário[116]. O inventário tem lugar na presença do devedor, ou na sua ausência quando devidamente convocado por carta registada com aviso de recepção ou outro meio escrito; em caso de processo aberto relativo a devedor já falecido, são chamados os herdeiros no seu lugar; um representante do Ministério Público pode assistir ao inventário e o síndico pode ser auxiliado por qualquer pessoa que lhe possa ser útil na redacção do inventário e avaliação dos bens[117]. O inventário deve ser o mais completo e exacto possível e feito com base nos livros, actos e documentos contabilísticos

---

[111] Cf. Artigo 53.º, último parágrafo, do AUOPC.
[112] Cf. Artigo 52.º, §§ 2, 3 e 4, do AUOPC.
[113] Cf. Artigo 54.º, último parágrafo, do AUOPC.
[114] Cf. Artigo 55.º do AUOPC.
[115] Cf. Artigo 66.º do AUOPC. O relatório do síndico é oficiosamente comunicado ao Ministério Público.
[116] Cf. Artigo 62.º do AUOPC.
[117] Cf. Artigo 63.º, §§ 3 a 6, do AUOPC.

fornecidos pelo devedor antes da decisão de abertura[118]; caso contrário, o inventário é iniciado com base na documentação que o síndico encontre na sede da empresa. O inventário é redigido em duplicado, ficando uma cópia depositada na secretaria do tribunal competente e a outra na posse do síndico; em caso de liquidação de bens e uma vez terminado o inventário, o dinheiro, os valores, as letras de câmbio e os títulos de crédito, os livros, os papéis, móveis e objectos do devedor são entregues ao síndico, que os menciona no final do inventário[119].

Com a abertura de um processo colectivo termina o desapossamento do devedor, quer relativamente aos bens presentes, quer aos bens futuros, em particular os que possam ser adquiridos pelo devedor por via sucessória ou no âmbito do exercício de uma outra actividade; o desapossamento não incide, também, sobre os bens impenhoráveis, os alimentos, bem como os bens móveis necessários à vida e ao trabalho do devedor e da sua família, sendo possível que o juiz comissário, depois de ouvido o síndico, conceda recursos económicos a favor do devedor e da sua família[120].

b) A inoponibilidade à massa falida dos actos que prejudiquem os credores

O AUOPC estabelece regras sobre a oponibilidade à massa falida dos actos jurídicos praticados pelo devedor no período anterior à data da cessação dos pagamentos. Em termos gerais, são inoponíveis ou podem ser declarados inoponíveis à massa falida os actos realizados pelo devedor durante o período «suspeito», ou seja, no período que medeia entre a data da cessação dos pagamentos e a data da decisão de abertura do processo[121]. Em particular, são inoponíveis à massa, se realizados durante o período suspeito: os actos de transmissão de bens móveis ou imóveis, a título gratuito; os contratos sinalagmáticos em que as obrigações do devedor excedam notoriamente as da outra parte; os pagamentos, independentemente da forma como sejam efectuados, de dívidas não vencidas, com excepção

---

[118] O Artigo 26.º do AUIPC determina que a junção dos diversos documentos úteis ao inventário seja feita no momento da declaração de cessação dos pagamentos prevista no Artigo 25.º do AUOPC.
[119] Cf. Artigo 63.º, §§ 7 e 8, do AUOPC.
[120] Cf. Artigo 64.º do AUOPC.
[121] Cf. Artigo 67.º do AUOPC.

das letras de câmbio; qualquer pagamento de dívidas vencidas efectuado por meio diferente de dinheiro, letra de câmbio, transferência bancária, levantamento antecipado sobre a conta bancária, cartão de crédito ou de pagamento ou compensação legal, judicial ou contratual de dívidas que tenham uma relação entre si[122]; penhores ou hipotecas convencionais constituídos sobre bens do devedor para dívidas contraídas anteriormente; inscrição provisória de hipoteca judicial cautelar ou de penhor sem entrega judicial e cautelar[123]. Por outro lado, é possível declarar inoponíveis à massa falida, se lhe causarem prejuízo – ao contrário do Artigo 68.º do AUOPC, preceito que determina a necessária inoponibilidade de alguns actos prejudiciais, a norma presente no Artigo 69.º exprime uma simples possibilidade de inoponibilidade a alguns actos – os actos de transmissão a título gratuito da propriedade mobiliária e imobiliária realizados nos seis meses que precedem o período suspeito, as inscrições de garantias reais mobiliárias e imobiliárias, quando o beneficiário tivesse conhecimento da cessação dos pagamentos ao devedor, os actos onerosos realizados pelo devedor, quando a contraparte tivesse conhecimento da cessação dos pagamentos por parte do devedor, e os pagamentos voluntários de dívidas vencidas, se os beneficiários tivessem conhecimento da cessação dos pagamentos no momento do pagamento[124]. A prova destes factos é passível de ser feita com recurso a quaisquer meios de prova e o seu resultado é comunicado à jurisdição competente.

Em concreto, a inoponibilidade do negócio oneroso à massa falida – e a sua consequente revogação – tem diversas consequências: o paga-

---

[122] O regime da oponibilidade dos pagamentos efectuados por compensação está previsto no Artigo 103.º do AUOPC, que diz respeito à reivindicação de mercadorias e de bens móveis entregues ao devedor para serem vendidos, com cláusula de reserva de propriedade, que permite a possibilidade de exigir, em caso de alienação, ao sub-adquirente, o preço ou a parte do preço devido se este não tiver sido pago em dinheiro nem compensado em conta-corrente entre ele e o devedor, e no Artigo 109.º do AUOPC, que diz respeito ao cumprimento dos contratos em curso e no qual se prevê que a jurisdição competente para julgar a acção de resolução contra o síndico pode decidir a compensação ou autorizar o deferimento da restituição das provisões até à decisão final da indemnização.

[123] Cf. Artigo 68.º do AUOPC. Para uma análise detalhada dos actos inoponíveis, v. Jean-René GOMEZ, *Entreprises* cit., págs. 118 e segs..

[124] Cf. Artigo 69.º, § 1, do AUOPC. O segundo parágrafo do preceito estabelece que os títulos de crédito ao portador são oponíveis à massa falida, com excepção de alguns casos em que é possível propor uma acção de restituição. Sobre a matéria, v. Jean-René GOMEZ, *Entreprises* cit., págs. 131 e segs..

mento declarado inoponível deve ser restituído à massa falida pelo credor; se o adquirente de um bem tiver adquirido a sua posse, deve restituí-lo à massa falida ou pagar o respectivo valor se, por sua vez, o tiver alienado a um terceiro que não tivesse conhecimento da cessação dos pagamentos (se a alienação tiver sido feita a título gratuito, a inoponibilidade estende--se também a terceiros); aquele que tiver recebido um pagamento do devedor deve restituir a quantia recebida à massa falida[125]. Apenas o síndico pode intentar acção declarativa de restituição durante o período suspeito e perante a jurisdição que tenha decidido a abertura do processo colectivo[126].

3.4. *Os efeitos dos processos colectivos sobre as relações jurídicas pré-existentes*

O problema dos contratos diz respeito aos contratos de execução continuada e aos contratos de execução instantânea ainda não concretizados ou que ainda não tenham produzido todos os seus efeitos jurídicos e coloca--se também em caso de continuação, ainda que momentânea, da actividade necessitada da execução dos contratos anteriores e da estipulação de novos contratos. A solução adoptada pelo AUOPC, em linha com o objectivo geral de recuperação da empresa, estabelece que, à excepção dos contratos celebrados *intuito personae* do devedor e aqueles expressamente previstos na lei de cada Estado-membro, a cessação dos pagamentos resultante de decisão judicial não se considera causa de resolução, considerando-se não escrita qualquer cláusula de resolução por esse motivo[127]. Só o síndico, no exclusivo interesse da empresa e dos credores, pode exigir o cumprimento dos contratos em curso durante o processo colectivo, devendo realizar a prestação devida à outra parte que, caso o síndico não realize a prestação devida, pode invocar a excepção de não cumprimento; se a outra parte

---

[125] Cf. Artigo 71.º do AUOPC.
[126] Cf. Artigo 70.º do AUOPC.
[127] Cf. Artigo 107.º do AUOPC. A solução adoptada difere da solução francesa, em que todos os contratos em curso podem ser cumpridos, incluindo os celebrados *intuitu personae*. A opção de consentir aos Estados-membros a possibilidade de excluir determinados contratos da aplicação do princípio geral do cumprimento parece pouco coerente com o objectivo de tratamento uniforme subjacente ao sistema OHADA. Para uma crítica nesse sentido, v. Jean-René GOMEZ, *Entreprises* cit., pág. 202.

cumprir o contrato sem receber a prestação que lhe é devida, torna-se credora da massa; o síndico pode ser interpelado para exercer a sua opção ou realizar a prestação prometida no prazo de trinta dias e sob pena de resolução[128]. A resolução tem lugar sempre que o síndico não exerça o direito de opção ou não esteja em condições de realizar a prestação prometida, pelo que, nesse caso, o outro contraente poderá obter indemnização pelos danos, cujo montante será incluído no passivo; ele não pode compensar as provisões recebidas por conta das prestações que ainda não tenha feito com a indemnização devida em caso de resolução, embora a jurisdição competente que julgar a acção de resolução contra o síndico possa decidir a compensação ou autorizar o diferimento da restituição das provisões até à decisão final sobre a indemnização[129].

Quanto aos contratos de trabalho em vigor, a sua continuidade é automática, razão porque a questão dos despedimentos por razões económicas só se coloca quando tenham carácter urgente e sejam indispensáveis. Intervêm no processo o síndico, a quem compete estabelecer a ordem dos despedimentos, os representantes dos trabalhadores, que emitem parecer escrito sobre os despedimentos, a inspecção do trabalho, que recebe a carta de consulta aos representantes dos trabalhadores e respectiva resposta, e o juiz comissário, cujo papel é essencial: todos os documentos (ordens de despedimento, pareceres dos representantes dos trabalhadores, carta dirigida à inspecção do trabalho) são-lhe transmitidos e ele autoriza, no todo ou em parte, os despedimentos previstos, caso sejam necessários para a recuperação da empresa. A decisão do juiz comissário que autorize ou recuse os despedimentos é passível de recurso no prazo de quinze dias diante da jurisdição competente que decide, de forma definitiva, no prazo de quinze dias[130]. A futura harmonização do direito do trabalho deve, caso seja concretizada, evitar as dificuldades de coordenação entre as disposições do AUOPC e as diversas legislações laborais dos Estados-membros.

---

[128] Cf. Artigo 108.º do AUOPC. Azibar Said ALGADI, *Cession judiciaire et principes contractuels en droit OHADA*, in *RDIC* n.º 1 (2008), págs. 45 e segs., nota que da combinação do disposto nos Artigos 108.º e 122.º do AUOPC resulta a cessão contratual não automática, mas sujeita ao concurso da vontade das partes, prevendo uma solução próxima de uma cessão judicial «guiada», que permite conciliar o respeito pela vontade das partes com as necessidades de recuperação da empresa.

[129] Cf. Artigo 109.º do AUOPC.

[130] Sobre o regime dos despedimentos, cf. Artigos 110.º e 111.º do AUOPC.

Entre os contratos em curso no momento da abertura do processo cuja continuação está expressamente prevista encontra-se o arrendamento de imóveis afectos à actividade profissional do devedor, embora se preveja a possibilidade de resolução mediante simples declaração do síndico formulada por acto extrajudicial, sem prejuízo do poder reconhecido ao locador de intentar acção de resolução do contrato por causas ocorridas anteriormente ou posteriormente à decisão de abertura do processo[131]. Na falta de resolução do contrato, o AUOPC estabelece garantias específicas para o pagamento das rendas vencidas ou vincendas a favor do locador, que se torna assim credor da massa[132].

3.5. Efeitos dos processos colectivos perante os credores

Normalmente, os efeitos da decisão de abertura de um processo colectivo não são diferentes consoante se trate de um processo de recuperação judicial ou de um processo de liquidação de bens. Assim, a abertura do processo determina o agrupamento dos credores numa massa[133] – constituída pelos credores com créditos anteriores à decisão de abertura –, a revisão dos direitos de alguns credores e a classificação das várias categorias de credores e respectivos direitos.

a) A massa falida

A decisão de abertura do processo constitui os credores numa massa representada pelo síndico que, sozinho, actua em seu nome e no interesse colectivo[134], podendo também constituir obrigações; a massa é constituída

---

[131] Cf. Artigo 97.º do AUOPC. O preceito em causa estabelece prazos específicos para a resolução do contrato.
[132] Cf. Artigo 98.º do AUOPC.
[133] Verifica-se uma posição diversa da consagrada no direito francês, onde se abandonou o conceito de massa falida, na medida em que as recentes alterações legislativas registadas em França foram provavelmente consideradas demasiado complexas e distantes das necessidades dos países africanos – sobre o assunto, v. Jean-René GOMEZ, *Entreprises* cit., págs. 143 e segs..
[134] Segundo Jean-René GOMEZ, *Entreprises* cit., pág. 148, a norma confere ao síndico um poder de representação da massa, com a finalidade de tutelar os interesses do colectivo, ainda que cada credor conserve o direito de agir para tutela do seu interesse pes-

por todos os credores cujo crédito seja anterior a tal decisão, ainda que só exigível em data posterior à abertura do processo[135]. A massa é constituída autonomamente para efeitos de abertura do processo e independentemente da manifestação de vontade dos credores, é dotada de personalidade jurídica e pode ter um interesse autónomo e distinto relativamente aos credores que a compõem[136].

Entre as prerrogativas da massa cumpre assinalar a hipoteca legal de que goza sobre os bens imóveis dos devedores actuais e futuros adquirentes após a abertura do processo: a hipoteca é inscrita pelo escrivão e, na sua falta, pelo próprio síndico[137] de acordo com o regime jurídico interno de cada Estado-membro.

A decisão de abertura do processo altera profundamente a situação dos credores, ao determinar uma uniformização da sua condição jurídica que influi sobre o conteúdo dos créditos e o exercício dos respectivos direitos. A decisão de abertura do processo só torna exigíveis as dívidas não vencidas em caso de liquidação dos bens e apenas em relação ao devedor[138], determina a suspensão das inscrições em curso de qualquer garantia mobiliária ou imobiliária[139] e a contagem dos juros, tenham ou não garantias[140], e suspende ou impede a abertura de todas as acções individuais

---

soal, se bem que as quantias eventualmente recuperadas pelo credor no exercício de uma acção singular sejam em benefício da massa.

[135] Cf. Artigo 72.° do AUOPC. Sobre o preceito, v. Jean-René GOMEZ, *Entreprises* cit., págs. 154 e segs..

[136] Neste sentido, v. Filiga Michel SAWADOGO, *OHADA. Droit*, cit., pág. 199.

[137] Cf. Artigo 74.° do AUOPC. O objectivo essencial é o de constituir uma garantia para a execução da concordata.

[138] Cf. Artigo 76.° do AUOPC, que estabelece que as dívidas em moeda estrangeira são convertidas em moeda local à data da decisão de abertura. A norma só tem aplicação no caso da liquidação de bens – contrariamente ao que se verificava no COCC do Senegal (cf. Artigo 964.°) – sendo a caducidade do prazo considerada incompatível com o objectivo da continuação da actividade da empresa própria da recuperação judicial.

[139] Cf. Artigo 73.° do AUOPC. A proibição diz fundamentalmente respeito às garantias constituídas antes da decisão de abertura e ainda não inscritas à altura desta decisão. Se, apesar da proibição, se proceder à inscrição da garantia, esta deve ser anulada ou declarada inoponível à massa.

[140] Cf. Artigo 77.° do AUOPC. A norma, que é inovadora relativamente à legislação precedente (cf., por exemplo, Artigo 966.° do COCC do Senegal), a qual limitava a não contagem dos juros aos credores quirografários ou munidos de um privilégio geral, não se aplica aos contratos de mútuo celebrados por um período igual ou superior a um ano e aos contratos cujo pagamento seja diferido por um ano ou mais.

para reconhecimento de direitos e de créditos, bem como todas as acções executivas – sobre bens móveis ou imóveis – para obtenção do pagamento de um crédito[141].

b) O processo de admissão dos créditos

Só os créditos admitidos ao passivo podem participar na distribuição do activo e, para serem admitidos, o AUOPC exige que os créditos sejam reclamados e verificados.

Todos os credores pertencentes à massa devem reclamar os seus créditos a fim de poderem ser admitidos ao passivo. A reclamação consiste na apresentação ao síndico de uma declaração a indicar o montante devido no dia da abertura do processo, as eventuais quantias vincendas e as respectivas datas de vencimento, acompanhada de elementos idóneos que provem a existência do crédito e da documentação comprovativa da qual possa ser feita cópia[142]. A reclamação deve ser feita por todos os credores, sejam credores quirografários ou credores munidos de garantias, num período que tem início na data da decisão de abertura do processo e que termina passados trinta dias da segunda publicação da decisão num jornal de anúncios legais e/ou no Jornal Oficial OHADA, interrompendo a prescrição extintiva do crédito[143]. Os credores inscritos no balanço e os beneficiários de uma garantia objecto de publicidade que não reclamem os respectivos créditos no prazo de quinze dias a contar da primeira publicação da decisão de abertura num jornal de anúncios legais, devem ser notificados pessoalmente pelo síndico para esse efeito, por carta registada com aviso de recepção ou por qualquer outro meio escrito; os credores que não reclamarem os seus créditos no prazo máximo de trinta dias vêem os seus créditos caducados e impossibilitados de serem incluídos

---

[141] Cf. Artigo 75.º do AUOPC. Todavia, a suspensão não se aplica às acções de nulidade e de resolução, nem às apreensões e penhoras já efectuadas. As acções que visem unicamente o reconhecimento de direitos ou de créditos contestados ou a fixação do seu montante são intentadas ou retomadas após reclamação dos respectivos créditos, se esses direitos ou créditos tiverem sido definitivamente recusados ou provisória ou parcialmente aceites pelo juiz comissário.
[142] Cf. Artigo 80.º do AUOPC.
[143] Cf. Artigo 78.º do AUOPC. O prazo é de sessenta dias para os credores domiciliados fora do território do Estado-membro em que é aberto o processo. O Artigo 83.º, § 3, do AUOPC isenta os créditos salariais da reclamação de créditos.

no passivo[144], daí resultando a extinção do crédito em caso de recuperação judicial[145]. Caso falte a reclamação do crédito nos prazos mencionados, o credor pode ainda ser admitido enquanto a relação de créditos não tiver sido decidida e entregue, desde que faça prova de que a falta de apresentação da reclamação não lhe é imputável[146], mas nesse caso só pode participar nas distribuições de dividendos posteriores ao respectivo pedido[147].

A verificação dos créditos é obrigatória, independentemente do montante do activo e do passivo, e deve ser efectuada pelo síndico no prazo de três meses a contar da decisão de abertura, na presença do devedor e dos fiscais, se estes tiverem sido nomeados ou se, na sua ausência, tiverem sido devidamente convocados mediante carta registada com aviso de recepção ou outro meio escrito[148]. A verificação diz respeito simultaneamente à existência do crédito, ao seu montante e à validade das garantias que asseguram o respectivo pagamento[149]. A relação dos créditos elaborada pelo síndico é entregue na secretaria após verificação e assinatura pelo juiz comissário, que menciona, relativamente a cada crédito, o montante e o carácter definitivo ou provisório da admissão, a sua natureza comum ou a existência de uma garantia real e se está um processo em curso ou se a contestação não é da sua competência; o juiz comissário, cuja intervenção visa fiscalizar o trabalho desenvolvido pelo síndico, não pode recusar, no todo ou em parte, um crédito ou uma reivindicação ou declarar--se incompetente antes de ouvir ou de convocar devidamente o credor ou o reclamante, o devedor e o síndico[150]. A relação dos créditos é entregue e publicada em jornais habilitados a receber avisos legais e no Jornal Ofi-

---

[144] Cf. Artigo 79.º do AUOPC.
[145] Cf. Artigo 83.º, § 2, do AUOPC.
[146] Para um exemplo de rejeição do pedido de reclamação posterior por falta de prova sobre a não imputabilidade ao credor da falta de reclamação do crédito, cf. decisão do TRHC de Dakar, de 8 de Abril de 2005 (n.º 847).
[147] Cf. Artigo 83.º do AUOPC.
[148] Cf. Artigo 84.º do AUOPC.
[149] No âmbito da verificação, um crédito, uma garantia ou uma reivindicação podem ser objecto de contestação ou discussão de acordo com o procedimento previsto nos Artigo 85.º do AUOPC. O quarto parágrafo do Artigo 75.º do AUOPC permite ao juiz comissário admitir provisória ou parcialmente créditos enquanto espera pela verificação definitiva, após o que o crédito passa definitivamente a fazer parte do passivo (cf. Artigo 85.º do AUOPC).
[150] Cf. Artigo 86.º do AUOPC.

cial, com a finalidade de informar os credores para que estes, se necessário, possam propor as devidas oposições[151]. As oposições são propostas no prazo de quinze dias a contar da publicação da relação dos créditos e são decididas pela jurisdição competente em matéria de processos colectivos ou pelo tribunal eventualmente competente na matéria relativa ao mérito da contestação, sendo os referidos créditos, enquanto não houver decisão, admitidos a título provisório[152].

Uma vez proferida, a admissão é irrevogável, colocando o crédito a salvo de posteriores contestações na medida em que for verificado e admitido. Em caso de dissolução da união ou de encerramento do processo por insuficiência de activo, os credores que tenham créditos admitidos recebem um título executivo[153].

c) Privilégio dos trabalhadores

Os créditos resultantes de um contrato de trabalho gozam de privilégio de acordo com as disposições da legislação do trabalho aplicável em cada um dos Estados-membros[154]. Os créditos dos trabalhadores são pagos no prazo de dez dias a contar da abertura do processo, mediante decisão do juiz comissário ou então, caso haja falta de fundos, são pagos com as primeiras entradas de dinheiro e antes de qualquer outro crédito[155].

d) Direitos do cônjuge do devedor

O Código de Comércio francês de 1807 considerava a mulher do falido co-responsável pela falência. A Lei de 28 de Maio de 1837, sendo um pouco mais favorável à mulher do falido, mantinha a regra da presunção *muciana* (abolida em França pela Lei de 13 de Julho de 1867). Era esta Lei que vigorava nas colónias francesas em África e, depois da independência, em grande parte dos Estados-membros da OHADA até à entrada em vigor do AUOPC.

---

[151] Cf. Artigo 87.º do AUOPC.
[152] Cf. Artigos 88.º, 89.º e 90.º do AUOPC.
[153] Cf. Artigos 171.º e 174.º do AUOPC.
[154] Cf. Artigo 95.º do AUOPC. O Artigo 107.º, § 3, do AUOPC esclarece que o privilégio se estende aos doze meses de salários anteriores à extinção da relação de trabalho.
[155] Cf. Artigo 96.º do AUOPC. Sobre o assunto, v. Jean-René GOMEZ, *Entreprises* cit., págs. 214 e segs..

O Acto Uniforme consagra um regime mais moderno que se reflecte, sobretudo, no abandono da presunção *muciana* em virtude da qual, à parte os bens imóveis e independentemente do regime matrimonial, os bens adquiridos pela mulher do falido eram considerados pertença do marido, como pagos com o seu dinheiro e, portanto, parte do seu activo; se a mulher pagasse as dívidas do marido, o pagamento presumia-se feito com o dinheiro deste e a mulher não podia, consequentemente, intervir no processo de falência. Agora, a situação jurídica dos bens do cônjuge do devedor depende do regime matrimonial escolhido, e, para que um bem do cônjuge do devedor possa fazer parte do activo do devedor, é necessário que o síndico prove, por qualquer meio, que esse bem foi adquirido com valores do devedor; o cônjuge interessado na recuperação de bens só o pode fazer na condição de suportar as dívidas e garantias com que os bens se encontrem onerados[156].

e) Regime das acções de reivindicação

A acção de reivindicação reveste-se de importância para os processos colectivos nos casos em que o proprietário de um bem que se encontra na posse do devedor o pretenda reaver e afirmar a respectiva titularidade. Quanto aos bens imóveis, são aplicáveis as regras relativas à propriedade imobiliária, enquanto que no âmbito dos bens móveis as acções de reivindicação são propostas nos termos e prazos previstos nos Artigos 78.º a 88.º do AUOPC[157]. As mercadorias consignadas e os bens móveis entregues ao devedor, quer para serem vendidas por conta do proprietário, quer por força de qualquer outro contrato com obrigação de restituição, podem ser exigidas pelo credor desde que os bens se encontrem em espécie e na disponibilidade do devedor no dia da decisão de abertura de processo colectivo e não tenham sido objecto de alienação[158], enquanto que os títulos de crédito só podem ser reivindicados se ainda se encontrarem na carteira de títulos do devedor[159]. São válidas, até à verificação do pagamento inte-

---

[156] Cf. Artigo 99.º do AUOPC.
[157] Cf. Artigo 101.º do AUOPC. Sobre o tema, para mais desenvolvimentos, v. Jean--René GOMEZ, *Entreprises* cit., págs. 239 e segs..
[158] Cf. Artigo 103.º do AUOPC, que amplia o âmbito de aplicação do anterior Artigo 992.º do COCC senegalês. Em caso de alienação pode ser exigido, do sub-adquirente, o preço ou a parte do preço devido, se este não tiver ainda sido pago.
[159] Cf. Artigo 102.º do AUOPC, que reproduz o Artigo 991.º do COCC do Senegal.

gral do preço as cláusulas de reserva da propriedade estipuladas, desde que reduzidas a escrito e inscritas no RCCM[160].

f) A venda de bens móveis sem o pagamento imediato do preço

O AUOPC regula os casos em que a venda de bens móveis é feita sem o pagamento imediato do preço, distinguindo as situações em que a entrega se encontra já realizada daquelas em que ainda não teve lugar. Nas situações em que os bens não tenham sido ainda entregues ou enviados ao devedor ou a um terceiro por sua conta, a lei confere ao vendedor o direito de as reter até que o pagamento seja efectuado[161], enquanto que nos casos em que os bens tenham sido já expedidos mas ainda não entregues ao devedor o vendedor pode reivindicar os mesmos, excepto quando, antes da sua chegada, os bens tiverem sido já revendidos, sem fraude, sobre facturas ou títulos de transportes regulares[162]. Os bens entregues podem ser reivindicados, contanto que ainda se encontrem no património do devedor e o contrato de compra e venda tenha sido resolvido no período anterior à data da decisão de abertura do processo por intermédio de uma decisão judicial ou pela aplicação de uma cláusula ou condição resolutiva expressa, podendo ainda a reivindicação ser admitida quando a acção de resolução tiver sido intentada pelo vendedor antes da decisão de abertura, ainda que a resolução da venda só venha a ser decidida depois da decisão de abertura do processo e caso o síndico não tenha, entretanto, procedido ao pagamento integral do preço dos bens, acrescido das despesas, perdas e danos[163].

g) A continuação da actividade

No processo de recuperação judicial a continuação da actividade do devedor é automática e não requer qualquer autorização. Todos os actos de relevo exigem a participação do devedor e do síndico, podendo qualquer um deles praticar actos de conservação. Além disso, conforme já referido, o síndico pode ser autorizado pelo juiz comissário a agir, se o devedor ou os dirigentes da sociedade se recusarem a praticar os actos necessários à

---

[160] Cf. Artigo 103.º, § 2, do AUOPC.
[161] Cf. Artigo 104.º do AUOPC.
[162] Cf. Artigo 105.º do AUOPC. Neste caso, é evidente a intenção do legislador em tutelar a posição do terceiro adquirente de boa fé.
[163] Cf. Artigo 106.º do AUOPC.

salvaguarda do património do devedor, ao passo que o devedor e os fiscais podem pedir ao juiz comissário que ordene ao síndico que preste apoio para a prática de actos de administração ou de disposição, e, por fim, também em caso de acordo entre devedor e síndico é necessária uma autorização do juiz comissário para a prática dos actos susceptíveis de comprometer a sobrevivência da empresa[164]. Em caso de recuperação judicial, o devedor é chamado a apresentar uma proposta de concordata[165], a qual, sendo aceite, dá início ao processo; caso contrário, é convertida numa liquidação de bens[166]. A pedido do Ministério Público, do síndico ou do fiscal, quando nomeado, a jurisdição competente pode autorizar a continuação da actividade através da celebração de um contrato de locação de estabelecimento, com a duração máxima de dois anos, renováveis, nos casos em que a extinção ou a cessação, ainda que provisória, da actividade da empresa possa comprometer a sua recuperação ou causar uma perturbação grave à economia nacional, regional ou local na produção e distribuição de bens e serviços, com a condição de o locatário oferecer garantias suficientes e de ser independente relativamente ao devedor[167]. Compete ao síndico vigiar o cumprimento das obrigações do locatário e prestar contas da gestão ao juiz comissário com uma periodicidade mínima trimestral, podendo o incumprimento das respectivas obrigações por parte do locatário resultar na resolução do contrato de locação do estabelecimento[168]. As dívidas resul-

---

[164] Cf. Artigo 52.º do AUOPC.
[165] Cf. Artigo 27.º do AUOPC. A proposta deve indicar as modalidades de continuação da empresa, tais como: o pedido ou a concessão de prorrogação de prazos de pagamento ou redução das dívidas; a cessão parcial do activo, com indicação exacta dos bens a ceder; a cessão ou locação de um sector de actividade que constitua um estabelecimento comercial; a cessão ou a locação da totalidade da empresa, sem que estas modalidades sejam limitativas ou exclusivas umas das outras; as pessoas obrigadas a executar a concordata e o conjunto das obrigações por elas subscritas e necessárias para a recuperação da empresa; as modalidades da continuação e do financiamento da empresa, do pagamento do passivo constituído antes da decisão de abertura do processo, bem como, se for o caso, as garantias prestadas para assegurar o seu cumprimento, garantias essas que podem consistir, nomeadamente, num aumento de capital social a subscrever pelos antigos ou por novos sócios, na abertura de créditos por estabelecimentos bancários ou financeiros, na continuação dos contratos concluídos antes da decisão de abertura do processo, ou na prestação de cauções; os despedimentos por motivos económicos que devem ter lugar nas condições previstas nos Artigos 110.º e 111.º do AUOPC; a substituição dos dirigentes.
[166] Cf. Artigo 119.º, § 1, do AUOPC.
[167] Cf. Artigo 115.º do AUOPC.
[168] Cf. Artigo 116.º do AUOPC.

tantes da continuação da actividade após a decisão de abertura do processo são da responsabilidade exclusiva do locatário[169].

O processo de liquidação dos bens exclui a recuperação ou a salvação da empresa e, consequentemente, a respectiva proposta de concordata; no entanto, a continuação da actividade depois da abertura do processo, automática e sem prazo em caso de recuperação judicial[170], pode ter lugar na liquidação, por um prazo de três meses, renováveis, contanto que haja autorização expressa da jurisdição competente e tal seja necessário para a liquidação, desde que não coloque em perigo o interesse público e o interesse dos credores[171].

Compete ao síndico conduzir as operações de liquidação: recuperação de créditos, venda de bens do devedor e pagamento dos credores. A venda dos bens móveis, a recuperação dos créditos e o pagamento das dívidas são levadas a cabo directamente pelo síndico do modo que este julgar mais conveniente[172], enquanto que a venda de bens imóveis exige a intervenção do juiz comissário, que fixa as modalidades (hasta pública ou ajuste directo) e as condições ou elementos essenciais (fixação do preço ou das modalidades da sua determinação, modalidades de pagamento do preço)[173]. A cessão global de todo ou parte do activo é efectuada com base nas ofertas recebidas pelo síndico, entre as quais escolhe a oferta que lhe parecer mais séria, sujeitando-a aos pareceres do devedor e do fiscal, para depois juntar proposta e pareceres e entregar ao juiz comissário[174], contendo o Acto Uniforme disposições específicas relativamente à distribuição do dinheiro das vendas mobiliárias e imobiliárias[175].

3.6. *As diversas categorias de credores e os respectivos direitos*

Uma primeira classificação é feita com base no momento do nascimento do crédito e compreende, normalmente, todos os credores interessados no processo colectivo: distinguem-se assim, com base na data da

---

[169] Cf. Artigo 117.º do AUOPC.
[170] Cf. Artigo 112.º do AUOPC.
[171] Cf. Artigo 113.º do AUOPC.
[172] Cf. Artigo 147.º, § 1, do AUOPC.
[173] Cf. Artigo 150.º do AUOPC.
[174] Cf. Artigos 160.º e segs. do AUOPC.
[175] Cf. Artigos 166.º e 167.º do AUOPC.

decisão de abertura do processo colectivo, os credores com créditos anteriores ou posteriores à data desta decisão.

Os credores com créditos anteriores à mencionada decisão distinguem-se, por sua vez, nos credores que formam a massa falida, cujos créditos foram reclamados, verificados e colocados definitivamente na massa e que são pagos segundo a ordem prevista nos Artigos 166.° e 167.° do AUOPC, e os credores fora da massa, cujos créditos foram declarados não oponíveis à massa ou que não foram reclamados no processo colectivo, que os ignora, pelo que tais créditos não podem ser pagos enquanto durar o processo.

Os credores cujo crédito surge depois do início do processo colectivo distinguem-se de acordo com a causa do nascimento do respectivo créditos. Aí podem ser identificados os credores da massa, ou seja, aqueles cujo direito é posterior à proposição das acções de anulação e que normalmente prevalecem sobre todos os credores da massa, por se entender que as suas prestações foram feitas em favor da massa; também estes vêem os seus direitos satisfeitos de acordo com a ordem prevista nos Artigos 166.° e 167.° do AUOPC. Por sua vez, os credores fora da massa são aqueles cujos direitos resultam de um acordo com o devedor, nos casos em que a assistência do síndico é necessária: estes créditos são inoponíveis à massa, não podendo estes credores exercer os seus direitos sobre o património do devedor até ao final do processo.

Os credores que fazem parte da massa podem participar na votação relativa à concordata e à distribuição dos dividendos concordatários de acordo com o respectivo regime ou nos dividendos da liquidação de bens em função da sua posição, nos termos dos Artigos 166.° e 167.° do AUOPC. Os credores quirografários estão sujeitos às regras do processo colectivo e são pagos proporcionalmente, não gozando de direitos especiais. Os credores que beneficiam de garantias reais, não obstante essa sua garantia, estão sujeitos às regras dos processos colectivos: para facilitar as operações de realização do activo mobiliário e imobiliário, o direito de acção individual dos credores pignoratícios ou hipotecários sobre os bens objecto da garantia é suspenso até ao final do período de três meses a contar da decisão de liquidação dos bens, findo o qual, se o síndico não tiver levantado os bens, os credores podem agir directamente sobre os bens objecto da garantia, devendo, no entanto, informar o síndico[176]. Os credores titula-

---

[176] Cf. Artigos 149.° e 150.° do AUOPC.

res de privilégios gerais[177] estão sujeitos à disciplina dos processos colectivos, devendo demonstrar o seu crédito e participar na votação relativa à concordata, sendo pagos de acordo com a ordem estabelecida nos Artigos 166.º e 167.º do AUOPC. Os credores titulares de uma garantia pessoal gozam de uma situação favorável nos processos colectivos, uma vez que o credor da massa que disponha também de co-obrigados ou de um fiador também pode reclamar o seu crédito – para além da concordata[178] – na recuperação judicial ou na liquidação dos bens do devedor[179] e exigir o pagamento integral ao co-obrigado ou ao fiador, os quais não beneficiam da suspensão do prazo dos juros e da caducidade da acção[180]. Se os co-obrigados forem também objecto de um processo colectivo, o credor pode reclamar o respectivo crédito pelo valor integral em cada processo[181], contanto que o total dos pagamentos não supere o valor total do crédito, acrescido dos juros[182].

No direito comum, a ordem dos pagamentos aos credores é fixada nos termos dos Artigos 148.º (bens imóveis) e 149.º (bens móveis) do AUOG, enquanto que nos processos colectivos essa ordem é estabelecida nos Artigos 166.º (bens imóveis) e 167.º (bens móveis) do AUOPC.

Quanto aos bens imóveis, o Artigo 166.º do AUOPC estabelece que o dinheiro proveniente da sua venda é distribuído da seguinte forma:

1) Aos credores das despesas de justiça encarregues de obter a execução do bem vendido e a distribuição do preço;
2) Aos credores de salários superprivilegiados, na proporção do valor do imóvel em relação à totalidade do preço;
3) Aos credores hipotecários inscritos no prazo legal, cada um de acordo com a posição da sua inscrição no registo predial;
4) Aos credores da massa, nos termos do Artigo 117.º do AUOPC;
5) Aos credores munidos de um privilégio geral, de acordo com a ordem estabelecida pelo AUOG;
6) Aos credores quirografários.

---

[177] Os privilégios gerais estão previstos e definidos no AUOG.
[178] Cf. Artigo 93.º do AUOPC. Além disso, de acordo com o último parágrafo do Artigo 134.º do AUOPC, a concordata de recuperação judicial acordada com o devedor principal ou com um co-obrigado não aproveita ao fiador nem aos outros co-obrigados.
[179] Cf. Artigos 92.º e 94.º do AUOPC.
[180] V. Artigos 76.º e 77.º do AUOPC.
[181] Cf. Artigo 91.º do AUOPC.
[182] Cf. Artigo 94.º do AUOPC.

Caso o dinheiro não seja suficiente para satisfazer completamente os credores de uma das categorias indicadas (com excepção da terceira) que estejam em posição igual, estes participam na distribuição, na proporção dos respectivos créditos totais.

Quanto ao Artigo 167.° do AUOPC, o dinheiro proveniente da venda de bens móveis é distribuído da seguinte forma:

1) Aos credores das despesas de justiça, encarregues de obter a execução do bem vendido e a distribuição do preço;
2) Aos credores das despesas feitas para conservar o bem do devedor no interesse do credor cujos títulos sejam anteriores em data;
3) Aos credores dos salários superprivilegiados, na proporção do valor do móvel em relação ao conjunto do activo;
4) Aos credores garantidos por um penhor, segundo a data de constituição do penhor;
5) Aos credores garantidos por um penhor sem entrega ou por um privilégio sujeitos a publicidade, cada um de acordo com a posição da respectiva inscrição no RCCM;
6) Aos credores munidos de um privilégio mobiliário especial, cada um sobre o móvel que suporta o privilégio;
7) Aos credores da massa, nos termos do Artigo 117.° do AUOPC;
8) Aos credores munidos de um privilégio geral, de acordo com a ordem estabelecida pelo AUOG;
9) Aos credores quirografários.

Também neste caso, quando o dinheiro não seja suficiente para pagar totalmente aos credores de uma das categorias indicadas (com excepção da quarta e da quinta) que estejam numa posição de igualdade, estes participam na distribuição, na proporção dos respectivos créditos totais.

No que concerne à aplicação prática destas disposições, cumpre recordar que os credores colocados numa posição superior devem ser integralmente pagos antes de se proceder ao pagamento dos credores de escalões inferiores, que algumas categorias podem compreender credores que sejam objecto de uma classificação particular[183], e que para todas as cate-

---

[183] Assim acontece, por exemplo, com a categoria relativa «*aos credores munidos de um privilégio geral de acordo com a ordem estabelecida pelo AUOG*». No âmbito desta categoria entram inicialmente os credores munidos de um privilégio geral sujeito a publicidade e de acordo com a ordem de inscrição no RCCM e depois os credores beneficiários de um privilégio geral não sujeito a publicidade, de acordo com a ordem prevista no

gorias, com excepção dos credores hipotecários, quando o valor seja insuficiente para indemnizar todos os credores, estes contribuem na distribuição na proporção do montante dos respectivos créditos.

4. O encerramento dos processos colectivos

O AUOPC estabelece quatro possíveis formas de encerramento de um processo colectivo de recuperação judicial ou de liquidação de bens: uma primeira solução comum a ambos os processos passa pela extinção do passivo; outra, própria da recuperação judicial, é a concordata; outras duas são exclusivas da liquidação de bens, traduzindo-se na constituição dos credores numa união, com a finalidade de proceder à liquidação do activo remanescente e no encerramento por insuficiência do activo. Por sua vez, a recuperação judicial pode ser convertida numa liquidação de bens em caso de falta de concordata, nas condições e prazos estabelecidos nos Artigos 27.°, 28.° e 29.° do AUOPC (proposta séria e cumprimento dos prazos), ou de retirada da proposta[184], nas hipóteses de concordata não votada ou não homologada pela jurisdição competente[185], e ainda no caso de anu-

---

Artigo 107.° do AUOG. Determina este preceito que «*gozam de privilégio creditório geral, independentemente de qualquer publicidade e na ordem que se segue:*
 1) *As despesas de funeral e da doença terminal do devedor que precedam a penhora dos seus bens;*
 2) *Os créditos emergentes de fornecimentos de bens necessários à subsistência do devedor durante o último ano que preceda a sua morte, a penhora dos seus bens, ou a sentença judicial de abertura de um procedimento colectivo;*
 3) *As quantias devidas a trabalhadores e aprendizes pela execução e resolução do seu contrato durante o último ano que preceda a morte do devedor, a penhora dos seus bens, ou a sentença judicial de abertura de um procedimento colectivo;*
 4) *As quantias devidas aos autores das obras intelectuais, literárias e artísticas durante os três anos que precedam a morte do devedor, a penhora dos seus bens ou a sentença judicial de abertura de um procedimento colectivo;*
 5) *Dentro do limite da quantia legalmente fixada para a execução provisória das decisões judiciais, as quantias pelas quais o devedor for responsável a título de créditos fiscais, alfandegários e dos organismos de segurança social*».
Para alguns exemplos práticos sobre a aplicação desta regra, v. Filiga Michel SAWA-DOGO, *L'Acte Uniforme* cit.
[184] Cf. Artigo 119.° do AUOPC.
[185] Cf. Artigo 126.° do AUOPC.

lação ou de resolução da concordata[186]. Entre as quatro soluções supramencionadas, algumas mantêm a actividade da empresa, enquanto outras conduzem à sua extinção.

4.1. *As soluções de sobrevivência da empresa*

Duas soluções permitem a sobrevivência da empresa: uma, a mais frequente, a concordata, e uma outra, excepcional, o encerramento do processo por extinção do passivo.

a) A concordata

Solução própria da recuperação judicial, a concordata pode ser definida como um acordo concluído entre o devedor e os seus credores, homologado pelo tribunal, no qual o devedor, de uma forma séria, apresenta um plano de extinção do passivo e de recuperação da empresa, que terá lugar logo que retorne à gestão da empresa. A concordata pode prever quer o pagamento integral, com um prazo mais ou menos longo, quer um pagamento parcial imediato, quer uma combinação destas duas modalidades. Esta concordata, de natureza judicial, é distinta da concordata amigável, concluída livremente entre o devedor e os seus credores.

Para que a concordata tenha lugar, cumpre antes de tudo que o devedor, pessoa singular ou colectiva, apresente a sua proposta de concordata[187], que depois deve ser aprovada pelos credores e, posteriormente, homologada pelo tribunal competente. Uma vez apresentada a concordata, o escrivão notifica imediatamente o síndico e avisa os credores através da publicação num jornal de anúncios legais[188]. Decorridos quinze dias do termo do prazo concedido aos credores privilegiados no Artigo 88.º do AUOPC, o presidente da jurisdição competente, a pedido do juiz comissário, convoca os credores para uma assembleia encarregada de votar a concordata, em que também participam os credores quirografários[189],

---

[186] Cf. Artigo 141.º do AUOPC.
[187] Cf. Artigo 119.º, § 1, do AUOPC.
[188] Cf. Artigo 119.º, § 2, do AUOPC.
[189] Cf. Artigo 122.º do AUOPC. A convocação da assembleia não é necessária se a proposta de concordata não contiver proposta de redução ou de prorrogação não superiores a dois anos.

na qual são também colocados como credores quirografários os credores cuja garantia tenha sido contestada[190]. Os credores munidos de uma garantia real especial que não tenham declarado se aceitam a proposta ou se pretendem negociar uma prorrogação ou redução distintas das previstas na proposta[191] podem tomar parte na votação sem renunciarem à sua garantia e consentir em prazos e reduções diversas das propostas pelo devedor, presumindo-se, à semelhança do que acontece com os credores quirografários, que aceitam a proposta feita se, tendo sido regularmente convocados, não participarem na votação da assembleia concordatária[192]. Os vários participantes na assembleia concordatária – juiz comissário, representante do Ministério Público e devedor singular ou dirigentes de pessoas colectivas devedoras – participam pessoalmente nela e só os credores admitidos são livres de estarem pessoalmente presentes ou de se fazerem representar[193]. Para ser aprovada, a concordata necessita do voto favorável da maioria dos credores que representem metade do total dos créditos; se apenas for obtida uma das maiorias, a votação tem novamente lugar uma semana depois, com a finalidade de se obter a maioria em falta[194].

Uma vez adoptada, a concordata é apresentada à jurisdição competente, que só a homologa se estiverem satisfeitas as condições de validade da concordata, se o interesse colectivo e a ordem pública não ficarem

---

[190] Cf. Artigo 123.º, § 3, do AUOPC.
[191] Cf. Artigo 120.º do AUOPC. De acordo com o Artigo 121.º do AUOPC, os credores cujo crédito seja garantido por uma garantia real especial conservam o benefício da sua garantia, desde que tenham feito a declaração prevista no Artigo 120.º do AUOPC e, independentemente do teor da mesma, salvo renúncia expressa à garantia.
[192] Cf. Artigo 125.º, §§ 3 e 4, do AUOPC. O AUOPC não contém qualquer disposição relativa aos credores munidos de privilégios gerais: argumentando com o Artigo 134.º do AUOPC – que torna a concordata obrigatória para todos os credores cujo crédito seja anterior à decisão de abertura, excepto para os credores munidos de uma garantia real especial que estão vinculados apenas às reduções e prorrogações de prazos de pagamento por si aprovados – pode deduzir-se que os credores munidos de privilégios gerais estão autorizados a tomar parte na votação da concordata, sem que isso implique a perda das suas garantias. Neste sentido, v. Filiga Michel SAWADOGO, *L'Acte Uniforme* cit..
[193] Cf. Artigo 123.º do AUOPC. A título excepcional, com base em motivos considerados legítimos pela jurisdição competente, os devedores ou dirigentes da pessoa colectiva podem fazer-se representar.
[194] Cf. Artigo 125.º, §§ 5 e 6, do AUOPC. De acordo com Renaud SORIEUL e Jennifer R. CLIFF, *International Aspects* cit., pág. 5, a norma em questão tem a limitação de não consentir aos credores negociar a proposta de concordata, mas permitir apenas a manifestação da sua vontade através do voto.

comprometidos, se a concordata oferecer possibilidades sérias de recuperação da empresa e de pagamento do passivo, e se, nos casos em que o processo tenha como objecto uma pessoa colectiva, a sua direcção não for assegurada pelos dirigentes cuja substituição tiver sido pedida na proposta concordatária pelo síndico ou contra os quais tenha sido decretada a falência pessoal ou a interdição de dirigir, gerir ou administrar uma empresa comercial[195]. O AUOPC estabelece que a homologação pode ser concedida sem necessidade do acordo dos credores quando a proposta de concordata não comporte reduções nem prorrogações superiores a dois anos[196]. O objectivo é, portanto, não só obter prorrogações e reduções das dívidas, mas também adoptar todas as medidas jurídicas, técnicas e financeiras idóneas a restabelecer as condições de funcionamento da empresa, através de um processo ágil e rápido em que o devedor mantém a gestão do seu património com a assistência do síndico, sem necessidade de interromper a actividade da empresa[197].

Contra a decisão que admite a concordata pode ser interposto um recurso, nos termos previstos no Artigo 129.° do AUOPC[198].

Uma tipologia particular de concordata é aquela que admite uma cessão parcial do activo, cessão que pode recair sobre bens móveis ou imóveis ou sobre a empresa ou estabelecimento comercial[199]. Esta forma de concordata está sujeita quer às regras gerais em matéria de concordata (cf. Artigos 119.° e segs. do AUOPC), quer às relativas à cessão global do activo (cf. Artigos 160.° e segs. do AUOPC) e vice-versa[200]. Quando estiver prevista a cessão parcial do activo ou da empresa, o síndico deve elaborar um relatório com uma relação dos bens abrangidos pela cessão, a lista dos trabalhadores a ela ligados, as garantias reais que os oneram e a quota parte de cada bem no preço da cessão, relatório esse que é dado a conhecer por todos os meios, designadamente através de anúncios legais, definidos por ele e pelo devedor e aprovados por uma decisão do juiz comissário[201].

---

[195] Cf. Artigo 127.°, § 1, do AUOPC.
[196] Cf. Artigo 127.°, § 4, do AUOPC.
[197] Cf. Artigo 112.° do AUOPC. V. Philipe TIGER, *Les procédures* cit., pág. 42.
[198] Sobre as relações entre o recurso previsto no Artigo 129.° do AUOPC e a oposição estabelecida no Artigo 219.° do AUOPC, v. Jean-René GOMEZ, *Entreprises* cit., págs. 326 e segs..
[199] Cf. Artigo 131.°, §§ 2 e 3, do AUOPC.
[200] Cf. Artigo 163.° do AUOPC.
[201] Cf. Artigo 131.°, §§ 4 e 5, do AUOPC.

As ofertas de aquisição são recebidas pelo devedor, assistido pelo síndico, e são levadas ao conhecimento da assembleia de credores; para obter a homologação da concordata o preço deve ser suficiente para satisfazer os credores titulares de uma garantia sobre os bens em causa e o seu pagamento deve ser efectuado a pronto ou a coberto de uma garantia bancária[202]. O preço da cessão parcial é descontado no activo do devedor, mas a cessão não significa a diminuição das garantias que incidem sobre os bens objecto da cessão, salvo quando o preço seja integralmente pago e o credor manifeste desinteresse na manutenção da garantia; com excepção das mercadorias, os bens objecto da cessão parcial são inalienáveis até ao pagamento integral do preço da cessão, ficando tal indisponibilidade inscrita no RCCM. Em caso de falta de pagamento – ainda que parcial – do preço de cessão, o devedor pode escolher entre a resolução da cessão ou fazer valer a garantia prevista no AUOPC[203].

A concordata põe um ponto final no processo de recuperação judicial mal tenha lugar a decisão de homologação, momento em que o devedor readquire a liberdade de administração e disposição do seu património, com a obrigação de respeitar as disposições concordatárias[204], a massa é dissolvida, o síndico presta contas da sua actividade de assistência ao juiz comissário, entrega ao devedor os documentos e cessa as suas funções[205], e os credores recuperam o seu direito de agir individualmente, devendo contudo respeitar as prorrogações e as reduções previstas na concordata. A hipoteca da massa sobre os imóveis mantém-se e consente aos credores concordatários prevalecer sobre os novos credores[206]; a jurisdição competente pode designar ou manter em funções os fiscais, para vigiar a execução da concordata ou, na sua falta, o síndico[207]. Por fim, a concordata consentida ao devedor não aproveita aos outros co-obrigados nem ao fiador[208]. A concordata vincula todos os credores anteriores à decisão de abertura, independentemente da natureza do seu crédito, mas os credores munidos de garantias reais só ficam vinculados relativamente às prorroga-

---

[202] Cf. Artigo 132.º do AUOPC.
[203] Cf. Artigo 133.º do AUOPC.
[204] Cf. Artigo 136.º do AUOPC.
[205] Cf. Artigo 137.º do AUOPC. Em caso de contestação, compete à jurisdição competente pronunciar-se.
[206] Cf. Artigo 135.º do AUOPC.
[207] Cf. Artigo 138.º do AUOPC.
[208] Cf. Artigo 134.º, último parágrafo, do AUOPC.

ções e dilações que hajam consentido, salvo nos casos em que a concordata apenas comporte prorrogações que não excedam dois anos, caso em que as prorrogações lhes são oponíveis quando aquelas que tenham consentido sejam inferiores; os credores munidos de garantias reais não as perdem, mas só as podem executar em caso de anulação ou resolução da concordata que tenham consentido ou que lhes tenha sido imposta; por fim, aos trabalhadores não podem ser impostas quaisquer reduções nem prorrogações que excedam os dois anos[209].

A concordata termina normalmente com a sua completa execução, mas também pode terminar por resolução em caso de incumprimento das obrigações concordatárias ou sempre que o devedor ou os dirigentes da pessoa colectiva sejam afectados pela inibição do exercício do comércio ou de dirigir uma empresa comercial[210]; ou ainda pela anulação, em caso de dolo resultante da dissimulação do activo ou de uma sobreavaliação do passivo, se descoberto depois da homologação da concordata[211]. A anulação e a resolução da concordata produzem efeitos quase idênticos: ambos extinguem a concordata e implicam a conversão da recuperação judicial numa liquidação de bens; o processo é reaberto, os novos credores podem reclamar o passivo, enquanto os anteriores à conversão são oficiosamente inscritos[212].

b) O encerramento por extinção do passivo

O encerramento por extinção do passivo aplica-se a ambos os processos colectivos. A *ratio* desta modalidade de encerramento é simples: o processo é aberto, verifica-se a cessação dos pagamentos, ou seja, a impossibilidade de fazer face ao passivo com o activo, pelo que parece óbvio que o processo seja encerrado quando o passivo exigível deixar de existir

---

[209] Cf. Artigo 134.°, §§ 1 a 4, do AUOPC.
[210] Cf. Artigo 139.° do AUOPC. A jurisdição competente pode agir a requerimento de um credor, do fiscal ou a título oficioso. O devedor deve ser convocado para uma audiência.
[211] Cf. Artigo 140.° do AUOPC. A acção de anulação só pode ser interposta pelo representante do Ministério Público.
[212] Para um caso de conversão da recuperação judicial em liquidação de bens por falta de cumprimento por parte do devedor das obrigações derivadas da concordata, cf. decisão do TPI de Ouagadougou, de 24 de Janeiro de 2001 (n.° 90/bis), onde o tribunal especifica a desnecessidade de declarar novamente a cessação dos pagamentos.

ou quando o síndico dispuser de dinheiro suficiente; a jurisdição competente pode decidir sobre o encerramento do processo a qualquer momento, antes da homologação da concordata ou do encerramento da liquidação dos bens[213].

4.2. Soluções que implicam a extinção da empresa

As soluções que implicam a extinção da empresa são, estatisticamente, as soluções mais frequentes aplicadas a todas as empresas não recuperadas, por forma a evitar o agravamento do passivo ou a diminuição do activo que são prejudiciais aos credores. Estas soluções são a constituição dos credores em estado de união e o encerramento por insuficiência de activo.

a) A constituição dos credores em estado de união

A liquidação dos bens é decretada na decisão de abertura, quando o devedor não tenha feito uma proposta de concordata séria[214], ou por conversão da recuperação judicial, se a concordata não tiver sido proposta, votada ou homologada ou se, depois disso, tiver sido anulada ou resolvida[215]. Assim que a liquidação dos bens seja declarada, os credores são constituídos em «*estado de união*», com o objectivo de receberem o dinheiro da venda dos bens do devedor[216]. No prazo de um mês a contar da data da sua entrada em funções, o síndico entrega ao juiz comissário um relatório com a avaliação do activo disponível e do passivo (quirografário ou privilegiado) e, tratando-se de pessoa colectiva, qualquer informação sobre a eventual responsabilidade dos seus dirigentes, fazendo também uma relação dos créditos, ainda que o dinheiro proveniente da realização do activo seja inteiramente absorvido pelas despesas de justiça e pelos créditos privilegiados[217].

O síndico, que se substitui por completo ao devedor, ocupa-se da recuperação dos créditos e da venda dos bens deste, sendo as quantias arrecadadas depositadas numa conta especialmente aberta para o efeito[218].

---

[213] Cf. Artigo 178.º do AUOPC.
[214] Cf. Artigo 33.º do AUOPC.
[215] Cf. Artigos 119.º, 139.º e 140.º do AUOPC.
[216] Cf. Artigo 146.º, § 1, do AUOPC.
[217] Cf. Artigo 146.º, §§ 2 e 3, do AUOPC.
[218] Cf. Artigo 147.º do AUOPC.

Não existem normas específicas relativas à venda dos bens móveis[219] salvo aquela de acordo com a qual o síndico pode, autorizado pelo juiz comissário e em proveito da massa, retirar um bem do devedor cedido em garantia ou penhor – readquirindo assim a posse do bem – contra o pagamento integral do crédito correspondente no prazo de três meses a contar da decisão que decreta a liquidação dos bens do devedor[220]; sempre que o síndico não exerça esta faculdade no referido prazo, o credor readquire o direito de sequela sobre o bem objecto da garantia[221]. A venda dos bens imóveis é realizada de acordo com as normas previstas no AUOPSCE, salvo as derrogações previstas no AUOPC[222], competindo ao juiz comissário fixar o valor base da hasta pública, as condições essenciais da venda e as modalidades da sua publicidade[223]; se a natureza dos bens e as ofertas o permitirem, o juiz comissário pode autorizar o ajuste directo por negociação particular[224] ou por preço por si fixado[225]. É também possível uma cessão global de todo ou parte do activo mobiliário ou imobiliário na sequência de propostas de aquisição[226], sendo a mais séria aprovada pelo juiz comissário sob proposta do síndico, ouvidos o devedor e o eventual fiscal[227]. O valor do activo, deduzidas as despesas do processo de liquidação e os montantes eventualmente atribuídos ao devedor e à sua família,

---

[219] Sobre o assunto, v. Jean-René GOMEZ, *Entreprises* cit., págs. 362 e segs..

[220] Jean-René GOMEZ, *Entreprises* cit., pág. 365, nota que, como o AUOPC não exige que o direito de restituição seja exercido pelo síndico com a finalidade de prosseguir a actividade em causa, pode ser justificado por qualquer razão plausível.

[221] Cf. Artigo 149.º do AUOPC. O legislador OHADA não seguiu o regime anteriormente vigente em alguns Estados-membros (cf., por exemplo, o Artigo 1010.º do COCC do Senegal), que obrigava o credor a efectuar a venda do bem objecto de garantia prévia colocado em mora por parte do síndico por não ter exercido o direito de restituição do bem objecto da garantia (com efeito, as legislações anteriores não previam – ao contrário do regime OHADA – a possibilidade de exercício do direito em causa no âmbito do penhor).

[222] Cf. Artigo 154.º do AUOPC.

[223] Sobre o assunto cf. Artigo 150.º do AUOPC.

[224] Cf. Artigos 155.º a 158.º do AUOPC.

[225] Cf. Artigo 150.º do AUOPC. O regime jurídico deste tipo de venda está previsto no Artigo 159.º do AUOPC. De acordo com o § 3 do Artigo 150.º do AUOPC, se no prazo de três meses após a decisão de liquidação dos bens o síndico não tiver iniciado o processo de venda dos imóveis, o credor hipotecário pode exercer ou retomar o seu direito de acção individual, devendo informar o síndico.

[226] Cf. Artigo 160.º do AUOPC.

[227] Cf. Artigos 161.º e 162.º do AUOPC. O Acto Uniforme confere ao síndico o poder de efectuar todos os actos necessários à concretização da cessão.

é repartido entre todos os credores cujo crédito tenha sido verificado e admitido[228], sendo o pagamento feito de acordo com a ordem fixada nos Artigos 166.° e 167.° do AUOPC[229]; se o preço da venda de um bem one-

---

[228] Cf. Artigo 165.° do AUOPC.
[229] O Artigo 166.° do AUOPC estabelece que «*o dinheiro proveniente da venda de imóveis é distribuído da seguinte forma:*
  1) Aos credores das despesas de justiça encarregues de obter a execução do bem vendido e a distribuição do preço;
  2) Aos credores de salários super privilegiados, na proporção do valor do imóvel em relação à totalidade do preço;
  3) Aos credores hipotecários inscritos no prazo legal, cada um de acordo com a posição da sua inscrição no registo predial;
  4) Aos credores da massa, nos termos do Artigo 117.°;
  5) Aos credores munidos de um privilégio geral, de acordo com a ordem estabelecida pelo Acto Uniforme relativo à Organização das Garantias;
  6) Aos credores quirografários.
  Caso o dinheiro não seja suficiente para pagar totalmente aos credores de uma das categorias indicadas nos números 1.°, 2.°, 4.°, 5.° e 6.° do presente artigo que estejam em posição igual, estes participam na distribuição na proporção dos respectivos créditos totais».
Quanto ao Artigo 167.° do AUOPC, «*o dinheiro proveniente da venda dos móveis é distribuído da seguinte forma:*
  1) Aos credores das despesas de justiça, encarregues de obter a execução do bem vendido e a distribuição do preço;
  2) Aos credores das despesas feitas para conservar o bem do devedor no interesse do credor cujos títulos sejam anteriores em data;
  3) Aos credores dos salários super privilegiados, na proporção do valor do móvel em relação ao conjunto do activo;
  4) Aos credores garantidos por um penhor segundo a data de constituição do penhor;
  5) Aos credores garantidos por um penhor sem entrega ou por um privilégio sujeitos a publicidade, cada um de acordo com a posição da respectiva inscrição no Registo do Comércio e do Crédito Mobiliário;
  6) Aos credores munidos de um privilégio mobiliário especial, cada um sobre o móvel que suporta o privilégio;
  7) Aos credores da massa, nos termos do Artigo 117.°;
  8) Aos credores munidos de um privilégio geral, de acordo com a ordem estabelecida pelo Acto Uniforme relativo à Organização das Garantias;
  9) Aos credores quirografários.
  Caso o dinheiro não seja suficiente para pagar totalmente aos credores de uma das categorias indicadas nos números 1.°, 2.°, 3.°, 6.°, 7.° e 8.° do presente artigo que se apresentem numa posição igual, estes participam na distribuição na proporção dos respectivos créditos totais».
Para uma análise aprofundada do sistema de distribuição do dinheiro previsto nos Artigos 166.° e 167.° do AUOPC, v. Jean-René GOMEZ, *Entreprises* cit., págs. 381 e segs..

rado por uma garantia se revelar insuficiente para satisfazer o credor titular daquela garantia, este é tratado, quanto ao remanescente, como um credor quirografário[230]. O Acto Uniforme determina que o síndico elabore de seis em seis meses um relatório sobre o estado da liquidação dos bens, relatório esse que é depositado na secretaria da jurisdição competente e notificado ao devedor, aos credores e ao fiscal, quando exista, salvo dispensa do juiz comissário[231].

Uma vez terminadas as operações de liquidação, o síndico presta contas ao juiz comissário, que faz constar em acta o fim dessas operações, comunicando depois a acta à jurisdição competente para que esta decrete o encerramento da liquidação dos bens: a união é dissolvida automaticamente e os credores recuperam os respectivos direitos de acção individual[232]. Para esse fim, se os créditos tiverem sido verificados e admitidos, o presidente da jurisdição competente profere a decisão de encerramento, que confirma a admissão definitiva dos credores, a dissolução da união, o montante do crédito admitido e o montante restante que continua em dívida, sendo a decisão executória, uma vez aposta a respectiva fórmula pelo escrivão, não sendo susceptível de recurso[233]. Da decisão de encerramento é extraída uma certidão, que é enviada ao Ministério Público[234] e publicada, nos termos dos Artigos 36.° e 37.° do AUOPC.

b) Encerramento por insuficiência de activo

Sempre que faltem os fundos para iniciar ou terminar as operações de liquidação de bens a jurisdição competente, depois de obter o relatório do juiz comissário, pode, em qualquer fase do processo, proferir, a requerimento de qualquer interessado ou a título oficioso, o encerramento das operações por insuficiência do activo[235]. Esta disposição está ligada com os Artigos 84.° e 146.° do AUOPC, que exigem em cada caso a verifica-

---

[230] Cf. Artigo 168.° do AUOPC.
[231] Cf. Artigo 169.° do AUOPC.
[232] Cf. Artigo 170.° do AUOPC.
[233] Cf. Artigo 171.° do AUOPC.
[234] Cf. Artigo 172.° do AUOPC.
[235] Cf. Artigo 173.° do AUOPC. A decisão é publicada de acordo com os Artigos 36.° e 37.° do AUOPC. Para uma situação concreta, cf. decisões do Tribunal de Bamako, de 26 de Abril de 2006 (n.° 179), do TRHC de Dakar, de 26 de Agosto de 2005 (n.° 160) e da CA do Oeste dos Camarões, de 11 de Dezembro de 2002 (n.° 31/civ).

ção obrigatória dos créditos, pelo que o encerramento só pode ser decretado após conclusão dessa verificação[236].

A decisão de encerramento permite a cada credor recuperar o exercício individual das suas acções[237], com a possibilidade de obter o título executivo previsto no Artigo 171.° do AUOPC. O processo pode ser reaberto, a pedido do devedor ou de qualquer interessado que forneça prova de que os fundos necessários às despesas das operações foram consignados ao síndico[238], o qual é novamente chamado ao exercício das suas funções.

5. Sanções no âmbito dos processos colectivos

As sanções dizem respeito, sobretudo, aos processos de recuperação judicial e de liquidação de bens e, numa medida inferior, à concordata preventiva. O objectivo primário é o de exercer um efeito dissuasor quanto à prática de actos repreensíveis e de neutralizar ou eliminar as pessoas que os tenham praticado, de modo a evitar a repetição de tais actos; finalmente, algumas sanções de carácter patrimonial contribuem directamente para o pagamento dos credores ou para a recuperação da empresa. As sanções podem ser subdivididas em sanções civis, comerciais e penais.

5.1. *Sanções civis e comerciais*

Algumas destas sanções têm uma natureza patrimonial, enquanto outras têm uma natureza profissional ou moral.

a) Sanções de natureza patrimonial

São sanções que se aplicam aos dirigentes das sociedades ou de outras pessoas colectivas de direito privado e compreendem a cobertura do

---

[236] Segundo Filiga Michel SAWADOGO, *L'Acte Uniforme* cit., esta limitação é supérflua quando a insuficiência do activo é já clara no início do processo e antes ainda da verificação dos créditos feita pelo síndico.
[237] Cf. Artigo 174.° do AUOPC.
[238] Cf. Artigo 175.° do AUOPC.

passivo social, a extensão do processo e a limitação dos direitos sociais[239]. Uma particular hipótese de responsabilidade está, pois, a cargo de terceiros. Em caso de cessação de pagamentos de uma pessoa colectiva, a obrigação de cobertura do passivo é aplicável aos seus dirigentes, pessoas singulares ou colectivas, de direito ou de facto, aparentes ou ocultos, remunerados ou não, bem como às pessoas singulares representantes permanentes das pessoas colectivas dirigentes[240]. Quando a recuperação judicial ou a liquidação de bens de uma pessoa colectiva revele insuficiência do activo, a jurisdição competente[241] pode, em caso de erro de gestão que tenha contribuído para essa insuficiência, decidir, a requerimento do síndico ou oficiosamente, que as dívidas da pessoa colectiva sejam suportadas, na sua totalidade ou em parte, com ou sem solidariedade, por todos os dirigentes ou por alguns deles[242]. Assim, o Acto Uniforme, inspirando-se na Lei francesa de 25 de Janeiro de 1985, exige que se verifiquem danos[243], erros de gestão[244] e nexo de causalidade. A acção, que pode ser proposta pelo síndico ou a título oficioso, prescreve ao fim de três anos, decorridos da decisão definitiva sobre a verificação de créditos[245]. A falta de pagamento das quantias resultantes do exercício da acção de verificação do passivo é susceptível de sanções mais graves, como por exemplo a extensão do processo colectivo[246].

---

[239] Sobre estas acções e sobre a possibilidade de cumular com as acções penais em caso de falência, v. Bérenger Yves MEUKE, *Brèves observations sur le risque juridique du mandataire social dans l'espace OHADA*, in *Revue juridique tchadiane*, s.n. e d..

[240] Cf. Artigo 180.° do AUOPC.

[241] De acordo com o Artigo 184.° do AUOPC, jurisdição competente é aquela que proferiu a decisão de recuperação judicial ou de liquidação de bens da pessoa colectiva.

[242] Cf. Artigo 183.° do AUOPC. Sobre as implicações da norma nos grupos de sociedades, v. Philippe TIGER, *Les procèdures collectives* cit., pág. 44.

[243] O dano manifesta-se através da insuficiência do activo para cobrir o passivo. Neste sentido, v. Filiga Michel SAWADOGO, *OHADA. Droit* cit., pág. 319.

[244] O AUOPC não faz qualquer referência à qualificação do erro, pelo que um simples erro, ainda que uma mera imprudência, é suficiente para legitimar a acção. Neste sentido, v. Jean-René GOMEZ, *Entreprises* cit., pág. 257, e Filiga Michel SAWADOGO, *OHADA. Droit* cit., pág. 318.

[245] Cf. Artigo 186.° do AUOPC. O Artigo 188.° do AUOPC estabelece as modalidades de publicação das decisões que põem a cargo dos dirigentes sociais a totalidade ou parte do passivo.

[246] Cf. Artigo 189.°, § 2, do AUOPC. O Artigo 190.° do AUOPC dispõe que a jurisdição competente para o processo contra os dirigentes é a mesma que decretou a recuperação judicial ou a liquidação de bens da pessoa colectiva.

A extensão do processo de recuperação judicial ou de liquidação de bens de uma pessoa colectiva aos seus dirigentes – os quais podem, portanto, ser declarados pessoalmente em estado de cessação dos pagamentos – verifica-se sempre que estes tenham exercido uma actividade comercial no seu interesse pessoal, seja por interposta pessoa, seja através de uma pessoa colectiva que tenha ocultado os seus actos; sempre que tenham disposto do crédito ou dos bens da pessoa colectiva objecto de processo colectivo como se fossem próprios; ou quando tenham desenvolvido de forma abusiva e em proveito pessoal uma gestão deficitária, que só poderia conduzir a uma situação de cessação dos pagamentos[247]. Conforme já mencionado, o processo de recuperação judicial e a liquidação de bens pode ser decretado aos dirigentes a cargo dos quais tenha sido posta a totalidade ou parte do passivo de uma pessoa colectiva e que não tenham pago essa dívida[248]. Os credores admitidos ao processo colectivo contra a sociedade são também admitidos, de pleno direito, no processo aberto contra os respectivos dirigentes[249]; por outro lado, a data de cessação de pagamentos do dirigente não pode ser posterior à fixada pela decisão que decretou o processo colectivo da pessoa colectiva[250].

As restrições que atingem os direitos sociais dos dirigentes traduzem-se na impossibilidade de cessão das partes sociais, salvo autorização do juiz comissário[251], e no depósito dos títulos à guarda do síndico[252], sob pena de sanção[253]; na privação do direito de voto em caso de falência pessoal, devendo este direito ser exercido por um mandatário *ad hoc* designado pelo juiz comissário[254]; e na faculdade de a jurisdição competente ordenar aos dirigentes que têm a seu cargo a totalidade ou parte do passivo da pessoa colectiva que cedam as respectivas acções ou partes sociais, ou

---

[247] Cf. Artigo 189.º, § 1, do AUOPC. Para um exemplo prático, cf. decisão do TRHC de Dakar de 21 de Janeiro de 2003 (n.º 28).

[248] Cf. Artigo 189.º, § 2, do AUOPC. De acordo com Filiga Michel SAWADOGO, *L'Acte Uniforme* cit., e Jean-René GOMEZ, *Entreprises* cit., fala-se impropriamente numa extensão, uma vez que não é o processo a cargo da pessoa colectiva que se aplica aos dirigentes, mas sim um processo autónomo, não tendo que ser necessariamente o mesmo que foi aplicado à pessoa colectiva.

[249] Cf. Artigo 191.º do AUOPC.
[250] Cf. Artigo 192.º do AUOPC.
[251] Cf. Artigo 57.º do AUOPC.
[252] Cf. Artigo 58.º do AUOPC.
[253] Cf. Artigo 231.º, n.º 7, do AUOPC.
[254] Cf. Artigo 199.º do AUOPC.

de ordenar a respectiva cessão forçada pelo síndico, para que o produto da venda seja destinado ao pagamento da parte das dívidas da pessoa colectiva a cargo desses dirigentes[255].
As sanções civis e comerciais não têm todas natureza patrimonial. São sanções de natureza não patrimonial a falência pessoal, a perda de direitos e as inibições. A falência pessoal aplica-se aos comerciantes pessoas singulares, às pessoas singulares dirigentes de pessoas colectivas sujeitas a processo colectivo e às pessoas singulares representantes permanentes das pessoas colectivas sujeitas a processo colectivo[256]. A falência pessoal pode ser decretada em qualquer fase do processo e incide sobre as pessoas singulares responsáveis pela subtracção da contabilidade, desvio ou dissimulação de uma parte do activo ou do passivo, pelo exercício de uma actividade comercial no seu interesse pessoal, pelo uso abusivo dos bens ou do crédito da pessoa colectiva, pela obtenção de uma concordata posteriormente anulada, pela prática de actos de má fé ou imprudência imperdoáveis, ou que tenham infringido gravemente as regras e os usos do comércio tal como estão definidos no Artigo 197.º do AUOPC, sendo ainda declarados falidos os dirigentes de uma pessoa colectiva condenados por falência simples ou fraudulenta[257]. A falência pessoal pode também ser decretada aos dirigentes da pessoa colectiva em caso de manifesta incompetência, falta de declaração da cessação dos pagamen-

---

[255] Cf. Artigo 185.º do AUOPC.
[256] Cf. Artigo 194.º do AUOPC.
[257] Cf. Artigo 196.º do AUOPC. Nos termos do Artigo 197.º do AUOPC, presumem-se actos de má fé, imprudências imperdoáveis ou infracções graves às regras e usos comerciais:
1) O exercício de uma actividade comercial ou de uma função de gerente, administrador, presidente, director-geral ou liquidatário, contrariamente a uma interdição prevista pelos actos uniformes ou pela lei de cada Estado-membro;
2) A ausência de contabilidade conforme às regras contabilísticas e aos usos reconhecidos da profissão tendo em conta a importância da empresa;
3) As compras para revenda abaixo do preço corrente com a intenção de retardar a cessação de pagamentos ou a utilização, com a mesma intenção, de meios ruinosos para obter capitais;
4) A subscrição, por conta de outrem, sem contrapartida, de obrigações consideradas demasiado elevadas no momento da respectiva conclusão, tendo em conta a situação do devedor ou da sua empresa;
5) A continuação abusiva de uma exploração deficitária, conducente, necessariamente, à cessação de pagamentos da empresa.

tos no prazo de trinta dias, ou falta de pagamento do passivo posto a seu cargo[258].
O processo a seguir vem descrito nos Artigos 200.º e 201.º do AUOPC. Sempre que tenha conhecimento de factos susceptíveis de justificar a falência pessoal, o síndico informa imediatamente o representante do Ministério Público e o juiz comissário, a quem apresenta um relatório no prazo de dez dias, o qual é depois enviado pelo juiz comissário ao presidente da jurisdição competente[259]. O colectivo do tribunal reúne na presença do síndico[260] e ouve o devedor e os dirigentes interessados: estes são citados, no mínimo com oito dias de antecedência, devendo comparecer pessoalmente, podendo fazer-se representar, em caso de impedimento devidamente justificado, por pessoa devidamente habilitada; caso não se apresentem ou não se façam representar, são de novo citados para comparecerem e, em caso de ausência, a jurisdição decide contra eles[261].

A falência pessoal, uma vez decretada, implica automaticamente a inibição geral de exercer o comércio e, em particular, de dirigir, gerir, administrar ou controlar uma empresa comercial ou uma pessoa colectiva que desenvolva uma actividade económica; a inibição de exercer uma função pública elegível e de ser eleitor para a referida função pública; a inibição de exercer qualquer função administrativa, judicial ou de representação profissional[262]; a privação de exercer o direito de voto nas assembleias das pessoas colectivas contra as quais um processo colectivo tenha sido aberto, devendo este direito ser exercido por um mandatário, nomeado pelo juiz comissário para o efeito, a pedido do síndico[263]. A duração da falência pessoal, que deve ser fixada na decisão, não pode ser inferior a três anos nem superior a dez anos, e as perdas de direitos, incapacidades e interdições resultantes da falência pessoal cessam, automaticamente, no termo do prazo fixado[264]; podem extinguir-se antes deste prazo em caso de encerramento por extinção do passivo ou em caso de acolhimento de

---

[258] Cf. Artigo 198.º do AUOPC. Sobre a falência pessoal, v. Denis Roger Soh Fogno, Alphonse Tchoffo, *"L'assainissement de la profession commercial dans l'espace OHADA"*, in *Revue Penant*, n.º 862 (2008), págs. 105 e segs.
[259] Cf. Artigo 200.º, §§ 1 e 2, do AUOPC.
[260] Cf. Artigo 260.º, § 3, do AUOPC.
[261] Cf. Artigo 201.º do AUOPC.
[262] Cf. Artigo 203.º, § 1, do AUOPC.
[263] Cf. Artigo 199.º do AUOPC.
[264] Cf. Artigo 203.º, §§ 2 e 3, do AUOPC.

um pedido de reabilitação proposto pelo falido ou pelos seus herdeiros. É possível obter a reabilitação nas formas e condições previstas nos Artigos 204.° a 215.° do AUOPC[265].

Por fim, o Acto Uniforme estabelece que os terceiros, credores ou não, que contribuam com o seu comportamento para retardar o estado de cessação dos pagamentos, diminuir o activo ou agravar o passivo do devedor, podem ser condenados – em acção proposta pelo síndico no interesse de todos os credores – a reparar o prejuízo sofrido pela massa, competindo ao tribunal a escolha da solução mais apropriada, entre o ressarcimento do dano e a perda da titularidade de garantias, quando existam[266].

5.2. Sanções penais

O AUOPC criminaliza um certo número de actos como a falência, infracções similares à falência e infracções praticadas por outras pessoas por ocasião de um processo colectivo, remetendo para as disposições penais internas de cada Estado-membro a determinação das respectivas penas[267].

A falência propriamente dita aplica-se aos comerciantes pessoas singulares e aos sócios das sociedades comerciais que tenham a qualidade de comerciantes[268], ou seja, aqueles que são ilimitada e solidariamente responsáveis pelo pagamento das dívidas sociais. Os factos criminosos compreendem a falência simples e a falência fraudulenta, residindo a sua distinção na gravidade da culpa e na necessidade de assegurar uma repressão proporcional.

---

[265] Sobre a reabilitação e o respectivo processo, v. Jean-René GOMEZ, *Entreprises* cit., págs. 276 e segs., e Filiga Michel SAWADOGO, *OHADA. Droit* cit., págs. 343 e segs..

[266] Cf. Artigo 118.° do AUOPC. Sobre os poderes do síndico sempre que o terceiro faça parte da massa por ele representada, v. Philippe TIGER, *Les procèdures collectives* cit., pág. 41, o qual manifesta sérias dúvidas sobre a redacção da norma, salientando que a prolação do estado de cessação dos pagamentos termina, na prática, com a determinação de uma diminuição do activo ou um agravamento do passivo, pelo que esta questão pode também causar necessariamente prejuízos e ser, portanto, fonte de responsabilidade.

[267] Cf. Artigo 226.° do AUOPC. Para um tratamento sistemático dos crimes previstos no AUOPC, v. Roger SOCKENG, *Droit penal des affaires OHADA*, Douala, Minsi Le Competing, 2007.

[268] Cf. Artigo 227.° do AUOPC.

São considerados casos de falência simples a assumpção sem contrapartida de obrigações consideradas demasiado elevadas; as compras para revenda abaixo do preço corrente ou a utilização de meios ruinosos para obter capitais, com a intenção de atrasar a verificação da cessação dos pagamentos; a falta de declaração de cessação dos pagamentos no prazo de trinta dias sem justificação legítima; não possuir contabilidade ou tê-la incompleta ou irregularmente organizada tendo em conta a importância da empresa; e ter sido declarado duas vezes em estado de cessação de pagamentos num prazo de cinco anos, com processos encerrados por insuficiência de activo[269].

Os casos de falência fraudulenta são mais numerosos do que os de falência simples, sendo culpada a pessoa singular que, em caso de cessação de pagamentos: subtraia a sua contabilidade; desvie ou dissipe a totalidade ou parte do seu activo; se reconheça fraudulentamente devedora de somas que não deva, quer na sua contabilidade, quer em documentos autênticos ou particulares, quer no seu balanço; que tenha exercido uma profissão comercial contrariamente a uma interdição prevista pelos actos uniformes ou pela lei de cada Estado-membro; que, depois da cessação de pagamentos, tenha pago a um credor em prejuízo da massa; que tenha estipulado com um credor vantagens especiais em função do seu voto nas deliberações da massa ou efectuado com um credor um acordo especial do qual resultasse para este último uma vantagem a cargo do activo do devedor a partir do dia da decisão de abertura; que, de má fé, tenha apresentado ou mandado apresentar um resultado, um balanço ou uma relação de créditos e de dívidas ou uma relação activa e passiva dos privilégios ou garantias, inexactos ou incompletos; que tenha efectuado, sem autorização do presidente da jurisdição competente, um dos actos proibidos pelo Artigo 11.° do AUOPC[270].

As infracções similares à falência são relativas às pessoas singulares dirigentes das pessoas colectivas sujeitas a processos colectivos e às pessoas singulares representantes permanentes de pessoas colectivas dirigentes das pessoas colectivas sujeitas a processo colectivo[271]. Os factos punidos com as penas aplicáveis à falência simples são o gasto de somas pertencentes à pessoa colectiva em operações arriscadas ou fictícias; a compra para revenda a preços abaixo dos preços correntes ou a utilização

---

[269] Cf. Artigo 228.° do AUOPC.
[270] Cf. Artigo 229.° do AUOPC. Para um caso de condenação por falência simples e fraudulenta, cf. decisão do TRHC de Dakar, de 4 de Dezembro de 2001 (n.° 5992/2001).
[271] Cf. Artigo 230.° do AUOPC.

de meios ruinosos para obter capitais, com a intenção de atrasar a verificação da cessação dos pagamentos da pessoa colectiva; o pagamento ou a ordem para pagar a um credor em prejuízo da massa, depois da cessação de pagamentos da pessoa colectiva; a celebração de contratos pela pessoa colectiva, por conta de outrem, sem que ela receba os valores de troca, de obrigações julgadas demasiado elevadas em relação à sua situação no momento em que as mesmas são contraídas; a realização de uma contabilidade irregular ou incompleta da pessoa colectiva nas condições previstas no n.º 4 do Artigo 228.º do AUOPC; a omissão de fazer na secretaria, no prazo de trinta dias, a declaração do estado de cessação de pagamentos da pessoa colectiva; o desvio ou a dissimulação de uma parte dos respectivos bens ou o reconhecimento fraudulento como devedor de somas que não se deve, tendo a finalidade de subtrair a totalidade ou parte do respectivo património aos processos da pessoa colectiva em estado de cessação de pagamentos ou aos processos dos sócios ou dos credores da pessoa colectiva[272]. Por outro lado, nas pessoas colectivas em que existam sócios de responsabilidade ilimitada e solidária pelas dívidas sociais, os representantes legais ou de facto são responsáveis por falência simples se, sem motivo válido, não depositarem na secretaria da jurisdição competente, no prazo de trinta dias, a declaração do estado de cessação dos pagamentos ou se esta declaração não incluir o elenco dos sócios solidariamente responsáveis, com indicação dos respectivos nomes e endereços[273].

As infracções similares à falência fraudulenta atingem os dirigentes que: subtraiam dolosamente os livros da pessoa colectiva; desviem ou dissimulem uma parte do seu activo; reconheçam a pessoa colectiva devedora de somas que ela não deve; exerçam a profissão de dirigente da pessoa colectiva contra uma interdição; estipulem com um credor da pessoa colectiva vantagens especiais em função do seu voto nas deliberações da massa, ou que façam com um credor um acordo especial que lhe forneça uma vantagem a cargo do activo da pessoa colectiva a partir do dia da decisão que declare a cessação de pagamentos. A falência fraudulenta atinge também os dirigentes que, por ocasião de um procedimento de pagamento preventivo e de má fé, apresentem ou façam apresentar resultados, um balanço, uma relação dos créditos e das dívidas ou uma relação do activo e do passivo dos privilégios ou garantias, inexactos ou incompletos, ou que, sem

---

[272] Cf. Artigo 231.º do AUOPC.
[273] Cf. Artigo 232.º do AUOPC.

autorização do presidente da jurisdição competente, pratiquem actos proibidos pelo Artigo 11.º do AUOPC[274].

A acção penal é instaurada quer pelo Ministério Público, quer através da constituição de assistente ou por via de citação directa ao síndico ou de qualquer credor atingido em seu próprio nome ou em nome da massa[275]. Os Artigos 235.º a 239.º do AUOPC regulam de forma detalhada as contribuições para as despesas processuais[276].

As infracções praticadas por outros sujeitos no âmbito de um processo colectivo são relativas, a título de falência fraudulenta, a quem subtraia, receba ou dissimule a totalidade ou parte dos bens, declare falsos créditos e desvie ou dissimule bens próprios sob a aparência de exercício do comércio em nome de outrem ou sob nome falso[277]. É também punido de acordo com as disposições penais de cada Estado-membro o síndico que exerça uma actividade pessoal encoberta pela empresa do devedor, disponha do crédito ou dos bens do devedor como se fossem seus, dissipe os bens do devedor, continue abusivamente e de má fé, no seu interesse pessoal, quer directa quer indirectamente, uma exploração deficitária da empresa do devedor, ou ainda que se torne comprador, por sua conta, directa ou indirectamente, dos bens do devedor[278].

6. Processos colectivos internacionais

Merecem uma breve referência os processos que o AUOPC designa por processos colectivos internacionais, cujo âmbito se circunscreve ao território dos Estados-membros e que têm como objectivo a determinação dos efeitos de um processo colectivo num território de outro Estado-membro e a coordenação dos efeitos de diversos processos colectivos abertos nos Estados-membros[279].

---

[274] Cf. Artigo 233.º do AUOPC.
[275] Cf. Artigo 234.º do AUOPC.
[276] Segundo Elisabeth L. KANGAMBEGA, *Observation sur les aspects pénaux de l'OHADA*, in Revue Penant, n.º 834 (2000), pág. 318, o legislador OHADA criou um procedimento penal específico para estas infracções.
[277] Cf. Artigo 240.º do AUOPC.
[278] Cf. Artigo 243.º do AUOPC.
[279] Neste sentido, v. Joseph ISSA-SAYEGH, *Présentation du projet d'acte uniforme de l'OHADA portant organisation des procédures collectives d'apurement du passif*, in Revue Penant, n.º 827 (1998), p. 224.

A natureza internacional do processo pode ser determinada pelo facto de uma empresa que seja objecto de um processo aberto num Estado--membro ter filiais ou sucursais, ou possuir bens num ou mais dos outros Estados-membros; ou sempre que uma sociedade que tenha a sua sede num Estado-membro seja objecto de um processo colectivo e faça parte de um grupo de sociedades em que pelo menos uma tenha sede num outro Estado-membro e esteja sujeita à extensão do processo colectivo. Nos dois casos pode ser aberto um único processo contra o devedor com efeitos num ou mais Estados-membros, ou, em alternativa, podem ser simultaneamente abertos mais processos nos diversos Estados-membros.

O legislador OHADA procurou estabelecer um sistema transnacional dos processos colectivos no âmbito do espaço regional composto pelos Estados-membros, seja para tomar em consideração os efeitos transnacionais de um processo colectivo aberto num Estado-membro, seja para coordenar os efeitos dos diversos processos que são abertos nos Estados--membros contra o mesmo devedor[280].

A análise desta parte do AUOPC permite distinguir alguns instrumentos através dos quais o Acto Uniforme procura atingir os mencionados objectivos.

O princípio geral é o de que, uma vez irrevogáveis, as decisões de abertura e de encerramento de um processo colectivo e aquelas que dirimem um litígio proferidas no território de um Estado-membro fazem caso julgado no território dos outros Estados-membros[281] sem necessidade de *exequatur*[282]. Esta regra destina-se a assegurar que o processo aberto num dos Estados-membros tenha os mesmos efeitos em todos os restantes, instituindo um reconhecimento de pleno direito da decisão proferida naquele processo, sem se considerar que a mesma provém de uma entidade estrangeira, na medida em que se insere no espaço OHADA.

---

[280] V. Philipe TIGER, *Les procédures collectives* cit., pág. 47.

[281] Cf. Artigo 247.º do AUOPC. Para um exemplo de aplicação das disposições sobre processos colectivos internacionais, cf. o caso da falência da companhia aérea Air Afrique, cuja liquidação de bens foi aberta na Costa do Marfim pelo TPI de Abidjan, decisão de 25 de Abril de 2002 (n.º 52), confirmada por decisão da CA de Abidjan, de 7 de Junho de 2002 (n.º 723) e depois pela decisão do TCJA, de 8 de Janeiro de 2004 (n.º 4/2004), as quais foram seguidas pelas decisões do TRHC de Dakar, de 27 de Abril de 2002 (n.º 1503) e 27 de Agosto de 2002, e do TGI de Niamey, de 7 de Dezembro de 2005 (n.º 544).

[282] O princípio está enunciado pela ordem do Tribunal de Bamako n.º 05/07. No mesmo sentido, v. Jean-René GOMEZ, *Entreprises* cit., pág. 300.

A transnacionalidade do processo revela-se também na possibilidade conferida ao síndico de exercer as suas funções sem quaisquer limitações no território de qualquer outro Estado-membro, ainda que aí não tenha sido aberto qualquer processo contra o devedor[283]. A existência de um processo colectivo num Estado-membro não é, de facto, obstáculo à abertura de um outro processo colectivo no território de um outro Estado-membro, contendo o Acto Uniforme regras específicas que asseguram a coordenação entre os vários processos, seja através da fixação de uma hierarquia entre ele, seja através de um dever de informação recíproco entre os vários síndicos[284].

No primeiro caso, o processo colectivo principal corre no local em que o devedor tem o seu estabelecimento principal ou a pessoa colectiva a sua sede, enquanto os outros são considerados processos secundários[285]. Os síndicos dos diversos processos estão vinculados a um dever de informação recíproca[286] e um processo secundário não pode ser encerrado sem o acordo do síndico do processo principal, o qual deve intervir num prazo de trinta dias a contar da recepção do pedido de parecer feita pelo síndico do processo secundário, só podendo recusar o seu acordo se considerar que a solução proposta afecta os interesses financeiros dos credores do processo principal; em caso de contestação, compete ao tribunal que tem a seu cargo o processo secundário decidir[287].

Existem também regras destinadas a garantir a paridade de tratamento entre os credores dos vários processos. Qualquer credor pode reclamar no processo principal e nos processos secundários[288] e o credor, que, depois da abertura de um processo colectivo num Estado-membro, obtiver um pagamento proveniente dos bens do devedor situados num outro Estado-membro, deve restituir ao síndico o que obteve, sem prejuízo das cláusulas de reserva de propriedade e das acções de reivindi-

---

[283] Cf. Artigo 249.º do AUOPC. Sobre o papel do síndico nos processos colectivos internacionais, v. Jean-René GOMEZ, *Entreprises* cit., págs. 309 e segs..
[284] Cf. Artigo 252.º do AUOPC.
[285] Cf. Artigo 251.º do AUOPC. O caso da Air Afrique é disso exemplo. De acordo com Philipe TIGER, *Les procédures collectives* cit., pág. 50, a interpretação da norma em questão não pode ir ao ponto de redefinir os grupos de sociedade tal como definidos no AUDSCAIE, faltando assim ao AUOPC regular um fenómeno dos mais frequentes no actual panorama do comércio internacional.
[286] Cf. Artigo 252.º do AUOPC.
[287] Cf. Artigo 254.º, último parágrafo, do AUOPC.
[288] Cf. Artigo 253.º do AUOPC.

cação[289]. Por outro lado, o credor que num determinado processo tenha obtido um pagamento parcial do seu crédito não pode participar na distribuição de um outro processo até que os credores do mesmo grau obtenham um pagamento igual ao que ele recebeu[290] e, se a liquidação de activos de um processo colectivo permitir pagar todos os créditos admitidos nesse processo, o síndico nele nomeado transfere imediatamente o excesso de activo ao síndico de outro processo colectivo; caso haja vários outros processos colectivos, o excesso de activo é repartido igualmente entre eles[291].

O Acto Uniforme não prevê nenhuma disposição relativa ao reconhecimento de processos estrangeiros, sendo apenas destinado a ser aplicado aos processos abertos no seio dos Estados-membros; não existem, assim, normas relativas ao reconhecimento de sentenças estrangeiras no âmbito dos processos colectivos, nem ao reconhecimento fora do espaço OHADA das decisões proferidas pelos tribunais dos Estados-membros.

---

[289] Cf. Artigo 250.º, § 1, do AUOPC. O objectivo é, claramente, evitar pagamentos preferenciais.
[290] Cf. Artigo 255.º do AUOPC.
[291] Cf. Artigo 256.º do AUOPC.

CAPÍTULO VII

O Acto Uniforme Relativo ao Direito da Arbitragem

1. Introdução

No Tratado OHADA, a promoção da arbitragem como instrumento para a resolução de litígios contratuais enquadra-se no âmbito das actividades necessárias para combater a insegurança jurídica e garantir a segurança judiciária[1], visando o surgimento de um novo período de desenvolvimento em África[2].

Após a independência, a aproximação dos Países africanos à arbitragem pode ser dividida em dois períodos. Uma primeira fase, que decorreu mais ou menos até aos anos 80, caracterizou-se por uma espécie de resistência relativamente à arbitragem como instrumento de resolução de litígios: até este momento, poucos eram os Países africanos em geral – e entre os Estados-membros da OHADA em particular – que estavam dotados com legislação moderna sobre a matéria[3]. Mais recentemente, regista-se uma mudança, que se manifesta na aceitação mais frequente por parte dos Estados de submeterem litígios em que estão envolvidos a convenções de arbitragem e à adopção de instrumentos normativos mais completos relativos a este mecanismo de resolução de litígios[4].

---

[1] Sobre o assunto, v. Prosper NKOU NVONDO, *La crise de la justice de l'Etat en Afrique noire francophone. Étude des causes du «divorce» entre la justice et les justiciables*, in *Revue Penant*, n.° 824 (1997), págs. 208 e segs..

[2] Cf. parágrafos 2 e 3 do preâmbulo do Tratado OHADA.

[3] Em detalhe, v. Pierre MEYER, *L'Acte Uniforme OHADA sur le droit de l'arbitrage*, in *RDAI*, n.° 6 (1999), p. 629).

[4] Sobre o fenómeno, v. Pierre MEYER, *OHADA. Droit de l'arbitrage*, Bruxelas, Bruylant, 2002; Roland AMOUSSOU-GENOU, *L'état du droit de l'arbitrage interne et international en Afrique avant l'adoption des instruments de l'OHADA*, in Philippe FOUCHARD (dir.),

A reforma do regime da arbitragem operada no âmbito OHADA representa, porventura, o culminar deste fenómeno evolutivo[5]. Ela teve não só a intenção de dotar esses Países de um regime jurídico unificado e moderno, mas também o objectivo de cortar com o monopólio geográfico existente nesta matéria, uma vez que quase todos os procedimentos arbitrais se desenvolviam na Europa, ainda que uma das partes estivesse baseada num País africano e o litígio dissesse respeito a um contrato regulado pela lei desse País[6]. Consequência da reforma – como se verá de seguida – é a possibilidade conferida pelo novo quadro normativo de prever quer uma arbitragem *ad hoc* que recorra às regras previstas no Acto Uniforme, quer uma arbitragem regulada de acordo com o Regulamento do Tribunal.

A grande novidade introduzida pelo Tratado de Port Louis foi ter posto em prática dois sistemas distintos para regular a arbitragem. Por um lado, cumpre considerar o Tratado OHADA, o qual criou um sistema de arbitragem internacional sob os auspícios do TCJA, em conformidade com o regulamento de arbitragem do TCJA, de natureza puramente contratual. Natureza «legislativa» tem, por sua vez, o Acto Uniforme relativo ao Direito da Arbitragem que, relativamente ao Tratado OHADA, constitui a lei comum a todos os Estados-membros e contém regras aplicáveis a todos os processos arbitrais quando a sede do tribunal arbitral estiver situada num desses territórios, ou quando as partes de um contrato tiverem escolhido o Acto Uniforme como lei processual aplicável, ainda que o lugar da arbitragem não seja no território de um Estado-membro[7].

L'OHADA et les perspectives de l'arbitrage en Afrique, Bruxelas, Bruylant, 2000; ID., *Le droit et la pratique de l'arbitrage commercial international en Afrique subsaharienne*, Universidade de Paris II, 1995; Joseph ISSA-SAYEGH, *Réflexions dubitatives sur le droit de l'arbitrage de l'OHADA*, in *Revue Camerounaise*, número especial, Outubro de 2001, p. 22.

[5] Uma análise da reforma operada pelo legislador OHADA com referência ao sector da arbitragem na óptica dos objectivos gerais da reforma legislativa é levada a cabo por Roland AMOUSSOU-GUENOU, *The OHADA Arbitration Reform and the Chinese Investments in Africa: Chalenges and Opportunities*, in Slavatore MANCUSO (ed.), *The Harmonization of Business Law in Africa and its Advantage for Chinese Investments in Africa*, Macau, Universidade de Macau, Instituto de Estudos Jurídicos Avançados, 2008.

[6] Críticas relativas à possibilidade de atingir este objectivo são feitas por Ndiaye Mayatta MABAYE, *L'arbitrage OHADA: réflexions critiques*, Memórias, DEA, Universidade de Paris X, 2001, a partir do momento que o Artigo 21.º do Tratado OHADA exige uma conexão com o espaço OHADA para permitir a arbitragem do TCJA. O Autor tende, por isso, a considerar o TCJA mais como uma entidade regional do que internacional.

[7] Cf. Artigo 35.º do AUDA; v., também, Philippe LEBOULANGER, *Présentation générale des actes sur lárbitrage*, in Philippe FOUCHARD (dir.), *L'OHADA et les perspectives de*

Existem diferenças fundamentais entre a arbitragem prevista no Acto Uniforme relativo ao Direito da Arbitragem e a arbitragem regida pelo Tratado OHADA e pelo Regulamento de Arbitragem do TCJA, tais como, por exemplo, a nomeação dos árbitros, os meios de impugnação da sentença e os processos de execução desta, conforme resulta das características de um e de outro sistema, como se verá de seguida descrito. Em cada caso as partes mantêm-se livres de escolher muitas das regras aplicáveis no processo arbitral – por exemplo, em matéria de nomeação, recusa ou substituição dos árbitros –, quer se trate de arbitragem *ad hoc*, quer de arbitragem institucional.

Recorde-se igualmente que, no âmbito da arbitragem, o TCJA exerce também uma função administrativa, como instituição arbitral (regional) e jurisdicional. Como se verá no presente capítulo, o TCJA controla o desenvolvimento do processo arbitral e tem competência exclusiva para a emissão de decisões de execução necessárias à finalidade de aplicação da sentença arbitral[8].

2. O Acto Uniforme relativo ao Direito da Arbitragem

O Acto Uniforme é relativamente curto, com trinta e seis artigos, estando dividido em sete capítulos, cada um dedicado a uma fase do desenvolvimento do processo arbitral, constituindo, conforme referido, a lei nacional em matéria de arbitragem em todos os Estados-membros da

---

l'arbitrage en Afrique, Bruxelas, Bruylant, 2000. Sobre o efeito derrogatório do Acto Uniforme relativamente às legislações nacionais em matéria de arbitragem, v. Joseph ISSA--SAYEGH, *Refléxions* cit., o qual propõe uma solução em linha com os princípios gerais fixados pelo TCJA na matéria dos efeitos derrogatórios dos Actos Uniformes da OHADA sobre a legislação interna dos Estados-membros – o TCJA, na decisão de 10 de Junho de 2003 (n.º 10/2003), clarificou que a aplicação do AUDA depende da data da proposição do pedido de arbitragem e não da celebração da convenção de arbitragem. Sobre o assunto, v., também, Gaston KENFACK DOUAJNI, *L'incidence du système OHADA sur le droit camerounaise de l'arbitrage*, in *Revue camerounaise de l'arbitrage*, n.º 1 (1998), págs. 3 e segs..

[8] Sobre estas duas funções do TCJA v., para maiores desenvolvimentos, Ndiaye Mayatta MABAYE, *L'arbitrage OHADA* cit.; Henri-Joel TAGUM FOMBENO, *Regard critique sur le droit de l'arbitrage OHADA*, disponível a partir de www.juriscope.org. Sobre o risco da sobreposição ou confusão de funções ora citada, v. Joseph ISSA-SAYEGH, *Refléxions* cit..

OHADA, tendo revogado toda a legislação anterior, no âmbito da arbitragem interna e internacional[9].

2.1. *A aplicação do Acto Uniforme*

O Acto Uniforme relativo ao Direito da Arbitragem foi aprovado a 11 de Março de 1999 e publicado no Jornal Oficial OHADA em 15 de Maio de 1999. Um número limitado dos seus preceitos tem natureza imperativa, podendo grande parte deles ser derrogada por escolha de regras diferentes através do compromisso arbitral. A lei inspira-se nas novas normas em matéria de arbitragem do Código de Processo Civil francês e da lei-tipo da CNUDCI[10].

O Acto Uniforme define de uma forma muito ampla o âmbito de aplicação da arbitragem, sem a limitar – como acontece em numerosa legislação sobre arbitragem – aos litígios de natureza comercial, afirmando a independência e validade da cláusula compromissória para lhe assegurar uma eficácia plena, fixando as regras de organização do processo arbitral, consagrando a competência exclusiva dos árbitros relativamente ao objecto do litígio e excluindo a intervenção dos tribunais ordinários, que se mantêm confinados unicamente à concessão de providências cautelares em caso de urgência[11].

O legislador OHADA privilegiou o critério da determinação territorial, sendo o Acto Uniforme aplicável às arbitragens em que a sede do tribunal arbitral se situe no território de um Estado-membro[12], pelo que todas

---

[9] Cf. Artigo 35.º do AUDA. Na jurisprudência, cf. decisão da CA de Abidjan, de 30 de Junho de 2002 (n.º 1032). Na doutrina, v. Richard BOIVIN, Pierre PIC, *L'arbitrage international en Afrique: quelques observations sur l'OHADA*, in *Revue générale de droit*, n.º 32 (2002), págs. 847 e segs.; Dário Moura VICENTE, *A arbitragem OHADA*, in Boletim da Faculdade de Direito de Bissau, n.º 6 (2004), págs. 473 e segs.; Abdoulaye SAKO, *O acto uniforme relativo ao direito de arbitragem*, in *Boletim da Faculdade de Direito de Bissau*, n.º 6 (suplemento) (2004), p. 114.

[10] Para uma análise comparada dos dois regimes, v. Reanud SORIEUL, *Convergences entre la CNUDCI et l'OHADA*, in Philippe FOUCHARD (dir.), *L'OHADA et les perspectives de l'arbitrage en Afrique*, Bruxelas, Bruylant, 2000.

[11] Sobre o tema, v. Alain FÉNÉON, *Un nouveau droit de l'arbitrage en Afrique*, in *Revue Penant*, n.º 833 (2000), pág. 129.

[12] Cf. Artigo 1.º do AUDA. A lógica do Artigo 1.º é a de individualizar o lugar geográfico em que tem lugar a arbitragem. Neste sentido, v. Ndiaye Mayatta MABAYE,

as arbitragens que decorram num dos Estados-membros são regidas pelo AUDA e pelos acordos celebrados entre as partes, na medida em que sejam admitidos pelo Acto Uniforme. A sede da arbitragem torna-se pois o elemento fundamental para permitir a aplicação do Acto Uniforme à convenção arbitral[13].

A formulação do Artigo 1.° do Acto Uniforme coloca o problema de saber se as partes de uma arbitragem situada num dos Estados-membros podem escolher lei diversa do Acto Uniforme e se este pode ser aplicado numa arbitragem que não tenha qualquer ligação com o espaço OHADA. Para além do elemento literal da norma – «*O presente Acto Uniforme é aplicável*» –, o Acto Uniforme deixa ainda uma porta aberta para considerar a sua aplicação como facultativa ou supletiva, e não imperativa[14], o que tem como consequência que uma lei distinta do Acto Uniforme pode – pelo menos teoricamente – ser escolhida pelas partes contraentes, ainda que a arbitragem tenha a sua sede num Estado-membro[15], e que a aplicação do Acto Uniforme pode ser a escolha das partes numa arbitragem situada fora do espaço OHADA ou que a ele não tenha qualquer ligação[16].

Sempre que as partes escolham uma arbitragem institucional e o lugar da arbitragem se situe num Estado-membro, as regras do Acto Uniforme complementam as regras institucionais da arbitragem escolhidas pelas partes. As regras previstas no Acto Uniforme são aplicáveis a qualquer arbitragem[17], independentemente de ser ou não uma arbitragem co-

---

L'arbitrage OHADA cit.; Henri-Joel TAGUM FOMBENO, *Regard critique* cit.; Gabriel NZET BITEGUE, *Le droit de l'arbitrage dans les états-parties au Traité de L'OHADA*, in *Hebdo Informations*, Libreville, n.° 407, 18 de Setembro de 1999; Pierre MEYER, *L'acte uniforme* cit..

[13] V. Alain FÉNÉON, *Un nouveau droit* cit..

[14] A observação é feita por Joseph ISSA-SAYEGH, *Refléxions* cit..

[15] É também desta opinião Narcisse AKA, *Acte uniforme sur le droit de l'arbitrage dans l'espace OHADA annoté et commenté*, 1999, no seu comentário ao Artigo 1.°.

[16] Neste sentido, v. Joseph ISSA-SAYEGH, *Refléxions* cit.. Contra, v. Boris MARTOR, Nanette PILKINGTON, David S. SELLERS e Sébastian THOUVENOT, *Law in Africa*, Londres, GMB Publishing, 2007; Nanette PILKINGTON e Sébastian THOUVENOT, *Les innovations de l'OHADA en matière d'arbitrage*, in *Cahiers de droit de l'entrprise* n.° 5, Suplemento à "*La semaine juridique*" n.° 44, 28 de Outubro de 2004, p. 29, os quais propõem uma interpretação mais restritiva, no sentido de pressupor necessariamente que a sede do tribunal arbitral esteja localizada no território de um dos Estados-membros, a exemplo do que determina o Artigo 1442.° do CPC francês.

[17] Pierre MEYER, *L'acte uniforme* cit., pág. 632, salienta que o Acto Uniforme não contém nenhuma definição de «arbitragem», assim como, de resto, o Tratado OHADA. No

mercial[18] ou de as partes serem pessoas singulares, sociedades, Estados ou entidades de natureza pública, sendo que estes últimos não podem invocar a legislação nacional para contestar a arbitrabilidade do litígio, a sua capacidade jurídica para celebrar uma convenção arbitral ou a validade dessa convenção[19]. No entanto, o Acto Uniforme nada diz quando, na fase de execução da sentença arbitral, o sujeito público invoque a legislação interna para impedir a execução de uma decisão que lhe seja desfavorável[20].

O Acto Uniforme estabelece que todas as pessoas singulares e colectivas podem recorrer à arbitragem quando em causa estejam direitos disponíveis[21]. O alcance da norma não parece claro. A disponibilidade do direito em litígio está certamente dependente da legislação nacional do titular desse mesmo direito[22], se bem que possa levar a soluções diferen-

---

mesmo sentido, v. Denis Roger SOH FOGNO, *Le contentieux de l'annulation des sentences issues de l'arbitrage traditionnel dans l'espace de l'OHADA*, in *Revue camerounaise de l'arbitrage*, n.º 23 (2003), p. 3.

[18] V. Pierre MEYER, *L'acte uniforme* cit..

[19] Cf. Artigo 2.º, § 2, do AUDA. Como nota Philippe FOUCHARD, *Le système d'arbitrage de l'OHADA: le démarrage*, in *Petites Affiches. La Loi*, n.º 205, de 13 de Outubro de 2004, pág. 53, por efeito desta norma qualquer restrição é inoponível por parte das pessoas colectivas de direito público e as convenções por elas subscritas não podem ser contestadas por quem as subscreve nessa qualidade, seja uma arbitragem interna ou internacional, sujeita ao direito privado ou ao direito administrativo: no passado, na Costa do Marfim e no Senegal, por exemplo, o Estado não podia submeter à arbitragem litígios internos. Esta previsão é particularmente importante para os investidores estrangeiros, porquanto grande parte dos investimentos nos países africanos são relativos a grandes obras de infra-estruturas ou investimentos no sector dos recursos naturais e assumem a forma de contratos entre investidores estrangeiros e os Estados, sociedades propriedade do Estado e entidades públicas. O problema do uso de esquemas para evitar a sujeição à arbitragem foi tratado de uma forma geral por Aldo FRIGANANI, *Il contratto Internazionale*, Pádua, CEDAM, 1997, e por *Hazel Fox, States and the Undertaking to Arbitrate*, in 37 *Int' & Comp. L. Q.* (1988), págs. 1 e segs.. V., também, Philippe FOUCHARD, *L'arbitrage dans l'OHADA*, in *International Law Fórum du droit international*, n.º 3 (2001), págs. 1832 e segs.; Pierre MEYER, *L'Acte Uniforme* cit., pág. 636; Alain FÉNÉON, *Un nouveau droit* cit., pág. 131. Como observa Joseph ISSA-SAYEGH, in *Réflexions* cit., o problema permanece, no entanto, por resolver no caso de um litígio que envolva uma parte pública de um Estado não pertencente ao espaço OHADA, a qual pode invocar a aplicação do regime nacional para evitar a arbitragem.

[20] Sobre o assunto, v. Boris MARTOR, Nanette PILKINGTON, David S. SELLERS e Sébastian THOUVENOT, *Law in África* cit., pág. 262.

[21] Cf. Artigo 2.º, § 1, do AUDA. Na doutrina, v. Jean-Marie TCHAKOUA, *L'arbitrabilité des différends dans l'espace OHADA*, in *Revue Penant*, n.º 835 (2001), p. 5.

[22] Neste sentido, v. Abdoulaye SAKO, *O acto* cit., pág. 123; Nanette PILKINGTON e Sébastian THOUVENOT, *Les innovations* cit., pág. 29; Joseph ISSA-SAYEGH, in *Réflexions*

tes mesmo no âmbito do espaço OHADA[23]. Pode ser preferível a interpretação que, conjugando a norma em causa com o Artigo 21.° do Tratado OHADA e na lógica de uma filosofia geral do sistema voltado para a harmonização do direito comercial, propende para circunscrever a sua aplicação aos litígios de natureza contratual relativamente a direitos de que as partes possam dispor[24].

Sublinhe-se ainda como, através da unificação a um nível supranacional do regime da arbitragem em todos os Estados-membros, o Acto Uniforme conseguiu superar a tradicional diferença entre arbitragem interna e internacional, sendo o regime uniforme aplicável a qualquer género de arbitragem, independentemente da sua conotação[25].

2.2. *A convenção arbitral*

O Acto Uniforme não estabelece qualquer definição ou indicação da tipologia das convenções arbitrais, limitando-se apenas a utilizar a expressão genérica «convenção de arbitragem», em vez de fazer a distinção entre o compromisso arbitral e a cláusula compromissória, tudo numa óptica provável de unidade de tratamento no seio do sistema[26].

A convenção de arbitragem encontra-se normalmente prevista no contrato entre as partes ou num documento separado, de redacção posterior à celebração do contrato a que se refere. Na óptica da promoção e da facilitação da arbitragem enquanto instrumento de resolução de litígios, o Acto Uniforme permite a celebração de uma convenção arbitral, ainda que já se tenha iniciado a instância perante outra jurisdição[27].

---

cit.. Sobre os possíveis problemas derivados da aplicação deste regime, v. Pierre MEYER, *L'Acte Uniforme* cit., pág. 635. Sobre a arbitrabilidade dos litígios laborais se pronunciou a CA de Abidjan, decisão de 27 de Março de 2003 (n.° 345).

[23] V. Joseph ISSA-SAYEGH, in *Réflexions* cit..
[24] Neste sentido, v. Jean-Marie TCHAKOUA, *L'arbitrabilité* cit..
[25] V. Pierre MEYER, *L'Acte Uniforme* cit., pág. 633; Henri-Joel TAGUM FOMBENO, *Regard critique* cit.; Ndiaye Mayatta MBAYE, *L'arbitrage OHADA* cit.; Philippe FOUCHARD, *L'arbitrage* cit., pág. 181; ID., *Le système* cit., pág. 52; Boris MARTOR, Nanette PILKINGTON, David S. SELLERS e Sébastian THOUVENOT, *Law in África* cit., pág. 262. A previsão do Artigo 2.°, § 1, do AUDA não faz qualquer distinção relativamente ao objecto da arbitragem, sendo por isso possível efectuar a sua aplicação a litígios civis e comerciais.
[26] V. Pierre MEYER, *L'Acte Uniforme* cit., pág. 634.
[27] Cf. Artigo 4.° do AUDA.

A convenção arbitral deve ser celebrada por escrito ou por qualquer outro meio que permita provar a sua existência[28]. A fórmula utilizada no Acto Uniforme – «...*por qualquer outro meio que permita prová-la*» – não é muito feliz, uma vez que se não parece haver dúvidas quanto à possibilidade de se recorrer a uma cláusula compromissória inserida num documento posterior subscrito pelas partes que celebraram o contrato que dá origem ao litígio, elas já têm lugar quando em causa esteja uma convenção arbitral celebrada verbalmente, ainda que perante testemunhas: se a letra do Artigo 3.º parece sustentar a sua validade, o recurso a este tipo de acordo pode revelar-se inócuo, visto que – como se verá de seguida – a execução da sentença está subordinada à emissão de uma ordem de *exequatur* por parte do tribunal competente do Estado-membro em que a execução deva ser efectuada, para a qual é necessária a obtenção, conjuntamente com a sentença, da convenção arbitral, para que possa ser verificada a sua validade[29].

A convenção de arbitragem é autónoma relativamente ao contrato principal, permitindo assim que a sua validade não seja prejudicada por qualquer tipo de vício que possa implicar a nulidade ou a anulabilidade do contrato onde está prevista, dependendo unicamente da vontade das partes e não da lei de um Estado[30]; esta autonomia total faz com que, por outro lado, a convenção arbitral possa ser regida por uma lei diversa daquela que regula o contrato subjacente[31].

2.3. O tribunal arbitral

Os árbitros são nomeados, destituídos ou substituídos em conformidade com o estipulado pelas partes[32]; devem ser pessoas singulares, no

---

[28] Cf. Artigo 3.º do AUDA. O TCJA, decisão de 24 de Fevereiro de 2005 (n.º 12//2005), considerou válida a convenção de arbitragem celebrada em documento diverso do contrato.

[29] V. Nanette PILKINGTON e Sébastian THOUVENOT, *Les innovations* cit., e Boris MARTOR, Nanette PILKINGTON, David S. SELLERS e Sébastian THOUVENOT, *Law in África* cit..

[30] Cf. Artigo 4.º do AUDA. V., também, Philippe FOUCHARD, *L'arbitrage* cit.; Pierre MEYER, *L'acte uniforme* cit.; Richard BOIVIN, Pierre PIC, *L'arbitrage* cit., pág. 853.

[31] V. Boris MARTOR, Nanette PILKINGTON, David S. SELLERS e Sébastian THOUVENOT, *Law in África* cit..

[32] Cf. Artigo 5.º, § 1, do AUDA.

pleno exercício dos seus direitos civis[33]; o tribunal arbitral pode ser composto por um só árbitro ou por um colégio de três árbitros[34]; as partes são livres de determinar as regras da sua nomeação, destituição e substituição, aplicando-se na sua falta o regime do Acto Uniforme[35], que tem desta forma um papel subsidiário[36]. Este último contém uma série de requisitos a preencher para a nomeação de um árbitro, quando as partes tiverem designado árbitros em número par, ou sempre que um árbitro não possa continuar, por qualquer razão, a fazer parte do colectivo. Resulta clara a intenção do legislador OHADA de prevenir a formação de colégios arbitrais em número par. Resta, porém, a dúvida relativamente aos casos em que as regras prevejam um número ímpar mas diverso do previsto no Acto Uniforme. Não são ainda conhecidas decisões judiciais sobre a questão, mas existe o risco, em face do preceito que prevê apenas o árbitro único ou o colégio de três árbitros, que o tribunal arbitral de número impar mas diverso do estabelecido no Acto Uniforme possa ser considerado irregularmente constituído, tendo como consequência a anulação da sentença arbitral nos termos do Artigo 26.º do Acto Uniforme[37].

Por outro lado, o Acto Uniforme não contém qualquer disposição relativa à arbitragem com pluralidade de partes, tendo-se em consideração quer a aparente imperatividade do Artigo 8.º do AUDA relativamente ao número de árbitros, quer o princípio da igualdade de tratamento das partes na instância arbitral, a que se fará referência no número seguinte[38].

---

[33] Cf. Artigo 6.º do AUDA. Sobre as características do indivíduo que pode ser nomeado árbitro e a sua designação, v. Abdoulaye SAKO, *O acto* cit., págs. 130 e segs..

[34] Cf. Artigo 8.º do AUDA.

[35] De acordo com o Artigo 5.º, § 2, do AUDA, se as partes escolherem um colégio de três árbitros, cada uma das partes nomeia um árbitro e os dois árbitros assim nomeados escolhem o terceiro; na falta de nomeação de um dos árbitros das partes ou de acordo sobre a designação do terceiro árbitro, a nomeação é efectuada pelo juiz competente do lugar onde se encontra a sede da arbitragem, que procede também à nomeação do árbitro único na falta de acordo entre as partes.

[36] Neste sentido, v. Antoine DELABRIÈRE, Alain FÉNÉON, *La constitution du tribunal arbitral et le statut de l'arbitre dans l'Acte Uniforme OHADA*, in *Revue Penant*, n.º 833 (2000), pág. 157.

[37] Neste sentido, v. Nanette PILKINGTON e Sébastian THOUVENOT, *Les innovations* cit., e Boris MARTOR, Nanette PILKINGTON, David S. SELLERS e Sébastian THOUVENOT, *Law in África* cit., pág. 264, onde a determinação do Artigo 8.º vem mencionada entre aquelas de natureza imperativa e, como tal, insusceptível de ser derrogada pelas partes.

[38] Segundo Boris MARTOR, Nanette PILKINGTON, David S. SELLERS e Sébastian THOUVENOT, *Law in África* cit., pág. 265, neste caso as partes devem recorrer ao tribunal

Os árbitros desempenham as suas funções com independência e imparcialidade[39], devendo resolver os litígios com celeridade. Sempre que um árbitro se encontre numa situação de impedimento deve informar de imediato as partes, não podendo continuar a desempenhar as suas funções sem o consentimento escrito daquelas[40]. Quando se verifique uma situação de impedimento e, na falta de previsão expressa na convenção de arbitragem quanto ao procedimento a seguir, será o tribunal competente do Estado-membro em que tem lugar a arbitragem a decidir sobre o impedimento, a pedido da parte interessada, sendo a sua decisão insusceptível de recurso; o pedido deve ser apresentado assim que a parte tenha conhecimento do motivo do impedimento, desde que revelado após a nomeação do árbitro, sob pena de inadmissibilidade[41]. O mesmo tribunal nomeia o novo árbitro quando não haja acordo entre as partes sobre a nomeação e nas situações posteriores em que um árbitro não possa continuar a desempenhar as suas funções[42].

O Acto Uniforme impõe algumas obrigações aos árbitros. Estes devem informar as partes da aceitação do cargo[43], cumprir a sua missão no prazo legal ou convencionado[44] e manter o carácter confidencial das conferências do tribunal[45]. As sanções que são aplicáveis aos árbitros são a anulação da decisão e a recusa dos árbitros.

---

para a determinação dos árbitros ou, pelo menos, dos dois árbitros cuja nomeação compete às partes. Os Autores não especificam a que tribunal devem as partes recorrer, mas – supondo que embora a solução de recurso aos tribunais ordinários seja a preferível – parece razoável identificá-lo com o tribunal competente do lugar da sede da arbitragem, numa aplicação analógica do Artigo 5.º do AUDA.

[39] A questão é amplamente tratada por Pierre BOUBOU, *La notion de l'indépendance et de l'impartialité de l'arbitrage dans le droit OHADA*, in *Revue camerounaise de l'arbitrage*, n.º 9 (2000), págs. 3 e segs.. O TCJA, decisão de 10 de Janeiro de 2002 (n.º 1/2002), entendeu que a exigência de imparcialidade e independência inclui a possibilidade de os advogados das partes serem designados árbitros. Sobre o assunto, v. também Antoine DELABRIÈRE, Alain FÉNÉON, *La constitution* cit., págs. 158 e segs., os quais se debruçam sobre as definições de independência e imparcialidade construídas pela jurisprudência.

[40] Cf. Artigos 6.º e 7.º do AUDA
[41] Cf. Artigo 7.º do AUDA.
[42] Cf. Artigo 8.º do AUDA.
[43] Cf. Artigo 7.º, § 1, do AUDA.
[44] Cf. Artigo 12.º do AUDA.
[45] Cf. Artigo 18.º do AUDA.

2.4. *A instância arbitral*

O Acto Uniforme contém o princípio fundamental de que a todas as partes da arbitragem deve ser garantida igualdade de tratamento e de que a elas devem ser concedidas as mesmas oportunidades para fazer valer os respectivos direitos[46]. O Acto Uniforme estabelece algumas regras processuais destinadas a garantir um processo justo e equitativo: a convenção de arbitragem deve garantir às partes os mesmos direitos em matéria de nomeação dos árbitros[47]; as partes têm o ónus de provar o fundamento dos respectivos pedidos e alegações e o tribunal arbitral pode convidá-las a fornecer explicações e os meios de prova necessários para a resolução do litígio; o tribunal arbitral não pode alicerçar a sua decisão em documentos ou factos sobre os quais as partes não tenham tido a oportunidade de se manifestar durante o processo; as irregularidades processuais devem ser invocadas logo que delas a parte tome conhecimento, presumindo-se a renúncia se a parte interessada se abstiver de a invocar no momento, permitindo assim o prosseguimento da arbitragem[48].

Sempre que seja necessário o auxílio das autoridades judiciárias afim de se produzir prova, pode o tribunal arbitral, oficiosamente ou a pedido das partes, requerer a colaboração do tribunal competente do Estado-membro[49], podendo também esta jurisdição, em caso de urgência reconhecida e fundamentada ou quando a medida haja de ser executada num Estado que não pertença à OHADA, decretar medidas provisórias ou conservatórias, desde que tais medidas não pressuponham uma apreciação do mérito da causa[50].

As partes sujeitas ao tribunal arbitral têm a liberdade de decidir como regular o curso do processo arbitral, sem necessidade de seguir uma lei

---

[46] Cf. Artigo 9.º do AUDA.
[47] V. Antoine DELABRIÈRE, Alain FÉNÉON, *La constitution* cit..
[48] Cf. Artigo 14.º do AUDA.
[49] Cf. Artigo 14.º, § 7, do AUDA.
[50] Cf. Artigo 13.º, último parágrafo, do AUDA. Cf., também, as decisões da CA de Niamey, de 24 de Dezembro de 2003 (n.º 142), da CA de Douala, de 15 de Maio de 2000, do TPI de Cotonou, de 10 de Dezembro de 1999 (n.º 135), do TPI de Douala, de 7 de Junho de 1998 e da CA de Abidjan, de 15 de Junho de 1997, in *Revue camerounaise de l'arbitrage*, n.º 1 (1998), pág. 11; vd., também, decisão do Supremo Tribunal da Costa do Marfim, de 5 de Dezembro de 1997, in *Revue camerounaise de l'arbitrage*, n.º 1 (1998), p. 16. Na doutrina, v. Gaston Kenfack DOUAJNI, *Les mesures provisoires es conservatoires dans l'arbitrage OHADA*, in *Revue Penant*, n.º 833 (2000), págs. 137 e segs..

específica[51]. O Acto Uniforme também não contém qualquer disposição relativa aos articulados e à realização da audiência.

Finalmente, o Acto Uniforme dá prevalência à arbitragem sobre a jurisdição ordinária interna sempre que as partes acordem numa convenção de arbitragem. Um tribunal ordinário que seja chamado a resolver um litígio submetido a uma convenção arbitral deve limitar-se a declarar, a pedido da parte interessada, a sua incompetência a favor do tribunal arbitral, não lhe competindo sequer apreciar a validade da convenção arbitral, competindo ao tribunal arbitral a resolução de todas as questões relacionadas com o litígio[52], incluindo qualquer questão incidental, inclusivamente as relativas à existência ou validade da convenção arbitral[53]; se o tribunal arbitral não estiver ainda constituído, o tribunal ordinário deve declarar-se incompetente, salvo se a convenção arbitral for manifestamente nula[54]. Todavia, sempre que a parte interessada não invoque a excepção de incompetência diante do tribunal ordinário, entende-se ter renunciado à jurisdição arbitral, não tendo o tribunal comum o poder de conhecer oficiosamente a sua incompetência[55].

2.5. *A sentença arbitral*

Sem colocar em questão a possibilidade de emissão de decisão parcial sobre determinados aspectos da questão que lhe seja submetida, o tribunal

---

[51] Cf. Artigo 14.º do AUDA. V. Gabriel NZET BITEGUE, *Le droit* cit.; Pierre MEYER, *L'acte uniforme* cit., Abdoulaye SAKO, *O acto* cit.. De acordo com Denis Roger SOH FOGNO, *Le contentieux* cit., isto significa a impossibilidade da chamada intervenção voluntária de terceiros, porquanto isso contrastaria com a autonomia das partes: os terceiros só podem fazer valer os seus direitos através da oposição de terceiro prevista no Artigo 25.º, § 4, do AUDA.

[52] Cf. Artigo 13.º do AUDA. De acordo com a CA de Abidjan, decisão de 30 de Julho de 2002 (n.º 1032), a convenção arbitral elimina qualquer competência dos tribunais ordinários. Segundo Boris MARTOR, Nanette PILKINGTON, David S. SELLERS e Sébastian THOUVENOT, in *Business Law* cit., pág. 267, os tribunais ordinários podem apreciar o litígio sempre que a convenção arbitral seja manifestamente nula e o processo arbitral não tenha sido ainda iniciado. V., também, Abdoulaye SAKO, *O acto* cit., pág. 129.

[53] Cf. Artigo 11.º do AUDA.

[54] Cf. Artigo 13.º, § 2, do AUDA.

[55] Cf. Artigo 13.º, § 3, do AUDA. O TPI de Cotonou, decisão de 2 de Setembro de 2002 (n.º 25), decidiu um litígio no qual nenhuma das partes invocou a convenção arbitral anteriormente celebrada. Sobre o assunto, v. Nanette PILKINGTON, Sébastien THOUVENOT, *Les inovations* cit..

arbitral decide sobre o mérito da causa de acordo com a lei escolhida pelas partes ou, na falta de tal designação, pela lei que considere ser a mais adequada, recorrendo também, se for caso disso, aos usos do comércio internacional. O tribunal pode decidir com recurso à equidade, quando as partes tiverem previamente acordado sobre a matéria[56].

Na falta de acordo das partes em sentido diverso, a sentença arbitral deve ser proferida no prazo de seis meses a contar da data em que a nomeação for aceite pelo último árbitro[57]. Este prazo pode ser prorrogado por acordo das partes ou por decisão do tribunal competente do Estado-membro, a pedido de uma das partes ou do tribunal arbitral.

O Acto Uniforme estabelece os requisitos formais a que a sentença arbitral deve obedecer, entre os quais se encontram o nome das partes, dos árbitros e a fundamentação da decisão[58]. Uma vez proferida a sentença, esta assume a natureza de caso julgado relativamente ao litígio que decide[59]. A execução provisória da sentença pode ter lugar a pedido da parte vitoriosa e, caso seja indeferido o pedido, deve o tribunal fundamentar as razões da sua recusa[60]. Salvo acordo das partes em contrário, a sentença arbitral é proferida por maioria dos votos[61], devendo ser assinada por todos os árbitros[62].

Uma vez proferida a sentença, os árbitros esgotam a sua competência, mantendo apenas o poder de interpretar a sentença ou corrigir os erros e as omissões materiais que a afectem, desde que não se reflictam na decisão de mérito. É também possível a emissão de uma sentença adicional, sempre que o tribunal deixe de se pronunciar sobre uma ou mais questões

---

[56] Cf. Artigo 15.º do AUDA. Sobre a matéria, v. Pierre MEYER, *L'acte uniforme* cit., o qual realça a questão da oportunidade da formulação do Artigo 15.º do AUDA que, com a sua redacção, deixa livre o caminho para as partes escolherem a aplicação de uma lei estrangeira num litígio interno. Segundo o TCJA, decisão de 19 de Junho de 2003 (n.º 10//2003), a cláusula segundo a qual os árbitros têm o poder de decidir recorrendo à equidade não os obriga a agir estritamente nesse sentido.

[57] Cf. Artigo 12.º do AUDA.

[58] Cf. Artigo 20.º do AUDA. Sobre a fundamentação da decisão v., para mais desenvolvimentos, Alain FÉNÉON, *Le nouveau droit de l'arbitrage en Afrique*, in *Revue Penant*, n.º 861 (2007), págs. 434 e segs..

[59] Cf. Artigo 23.º do AUDA.

[60] Cf. Artigo 24.º do AUDA.

[61] Cf. Artigo 19.º do AUDA.

[62] Cf. Artigo 21.º do AUDA. A eventual recusa de um árbitro em assinar uma sentença não implica a sua invalidade, produzindo a sentença os mesmos efeitos que teria se houvesse sido assinada por todos os árbitros (cf. Artigo 21.º, § 2, do AUDA).

do pedido. A parte que tenha interesse em pedir a interpretação, a correcção ou a sentença adicional deve apresentar o respectivo pedido ao tribunal arbitral no prazo de trinta dias a contar da data da notificação da sentença, devendo o tribunal arbitral decidir no prazo de quarenta e cinco dias. Se o tribunal arbitral não se puder reunir de novo, esse poder pertence ao tribunal competente do Estado-membro[63]. Neste caso, o Acto Uniforme não contém qualquer norma processual relativa ao decurso do processo, nem fixa um prazo no qual a jurisdição ordinária deva proferir a sua decisão[64].

2.6. *Recursos da sentença arbitral*

Não está previsto o direito de recurso ordinário de uma sentença arbitral[65]. Todavia, nos casos previstos no Artigo 26.° do AUDA, é admissível o recurso de anulação, que é apresentado no tribunal competente[66] do lugar em que decorreu a arbitragem[67]. O recurso, ao qual as partes não

---

[63] Cf. Artigo 22.° do AUDA.

[64] Sobre a matéria, v. Boris MARTOR, Nanette PILKINGTON, David S. SELLERS e Sébastian THOUVENOT, in *Business Law* cit., pág. 268. A razão desta situação pode fundar-se no facto de que, sendo a competência atribuída a um tribunal nacional, de acordo com as normas de processo civil dos Estados-membros, a fixação de regras ou prazo poderia levar o legislador OHADA a imiscuir-se num sector que ainda não foi objecto de harmonização.

[65] Cf. Artigo 25.°, § 1, do AUDA.

[66] Este tribunal é, por norma, o tribunal de apelação: v., por exemplo, a Lei camaronesa de 10 de Julho de 2003 (n.° 2003/009).

[67] Cf. Artigo 25.°, § 2, do AUDA. A norma é, na realidade, pouco clara ao referir-se ao «*juiz competente do Estado Parte*». A doutrina considera preferível a solução indicada no texto, que considera a sede da arbitragem como o domicílio convencional das partes e a decisão de anulação como parte do processo arbitral. Neste sentido, v. Paul-Gerard POUGOUE, Jean-Marie TCHAKOUA, Alain FÉNÉON, *Droit de l'arbitrage dans l'espace OHADA*, Yaoundé, Presses Universitaires d'Afrique, 2000, p. 240; Pierre LEBOULANGER, *L'arbitrage et l'harmonisation du droit des affaires en Afrique*, in *Revue de l'arbitrage*, n.° 3 (1999), p. 556; Denis Roger SOH FOGNO, *Le contentieux* cit..

O processo de anulação da sentença só é admissível quando fundado nos seguintes motivos (cf. Artigo 26.° do AUDA), sob pena de não recebimento:
– Decisão do tribunal arbitral sem convenção de arbitragem ou com base em convenção nula ou caduca;
– Constituição irregular do tribunal arbitral ou designação irregular do árbitro único;
– Decisão do tribunal sem se conformar com a missão que lhe foi confiada;

podem renunciar na convenção de arbitragem[68], pode ser apresentado a qualquer momento nos trinta dias posteriores à notificação da sentença dotada de *exequatur*[69]. A apresentação do recurso suspende os efeitos da sentença, excepto quando o tribunal arbitral declare a força executiva provisória da sentença arbitral[70]. Se esta for declarada nula ou ineficaz o processo é cancelado com efeitos retroactivos, como se o processo e a sentença jamais tivessem tido lugar e o litígio jamais tivesse sido resolvido[71], razão pela qual as partes podem iniciar um novo processo arbitral[72], desde que os tribunais nacionais não possam decidir sobre o mérito da causa; a decisão tomada por um tribunal nacional relativamente ao pedido de anulação da sentença arbitral pode ser objecto de recurso perante o TCJA[73].

– Desrespeito pelo princípio do contraditório;
– Violação de uma regra de ordem pública internacional dos Estados-membros pelo tribunal arbitral;
– Não fundamentação da sentença arbitral.

O elenco das causas é taxativo, o que significa que as jurisdições nacionais não têm poder para apreciar o mérito do litígio, salvo se isso for necessário para a anulação da sentença e só para esse fim.

Em virtude do disposto no Artigo 14.°, § 8, do AUDA, a parte que pretenda a anulação da sentença não pode deixar prosseguir o processo logo que tome conhecimento da irregularidade, caso contrário considera-se que deu o seu consentimento tácito para o respectivo prosseguimento; sobre o assunto, v. decisão da CA de Abidjan, de 25 de Julho de 2003 (n.° 1060), nos termos da qual a parte que dá origem à irregularidade não se pode valer dela para obter a anulação da sentença.

[68] A lei nada diz relativamente à matéria, mas esta parece ser a posição do TCJA na decisão de 19 de Junho de 2003 (n.° 10/2003).

[69] Cf. Artigo 27.° do AUDA.

[70] Cf. Artigo 28.° do AUDA.

[71] Neste sentido, v. Denis Roger SOH FOGNO, *Le contentieux* cit..

[72] Cf. Artigo 29.° do AUDA

[73] Cf. Artigo 25.°, § 3, do AUDA. Para um caso de apreciação de um recurso de uma decisão de um tribunal nacional, cf. decisão do TCJA, de 19 de Junho de 2003 (n.° 10//2003). O facto de ser conferido ao TCJA o poder de decidir sobre a matéria faz surgir a dúvida sobre se numa decisão de anulação nos termos do Artigo 25.° do AUDA o Tribunal pode chamar a si a resolução da causa. Uma resposta negativa parece ser preferível, em homenagem à vontade das partes, que explicitamente quiseram subtrair o litígio à jurisdição ordinária para a confiar a um tribunal arbitral, solução esta que está também em linha com a faculdade reconhecida às partes, pelo Artigo 29.° do AUDA, de iniciarem uma nova arbitragem no caso de anulação da sentença. Neste sentido, cf. decisão da CA de Abidjan, de 27 de Abril de 2001 (n.° 45). Na doutrina, mas sob premissas parcialmente distintas, v. Denis Roger SOH FOGNO, *Le contentieux* cit..

Quando o TCJA, em última instância de recurso, rejeita o recurso de anulação, a sentença arbitral assume força executiva em todos os Estados--membros[74].

As partes têm também a possibilidade de pedir ao tribunal arbitral a revisão da sentença sempre que se verifiquem factos novos, sob condição de que pudessem ter uma influência decisiva sobre a decisão da causa se fossem conhecidos naquele momento[75]. Não está previsto qualquer prazo para este género de revisão e o Acto Uniforme não tem qualquer disposição que impeça o restabelecimento do colégio arbitral primitivo[76]. O Acto Uniforme prevê que a sentença arbitral possa ser objecto de uma oposição de terceiro perante o tribunal arbitral, por parte de quem não tenha sido chamado à instância e desde que a sentença prejudique os seus direitos[77], mas não esclarece o processo a seguir para formular a oposição, nem quem deve resolver a questão em caso de impossibilidade de reconstituição do tribunal arbitral.

2.7. *Execução das sentenças arbitrais*

O Artigo 25.º do AUDA equipara a sentença arbitral a uma verdadeira e própria sentença judicial, com efeitos de pleno direito no plano internacional, prevendo que seja eficaz no território de todos os Estados--membros, conferindo-lhe para o efeito força de caso julgado; contudo, para ter efeitos coactivos, a sentença arbitral deve ser apresentada ao tribunal competente do Estado em que se pede a sua execução, com a finalidade de requerer a ordem de *exequatur*[78]. A execução deve ser concedida

---

[74] Cf. Artigo 20.º do Tratado OHADA.

[75] Cf. Artigo 25.º, § 5, do AUDA.

[76] Nanette PILKINGTON, Sébastien THOUVENOT, *Les inovations* cit., consideram desejável uma intervenção do TCJA com a finalidade de dar uma resposta à questão para eventuais casos futuros.

[77] Cf. Artigo 25.º, § 4, do AUDA.

[78] Cf. Artigo 30.º do AUDA. O preceito não esclarece se se trata do tribunal do Estado em que a decisão vai ser executada, mas esta parece ser a única interpretação possível, uma vez que uma ordem de execução proferida pelo tribunal do lugar de emissão da sentença arbitral não pode ter efeitos num Estado que não seja aquele em que a decisão deva ser executada. Neste sentido, v. Boris MARTOR, Nanette PILKINGTON, David S. SELLERS e Sébastian THOUVENOT, in *Business Law* cit., pág. 270. O preceito não indica qual deve ser o tribunal competente a nível interno para a concessão do *exequatur*, nem qual o

mediante a simples apresentação do original da sentença arbitral, acompanhada da respectiva convenção de arbitragem[79], só podendo ser recusada se a sentença arbitral for contrária a uma norma de ordem pública internacional dos Estados-membros[80]. O tribunal interno não reexamina os factos, limitando-se a verificar a regularidade formal da sentença e da convenção de arbitragem e o respeito pelas normas de ordem pública internacional do Estado-membro onde a sentença deva ser executada. O reenvio que a norma em causa faz para o tribunal competente – e assim, ainda que de forma indirecta, para a legislação processual civil nacional – deixa espaço a disparidades de tratamento entre os vários Estados relativamente ao tipo de jurisdição competente (de primeira ou de segunda instância) e ao tempo necessário para proferir a decisão; deixa também alguma perplexidade a indeterminação da expressão «*ordem pública internacional*», com a consequente possibilidade de interpretações distintas por parte das diferentes jurisdições nacionais[81].

---

processo a observar para formular tal juízo, não fazendo sequer menção às normas internas de direito processual civil. Sobre a matéria, v. Philippe LEBOULANGER, *La reconnaissance et l'exécution des des sentences arbitrales dans le système OHADA*, in *Revue Penant*, n.º 833 (2000), pág. 166; Henri TCHANTCHOU, Alexis NDZUENKEU, *L'execution provisoire a l'ère de l'OHADA*, in *Revue Penant*, n.º 848 (2005), págs. 58 e segs.. Pierre MEYER, *L'Acte Uniforme* cit., pág. 646, sublinha que a subordinação da sentença arbitral à concessão de *exequatur* não é compreensível face ao reconhecimento imediato do caso julgado dessa mesma sentença.

[79] Assim dispõe o Artigo 31.º do AUDA o qual, no § 3, estabelece – de forma algo infeliz – que, se esses documentos não se acharem redigidos na língua francesa, deve a parte juntar uma tradução certificada por um tradutor inscrito na lista de peritos elaborada pelas jurisdições competentes, facto que cria grandes problemas em Países como a Guiné Equatorial e a Guiné-Bissau, ou na zona anglófona dos Camarões, onde o francês não é língua oficial. Boris MARTOR, Nanette PILKINGTON, David S. SELLERS e Sébastian THOUVENOT, in *Business Law* cit., pág. 270, propõem-se interpretar a norma no sentido de efectuar a tradução na língua oficial do Estado em que se pede a execução da sentença. Semelhante interpretação não convence, seja à luz da clareza do disposto no Artigo 31.º, § 3, do AUDA, seja perante o disposto no Artigo 42.º do Tratado OHADA, que identifica o francês como a língua de trabalho da OHADA. É por isso plausível que, enquanto se espera por uma revisão da norma ou por uma interpretação do TCJA, a tradução para o francês dos referidos documentos deva ter sempre lugar, ainda que se destine a ficar completamente inutilizada.

[80] Cf. Artigo 31.º, § 4, do AUDA. Sobre o papel dos tribunais internos, v. Gaston KENFACK DOUAJANI, *Le juge étatique dans l'arbitrage OHADA*, in *Revue camerounaise de l'arbitrage*, n.º 12 (2001), págs. 3 e segs..

[81] Neste sentido, v. Henri-Joel TAGUM FOMBENO, *Regard critique* cit..

Qualquer decisão que recuse o *exequatur* é susceptível de recurso para o TCJA, enquanto a decisão que ordena a execução não pode ser objecto de impugnação autónoma, sendo apenas admissível a sua apreciação no âmbito do processo de anulação da sentença arbitral[82]. A rejeição do recurso de anulação implica automaticamente a validade da sentença arbitral, bem como da decisão que houver concedido o *exequatur*[83]. Uma vez decretado o *exequatur*, a sentença passa a ser vinculativa em todos os Estados-membros, tendo a decisão do TCJA uma eficácia «internacional», facto que elimina a tradicional necessidade de recurso aos tribunais de cada Estado para o reconhecimento de sentença estrangeira.

O processo em análise aplica-se às sentenças arbitrais proferidas no âmbito de aplicação do AUDA, enquanto que relativamente às sentenças arbitrais proferidas fora do espaço OHADA a situação é bem mais complexa. O AUDA estabelece[84] que nesses casos as sentenças sejam reconhecidas nas condições previstas nas convenções internacionais eventualmente aplicáveis e, na sua falta, de acordo com o regime previsto no AUDA, mas é completamente omisso relativamente à respectiva execução, com todos os problemas imagináveis sempre que as convenções internacionais não sejam aplicáveis[85].

---

[82] Cf. Artigo 82.º do AUDA. A formulação da norma coloca problemas de coordenação entre as acções disponíveis. Henri TCHANTCHOU, Alexis NDZUENKEU, *L'exécution provisoire* cit., pág. 60, sublinham que a combinação dos diversos prazos previstos permite, por exemplo, a situação de um recurso de anulação com o valor de um recurso contra a ordem de execução relativo a uma sentença arbitral de execução provisória por força do Artigo 28.º do AUDA, mesmo que o pedido de *exequatur* não tenha sido ainda apresentado. Segundo os Autores, o juiz que profere a ordem de *exequatur* – que não é o mesmo que decreta a execução provisória – deve decidir sobre o pedido uma vez confrontado com a questão, ainda que a execução provisória da sentença tenha sido já objecto de impugnação diante do juiz competente. Solução que não é partilhada por Pierre MEYER que, no comentário ao Artigo 28.º do AUDA, in *OHADA. Traité et actes uniformes commentés et annotés*, Juriscope, Futuroscope Cedex, 3.ª edição, 2008, entende que a impugnação da sentença arbitral subtrai ao juiz a competência relativa ao pedido de *exequatur*, solução não subscrita pelos Autores antes citados na medida em que teria o efeito de penalizar – de facto – a operatividade da cláusula de execução provisória e de colocar no mesmo plano as sentenças munidas de cláusula de execução provisória e aquelas destituídas desta cláusula.

[83] Cf. Artigo 33.º do AUDA.

[84] Cf. Artigo 34.º do AUDA.

[85] Sete Estados-membros (Chade, Comores, Congo, Gabão, Guiné-Bissau, Guiné Equatorial e Togo) não aderiram à Convenção de Nova Iorque sobre o reconhecimento

3. A arbitragem no seio do TCJA

3.1. Âmbito de aplicação da arbitragem institucional do TCJA e o papel do Tribunal

O Tratado que instituiu a OHADA contém – de forma algo insólita para um tratado internacional – um capítulo separado dedicado à arbitragem comercial, o qual estabelece um conjunto de normas processuais relativas aos litígios privados para o desenvolvimento da arbitragem junto do TCJA. Estas disposições foram inseridas e completadas por um regime normativo completo de regras de arbitragem – o «Regulamento do Processo do Tribunal Comum de Justiça e de Arbitragem» –, que teve fundamentalmente como modelo o regulamento de arbitragem ICC[86]. O regime é, contudo, de natureza facultativa, só tendo aplicação nos casos em que as partes tenham expresso uma vontade comum no sentido de recorrer à arbitragem[87].

O Artigo 21.º do Tratado fixa um critério principal e dois critérios secundários relativos à arbitrabilidade dos litígios com recurso à arbitragem institucionalizada do TCJA.

O critério fundamental reside na origem do litígio, o qual deve ser de natureza contratual. A norma não especifica que contratos podem ser submetidos à arbitragem, razão porque, pelo menos teoricamente, qualquer litígio que tenha origem num contrato pode ser objecto de arbitragem no seio do TCJA[88]. Nada é dito sobre a livre disponibilidade do direito em causa e se isso constitui também um requisito nesta arbitragem. A doutrina vem entendendo que este conceito é também extensível à arbi-

---

e execução de sentenças arbitrais. Sobre o assunto, v. Richard BOIVIN, Pierre PIC, L'arbitrage cit..

[86] Ao contrário do regulamento de arbitragem do ICC, o Regulamento de Arbitragem do TCJA não contempla uma cláusula arbitral tipo. Sobre o regulamento de arbitragem TCJA v., em geral, René BOURDIN, Le règlement d'arbitrage de la Cour Commune de Justice et d'Arbitrage, in Revue camerounaise de l'arbitrage, n.º 5 (1999), págs. 10 e segs.; Cristophe IMHOOS, Gaston KENFACK DOUAJNI, Le réglement d'arbitrage de la Cour Commune de Justice et d'Arbitrage, in RDAI, n.º 7 (1999), págs. 825 e segs.; Affousiata BAMBA, La procédure d'arbitrage devant la Cour Commune de Justice et d'Arbitrage, in Revue Penant, n.º 833 (2000), págs. 147 e segs..

[87] Cf. Artigos 21.º do Tratado e 2.º, n.º 1, 9.º e 10.º do Regulamento de Arbitragem do TCJA.

[88] V. Henri-Joel TAGUM FOMBENO, Regard critique cit..

tragem no seio do TCJA, sendo esse um princípio geral em matéria de arbitragem[89].

Quanto aos dois critérios secundários, prevê-se que haja uma certa conexão do contrato com pelo menos um dos Estados-membros para que possa ter lugar a arbitragem no seio do TCJA. Em particular, um litígio contratual pode ser submetido a arbitragem junto do TCJA quando uma das partes estiver domiciliada ou tenha a sua residência habitual num dos Estados-membros, ou quando as prestações objecto do contrato – no todo ou em parte – devam ser cumpridas em um ou mais Estados-membros[90]. Estes critérios secundários são alternativos e têm um carácter subsidiário, devendo ser acompanhados pela natureza contratual do litígio[91].

Não se exige que a sede da arbitragem esteja localizada num dos Estados-membros, sendo as partes livres de escolher a sede que considerem mais oportuna, não colocando a lei qualquer limite a esse respeito; na falta de acordo entre as partes – na convenção arbitral ou posteriormente – sobre o lugar de realização da arbitragem, a decisão compete ao Tribunal. De qualquer forma, o tribunal arbitral pode decidir, depois de consultadas as partes, que a audiência se realize noutro lugar que não o da sua sede; verificando-se circunstâncias que tornam difícil ou impossível o prosseguimento da arbitragem no lugar fixado, o Tribunal pode determinar uma nova sede, a pedido de uma das partes ou do próprio órgão arbitral[92].

O TCJA assume o papel de um centro de arbitragem internacional chamado a administrar e vigiar as arbitragens comerciais privadas institucionais nos vários Estados-membros[93]; a sua missão, nesta veste, é a de

---

[89] Neste sentido, v. Jean-Marie TCHAKOUA, *L'arbitrabilité* cit., pág. 14; Paul Gerard POUGOUÉ, *Le système d'arbitrage de la Cour Commune de Justice et d'Arbitrage*, in Philippe FOUCHARD (dir.) *L'OHADA et les perspectives de l'arbitrage en Afrique*, Bruxelas, Bruylant, 2000.

[90] Cf. Artigo 21.º do Tratado, reproduzido pelo Artigo 2.º, n.º 1, do Regulamento. Na doutrina, v. Jean-Marie TCHAKOUA, *L'espace dans le système d'arbitrage de la Cour Commune de Justice et d'Arbitrage*, in *Revue Penant*, n.º 842 (2003), págs. 59 e segs..

[91] Sobre a possibilidade de o concurso destes dois critérios poder representar um obstáculo relativamente ao objecto de afirmação do TCJA como instituição arbitral alternativa às grandes instituições internacionais, v. Henri-Joel TAGUM FOMBENO, *Regard critique* cit..

[92] Cf. Artigo 13.º do Regulamento de Arbitragem do TCJA.

[93] Sobre o assunto, v. Jaques M'BOSSO, *Le fonctionnement du centre d'arbitrage CCJA et le déroulement de la procédure arbitrale*, in *Revue camerounaise de l'arbitrage*, n.º especial (2001), págs. 42 e segs.; Eric TEYNIER, Farouk YALA, *Un noveau centre d'ar-*

procurar uma solução arbitral para todos aqueles que nela estão envolvidos por força de uma cláusula compromissória ou de um compromisso arbitral para resolver um litígio de natureza contratual, desenvolvendo, pois, uma função meramente administrativa[94]. O Tribunal nomeia os árbitros, atende os eventuais pedidos de recusa dos árbitros e recebe o projecto de sentença antes da sua publicação[95]. Todas as decisões tomadas neste sentido têm uma natureza meramente administrativa, são irrecorríveis, não têm força de caso julgado e não são comunicadas às partes[96]. Como se verá de seguida, no âmbito da execução das sentenças arbitrais, está também em jogo a função jurisdicional. A existência de uma única autoridade competente e independente para a fase arbitral e, eventualmente, para a posterior fase contenciosa, constitui uma óbvia vantagem[97].

Como foi já correctamente observado[98], a competência do TCJA enquanto instituição arbitral não passa necessariamente pela aplicação do Acto Uniforme em matéria de arbitragem, sendo a mesma admissível mesmo quando a aplicação do Acto Uniforme não seja possível devido ao facto de a sede da arbitragem estar situada fora de um Estado-membro da OHADA, embora, por outro lado, a aplicação do Acto Uniforme possa ser também excluída quando, apesar de a arbitragem ter lugar no espaço OHADA, as partes decidam excluir aquele Acto enquanto regime que regula a arbitragem.

Como se verá mais à frente, o Tribunal exerce também uma função jurisdicional na concessão da decisão de *exequatur* e no âmbito do eventual recurso de anulação da sentença arbitral[99].

---

bitrage en Afrique sub-saharienne, in 37 *Accomex* (2001), pág. 37. Philippe FOUCHARD, *L'arbitrage* cit., pág. 184, manifesta dúvidas sobre as consequências que tal prática, junto com a função jurisdicional do Tribunal, possa ter a longo prazo no funcionamento do TCJA.

[94] Cf. Artigo 2.1. do Regulamento de Arbitragem do TCJA. V. Tom Adamdou SECK, *L'effectivité de la pratique arbitrale de la CCJA et les réformes nécessaires à la mise d'un cadre juridique favorable aux investissements privés internationaux*, in *Revue Penant*, n.º 833 (2000), pág. 188. Este, juntamente com Philippe LEBOULANGER, *L'arbitrage* cit., critica a escolha de unir as duas funções no TCJA, preferindo a separação.

[95] Cf. Artigo 2.2. do Regulamento d de Arbitragem o TCJA.

[96] Cf. Artigo 1.1. do Regulamento de Arbitragem do TCJA.

[97] Neste sentido, v. René BOURDIN, *Le Règlement* cit., p. 14; Cristophe IMHOOS, Gaston KENFACK DOUAJNI, *Le règlement* cit., pág. 839.

[98] V. Joseph ISSA-SAYEGH, *Réflexions* cit..

[99] Cf. Artigo 1.2. do Regulamento de Arbitragem do TCJA.

3.2. *A convenção arbitral*

Diferentemente do AUDA, o Tratado faz a distinção entre a cláusula compromissória e o compromisso arbitral como instrumentos de actuação da vontade das partes de submeterem os seus eventuais litígios à arbitragem[100].

O Tratado e o Regulamento de Arbitragem do TCJA não contêm qualquer norma relativa à forma da cláusula compromissória, limitando-se o regulamento a estabelecer que, na falta de uma cláusula de atribuição da arbitragem ao TCJA, a excepção de incompetência da convenção ou a falta de resposta no prazo de quarenta e cinco dias a contar da notificação do pedido de arbitragem por parte do secretário-geral do Tribunal determinam automaticamente a improcedência do pedido de arbitragem, competindo ao secretário-geral comunicar o facto à parte que fez o pedido[101]; se o Tribunal verificar que a convenção de arbitragem existe e é válida, declara que a arbitragem pode ter lugar[102].

A recusa de uma parte em submeter-se à arbitragem, quando a ela se tenha vinculado através de uma cláusula arbitral, não tem qualquer efeito sobre a validade do processo[103].

O princípio da autonomia da convenção arbitral estabelecido no Acto Uniforme não encontra paralelo no Regulamento de Arbitragem do TCJA, o qual apenas atribui aos árbitros a competência para verificarem se a convenção arbitral pode ser considerada válida, ainda que o contrato principal seja nulo ou inexistente, e para verificarem a respectiva competência para conhecer o litígio entre as partes[104].

Feita a escolha do árbitro correspondente por cada uma das partes, a arbitragem no seio do TCJA é regulada pelo respectivo regulamento pro-

---

[100] Cf. Artigo 21.°, § 1, do Tratado OHADA e Artigo 2.1. do Regulamento de Arbitragem do TCJA.

[101] Cf. Artigo 9.° do Regulamento de Arbitragem do TCJA. A verificação de uma das duas circunstâncias indicadas – a excepção de incompetência ou falta de resposta – não é por si suficiente, devendo cumular-se com a ausência de uma convenção arbitral válida para que se possa declarar a arbitragem não tem lugar.

[102] Cf. Artigo 10.3. do Regulamento de Arbitragem do TCJA.

[103] Cf. Artigo 10.2. do Regulamento de Arbitragem do TCJA.

[104] Cf. Artigo 10.4. do Regulamento de Arbitragem do TCJA. Ao invés, no sentido de que o referido regime representaria uma expressão do princípio da autonomia da convenção arbitral corresponde ao previsto no Acto Uniforme, v. Nanette PILKINGTON, Sébastien THOUVENOT, *Les innovations* cit., pág. 30.

cessual e, no silêncio deste, pelas normas escolhidas pelas partes ou determinadas pelo tribunal arbitral, com referência a uma lei nacional de processo aplicável à arbitragem[105].

3.3. O tribunal arbitral

Assim como no Acto Uniforme, também o Regulamento de Arbitragem do TCJA estabelece a possibilidade de nomeação de um só árbitro ou de um colégio composto por três membros. Se as partes não optarem por nenhuma destas soluções, o TCJA nomeia apenas um árbitro, a menos que as circunstâncias do litígio aconselhem a nomeação de um colégio arbitral; ao invés do Acto Uniforme, existe aqui uma norma a possibilitar a realização de arbitragens com um número de partes superior a duas[106]. É possível escolher os árbitros constantes de uma lista elaborada pelo TCJA, que é actualizada anualmente[107]. Na falta de escolha dos árbitros pelas partes, ou sempre que por qualquer motivo um árbitro cesse as suas funções, as nomeações são efectuadas pelo Tribunal[108], o qual também procede, normalmente, à nomeação do terceiro árbitro no caso do colégio composto por três membros, salvo acordo diverso celebrado entre as partes.

O Tratado OHADA contém uma medida um tanto ou quanto insólita[109], nos termos da qual um árbitro escolhido pelo TCJA goza de privilégios e de imunidades diplomáticas por todo o período de exercício das funções arbitrais: considerou-se também oportuno inserir uma disposição similar para proteger os árbitros de eventuais acções proposta de má fé por uma das partes, mas que não contempla as situações em que seja o árbitro a comportar-se de maneira incorrecta – aproveitando-se até de tais imunidades –, não sendo estas regras aplicáveis aos árbitros indica-

---

[105] Cf. Artigo 16.º do Regulamento de Arbitragem do TCJA.
[106] Cf. Artigo 3.1. do Regulamento de Arbitragem do TCJA.
[107] Cf. Artigo 3.2. do Regulamento de Arbitragem do TCJA.
[108] Cf. Artigo 3.1. do Regulamento de Arbitragem do TCJA. Na nomeação de um árbitro o Tribunal deve ter em conta a nacionalidade e o local de residência deste, o local de residência dos outros árbitros e dos advogados das partes, a língua das partes, o objecto do litígio e a lei reguladora do mesmo (cf. Artigo 3.3. do Regulamento de Arbitragem do TCJA).
[109] Cf. Artigo 49.º do Tratado.

dos pelas partes, criando assim uma disparidade de tratamento injustificada entre os árbitros escolhidos pelas partes e aqueles escolhidos pelo TCJA[110].

Os árbitros devem desempenhar a sua função de forma independente[111] e informar o Tribunal sempre que se verifiquem circunstâncias que possam prejudicar a sua independência, competindo ao Tribunal convidar as partes a manifestarem a sua posição; em princípio, os árbitros não podem demitir-se das suas funções, excepto quando se verifiquem circunstâncias que o justifiquem[112]. Um árbitro pode ser substituído em caso de demissão justificada, decisão de impedimento pronunciada contra si, morte, impossibilidade de direito ou de facto para o desempenho da actividade e exercício das respectivas funções de forma incorrecta[113]. Todas as questões de impedimento são decididas pelo TCJA, que se pronuncia sob recurso da parte que intenta o pedido de recusa do árbitro, o qual deve ser interposto no prazo de trinta dias a contar da nomeação do árbitro ou do conhecimento da causa que fundamenta o impedimento, depois de ouvida a outra parte[114].

---

[110] Diversos Autores já se pronunciaram no sentido da eliminação desta disposição, considerando a imunidade diplomática completamente incompatível com a estrutura e a função da arbitragem – v. Philippe LEBOULANGER, L'arbitrage cit., pág. 541; Roland AMOUSSOU-GUENOU, L'arbitrage dans le traité relatif à l'harmonisation du droit des affaires en Afrique (OHADA), in RDAI, n.º 3 (1996), pág. 331; Tom Adamdou SECK, L'effectivité cit., págs. 188 e segs.; Henri-Joel TAGUM FOMBENO, Regard critique cit.; Boris MARTOR, Nanette PILKINGTON, David S. SELLERS e Sébastien THOUVENOT, Business Law cit., pág. 274; Richard BOIVIN, Pierre PIC, L'arbitrage cit., 859 e segs.. No entanto, a recente revisão do Tratado manteve a disposição intacta.

[111] Sobre o assunto, v. Pierre BOUBOU, La notion cit..

[112] Cf. Artigo 4.1. do Regulamento do TCJA.

[113] Cf. Artigo 4.3. do Regulamento de Arbitragem do TCJA. O TCJA pode recusar a demissão de um árbitro, quando não devidamente justificada, avaliando posteriormente a oportunidade de uma sentença proferida, maugrado a ausência do árbitro cuja demissão tenha sido recusada. Segundo Pierre LEBOULANGER, L'arbitrage cit., pág. 577, e Richard BOIVIN, Pierre PIC, L'arbitrage cit., o objectivo da norma é o de prevenir a demissão de um árbitro no final do processo arbitral, quando pareça estar reunida uma maioria contrária à parte que o designou.

[114] Cf. Artigo 4.2. do Regulamento de Arbitragem do TCJA. Uma vez reconstituído o colégio, os árbitros decidirão, ouvidas as partes, qual o momento do processo em que o árbitro deve ser integrado (cf. Artigo 4.5. do Regulamento de Arbitragem do TCJA).

3.4. *A instância arbitral*

Uma vez que optem pela arbitragem no seio do TCJA as partes adoptam o respectivo Regulamento de processo, o qual determina que as regras aplicáveis à arbitragem são as nele previstas e, no seu silêncio, aquelas que as partes estabeleçam com recurso a uma lei interna de processo aplicável à arbitragem[115].

A arbitragem inicia-se com a apresentação de um pedido de arbitragem feito pela parte interessada ao secretário-geral do TCJA[116]. O pedido deve conter as informações previstas no Artigo 5.º do Regulamento de Arbitragem do TCJA e incluir uma descrição sumária dos motivos que o fundamentam. O requerido, por sua vez, deve depositar a contestação ao pedido de arbitragem, no prazo de quarenta e cinco dias a contar da notificação do pedido de abertura do processo arbitral efectuada pelo secretário-geral do TCJA[117], contendo os elementos indicados no Artigo 6.º, entre os quais as considerações relativas ao pedido do autor e à existência de uma convenção de arbitragem junto do TCJA.

Na contestação, o requerido pode fazer um pedido reconvencional, ao qual o requerente tem a faculdade de replicar no prazo de trinta dias a contar da recepção do articulado com o pedido reconvencional[118].

No prazo de sessenta dias a contar da recepção no tribunal arbitral dos volumes que contêm os articulados entregues até esse momento, o tribunal fixa uma data para a realização de uma audiência entre as partes, com a finalidade de determinar o objecto da arbitragem; dessa reunião é lavrada uma acta[119]. A acta deverá incluir um resumo dos respectivos pedidos das partes, o eventual acordo entre elas ou as ordens do Tribunal quanto à sede e à língua a usar na arbitragem, às leis processual e substantiva aplicáveis e à lei aplicável à convenção de arbitragem, assim como

---

[115] Cf. Artigo 16.º do Regulamento de Arbitragem do TCJA. Jean-Marie TCHAKOUA, *L'espace* cit., pág. 68, observa que o Regulamento consagra o conjunto de regras fundamentais, já aceites pelas partes com a escolha da arbitragem institucional junto do TCJA, regras essas que as partes podem completar com outras por si escolhidas.

[116] Cf. Artigo 5.º do Regulamento de Arbitragem do TCJA, o qual esclarece que a arbitragem não se inicia verdadeiramente com a recepção do pedido de arbitragem pelo secretário-geral do TCJA, mas quando este declare que o pedido está conforme aos requisitos prescritos no referido Artigo 5.º, e com o pagamento do respectivo depósito.

[117] Cf. Artigo 6.º do Regulamento de Arbitragem do TCJA.
[118] Cf. Artigo 7.º do Regulamento de Arbitragem do TCJA.
[119] Cf. Artigo 15.º do Regulamento de Arbitragem do TCJA.

o acordo entre as partes ou, na sua falta, sobre a existência de uma convenção de arbitragem válida[120]. Portanto, o tribunal deverá adoptar todas as medidas necessárias para uma correcta condução da arbitragem e disponibilizar um calendário provisório do processo, que inclua a data da audiência de encerramento do processo, de maneira a permitir a sua conclusão no prazo de seis meses a contar da data da primeira audiência arbitral, salvo acordo das partes em contrário[121]; o calendário provisório pode ser sempre alterado por iniciativa do tribunal ou a instância das partes, sendo disso informado o TCJA[122]. Com vista ao bom funcionamento de todo o processo, o tribunal arbitral pode, ouvidas as partes, decidir realizar as audiências em lugar diverso da sede convencionada, ficando a decisão final a cargo do TCJA no caso de não haver acordo entre as partes[123].

Sempre que uma das partes pretenda contestar a competência do tribunal arbitral deverá invocar a respectiva excepção nos articulados iniciais supramencionados ou, o mais tardar, até à realização da primeira audiência[124], enquanto que o tribunal pode, durante todo o tempo em que decorre a arbitragem, apreciar oficiosamente a sua competência[125]. O tribunal decide sobre as questões de competência num despacho interlocutório ou na sentença final, mas se a questão da competência dos árbitros for devolvida ao TCJA no exercício da sua função jurisdicional, estes podem prosseguir com a instância arbitral sem esperar pela conclusão do processo no TCJA[126].

O tribunal arbitral tem jurisdição para ordenar qualquer providência conservatória ou provisória no decurso do processo, salvo acordo das partes em contrário; sempre que ainda não tenha sido constituído o tribunal arbitral, as providências conservatórias ou provisórias podem ser requeridas ao tribunal ordinário estadual competente, com obrigação de infor-

---

[120] Cf. Artigo 15.1. (b) do Regulamento de Arbitragem do TCJA. Nesta sede, as partes podem acordar que o litígio seja resolvido com recurso à equidade.

[121] Cf. Artigo 15.1. (d) do Regulamento de Arbitragem do TCJA.

[122] Cf. Artigo 15.3. do Regulamento de Arbitragem do TCJA.

[123] Cf. Artigo 13.º do Regulamento de Arbitragem do TCJA. A decisão é proferida pelo TCJA no exercício da sua função administrativa no âmbito do procedimento arbitral, não tendo, por isso, natureza jurisdicional – neste sentido, v. Jean-Marie TCHAKOUA, *L'espace* cit., pág. 73.

[124] Cf. Artigo 21.1. do Regulamento de Arbitragem do TCJA.

[125] Cf. Artigo 21.2. do Regulamento de Arbitragem do TCJA. Sobre o assunto, v. também Jean-Pierre ANCEL, *L'arbitrage et la coopération du juge étatique*, in *Revue Penant*, n.º 833 (2000), págs. 180 e segs..

[126] Cf. Artigo 21.3. do Regulamento de Arbitragem do TCJA.

mar o TCJA do requerimento e das providências decretadas, a fim de organizar a futura arbitragem e de informar o tribunal arbitral uma vez constituído[127]. Se, uma vez decretadas, for necessária uma ordem de execução para executar tais providências, esta deve ser requerida directamente ao TCJA[128]. O tribunal arbitral procede à instrução da causa no mais curto espaço de tempo possível, utilizando todos os meios idóneos[129]; o Regulamento não dispõe se há necessidade da intervenção do juiz ordinário para fins de recolha de provas: deve entender-se que, analogamente ao previsto no Acto Uniforme, o tribunal arbitral, oficiosamente ou a requerimento da parte interessada, pode pedir a intervenção da jurisdição competente no Estado interessado[130].

No decurso do processo as partes podem efectuar alegações com base nos pedidos feitos e introduzir novos pedidos e pedidos reconvencionais, desde que se enquadrem no âmbito de aplicação da convenção arbitral[131]. O processo desenrola-se de acordo com o princípio do contraditório entre as partes e a acta das audiências é entregue ao secretário-geral do TCJA[132].

3.5. *A sentença arbitral*

Também nas arbitragens no seio do TCJA o tribunal arbitral deve decidir sobre o litígio aplicando a lei substantiva escolhida pelas partes, lei essa que deverá ser determinada pelo mesmo tribunal – de acordo com as regras de conflitos de leis – sempre que as partes não o fizerem, recorrendo, se for o caso, aos usos do comércio internacional. Também neste caso o legislador OHADA deixou ampla liberdade às partes, sem exigir qualquer ligação entre a lei aplicável ao litígio e os seus elementos objec-

---

[127] Cf. Artigo 10.5. do Regulamento de Arbitragem do TCJA. O preceito não refere de que modo os árbitros adoptam tais providências, pelo que parece admissível o recurso a um despacho interlocutório. Sobre o assunto, e para mais desenvolvimentos sobre as providências de natureza cautelar na arbitragem realizada no seio do TCJA, v. Gaston KENFACK DOUAJNI, *Les mesures* cit., pág. 144. V., também, Jean-Pierre ANCEL, *L'arbitrage* cit., págs. 174 e segs..
[128] Cf. Artigos 10.5. e 30.2. do Regulamento de Arbitragem do TCJA.
[129] Cf. Artigo 19.1. do Regulamento de Arbitragem do TCJA.
[130] Neste sentido, v. Nanette PILKINGTON, Sébastien THOUVENOT, *Les innovations* cit., pág. 32.
[131] Cf. Artigo 18.º do Regulamento de Arbitragem do TCJA.
[132] Cf. Artigo 19.1. do Regulamento de Arbitragem do TCJA.

tivos, nem entre esta lei e o espaço OHADA. O julgamento com recurso à equidade só é admissível em caso de acordo prévio celebrado entre as partes[133].

A sentença arbitral deve ser proferida no prazo de noventa dias a contar da data de encerramento do processo arbitral, embora este prazo possa ser prorrogado pelo TCJA a pedido do tribunal arbitral[134] devidamente motivado, salvo acordo diverso das partes[135]. Antes de serem proferidas pelo tribunal arbitral, as sentenças, sob a forma de projecto, devem ser submetidas ao TCJA para a respectiva revisão[136]. O TCJA só pode propor alterações de natureza formal[137]. Se a sentença for definitiva, o TCJA transmite ao tribunal o respectivo parecer sobre o valor total das custas do processo, incluindo as remunerações dos árbitros. A sentença definitiva inclui também as remunerações dos árbitros e o montante relativo a pagar por cada uma das partes[138].

A sentença deve ser assinada pelos árbitros[139]; no caso de um colégio arbitral, a sentença é adoptada pela maioria dos seus membros; caso não se atinja essa maioria, a sentença é apenas assinada pelo presidente[140]. Ao contrário do Acto Uniforme, o Regulamento de Arbitragem do TCJA não coloca a fundamentação no quadro dos requisitos formais de validade da sentença, estabelecendo apenas que a sentença deve ser fundamentada, salvo acordo em contrário das partes[141].

Uma vez pagas as custas do processo, o secretário-geral do TCJA, junto do qual é depositado o original da sentença[142], procede à notificação desta às partes[143].

---

[133] Cf. Artigo 17.º do Regulamento de Arbitragem do TCJA.
[134] Cf. Artigo 15.4. do Regulamento de Arbitragem do TCJA.
[135] Cf. Artigo 22.1. do Regulamento de Arbitragem TCJA.
[136] Cf. Artigo 24.º do Tratado OHADA e Artigo 23.1. do Regulamento de Arbitragem do TCJA.
[137] Cf. Artigo 23.2. do Regulamento de Arbitragem do TCJA.
[138] Cf. Artigo 24.1. do Regulamento de Arbitragem do TCJA.
[139] Também na arbitragem institucional, a eventual recusa de um árbitro em assinar a sentença não implica a ineficácia ou invalidade desta, sendo executada como se fosse assinada por todos os árbitros (cf. Artigo 22.3. do Regulamento de Arbitragem do TCJA).
[140] Cf. Artigo 22.3. do Regulamento de Arbitragem do TCJA. O n.º 4 do mesmo preceito confere ao árbitro vencido o direito de exarar na sentença o seu voto de vencido.
[141] Cf, Artigo 22.1. do Regulamento de Arbitragem do TCJA.
[142] Cf. Artigo 28.º do Regulamento de Arbitragem do TCJA.
[143] Cf. Artigo 25.1. do Regulamento de Arbitragem do TCJA.

As sentenças arbitrais proferidas de acordo com o Regulamento do TCJA têm força de caso julgado no território de cada Estado-membro e podem ser executadas no território de qualquer Estado-membro[144], na sequência de uma decisão de *exequatur*[145].

Também nas arbitragens institucionais do TCJA os árbitros esgotam a sua competência uma vez proferida a sentença, conservando apenas o poder de interpretar a sentença ou de a corrigir no caso de erros ou omissões que sejam de mera forma e que não se reflictam na decisão de mérito do litígio. É também possível a emissão de uma sentença adicional sempre que o tribunal arbitral não se pronuncie sobre uma ou mais questões do litígio. A parte que tem interesse em pedir a interpretação, a correcção ou a sentença adicional deve apresentar o respectivo pedido ao secretário--geral do TCJA no prazo de quarenta e cinco dias a contar da notificação da sentença, decidindo o tribunal arbitral nos sessenta dias seguintes. Sempre que não seja possível a reconstituição do tribunal arbitral, o TCJA procede à designação de novos árbitros, depois de consultadas as partes[146]. As custas processuais são suportadas pelas partes na proporção do que tiver sido determinado na sentença originária, ficando as mesmas a cargo do requerente em caso de rejeição do pedido[147].

3.6. *Os meios de impugnação da sentença*

Não estão previstos mecanismos de impugnação de uma sentença arbitral e as partes só podem impugnar a validade de uma sentença por determinados motivos[148], a menos que na convenção arbitral também tenham

---

[144] Cf. Artigos 25.º do Tratado OHADA e 27.º do Regulamento do TCJA.

[145] Na falta de *exequatur*, a sentença só pode ser usada para obtenção de providências cautelares – neste sentido, v. Roland AMOUSSOU-GUENOU, *L'arbitrage* cit., pág. 329.

[146] Cf. Artigo 26.º do Regulamento de Arbitragem do TCJA que, por sua vez, estabelece no último parágrafo que os novos árbitros têm direito a uma remuneração, enquanto nada é devido se forem os árbitros do processo precedente a julgar.

[147] Cf. Artigo 26.º, último §, do Regulamento de Arbitragem do TCJA.

[148] O Artigo 29.2. do Regulamento de Arbitragem do TCJA estabelece que a validade da sentença só pode ser contestada por um dos motivos previstos no Artigo 30.6. do mesmo diploma, ou seja, se os árbitros tiverem deliberado na falta de uma convenção arbitral ou se esta for nula ou tiver caducado, se tiverem decidido fora do âmbito dos poderes que lhes foram conferidos, se o princípio do contraditório não tiver sido respeitado, ou se a sentença for contrária à ordem pública internacional. Sobre o conceito de ordem

renunciado a esta faculdade[149]. Se uma parte pretende impugnar a validade de uma sentença, pode interpor recurso perante o TCJA no prazo de dois meses a contar da data da respectiva notificação às partes, caso o recurso seja fundado num dos motivos previstos no Regulamento de Arbitragem do TCJA[150]. Se o TCJA decidir que o recurso tem fundamento, declara a sentença nula e ineficaz e, a requerimento das partes, profere decisão sobre o mérito da causa; em alternativa, qualquer das partes poderá pedir ao TCJA a continuação da arbitragem a partir do último acto válido do mesmo procedimento[151].

Por outro lado, qualquer das partes pode pedir ao TCJA a revisão da sentença arbitral ou da decisão do TCJA relativa ao mérito da causa, sempre que a validade da sentença arbitral seja impugnada com su-

---

pública internacional, v. Philippe LEBOULANGER, *La reconnaissance* cit. e Jean-Pierre ANCEL, *L'arbitrage* cit..

[149] Cf. Artigo 29.2. do Regulamento de Arbitragem do TCJA.

[150] Cf. Artigo 29.3. do Regulamento de Arbitragem do TCJA. A validade da sentença arbitral só pode ser impugnada pelos seguintes motivos (cf. Artigos 29.2. e 30.6. do Regulamento de Arbitragem do TCJA):
- Falta, anulabilidade, nulidade da convenção arbitral ou caducidade do prazo da sua validade no momento em que o tribunal profere a sentença;
- Não cumprimento da sua missão por parte do tribunal arbitral;
- Falta de respeito pelo princípio do contraditório;
- Violação de uma norma de ordem pública internacional por parte do tribunal arbitral.

Os motivos do recurso previstos no Regulamento do TCJA são mais restritos do que os previstos no Acto Uniforme, uma vez que este – conforme já mencionado – admite o processo de anulação por todos estes motivos e também nos casos em que a sentença não seja fundamentada ou quando se verifiquem irregularidades na constituição do tribunal arbitral. Relativamente à ausência de fundamentação, parece lógico que esta não constitua um motivo de impugnação da sentença a partir do momento em que o Regulamento do TCJA não o considera como um dos requisitos da sentença (cf. Artigo 22.1. do Regulamento do TCJA e o respectivo comentário de Pierre MEYER in *OHADA. Traité et Actes Uniformes commentés et annotés*, Paris, Juriscope, 2007). No entanto, quando haja acordo das partes nesse sentido ou a lei aplicável o exija, a sentença deve conter a fundamentação; caso contrário a sua validade pode ser contestada. Por sua vez, a ausência de uma disposição que permita às partes a possibilidade de impugnar a sentença em caso de constituição irregular do tribunal arbitral parece ser mais problemática. Boris MARTOR, Nanette PILKINGTON, David S. SELLERS e Sébastien THOUVENOT, *Business Law* cit., pág. 281, procuram descortinar a razão da norma no facto de a aplicação do Regulamento e a nomeação dos árbitros efectuada pelo TCJA dever assegurar *a priori* – pelo menos teoricamente – a regular constituição do tribunal arbitral.

[151] Cf. Artigo 29.5. do Regulamento de Arbitragem do TCJA.

cesso[152], sempre que surja um facto que possa ter uma influência decisiva sobre a decisão e que não fosse conhecido ao tempo da decisão do tribunal arbitral ou do TCJA e da parte que pede a revisão da sentença, sob condição de o recurso ser apresentado no prazo de três meses a contar da descoberta do facto novo, mas nunca depois de passados dez anos sobre a data da sentença arbitral ou da decisão do TCJA[153]. Também na arbitragem institucional está prevista a possibilidade da oposição de terceiro, seja contra a sentença arbitral, seja contra a decisão do TCJA, sendo este último a instância competente para apreciar o caso[154].

3.7. *A execução da sentença arbitral*

Sempre que uma das partes pretenda ver executada uma sentença proferida numa arbitragem institucional no seio do TCJA, deve requerer ao mesmo a emissão de uma ordem de *exequatur*[155], dada pelo Presidente do Tribunal ou por um juiz por ele designado, só podendo ser recusada nos exactos termos em que está prevista a impugnação da validade de uma sentença arbitral[156]. A decisão de indeferimento do pedido de emissão de uma ordem de execução – assim como a que o defere – pode ser impugnada no prazo de quinze dias a contar da data da sua emissão, perante o TCJA, reunido em colectivo, desenrolando-se o processo de acordo com o contraditório[157]. Se o requerimento de *exequatur* for feito na pendência de um recurso de anulação da sentença arbitral, procede-se à sua apensação[158]. Conforme já referido, uma característica peculiar da arbitragem no seio do TCJA traduz-se no facto de o Tribunal, ao examinar os recursos ou ao proferir uma ordem de execução, não agir como uma autoridade administrativa, mas no exercício de funções jurisdicionais de natureza transnacional[159].

---

[152] Cf. Artigo 32.º do Regulamento de Arbitragem do TCJA.
[153] Cf. Artigo 49.º do Regulamento de Processo do TCJA.
[154] Cf. Artigo 33.º do Regulamento de Arbitragem do TCJA.
[155] Cf. Artigos 25.º, § 3, do Tratado OHADA e 30.1. do Regulamento de Arbitragem do TCJA.
[156] Cf. Artigos 30.2. e 30.6. do Regulamento de Arbitragem do TCJA.
[157] Cf. Artigos 30.4. e 30.5. do Regulamento de Arbitragem do TCJA.
[158] Cf. Artigo 30.3. do Regulamento de Arbitragem do TCJA.
[159] Neste sentido, v. Gaston KENFACK DOUAJNI, *OHADA Arbitration*, in 17 *Journal of International Arbitration* (2000), pág. 130.

Quando seja decretada uma ordem de execução, a sentença pode ser executada em qualquer Estado-membro[160], desde que esteja munida da fórmula executiva conferida pelo tribunal competente do Estado-membro em que é pedida a execução[161], constituindo esta uma formalidade que o tribunal competente do Estado-membro não pode, de forma alguma, recusar[162]. O *exequatur* pode ser decretado pelo TCJA independentemente do lugar da arbitragem, desde que esta seja feita no seio do TCJA, mas só no território dos Estados-membros é possível fazer a execução da sentença arbitral, pelo que sempre que a sentença seja objecto de execução fora do espaço OHADA será necessário obter o seu decretamento pela autoridade judiciária competente do Estado interessado; daí a natureza exclusivamente «comunitária» e não internacional da ordem de *exequatur* conferida pelo TCJA[163].

---

[160] Cf. Artigo 30.2. do Regulamento de Arbitragem do TCJA.
[161] Cf. Artigo 31.2. do Regulamento de Arbitragem do TCJA.
[162] Sobre o assunto, v. Eric TEYNIER, Farouk YALA, *Un nouveau centre* cit..
[163] Neste sentido, v. Henri-Joel TAGUM FOMBENO, *Regard critique* cit.. Sobre o reconhecimento e a execução das sentenças nas arbitragens no seio do TCJA, v. também Philippe LEBOULANGER, *La reconaissance* cit..

CAPÍTULO VIII

O Acto Uniforme Relativo à Organização e Harmonização das Contabilidades das Empresas

1. Introdução

Os Estados-membros do Tratado OHADA passaram a aplicar, desde o dia 1 de Janeiro de 2001 para as contas das empresas, e desde o dia 1 de Janeiro de 2002 para as contas consolidadas e contas combinadas, o Acto Uniforme relativo à Organização e Harmonização das Contabilidades das Empresas (AUCE) situadas nos Estados-membros, adoptado em Yaoundé a 24 de Março de 2000[1].

Foram diversos os motivos que levaram à adopção deste Acto Uniforme: a heterogeneidade das referências contabilísticas anteriormente em vigor, a pluralidade de balanços e resultados financeiros – facto que diminui a fiabilidade das informações contabilísticas que provêm das em-

---

[1] Seis dos Estados-membros da OHADA – Camarões, Chade, Congo, Gabão, Guiné Equatorial e República Centro-Africana – são também membros da zona CEMAC, que, em 1967, elaborou o plano de contabilidade OCAM-CEMAC, agora abandonado em favor do novo regime instituído pela OHADA. É preferível falar de abandono e não de revogação porquanto, teoricamente, estamos em presença de um conflito entre um e outro regime, uma vez que estão ambos formalmente em vigor. A substituição, e por isso, o abandono do plano OCAM-CEMAC, com a consequente aplicação do novo regime OHADA, justifica-se pelo facto de todos os Estados-membros da CEMAC serem signatários do Tratado OHADA e, como tal, sujeitos a este Acto Uniforme; por outro lado, o Artigo 9.° do Tratado OHADA dispõe que os Actos Uniformes entram em vigor noventa dias após a sua aprovação, sem prejuízo de modalidades especiais de entrada em vigor previstas pelo próprio Acto Uniforme, sendo invocáveis a partir do trigésimo dia útil após a sua publicação no Jornal Oficial da OHADA, enquanto o Artigo 112.°, § 1, do AUCE determina a revogação de qualquer disposição interna de um Estado-membro da OHADA contrária ao Acto Uniforme, e não a revogação do regime CEMAC, como o plano de contabilidade OCAM--CEMAC, o qual tem natureza supranacional.

presas –, as normas obsoletas, o insuficiente englobamento do sector produtivo, visto a extrema relevância de que se reveste o sector informal da economia e a consideração de que os princípios contabilísticos então em vigor não permitiam recolher e elaborar as informações relativas às actividades económicas deste sector. O direito da contabilidade da OHADA contém toda a regulamentação contabilística julgada adaptada à situação das empresas na área geográfica coberta pelo direito harmonizado e à evolução das técnicas contabilísticas; o sistema foi concebido como um sistema coerente e indissociável, que compreende a disciplina jurídica, os princípios contabilísticos[2], o plano de funcionamento das contas, os pormenores técnicos e a contabilidade das tesourarias. O sistema foi construído com base na gestão da empresa, ao contrário do que acontece no OCAM, que foi elaborado numa perspectiva macroeconómica.

Os objectivos do legislador OHADA são precisos. Ele teve a intenção de proceder ao estabelecimento de práticas contabilísticas uniformes nos Estados-membros, para com isso dispor de dados homogéneos sobre as entidades que produzem bens e serviços, de maneira a garantir a fiabilidade das informações contabilísticas e financeiras através de uma representação fiel do património, da situação financeira e dos resultados da empresa, sem esquecer a necessidade de adaptação do modelo contabilístico das empresas às normas internacionais. A ideia é colocar à disposição das empresas um instrumento moderno de gestão, criando uma central de balanços com informações contabilísticas e financeiras pertinentes e seguras, para informação das próprias empresas e dos seus parceiros económicos e sociais e também do sistema bancário, garantir uma maior eficácia no controlo das contas e fornecer aos sócios e a outros interessados informações contabilísticas com garantias de regularidade, verdade e transparência dos resultados financeiros, de modo a convencer também os operadores económicos do sector informal a terem uma contabilidade organizada, colocando à sua disposição instrumentos para o efeito.

O Acto Uniforme é constituído por cento e treze artigos e, de um ponto de vista contabilístico, divide-se em nove partes[3]. No presente capí-

---

[2] Este facto atenua uma carência do plano OCAM-CEMAC, ao apresentar os princípios e os conceitos que servem de base ao dispositivo contabilístico.

[3] São as seguintes: disposições gerais; conteúdo e funcionamento das contas; tabelas de reconciliação rubricas/contas; resultados financeiros pessoais; contas e resultados financeiros consolidados; operações e problemas específicos; terminologia; nomenclatura; e sistema mínimo de tesouraria.

tulo limitaremos a nossa análise aos principais preceitos que integram o dispositivo jurídico, sendo na prática o Acto Uniforme uma mescla de direito público, de direito privado e de normas próprias da contabilidade[4].

O direito contabilístico OHADA contém garantias jurídicas fortes e é completado pelo AUDCG e pelo AUDSCAIE; todavia, a singularidade das disposições penais deixa uma sensação de incompletude deste Acto. O AUCE, como todos os actos uniformes da OHADA, caracteriza-se pela sua natureza supranacional[5], a qual determina a sua aplicação imediata e obrigatória em todos os Estados-membros.

A leitura do Artigo 2.º do AUCE, que indica especificamente as pessoas colectivas sujeitas ao regime de contabilidade OHADA, permite concluir que o campo de aplicação do Acto Uniforme é muito abrangente[6]. Embora os bancos, as instituições financeiras e as sociedades de seguros estejam sujeitos a planos contabilísticos especiais[7], o regime geral do AUCE é-lhes aplicável, não se limitando o sistema OHADA à mera previsão do plano de contas. O sistema contabilístico OHADA baseia-se numa aproximação metódica à contabilidade, recorrendo a terminologia como prudência, regularidade, sinceridade[8], transparência[9], exigências todas elas

---

[4] Para uma análise completa do sistema de contabilidade OHADA, v. Oumar SAMBE, Mamadou IBRA DIALLO, *Système comptable OHADA*, 3.ª ed., Dakar, Editions comptables et juridiques, 2003; Wilson MAKAYA, *Comptabilité des sociétés. Système comptable OHADA*, Paris, Publibook, 2008; Jacques NJAMPIEP, *Maîtriser le droit et la pratique du système comptable OHADA*, Paris, Publibook, 2008.

[5] V., por exemplo, Djibril ABARCHI, *La supranationalité de l'Organisation pour l'harmonisation en Afrique du droit des affaires (OHADA)*, in *Revue Burkinabé de Droit*, n.º 37, 2000, págs. 9 e segs.; François IPANDA, *Le traité OHADA et la loi nationale*, in *Revue camerounais de droit des affaires*, n.º 1 (1999), págs. 3 e segs.; Gaston KENFACK DOUAJNI, *L'abandon de souveraineté dans le traité OHADA*, in *Revue Penant*, n.º 830 (1999), pág. 125; Jean-Pierre RAYNAL, *Intégration et souveraineté: le problème de la constitutionnalité du traité OHADA*, in *Revue Penant*, n.º 832 (2000), págs. 5 e segs..

[6] Trata-se das empresas sujeitas ao AUDSCAIE, as empresas públicas, as empresas parapúblicas, as empresas de economia mista, as cooperativas e, de um modo geral, as entidades produtoras de bens e serviços, comercializáveis ou não, na medida em que exercem uma actividade económica, a título principal ou acessório, com fim lucrativo ou não.

[7] Por exemplo, para os Estados da CEMAC, cf. o Regulamento COBAC R-2003/01, relativo à organização da contabilidade das instituições de crédito, publicado a 27 de Fevereiro de 2003.

[8] Não se trata de uma falta de artifícios contabilísticos, mas o legislador OHADA fez referência à boa-fé (cf. Artigo 6.º do AUCE).

[9] Relativamente à transparência, o legislador quer referir-se à transmissão precisa das informações importantes.

justificadas pelo facto de ser o cumprimento destas normas que garante a autenticidade da escrituração e atribui à contabilidade a capacidade de desempenhar o papel que lhe confere o Artigo 14.° do AUCE, isto é, de instrumento de medida dos direitos e obrigações da empresa[10], de prova, de informação de terceiros[11] e de gestão[12]. Esta imagem fiel do património, da situação financeira e dos resultados da empresa deve ser transmitida pelos resultados financeiros: o balanço, a conta de resultado, a tabela financeira e o resultado anexo. Este último – destinado a completar as informações contidas nos outros documentos contabilísticos – desempenha um papel particularmente importante na comunicação de uma imagem fiel, embora não seja exclusivo: o balanço, a conta de resultado e a tabela financeira devem fornecer também um quadro verdadeiro, clarificado pelos complementos e as explicações contidas no resultado anexado [13].

A concretização de uma imagem fiel constitui um aspecto essencial do modelo contabilístico OHADA, que impõe às empresas o fornecimento

---

[10] É com base nos dados contabilísticos, que servem de apoio aos resultados financeiros das empresas, que são calculados os impostos, que podem ser determinados os dados da contabilidade nacional e que podem ser decididas as políticas económicas ou de balanço.

[11] A informação contabilística deve responder às expectativas dos vários interessados: os parceiros comerciais e financeiros. No que respeita aos parceiros comerciais, os fornecedores pretendem conhecer a solvabilidade financeira da empresa antes de lhe concederem um crédito, e os clientes para ter a garantia da continuidade da empresa antes de escolherem um fornecedor; quanto aos parceiros financeiros, os sócios e os investidores procuram informações financeiras, mas também de gestão no caso das PME/PMI; as instituições de crédito e financeiras pretendem verificar a solvabilidade e a liquidez da empresa, tanto a breve como a médio e a longo prazo; os bancos centrais, para vigiar a qualidade dos empréstimos concedidos e dos activos detidos pelas instituições financeiras; os trabalhadores dependentes têm necessidade de conhecer a situação económica e financeira da empresa para terem garantias do pagamento dos seus salários.

[12] Os administradores ou os dirigentes da empresa têm necessidade de obter periodicamente informações de síntese fiáveis e operativas para garantir adequadamente a gestão de que são responsáveis e tomar as decisões da sua competência. Os resultados financeiros são concebidos para satisfazer estas necessidades. A elaboração do balanço permite obter dados significativos sobre a situação patrimonial e a estrutura económica da empresa. A conta de resultado permite avaliar as prestações realizadas no decurso do exercício e a tabela financeira dos recursos e das ocupações fornece um quadro da sua evolução financeira. Os resultados anexados acrescentam informações posteriores complementares dos primeiros três exercícios.

[13] Pode dizer-se que a imagem fiel da empresa não é um princípio contabilístico suplementar, mas a convergência e o resultado da aplicação dos princípios.

de explicações e informações no resultado anexado quando a aplicação pura e simples do plano contabilístico OHADA não permita obter uma imagem fiel e, em casos excepcionais, pode levar também à derrogação das disposições OHADA, quando implique quer uma modificação na apresentação dos resultados financeiros, quer uma modificação dos registos contabilísticos que se reflicta, obviamente, na natureza e valor de alguns lançamentos destes dados contabilísticos[14]. Conclui-se pois que o respeito pelas normas contabilísticas da OHADA não determina uma simples obrigação de meios, mas uma verdadeira obrigação de resultado: dar uma imagem correcta do património, da situação financeira e dos resultados da empresa[15]. Em caso de inobservância das normas contabilísticas estão previstas sanções civis e penais, que afectam os dirigentes, administradores e auditores externos incumpridores.

O AUCE contém sanções penais para os empresários individuais e dirigentes das empresas que em cada exercício social não procedam à elaboração do inventário e dos resultados financeiros anuais, bem como do relatório de gestão e do balanço social, ou tenham conscientemente elaborado e comunicado resultados financeiros que não retratem uma imagem fiel do património, da situação financeira e do resultado do exercício, reenviando para o efeito as sanções para as molduras previstas nas disposições de direito penal em vigor em cada Estado-membro[16]. A estas juntam-se algumas disposições do AUDSCAIE, em particular as relativas à inobservância dos impedimentos legais[17], à difusão ou confirmação de informações falsas por parte dos fiscais ou dos revisores oficiais de contas e à falta de comunicação ao Ministério Público dos ilícitos penais de que tenham tomado conhecimento[18].

---

[14] Estas derrogações são particularmente graves em relação à qualidade e comparabilidade dos resultados financeiros. Por isso devem ser absolutamente excepcionais e devem ser justificados no resultado anexado, que deve também indicar as respectivas consequências sobre os diversos resultados financeiros – assim como para a alteração dos métodos contabilísticos – indicando os valores que seriam obtidos sempre que não tivesse lugar a derrogação. A possibilidade da derrogação, sem estar expressamente prevista no AUCE, deduz-se do segundo § do Artigo 10.º do AUCE.

[15] Isto pode, num certo sentido, considerar-se a transposição do conceito da *«fair representation»* do direito americano para o direito contabilístico OHADA.

[16] Cf. Artigo 111.º do AUCE. Sobre o assunto, v. Roger SOCKENG, *Droit penal des affaires OHADA, Douala, Minsi Le Competing*, 2007, págs. 59 e segs..

[17] Cf. Artigo 898.º do AUDSCAIE.

[18] Cf. Artigo 899.º do AUDSCAIE.

Entre as inovações introduzidas pela regulamentação contabilística OHADA, concentraremos a nossa atenção em três aspectos: os princípios que governam a informação contabilística, a instauração de um sistema de controlo interno e externo à empresa e a regulamentação das contas consolidadas e combinadas.

2. Princípios que governam a informação contabilística

A informação contabilística é estandardizada. O sistema OHADA fixou um quadro de que são exigência a apresentação dos princípios e dos conceitos que formam a base do dispositivo contabilístico. O direito contabilístico OHADA é, antes de tudo, um modelo de análise económica e financeira da empresa e o quadro conceitual do modelo contabilístico OHADA expõe os objectivos dos resultados financeiros, os métodos de avaliação, os conceitos de manutenção do capital e de determinação dos resultados, tudo baseado em alguns princípios fundamentais. A contabilidade deve satisfazer – no respeito pelo princípio da prudência, que implica uma avaliação razoável dos acontecimentos e das operações a registar para evitar transferir para o futuro riscos actuais[19] – as obrigações de regularidade dos métodos contabilísticos de apresentação e de avaliação, de verdade e de transparência inerentes à manutenção, ao controlo, à apresentação e à comunicação das informações por ela tratadas[20].

Em particular, o princípio da transparência implica a regularidade e a conformidade às normas, uma apresentação e comunicação correcta e a boa fé das informações, sem intenção de dissimular a realidade[21], fornecendo uma descrição adequada, leal, clara e precisa dos factos, operações e situações relativas ao exercício[22]. O princípio da comunicação das informações relevantes faz com que cada elemento susceptível de influenciar o julgamento que os destinatários dos resultados financeiros possam manifestar sobre o património, situação financeira e resultados da empresa, lhes deva ser comunicado através do documento anexo aos resultados fi-

---

[19] Cf. Artigo 6.° do AUCE.
[20] Cf. Artigo 3.° do AUCE.
[21] Cf. Artigo 6.°, parte final, do AUCE.
[22] Cf. Artigo 9.°, § 1, do AUCE.

nanceiros[23]. O princípio do custo histórico permite à contabilidade registar os bens na sua data de entrada no património e respectivo custo de aquisição expresso numa moeda corrente[24]. O princípio da continuidade da exploração leva a considerar que a empresa está em constante actividade, pelo que se a continuidade da empresa não mais for garantida – por decisão de encerramento, obrigação de entrar em liquidação ou redução sensível das suas actividades – a avaliação dos seus bens deve ser reconsiderada[25]; a aplicação deste princípio tem como consequência a discussão de princípios de avaliação em função das hipóteses de liquidação ou de cessão, a apresentação de resultados financeiros modificados em função destas hipóteses, seguidas de uma explicação no resultado anexado. O princípio da independência dos exercícios implica que cada exercício seja independente dos anteriores e dos posteriores, daí a obrigação de atribuir e imputar a cada exercício as operações e os acontecimentos que lhe pertencem e apenas esses[26]: pressentem-se as dificuldades de aplicação deste princípio, ligadas, por um lado, ao possível hiato entre a competência jurídica e a contabilística e, do outro lado, à necessidade de contabilizar obrigatoriamente todos os riscos e perdas havidas no decurso de um exercício.

No que respeita ao princípio da prudência, o Acto Uniforme estabelece que a sua aplicação implica que a norma de prudência seja observada em cada caso a partir de uma avaliação razoável dos acontecimentos e das operações[27]. O direito OHADA contemporiza um pouco neste domínio na medida em que permite que a avaliação de um bem seja feita aos valores actuais, a avaliação dos títulos de participação ao valor de uso, a avaliação dos créditos e das dívidas em moeda estrangeira com possibilidade de compensação e a possibilidade de contabilizar um lucro parcial sobre operações que incidam sobre diversos exercícios.

O princípio da permanência dos métodos contabilísticos baseia-se na necessidade de coerência na avaliação de vários exercícios, daí a obriga-

---

[23] Cf. Artigo 33.º, § 2, do AUCE. A noção é bastante difícil de circunscrever devido à sua relatividade: um mesmo facto pode não ter influência sobre o julgamento feito acerca de uma empresa e tê-lo noutro caso.

[24] Cf. Artigos 35.º e 36.º do AUCE. Todavia, em derrogação ao princípio em análise, e com o objectivo da manutenção do capital financeiro da empresa, os Artigos 62.º a 65.º do AUCE estabelecem as condições de reavaliação dos bens da empresa.

[25] Cf. Artigo 39.º do AUCE.

[26] Cf. Artigo 59.º do AUCE.

[27] Cf. Artigo 6.º do AUCE.

ção de manutenção das respectivas regras e procedimentos[28]. Qualquer excepção deve ser justificada pela procura de uma melhor informação ou por circunstâncias imperativas, tais como as mudanças excepcionais, tanto na situação da empresa como no ambiente jurídico, económico ou financeiro em que evolui e as modificações ou complementos introduzidos na regulamentação contabilística[29].

3. O sistema de controlo interno e externo da empresa

O órgão de administração da empresa é responsável pelos procedimentos necessários à realização de uma organização contabilística que permita um controlo interno e externo[30], ou seja, deve organizar um sistema de controlo interno fiável – organização, procedimentos, instrumentos de gestão – para facilitar a sua gestão interna – controlo das operações, recolha de dados, fiabilidade das informações – e exercício de um controlo externo, efectuado por um revisor oficial de contas. O objectivo do controlo interno é o de reduzir os riscos da empresa a um nível aceitável, definir os meios de actuação para os controlar e organizar. O dispositivo de controlo interno deve prestar contas com regularidade à direcção e ao conselho fiscal, quando exista, do nível de prestações do sistema de controlo contabilístico interno da empresa.

Uma particular importância é dada à informação contabilística assente num tratamento informático[31]. Ao nível das entradas, os processos que as regulamentam devem prever autorizações, vistos e notificações de erros e correcções, para garantir a autenticidade das operações e sobretudo a sua pertinência relativamente aos objectivos da empresa. Ao nível do tratamento, o objectivo é o de garantir a exactidão, a integridade e a localização das operações. Para que o tratamento informático satisfaça as exigências de regularidade e de verdade necessárias, todos os dados contabilísticos que entrem no sistema de tratamento devem ser registados em suporte de papel, a título de prova. O dispositivo de controlo interno deve ser de ordem a permitir o controlo de todo o sistema de informação da empresa.

---

[28] Cf. Artigo 40.º do AUCE.
[29] Cf. Artigo 41.º do AUCE.
[30] Cf. Artigo 69.º do AUCE.
[31] Cf. Artigo 22.º do AUCE.

4. A previsão das contas consolidadas e combinadas

O novo sistema contabilístico regula o balanço consolidado e inova ao introduzir as contas combinadas. A consolidação permite a apresentação em conjunto dos resultados financeiros de um grupo de empresas ligadas entre si, uma vez que os resultados singulares de cada empresa, apresentados isoladamente, não dão a terceiros uma imagem real da situação económica das mesmas; isso permite também apresentar o património, a situação financeira e o resultado das empresas incluídas nas contas consolidadas como se de uma só entidade se tratasse, independentemente da forma jurídica adoptada por estas empresas. O método de consolidação tem em conta se a empresa é exclusivamente controlada por uma outra empresa, se está coligada a uma ou mais empresas, ou se está sujeita a influência por parte de uma outra empresa[32], tudo de acordo com as definições previstas no AUCE[33]. Quanto às relações entre os revisores oficiais de contas das empresas que auditam a consolidação, refira-se que só o revisor das contas da empresa consolidante é responsável pela autenticação das contas consolidadas, competindo-lhe também controlar os relatórios dos seus colegas das empresas consolidadas que trabalham sob sua direcção. Os revisores de contas do grupo devem vigiar a correcta aplicação dos princípios e métodos de consolidação, mas também a organização contabilística das empresas do perímetro de consolidação.

---

[32] Cf. Artigo 74.º do AUCE.
[33] De acordo com o Artigo 78.º do AUCE, o controlo exclusivo por uma empresa resulta: da detenção, directa ou indirecta, da maioria dos direitos de voto numa empresa; da designação, durante dois exercícios sucessivos, da maioria dos membros dos órgãos de administração, de direcção ou de fiscalização de uma outra empresa (presume-se que a empresa consolidante efectuou esta designação quando dispôs, durante este período, directa ou indirectamente, de uma fracção superior a quarenta por cento dos direitos de voto e nenhum outro sócio detinha, directa ou indirectamente, uma fracção superior à sua); do direito de exercer uma influência dominante sobre uma empresa, por força de um contrato ou de cláusulas estatuárias, quando o direito aplicável o permite e a empresa consolidante esteja associada à empresa dominada. O controlo conjunto é a partilha do controlo de uma empresa, explorada em comum por um número limitado de sócios, de modo que as decisões resultam do seu acordo. A influência dominante sobre a gestão da política financeira de uma outra empresa presume-se quando uma empresa dispõe, directa ou indirectamente, de uma fracção pelo menos igual a um quinto dos direitos de voto desta outra empresa.

A instituição de contas combinadas é uma inovação no espaço OHADA. Se este conceito existe em França, onde se aplica às empresas de seguros e de resseguro, no caso da OHADA os objectivos do legislador são diversos. As contas combinadas são destinadas às empresas que formam, no âmbito do espaço OHADA, um grupo económico sujeito a um mesmo centro estratégico de decisão situado fora da região, sem que existam entre elas vínculos jurídicos de domínio[34]. A combinação está sujeita aos mesmos princípios da consolidação. A dificuldade reside na identificação das empresas que estão no âmbito da combinação e as respostas dadas pelos Artigos 105.º e 106.º do AUCE não extinguem as dúvidas a este respeito[35]. Certo é que a colaboração entre os revisores de contas das sociedades que entram no âmbito da combinação parece ser, de momento, difícil.

---

[34] Cf. Artigo 103.º do AUCE. Esta definição consta também do Regulamento COBAC R-2003/01, relativo à organização da contabilidade das entidades de crédito, publicado em 27 de Fevereiro de 2003.

[35] Fala-se das empresas de uma mesma região do espaço OHADA que satisfaçam critérios de unicidade e coesão. Pode tratar-se de grupos cuja sociedade mãe esteja situada fora do espaço OHADA e que não compreendam, nas suas filiais estabelecidas na zona OHADA, uma sociedade dominante relativamente às outras.

CAPÍTULO IX

O Acto Uniforme Relativo ao Contrato de Transporte Rodoviário de Mercadorias

1. Introdução

Na África subsaariana o transporte rodoviário teve sempre uma importância capital.

Antes da proclamação da independência, o contrato de transporte nos Estados africanos francófonos encontrava-se disciplinado pelo Artigo 1782.° do Código Civil e pelos Artigos 96.° a 108.° do Código de Comércio francês. Depois da independência e antes da adopção do Acto Uniforme relativo ao Contrato de Transporte Rodoviário de Mercadorias (AUCTRM), o regime jurídico deste contrato derivava da combinação do direito nacional (Códigos Civis e de Comércio ou legislação nacional nova, como o Código das Obrigações Civis e Comerciais do Senegal[1], ou o Código das actividades económicas da Guiné[2]) e das convenções inter-africanas nesta matéria, ou seja, a Convenção de 5 de Outubro de 1970, que regula o transporte rodoviário entre cinco Estados hoje membros da OHADA[3]; a Convenção de 29 de Maio de 1982, relativa ao transporte rodoviário inter-estatal, celebrada pelos quinze Estados-membros da CEDEAO[4]; e a Convenção de 5 de Julho de 1996, celebrada entre os Estados-membros da CEMAC[5]. O AUCTRM, de 22 de Março de 2003,

---

[1] Cf. Artigos 639.° a 668.°.
[2] Cf. Artigos 1000.° a 1002.°.
[3] Benim, Burkina-Faso, Costa do Marfim, Níger e Togo.
[4] Benim, Burkina-Faso, Cabo Verde, Costa do Marfim, Gâmbia, Gana, Guiné, Guiné--Bissau, Libéria, Mali, Níger, Nigéria, Senegal, Serra Leoa e Togo.
[5] Camarões, Chade, Congo, Gabão, Guiné Equatorial e República Centro-Africana. Sobre a situação anterior à adopção do AUCTRM e sobre a importância do transporte

inspirado pela Convenção de Genebra de 19 de Maio de 1956, aplicável ao transporte rodoviário internacional de mercadorias, estabeleceu, finalmente, uma disciplina única para o sector nos Países aderentes ao Tratado OHADA[6].

2. Princípios gerais

2.1. Definições

O Artigo 2.° do AUCTRM contém doze definições, a mais importante das quais é a que diz respeito ao contrato de transporte rodoviário, sendo as restantes elementos susceptíveis de entrar na definição ou no regime deste contrato. O contrato de transporte rodoviário de mercadorias é definido como o contrato *«pelo qual uma pessoa singular ou colectiva, o transportador, se obriga, em termos principais e contra o pagamento de uma remuneração, a deslocar por estrada, de um local para outro e por meio de um veículo, a mercadoria que lhe foi entregue pelo expedidor»*[7]. As duas partes do contrato são o transportador, pessoa singular ou colectiva, que assume a responsabilidade do transporte da mercadoria do local de partida ao local de chegada por meio de um veículo de circulação rodoviária[8], e o expedidor, ou seja, aquele que faz a entrega da mercadoria ao transportador. Por veículo entende-se *«qualquer veículo de circulação rodoviária com motor ou qualquer reboque ou semi-reboque sobre eixo traseiro cuja frente se apoie sobre o veículo condutor, concebido para ser atrelado a tal veículo»*[9]. Esta definição apenas abrange os veículos rodo-

---

rodoviário na região, v. Victor Emmanuel BOKALLI, Dorothé C. SOSSA, *OHADA. Droit des contrats de transport de marchandises par route*, Bruxelas, Bruylant, 2006, págs. 3 e segs..

[6] Sobre a situação das convenções inter-africanas sobre a matéria e sobre o processo de adopção do AUCTRM, v. Nicole LACASSE, Jacques PUTZEYS, *L'Acte uniforme de L'OHADA relatif aux contrats de trasnport de machandises par route*, in 38 *European Transport Law* (2003), n.° 6, págs. 673 e segs..

[7] Cf. Artigo 2.°, alínea *b*), do AUCTRM. O Acto Uniforme não se aplica, por isso, ao transporte efectuado a título gratuito e ao transporte feito por um transportador não profissional – sobre a questão e sobre a distinção do contrato em análise relativamente a outros similares, v. Mathurin BROU, *Le nouveau droit de contrat de transport de marchandises par route dans l'espace OHADA*, in *Revue Penant*, n.° 845 (2003), pág. 398.

[8] Cf. Artigo 2.°, alínea *k*), do AUCTRM.

[9] Cf. Artigo 2.°, alínea *l*), do AUCTRM.

viários terrestres a motor ou os reboques, facto que exclui os transportes ferroviários, fluviais, marítimos e aéreos, como também os veículos terrestres sem motor. Os reboques e os semi-reboques são considerados veículos a motor se forem concebidos para estarem ligados a um veículo de reboque a motor.

O objecto do contrato de transporte deve ser, a título principal e oneroso, o transporte de mercadorias. Entende-se por mercadoria qualquer bem móvel tangível[10]. Esta definição do objecto do contrato permite excluir do campo de aplicação do AUCTRM os transportes efectuados a título gratuito e os transportes feitos acessoriamente a uma operação principal (por exemplo, a venda com entrega do bem ao domicílio).

2.2. Âmbito de aplicação do AUCTRM

O âmbito de aplicação do AUCTRM pode ser identificado quer em razão da matéria, quer em razão do lugar.

Todos os contratos conformes à definição do contrato de transporte de mercadorias como as descritas são disciplinados pelo AUCTRM. Este também se aplica aos transportes sobrepostos e sucessivos, salvo no que diz respeito à responsabilidade do transportador[11]. O transporte sobreposto é «*o transporte no qual, com vista à execução de um único contrato de transporte rodoviário, o veículo de circulação rodoviária contendo as mercadorias é transportado durante uma parte do percurso, sem que as mercadorias dele sejam descarregadas, sobre ou dentro de um veículo que não é de circulação rodoviária*»[12]. Por sua vez, o transporte sucessivo é «*o transporte no qual vários transportadores rodoviários se sucedem para executar um único contrato de transporte rodoviário*»[13].

O AUCTRM não se aplica[14]: ao transporte de mercadorias perigosas, ou seja, ao transporte de bens que, em geral, pela sua composição ou estado, apresentam riscos para o ambiente, para a segurança ou para a integridade das pessoas ou dos bens (combustíveis, produtos inflamáveis, explosivos,

---

[10] Cf. Artigo 2.º, alínea *e*), do AUCTRM.
[11] Cf. Artigo 22.º do AUCTRM.
[12] Cf. Artigo 2.º, alínea *j*), do AUCTRM.
[13] Cf. Artigo 2.º, alínea *i*), do AUCTRM.
[14] Cf. Artigo 1.º, § 2, do AUCTRM.

materiais corrosivos, químicos e tóxicos)[15]; aos transportes funerários, ou seja, ao transporte de pessoa falecida[16]; aos transportes efectuados ao abrigo de convenções postais internacionais; e aos transportes de mudanças, definidos como «*o transporte de bens móveis usados com origem e destino numa habitação ou num local destinado a uso profissional, comercial, industrial, artesanal ou administrativo, desde que o acondicionamento da mercadoria seja assegurado pelo transportador e a deslocação não constitua a prestação principal*»[17]. Se as primeiras três excepções se justificam, na medida em que são objecto de regulamentação própria, o transporte de mudanças não se encontra regulado por qualquer texto normativo, salvo qualquer caso esporádico: não se vê por isso motivo para o afastar do âmbito de aplicação do Acto Uniforme, na medida em que a deslocação dos bens móveis constitui um dos objectos do contrato, independentemente das operações de acondicionamento à partida e de entrega no destino[18].

O critério territorial estabelece que o AUCTRM se aplica quando os locais de carregamento da mercadoria e da entrega, conforme indicados no contrato, estejam situados no território de um Estado-membro ou no território de dois Estados, em que pelo menos um seja membro da OHADA[19]. O AUCTRM aplica-se, por isso, aos transportes no interior dos Estados-membros e aos transportes internacionais.

Existe também um critério temporal no que diz respeito à aplicação do Acto Uniforme: o Acto Uniforme entrou em vigor no dia 1 de Janeiro de 2004, pelo que os contratos celebrados antes desta data continuam a ser regulados pela legislação aplicável no momento da sua formação[20].

---

[15] Cf. Artigo 2.º, alínea *f*), do AUCTRM. No entanto, o mesmo AUCTRM dedica algumas normas (cf. Artigo 4.º, § 1, alínea *e*), 8, § 3) ao transporte destas mercadorias.

[16] Cf. Artigo 2.º, alínea *h*), do AUCTRM. Segundo Joseph ISSA-SAYEGH, *Présentation generale de l'acte uniforme sur le contrat de transport de marchandises par route*, disponível a partir de *www.ohada.com*, o objecto de tal transporte e a forma como deve ser efectuado o transporte do corpo humano impedem que tais deslocações sejam tratadas da mesma forma que as mercadorias.

[17] Cf. Artigo 2.º, alínea *g*), do AUCTRM.

[18] Neste sentido, v. Joseph ISSA-SAYEGH, *Présentation* cit.. Por outro lado, refira-se que, de acordo com o Artigo 9.º do AUCTRM, «*o transporte de mercadoria abarca o período que decorre desde o momento da respectiva recepção pelo transportador, com vista à sua deslocação, até à entrega da mercadoria*».

[19] Cf. Artigo 1.º, n.º 1, do AUCTRM.

[20] Cf. Artigo 30.º do AUCTRM.

Refira-se ainda que é nula e sem efeito qualquer cláusula que, directa ou indirectamente, derrogue disposições do AUCTRM[21]. Por outro lado, é nula qualquer cláusula pela qual o transportador faça com que lhe seja cedido o benefício de seguro da mercadoria, ou qualquer cláusula análoga, assim como qualquer cláusula que modifique o ónus da prova[22]. Salvo acordo das partes em contrário, estão ainda previstas excepções ao princípio geral acima mencionado no caso do acto escrito cuja exigência seja satisfeita, independentemente do suporte e modalidades de transmissão, desde que a integridade, a estabilidade e a perenidade do escrito se encontrem assegurados[23]; os créditos emergentes de guia de transporte são pagáveis, antes da entrega, pelo dador de ordem, salvo estipulação em contrário na guia de transporte[24]. É concedida aos transportadores a possibilidade de determinar as cláusulas relativas à responsabilidade recíproca no caso de transporte sucessivo por diversos transportadores[25]. No caso de litígio emergente de um transporte realizado entre Estados, as partes podem escolher o tribunal territorialmente competente de maneira diferente do disposto no AUCTRM, que tem, como tal, natureza meramente supletiva[26].

A nulidade de uma ou mais cláusulas contratuais não implica a nulidade das outras cláusulas do contrato[27].

3. Formação do contrato de transporte

O contrato de transporte é um contrato consensual, que se verifica quando o comitente[28] e o transportador chegam a acordo para o transporte de mercadorias mediante o pagamento de um preço convencionado[29]. Para

---

[21] Cf. Artigo 28.º, n.º 1, do AUCTRM.
[22] Cf. Artigo 28.º, n.º 2, do AUCTRM.
[23] Cf. Artigo 2.º, alínea c), do AUCTRM.
[24] Cf. Artigo 15.º, n.º 1, do AUCTRM.
[25] Cf. Artigo 24.º, n.º 3, do AUCTRM.
[26] Cf. Artigo 27.º do AUCTRM.
[27] Cf. Artigo 28.º, n.º 1, do AUCTRM.
[28] O AUCTRM não contém qualquer definição de comitente. Normalmente este coincide com o expedidor mas, dependendo das circunstâncias, pode ser o seu mandatário, um comissário, o destinatário ou um outro sujeito, não estando a qualidade de comitente necessariamente ligada à qualidade de proprietário – sobre o assunto, v. Mathurin BROU KOUAKOU, *Le nouveau droit* cit., pág. 405.
[29] Cf. Artigo 3.º do AUCTRM.

que um contrato se considere formado, deve ser alcançado o acordo sobre os elementos constitutivos essenciais do contrato de transporte, ou seja, o preço, as mercadorias (quantidade e qualidade), os locais de carregamento (partida) e de chegada da mercadoria (entrega). Trata-se de um contrato sinalagmático, a título oneroso e que, pelo menos para o transportador, constitui um contrato qualificável como comercial, de acordo com a dicotomia contratos civis/comerciais própria da doutrina francesa. O destinatário considera-se parte do contrato, ainda que não esteja presente no momento da sua assinatura, a ele aderindo por via da entrega da mercadoria[30].

A guia de transporte, disciplinada no Artigo 4.° do AUCTRM, constitui uma formalidade essencial, se não exclusiva, da formação do contrato: é um escrito que consta do contrato de transporte[31]. Entende-se por escrito *«um conjunto seguido de letras, caracteres, números ou de outros sinais ou símbolos dotados de um significado inteligível e colocados sobre papel ou outro suporte, de acordo com as novas tecnologias de informação»* e, salvo quando as partes convencionem em contrário, *«a exigência de um escrito fica satisfeita, independentemente do suporte e modalidades de transmissão, desde que a integridade, a estabilidade e a perenidade do escrito se encontrem asseguradas»*[32]. Esta definição vale para todos os escritos que façam prova de um contrato ou expressão de uma vontade unilateral, como um aviso[33] ou uma reclamação[34].

A guia de transporte deve indicar o lugar e a data da sua emissão, o nome e endereço do transportador, os nomes e endereços do expedidor e

---

[30] A figura do destinatário é amplamente desenvolvida por Victor Emmanuel BOKALLI, Dorothé C. SOSSA, *OHADA. Droit* cit., págs. 48 e segs., e por Mathurin BROU KOUAKOU, *Le nouveau droit* cit., pág. 405.

[31] Cf. Artigo 2.°, alínea *d*), do AUCTRM.

[32] Cf. Artigo 2.°, alínea *c*), do AUCTRM. Na definição do conceito de *«escrito»*, o AUCTRM procede a uma verdadeira e própria revolução, sendo o primeiro acto uniforme a definir claramente um conceito que também se encontra nos actos uniformes anteriores, adoptando uma concepção muito ampla, que compreende também o escrito electrónico. Sobre este tema, v. Aboudramane OUATTARA, *Une innovation technologique dans l'espace OHADA: la lettre de voiture électronique en matière de transport de marchandise pour route*, in *RIDC*, n.° 1 (2008), págs. 61 e segs..

[33] A necessidade de aviso encontra-se prevista nos Artigos 7.°, 11.°, 12.° e 15.° do AUCTRM.

[34] A eventualidade da reclamação está contemplada nos Artigos 15.°, 18.°, 19.° e 25.° do AUCTRM.

do destinatário, os lugares e as datas de carregamento das mercadorias e respectiva entrega, a denominação corrente da natureza da mercadoria e tipo de embalagem e, para as mercadorias perigosas, a sua denominação geralmente conhecida[35], o número de volumes, as suas marcas especiais e os seus números, o peso bruto da mercadoria ou a quantidade expressa de outro modo, as instruções exigidas para as formalidades aduaneiras e outras, as despesas relativas ao transporte (preço do transporte, despesas acessórias, direitos aduaneiros e outras despesas que venham a surgir desde a conclusão do contrato até à entrega)[36].

Se for caso disso, a guia de transporte pode conter a proibição de transbordo, as despesas que o expedidor toma a seu cargo, a quantia a receber – por parte do transportador ou de qualquer outra pessoa – aquando da entrega da mercadoria, a declaração pelo expedidor, contra o pagamento de um suplemento sobre o preço acordado, do valor da mercadoria ou do valor do interesse especial na sua entrega, as instruções do expedidor ao transportador no que se refere ao seguro da mercadoria, o prazo acordado para a realização do transporte, o prazo de isenção relativamente ao pagamento das despesas com a imobilização do veículo e a lista dos documentos entregues ao transportador[37]. Este elenco é apenas indicativo, uma vez que o preceito admite que as partes possam incluir na guia de transporte qualquer outra indicação que considerem útil[38].

A guia de transporte é emitida num original e em, pelo menos, duas cópias, devendo ser especificado o número de cópias emitidas; o original é entregue ao expedidor, o transportador conserva em seu poder uma das cópias e a outra acompanha a mercadoria até ao seu destino[39]. A guia de

---

[35] Parece mais correcto não se satisfazer com a denominação geral das coisas transportadas e juntar a essa os nomes ou as denominações destinadas a identificá-las melhor em caso de contestação ou a permitir precauções particulares para a segurança dos bens e das pessoas (por exemplo, para o transporte, armazenamento e conservação de produtos perigosos). Estas previsões podem, naturalmente, surgir nas menções facultativas.
[36] Cf. Artigo 4.º, n.º 1, do AUCTRM.
[37] Cf. Artigo 4.º, n.º 2, do AUCTRM.
[38] Cf. Artigo 4.º, n.º 3, do AUCTRM.
[39] Cf. Artigo 5.º, n.º 2, do AUCTRM. Em aplicação das normas gerais de direito comum aplicáveis a todos os contratos, o contrato deve ser feito em dois originais, ou em três ou quatro, um para cada uma das partes (cf. CMR, Artigo 5-1 e CIETRMD, artigo 4-1). A razão da previsão no Acto Uniforme de um só original reside nas regras relativas ao direito de dispor da mercadoria durante o transporte (cf. Artigo 11.º do AUCTMR).

transporte, que deve ser assinada pelas partes, faz fé, salvo prova em contrário, das condições do contrato de transporte e da recepção da mercadoria pelo transportador[40]. No que respeita à recepção da mercadoria pelo transportador, a assinatura da guia de transporte e o envio de um exemplar ao expedidor fazem presumir a entrega da mercadoria ao transportador. A falta ou a irregularidade da guia de transporte ou das indicações previstas no Artigo 4.º do AUCTRM, assim como a perda do documento, não prejudicam a existência e a validade do contrato de transporte, que continua sujeito ao regime do AUCTRM[41]. Esta disposição, que é uma consequência do princípio da consensualidade do contrato previsto no Artigo 3.º do AUCTRM, demonstra claramente como a guia de transporte apenas serve de prova quanto às condições acordadas entre as partes relativamente às modalidades de realização do transporte.

A combinação do disposto nos Artigo 3.º (formação do contrato de transporte), 4.º, n.º 4 (falta ou irregularidade da guia de transporte) e 5.º, n.º 1 (força probatória da guia de transporte) do AUCTMR demonstram como a guia de transporte tem uma natureza consensual, que se forma pelo simples acordo de vontades das partes, independentemente da forma adoptada[42]; ela não é um título representativo da mercadoria e não é, por isso, negociável[43].

O AUCTRM prevê a necessidade de incluir outros documentos para cumprimento de finalidades aduaneiras no caso do transporte inter-estatal, mas nada impede que as partes incluam ainda outros documentos – por exemplo, relativos ao controlo de higiene ou segurança – sempre que entendam necessário. Relativamente ao transporte inter-estatal, o expedidor tem a obrigação de juntar à guia de transporte ou de colocar à disposição do transportador os documentos necessários, ou fornecer-lhe todas as informações úteis em relação ao cumprimento das formalidades aduaneiras ou de outras eventualmente necessárias antes da entrega da mercadoria; o transportador não tem obrigação de verificar se os documentos ou as informações fornecidas são exactas e suficientes, sendo o expedidor responsável perante o transportador por todos os danos que possam resultar da falta, insuficiência ou irregularidade destes documentos ou informações, salvo situação de facto imputável ao transportador, o qual é responsável

---

[40] Cf. Artigo 5.º, n.º 1, do AUCTRM.
[41] Cf. Artigo 4.º, n.º 3, do AUCTRM.
[42] Neste sentido, v. Aboudramane OUATTARA, *Une innovation* cit., págs. 72 e segs..
[43] Neste sentido, v. Mathurin BROU KOUAKOU, *Le nouveau droit* cit., pág. 408.

– tal como um mandatário – pelas consequências resultantes da perda ou uso inexacto dos documentos referidos na guia de transporte que lhe tenham sido confiados, sendo que, neste caso, a indemnização a que fica obrigado não será superior à que seria devida no caso de perda da mercadoria[44].

4. Execução do contrato de transporte

4.1. *Execução do contrato de transporte perante o expedidor*

Um dos efeitos principais do contrato de transporte é a obrigação de embalar a mercadoria, que recai sobre o expedidor. Salvo se do contrato ou dos usos resultar o contrário, o expedidor deve embalar a mercadoria de maneira adequada: daí resulta que o expedidor responde perante o transportador e qualquer pessoa a cujos serviços este tenha recorrido para a execução do contrato de transporte, pelos danos causados a pessoas, materiais ou outras mercadorias, assim como por despesas originadas por defeito da embalagem da mercadoria, a não ser que o transportador, sendo o defeito aparente ou tendo conhecimento dele no momento em que toma conta da mercadoria – com as evidentes dificuldades que daí resultam em matéria de prova –, não coloque reservas a esse respeito[45]. A norma nada diz sobre os danos causados aos terceiros que não participam na execução do contrato, mas uma vez que a obrigação de embalar é posta a cargo do expedidor, a sua responsabilidade nessa eventualidade deduz-se através do recurso aos princípios gerais em matéria de responsabilidade civil extra-contratual.

Quando no momento da recepção da mercadoria exista um defeito aparente ou conhecido do transportador relativo à embalagem, que constitua um risco evidente para a segurança das pessoas e da mercadoria, o transportador deve avisar o responsável pela embalagem e convidá-lo a eliminar o defeito; o transportador não tem o dever de transportar a mercadoria se, depois do referido aviso, o defeito da embalagem não for corrigido num prazo razoável, atentas as circunstâncias do caso[46]. Se ocor-

---

[44] Cf. Artigo 6.º do AUCTRM.
[45] Cf. Artigo 7.º, n.º 1, do AUCTRM. V., para mais desenvolvimentos, Mathurin BROU KOUAKOU, *Le nouveau droit* cit., págs. 410 e segs..
[46] Cf. Artigo 7.º, n.º 2, do AUCTRM.

rerem danos na embalagem durante o transporte, o transportador deve tomar as medidas que entender mais adequadas à tutela do interessado[47] e avisá-lo: se a embalagem danificada ou a mercadoria que a mesma contém constituírem um risco para a segurança ou integridade das pessoas ou das mercadorias, o transportador pode descarregar imediatamente a mercadoria por conta do interessado, devendo fazê-lo de forma adequada, bem como avisar este último; depois desta descarga, o transporte considera-se terminado, passando o transportador a ter a mercadoria à sua guarda, podendo, no entanto, confiá-la a um terceiro, caso em que só é responsável pela escolha desse terceiro, continuando a mercadoria onerada com os créditos resultantes da guia de transporte e de todas as outras despesas[48].

O expedidor é obrigado a fornecer ao transportador as indicações e instruções previstas no Artigo 4.º, n.º 1, e, se necessário, as previstas no número dois do preceito[49]. Ele responde também pelos prejuízos que o transportador, ou qualquer pessoa a cujos serviços ele recorra para a execução do contrato, sofra pela omissão, insuficiência ou inexactidão das suas indicações ou instruções[50].

A mesma hipótese de responsabilidade, perante os mesmos sujeitos, recai sobre o expedidor pelos danos causados por defeitos próprios da mercadoria[51]. A norma não faz qualquer distinção entre o defeito aparente e o defeito conhecido, nem entre o defeito conhecido e o defeito ignorado pelo expedidor, razão por que se deve concluir pela inutilidade prática de tais distinções, constituindo a responsabilidade do expedidor resultante de defeito próprio da coisa uma causa de exclusão da responsabilidade do transportador[52].

---

[47] O Acto Uniforme não identifica o titular do direito à mercadoria. O confronto com o Artigo 14.º do CMR permite concluir que o titular do direito à mercadoria é qualquer pessoa que seja, ou venha a ser, titular do direito de dispor da mercadoria nos termos do Artigo 11.º do AUCTRM: pode tratar-se do expedidor ou do destinatário (um terceiro ou o expedidor), ou de uma pessoa diversa do expedidor ou do destinatário, se qualquer um deles ceder as mercadorias durante o transporte.

[48] Cf. Artigo 7.º, n.º 3, do AUCTRM.

[49] Cf. Artigo 8.º, n.º 1, do AUCTRM.

[50] Cf. Artigo 8.º, n.º 2, do AUCTRM. Vale também nesta sede tudo quanto se disse a propósito do ressarcimento de danos eventualmente causados a terceiros, cuja responsabilidade do expedidor assume – também aqui – natureza extracontratual.

[51] Cf. Artigo 8.º, n.º 2, do AUCTRM.

[52] Cf. Artigo 17.º do AUCTRM.

Em caso de transporte de mercadoria perigosa, o expedidor deve comunicar ao transportador a natureza perigosa da mercadoria entregue, respondendo pelos danos por ela causados, devendo, em particular, pagar as despesas de depósito e de permanência da mercadoria em armazém, assumindo os respectivos riscos; no entanto, o transportador que não seja informado da natureza perigosa da mercadoria pode, por forma adequada, proceder à descarga, destruição ou tornar inofensivas as mercadorias perigosas que não teria aceite a seu cargo se tivesse sabido da sua natureza ou características, sem que por isso tenha que pagar qualquer indemnização[53].

O expedidor que entregar ao transportador documentos, dinheiro ou mercadorias de elevado valor sem declarar a natureza ou o valor ao transportador – ou se a declaração for errónea ou falsa – responde pelo prejuízo sofrido por causa do transporte, ficando o transportador exonerado de qualquer responsabilidade; se, ao invés, o expedidor fizer esta declaração, o transportador não fica obrigado a transportar os bens em questão e, caso aceite fazê-lo, só fica responsável pela sua perda nos limites legais fixados pelo AUCTRM[54] e na medida em que a natureza dos bens ou o seu valor lhe tenham sido declarados[55].

O expedidor tem o direito de dispor da mercadoria durante o transporte. Este direito traduz-se no pedido ao transportador para que suspenda o transporte, modifique o lugar previsto para a entrega da mercadoria ou que a entregue a um destinatário diferente do indicado na guia de transporte[56]. O direito de disposição da mercadoria durante o transporte, próprio do expedidor, pertence também ao destinatário a partir da emissão da guia de transporte, se o expedidor inscrever tal indicação na mesma[57]. O exercício do direito de disposição está sujeito a três condições: o expedidor – ou o destinatário, quando a guia de transporte o preveja – deve apresentar o original da guia de transporte, sobre a qual deve inscrever as novas instruções dirigidas ao transportador, devendo indemnizar este último relativamente às despesas e aos danos resultantes da execução destas novas instruções; a execução das novas instruções deve ser possível no momento em que cheguem à pessoa que as deve executar e não deve dificultar a exploração normal da actividade do transportador, nem prejudicar os expedido-

---

[53] Cf. Artigo 8.º, n.º 3, do AUCTRM.
[54] Cf. Artigo 18.º do AUCTRM.
[55] Cf. Artigo 8.º, n.º 4, do AUCTRM.
[56] Cf. Artigo 11.º, n.º 1, do AUCTRM.
[57] Cf. Artigo 11.º, n.º 2, do AUCTRM.

res ou destinatários de outras remessas; por fim, as instruções nunca devem provocar a divisão da remessa[58]. Se o transportador não puder executar as instruções que receber, deve avisar imediatamente a pessoa que tenha dado essas instruções; sempre que o transportador não executar as instruções, ou se as executar sem exigir a apresentação do original da guia de transporte, fica responsável perante o interessado pelo prejuízo causado por esse facto[59].

O pagamento do preço é uma obrigação fundamental do contrato de transporte. Salvo expressa previsão em contrário, todos os créditos do transportador emergentes da guia de transporte – incluindo as despesas resultantes dos incidentes do transporte – devem ser pagas ao comitente antes da entrega, podendo o transportador exigir o preço a que teria direito se a mercadoria não for da natureza descrita no contrato ou se o seu valor for superior ao que tiver sido declarado[60]. Se os montantes devidos ao transportador forem devidos pelo destinatário, o transportador que não os reclame antes da entrega, perde o direito de os exigir ao dador de ordem; no caso de recusa de pagamento pelo destinatário, o transportador deve avisar o dador de ordem e pedir-lhe instruções[61]. O transportador goza do direito de retenção sobre a mercadoria até ao pagamento integral do lhe for devido[62], gozando também de privilégio sobre a mercadoria transportada pelos montantes que lhe são devidos na execução do contrato de transporte, desde que exista conexão entre a mercadoria transportada e o crédito[63].

4.2. *Execução do contrato pelo transportador*

No momento em que toma conta da mercadoria, o transportador tem o dever de verificar a exactidão das indicações da guia de transporte relativamente ao número de volumes, marcas e números, bem como o estado aparente da mercadoria e da sua embalagem; se o transportador não tiver os meios razoáveis para verificar a exactidão destas indicações, inscreve na guia de transporte reservas que devem ser fundamentadas e que só vin-

---

[58] Cf. Artigo 11.°, n.° 3, do AUCTRM.
[59] Cf. Artigo 1.°, n.os 4 e 5, do AUCTRM.
[60] Cf. Artigo 15.°, n.os 1 e 2, do AUCTRM.
[61] Cf. Artigo 15.°, n.° 3, do AUCTRM.
[62] Este direito específico de retenção é só uma aplicação particular do princípio geral previsto no Artigo 68.° do AUOG.
[63] Cf. Artigo 15.°, n.os 3 e 4, do AUCTRM. Este artigo do AUCTRM é uma aplicação específica dos princípios gerais previstos nos Artigos 68.° e 189.° do AUOG.

culam o expedidor se este as aceitar expressamente na guia de transporte[64].
É a partir deste momento que o transportador toma posse da mercadoria, aceitando transportá-la, sendo neste momento que se inicia a presunção de responsabilidade que sobre ele recai.

O expedidor tem o direito de exigir, a expensas próprias, que o transportador verifique o peso bruto da mercadoria ou a sua quantidade expressa de outro modo, como também pode exigir a verificação do conteúdo dos volumes, ficando o resultado destas verificações mencionado na guia de transporte; na falta de reservas fundamentadas do transportador na guia de transporte, presume-se que a mercadoria e a sua embalagem estão em bom estado aparente no momento em que o transportador as toma a seu cargo e que o número de volumes, as marcas e os números estão em conformidade com as indicações da guia de transporte[65].

As reservas, para serem válidas, devem ser fundamentadas e não vinculam o expedidor se este não as tiver aceitado expressamente na guia de transporte: uma aceitação tácita não tem valor, devendo o transportador requerer ao expedidor que aponha na página da reserva a fórmula «*reserva aceite*», seguida da assinatura deste. Em todo o caso, as reservas aceites não constituem motivo de exoneração da responsabilidade ou de inversão do ónus da prova[66].

Sempre que a execução do contrato nas condições previstas na guia de transporte se torne impossível antes da chegada da mercadoria ao lugar da entrega, o transportador tem a obrigação de avisar de imediato e pedir instruções ao interessado na mercadoria; se, todavia, a execução do contrato for possível em condições diversas das previstas na guia de transporte e o transportador não puder receber em tempo útil as instruções do interessado na mercadoria, ele tomará as medidas que se lhe afigurem mais adequadas para defesa dos interesses deste último[67]. Se, depois da chegada da mercadoria ao local de destino, o transportador não puder efectuar a entrega por qualquer razão e por causas que lhe não sejam imputáveis, deve avisar de imediato e pedir instruções ao expedidor[68].

Se a entrega for impossível por causa de negligência ou recusa do destinatário, este pode sempre pedir a sua entrega, enquanto o transportador

---

[64] Cf. Artigo 10.º, n.ºs 1 e 2, do AUTCRM.
[65] Cf. Artigo 10.º, n.ºs 3 e 4, do AUCTRM.
[66] Cf. Artigo 28.º, n.º 2, do AUCTRM.
[67] Cf. Artigo 12.º, n.º 1, alínea *a*), e n.º 2, do AUCTRM.
[68] Cf. Artigo 12.º, n.º 1, alínea *b*), do AUCTRM.

não receber instruções em contrário; em todo o caso, o transportador tem direito ao reembolso das despesas que lhe causar o pedido de instruções ou a execução destas, a não ser que tais despesas sejam consequência de culpa sua[69]. O transportador pode descarregar a mercadoria por conta do interessado a partir do aviso com pedido de instruções feito ao interessado na mercadoria ou ao destinatário, assumindo, nesse caso, a guarda da mercadoria, tendo direito a uma remuneração razoável pela conservação e pelo armazenamento da mercadoria, podendo também confiar a mercadoria a um terceiro, ficando apenas responsável pela escolha deste; entretanto, a mercadoria continua onerada com os créditos resultantes da guia de transporte e todas as outras despesas[70]. O transportador pode promover a venda da mercadoria sem esperar instruções quando o estado ou a natureza deteriorável da mercadoria o justifiquem, quando as despesas de guarda sejam desproporcionadas em relação ao valor da mercadoria, ou ainda quando não receba instruções nos quinze dias seguintes à comunicação ao expedidor ou ao interessado na mercadoria; a maneira de proceder à venda é determinada pela lei ou pelos usos do lugar onde se encontra a mercadoria e o produto da venda deve ser posto à disposição do interessado, depois de deduzidas as despesas que onerem a mercadoria, tendo o transportador direito à diferença caso o valor das despesas supere o produto da venda[71].

Chegada a mercadoria ao destino, e, de acordo com as instruções mencionadas na guia de transporte, o transportador deve entregar a mercadoria ao destinatário no local previsto para a entrega, entregando-lhe cópia da guia de transporte – e dos eventuais documentos anexos que lhe tiverem sido confiados; a entrega deve ser feita no prazo acordado ou, se não for convencionado prazo, naquele que seja razoável conceder a um transportador diligente, tendo em conta as circunstâncias do caso[72]. Depois da chegada da mercadoria ao local previsto para a entrega, o transportador tem de avisar o destinatário da chegada da mercadoria e do prazo para o seu levantamento, salvo se a entrega da mercadoria se efectuar na residência ou no estabelecimento do destinatário; antes de receber a mercadoria, o destinatário tem de pagar o montante dos créditos resultante da guia de transporte e, caso haja contestação relativamente a este aspecto, o transportador só tem de entregar a mercadoria se o destinatário lhe prestar uma

---

[69] Cf. Artigo 12.º, n.ºs 3 e 4, do AUCTRM.
[70] Cf. Artigo 12.º, n.º 5, do AUCTRM.
[71] Cf. Artigo 12.º, n.º 6, do AUCTRM.
[72] Cf. Artigo 13.º, n.º 1, do AUCTRM.

caução[73]. Sem prejuízo dos direitos do expedidor, se o destinatário aceitar, expressa ou tacitamente, a mercadoria ou o contrato de transporte, adquire os direitos emergentes do contrato e pode exercê-los perante o transportador, não podendo este ser obrigado ao pagamento de uma dupla indemnização em relação ao expedidor e ao destinatário pelo mesmo dano[74].

5. A responsabilidade do transportador

5.1. *As modalidades de responsabilidade do transportador*

O transportador é responsável pelas avarias e pela perda total ou parcial da mercadoria ocorridas durante o transporte – que abarca o período que decorre desde o momento da entrega da mercadoria ao transportador com vista à sua deslocação, até à respectiva entrega[75] –, assim como pela demora na sua entrega[76]. Há demora na entrega quando a mercadoria não seja entregue ao destinatário no prazo convencionado ou, não havendo prazo, naquele que seja razoável convencionar com um transportador diligente, tendo em conta as circunstâncias do caso[77]. O interessado na mercadoria pode, sem necessidade de juntar outras provas, considerar a mercadoria perdida, na totalidade ou em parte, quando, respectivamente, a mesma não seja entregue ou tenha sido apenas parcialmente entregue nos trinta dias seguintes ao termo do prazo convencionado ou, não havendo prazo, nos sessenta dias após a aceitação da mercadoria pelo transporta-

---

[73] Cf. Artigo 13.º, n.ºs 2 e 3, do AUCTRM. Esta última disposição, que não é susceptível de derrogação por acordo em contrário, nos termos do Artigo 28.º do AUCTRM, é pouco eficaz relativamente a um transportador que se encontre perante um devedor de má fé; todavia, em aplicação das normas relativas às garantias, o transportador pode aceitar a caução somente se esta tiver solvabilidade.

[74] Cf. Artigo 13.º, n.º 4, do AUCTRM.

[75] Cf. Artigo 9.º do AUCTRM. As operações de carga e descarga estão incluídas neste período – neste sentido, v. Nicole LACASSE, Jacques PUTZEYS, *L'Acte uniforme* cit., pág. 699. O mesmo acontece com o depósito da mercadoria nos armazéns do transportador antes do carregamento ou depois do descarregamento – neste sentido, v. Victor Emmanuel BOKALLI, Dorothé C. SOSSA, *OHADA. Droit* cit., p. 88. Acerca deste tema, v. ainda M. Januário da COSTA GOMES, *A responsabilidade do transportador no Acto Uniforme da OHADA relativo ao transporte rodoviário de mercadorias*, in Boletim da Faculdade de Direito de Bissau, n.º 8, págs. 175 e segs..

[76] Cf. Artigo 16.º, n.º 1, do AUCTRM.

[77] Cf. Artigo 16.º, n.º 2, do AUCTRM.

dor[78]; o transportador é também responsável pelos actos e omissões dos seus empregados, agentes ou mandatários, actuando no exercício das suas funções, bem como pelos actos e omissões de qualquer pessoa a que recorra para a execução do contrato de transporte, desde que a mesma actue no âmbito da execução do referido contrato[79].

Quando o transportador e o destinatário estiverem de acordo relativamente ao estado da mercadoria no momento da entrega, podem fazer uma declaração de verificação conjunta por escrito e, nesse caso, a prova em contrário do resultado da referida verificação só pode ser feita se se tratar de perdas ou avarias não aparentes, no prazo de sete dias após a verificação conjunta; se a verificação conjunta não tiver lugar, a avaria ou a perda deve ser comunicada, o mais tardar no primeiro dia útil seguinte à entrega, caso sejam aparentes, e nos sete dias seguintes quando não o sejam; a demora na entrega tem de ser comunicada ao transportador nos vinte e um dias seguintes à data da comunicação da chegada da mercadoria ao lugar previsto[80].

5.2. *Causas de exclusão da responsabilidade*

A responsabilidade do transportador fica excluída no caso de se provar que a perda, avaria ou demora se devem a culpa ou a ordem do interessado, a defeito próprio da mercadoria ou a circunstâncias que o transportador não podia evitar[81].

Para além das hipóteses gerais de exclusão supramencionadas, o Acto Uniforme estabelece algumas inerentes aos veículos de transporte, à natureza da mercadoria, à embalagem e à actuação das partes[82].

---

[78] Cf. Artigo 16.º, n.º 3, do AUCTRM. A norma não diz se o destinatário pode recusar a entrega da mercadoria quando ela seja oferecida intacta depois dos referidos prazos. O problema complica-se quando o transportador demonstre que o atraso se deveu a um acontecimento idóneo a exonerá-lo de qualquer responsabilidade, ou então quando a mercadoria seja descoberta e a entrega seja ainda possível e, sobretudo, quando o valor da mercadoria nesse período tenha aumentado. Segundo Mathurin BROU KOUAKOU, *Le nouveau droit* cit., pág. 434, o pagamento da indemnização põe fim ao contrato de transporte, com todas as respectivas consequências.

[79] Cf. Artigo 16.º, n.º 4, do AUCTRM.

[80] Cf. Artigo 14.º do AUCTRM.

[81] Cf. Artigo 17.º, n.º 1, do AUCTRM. A norma deixa implícito o conceito de força maior.

[82] Cf. Artigo 17.º, n.º 2, do AUCTRM.

Normalmente, o transportador não pode invocar defeitos do veículo para se exonerar da sua responsabilidade[83]; todavia, a responsabilidade do transportador fica excluída quando o dano seja causado pelo uso de veículos abertos e não cobertos com encerados, quando este uso tenha sido ajustado de maneira expressa e mencionado na guia de transporte. O transportador também não responde pelos danos causados a mercadorias que, pela sua natureza, estão sujeitas a perdas ou avarias quando são mal embaladas ou não estão embaladas. E também não responde pelos danos causados a mercadorias que, pela sua natureza, estão expostas quer a perda total ou parcial, quer a avaria, especialmente por fractura, deterioração espontânea, secagem, derramamento ou quebra normal; no entanto, se o transporte for efectuado por veículo equipado de maneira a subtrair as mercadorias à influência do calor, do frio, das variações de temperatura ou da humidade do ar, o transportador só pode invocar a exclusão da responsabilidade se provar que, tendo em conta as circunstâncias, tomou todas as medidas que lhe competia tomar quanto à escolha, manutenção e uso daqueles equipamentos e que acatou as instruções especiais que lhe possam ter sido dadas[84]. Em caso de transporte de animais vivos, o transportador só pode invocar a exclusão da responsabilidade se provar que, tendo em conta as circunstâncias, tomou todas as medidas que normalmente lhe caberia tomar e que acatou as instruções especiais que lhe possam ter sido dadas[85]. Finalmente, a responsabilidade do transportador fica excluída no caso de manutenção, carregamento, arrumação ou descarga da mercadoria pelo expedidor ou pelo destinatário, ou por pessoas que actuem por conta de qualquer um destes; o mesmo acontece no caso de insuficiência ou imperfeição das placas de identificação ou da numeração dos volumes[86].

Sempre que o transportador demonstrar que, considerando as circunstâncias de facto, a perda ou avaria são derivadas de uma ou mais das situações particulares supramencionadas[87], há presunção de exclusão da responsabilidade pelos danos resultantes; todavia, o interessado pode sempre

---

[83] Cf. Artigo 17.º, n.º 3, do AUCTRM.
[84] Cf. Artigo 17.º, n.º 5, do AUCTRM.
[85] Cf. Artigo 17.º, n.º 6, do AUCTRM.
[86] Sobre as causas de exclusão da responsabilidade, v., para maiores desenvolvimentos, Mathurin BROU KOUAKOU, *Le nouveau droit* cit., págs. 425 e segs. e Victor Emmanuel BOKALLI, Dorothé C. SOSSA, *OHADA. Droit* cit., págs. 92 e segs..
[87] O preceito que inclui esta presunção (Artigo 17.º, n.º 4, do AUCTRM) recai apenas sobre causas tipificadas, mas não há razão para aí não incluir causas de exclusão geral – neste sentido, v. Joseph ISSA-SAYEGH, *Presentation* cit..

provar que o dano não resulta total ou parcialmente da uma das circunstâncias em causa. A presunção não se aplica quando se verifique um incumprimento de particular importância ou perda de volumes[88]. Se o transportador não responder por alguns dos factores que contribuíram para a produção do dano, a sua responsabilidade mantém-se na proporção em que tiverem contribuído para o dano os factores pelos quais seja responsável[89].

5.3. Cálculo da indemnização

O montante da indemnização devida pelo transportador é determinado de acordo com uma forma de cálculo bastante complicada, que se baseia num elemento, o valor da mercadoria, ao qual é atribuído um certo máximo, distinto de acordo com a situação concreta.

A base do cálculo da indemnização é o valor da mercadoria, determinado de acordo com o preço corrente de mercado para mercadorias da mesma natureza e qualidade no lugar e momento em que é aceite para transporte, no qual se inclui também o preço do transporte, os direitos aduaneiros e outras despesas provenientes do transporte, na totalidade em caso de perda total e em proporção no caso de perda parcial ou de avaria; neste último caso, o transportador paga o montante de depreciação, calculada segundo o valor da mercadoria, mas a indemnização devida não pode ultrapassar o montante que a mercadoria atingiria no caso de perda total, se toda a expedição se tiver depreciado com a avaria, ou o montante que a mercadoria atingiria no caso de perda da parte depreciada, se apenas parte da expedição se tiver depreciado com a avaria[90]; o interessado pode exigir os juros da indemnização, calculados à taxa de cinco por cento ao ano, que se contam desde o dia em que a reclamação seja dirigida por escrito ao transportador ou, se não tiver havido reclamação, desde o dia em que tiver sido intentada acção judicial ou instaurado litígio em tribunal arbitral[91]. Em caso de transporte entre Estados, quando os elementos para o cálculo da indemnização não estejam expressos em francos CFA, o câm-

---

[88] Segundo Joseph ISSA-SAYEGH, *Presentation* cit., esta última excepção, prevista no n.º 4 do Artigo 17.º do AUCTRM, é de difícil explicação, não sendo fácil determinar a sua *ratio*.
[89] Cf. Artigo 17.º, n.º 7, do AUCTRM.
[90] No silêncio da norma, por depreciação deve entender-se a diferença entre o valor que a mercadoria tinha no momento da entrega e o valor residual, verificado depois da avaria – neste sentido, v. Mathurin BROU KOUAKOU, *Le nouveau droit* cit., pág. 436.
[91] Cf. Artigo 19.º, n.ºs 1, 2 e 3, do AUCTRM.

bio é feito à taxa do dia no lugar do pagamento da indemnização ou, sendo o caso, na data do julgamento ou da sentença arbitral[92].

Os limites ao montante da indemnização variam consoante o dano resulte de uma avaria, da perda total ou parcial da mercadoria, ou ainda do atraso na entrega. Em caso de avaria ou perda total ou parcial da mercadoria, a indemnização é calculada de acordo com o valor da mercadoria, mas não pode exceder cinco mil francos CFA por quilograma de peso bruto da mercadoria[93]; contudo, se o expedidor ou o destinatário declararem, na guia de transporte, o valor da mercadoria ou o valor do interesse especial na sua entrega, a indemnização não pode ultrapassar o montante declarado e, no caso de declaração de interesse especial na entrega, pode ser exigida, independentemente da indemnização mencionada e até ao valor do interesse especial, uma indemnização igual ao dano suplementar de que seja feita prova[94]. Em caso de atraso na entrega, o interessado, independentemente da indemnização devida por avaria ou perda da mercadoria, tem o direito de exigir uma indemnização pelo dano causado pela demora – por exemplo, por anulação da venda da mercadoria transportada pelo destinatário da mercadoria entregue com demora, por entrega tardia da mercadoria expedida para uma exposição –, cujo montante não pode ser superior ao preço do transporte[95].

5.4. *Aplicação das causas de exclusão da responsabilidade e dos limites de responsabilidade*

As limitações de responsabilidade e de indemnização são aplicáveis em qualquer acção contra o transportador por perdas e danos relativos à mercadoria ou ainda pela demora na sua entrega, quer a acção tenha como fundamento a responsabilidade contratual, quer a extracontratual, podendo o transportador responder exclusivamente nos prazos previstos no Artigo 16.º, n.º 4, do AUCTMR[96].

O transportador não se pode prevalecer das causas de exclusão, dos limites da responsabilidade, nem do prazo de prescrição previsto no Artigo

---

[92] Cf. Artigo 19.º, n.º 4, do AUCTRM.
[93] Segundo Joseph ISSA-SAYEGH, *Presentation* cit., esta medida inclui o peso da embalagem. Daí o interesse, ou a necessidade, de precisar sempre o peso da mercadoria, ainda que ele esteja indicado para cada unidade.
[94] Cf. Artigo 18.º, n.ºs 1 e 2, do AUCTRM.
[95] Cf. Artigo 18.º, n.º 3, do AUCTRM.
[96] Cf. Artigo 20.º do AUCTRM.

25.º do AUCTRM, se se provar que a avaria, perda ou demora na entrega resultaram de acto ou omissão seus, cometidos quer com a intenção de provocar as referidas perda, avaria ou demora, quer de uma forma temerária, sabendo que aquelas consequências seriam o resultado provável da sua conduta[97]. O mesmo regime é aplicável às pessoas a que o transportador recorra para a execução do contrato de transporte, quer no âmbito das causas de exclusão e limitação da responsabilidade, quer relativamente ao prazo de prescrição previsto no Artigo 25.º do AUCTRM[98].

O AUCTRM é aplicável ao transporte sobreposto[99], excepto em matéria de responsabilidade. Quando, sem culpa do transportador rodoviário, uma perda, uma avaria ou um atraso se verifiquem durante a parte não rodoviária do transporte, a eventual responsabilidade do transportador rodoviário é estabelecida em conformidade com as regras legais imperativas que disciplinam este tipo de transporte; só na falta de tais regras imperativas é que a responsabilidade do transportador rodoviário é disciplinada pelo AUCTRM[100]. No transporte sucessivo[101], o transportador torna-se parte no contrato com a aceitação da mercadoria e a guia de transporte e, nesta modalidade de transporte, a acção de responsabilidade por perda, avaria ou demora na entrega só pode ser intentada contra o primeiro transportador, contra quem tiver executado a parte do transporte durante a qual se produziu o facto que provocou o dano, contra o último transportador, ou contra vários dos transportadores referidos, cuja responsabilidade é solidária; em caso de perda ou de avaria aparente, o transportador intermédio deve mencionar na guia de transporte que lhe foi apresentada por um outro transportador uma reserva, avisando de imediato o expedidor e o transportador que emitiu a guia de transporte[102].

6. Contencioso

O contencioso entre transportadores pressupõe a existência de uma pluralidade de transportadores para a execução de um único contrato de

---

[97] Cf. Artigo 21.º, n.º 1, do AUCTRM.
[98] Cf. Artigos 16.º, n.º 4 e 21.º, n.º 2, do AUCTRM.
[99] Sobre o conceito de transporte sobreposto, v. Artigo 2.º, alínea *j*), do AUCTRM.
[100] Cf. Artigo 22.º do AUCTRM.
[101] Sobre o conceito de transporte sucessivo, v. Artigo 2.º, alínea *h*), do AUCTRM.
[102] Cf. Artigo 23.º do AUCTRM. Sobre a aplicação do AUCTRM aos transportes sobrepostos e sucessivos, v. Mathurin BROU KOUAKOU, *Le nouveau droit* cit., págs. 396 e 440.

transporte rodoviário. O transportador que tenha pago uma indemnização em resultado da aplicação do AUCTRM tem direito de regresso, quanto ao capital, juros e despesas, contra os outros transportadores que participaram na execução do contrato de transporte, em condições livremente derrogáveis pelas partes: o transportador que causou o dano é o único que deve suportar a indemnização, quer ele próprio a tenha pago, quer tenha sido paga por outro transportador; quando o dano for causado por dois ou mais transportadores, cada um deve pagar um montante proporcional à sua parte de responsabilidade e, se a avaliação das partes de responsabilidade for impossível, cada um é responsável proporcionalmente à parte de remuneração do transporte que lhe competir; se um dos transportadores for insolvente, a parte que lhe cabe e que não for paga é repartida entre os restantes transportadores, proporcionalmente às respectivas remunerações[103].

Cada acção resultante do contrato de transporte rodoviário, seja qual que for a causa ou o objecto, prescreve no prazo de um ano a contar da entrega ou, na sua falta, da data em que a mercadoria deveria ter sido entregue; o prazo é de três anos em caso de dolo ou equivalente[104]. A acção só é admissível se for previamente efectuada uma reclamação por escrito, dirigida ao primeiro ou ao último transportador, no prazo de sessenta dias após a data de entrega da mercadoria ou, na sua falta, no prazo de seis meses após a recepção da mercadoria[105].

Em conformidade com o princípio expresso no preâmbulo do Tratado OHADA, destinado a favorecer a arbitragem enquanto instrumento de resolução de litígios contratuais, qualquer litígio emergente de um contrato de transporte sujeito à aplicação do AUCTRM pode ser submetido à arbitragem[106].

Quando as partes não recorram à arbitragem, a determinação do tribunal competente – em razão da matéria e do território – obedece às normas de direito interno do Estado em que a acção seja proposta, não tendo o Acto Uniforme regulado a questão da competência jurisdicional relativamente aos transportes internos[107]. Em caso de litígio relativo a um contrato de transporte entre Estados, o autor pode recorrer ao tribunal do lugar

---

[103] Cf. Artigo 24.º do AUCTRM.
[104] Cf. Artigo 25.º, n.º 1, do AUCTRM.
[105] Cf. Artigo 25.º, n.º 2, do AUCTRM.
[106] Cf. Artigo 26.º do AUCTRM.
[107] Neste sentido, v. Victor Emmanuel BOKALLI, Dorothé C. SOSSA, *OHADA. Droit* cit., págs. 117 e segs..

em que o réu tem a sua residência habitual, a sua sede social ou a sucursal ou agência por intermédio da qual foi celebrado o contrato[108]; também pode recorrer ao lugar da recepção da mercadoria ou, ainda, aos tribunais em cujo território se encontra prevista a entrega da mercadoria[109]. Quando uma acção se encontrar pendente numa jurisdição competente ou quando uma decisão for proferida no âmbito dessa jurisdição, não pode ser proposta uma nova acção com a mesma causa de pedir, o mesmo pedido e as mesmas partes – excepção de litispendência na primeira situação e de caso julgado na segunda –, a menos que a decisão da jurisdição não seja susceptível de execução no Estado em que a nova acção é proposta; quando uma sentença proferida num Estado-membro for passível de execução nesse Estado, a força executiva é imediatamente reconhecida em todos os outros Estados-membros depois do cumprimento das formalidades prescritas no Estado interessado, não podendo tais formalidades incluir qualquer processo de revisão[110]. Estas disposições aplicam-se às decisões contraditórias, às decisões proferidas à revelia e às transacções judiciais; não se aplicam às decisões provisoriamente executórias, nem às condenações em indemnização pronunciadas, para além da condenação no pagamento da taxa de justiça, contra o autor, em caso de rejeição total ou parcial do pedido[111].

Os montantes mencionados no Artigo 18.° do AUCTRM são convertidos na moeda nacional à taxa de câmbio que vigore na data da decisão judicial ou da sentença arbitral, ou numa data acordada entre as partes[112].

---

[108] Joseph ISSA-SAYEGH, *Presentation* cit., realça que esta disposição contém uma associação infeliz e não exacta de dois termos: sucursal e agência. De facto, de acordo com o Artigo 116.° do AUDSCAIE, a sucursal é um estabelecimento comercial ou industrial ou de prestação de serviços, que pertence a uma sociedade ou a uma pessoa singular, dotada de um certo grau de autonomia de gestão. Quanto à agência ou agente comercial, o Artigo 184.° do AUDCG define-a como um mandatário, profissional independente, encarregado de modo permanente de negociar e, eventualmente, celebrar contratos em nome e por conta de produtores, industriais, comerciantes e outros agentes comerciais, pelo que um agente não pode ser mandatário de uma sucursal na medida em que esta não goza de personalidade jurídica. Na realidade, o legislador teve a intenção de indicar o lugar onde se encontra a sucursal de uma parte ou o lugar em que se encontra a agência da parte junto da qual o contrato de transporte é celebrado.

[109] Cf. Artigo 27.°, n.° 1, do AUCTRM.
[110] Cf. Artigo 27.°, n.os 2 e 3, do AUCTRM.
[111] Cf. Artigo 27.°, n.° 4, do AUCTRM.
[112] Cf. Artigo 29.° AUCTRM.

CAPITULO X

O Acto Uniforme Relativo ao Direito das Sociedades Cooperativas

1. Introdução

Após a independência, nos anos sessenta do século XX, os Governos dos novos Estados africanos atribuíram um papel essencial às cooperativas, em especial no que respeita ao desenvolvimento das zonas rurais. Foi uma época em que o Estado marcou uma forte presença no sistema económico desses Países. As cooperativas tornaram-se então instrumentos de gestão dos interesses dos Governos e dos partidos no poder, com as suas vantagens mas também os seus inconvenientes.

Este sistema prevaleceu na África do Oeste, nomeadamente nos territórios francófonos. Consistia em «*armazenar e transportar para os portos marítimos os produtos do país que eram exportados em bruto e dar em troca os produtos fabricados*»[1]. Esta prática destruiu a livre concorrência dos mercados e conduziu a uma utilização abusiva das cooperativas para fins políticos. Muitos Países africanos conheceram esta situação até à introdução de programas de ajustamento estrutural no fim dos anos oitenta.

O ajustamento estrutural consistiu na saída do Estado das cooperativas que controlava, que se prolongou até à década de noventa, momento em que emergiu uma terceira geração de cooperativas africanas, verdadeiras organizações de entreajuda enraizadas nas comunidades locais, dando a palavra aos produtores locais. Esta fase do movimento cooperativo, que permanece até hoje, não subsiste sem dificuldades, especialmente porque

---

[1] Cf. Marie GAGNÉ, Ginette CARRÉ, Mor FALL, *Le mouvement coopératif au Sénégal: Comprendre les enjeux de son développement,* (2008) Dakar, SOCODEVI, disponível a partir de *http://www.socodevi.org/_userfiles/file/Autres_publications/Etat%20des%20lieux %20mouvement%20coop%20Senegal%20version%20courte.pdf.*

os resultados obtidos pelas cooperativas em África não são completamente convincentes.

Tendo em conta estes problemas e vicissitudes do movimento cooperativo, em especial as fragilidades jurídicas verificadas, a OHADA decidiu intervir. Esta decisão não foi repentina e resultou dos estudos realizados pelo Banco Central dos Estados da África Ocidental (BCEAO) sobre a viabilidade financeira das sociedades de financiamento descentralizadas e as dificuldades encontradas pelos intervenientes no sector da micro--finança em respeitar as formalidades e procedimentos da OHADA.

Após os estudos feitos, o projecto foi introduzido no programa de harmonização da OHADA em 2001[2]. A decisão do Conselho de Ministros de harmonizar o sector do direito das sociedades determinou a criação de um grupo de estudo, que concluiu pela necessidade de preparação de um acto uniforme que estabelecesse regras compatíveis com a regulamentação regional então existente e oferecesse soluções simples, modernas e aptas a responder às exigências dos utilizadores; o acto uniforme deveria ocupar-se das sociedades cooperativas ou mutualistas e das outras formas de sociedades de financiamento descentralizado, tendo em conta as várias disposições do direito da OHADA que regem sobre a actividade destas sociedades, de todos os sectores de actividade no âmbito cooperativo e mutualista e a especificidade dos sistemas financeiros descentralizados, garantindo o respeito pelos princípios cooperativos de autonomia e independência, bem como o funcionamento democrático das cooperativas.

A série de negociações conduziu em 2010 à conclusão do nono acto uniforme da OHADA (Acto Uniforme relativo ao Direito das Sociedades Cooperativas – AUSC), adoptado em Lomé, em 15 Dezembro de 2010, e publicado no Jornal Oficial da OHADA de 15 Fevereiro de 2011, o qual regula o regime das sociedades cooperativas nos Estados-membros.

2. A constituição da sociedade cooperativa

A sociedade cooperativa é uma associação autónoma de pessoas que se reúnem voluntariamente para satisfazer as suas aspirações e necessidades económicas, sociais e culturais comuns, no seio de uma empresa cuja

---

[2] Cf. a decisão adoptada pelo Conselho de Ministros reunido em Bangui nos dias 22 e 23 de Março de 2001.

propriedade e gestão é colectiva e onde o poder é exercido democraticamente de acordo com os princípios cooperativos[3]. A sua constituição e o seu funcionamento respeitam as regras previstas no AUSC. Os princípios cooperativos constituem as linhas directrizes pelas quais as cooperativas põem os seus valores em prática.

Através da leitura do Artigo 4.º do Acto Uniforme é possível assinalar as regras básicas que governam a sociedade cooperativa. Refira-se, entre elas, o elemento objectivo[4], a propriedade e gestão colectivas, o exercício democrático do poder e o respeito pelos princípios cooperativos universalmente reconhecidos e mencionados no Artigo 6.º do Acto Uniforme.

Note-se igualmente, entre as condições de fundo, a determinação do estatuto e do regulamento interno.

O estatuto deve, além das menções obrigatórias e facultativas enumeradas no Artigo 18.º[5], indicar a denominação social, o objecto da sociedade,

---

[3] Cf. Artigo 4.º do AUSC.
[4] Cf. Artigo 8.º, n.º 2, do AUSC.
[5] Os estatutos devem conter obrigatoriamente:
 1) A forma da sociedade cooperativa;
 2) A sua denominação seguida, se for caso disso, da sua sigla;
 3) A natureza e o domínio da sua actividade, que formam o seu objecto social;
 4) A sua sede e a sua duração;
 5) A relação comum que reúne os membros;
 6) Os nomes e endereço de cada fundador;
 7) O número dos administradores ou gestores e todas as disposições que limitem os seus poderes;
 8) O número dos membros do conselho fiscal e todas as disposições relativas ao exercício das suas competências;
 9) A duração do mandato dos membros do órgão de gestão, do conselho de administração e do conselho fiscal;
 10) Qualquer limite relativo à percentagem máxima de partes sociais que um membro pode deter;
 11) Uma menção em que se declare que a sociedade cooperativa é organizada, explorada e exerce as suas actividades de acordo com os princípios cooperativos e a referência a estes princípios;
 12) A identidade dos contribuintes em numerário e o respectivo montante de entrada, o número e o valor das quotas sociais entregues como contrapartida de cada entrada;
 13) A identidade dos contribuintes, a natureza e a avaliação da entrada efectuada por cada um deles, o número e o valor das quotas sociais entregues como contrapartida de cada entrada, o regime dos bens ou valores trazidos quando o seu valor excede o valor das entradas exigidas;

a sede social, a duração da sociedade e a possibilidade da sua prorrogação. As regras sobre as entradas e as partes sociais, bem como os recursos das cooperativas, devem igualmente ser indicadas, bem como as cláusulas relativas à modificação dos estatutos e à determinação da responsabilidade em caso de não observação das formalidades. Neste último ponto, o Artigo 65.º prevê a responsabilidade solidária dos fundadores, bem como dos primeiros membros dos órgãos de gestão ou de administração, em caso de prejuízo causado, seja pela falta de uma menção obrigatória nos estatutos, seja pela omissão ou cumprimento irregular de uma formalidade prescrita pela constituição da sociedade cooperativa. A mesma responsabilidade atinge os membros dos órgãos de gestão ou de administração em funções no momento da irregularidade na modificação dos estatutos.

Além dos estatutos, deve ser elaborado, por escritura pública ou escrito particular autenticado, um regulamento interno que contenha todas as menções previstas no Artigo 68.º do Acto Uniforme[6]. Um exemplar deve ser depositado na sede social para execução das formalidades necessárias.

---

14) O montante do capital social, o seu limite máximo e mínimo, o valor nominal das diversas categorias de quotas, as condições da respectiva emissão ou subscrição;
15) As estipulações relativas à distribuição dos resultados e, nomeadamente, dos excedentes e reservas;
16) As modalidades de funcionamento da sociedade cooperativa;
17) A assinatura dos fundadores ou a aposição da sua marca digital;
18) O limite das transacções com os utentes não cooperantes, com o objectivo da salvaguarda da autonomia da sociedade cooperativa;

O estatuto pode conter igualmente:
1) Todas as disposições relativas à taxa de rendimento máxima que pode ser aplicada aos empréstimos e às poupanças dos membros e a taxa de remuneração máxima que pode ser aplicada às quotas de membros;
2) Todos os limites impostos às actividades comerciais da sociedade cooperativa.

[6] Para além das menções obrigatórias nos estatutos, o regulamento interno contém as prescrições seguintes:
– As condições de pagamento de remunerações aos membros do conselho de administração ou do órgão de gestão e do órgão de fiscalização;
– A subscrição de quotas sociais suplementares e o seu número por cooperante;
– Os critérios e condições de suspensão dos cooperantes;
– A possibilidade de atribuição de um direito de voto plural no caso das uniões, das federações e das confederações;
– Todas as prescrições julgadas necessárias para a realização do objecto da sociedade cooperativa e conformes com os princípios cooperativos e as disposições imperativas do AUSC.

Qualquer pessoa singular ou colectiva pode ser membro de uma cooperativa[7]. As condições subjectivas de constituição das cooperativas estão sujeitas ao regime das incapacidades jurídicas, tal como previsto no Artigo 7.º que – como acontece nos outros actos uniformes – remete para as respectivas leis nacionais. Uma pessoa que seja incapaz devido à sua idade ou anomalia psíquica não pode ser membro de uma cooperativa.

O título VIII do Acto Uniforme versa sobre a nulidade da constituição da cooperativa e respectivos actos sociais. Convém notar que a nulidade não resulta nem de um vício do consentimento, nem da incapacidade de um dos membros, a menos que atinja todos os membros que constituem a cooperativa[8].

Refira-se que as restrições previstas pelo Acto Uniforme relativamente às cooperativas não são tão rigorosas como as previstas no AUDSCAIE para as sociedades comerciais[9]. Esta situação justifica-se pelo princípio da adesão voluntária e pelo princípio democrático vigentes nas cooperativas, o que constitui um dos fundamentos principais da flexibilidade do AUSC.

Uma outra exigência formal traduz-se na necessidade de disponibilização e actualização do registo dos sócios, devendo haver um registo de todas as informações relativas à qualidade de associado de cada membro[10]. Quem pretender aderir a uma cooperativa deve dirigir um pedido ao órgão de administração, o qual determina a data do ingresso do novo membro num período entre a data do pedido e os três meses seguintes à data de recepção do mesmo pedido, devendo esta decisão ser ratificada pela assembleia[11]. A qualidade de sócio da sociedade cooperativa deve ser confirmada por um acto escrito, que deve compreender a identidade do sócio, o seu endereço, a sua assinatura ou a sua marca digital e uma menção de aceitação das disposições legais, regulamentares e estatutárias que governam a sociedade cooperativa[12].

---

[7] Cf. Artigo 7.º do AUSC.
[8] Cf. Artigo 198.º do AUSC.
[9] Por exemplo, o Artigo 9.º AUDSCAIE dispõe que os cônjuges não podem ser sócios de uma sociedade de responsabilidade ilimitada ou solidária. No entanto, o AUSC obriga os sócios a participar nas perdas sociais (cf. Artigo 47.º), mas não proíbe os cônjuges de serem membros de uma mesma cooperativa.
[10] Cf. Artigo 9.º do AUSC, onde se estabelecem as indicações obrigatórias do registo.
[11] Cf. Artigo 10.º, n.os 1 e 2, do AUSC.
[12] Cf. Artigo 10.º, n.º 3, do AUSC.

Se as formalidades acima mencionadas não forem respeitadas tal como previsto pelo Acto Uniforme, qualquer pessoa interessada pode pedir a regularização junto do tribunal ou da autoridade administrativa competentes do lugar onde esteja situada a sede social, de modo que seja ordenada a regularização. O Ministério Público pode também agir para os mesmos fins[13].

Depois de assinados os estatutos, a cooperativa considera-se constituída; mas existem outras formalidades a seguir para o seu reconhecimento jurídico.

As entradas constituem um elemento essencial na constituição de qualquer sociedade. O regime relativo previsto para as sociedades cooperativas encontra-se regulamentado na Secção VII do Capitulo III do AUSC.

Cada sócio deve contribuir com uma entrada para a sociedade cooperativa[14], as quais podem, como em qualquer outra sociedade, ser feitas em numerário, espécie ou indústria[15]. Em representação das respectivas entradas, a cooperativa emite e entrega aos sócios partes sociais[16] que são nominativas, individuais, não negociáveis e não penhoráveis[17], as quais atribuem aos respectivos titulares os direitos sociais indicados no Artigo 46.º AUSC. O valor nominal das partes sociais é fixado nos estatutos, sendo igual para todas elas[18] e sendo distribuídas entre os sócios por um valor igual ao das respectivas entradas[19]. O capital social das sociedades cooperativas é variável[20] e o seu montante inicial indicado nos estatutos[21]. Inicialmente é representado pelo montante das entradas de capital feitas pelos sócios no momento da constituição da sociedade cooperativa; as entradas em indústria concorrem igualmente para a formação do capital social ini-

---

[13] Artigo 63.º do AUSC.
[14] Cf. Artigo 30.º do AUSC.
[15] Cf. Artigo 33.º AUSC. Quanto aos sócios com entradas em indústria, note-se que elas não são, em princípio, aceites pelo AUDSCAIE, contrariamente ao que acontece no AUSC que, no seu Artigo 13.º, estabelece expressamente tal hipótese, determinando ainda que, na falta de determinação estatutária, o valor da entrada do sócios de indústria é igual à entrada do sócio com o valor de entrada mais reduzido.
[16] Cf. Artigo 44.º do AUSC.
[17] Cf. Artigo 49.º do AUSC.
[18] Cf. Artigo 45.º do AUSC.
[19] Cf. Artigo 54.º do AUSC.
[20] Cf. Artigo 52.º do AUSC.
[21] Cf. Artigo 53.º do AUSC.

cial e dão lugar à atribuição das partes sociais, que conferem a qualidade de sócio cooperante[22].

O regime da matrícula das sociedades cooperativas está previsto no Capitulo IV do AUSC.

Qualquer sociedade cooperativa deve ser matriculada no registo das sociedades cooperativas instituído em cada Estado-membro[23]. O registo é mantido por um órgão desconcentrado ou descentralizado da autoridade nacional responsável da administração territorial na qual está estabelecida a sede da sociedade cooperativa[24].

Cada sociedade cooperativa deve pedir a sua inscrição no registo, no prazo de um mês a contar da sua constituição e de acordo com as modalidades previstas no Acto Uniforme[25]. Quando efectuada, a matrícula confere personalidade jurídica à sociedade[26]. A sociedade que transfira a sua sede deve ser objecto de uma nova matrícula, de acordo com as modalidades fixadas no Artigo 79.º do AUSC e uma outra inscrição é igualmente necessária no caso de estabelecimento de uma sede secundária[27]; qualquer modificação rectificativa ou complementar deve ser inscrita no registo das sociedades cooperativas e o respectivo pedido apresentado junto da autoridade administrativa no prazo de trinta dias após a modificação[28].

Uma sociedade cooperativa em formação[29] ou já constituída mas ainda não matriculada pode operar, mas neste caso a existência da sociedade só é oponível aos sócios fundadores[30], não beneficiando a sociedade de personalidade jurídica. Os actos praticados pelos fundadores por conta da sociedade cooperativa antes da sua constituição devem ser levados ao conhecimento dos sócios cooperantes no momento da realização da assem-

---

[22] Cf. Artigo 54.º do AUSC.
[23] Cf. Artigo 74.º do AUSC.
[24] Cf. Artigo 70.º AUSC.
[25] O Artigo 75.º estabelece as menções obrigatórias do pedido de matrícula, enquanto o Artigo 76.º indica os documentos que devem acompanhar o pedido.
[26] Cf. Artigo 78.º do AUSC.
[27] Cf. Artigo 82.º do AUSC. Neste caso, o pedido deve ser apresentado perante a autoridade competente do lugar em que a sociedade estabelece a sede secundária (cf. Artigo 83.º do AUSC).
[28] Cf. Artigo 80.º do AUSC.
[29] Cf. Artigo 85.º do AUSC.
[30] Cf. Artigo 86.º do AUSC. No período que medeia entre a constituição da sociedade cooperativa e a sua matrícula, as relações entre os sócios são regidas pelos estatutos e pelas regras gerais do direito das obrigações vigentes no Estado onde a sede social se encontre estabelecida (cf. Artigo 89.º do AUSC).

bleia constitutiva[31]; a ratificação dos actos e compromissos efectuados por conta da sociedade em formação deve ser feita pela assembleia geral constitutiva, com deliberação especial depois de todos os sócios estarem devidamente informados[32]; por sua vez, a ratificação dos actos praticados pela sociedade cooperativa regularmente constituída e registada considera-se efectuada a partir da sua prática[33].

Os actos praticados pelos dirigentes da sociedade constituída mas ainda não matriculada consideram-se ratificados no momento da inscrição da sociedade cooperativa no registo, desde que conformes ao mandato recebido[34]. Os actos que extrapolem os limites do mandato devem ser submetidos à avaliação da assembleia geral, que deve decidir sobre a ratificação sem a participação dos sócios que praticaram os ditos actos[35], produzindo efeitos, quando ratificados, desde o momento da sua prática[36].

3. O funcionamento da sociedade cooperativa

Numa sociedade cooperativa legalmente constituída e matriculada, os órgãos de gestão e de administração beneficiam de poderes – nos limites fixados no AUSC para cada sociedade cooperativa – para vincular a sociedade sem necessidade de estarem munidos de um mandato especial[37].

Para além dos actos praticados pelos sócios, também os actos praticados pelos órgãos de gestão ou de administração que se enquadrem no respectivo objecto social vinculam a sociedade cooperativa perante terceiros, salvo disposição em contrário prevista no Acto Uniforme. A sociedade cooperativa fica também vinculada pelos actos de gestão ou de administração que não entrem no âmbito do respectivo objecto social, a menos que se prove que os terceiros sabiam ou não podiam ignorar que o acto excedia o objecto social, sendo a simples publicação dos estatutos insufi-

---

[31] Cf. Artigo 90.º do AUSC.
[32] Cf. Artigo 91.º do AUSC. As pessoas responsáveis por tais actos não podem participar na votação e não são também consideradas para o cálculo do quórum.
[33] Artigo 92.º do AUSC. Os actos não ratificados não são oponíveis à sociedade e são da responsabilidade exclusiva e solidária de quem os praticou.
[34] Cf. Artigo 93.º, n.º 1, do AUSC.
[35] Cf. Artigo 93.º, n.º 2, do AUSC.
[36] Cf. Artigo 92.º do AUSC, aplicável por força do Artigo 94.º do AUSC.
[37] Cf. Artigo 95.º do AUSC, segundo o qual as limitações destes poderes legais determinadas pelos estatutos só são oponíveis aos sócios cooperantes.

ciente para fazer essa prova[38]. Significa que qualquer acto praticado pelos dirigentes sociais, mesmo fora do objecto social, vincula a sociedade cooperativa e aquele não é oponível a terceiros, a menos que se prove que estes sabiam ou deviam saber que o acto praticado estava fora do objecto social da sociedade. Esta disposição abre caminho a possíveis utilizações fraudulentas do poder de administração por parte dos dirigentes; convém, por isso, relacioná-la com o Artigo 122.º do AUSC, que estabelece a responsabilidade dos dirigentes sociais por qualquer falta cometida no exercício das suas funções, considerando que a não observância do objecto social faz parte das faltas cometidas no exercício das funções de gestão.

Nas relações com os sócios, os poderes dos dirigentes não são absolutos como no caso precedente, podendo ser objecto de uma limitação estatutária que beneficie os sócios de boa fé[39]. Ainda que este preceito não esteja bem formulado, a intenção do legislador foi sem dúvida a de proteger os sócios de boa fé: esta é a razão por que os únicos sujeitos para os quais a limitação é válida são os sócios de boa fé, não podendo nenhuma outra pessoa tirar vantagem destas limitações.

As modalidades de funcionamento da assembleia geral estão previstas no Capítulo II do Título II, relativo ao funcionamento das sociedades cooperativas. Cada sócio tem o direito de participar na tomada de decisões da assembleia geral, sendo este um direito indisponível, visto que todas as cláusulas estatutárias que o possam limitar são nulas[40]. Esta é uma manifestação do princípio da participação democrática subjacente às cooperativas, prevendo o AUSC todas as medidas idóneas para uma melhor participação do sócio nas decisões colectivas. As deliberações são ordinárias e extraordinárias e as respectivas formalidades são indicadas no AUSC para cada tipo de sociedade cooperativa[41]; as deliberações são registadas em acta, devidamente assinada, com as indicações previstas no Artigo 104.º do AUSC[42].

No final de cada exercício, o órgão de gestão ou o conselho de administração apresenta o relatório financeiro anual à assembleia geral ordinária, no qual é exposta a situação da sociedade cooperativa durante o exercício findo, a sua evolução previsível e, em especial, as perspectivas de conti-

---

[38] Cf. Artigo 96.º do AUSC.
[39] Cf. Artigo 97.º do AUSC.
[40] Cf. Artigo 98.º do AUSC.
[41] Cf. Artigo 103.º do AUSC.
[42] Todas as actas das assembleias devem ser registadas num registo especial depositado na sede social (cf. Artigo 105.º do AUSC).

nuação da actividade, a evolução da situação de tesouraria e o plano de financiamento[43]. Após a aprovação do relatório financeiro de síntese, a cooperativa pode proceder ao reembolso em proveito dos sócios, na proporção das operações efectuadas com a sociedade ou trabalho feito a favor dela[44]. Os estatutos devem prever a constituição de uma reserva, podendo também estabelecer reservas facultativas; quando a percentagem a destinar para as reservas estiver assegurada, a assembleia pode decidir o destino do restante resultado da actividade[45].

Os litígios entre sócios, ou entre os sócios e a sociedade cooperativa, dão lugar a um procedimento contencioso, que é da competência do tribunal competente em cada Estado; contudo, é possível recorrer a mediação, conciliação e arbitragem como opção alternativa à jurisdição ordinária[46].

No que respeita ao controlo preventivo da actividade da sociedade, o AUSC prevê – da mesma maneira que o AUDSCAIE – o procedimento de alerta e a avaliação da gestão. O procedimento de alerta é efectuado pelo órgão de fiscalização de acordo com o tipo de sociedade cooperativa, devendo ser activado quando há o risco sério de comprometer a continuidade da cooperativa, sendo o pedido dirigido ao órgão de gestão ou conselho de administração, que deve responder no prazo de um mês de acordo com o pedido de explicação, fornecendo uma análise da situação e indicando as intervenções previstas[47]; quando o órgão de administração não respeite os deveres acima mencionados, ou o órgão de fiscalização constate que a continuidade da sociedade cooperativa está ameaçada apesar da adopção das intervenções previstas pelo órgão de gestão, deve preparar um relatório especial e convocar uma reunião de emergência da assembleia geral para deliberar sobre o caso[48]. A avaliação da gestão é igualmente uma inovação na gestão das cooperativas: é um mecanismo pelo qual uma porção dos cooperantes, que representa pelo menos 25% dos membros da sociedade, recorre ao tribunal competente do lugar onde é situada a sede social para a designação de um perito encarregado de fazer investigações e elaborar um relatório sobre uma ou mais operações de gestão[49].

---

[43] Cf. Artigos 108.° e 110.° do AUSC.
[44] Cf. Artigo 112.° do AUSC.
[45] Cf. Artigos 113.° a 116.° do AUSC.
[46] Cf. Artigos 117.° e 118.° do AUSC.
[47] Cf. Artigo 119.°, n.os 1 e 2, do AUSC.
[48] Cf. Artigo 119.°, n.° 3, do AUSC.
[49] Cf. Artigo 120.° do AUSC.

As sociedades cooperativas com conselho de administração, as quais respeitam as condições previstas no Artigo 121.° do AUSC, devem designar pelo menos um fiscal, que é nomeado pela assembleia geral; esta designação é facultativa nas sociedades cooperativas simplificadas.

4. As acções de responsabilidade contra os dirigentes sociais

Em relação à fixação das responsabilidades, o AUSC prevê, seguindo o mesmo regime que o AUDSCAIE, a responsabilidade civil dos dirigentes, a qual pode dar lugar a uma acção individual quando o acto ilícito seja cometido contra terceiros ou contra um sócio, e a uma acção social quando o acto ilícito seja cometido contra a sociedade cooperativa.

A acção individual é a acção de reparação do prejuízo sofrido por um terceiro ou por um sócio, quando este sofra um prejuízo distinto do prejuízo que poderia sofrer a sociedade cooperativa, devido a um acto cometido individualmente ou colectivamente pelos dirigentes sociais no exercício das suas funções[50]. Sem prejuízo de eventual responsabilidade da sociedade cooperativa, cada dirigente social é individualmente responsável perante terceiros pelos actos ilícitos que cometa no exercício das suas funções; no caso de mais dirigentes participarem nos mesmos actos, a responsabilidade é solidária e é a jurisdição competente a determinar a quota--parte de responsabilidade de cada dirigente[51]. A acção individual prescreve no prazo de três anos a contar da prática do facto ilícito, ou do seu conhecimento em caso de ocultação, alargando-se o prazo para dez anos quando se trate de ilícito criminal[52]. É competente o tribunal do lugar onde se encontra estabelecida a sede social[53].

A acção social é a acção de reparação do prejuízo sofrido pela sociedade cooperativa devido a um acto praticado por um ou vários dirigentes sociais no exercício das suas funções[54]. Esta acção pode ser intentada pelos outros líderes sociais, nas condições previstas pelo AUSC para cada forma de sociedade cooperativa[55]; e, além disso, um ou vários cooperado-

---

[50] Cf. Artigo 124.° do AUSC.
[51] Cf. Artigo 122.° do AUSC.
[52] Cf. Artigos 123.° e 126.° do AUSC.
[53] Cf. Artigo 125.° do AUSC.
[54] Cf. Artigo 128.°, n.° 1, do AUSC.
[55] Cf. Artigo 128.°, n.° 2, do AUSC.

res podem intentar a acção social após uma notificação formal aos órgãos competentes não seguida de efeito no prazo de trinta dias: os requerentes estão habilitados a prosseguir a acção para obter a reparação do prejuízo sofrido pela sociedade cooperativa, sendo os valores resultantes da condenação atribuídos à sociedade cooperativa[56]. Como no caso da acção individual, também na acção social cada dirigente social é individualmente responsável perante terceiros pelos actos ilícitos que pratique no exercício das suas funções; no caso de mais dirigentes participarem nos mesmos actos, a sua responsabilidade é solidária e compete ao tribunal determinar a divisão de responsabilidades entre eles[57], mantendo-se os prazos de prescrição e a competência jurisdicional previstos para a acção individual[58]. Todas as cláusulas estatutárias que limitem ou eliminem a possibilidade de exercício destas acções, bem como sujeitem esse exercício a autorização da assembleia geral, consideram-se nulas[59].

5. A transformação da sociedade cooperativa

A transformação da sociedade cooperativa é a operação pela qual, por decisão dos sócios, uma sociedade cooperativa altera a sua forma jurídica para uma outra forma de sociedade não regulada pelo AUSC[60]. A transformação regular de uma sociedade cooperativa numa outra forma de sociedade cooperativa regulada pelo AUSC não provoca a criação de uma pessoa jurídica nova e apenas constitui uma modificação dos estatutos sujeita às mesmas condições de forma e de prazo previstas nas disposições do Título V do AUSC[61].

A transformação produz efeitos a contar do dia em que a respectiva decisão seja tomada[62]; contudo, só é oponível a terceiros depois da inscrição modificativa no Registo das Sociedades Cooperativas. A decisão de transformação põe fim aos poderes dos órgãos de administração ou gestão

---

[56] Cf. Artigo 129.º do AUSC.
[57] Cf. Artigo 127.º do AUSC.
[58] Cf. Artigo 131.º do AUSC.
[59] Cf. Artigo 130.º do AUSC.
[60] Cf. Artigos 167.º, n.º 1 e 168.º do AUSC.
[61] Cf. Artigo 167.º, n.º 2, do AUSC.
[62] Cf. Artigo 169.º do AUSC.

da sociedade cooperativa transformada[63]. Os direitos e obrigações de que a sociedade cooperativa seja titular sob a sua antiga forma subsistem sob a nova forma, o mesmo acontecendo com as garantias, excepto cláusula em contrário inserida no acto constitutivo das garantias[64].

As operações de fusão e de cisão só podem ter lugar entre sociedades cooperativas reguladas pelo AUSC, ainda que situadas em diferentes Estados-membros: neste caso, cada sociedade envolvida fica sujeita às disposições do AUSC no Estado da sua sede social[65]. No caso de criação de uma ou várias sociedades cooperativas novas, a fusão ou a cisão produz efeitos a partir da data da matrícula no Registo das Sociedades Cooperativas da nova sociedade cooperativa ou da última entre elas; nos outros casos, a partir da data da última assembleia geral que tenha aprovado a operação, excepto se a convenção de fusão ou de cisão previr que a operação tem efeitos numa outra data, a qual não deve ser nem posterior à data de encerramento do exercício em curso ou das sociedades cooperativas beneficiárias, nem anterior à data de encerramento do último exercício da ou das sociedades cooperativas que transmitem o seu património[66].

6. A dissolução da sociedade cooperativa

O AUSC retoma os métodos e o regime clássico próprios do fim da existência das sociedades previstos no direito das sociedades em geral.

a) A dissolução da sociedade cooperativa

A dissolução significa o fim da existência da sociedade, mas não faz desaparecer imediatamente a sua personalidade jurídica, a qual permanece para fins de liquidação até ao seu encerramento[67]. As causas de dissolução das sociedades cooperativas estão enumeradas no Artigo 177.º do Acto Uniforme, retomando as causas previstas para as sociedades comerciais no Artigo 200.º do AUDSCAIE. Contudo, o AUSC estabelece uma dissolu-

---

[63] Cf. Artigo 171.º do AUSC.
[64] Cf. Artigo 173.º do AUSC.
[65] Cf. Artigo 174.º do AUSC.
[66] Cf. Artigo 176.º do AUSC.
[67] Cf. Artigos 180.º e 184.º do AUSC.

ção susceptível de ser promovida pela autoridade administrativa responsável pelas cooperativas ou por todas as pessoas interessadas nos casos enumerados no Artigo 178.° do AUSC. A dissolução da sociedade cooperativa produz efeitos relativamente aos sócios a partir do momento da sua inscrição no registo das sociedades cooperativas, provocando legalmente a sua colocação em liquidação[68].

b) A liquidação da sociedade cooperativa

A liquidação pode ser extrajudicial ou judicial.

Os sócios só podem recorrer à liquidação extrajudicial quando os estatutos o permitirem[69]. Se as disposições estatutárias não permitirem o recurso à liquidação extrajudicial, a liquidação só pode ser feita por intervenção judicial, considerando-se não escrita qualquer cláusula de renúncia dos sócios ao recurso ao órgão jurisdicional competente quando os litígios não puderem ser resolvidos de acordo com as disposições estatutárias[70]. A sociedade cooperativa está em liquidação a partir do momento da sua dissolução e a menção *"sociedade em liquidação"*, bem como o nome do ou dos liquidatários, devem figurar em todos os actos com intervenção de terceiros[71].

Os artigos 185.° a 190.° estabelecem as condições em que a liquidação deve ser efectuada e o destino do activo da sociedade cooperativa em liquidação. O encerramento da liquidação deve ter lugar num prazo de três anos a contar da dissolução da sociedade cooperativa; por sua vez, o Ministério Público ou qualquer interessado podem recorrer ao órgão jurisdicional competente do lugar da sede da sociedade cooperativa para que a

---

[68] Cf. Artigo 180.° do AUSC.
[69] Cf. Artigo 182.° do AUSC. Os estatutos devem, neste caso:
– Definir as condições de aplicação da liquidação, nomeadamente, a designação do ou dos liquidatários, a sua remuneração, a extensão da sua missão, as modalidades do controlo da sua função pelos sócios cooperantes;
– Conter igualmente as disposições relativas aos resultados da liquidação, os quais são atribuídos à outras sociedades cooperativas governadas pelas disposições do mesmo AUSC ou a instituições ou organismos que trabalham para a promoção do movimento cooperativo;
– Prever igualmente as modalidades de regulação dos litígios susceptíveis de nascer entre as partes no âmbito da liquidação amigável.
[70] Cf. Artigo 182.°, n.° 3, do AUSC.
[71] Cf. Artigo 183.° do AUSC.

liquidação tenha início, ou, se já iniciada, seja encerrada[72]. As contas definitivas estabelecidas pelo liquidatário são depositadas junto da autoridade responsável pelas sociedades cooperativas, em conjunto com a decisão de aprovação da assembleia geral[73]; no prazo de três meses a contar da publicação do encerramento da liquidação, deve o liquidatário pedir o cancelamento do registo da sociedade, anexando a justificação do cumprimento das formalidades[74].

O liquidatário é responsável por todos os prejuízos decorrentes do exercício das suas funções; a acção social ou individual de responsabilidade contra o liquidatário prescreve no prazo de três anos a contar do facto danoso ou, se oculto, a partir do momento da sua divulgação, aumentando o prazo para dez anos quando o facto for criminoso[75]. As acções contra os sócios não liquidatários ou os seus cônjuges sobrevivos, herdeiros ou sucessores prescrevem no prazo de cinco anos a contar da publicação da dissolução da sociedade cooperativa no Registo das Sociedades Cooperativas[76].

Na falta de cláusulas estatutárias relativas à liquidação extrajudicial da sociedade cooperativa, o AUSC remete para o regime previsto nos Artigos 203.º a 241.º do AUDSCAIE, o qual regula o regime das liquidações extrajudicial e judicial das sociedades comerciais[77], devendo as disposições específicas relativas à liquidação judicial previstas no AUDSCAIE ser também aplicadas às sociedades cooperativas, com os esclarecimentos previstos nos Artigos 196.º e 197.º do AUSC.

7. O regime das nulidades

Já foi referido que a nulidade da constituição da sociedade cooperativa não pode resultar nem de um vício do consentimento nem da incapacidade de um dos sócios, a menos que esta atinja todos os sócios fundadores da sociedade cooperativa[78]. É oportuno fazer agora uma referência

---

[72] Cf. Artigo 191.º do AUSC.
[73] Cf. Artigo 192.º do AUSC.
[74] Cf. Artigo 193.º do AUSC.
[75] Cf. Artigo 194.º do AUSC.
[76] Cf. Artigo 195.º do AUSC.
[77] Cf. Artigo 196.º do AUSC.
[78] Cf. Artigo 198.º do AUSC.

aos outros elementos relativos ao regime das nulidades nas sociedades cooperativas.

Como regra geral, a acção de nulidade considera-se extinta quando a causa de nulidade se extingue antes da pronúncia do tribunal de primeira instância, excepto quando a nulidade se funde na natureza ilícita do objecto social[79]. Em todo o caso, o tribunal chamado a decidir sobre uma acção de nulidade pode também, *ex officio*, fixar um prazo para sanar a nulidade e não pode declarar a nulidade antes de decorridos dois meses após a data da notificação do acto de abertura da instância[80].

As acções de nulidade da sociedade cooperativa prescrevem ao fim de três anos a contar da data da matrícula da sociedade ou da publicação do acto que altera os estatutos, enquanto as acções de nulidade dos actos, decisões ou deliberações da sociedade prescrevem ao fim de três anos a contar do momento em que se verifica a nulidade; estes prazos não se aplicam quando a nulidade resulte da ilicitude do objecto social[81]. Quando seja declarada a nulidade da sociedade cooperativa, isso significa o fim da cooperativa, sem efeitos retroactivos, procedendo-se à sua dissolução e respectiva liquidação[82].

8. Disposições especificas dos vários tipos de sociedade cooperativa

Depois das disposições gerais que constituem o direito comum das sociedades cooperativas, o Acto Uniforme prevê disposições específicas, aplicáveis aos diferentes tipos de sociedades cooperativas, a saber: a sociedade cooperativa simplificada e a sociedade cooperativa com conselho de administração. Sabendo que os seus mecanismos de dissolução não têm, em princípio, grandes diferenças, focalizaremos a nossa atenção na constituição das sociedades e respectivas modalidades de funcionamento.

---

[79] Cf. Artigo 199.° do AUSC.
[80] Cf. Artigo 200.° do AUSC. De acordo com o Artigo 201.°, em caso de nulidade dos actos, decisões ou deliberações da sociedade cooperativa fundada num vício do consentimento ou incapacidade do sócio, e quando a sanação possa ter lugar, qualquer pessoa que tenha interesse pode notificar formalmente (através de acto extrajudicial ou outro meio por escrito) o sócio incapaz ou cujo consentimento tenha sido viciado para sanar o acto ou requerer a nulidade num prazo de seis meses, sob pena de caducidade.
[81] Cf. Artigo 202.° do AUSC.
[82] Cf. Artigo 203.° do AUSC.

a) Sociedade cooperativa simplificada

A sociedade cooperativa simplificada é constituída no mínimo por cinco pessoas singulares ou colectivas[83] e identifica-se por uma denominação social seguida da expressão "sociedade cooperativa simplificada" e da sigla "SCOOPS"[84]. O regime jurídico aplicável às sociedades cooperativas simplificadas é similar ao previsto no AUDSCAIE para as sociedades de responsabilidade limitada.

A organização da sociedade cooperativa simplificada obedece às condições de fundo e de forma previstas nos Artigos 206.º a 216.º do Acto Uniforme. A sociedade cooperativa simplificada deve ser necessariamente matriculada no registo das sociedades cooperativas[85]. Os estatutos devem fixar o montante do capital social, que deve ser dividido em partes sociais, tal como nas sociedades de responsabilidade limitada[86]. Os estatutos devem igualmente conter a avaliação das entradas em espécie e, se for necessário, qualquer sócio pode pedir ao órgão jurisdicional competente – e, na sua falta, à autoridade responsável pelas sociedades cooperativas – a designação de um perito encarregado de avaliar as entradas em espécie[87]. Quando as partes sociais sejam liberadas, os fundos devem ser imediatamente depositados pelos fundadores numa instituição devidamente habilitada pela legislação do Estado-membro a receber tais depósitos[88]. Os fundos depositados devem ficar indisponíveis até à matrícula da sociedade no Registo, para depois serem colocados à disposição dos dirigentes[89]. A responsabilidade dos sócios é no mínimo igual ao montante das partes sociais subscritas[90].

O Artigo 215.º do AUSC dispõe que o projecto de estatutos deve ser submetido à assembleia geral constitutiva para adopção, devendo os sócios, sob pena de nulidade, nela participar pessoalmente[91]. O Artigo 216.º do

---

[83] Cf. Artigo 204.º do AUSC
[84] Cf. Artigo 205.º do AUSC.
[85] Cf. Artigo 206.º do AUSC.
[86] Cf. Artigos 207.º e 208.º do AUSC. Não se aplica o limite mínimo de 5 000 francos CFA para o capital social previsto no artigo 311.º do AUDSCAIE.
[87] Cf. Artigo 211.º do AUSC.
[88] Cf. Artigo 213.º do AUSC.
[89] Cf. Artigo 214.º do AUSC.
[90] Cf. Artigo 210.º do AUSC.
[91] O regime é igual ao previsto para as sociedades de responsabilidade limitada no Artigo 315.º do AUDSCAIE.

AUSC está redigido nos mesmos termos do Artigo 316.° do AUDSCAIE e prevê que os fundadores e os primeiros dirigentes devem velar pelo respeito das formalidades, sendo solidariamente responsáveis perante os outros sócios e terceiros pelo prejuízo causado devido à nulidade da cooperativa simplificada, quando esta lhes seja imputável.

As disposições relativas ao funcionamento da sociedade cooperativa simplificada dizem respeito, respectivamente, às operações relativas às partes sociais, à gestão, à tomada de decisões e aos meios de controlo. As partes sociais são transmissíveis inter-vivos, aos outros sócios e aos terceiros que partilhem o fim comum pelo qual os sócios se reuniram[92], e *mortis-causa*[93], não podendo ser objecto de apreensão[94]. O sócio que efectua a cessão deve notificar o projecto de cessão à sociedade cooperativa[95]. A cessão das partes sociais entre vivos deve ser celebrada por acto escrito, sendo oponível à sociedade cooperativa depois de o acto de cessão ser depositado na sede social, contra entrega de recibo, devendo por último ser inscrita no registo das sociedades cooperativas[96].

Quanto à gestão, esta é assegurada por um órgão de gestão composto no máximo por três membros, eleitos entre os sócios pela assembleia geral pelo prazo indicado nos estatutos[97]. As funções de presidente e de membro do órgão de gestão não são remuneradas, tendo eles apenas direito ao reembolso das despesas[98]; eles podem ser exonerados por decisão dos sócios ou da autoridade jurisdicional competente[99], podendo também demitir-se, mas aí devem indemnizar o prejuízo causado pela demissão, quando apresentada de má fé[100]. Relativamente aos poderes de gestão, o órgão de gestão pode praticar qualquer acto de gestão no interesse da cooperativa nas relações com os sócios, enquanto que nas relações com terceiros o órgão de gestão pode vincular a sociedade pelos actos que se inse-

---

[92] Cf. Artigos 217.° e 219.° do AUSC.
[93] Cf. Artigo 221.° do AUSC.
[94] Cf. Artigo 222.° do AUSC.
[95] Cf. Artigo 220.° do AUSC. Se a sociedade cooperativa não manifestar posição no prazo de três meses a contar da notificação do projecto de cessão, considera-se dado o consentimento.
[96] Cf. Artigo 218.° do AUSC.
[97] Cf. Artigos 223.° e 224.° do AUSC.
[98] Cf. Artigo 225.° do AUSC.
[99] Cf. Artigo 226.° do AUSC. Consideram-se não escritas todas as cláusulas estatutárias em contrário.
[100] Cf. Artigo 227.° do AUSC.

rem no objecto social[101]; os membros do órgão de gestão são responsáveis por todas as infracções às disposições legislativas ou regulamentares aplicáveis às sociedades cooperativas simplificadas, violações dos estatutos e faltas cometidas durante a sua gestão[102].

A assembleia geral é o órgão onde são tomadas as decisões colectivas e todos os sócios podem participar, tendo direito a um voto independentemente do valor da respectiva entrada[103]. A convocação da assembleia é feita pelo presidente ou por um dos membros do órgão de gestão[104], com indicação da ordem de trabalhos, sob pena de nulidade[105], e as reuniões são redigidas numa acta assinada pelos participantes[106]. A assembleia geral ordinária decide sobre a repartição dos resultados da gestão depois de a quota relativa às reservas ficar retida[107] e sobre as matérias indicadas no Artigo 242.° do AUSC, por maioria dos sócios presentes ou representados[108].

Na primeira convocatória, a assembleia geral extraordinária delibera as alterações aos estatutos por maioria de dois terços dos votos expressos pelos sócios que representem mais de metade do número de sócios; se este quórum não for obtido e, salvo estipulação em contrário nos estatutos, os sócios são convocados uma segunda vez e as deliberações tomadas pela maioria dos sócios presentes ou representados, considerando-se não escrita qualquer cláusula em contrário[109].

---

[101] Cf. Artigo 228.° do AUSC.
[102] Cf. Artigo 230.° do AUSC.
[103] Cf. Artigo 231.° do AUSC.
[104] Cf. Artigo 232.° do AUSC.
[105] Cf. Artigo 233.° do AUSC, que indica as outras formalidades para a convocação. Todas as reuniões convocadas irregularmente podem ser anuladas, mas a iniciativa não pode ser tomada pelos sócios presentes na reunião (cf. Artigo 234.° do AUSC).
[106] Cf. Artigo 235.° do AUSC.
[107] Cf. Artigos 239.° e 240.° do AUSC.
[108] Estas decisões têm por objectivo:
  1) Deliberar sobre a situação financeira do último exercício;
  2) Autorizar a gestão e efectuar as operações subordinadas estatutariamente ao acordo prévio dos sócios;
  3) Proceder à nomeação e substituição dos membros do órgão de gestão;
  4) Aprovar as convenções celebradas entre a sociedade cooperativa simplificada e os membros do órgão de gestão ou um dos sócios;
  5) Deliberar sobre todas as questões que não impliquem modificação dos estatutos.
[109] Cf. Artigos 252.° e 253.° do AUSC. O Artigo 254.° do AUSC exige a unanimidade nos casos de aumento da responsabilidade dos sócios e de transferência da sede da sociedade cooperativa simplificada para o território de um outro Estado.

Em caso de transformação da sociedade simplificada numa sociedade com conselho de administração ou numa sociedade não regulada pelo AUSC, aplicam-se as disposições gerais[110] e, no caso de fusão ou cisão realizada por entrada numa sociedade cooperativa simplificada nova, esta pode ser constituída sem outra entrada para além das sociedades que se fundem ou o da sociedade cindida[111].

b) Sociedade cooperativa com conselho de administração

A sociedade cooperativa com conselho de administração é constituída no mínimo por quinze pessoas singulares ou colectivas[112] e identifica-se através de uma denominação social que deve ser imediatamente precedida ou seguida da expressão "Sociedade Cooperativa com Conselho de Administração" e da sigla "COOP-CA"[113]. O regime jurídico previsto para as sociedades cooperativas com conselho de administração apresenta muitas similitudes com o previsto do AUDSCAIE para as sociedades anónimas.

A prévia subscrição do capital social é um requisito da constituição da sociedade cooperativa com conselho de administração[114]. A sua constituição começa pela organização dos boletins de subscrição, que contêm os elementos previstos no Artigo 273.° do AUSC[115], permitindo verificar as entradas em numerário[116]; as entradas em espécie são objecto de uma

---

[110] Cf. Artigo 255.° do AUSC.
[111] Cf. Artigo 264.° do AUSC.
[112] Cf. Artigo 267.° do AUSC.
[113] Cf. Artigo 268.° do AUSC.
[114] Cf. Artigo 269.° do AUSC.
[115] O boletim de subscrição contém:
1) A denominação social da sociedade cooperativa a constituir, seguida, eventualmente, da sua sigla;
2) O montante do capital social a subscrever, precisando a parte do capital representada por entradas em espécie e em numerário;
3) O endereço da sede social;
4) O número de partes sociais emitidas e o seu valor nominal;
5) O nome ou a denominação social, o endereço do subscritor, o número de partes sociais que ele subscreve e os pagamentos que efectua;
6) A indicação do depositário encarregado de conservar os fundos até à matrícula da sociedade cooperativa no Registo das Sociedades Cooperativas;
7) A menção da entrega ao subscritor de uma cópia do boletim de subscrição.
[116] Cf. Artigo 271.° do AUSC.

avaliação por perito designado para o efeito[117]. Os fundos provenientes da subscrição das partes sociais devem ser depositados num banco ou numa instituição do lugar da sede habilitada pela legislação do Estado-membro a receber tais depósitos, no prazo de oito dias a contar da respectiva recepção[118].

De seguida, os fundadores elaboram os estatutos, em conformidade com os Artigos 17.º e 18.º do AUSC[119], bem como o regulamento interno, em conformidade com os Artigos 67.º e 68.º do AUSC[120]. Uma assembleia geral constitutiva deve ser depois convocada pelos fundadores para deliberar sobre as matérias previstas no Artigo 286.º do AUSC[121], com a presença de pelo menos dois terços dos fundadores[122], que deliberam por maioria simples[123], deliberações essas que são reduzidas a acta com as menções previstas no Artigo 288.º do AUSC[124]. Os fundadores e os pri-

---

[117] Cf. Artigo 279.º do AUSC.
[118] Cf. Artigo 274.º do AUSC.
[119] Cf. Artigo 275.º do AUSC. De acordo com o Artigo 276.º, os estatutos contêm, para além das indicações constantes no Artigo 18.º do AUSC:
1) O nome, endereço, profissão e nacionalidade das pessoas singulares membros do primeiro conselho de administração da sociedade cooperativa com conselho de administração ou representantes permanentes das pessoas colectivas membros do conselho de administração;
2) A denominação social, o montante do capital e a forma social das pessoas colectivas membros do conselho de administração;
3) As diferentes categorias de partes sociais emitidas;
4) As estipulações relativas à composição, ao funcionamento e aos poderes dos órgãos da sociedade cooperativa com conselho de administração.

[120] Artigo 277.º do AUSC.
[121] A assembleia geral constitutiva:
1) Verifica que o capital é integralmente subscrito;
2) Adopta os estatutos da sociedade cooperativa com conselho de administração;
3) Nomeia os primeiros administradores;
4) Delibera sobre os actos realizados por conta da sociedade cooperativa em formação tendo em conta um relatório elaborado pelos fundadores;
5) Confere, se for caso disso, mandato a um ou vários membros do conselho de administração no sentido de tomar decisões por conta da sociedade cooperativa com conselho de administração antes da sua matrícula no Registo das Sociedades Cooperativas, nas condições fixadas pelo Artigo 97.º do AUSC.

[122] Cf. Artigo 281.º do AUSC.
[123] Cf. Artigo 282.º do AUSC.
[124] Todas as reuniões convocadas irregularmente são anuláveis, mas a iniciativa não pode partir dos sócios presentes na reunião (cf. Artigo 289.º do AUSC).

meiros dirigentes são solidariamente responsáveis perante terceiros pelo prejuízo causado com a declaração da invalidade da sociedade cooperativa com conselho de administração resultante da nulidade da assembleia constitutiva, quando tal lhes seja imputável[125].

Após a realização da assembleia constitutiva procede-se à matrícula da sociedade e ao levantamento dos fundos pelo presidente do conselho de administração: se a sociedade com conselho de administração não for matriculada nos seis meses após o pagamento dos fundos, qualquer subscritor pode pedir a nomeação de um administrador para a restituição dos mesmos[126].

O conselho de administração é o órgão que dirige a sociedade cooperativa com conselho de administração[127]; os Artigos 292.º a 323.º do AUSC, que regulam a composição, atribuições e funcionamento do conselho de administração, estabelecem muitas semelhanças entre a administração da sociedade cooperativa com conselho de administração e a administração das sociedades anónimas prevista no AUDSCAIE. Com efeito, as mesmas modalidades estão previstas na composição do conselho de administração (número e designação dos administradores, fixação da duração do mandato pelos estatutos, nomeação do representante permanente de pessoa colectiva, eleição, termo do mandato do administrador[128]). No âmbito dos poderes reconhecidos ao conselho de administração observa-se que ele é investido nos mais vastos poderes para agir em nome da sociedade cooperativa com conselho de administração em todas as circunstâncias, dentro dos limites do objecto social e sob reserva dos poderes expressamente atribuídos pelo AUSC às assembleias dos sócios. As cláusulas estatutárias ou as deliberações da assembleia geral que limitem os poderes do conselho de administração não são oponíveis aos sócios de boa fé nem a terceiros[129]. Nas suas relações com terceiros, a sociedade cooperativa com

---

[125] Cf. Artigo 290.º do AUSC.
[126] Cf. Artigo 278.º do AUSC.
[127] Cf. Artigo 291.º do AUSC.
[128] Deve ser assinalado que, diferentemente do regime previsto para as sociedades anónimas, uma causa específica do termo do mandato do administrador é a perda da qualidade de sócio (cf. Artigo 306.º do AUSC).
[129] Cf. Artigo 308.º do AUSC. O conselho de administração é responsável, nomeadamente, por:
– Precisar os objectivos da sociedade cooperativa com conselho de administração e a orientação que deve ser dada à sua administração;
– Fechar as contas de cada sócio cooperante;

conselho de administração fica vinculada pelos actos do conselho de administração que não se enquadrem no objecto social, excepto quando a sociedade possa provar que os terceiros sabiam que o acto excedia este objecto ou que não podiam ignorá-lo, tendo em conta as circunstâncias, não constituindo a publicação dos estatutos prova suficiente[130].

A assembleia geral elege os membros do conselho de administração e, entre os membros, o seu presidente[131]. O conselho reúne sempre que necessário, e, pelo menos, uma vez por trimestre, só podendo deliberar quando todos os membros sejam regularmente convocados[132] e pelo menos metade esteja presente na reunião, sendo as decisões tomadas por maioria simples dos membros presentes ou representados, excepto quando os estatutos estabeleçam uma maioria qualificada[133]. As deliberações do conselho de administração são reduzidas a acta e depositadas num registo especial na sede social, cotado e rubricado pelo órgão jurisdicional competente[134]. O conselho de administração pode, após ter consultado o conselho fiscal, recrutar e nomear, fora dos seus membros, um director ou um director-geral, que deve ser uma pessoa singular, determinando os poderes de gestão que lhe sejam delegados no âmbito do respectivo contrato de trabalho[135].

O conselho fiscal é o órgão que assegura o controlo da sociedade cooperativa com conselho de administração[136] e que tem, portanto, a mis-

---

- Velar pela aplicação dos princípios cooperativos na gestão da sociedade cooperativa e na distribuição dos resultados da empresa;
- Fechar o programa de formação e educação dos membros;
- Estabelecer o relatório financeiro e moral da sociedade cooperativa com conselho de administração.

[130] Cf. Artigo 309.º do AUSC.

[131] Cf. Artigos 299.º e 324.º do AUSC. Segundo o Artigo 328.º do AUSC, o presidente do conselho de administração não pode estar vinculado à sociedade cooperativa com conselho de administração por um contrato de trabalho.

[132] Cf. Artigo 315.º do AUSC.

[133] Cf. Artigo 316.º do AUSC.

[134] Cf. Artigo 320.º do AUSC, nos termos do qual as actas mencionam a data e o lugar da reunião do conselho de administração e indicam os nomes dos administradores presentes, representados e ausentes não representados. Qualquer junção, supressão, substituição ou inversão de folhas é proibida.

[135] Cf. Artigos 329.º e 331.º do AUSC. O mandato de presidente do conselho de administração não é cumulável com as funções de responsável pela direcção de uma sociedade cooperativa (cf. Artigo 326.º, n.º 3, do AUSC).

[136] Cf. Artigo 334.º do AUSC.

são de assegurar a fiabilidade do controlo; os membros dos órgãos de administração e de gestão da sociedade não podem ser membros do conselho fiscal, bem como as pessoas que recebem, sob qualquer forma, um salário ou uma remuneração da sociedade cooperativa com conselho de administração[137]. O conselho fiscal reúne em caso necessidade ou a pedido de pelo menos dois dos seus membros[138] e as suas decisões são tomadas por maioria simples[139]; as funções de membro do conselho fiscal não são remuneradas, mas a assembleia geral pode estabelecer o reembolso das despesas efectuadas no exercício destas funções[140].

Todos os sócios têm o direito de participar nas deliberações colectivas e de se manifestar através do voto sobre todas as questões relativas à vida social da cooperativa[141]. A convocação destas assembleias respeita um formalismo rigoroso previsto nos Artigos 342.° a 350.° do Acto Uniforme. A convocatória deve conter as indicações previstas no n.° 1 do Artigo 345.° do AUSC[142] e qualquer assembleia irregularmente convocada pode ser anulada[143]; a assembleia geral não pode deliberar sobre uma questão não inscrita na ordem de trabalhos[144].

Os sócios têm também direito à comunicação dos documentos necessários para poderem tomar correctamente as decisões na assembleia: este direito está previsto nos Artigos 350.° a 353.° do AUSC, que indicam também os documentos dos quais os sócios podem tirar cópia; se a sociedade cooperativa se recusar a facultar os documentos previstos, o sócio interessado pode pedir à autoridade judiciária competente a emissão de uma ordem neste sentido[145]. As reuniões da assembleia geral são presididas pelo presidente do conselho de administração[146], sendo nomeado um secretário

---

[137] Cf. Artigo 335.° do AUSC.
[138] Cf. Artigo 338.° do AUSC.
[139] Cf. Artigo 339.° do AUSC.
[140] Cf. Artigo 341.° do AUSC.
[141] Cf. Artigo 362.° do AUSC.
[142] A convocatória indica a denominação da sociedade cooperativa, seguida, se for caso disso, da sua sigla, a forma da sociedade cooperativa, o montante do capital social, o endereço da sede social, o número de matrícula no Registo das Sociedades Cooperativas, o dia, hora e lugar da assembleia, bem como a sua natureza ordinária ou extraordinária e a ordem de trabalhos.
[143] Cf. Artigo 345.°, n.° 2, do AUSC.
[144] Cf. Artigo 348.°, n.° 1, do AUSC.
[145] Cf. Artigo 353.° do AUSC.
[146] Cf. Artigo 354.° do AUSC.

para redigir a acta da reunião[147], a qual deve indicar os elementos previstos no Artigo 360.º do AUSC[148].

A assembleia geral ordinária delibera sobre todas as questões para as quais não esteja prevista uma competência específica da assembleia geral extraordinária[149]. Ela reúne-se pelo menos uma vez por ano, até seis meses após o fim do exercício, prazo que pode ser prorrogado por decisão judicial; com excepção da fixação nos estatutos de quórum mais reduzido, a assembleia geral ordinária delibera legitimamente, na primeira convocatória, com a presença da metade dos sócios e, em segunda convocatória, com a presença de pelo menos um quarto dos sócios[150]; as deliberações são adoptadas por maioria dos votos expressos[151].

A assembleia geral extraordinária é competente para alterar os estatutos; autorizar as fusões, cisões, transformações e entradas parciais de activo; transferir a sede social para qualquer outra cidade do Estado-membro onde esteja situada, ou para o território de um outro Estado-membro; dissolver antecipadamente a sociedade cooperativa com conselho de administração ou prorrogar a sua duração[152]. Na primeira convocatória, a assembleia geral extraordinária delibera legitimamente quando dois terços dos sócios estejam presentes ou representados; quando o quórum não se verifique, a assembleia pode ser convocada uma segunda vez, num prazo que não pode exceder dois meses a contar da data fixada pela primeira convo-

---

[147] Cf. Artigo 356.º do AUSC.
[148] A acta das deliberações da assembleia indica a data e o lugar de reunião, a natureza da assembleia, o modo de convocação, a ordem de trabalhos, a composição da mesa, o quórum, o texto das deliberações sujeitas ao voto da assembleia e o resultado dos votos para cada deliberação, os documentos e relatórios apresentados à assembleia e um resumo da discussão.
[149] Cf. Artigo 363.º do AUSC. A assembleia geral ordinária é nomeadamente competente para:
– Deliberar sobre o relatório financeiro de síntese do exercício;
– Deliberar sobre o destino dos resultados;
– Nomear os membros do conselho de administração bem como o eventual auditor;
– Aprovar ou recusar aprovar as convenções celebradas entre os dirigentes sociais e a sociedade cooperativa com conselho de administração;
– Autorizar, quando os estatutos o prevejam, a emissão de títulos como contrapartida exacta do benefício daqueles que a apoiaram;
– Nomear os membros do conselho fiscal.
[150] Cf. Artigo 364.º do AUSC.
[151] Cf. Artigo 365.º do AUSC.
[152] Cf. Artigo 366.º do AUSC.

catória; neste caso, pode legitimamente deliberar com pelo menos metade dos sócios presentes ou representados[153]; a assembleia geral extraordinária delibera por maioria de dois terços dos votos expressos[154].

O Acto Uniforme prevê também um regime próprio de responsabilidade civil para a sociedade cooperativa com conselho de administração, que pode ser atribuída aos sócios, aos fundadores ou aos administradores.

A responsabilidade dos sócios é fixada num mínimo igual ao montante das partes sociais subscritas[155]. O Acto Uniforme não esclarece o fundamento desta responsabilidade, supostamente derivada dos casos de dissolução, de nulidade da sociedade cooperativa e de prejuízo causado a terceiros. A responsabilidade dos fundadores está prevista para o prejuízo que resulta, para os sócios e terceiros, da anulação da sociedade cooperativa com conselho de administração: no momento em que esta nulidade é verificada, a responsabilidade pode ser declarada solidariamente com a dos administradores responsáveis e a mesma solidariedade pode abranger também os sócios cujas entradas não tenham sido verificadas e aprovadas[156]. Os administradores são responsáveis individualmente ou solidariamente, consoante o caso, perante a sociedade ou terceiros, pelas infracções às disposições legais ou regulamentares aplicáveis às sociedades cooperativas com conselho de administração e pelas violações às disposições dos estatutos e faltas cometidas na gestão[157]. As acções de reparação podem ser propostas individual ou solidariamente, de acordo com as modalidades previstas no artigo 375.º AUSC.

As partes sociais assumem a forma de títulos nominativos, que são emitidos em contrapartida das entradas em espécie ou em numerário[158],

---

[153] Cf. Artigo 367.º do AUSC.

[154] Cf. Artigo 368.º do AUSC.

[155] Cf. Artigo 371.º do AUSC. Os estatutos podem prever uma responsabilidade mais vasta, que não pode exceder cinco vezes o montante das partes sociais subscritas.

[156] Cf. Artigo 372.º do AUSC. O Artigo 373.º prevê que a acção de responsabilidade que tenha na base a invalidade da sociedade cooperativa com conselho de administração prescreve ao fim de três anos a contar do facto danoso ou, quando desconhecido, a partir da sua divulgação; no entanto, quando o facto constitua crime, a acção prescreve ao fim de dez anos.

[157] Cf. Artigo 374.º do AUSC. Se vários administradores concorrerem para os mesmos factos, o órgão jurisdicional competente determina a parte por que cada um é responsável.

[158] Cf. Artigo 376.º do AUSC.

que devem ser integralmente liberadas no momento da subscrição[159]. As partes sociais dão direito a um voto, qualquer que seja o número de partes de cada sócio[160]; elas não são negociáveis, nem penhoráveis, nem podem ser objecto de penhor[161]. A transmissão só é possível nas condições previstas nos artigos 380.º a 382.º do Acto Uniforme.

9. Disposições penais do Acto Uniforme

Finalmente, cumpre fazer uma breve referência às disposições penais previstas no AUSC.

Segundo o Artigo 386.º do AUSC, incorre numa sanção penal qualquer pessoa que, sem estar habilitada em conformidade com as disposições legais e regulamentares aplicáveis a este tipo de sociedade, utilize indevidamente as menções sociedades cooperativas, união de sociedades cooperativas, federação de sociedades cooperativas ou confederação de sociedades cooperativas, acompanhadas de qualquer qualificativo, bem como todas as denominações que sejam de molde a deixar entender tratar-se de uma das sociedades mencionadas.

São ainda aplicáveis às sociedades cooperativas, bem como às uniões, federações e confederações, as disposições que não contrariem o disposto nos Artigos 886.º a 905.º do AUDCAIE[162].

---

[159] Cf. Artigo 377.º do AUSC, o qual dispõe que as partes sociais em numerário são aquelas cujo montante seja liberado em espécie ou por compensação de créditos certos, líquidos e exigíveis perante a sociedade cooperativa, aquelas que sejam emitidas em consequência de uma incorporação ao capital de reservas livres e aquelas cujo montante resulte em parte de uma incorporação de reservas e em parte de um pagamento em dinheiro.
[160] Cf. Artigo 378.º do AUSC.
[161] Cf. Artigo 379.º do AUSC.
[162] Cf. Artigo 387.º do AUSC.

CAPÍTULO XI

Os Actos Uniformes em Preparação e as Perspectivas de Evolução da OHADA

1. Introdução

Numa reunião que teve lugar em Bangui, em Março de 2001, o Conselho de Ministros da OHADA procedeu a uma análise dos novos sectores do direito comercial que deviam ser objecto de um futuro programa de harmonização no seio da Organização, tendo então decidido proceder ao início de estudos para uma eventual harmonização nas áreas do direito bancário, do direito dos contratos em geral, do direito da concorrência, do direito da propriedade intelectual, do direito das sociedades cooperativas e mutualistas, do direito das sociedades civis e do direito probatório[1].

Diga-se, desde logo, que a «intromissão» da OHADA no sector bancário se deparou de imediato com forte resistência, ficando os projectos de harmonização neste sector, pelo menos por enquanto, abandonados.

2. O acto uniforme sobre o direito dos contratos

2.1. Enquadramento

Antes de referir os aspectos essenciais do projecto de acto uniforme sobre o direito dos contratos, cumpre recordar – conforme se fez referên-

---

[1] V. decisão n.º 002/2001/CM do Conselho de Ministros relativa ao Programa de Harmonização do Direito Comercial em África (Artigo 1.º), disponível a partir de *www.ohada.org*. V. ainda Dário Moura VICENTE, *A Unificação do Direito dos Contratos em África: seu sentido e limites*, in Boletim da Faculdade de Direito de Bissau, n.º 8, págs. 243 e segs..

cia – que os actos uniformes OHADA já tratam em diversos aspectos da matéria relativa aos contratos.

O Livro V do AUDCG é inteiramente dedicado à venda comercial, ou seja, aos contratos de compra e venda de bens entre comerciantes, pessoas singulares ou colectivas[2]; também o AUOG contém disposições relativas aos contratos. Em 2003, o Conselho de Ministros da OHADA adoptou o AUCTRM, que se aplica a todos os contratos de transporte rodoviário de mercadorias em que os locais de carregamento e de entrega da mercadoria, conforme previsto no contrato, estejam situados num Estado-membro da OHADA ou em dois Estados, dos quais pelo menos um seja membro da OHADA, independentemente do domicílio e da nacionalidade das partes no contrato de transporte[3].

Estas são as iniciativas já concretizadas em matéria de direito dos contratos no âmbito da OHADA. Mas um ponto mais importante e decisivo para a harmonização do direito dos contratos está a ser estudado: a aprovação de um acto uniforme para disciplinar os contratos em geral.

Também nesta matéria a maior parte dos Estados-membros recusa a aplicação do Código Civil francês, em vigor durante o período colonial, salvo alguns desenvolvimentos verificados nalguns Estados[4].

Na Primavera de 2002, na sequência de um pedido feito pelo Conselho de Ministros da OHADA[5], a UNIDROIT, com o objectivo de prestar o seu contributo na preparação do projecto de acto uniforme de acordo com os princípios UNIDROIT sobre contratos comerciais internacionais, encarregou o Prof. MARCEL FONTAINE – membro belga do grupo de trabalho sobre os princípios UNIDROIT – de preparar, em nome da UNIDROIT, um projecto do futuro acto uniforme sobre o direito dos contratos. O trabalho de elaboração do projecto teve início no mês de Outubro de 2003 e, em Setembro de 2004, o projecto preliminar, acompanhado de uma nota explicativa, foi apresentado ao Secretário da UNIDROIT, o qual, por sua vez, procedeu à entrega de ambos os documentos ao Secretariado Perma-

---

[2] Cf. Artigo 202.º do AUDCG.
[3] Cf. Artigo 1.º do AUCTRM. Estão excluídos do âmbito de aplicação deste acto uniforme o transporte de mercadorias perigosas, os transportes funerários, os transportes de mudanças e os transportes efectuados ao abrigo de convenções postais internacionais.
[4] É o caso do COCC do Senegal, do Código Civil da Guiné Equatorial de 1983 e da Lei de 29 de Agosto de 1987 do Mali sobre o regime geral do direito das obrigações.
[5] A decisão foi tomada durante a reunião da OHADA que teve lugar em Brazzaville em Fevereiro de 2002.

nente da OHADA[6]. Em conformidade com os procedimentos institucionais da OHADA, estes documentos foram distribuídos pelos Estados-membros para as respectivas observações, para serem discutidos nos comités nacionais em sessão plenária, emendados se necessário, para depois passarem pelo crivo do TCJA e, por fim, serem adoptados pelo Conselho de Ministros da OHADA[7].

O processo de redacção do projecto de acto uniforme foi orientado por dois objectivos fundamentais: ficar tanto quanto possível próximo dos princípios UNIDROIT – que foram escolhidos como modelo a seguir –, considerando que os seus resultados são conhecidos e apreciados a nível internacional[8], e, ao mesmo tempo, adaptá-los de modo a integrar as particularidades de África e considerar as especificidades dos Países africanos. A este propósito, foi sublinhado que o analfabetismo generalizado e uma escassa cultura jurídica são situações com particular relevo nos Países africanos[9].

Consequentemente, tomando em consideração a elevada taxa de analfabetismo, optou-se por adoptar uma abordagem não formalista, ao contrário da usada nos princípios UNIDROIT, se bem que determinadas regras devam ser mantidas para certas categorias de contratos, como por exemplo os contratos dos consumidores[10].

O projecto de acto uniforme sobre o direito dos contratos não procede a uma alteração radical por comparação com o regime sobre contratos herdado da legislação colonial – essencialmente o Código Civil Francês ou o direito dos contratos baseado nos princípios da *common law* – mas tende, porém, à respectiva modernização com a aplicação dos novos princípios gerais sobre o direito dos contratos na nova realidade económica[11].

---

[6] Ambos os documentos estão disponíveis no sítio da UNIDROIT.

[7] Fonte: UNIDROIT, Governing Council, 84.ª sessão, Roma, 18-20 de Abril de 2005, Legal Co-operation Programme, Memorandum, preparado pelo Secretariado UNIDROIT e disponível a partir do sítio da UNIDROIT.

[8] V. Marcel FONTAINE, *L'Avant-projet d'acte uniforme OHADA sur les contrats et Note explicative* apresentado à UNIDROIT.

[9] V. Marcel FONTAINE, *Le Project d'acte uniforme OHADA sur les contrats et les principes d'UNIDROIT relatifs aux contrats du commerce international*, in *Uniform Law Review*, vol. 9 (2004), p. 253.

[10] V. Marcel FONTAINE, *L'Avant-projet* cit..

[11] V. Felix ONANA ETOUNDI, *Les principes d'UNIDROIT et la sécurité juridique des transactions commerciales dans l'avant-projet d'Acte uniforme OHADA sur le droit des contrats*, in *Uniform Laws Review*, vol. 10 (2005), págs. 683 e segs..

Em todo o caso, o projecto de acto uniforme mantém a mesma abordagem dos princípios UNIDROIT, ao conceder às partes a possibilidade de excluírem a aplicação do Acto, de derrogarem qualquer disposição ou de alterarem os seus efeitos, a menos que a norma disponha noutro sentido, confirmando assim a natureza supletiva do futuro acto uniforme no que concerne à vontade das partes[12].

O anteprojecto, por escolha do seu autor, diz unicamente respeito às obrigações contratuais e a alguns aspectos da teoria geral das obrigações[13]. Tal opção foi criticada, sob o pressuposto de que um acto uniforme, destinado a tornar-se o instrumento de disciplina do contrato nas suas várias formas, não pode deixar de incluir todos os diversos aspectos da teoria geral das obrigações[14]. A crítica, se parece fundada relativamente a uma opção totalmente baseada no modelo francês, perde substância se considerado o objectivo de conciliar as experiências das duas grandes famílias jurídicas presentes em África, com vista ao objectivo geral de harmonização prosseguido pelo Tratado OHADA.

A outra questão fundamental para resolver é a de saber se o futuro acto uniforme sobre o direito dos contratos deve incidir exclusivamente sobre os contratos comerciais ou se deve também disciplinar todos os contratos em geral. Já foram feitas importantes considerações a sustentar a solução de uma única regulamentação, faltando aquela segundo a qual os Países membros da OHADA se poderiam encontrar perante dois sistemas normativos completos mas diferentes quanto à regulamentação do contrato, diferindo em múltiplos e importantes aspectos[15].

---

[12] Cf. Artigo 1.°, n.° 2, do Projecto e Felix ONANA ETOUNDI, ob. cit..

[13] V. Marcel FONTAINE, *L'avant projet d'Acte uniforme OHADA sur le droit des contrats: vue d'ensemble*, in *Uniform Law Review*, vol. 13 (2008), págs. 203 e segs..

[14] V. Paul Gérard POUGOUÉ, *L'avant projet d'acte uniforme OHADA sur le droit des contrats: les tribulations d'un universitaire*, disponível a partir de *www.ohada.com*. O Autor chega a colocar em dúvida a necessidade de harmonização do direito dos contratos, ao sustentar que uma tal actividade comportaria o abandono total da soberania estatal no campo legislativo e judiciário não previsto no Tratado OHADA (!) e a utilização dos princípios UNIDROIT como modelo – seguindo ainda o Autor – apenas seria indicada para os contratos comerciais internacionais e não para os contratos comerciais internos ou os não comerciais, ressalvando que no interior do espaço OHADA existe apenas um sistema de tradição civilista e só este deve ser harmonizado.

[15] V. Marcel FONTAINE, *L'avant projet* cit., Gaston KENFACK DOUAJNI, *La coordination de l'avant-projet de'Acte uniforme sur le droit des contrats avec les autres Actes uniformes de l'OHADA*, in *Uniform Law Review*, vol. 13 (2008), págs. 367 e segs.; Dorothé C. SOSSA, *Le champ d'application de l'avant-projet d'Acte uniforme OHADA sur le droit*

Na preparação do futuro acto uniforme sobre o direito dos contratos tem sido prestada particular atenção à necessidade de assegurar a coordenação com outras disposições relativas aos contratos previstas noutros actos uniformes, bem como a necessidade de assegurar a conformidade do projecto com outros projectos em curso, em especial, o acto uniforme relativo aos contratos dos consumidores – que já foi distribuído pelos comités nacionais OHADA – e com o acto uniforme relativo à prova em matéria civil, que foi já incluído no programa de harmonização adoptado pelo Conselho de Ministros da OHADA[16].

2.2. *Aspectos fundamentais do projecto de acto uniforme*

O projecto de acto uniforme é composto por duzentos e treze artigos e abrange os sectores da formação, validade, interpretação, conteúdo, cumprimento e incumprimento do contrato, cessão das obrigações contratuais e prescrição. Relativamente ao modelo adoptado nos princípios UNIDROIT, foi acrescentada a disciplina das obrigações sob condição, solidárias e alternativas e a matéria relativa à protecção dos credores e de terceiros através da acção sub-rogatória, a inoponibilidade dos actos fraudulentos que prejudiquem os credores e a simulação. O projecto tem o objectivo declarado de se afastar de conotações com o regime francês nesta matéria, procurando alcançar uma solução de compromisso com os princípios da *common law*, tendo em vista a possibilidade de uma futura adesão de Países pertencentes a esta família jurídica[17].

Um dos problemas que o futuro acto uniforme enfrenta diz respeito à formação do contrato e ao modo como este pode criar obrigações juridicamente válidas, quanto a saber se é suficiente a simples vontade das partes, ou se esta deve ser expressa respeitando uma forma particular, e se

---

des contrats: contrats en général/contrats commerciaux/contrats de consommation, in *Uniform Law Review*, vol. 13 (2008), págs. 339 e segs., analisa os argumentos a favor e contra cada opção, concluindo pela necessidade de estender a aplicação do futuro acto uniforme a todos os contratos indistintamente. No sentido de limitar a aplicação do futuro acto uniforme apenas aos contratos comerciais, v. Félix ONANA ETOUNDI, loc. cit.. Por outro lado, Paul Gérard POUGOUÉ, *L'avant projet* cit., salienta que – numa abordagem excessivamente ancorada na tradição da *civil law* –, tendo em vista uma aplicação a todas as tipologias de contratos, nem todos os aspectos da teoria geral do contrato estariam abrangidos.

[16] Cf. UNIDROIT, Governing Council, Memorandum cit..
[17] V. Marcel FONTAINE, *L'Avant-projet* cit..

deve ser feita a prova da celebração do contrato oralmente, por escrito ou através de testemunhas, tendo em conta a elevada taxa de analfabetismo que se verifica nos Países africanos.

Quanto à forma do contrato, o projecto de acto uniforme reconhece o princípio da consensualidade, já presente no Código Civil francês herdado do período colonial[18]. Contudo, se este reconhecimento está de acordo com o desenvolvimento hodierno das transacções comerciais internacionais num contexto de economia de mercado e não põe problemas de coordenação com as disposições previstas nos outros actos uniformes relativas aos contratos – restando ainda, de qualquer modo, as diversas disposições particulares formais previstas nos outros actos uniformes com referência a figuras jurídicas específicas, como no caso das garantias –, o seu funcionamento concilia-se mal com o formalismo presente nos sistemas tradicionais – de que é exemplo a celebração de um contrato com a presença de testemunhas ou do chefe da comunidade – de formação do contrato, que o acto uniforme se propõe tutelar[19].

O projecto de acto uniforme estabelece o princípio da liberdade contratual, com as respectivas consequências e limites. O projecto começa por estabelecer que as partes são livres de celebrar qualquer contrato e estipular o seu conteúdo[20], tendo como único limite o respeito por princípios morais e de ordem pública[21]. A autonomia conferida às partes permite excluir a aplicação do acto uniforme ao contrato, ou ainda a modificação dos efeitos das respectivas normas, salvo quando o acto uniforme disponha em sentido contrário[22]: daqui resulta a natureza supletiva do futuro regime relativo ao direito dos contratos, excepção feita às disposições que o mesmo acto uniforme qualifique como imperativas[23].

---

[18] Cf. Artigo 1.°, n.° 3, § 1. O princípio da consensualidade também se encontra expresso no Código Civil português (cf. Artigos 219.° e 408.°), estendido às colónias africanas, e no Código Civil espanhol (Artigo 1258.°), aplicável na Guiné Equatorial.

[19] Sobre o tema, v. Felix Onana ETOUNDI, *Formalisme et preuve des obligations contractueles dans l'avant-projet d'Acte uniforme OHADA sur le droit des contrats*, in *Uniform Law Review*, vol. 13 (2008), págs. 355 e segs..

[20] Cf. Artigo 1.°/1.

[21] Cf. Artigo 3.°/1, para o qual remete o Artigo 1.°/1.

[22] Cf. Artigo 1.°/2.

[23] V. Jacqueline LOHOUES-OBLE, *L'autonomie des parties: le caractère suppletif des dispositions de 'avant-projet d'Acte uniforme OHADA sur le droit des contrats*, in *Uniform Law Review*, vol. 13, págs. 319 e segs..

Seguindo o modelo dos princípios UNIDROIT, o redactor do projecto não considerou os conceitos de causa e *consideration* nos contratos[24], facto que não pode deixar de ser positivamente apreciado tendo em vista a esperada adesão ao sistema OHADA dos Países africanos de tradição jurídica anglo-saxónica.

Os princípios estabelecidos no projecto de acto uniforme em matéria de formação do contrato, cumprimento e consequência em caso de incumprimento são claramente inspirados no critério do *favor contractus*, em linha com as previsões já estabelecidas nesse sentido no AUDCG relativamente à compra e venda comercial e no âmbito das questões já referidas a propósito dos princípios UNIDROIT. Em especial, algumas disposições do projecto de acto uniforme tendem a favorecer o nascimento de um vínculo contratual, enquanto que em sede de execução do contrato o objectivo é o de favorecer a manutenção da relação contratual, devendo este objectivo ser prosseguido até ao momento do incumprimento definitivo, pelo que a protecção do contrato se encontra subjacente à lógica do anteprojecto na previsão das soluções para esta fase[25].

Ainda no que respeita à formação e, sobretudo, ao cumprimento do contrato, o projecto de acto uniforme consagra os princípios da boa fé e lealdade, determinando a sua inderrogabilidade pelas partes[26]. Da adopção destes critérios resultam importantes consequências, tal como a que determina que uma parte não pode ter uma conduta diversa da expectativa que suscitou na outra parte sempre que esta tenha razões objectivas para confiar na contraparte[27]. Este princípio que, juntamente com aquele que determina a responsabilidade pelos danos causados a uma parte em caso de

---

[24] O argumento é tratado em detalhe por Christine CHAPPUIS, *Le renoncement à la cause et à la consideration dans l'avant-projet d'Acte uniforme OHADA sur le droit des contrats*, in *Uniform Law Review*, vol. 13 (2008), págs. 229 e segs..

[25] Para uma análise detalhada destas disposições, na óptica do princípio do *favor contractus*, v. Emmanuel S. DARANKOUM, *La protection du contrat dans l'avant-projet d'Acte uniforme OHADA sur le droit des contrats: conclusion, exécution et remèdes en cas d'inexécution*, in *Uniform Law Review*, vol. 13 (2008), págs. 229 e segs..

[26] Cf. Artigo 1.º/6. Kalongo MBIKAYI, *La confirmation des príncipes de bonne foi et de loyauté dans l'avant-projet d'Acte uniforme OHADA sur le droit des contrats*, in *Uniform Law Review*, vol. 13 (2008), págs. 223 e segs., realça que a norma retoma a previsão do Artigo 33.º do Código das Obrigações da República Democrática do Congo, dado que parece ser significativo tendo em vista uma futura adesão deste País à OHADA.

[27] Cf. Artigo 1.º/7.

quebra nas negociações ou conduta de má fé[28], estabelece os critérios de determinação da responsabilidade pré-contratual, os quais são claramente inspirados nos princípios UNIDROIT e na jurisprudência comercial internacional, de forma a atingir o justo equilíbrio na aproximação entre os sistemas do direito continental e da *common law*.

Outra das consequências da adopção dos princípios da boa fé e da lealdade é o dever de colaboração entre as partes no cumprimento das respectivas obrigações, desde que uma das partes possa razoavelmente contar com a colaboração da outra parte[29]. No entanto, o projecto contém uma limitação da indemnização em caso de incumprimento, sempre que a parte inadimplente tenha possibilidade de atenuar o dano com recurso a meios razoáveis[30].

Por fim, a presença dos critérios em análise reflecte-se nos preceitos relativos à tutela do contraente mais fraco nos contratos excessivamente onerosos para esta parte ou com cláusulas abusivas introduzidas pela parte mais forte, prevendo-se sanções contra a parte que beneficia de vantagens excessivas – da anulação do contrato à redução equitativa do mesmo ou da cláusula que determina a vantagem excessiva em favor da parte mais forte[31] –, impedindo-se que a parte que age de má fé se possa valer de cláusulas limitativas ou de exclusão da responsabilidade em caso de incumprimento[32], estabelecendo-se também a possibilidade de redução do valor da cláusula penal sempre que esta seja manifestamente excessiva relativamente ao prejuízo causado, tendo em conta todas as circunstâncias do caso[33].

Especial atenção é dada à fase do cumprimento do contrato, onde se encontram presentes as disposições destinadas a fazer face a situações de excessiva onerosidade superveniente. Uma norma específica regula o incumprimento devido a causas de força maior[34], enquanto, pelo contrá-

---

[28] Cf. Artigo 2.º/15, n.º 2. O n.º 3 do mesmo preceito qualifica como acto de má fé o início de negociações ou a sua continuação quando a parte não tenha qualquer intenção de celebrar um contrato com a outra parte.

[29] Cf. Artigo 5.º/3.

[30] Cf. Artigo 7.º/26. Sempre que a parte incorra em despesas para diminuir o dano sofrido pelo incumprimento, ela tem o direito de exigir à contraparte o valor correspondente.

[31] Cf. Artigo 3.º/10.

[32] Cf. Artigo 7.º/6.

[33] Cf. Artigo 7.º/31.2.

[34] Cf. Artigo 7.º/7.

rio, permaneceu de fora uma disciplina da impossibilidade de cumprimento por paralisação, hipótese que está presente na prática do comércio internacional e que tem sido objecto de diversas arbitragens.

Também ficaram de fora do projecto de acto uniforme os institutos da novação e da delegação, os quais estão presentes, por exemplo, no Código Civil francês. A exclusão deve-se à antiguidade e rigidez dos institutos, raramente utilizados na prática; seja como for, a novação objectiva permanece sempre possível pela via convencional, enquanto que a de natureza subjectiva e a delegação foram adequadamente substituídas pelo novo regime da cessão do crédito e da dívida[35].

O projecto nada diz sobre a prova do contrato[36], uma vez que no momento da sua redacção existia já um outro projecto para a redacção de um acto uniforme sobre o direito probatório. A decisão do Conselho de Ministros de integrar os dois projectos permitirá colmatar a lacuna[37].

Em síntese, pode afirmar-se que o novo direito uniforme dos contratos, uma vez aprovado – apesar das resistências que ainda se verificam, sobretudo a respeito de uma regulamentação única dos contratos – representará um passo decisivo para a superação de um direito de matriz colonial já caduco e pouco adaptado às exigências do progresso, indo ao encontro de um modelo mais conforme às modernas exigências do comércio internacional.

2.3. Um papel para o direito costumeiro africano?

Uma análise posterior deve, no entanto, ser efectuada. Neste âmbito, importa analisar o conteúdo do Artigo 1.°/8, nos termos do qual «*As partes estão vinculadas aos usos por elas consentidos, assim como pelas práticas estabelecidas entre elas. As partes estão vinculadas por todos os usos que são conhecidos e regularmente observados pelas partes nos contratos da mesma natureza, a menos que a sua aplicação se revele desadequada*».

---

[35] Cf. Capítulo 11. Sobre o tema, v. a nota explicativa de Marcel FONTAINE no seu *Avant-projet* cit., pág. 26.

[36] V. ainda a nota explicativa de Marcel FONTAINE no seu *Avant-projet* cit., pág. 17.

[37] Felix Onana ETOUNDI, *Formalisme* cit., propõe uma solução em que a prova escrita só possa ser possível em casos excepcionais e bem delimitados, com a finalidade de conciliar a liberdade de forma contratual do direito tradicional com a necessidade de prova escrita, hoje presente no moderno direito das obrigações.

Tendo em mente as directivas estabelecidas pelo Conselho de Ministros – ou seja, seguir como modelo, tanto quanto possível, os princípios UNIDROIT – parece óbvio que na redacção do novo regime se deveria fazer referência aos usos do comércio internacional, mas é também claro que uma norma desta natureza abre as portas à aplicação do direito costumeiro africano – melhor dizendo, do direito africano tradicional – em matéria de contratos.

Conforme dito, o regime estabelecido no Código Civil francês herdado do período colonial baseia-se no princípio da consensualidade na formação do contrato e na forma escrita quanto à prova. Contudo, a investigação jurídica africana – valendo-se de pesquisas antropológicas – demonstrou que existia já em África, antes do período colonial, um direito dos contratos próprio, vestígios do qual se podem encontrar em algumas regras sobre a formação e sobre a prova das obrigações contratuais, como sejam a natureza formal do contrato e a utilização de testemunhas enquanto meios de prova do contrato. Segundo a lei tradicional, o contrato não é celebrado através do simples consenso das partes, pois requer a presença de testemunhas que forneçam prova acerca da sua existência. Os requisitos de forma resumem-se assim mais à presença de duas testemunhas do que à existência de um documento escrito.

Em especial, o direito costumeiro africano não desenvolveu uma teoria geral das obrigações e não conhece o contrato tal como ele é hoje concebido; ao invés, conhece muito bem o conceito de «troca» e tem uma certa ideia de causa contratual[38], mas a liberdade contratual é fortemente limitada nas sociedades tradicionais em função da sua dimensão eminentemente comunitária. A celebração do contrato não está necessariamente ligada à declaração de vontades, sendo mais baseada em dois elementos de facto diferentes do simples acordo de vontades: a forma – presença de testemunhas no cumprimento das diversas formalidades do contrato – e o cumprimento de uma prestação contratual convencionada entre as partes[39].

---

[38] Existe causa, por exemplo, entre a concessão de mão de uma mulher ao pretendente e o pagamento do dote e as obrigações a que o noivo ficará adstrito quando a noiva se tornar sua mulher. Também existe causa no caso da doação, se se considerar que em várias culturas esta origina uma obrigação de uma «contra-doação» de valor idêntico.

[39] V., para mais desenvolvimentos, Rodolfo SACCO, *Il diritto africano*, Turim, UTET, 1995; ID., *Antropologia juridica*, Bolonha, Il Mulino, 2007. Sobre o direito dos contratos nalgumas realidades africanas tradicionais, v. Andrew B. LYALL, *Traditional Contracts in German East África: the Transition from Pré-Capitalist Forms*, in 30 *Jour-*

Deste modo, existem elementos de um «direito africano do contratos» que devem ser tomados em consideração quando se fala em contrato no âmbito do direito costumeiro africano[40]. Nos sistemas tradicionais africanos o contrato reveste-se de extrema importância: as pessoas, as famílias, os clãs, as tribos celebram acordos relativos à própria existência da pessoa ou do grupo. O contrato envolve frequentemente aspectos sagrados e relativos à feitiçaria e tem um especial valor, ou é incontestável na medida em que é concluído ou aprovado com intervenção do chefe da comunidade. Por outro lado, a celebração do contrato é também um evento: matrimónio[41], troca ou transferência de terras, transacções relativas ao acesso, direitos, direitos de uso e/ou de passagem para os pastos e recursos hídricos são celebrados a seguir a negociações que duram algum tempo, duração essa que, por vezes, se verifica também na própria celebração do contrato. Mas até mesmo o contrato mais simples é visto, de qualquer modo, como uma obrigação que não envolve apenas aspectos «económicos», pois tem também implicações de natureza pessoal – tais como a honra, a reputação e o respeito pela contraparte ou a comunidade.

Consequentemente, vendo a disciplina do contrato no direito africano aos olhos do moderno direito dos contratos de tradição jurídica ocidental, pode indubitavelmente afirmar-se que elementos como a tipologia – no sentido dos tipos contratuais –, elementos do contrato ou os requisitos para a sua formação, podem ser diferentes entre os vários grupos existentes em África. Por outro lado, é também verdade que existe um grupo de princípios gerais relativos à formação do contrato, à sua execução e à resolução dos respectivos litígios[42] que são comuns no direito costumeiro africano.

---

nal of African Law (1986), págs. 91 e segs.; Isaac A. SCHAPERA, Contract in Tswana Law, e Yash P. GHAI, Customary Contracts and Transactions in Kenya, ambos in Max J. GLUCKMAN (ed.), Ideas and Procedures in African Costumary Law, Londres, Oxford University Press, 1969.

[40] A existência de um «direito contratual tradicional» é admitida por Stanislaus MELONE, Les resistences de droit traditionel au droit moderne des obligations, Actas do Colóquio de Dakar, 5-9 de Julho de 1977, in Revue sénégalaise de droit, n.º 21 (1977), p. 47.

[41] Existem em África diferentes experiências em que a escolha da noiva é o resultado de um acordo entre as famílias dos noivos, no qual a família do noivo paga um preço para este poder ter a sua noiva.

[42] Sobre o assunto, v. Salvatore MANCUSO, "Trends on the Harmonization of Contract Law in Africa", in 13 Annual Survey of International and Comparative Law (2007), págs. 157 e segs..

Dito isto, saliente-se que a eventual abertura do direito costumeiro africano existente no projecto de acto uniforme é, se confirmada, absolutamente oportuna tendo em conta a aproximação do futuro regime às especificidades africanas e à necessidade de aproximar o direito da OHADA aos mecanismos do comércio informal sobre o qual já nos debruçámos no decurso do presente trabalho[43]. No entanto, arrisca-se, caso não seja realizada *cum grano salis*, a ser uma simples abertura, apenas explanada no texto do acto uniforme, ou um elemento com efeitos imprevisíveis quando se pensa no trabalho do TCJA quando chamado – num contexto do direito africano – a garantir a uniformidade da aplicação do novo acto uniforme no espaço OHADA. Provavelmente, uma pesquisa sobre os elementos comuns ao direito costumeiro africano dos contratos poderá fornecer ao TCJA o conjunto de normas que lhe permitam, por um lado, aplicar os elementos do direito costumeiro africano e, por outro, garantir uma aplicação uniforme do novo direito dos contratos, facilitada pela natureza genérica das normas costumeiras[44].

3. O acto uniforme relativo aos contratos dos consumidores

Outra área objecto de futura harmonização, também devido às decisões tomadas pelo Conselho de Ministros da OHADA na reunião de Março de 2001 em Bangui, é a relativa ao direito dos consumidores. Esta escolha suscitou bastante perplexidade, uma vez que este sector pouco tem a ver com o direito comercial[45]. Não se esqueça, porém, que o Artigo 2.º do

---

[43] Esta necessidade é também manifestada por Abdoullah CISSÉ, *L'harmonisation du droit des affaires en Afrique: l'expérience de l'OHADA à l'épreuve de sa première décennie*, in Revue Internationale de Droit Économique, 2004, págs. 197 e segs., e ainda Constantin TOHON, *Le traité de l'OHADA, l'anthropologue du droit et le monde des affaires en Afrique et en France*, in AA.VV., *Juridicités*, série Cahiers d'anthropologie du droit, Paris, Khartala, 2006, págs. 129 e segs..

[44] Sobre o tema, v. a nossa posição no estudo sobre um *common core* no primitivo direito africano in Salvatore MANCUSO, *The New African Law: Beyond the Difference Between Common Law and Civil Law*, in 14 Survey of International and Comparative Law (2008), págs. 39 e segs.; sobre o método, com as necessárias adaptações à realidade Africana, v. Mauro BUSSANI e Ugo MATTEI (eds.), *The Common Core of European Private Law*, Haia, Kluwer, 2003.

[45] V. Henri TEMPLE, *Quel droit de la consommation pour l'Afrique? Une analyse du projet OHADA d'Acte Uniforme sur le droit de la consommation*, in Revue burkinabé de droit, n.os 43-44 (2003), disponível a partir de *www.ohada.com*.

Tratado, na sua parte final, estabelece a possibilidade de incluir no programa de harmonização «*todas as demais matérias que o Conselho de Ministros decida, por unanimidade, incluir, de acordo com o objecto do presente Tratado e com o disposto no Artigo 8.º*», deixando assim entender que o Conselho de Ministros tem uma ampla margem de discricionariedade e que o conceito de «direito comercial» deve ser entendido num sentido lato[46].

Diversamente do projecto de harmonização relativo ao direito dos contratos, são por enquanto escassas e fragmentárias as informações disponíveis sobre o projecto de harmonização dos contratos dos consumidores. Dele foram redigidas duas versões – a última das quais com data de 15 de Junho de 2003 – mas nenhuma delas foi disponibilizada. O projecto parece ser mais ambicioso na medida em que pretende incluir a disciplina do direito do consumo, maugrado, ao ler-se o seu título, pareça estar limitado aos contratos dos consumidores. O projecto é constituído por cento e trinta e oito artigos relativos às relações contratuais, publicidade, práticas comerciais e associações de consumidores.

Se as passagens relativas à formação do contrato e sua execução parecem ser coerentes à aproximação feita pelos redactores, suscita alguma perplexidade a introdução no conjunto das sanções contratuais de normas relativas à responsabilidade do produtor, embora hoje já separada do quadro contratual da compra e venda, assim como parece difícil ligar ao discurso de natureza puramente contratual todas as disposições do projecto relativas às associações de consumidores, à sua personalidade judiciária e aos acordos colectivos celebrados com entes públicos ou com representantes das empresas[47]. Além disso, o recurso a um acto uniforme da OHADA implica a retirada das decisões judiciais proferidas em última instância aos tribunais supremos de cada Estado, transferindo-as para o TCJA, o que faz surgir dúvidas quanto à eficiência do sistema OHADA relativamente aos problemas concretos mas modestos dos consumidores, se bem que em África são certamente poucos os consumidores que recorrem à justiça e ainda menos aqueles que chegam à mais alta instância judicial[48].

Analisando com mais detalhe o projecto, nos seus doze artigos iniciais, este contém uma série de definições destinadas a clarificar o seu âm-

---

[46] V. Joseph ISSA-SAYEGH, Jaqueline LOHOUES-OBLE, *OHADA. Harmonisation du droit des affaires*, Bruylant, Bruxelas, 2002.
[47] V. Henri TEMPLE, *Quel droit* cit..
[48] V. Henri TEMPLE, *Quel droit* cit..

bito de aplicação, no qual se incluem as de consumidor (limitada às pessoas singulares), contrato de consumidor, fabricante (que deve coincidir com a de produtor, ainda que sejam levantadas dúvidas sobre a sua efectividade[49]).

Entre as normas relativas ao dever de informação do consumidor destacam-se a obrigação de o profissional entregar ao consumidor que o solicite uma cópia das condições gerais do contrato – quando existam – contendo o nome e o endereço «geográfico» da empresa[50], a necessidade de as cláusulas dos contratos serem redigidas de forma a que o consumidor possa compreender o seu sentido[51] e ainda a obrigação de lealdade, que proíbe a prática abusiva que cause danos ou seja susceptível de colocar em perigo os interesses dos consumidores[52]. Em geral, deve ser também considerada útil, e por isso comunicada, toda a informação que o consumidor tenha interesse em conhecer, sendo a obrigação de informar particularmente oportuna em função da dificuldade para o consumidor de se informar e da confiança legítima que ele possa ter na empresa[53].

No que concerne à determinação da lei aplicável ao contrato, o projecto contém duas normas para disciplinar a questão: os Artigos 14.° e 144.°. Contudo, nenhum destes dois preceitos designa expressamente o tribunal competente, conservando as partes, no âmbito da possível aplicação do acto uniforme, a possibilidade de escolher a lei aplicável ao contrato de consumo[54] e a lei do lugar de formação do contrato – nada é dito quanto aos contratos celebrados à distância – disciplina as matérias que estejam fora do referido âmbito de aplicação[55].

---

[49] V. Henri TEMPLE, *Quel droit* cit..
[50] Cf. Artigo 23.°. Talvez fosse preferível a obrigatoriedade da entrega do documento e que o endereço geográfico incluísse o endereço topográfico e postal, essenciais em caso de litígios e execuções.
[51] Cf. Artigo 32.°.
[52] Cf. Artigo 52.°.
[53] Cf. Artigo 26.°.
[54] Cf. Artigo 144.°.
[55] Henri TEMPLE, *Quel droit* cit., refere que, na versão precedente, três preceitos, os Artigos 14.°, 175.° e 176.°, designavam como lei aplicável aos contratos não disciplinados pelo acto uniforme a lei do lugar de formação do contrato (cf. Artigo 14.°). Este preceito era próximo do Artigo 21.°, nos termos do qual o contrato de consumo era celebrado no lugar da residência habitual do consumidor. A solução parecia ser desmentida pelo Artigo 175.°, que garantia ao consumidor a tutela mínima prevista nas disposições do acto uniforme em caso de escolha das partes da lei aplicável ao contrato de consumo, o que pare-

Quanto à venda à distância, o projecto dispõe que a empresa vendedora não pode exigir nenhum pagamento parcial ou total ao consumidor antes do final do prazo para o exercício do direito de resolução, ou seja, antes de decorridos sete dias úteis a contar da data da entrega[56], dispondo o consumidor de quinze dias úteis para restituir o produto[57], enquanto o vendedor tem o ónus de recuperar o produto no prazo de trinta dias úteis a contar da renúncia, sob pena de o consumidor adquirir a respectiva propriedade[58].

Relativamente à resolução de litígios, nenhuma disposição proíbe uma cláusula atributiva de competência, seja em razão do território, seja em razão da matéria. O projecto de acto uniforme favorece a possibilidade de se recorrer à arbitragem para a resolução de litígios, mas considera abusiva – e por isso não escrita – uma cláusula do contrato que prive o consumidor do direito de agir judicialmente, que lhe imponha uma tentativa de composição amigável ou a arbitragem, ou que renuncie aos recursos que possam ser interpostos contra uma decisão judicial ou uma sentença arbitral[59]; seria certamente preferível designar simplesmente o tribunal do domicílio do consumidor como o tribunal competente, em alternativa a uma arbitragem. É de dois anos o prazo para a prescrição da acção judicial[60].

No campo penal, o que para o Código do Consumo francês constitui o crime de «*abus de faiblesse*»[61] torna-se um comportamento ilegítimo desprovido de sanção penal[62]. O crime de fraude ou de falsificação é designado como «dano na informação pré-contratual»[63], enquanto o crime

---

cia ser sinal de admissão da possibilidade de escolha de uma lei diversa da lei do lugar do domicílio do consumidor.

[56] Cf. Artigo 106.º.
[57] Cf. Artigo 108.º.
[58] Cf. Artigo 109.º. Segundo Henri TEMPLE, *Quel droit* cit., a norma pode levar à hipótese absurda em que o consumidor que recebe o produto, não o paga, renuncia a ele no prazo de sete dias úteis após a entrega, dispõe de quinze dias úteis para o restituir e não o faz, e se a empresa não recuperar o produto no prazo de trinta dias úteis a contar da renúncia, o consumidor torna-se proprietário do bem sem o pagar!
[59] Cf. Artigo 55.º, alíneas *z*) e *aa*).
[60] Cf. Artigos 127.º e segs..
[61] Cf. Artigos L122-8 a L122-11.
[62] Cf. Artigo 51.º. Na versão original do projecto falava-se simplesmente de «*lésion entre majeurs*» (cf. Artigos 27.º e 28.º).
[63] Cf. Artigos 29.º e segs..

de publicidade enganosa[64] está consagrado sob a designação de «publicidade proibida»[65], ainda que realizada em jogos e concursos[66]. A recusa de venda e as vendas conexas[67], as vendas através de expedição não solicitada[68] e a venda sem factura[69] são crimes previstos no Código do Consumo francês, mas tratados como ilícitos civis no projecto de acto uniforme, assim como as vendas em pirâmide, as vendas ao domicílio que não respeitem as previsões legais e as vendas à distância não sujeitas a sanções penais[70]. Em todo o caso, a última versão do projecto ressalva a aplicação das disposições penais previstas na legislação nacional dos vários Estados-membros[71].

Além disso, o projecto dispõe que o consumidor ou o interessado possam valer do direito de indemnização de que dispõem por força de legislação diversa[72], mas o alcance desta formulação, que parece inspirada no Artigo 13.º da directiva europeia relativa a esta matéria, é algo enigmático[73].

Relativamente às associações de consumidores, o primeiro projecto sujeitava-as a um procedimento administrativo de aprovação ministerial[74], enquanto a última versão elimina esta aprovação preliminar[75]. Quanto aos acordos colectivos[76], verifica-se no projecto a sua eficácia nos Países que ainda sofrem seriamente com a pobreza, o analfabetismo, a má nutrição, as epidemias, a insegurança política, sem contar com as frequentes carências da administração.

O sistema desenhado ao nível da OHADA parece à primeira vista proteger menos o consumidor do que o sistema europeu. Diga-se, no entanto, que o processo de aprovação deste acto uniforme está de momento parado,

---

[64] O Código do Consumo francês criminaliza fortemente esta conduta no Artigo L121-1.
[65] Cf. Artigos 36.º e segs..
[66] Cf. Artigos 43.º e segs..
[67] Cf. Artigo 47.º.
[68] Cf. Artigo 48.º.
[69] Cf. Artigos 60.º e segs..
[70] Cf. Artigos 120.º a 131.º.
[71] Cf. Artigo 14.º, § 2.
[72] Cf. Artigo 154.º.
[73] Sobre o tema, v. Henri TEMPLE, *Quel droit* cit..
[74] Cf. Artigo 164.º.
[75] Cf. Artigo 133.º.
[76] Cf. Artigo 128.º.

seja por causa de uma futura reconsideração, seja pela possibilidade de vir a ser integrado no acto uniforme relativo ao direito dos contratos.

4. O acto uniforme relativo à prova em matéria civil

Também a harmonização do direito relativo à prova em matéria civil deriva das decisões tomadas pelo Conselho de Ministros em 2001.

Não foram ainda disponibilizados os trabalhos empreendidos nesta matéria.

Em todo o caso, com a decisão tomada em Niamey em Julho de 2007, o Conselho de Ministros decidiu integrar este projecto de acto uniforme no projecto relativo ao direito dos contratos, pelo que qualquer análise sobre o mesmo se torna supérflua e incerta.

5. O acto uniforme relativo ao direito do trabalho

A ideia de harmonização num sector tão sensível como é o direito do trabalho assume uma extrema importância num contexto como o africano, caracterizado por uma forte presença do sector informal no comércio e nas relações laborais. Um futuro acto uniforme será chamado a evitar a insegurança jurídica e os abusos na formação e desenvolvimento do contrato de trabalho, o recurso sistemático aos tribunais em favor do diálogo e da conciliação e a ausência de flexibilidade na gestão dos trabalhadores.

O projecto de acto uniforme é constituído por duzentos e noventa e nove artigos, sendo muito ambicioso, porquanto pretende disciplinar todos os diversos aspectos da relação de trabalho[77]. Ele trata dos direitos fundamentais, do contrato de trabalho, das condições de trabalho, da saúde e da segurança no local de trabalho, da representação dos trabalhadores e dos direitos sindicais, das convenções e acordos colectivos de trabalho, da resolução dos litígios e dos diversos tipos de ilícitos criminais. Relativamente à legislação laboral aplicada nos vários Estados-membros apresenta

---

[77] Sobre a oportunidade de proceder à harmonização a nível regional deste sector do direito, v. Joseph ISSA-SAYEGH, *Questions impertinentes sur la création d'un droit social regional dans les états africains de la zone franc*, in *Afrilex* 2000/00, pág. 1.

inovações importantes, como sejam a promoção de uma política social única na região, a protecção do trabalho feminino e dos menores, a tutela da segurança no trabalho, a vontade de promover a formação profissional, a protecção da saúde no local de trabalho, a luta contra a SIDA e a introdução do conceito de assédio sexual e moral.

No âmbito dos direitos fundamentais assinale-se, entre outros, a proibição de trabalhos forçados ou obrigatórios[78], a proibição de trabalhar a menores de quinze anos[79], o reconhecimento de direitos sindicais a todos os trabalhadores[80], a proibição de qualquer discriminação (raça, cor, sexo, religião, opiniões políticas, etc.), entre as quais está inserida a relativa aos seropositivos, embora tenha sido esquecida a proibição relativa à etnia – a menos que esta se insira no âmbito da proibição de discriminação racial[81] –, o direito à retribuição igual para trabalho igual[82] e à proibição de assédio sexual e moral[83]. A violação dos direitos fundamentais está sujeita a sanção criminal[84].

O título seguinte é dedicado a todas as fases do contrato de trabalho, desde a sua formação à sua cessação, passando pela suspensão e modificação, quer do contrato, quer da situação jurídica do empregador; são depois reguladas as figuras do aprendiz, do estagiário e da formação profissional, bem como o trabalho temporário.

O projecto ocupa-se depois das condições de trabalho, no seio das quais se trata do período normal de trabalho e do período de repouso, das férias e da retribuição. Outro aspecto importante diz respeito à regulamentação da saúde e segurança no local de trabalho, no âmbito das quais o projecto estabelece obrigações a cargo do empregador e dos trabalhadores.

Particular atenção é ainda dada à representação dos trabalhadores e ao exercício dos direitos sindicais, estando também previstas disposições relativas à conclusão e à execução das convenções e acordos colectivos de trabalho[85].

---

[78] Cf. Artigo 3.º.
[79] Cf. Artigo 5.º.
[80] Cf. Artigo 6.º.
[81] Cf. Artigos 8.º e 10.º.
[82] Cf. Artigo 9.º.
[83] Cf. Artigo 12.º.
[84] Cf. Artigo 13.º.
[85] Sobre o impacto resultante da adopção de um acto uniforme em matéria de negociação colectiva no direito aplicado nos Estados-membros, v. Athanase FOKO, *La négotia-*

Um título autónomo dentro do acto uniforme é dedicado à resolução de litígios laborais, distinguindo-se litígios individuais, para os quais está prevista uma conciliação preventiva e por isso o recurso a um tribunal, e litígios colectivos, para os quais, a uma fase colectiva se segue um processo arbitral. Neste âmbito, o redactor do projecto optou por disciplinar a greve e o *lock-out*.

O projecto trata depois dos organismos administrativos e de consulta, bem como dos respectivos instrumentos de controlo que são colocados à sua disposição.

As disposições penais encerram a parte do projecto relativa ao direito substantivo. Distinguem-se os ilícitos criminais praticados pelo empregador e pelo trabalhador, ilícitos criminais comuns a ambas as categorias e ilícitos criminais comuns ao empregador, ao trabalhador e a terceiro.

O projecto foi transmitido aos Estados-membros no início de 2007, mas o seu desenvolvimento tem sofrido sucessivos atrasos devido à forte resistência à harmonização deste sector. Um projecto modificado deverá ser elaborado e apresentado numa próxima reunião plenária dos comités nacionais da OHADA.

6. As perspectivas de desenvolvimento do direito da OHADA

6.1. *Um acto uniforme relativo ao direito das telecomunicações?*

No âmbito do movimento de harmonização da OHADA, tem sido dedicada particular atenção à possibilidade de concretizar um quadro jurídico uniforme relativo ao direito das telecomunicações[86].

A ideia surgiu depois de uma reunião dos Países francófonos realizada em Ouagadougou no mês de Novembro de 2004, na qual o secretário--geral Abou Diouf afirmou: «*prestaremos especial atenção à implantação*

---

tion collective em droit du travail: contribuition à l'analyse prospective des normes applicables à la veille de l'adoptoin d'un novel acte uniforme par l'OHADA, in *Revue Penant*, n.º 858 (2007), págs. 7 e segs..

[86] Um balanço sobre o debate relativo à possibilidade de harmonização do direito das telecomunicações e possíveis soluções nesta matéria pode ser encontrado in Jacques BLANCHÉ, Raphael NKOLWOUDOU, *OHADA des Télécoms: harmmoniser les cadres réglementaires pour dynamiser le marche africain des communications électroniques*, disponível a partir de *www.ohada.com*.

de um quadro jurídico e regulamentar do direito das telecomunicações e internet»[87]. A criação de um estrutura legal e regulamentar comum em matéria de telecomunicações parece ser essencial para o desenvolvimento de um sector das telecomunicações competitivo e eficiente, adaptável ao protagonismo crescente que este sector tem tido nas actividades comerciais.

É sobejamente reconhecido que os Países africanos membros da OHADA têm um grande atraso tecnológico relativamente aos Países ocidentais, atraso esse que contribui para impedir que as suas economias e mercados estejam activamente presentes no cenário económico moderno, ameaçando severamente as suas perspectivas de desenvolvimento económico e de competitividade.

Na indústria das telecomunicações, leis e regulamentos adequados são factores essenciais que devem acompanhar um desenvolvimento tecnológico continuado e veloz; são uma circunstância necessária para o dinamismo e a eficiência do sector e competitividade e fiabilidade dos respectivos serviços. Um ambiente legal e regulamentar adequado é também necessário para concretizar um acesso satisfatório, não discriminatório e rentável aos serviços de telecomunicações, requisito essencial para o desenvolvimento económico e para o desenvolvimento humano. O mesmo ambiente harmonizado a nível regional representa sem dúvida um instrumento extremamente útil, que permite aos Países unir forças e distribuir a sua capacidade para defrontar os grandes desafios no sector comercial; por outro lado, a implementação de um regime jurídico harmonizado ao nível regional em matéria de telecomunicações permite aos Estados serem dotados, com mais facilidade, de normas não discriminatórias, abertas e orientadas para o comércio, no interesse das respectivas economias, e facilita os investimentos em infra-estruturas de telecomunicações, de que os Países africanos necessitam urgentemente.

Por todos os motivos referidos, uma eventual harmonização jurídica no sector das telecomunicações que compreenda os Países que fazem parte da OHADA será um contributo extremamente útil para o crescimento e o desenvolvimento das actividades comerciais na África subsaariana[88].

---

[87] O discurso está disponível a partir de *www.francophonie.org*.

[88] A exigência de harmonização do direito das telecomunicações e do sector das novas tecnologias, de extrema importância na prática comercial actual, parece ser partilhada por Abdoullah CISSÉ, *L'harmonisation* cit., pág. 201.

Todavia, antes de entrar em detalhe sobre essa possibilidade, cumpre colocar uma questão prévia: pode um eventual acto uniforme sobre o direito das telecomunicações ter lugar no âmbito do Tratado da OHADA? A resposta a esta questão deve ser dada tendo em consideração o papel das telecomunicações no sector comercial, que é já amplo e continua a crescer. Com efeito, as telecomunicações são talvez o instrumento do mundo dos negócios: o telefax, o *e-mail*, a internet, têm hoje um papel essencial para estabelecer os contactos entre os empresários, para lhes fornecer a informação necessária sobre uma questão específica, para desenvolver as negociações contratuais, para celebrar um contrato. Os negócios internacionais são hoje sustentados por instrumentos de telecomunicações.

Ora, é reconhecido que a interpretação da expressão «*direito comercial*» prevista no Artigo 1.º do Tratado OHADA e especificada no artigo seguinte é de molde a ser entendida num sentido extremamente amplo, para incluir a regulamentação de todos os diversos componentes da vida económica[89]. É por isso possível concluir, sob tais pressupostos, que um acto uniforme relativo ao direito das telecomunicações possa entrar no âmbito de aplicação do Tratado OHADA.

Se considerarmos a situação interna da região em matéria de telecomunicações em geral e de leis reguladoras em particular, concluímos que a ausência de um regime jurídico que enquadre os vários aspectos das telecomunicações é um facto que pode certamente comprometer o desenvolvimento dos investimentos nos Países OHADA. A situação relativa ao regime jurídico das telecomunicações nos Estados-membros é muito variada. Existem Estados, caso do Senegal, onde o regime jurídico se encontra bem desenvolvido, e outros, casos do Benim e do Congo, em que a questão tem sido tratada de modo desadequado, e outros ainda em que a regulamentação simplesmente não existe.

Nos Estados em que a regulamentação se encontra bem desenvolvida, as autoridades governamentais mantêm uma certa suspeição relativamente à alteração das «regras do jogo», por causa do tradicional centralismo estatal e da detenção por parte do Estado da maioria, senão da totalidade, do capital social das operadoras locais de telecomunicações. Tudo isto leva a uma falta de independência das autoridades nacionais de telecomunicações, quando existam, por causa do forte controlo exercido pelas autoridades governamentais. Além disso, permanece a questão da

---

[89] V. Joseph Issa-Sayegh, Jacqueline Lohoues-Oble, ult. ob. cit..

aplicação da *law in the books*: umas vezes as regras não são aplicadas e, mesmo quando aplicadas, são exercidas pressões sobre os membros das respectivas entidades reguladoras.

Este género de situação é entendido pelos investidores como um risco e tem reflexos no ambiente de investimento. Além disso, a falta de regras uniformes num sector chave como o das telecomunicações tem um efeito directo sobre os consumidores, que pagam caro os serviços, sem retirarem vantagem das melhores tecnologias devido à ausência de um mercado competitivo.

A harmonização do regime jurídico das telecomunicações nos Países OHADA pode contribuir par criar um mercado comum das telecomunicações, removendo todas as barreiras jurídicas, técnicas, burocráticas e proteccionistas entre os Estados, estabelecendo uma concorrência adequada e eliminando todas as distorções entre os diferentes sistemas legislativos que geram condições de concorrência desigual entre os Estados-membros.

No decurso do presente trabalho sublinhou-se, mais do que uma vez, como a incerteza jurídica é um dos principais obstáculos ao investimento. Tal incerteza deriva também da possibilidade que cada Governo tem de alterar a lei a qualquer momento e impor uma interpretação mais "conveniente" da lei em vigor, incerteza que aumenta quando as normas são mal redigidas ou quando só os princípios gerais – como a concessão de autorizações, direitos de passagem, interconexões – sejam fixadas na lei, deixando a sua aplicação à descrição do Governo através da promulgação da respectiva legislação subsidiária.

A harmonização do regime jurídico a um nível supranacional pode superar tais preocupações pois torna-se improvável que os pedidos de alteração do regime fundados em razões de mera oportunidade possam ser aceites a este nível e o trabalho do TCJA pode assegurar uma interpretação correcta do futuro acto uniforme, que pode levar à transparência do sistema legislativo aplicável às telecomunicações. Para esse fim, é essencial que o novo acto uniforme garanta o princípio da liberdade de acesso à actividade de telecomunicações, contenha um sistema livre e simples para as autorizações com incidência específica quanto à sua duração, estabeleça os motivos para a sua recusa, assim como para a renovação e rescisão, forneça um nível de transparência relativamente a taxas e impostos a pagar e determine regras aptas a assegurar a concorrência, a independência das entidades reguladoras e um sistema real de interconexão. Um acordo no interior da OHADA quanto a este género de regras – contudo simples e fáceis de serem respeitadas – favorecerá o investimento nos Países interessados, em especial no sector das telecomunicações.

No entanto, existem certamente possíveis obstáculos à harmonização em África das leis relativas às telecomunicações.

As zonas rurais de África são imensas e aí faltam infra-estruturas elementares – como escolas, energia eléctrica, estradas, água: num tal contexto, os Estados podem facilmente objectar que a harmonização da legislação em matéria de telecomunicações não pode ser propriamente considerada como uma prioridade para eles. Por outro lado, os Estados estão conscientes dos benefícios que uma concorrência real pode ter no sector, mas ao mesmo tempo estão relutantes em renunciar ao seu monopólio numa área que lhes assegura uma alta fonte de rendimentos e de controlo sobre a troca de informações. É bem notório que alguns Estados interessados têm uma tradição política bastante liberal, enquanto outros são de tradição centralizadora. Mas se estes Países considerarem que tal harmonização pode ser vista como um instrumento para atrair investimento estrangeiro e, consequentemente, elevar a qualidade de vida, tal medida pode ser considerada como uma ajuda ao seu desenvolvimento e uma contrapartida para a abertura do mercado à concorrência.

Os princípios devem ser claros e precisos de maneira a evitar lacunas na aplicação do futuro acto uniforme. Tal aplicação deverá ser acompanhada de prazos adequados e ter em devida consideração as necessidades legítimas dos Estados-membros, sem ser demasiado centralizada a um nível supranacional. Um regime adequado de sanções, aceitável em todos os Países, deverá ser implementado. Todas as informações relativas à execução do acto uniforme deverão ser públicas, de modo a aumentar a confiança dos consumidores e dos investidores quanto à sua aplicação; o TCJA ocupar-se-á de todas as questões de interpretação do novo acto uniforme.

Se a criação de um regime jurídico uniforme das telecomunicações no espaço OHADA pode assegurar a separação entre a função reguladora, de um lado, e a actividade relativa à propriedade e à direcção das empresas de telecomunicações, do outro, para os Países cujo Estado mantenha a propriedade ou o controlo de tais empresas deverão ser estabelecidos princípios claros sobre a incompatibilidade entre as funções directivas em tais empresas e a ligação à autoridade nacional de telecomunicações.

Estas autoridades nacionais, uma vez estabelecidas – se necessário – serão chamadas a aplicar o novo regime uniforme, a controlar a sua correcta execução e a verificar o cumprimento das obrigações por parte das empresas do sector, devendo-lhes ser conferidos os necessários poderes para o efeito. Às autoridades nacionais competirá, por outro lado, gerir os pedidos de autorização para fornecer os serviços de telecomunicações, aplicar a política tarifária, impedir e sancionar a prática de concorrência desleal e o incumprimento ou violação das obrigações por parte das empresas de telecomunicações, dentro dos limites fixados por lei e depois de um procedimento administrativo. Um processo de cooperação entre as diferentes autoridades nacionais do sector poderá ser aconselhável.

A harmonização do regime de autorização poderá ajudar ao trabalho das autoridades nacionais, assim como a harmonização dos princípios destinados a estabelecer as políticas tarifárias, no respeito pelos princípios da imparcialidade, não discriminação e transparência, dando como adquirido que será cada autoridade nacional a estabelecer as tarifas nacionais.

Por fim, considerando que o sistema legislativo interno dos Países africanos não se ocupa da tutela do consumidor no sector das telecomunicações, o novo acto uniforme poderá abordar este aspecto, fornecendo as medidas suficientes para a protecção dos direitos fundamentais dos consumidores, o respeito pela sua vida privada, assim como as regras relativas às negociações e aos acordos contratuais entre os consumidores e as empresas de telecomunicações. A preparação e a distribuição aos Estados-membros de questões relativas aos princípios gerais de uniformização, assim como às questões específicas a incluir no novo acto uniforme, poderá revelar-se certamente muito útil para uma melhor preparação do futuro regime uniforme do direito das telecomunicações[90].

Em geral, tal processo de preparação deverá considerar as características especiais de África e as especificidades dos Países africanos; a esse propósito, não poderá deixar de se considerar o analfabetismo generalizado e a escassa cultura jurídica dos Países africanos[91], pelo que será preferível a adopção de um método não formalístico, com uso de uma terminologia simples e de fácil compreensão[92]. O futuro acto uniforme relativo

---

[90] Este foi o método seguido por Marcel FONTAINE na preparação do projecto de acto uniforme relativo ao direito dos contratos. O questionário está em anexo à nota explicativa cit..

[91] V., com referência ao direito dos contratos, Marcel FONTAINE, *Le projet* cit., pág. 253.

[92] Esta é também a abordagem usada na redacção do projecto de acto uniforme relativo ao direito dos contratos.

ao direito dos contratos deverá contribuir para a modernização deste sector nos Países da OHADA, com a aplicação dos novos princípios à nova realidade económica[93].

6.2. Uma primeira possibilidade de uniformização mediante a integração de normas existentes: a OAPI

Na área de influência da OHADA operam algumas organizações regionais das quais algumas têm ligações muito próximas com a OHADA.

Uma destas é a Organização Africana da Propriedade Intelectual (OAPI), a qual criou um sistema central de registo para os Países da África francófona[94]. Esta é fruto de um acordo celebrado em Bangui a 2 de Março de 1977, posteriormente alterado por um novo acordo celebrado a 24 de Fevereiro de 1999, em vigor desde Fevereiro de 2002.

Os motivos que levaram à criação da OAPI residiram na necessidade de promover o desenvolvimento económico e social, de uniformizar as leis relativas às obras de criação e de encorajar a cooperação entre os Estados-membros. A OAPI é responsável pela autuação e pela aplicação de processos administrativos comuns, contribuindo para a promoção dos direitos de propriedade literária e artística, encorajando a criação de órgãos de copyright nos Estados-membros e centralizando e coordenando as informações de cada género relativas à protecção da propriedade literária e artística, patentes e marcas.

A OAPI funciona como um sistema comum de protecção da propriedade intelectual, que se caracteriza pela existência de uma legislação uniforme aplicável em cada Estado-membro e pela centralização dos processos e da informação ao nível da Organização[95]. O acordo de Bangui permite ao utente obter a protecção dos respectivos direitos de propriedade intelectual em todos os Estados-membros através de um simples depósito, considerado como depósito nacional de cada Estado-mem-

---

[93] Ainda com referência ao direito dos contratos, v. Felix Onana ETOUNDI, *Les principes* cit..

[94] Todos os Estados-membros da OHADA são membros da OAPI, com excepção das Ilhas Comores. Da OAPI faz também parte a Mauritânia.

[95] O Tratado OAPI criou um Centro de Documentação e Informação em matéria de patentes, ao qual cada Estado-membro pode ter acesso nessa qualidade (cf. Artigo 34.º do Tratado OAPI).

bro[96], que garante a protecção dos direitos de propriedade intelectual para cada Estado-membro[97].

A fim de garantir a prossecução dos seus objectivos, a OAPI pôs em funcionamento um sistema normativo único, válido em todos os Estados-membros em dez sectores da propriedade intelectual, entre os quais as marcas, patentes, desenhos e modelos industriais e nomes comerciais. Esta legislação, criada com a finalidade de criar condições favoráveis para uma aplicação efectiva dos princípios de protecção da propriedade intelectual, é directamente aplicável em todos os Estados-membros[98] e torna inaplicável qualquer legislação contrária na mesma matéria, tal como acontece com os actos uniformes da OHADA.

A OAPI é uma organização dotada de personalidade jurídica[99], composta por três instituições: um Conselho de Administração, que define a política geral da Organização e regulamenta e controla a aplicação do direito da propriedade intelectual, uma Direcção-Geral, que cumpre as directivas do Conselho de Administração[100], e a Comissão Superior de Recurso, que examina os recursos interpostos contra as decisões de rejeição dos pedidos de inscrição de direitos de propriedade intelectual[101]. Qualquer decisão proferida por um tribunal de um Estado-membro em matéria de propriedade intelectual tem força de caso julgado nos restantes Estados-membros[102], não existindo um tribunal supranacional que garanta a uniformidade de interpretação e aplicação das normas do Acordo.

Esta brevíssima análise permite retirar algumas conclusões.

---

[96] Cf. Artigos 5.º e 6.º do Tratado OAPI.
[97] Cf. Artigos 7.º a 11.º do Tratado OAPI.
[98] Cf. Artigo 2.º do Tratado OAPI. Sobre o tema, v. Joseph ISSA-SAYEGH, Jacqueline LOHOUES-OBLE, *OHADA. Harmonisation* cit., pág. 80.
[99] Cf. Artigo 23.º do Tratado OAPI.
[100] Cf. Artigos 1.º, 22.º e 23.º do Tratado OAPI.
[101] Cf. Artigo 16.º do Tratado OAPI.
[102] Cf. Artigo 15.º do Tratado OAPI. A norma não clarifica até que ponto as decisões dos tribunais nacionais têm força de caso julgado nos outros Estados-membros. Na falta de jurisprudência sobre a matéria, é preferível uma interpretação conservadora, nos termos da qual as sentenças têm valor de caso julgado em todos os Estados-membros, com a consequente impossibilidade de discutir o mérito da decisão, mas impõe-se um procedimento de deliberação, necessário para lhe conferir executividade e permitir a sua execução – neste sentido, v. Joseph ISSA-SAYEGH, Jacqueline LOHOUES-OBLE, *OHADA. Harmonisation* cit., pág. 81.

O sector da propriedade intelectual, não se encontrando entre aqueles especificados como objecto de harmonização no Artigo 2.° do Tratado OHADA, está certamente entre aqueles classificáveis como parte do direito comercial *latu senso*.

A sua harmonização – no entanto já existente –, unida à garantia de uma interpretação e aplicação comum do regime uniforme, enquadra-se perfeitamente nos objectivos de segurança jurídica e judiciária e de criação de um ambiente jurídico favorável, a fim de atrair os investimentos delineados no Tratado OHADA.

A identidade substancial entre as duas organizações relativamente aos Estados-membros mais não representa do que um elemento a favor da integração, em princípio, da OAPI no âmbito da OHADA.

Por fim, o TCJA, enquanto órgão judicial de natureza supranacional, poderá assegurar o controlo da aplicação e uma interpretação uniforme do regime hoje previsto no OAPI, tanto mais que a revisão do Tratado OHADA reforçou a composição do TCJA com o aumento do número de juízes[103].

6.3. Uma segunda possibilidade de harmonização mediante a integração de normas existentes: a CIMA

Uma outra experiência a considerar é a da CIMA – *Conférance Interafricaine des Marches d'Assurances* – fruto de um Tratado celebrado por treze Países – todos membros da OHADA[104] –, para a criação de uma organização integrada do sector dos seguros. O objectivo é o de racionalizar o mercado dos seguros para o transformar num mercado único, através da regulamentação uniforme das empresas, das operações seguradoras e dos contratos de seguros num só código[105].

O Tratado estabelece as regras organizativas da «Conferência», existindo ainda outros dois instrumentos normativos, a saber, o Código dos Seguros dos Estados-membros, constituído por quinhentos e quarenta e

---

[103] Já hoje, se um litígio apresentado ao TCJA contemplar a aplicação do regime OAPI, este é tratado e julgado unicamente pelo TCJA, mesmo na parte relativa ao direito OAPI.
[104] Dela só não fazem parte a Guiné Conacry, a Guiné-Bissau e a Guiné Equatorial. As Ilhas Comores assinaram o Tratado mas ainda não o ratificaram.
[105] Cf. Artigo 3.° do Tratado CIMA.

sete artigos e o Estatuto e Competências das Direcções Nacionais de Seguradoras, com apenas três artigos. O Código só se aplica aos seguros terrestres, pelo que os seguros marítimos, fluviais e aéreos estão excluídos do seu âmbito de aplicação; sendo, no entanto, a «Conferência» competente no âmbito do sector segurador em geral, nada impede a mesma de regular as três áreas actualmente sem cobertura[106].

Através deste Código, todas as empresas de seguros, qualquer que seja a sua forma e operações de seguros a que se dedicam[107], estão sujeitas a um regime comum quanto à sua constituição, funcionamento ou liquidação[108], sendo reguladas de acordo com a forma particular pela qual estão constituídas – SA, sociedades mutualistas de seguros, sociedades mutualistas de resseguro, *tontinière*[109]; o Código regula também minuciosamente o respectivo regime financeiro e estabelece elementos precisos para determinar a solvabilidade[110], assim como contém normas relativas à contabilidade[111].

Estão também no âmbito de aplicação do Código os intermediários do ramo, cujas profissões estão disciplinadas quer a nível geral[112], quer particular para cada figura de intermediário, com particular atenção para as condições de acesso ao exercício da profissão[113].

O contrato de seguro é regulado por normas de natureza imperativa[114], que contêm o regime geral dos seguros para danos não marítimos – não se faz referência, contudo, à exclusão dos danos fluviais e aéreos – e dos seguros de pessoas – Título I, sobre a celebração e prova do contrato, transmissão das apólices, obrigações do segurador e do segurado, competência e prescrição –, regras específicas para os seguros por danos de incêndios ou de responsabilidade civil, de pessoas, para os contratos de

---

[106] Para uma análise do regime da CIMA, v. Anne-Marie H. Assi Esso, Joseph Issa-Sayegh, Jacqueline Lohoues-Oble, *CIMA. Droit des assurances*, Bruylant, Bruxelas, 2002.

[107] Cf. Artigo 1.º do Código CIMA que exclui, porém, as empresas de resseguro.

[108] Cf. Artigos 300.º a 329.º do Código CIMA. Joseph Issa-Sayegh, Jacqueline Lohoues-Oble, OHADA. *Harmonisation* cit., pág. 83, nota 3, salientam que estas regras são compatíveis com as previstas no AUDSCAIE e no AUOPC.

[109] Cf. Artigos 329.º a 331.º do Código CIMA.

[110] Cf. Artigos 334.º a 338.º do Código CIMA.

[111] Aqui coloca-se a questão da compatibilidade destas normas com o AUDC.

[112] Cf. Artigos 500.º a 528.º do Código CIMA.

[113] Cf. Artigos 529.º a 547.º do Código CIMA.

[114] Constituem excepção as normas indicadas no Artigo 2.º do Código CIMA.

capitalização (Títulos II e III) e para os contratos de seguro de grupos (Título IV).

O Código trata depois o tema dos seguros obrigatórios (Livro II), fixando os princípios gerais em matéria de responsabilidade civil aplicáveis a todos os ofendidos, incluindo o transporte gratuito, e estabelecendo as modalidades de indemnização do dano sofrido pelos ofendidos indirectos de acidentes rodoviários.

Também no caso da CIMA se podem aplicar as observações já feitas a propósito da OAPI.

A área relativa ao direito dos seguros pode ser também incluída no âmbito de um entendimento amplo do direito comercial. O contrato de seguro tem uma natureza comercial, pelo menos do ponto de vista da empresa seguradora.

Assim, neste caso, a harmonização operada já se enquadra perfeitamente nos objectivos da OHADA e uma eventual integração dos dois regimes poderá ser um impulso para a harmonização das áreas em falta – seguros marítimos, fluviais e aéreos –, de modo a oferecer aos operadores económicos um quadro normativo completo e actualizado.

Ao nível dos Países aderentes, conforme já referido, todos eles pertencem ao espaço OHADA. Uma futura integração dos três Países em falta só poderá beneficiar os respectivos mercados seguradores e dar um impulso à sua integração no espaço da OHADA.

Por fim, o TCJA poderá ser chamado a desempenhar um papel fundamental de forma a garantir uma correcta e uniforme interpretação e aplicação do regime comum, ainda que a inclusão de um sector com a importância dos seguros possa levar à necessidade de aumentar o quadro de juízes existente para não perder de vista o objectivo de celeridade na resolução dos litígios, pedra angular do sistema OHADA[115].

Só o tempo que aí vem pode desvendar a dúvida.

---

[115] Vale também para a CIMA, *mutatis mutandis*, tudo quanto foi dito na nota 103 a respeito da OAPI.

POSFÁCIO

Esta valiosa obra de Salvatore Mancuso, que oferece ao leitor de língua portuguesa a primeira visão de conjunto do Direito da OHADA disponível no nosso idioma, confronta-nos com a questão fundamental do *sentido* e dos *limites* da aproximação dos sistemas jurídicos nacionais.

Criada em 1993 como organização dirigida à *harmonização* do Direito dos Negócios em África – conforme o denota desde logo o artigo 1.º do Tratado que a instituiu, segundo o qual «[o] presente Tratado tem por objecto a harmonização do direito dos negócios nos Estados partes, através da elaboração e adopção de regras comuns modernas e adaptadas à situação das respectivas economias» –, a OHADA evoluiria, através dos seus Actos Uniformes, fundamentalmente no sentido da *unificação* desse Direito.

Ora, não são poucas, nem de fácil resposta, as questões suscitadas por esta opção. Poderá, nomeadamente, afirmar-se que a unificação do Direito dos Negócios é *necessária* a fim de assegurar a integração económica regional em África? E será ela *legítima* à luz dos princípios que norteiam a OHADA e a actividade dos legisladores dos seus Estados membros? Será, por fim, essa unificação *viável*, atentas as diferenças que subsistem entre os Direitos dos Estados que a compõem?

Não será este, decerto, o local apropriado para desenvolvermos estes temas. Sempre diremos no entanto, à guisa de *posfácio*, como nos foi solicitado pelo distinto Colega e Amigo a quem se deve a presente monografia, que a experiência de diversos países inseridos em espaços de integração económica e até política, nos quais foi preservada a diversidade legislativa em matéria civil e comercial (de que os Estados Unidos da América são porventura o melhor exemplo), leva a concluir que a coexistência de Direitos diversos num espaço daquela natureza não é impossível, contanto que se instituam os necessários mecanismos de coordenação entre eles, com destaque para os de Direito Internacional Privado.

Ora, são esses mecanismos que patentemente ainda faltam no edifício legislativo da OHADA, onde se nota a ausência, por ora, de regras comuns sobre a competência internacional dos tribunais, os conflitos de leis no espaço e o reconhecimento de sentenças estrangeiras, que permitam assegurar, à uma, a livre circulação dos actos jurisdicionais no seio dos Estados membros desta organização e a harmonia de julgados entre eles, num quadro de *pluralismo das legislações nacionais*.

Este último é, com efeito, o garante da *adequação do Direito* às necessidades reais da sociedade em que este se destina a vigorar, bem como ao sentimento ético-jurídico dos seus destinatários, e, por esta via, da própria eficácia dele; importa por isso preservá-lo na medida em que tal seja compatível com os objectivos da integração regional.

Só assim poderá, de resto, o Direito da OHADA fazer face à acusação, que lhe foi dirigida por um distinto africanista (cfr. Jacques Vanderlinden, «*Ex Africa semper...*», *Revue Internationale de Droit Comparé*, 2006, pp. 1187 ss.), de que os seus princípios jurídicos, assim como a própria *démarche* que envolve a sua adopção, se encontram marcadas pelo selo da *exogeneidade* e pela suspeita de *neocolonialismo*, bem como pela *falta de interesse imediato* pelos problemas cruciais das populações africanas em matéria de administração da justiça.

A fim de ser uma realidade viva, o Direito tem de reflectir a *alma* da sociedade que pretende conformar normativamente; de contrário é por ela repelido. Em África, por exemplo, a tradição de oralidade em matéria contratual encontra-se estreitamente ligada à circunstância de muitas pessoas, incluindo os comerciantes, não dominarem a expressão escrita. A imposição neste continente da observância de forma escrita na conclusão dos contratos, à imagem do que sucede nos Direitos europeus no tocante a muitos tipos contratuais, destinar-se-ia, por isso, com toda a probabilidade, a ficar letra morta.

A própria *viabilidade* de uma unificação integral do Direito dos Negócios seria duvidosa, pois muitas das diferenças que separam os sistemas jurídicos nacionais neste domínio não relevam meramente da técnica jurídica, antes radicam em *factores metajurídicos*, que o legislador é por si só incapaz de superar: pense-se, por exemplo, na regra da *Xaria* que proíbe a cobrança de juros (*riba*), vigente nos países africanos onde o Islamismo é a religião dominante, mas que não tem qualquer expressão na maior parte dos países da África subsariana, com destaque para os de língua portuguesa.

O pluralismo jurídico, a que o autor desta obra dedica as suas reflexões introdutórias, constitui, por estes e outros motivos que não é possível desenvolver aqui, uma *necessidade social* incontornável, que vários legisladores nacionais têm vindo ultimamente a reconhecer.

Nesse sentido se orientam, por exemplo, as Constituições de dois países lusófonos que há pouco o acolheram expressamente nas suas disposições. Foi o que sucedeu em 2004 em Moçambique, cuja Constituição dispõe no artigo 4.º, sob a epígrafe «pluralismo jurídico», que «[o] Estado reconhece os vários sistemas normativos e de resolução de conflitos que coexistem na sociedade moçambicana, na medida em que não contrariem os valores e princípios fundamentais da Constituição»; e em Angola em 2010, onde a Constituição veio estabelecer, no artigo 7.º, que «[é] reconhecida a validade e a força jurídica do costume que não seja contrário à Constituição nem atente contra a dignidade da pessoa humana».

Eis por que, a nosso ver, haverá que encontrar no quadro da OHADA um ponto de equilíbrio entre a desejável *unidade* e a irreprimível *diversidade* dos Direitos dos seus Estados membros: importa, é certo, eliminar entraves desnecessários à circulação de pessoas e bens e ao investimento estrangeiro, bem como promover a certeza do Direito e a segurança nas relações jurídicas plurilocalizadas; mas sem que isso leve os sistemas jurídicos nacionais a perderem a sua individualidade própria e a descaracterizarem-se.

Este livro de Salvatore Mancuso, em que os Actos Uniformes da OHADA são correctamente situados no contexto da problemática do pluralismo jurídico em África e a que não falta uma interessante reflexão sobre o papel do Direito consuetudinário na regulação dos contratos neste continente, constitui sem dúvida um importante contributo para a realização daqueles desideratos.

Lisboa, maio de 2012.

Dário Moura Vicente

Professor Catedrático da Faculdade de Direito
da Universidade de Lisboa

BIBLIOGRAFIA

Livros

AA. VV., *L'harmonisation du droit en Afrique*, Actas da Conferência sobre: *Problemi dell'armonizzazione del diritto privato e del diritto internazionale privato nelle relazioni commerciali in Africa*, realizada em Roma entre os dias 4 e 6 de Dezembro de 1972, Milano, Giuffrè, 1974.

AA. VV., *Tratado de derecho civil*, tomo III, Barcelona, Bosch, 2003.

AKA Narcisse, *Acte uniforme sur le droit de l'arbitrage dans l'espace OHADA annoté et commenté*, 1999.

ANOUKAHA François, *Le droit des sûretés dans l'Acte uniforme OHADA*, Yaoundé, Presses Universitaires d'Afrique, 1998.

ANOUKAHA François, *Les procédures simplifiées de recouvrement et les voies d'exécution de l'OHADA*, Yaoundé, Presses Universitaires d'Afrique, 1999.

ANOUKAHA François, CISSÉ Abdoullah, DIOUF Ndiaw, NGUEBOU TOUKAM Josette, POUGOUÉ Paul-Gérard, SAMB Moussa, *OHADA. Sociétés commerciales et G.I.E.*, Bruxelas, Bruylant, 2002.

ANOUKAHA François, CISSE-NIANG Aminata, FOLI Messanvi, ISSA-SAYEGH Joseph, NDIAYE Isaac Y., SAMB Moussa, *OHADA. Sûretés*, Bruxelas, Bruylant, 2002.

ASSI ESSO Anne-Marie H., DIOUF Ndiaw, *OHADA. Recouvrement des créances*, Bruxelas, Bruylant, 2002.

ASSI ESSO Anne-Marie H., ISSA-SAYEGH Joseph, LOHOUES-OBLE Jacqueline, *CIMA. Droit des assurances*, Bruxelas, Bruylant, 2002.

BENABENT Alain, *Droit civile. Les contrats spéciaux civils et commerciaux*, 5ª ed., Paris, Montchrestien, 2001.

BIONDI Biondo, *Istituzioni di diritto romano*, 4.ª ed., Milão, Giuffrè, 1972.

BOKALLI Victor Emmanuel, SOSSA Dorothé C., *OHADA. Droit des contrats de transport de marchandises pour route*, Bruxelas, Bruylant, 2006.

BUSSANI Mauro e MATTEI Ugo (ed.), *The Common Core of European Private Law*, Haia, Kluwer, 2003.

CABRILLAC Michel e MOULY Christien, *Droit des sûretés*, 8.ª ed., Paris, Lexis Nexis Litec, 2007.

CARBONNIER Jean, *Derecho civil* (trad. Espanhola da 1.ª ed. francesa), tomo II, vol. II, Barcelona, Bosch, 1971.

CARRÉ Guillaume Louis Justin, *Cours élémentaire d'organisation judiciaire, de compétence, de procédure civile et criminelle, de notariat et de législation criminelle*, Paris, P. Dupont et Cailleux, 1833.

CRISTOFARI Riccardo, *Mutuo e risoluzione del contratto*, Milão, Giuffrè, 2002.
COLLART DUTILLEUL François, DELEBECQUE Philippe, *Contrats civils et commerciaux*, 2.ª ed., Paris, Dalloz, 1993.
CUETO José M., ESONO ABESO TOMO Sergio, MARTÍNEZ Juan Carlos, *La armonización del Derecho Mercantil en África impulsada por la OHADA*, Madrid, Ministerio de Justicia, 2006.
DIEZ-PICAZO Luiz, GULLON Antonio, *Sistema de derecho civil*, 7.ª ed., vol. II, Madrid, Tecnos, 1995.
DONNIER Marc e Jean-Baptiste, *Voies d'exécution et procédures de distribution*, Paris, Litec, 8.ª ed., 2007.
FÉNÉON Alain, GOMEZ Jean-René, *Droit commercial général, commentaires*, Paris, EDICEF, 1999.
FONSECA Tiago Soares da, *O Tratado da OHADA*, Lisboa, Jus, 2002.
FONSECA Tiago Soares da, *O acto uniforme relativo ao direito das sociedades comerciais e do agrupamento complementar de empresas*, Lisboa, Jus, 2002.
FOUCHARD Philippe (dir.), *L'OHADA et les perspectives de l'arbitrage en Afrique*, Bruxelas, Bruylant, 2000.
FRIGNANI Aldo, *Il contratto internazionale*, Pádua, CEDAM, 1997.
GAMBARO Antonio e SACCO Rodolfo, *Sistemi giuridici comparati*, Turim, UTET, 1996.
GHESTIN Jacques, *Traité de droit civil. Les obligations. Le contrat: formation*, 2.ª ed., Paris, LGDJ, 1988.
GOMES M. Januário da Costa e ATAÍDE Rui (coor.), *OHADA. Tratado, Regulamentos e Actos Uniformes*, Coimbra, Almedina, 2008.
GOMEZ Jean-René, *Entreprises en difficulté*, Pierrefitte-Sur-Seine, Bajag-Meri, 2003.
GUADAGNI Marco, *Xerka Beeraha. Diritto fondiario somalo*, Milão, Giuffrè, 1981.
GUADAGNI Marco, *Il modello pluralista*, Turim, Giappichelli, 1996.
GUADAGNI Marco, "*Legal Pluralism*", in Peter NEWMAN (ed.), *The New Palgrave Dictionary of Economics and the Law* (1998), pág. 542.
GUYON Yves, *Droit des affaires, tome 2: Les entreprises en difficulté, redressement judiciaire et faillite*, 9.ª ed., Paris, Economica, 2003.
ISSA-SAYEGH Joseph, LOHOUES-OBLE Jacqueline, *OHADA. Harmonisation du droit des affaires*, Bruylant, Bruxelas, 2002.
JUSTO António Santos, *Direito privado romano*, vol. II, 3.ª ed., Coimbra, Coimbra Editora, 2008.
KONÉ Mamadou, *Le nouveau droit commercial des pays de la zone OHADA: comparaison avec le droit français*, Paris, LGDJ, 2003.
LESPÈS Jean-Louis (ed.), *Les pratiques juridiques économiques et sociales informelles*, Actas do colóquio internacional de Nouakchott, 8 a 11 de Dezembro de 1988, Paris, PUF, 1991.
MADALENO Cláudia, *As Garantias das Obrigações nos Direitos Guineense e da OHADA*, Coimbra, Almedina, 2009.
MAKAYA Wilson, *Comptabilité des sociétés. Système comptable OHADA*, Paris, Publibook, 2008.
MANCUSO Salvatore (ed.), *The Harmonization of Business Law in Africa and Its Advantage for Chinese Investments in Africa*, Macau, Universidade de Macau, Instituto de Estudos Jurídicos Avançados, 2008.

MARTOR Boris, PILKINGTON Nanette, SELLERS David S. e THOUVENOT Sébastien, *Le droit uniforme africain des affaires issu de l'OHADA*, Paris, Lexis Nexis Litec, 2004.
MARTOR Boris, PILKINGTON Nanette, SELLERS David S. e THOUVENOT Sébastien, *Business Law in Africa*, Londres, GMB Publishing, 2007.
MAZEAUD Henri, Leon e Jean, CHABAS François, RANOUIL Veronique, *Sûretés. Publicité foncière*, 6.ª ed., Paris, Montchrestien, 1988.
MESSINEO Francesco, *Dottrina generale del contratto*, Milão, Giuffrè, 1952.
MESSINEO Francesco, *"Contratto (diritto privato)"*, in *Enc. Dir.*, vol. IX, Milão, Giuffrè, 1961.
MEYER Pierre, *OHADA. Droit de l'arbitrage*, Bruxelas, Bruylant, 2002.
MOULOUL Alhousseini, *Le régime juridique des sociétés commerciales dans l'espace OHADA: l'exemple du Niger*, Paris, LGDJ, 2005.
MOULOUL Alhousseini, *Comprendre l'OHADA*, 2.ª ed., Conakry, 2009.
NGUEBOU TOUKAM Josette, *Le droit commercial général dans l'acte uniforme OHADA*, Yaoundé, Presses Universitaires d'Afrique, 1998.
NJAMPIEP Jacques, *Maîtriser le droit et la pratique du système comptable OHADA*, Paris, Publibook, 2008.
NTAMPAKA Charles, *Introduction aux systèmes juridiques africains*, Namur, Presses Universitaires de Namur, 2005.
OHADA. Traité et actes uniformes commentés et annotés, Juriscope, Futuroscope Cedex, 3.ª ed., 2008.
ONANA ETOUNDI Felix, *Droit OHADA et exécution provisoire*, Abidjan, 2006.
ONANA ETOUNDI Felix, *La pratique de la saisie-attribution des créances à la lumière de la jurisprudence de la CCJA de l'OHADA*, Abidjan, 2006.
ONANA ETOUNDI Felix e MBOCK BIUMLA Jean Michel, *Cinq ans de jurisprudence commentée de la Cour Commune de Justice et d'Arbitrage de l'OHADA (CCJA) (1999-2004)*, Abidjan, 2006.
OSTI Giuseppe, *"Contratto"*, in *Nov. Dig. It.*, vol. IV, Turim, UTET, 1959.
PERLINGIERI Pietro, *Diritto comunitario e legalità costituzionale. Per un sistema italo- -comunitario delle fonti*, Nápoles, E.S.I., 1992.
PINTO Carlos Alberto da Mota, *Teoria geral do direito civil*, 4.ª ed., Coimbra, Coimbra Editora, 2005.
PLANIOL Marcel, RIPERT Georges, *Traité pratique de droit civil français, tome VI, obligations*, Parigi, LGDJ, 1952.
PLANIOL Marcel, RIPERT Georges, *Traité pratique de droit civil français, tome X, contrats civils*, Paris, LGDJ, 1956.
POUGOUÉ Paul-Gérard, *Présentation générale et procédure en OHADA*, Yaoundé, Presses Universitaires d'Afrique, 1998.
POUGOUE Paul-Gerard, TCHAKOUA Jean-Marie, FÉNÉON Alain, *Droit de l'arbitrage dans l'espace OHADA*, Yaoundé, Presses Universitaires d'Afrique, 2000.
ROULAND Norbert, *Antropologie juridique*, (trad. it.), Milão, Giuffrè, 1992.
SABA Apollinaire A. de, *OHADA. La protection du créancier dans la procédure simplifiée de recouvrement des créances civiles et commerciales*, Lomé, Les éditions de la rose bleue, 2005.
SACCO Rodolfo, *Le grandi linee del sistema giuridico somalo*, Milão, Giuffrè, 1985.

SACCO Rodolfo, *Introduzione al diritto comparato*, Turim, UTET, 1992
SACCO Rodolfo, *Il diritto africano*, Turim, UTET, 1995.
SACCO Rodolfo, *Antropologia giuridica*, Bolonha, Il Mulino, 2007.
SAMBE Oumar, IBRA DIALLO Mamadou, *Système comptable OHADA*, 3.ª ed., Dakar, Editions comptables et juridiques, 2003.
SAMBE Oumar, IBRA DIALLO Mamadou, *Guide pratique des sociétés commerciales et du groupement d'intérêt économique (GIE) OHADA*, Dakar, Editions Comptables et Juridiques, 2008.
SANFILIPPO Cesare, *Istituzioni di diritto romano*, Catanzaro, Rubbettino, 2002.
SANTOS Akueté Pedro e TOÉ Jean Yado, *OHADA. Droit commercial général*, Bruxelas, Bruylant, 2002.
SAWADOGO Filiga Michel, *OHADA. Droit des entreprises en difficulté*, Bruxelas, Bruylant, 2002.
SIMLER Philippe e DELEBECQUE Philippe, *Les sûretés. La publicité foncière*, 5.ª ed., Paris, Dalloz, 2007.
SOCKENG Roger, *Droit pénal des affaires OHADA*, Douala, Minsi Le Competing, 2007.
TERRE François, SIMLER Philippe, LEQUETTE Yves, *Droit civil – Les obligations,* 9.ª ed., Paris, Dalloz 2005.
TIGER Philippe, *Le droit des affaires en Afrique*, Paris, Presses Universitaires de France, 1999.

Artigos e comunicações

ABARCHI Djibril, *La supranationalité de l'Organisation pour l'harmonisation en Afrique du droit des affaires (OHADA)*, in *Revue Burkinabé de Droit*, n.° 37, 2000, págs. 9 e segs..
ADJITA Akrawati Wamsidine, *L'interprétation de la volonté des parties dans la vente commerciale (OHADA)*, in *Rev. Penant*, n.° 841 (2002), págs. 473 e segs..
ADJITA Akrawati Wamsidine, *Le droit de rétention comme sûreté en droit uniforme (O.H.A.D.A.)*, in *Rev. Penant*, n.° 844 (2003), pág. 286.
AGBOYIBOR Pascal K., *Récents développements du projet d'harmonisation du droit des affaires en Afrique (OHADA)*, in *Revue des affaires internationales* (1996), n.° 3, pág. 301.
AGBOYIBOR Pascal K., *OHADA: nouveau droit uniforme des sociétés*, in *Revue droit des affaires internationales*, n.° 6 (1998), págs. 673 e segs..
ALGADI Azibar Saïd, *Cession judiciaire et principes contractuels en droit OHADA*, in *RIDC* n.° 1 (2008), págs. 45 e segs..
ALLIOT Michel, *Problémes de l'unification des droits africains*, in 11 *Journal of African Law* (1967), n.° 2, págs. 86 e segs..
ALLOTT Anthony N., *Towards the Unification of Laws in Africa*, in 14 *Int. Comp. Law Quarterly* (1965), pág. 366.
AMOUSSOU-GUENOU Roland, *L'arbitrage dans le traité relatif à l'harmonisation du droit des affaires en Afrique (OHADA)*, in *RDAI* n.° 3 (1996), pág. 331.
ANCEL Jean-Pierre, *L'arbitrage et la coopération du juge étatique*, in *Rev. Penant*, n.° 833 (2000), págs. 170 e segs..
ANVILLE N'GORAN Jean-Jacques, *Du cautionnement solidaire dans l'Acte uniforme portant organisation des sûretés*, in Rev. Penant, n.° 857 (1996), pág. 401.

AQUEREBURU Coffi Alexis, *La procédure d'injonction à payer telle quelle est organisée par l'Acte Uniforme OHADA constitue-t-elle un recul par rapport à la loi togolaise du 20 avril 1988?*, in *Rev. Penant*, n.º 831 (1999), pág. 290.

AQUEREBURU Coffi Alexis, *L'état justiciable de droit commun dans le traité de l'OHADA*, in *Rev. Penant*, n.º 832 (2000), págs. 52 e segs..

ASCENSÃO José de Oliveira, *O Acto Uniforme da OHADA sobre o Direito Comercial Geral e a ordem jurídica da Guiné-Bissau*, in Boletim da Faculdade de Direito de Bissau, n.º 6, págs. 202 e segs..

ASSEPO ASSI Eugène, *La cour commune de justice et d'arbitrage de l'OHADA: un troisième degré de juridiction?*, in *Revue internationale de droit comparé*, n.º 4 (2005), pág. 943.

ASSOGBAVI Komlan, *La nouvelle procédure d'injonction de payer dans l'Acte Uniforme portant organisation des procédures simplifiées de recouvrement et des voies d'exécution*, in *Rev. Penant*, n.º 829 (1999), pág. 22.

ASSOGBAVI Komlan, *Les procédures collectives d'apurement du passif dans l'espace OHADA*, in *Rev. Penant*, n.º 832 (2000), págs. 55 e segs..

ATAÍDE Rui, *Orientações fundamentais do Acto Uniforme da OHADA relativo ao Direito Comercial Geral*, in Boletim da Faculdade de Direito de Bissau, n.º 8, págs. 267 e segs..

ATAÍDE Rui, *Estrutura, principais objectivos e inovações do Acto Uniforme relativo ao Direito das Sociedades Comerciais e do Agrupamento Complementar de Empresas*, in Boletim da Faculdade de Direito de Bissau, n.º 6 (2004), págs. 282 e segs..

ATOMINI Béléry, *La vente dans la législation OHADA*, in *Revue juridique tchadienne*, s.n. e d.

BA Seydou, *The Example of the Organization for the Harmonization of Business Law in Africa (OHADA)*, in Rudolf V. VAN PUYMBROECK, *Comprehensive Legal and Judicial Development. Toward an Agenda for a Just and Equitable Society in the 21st Century*, Washington D.C., Banco Mundial (2001), págs. 413 e segs..

BAMBA Affousiata, *La procédure d'arbitrage devant la Cour Commune de Justice et d'Arbitrage*, in *Rev. Penant*, n.º 833 (2000), págs. 147 e segs..

BAYONNE Joseph Anatole, *Les procédures civiles d'exécution selon l'acte uniforme de l'OHADA*, in *Hebdo Informations*, Libreville, n.º 409, 16 de Outubro de 1999.

BEN KEMOUN Laurent, *Les rapports entre les jurisdiction de cassation nationales et la Cour Commune de Justice et d'Arbitrage de l'OHADA: aspects conceptuels et évaluation*, in *Rev. Penant* n.º 860 (2007), pág. 299.

BOGDAN Michael, *Legal Pluralism in the Comoros and Djibouti*, in 69 *Nordic Journal of International Law* (2000), págs. 195 e segs..

BOIVIN Richard, PIC Pierre, *L'arbitrage international en Afrique: quelques observations sur l'OHADA*, in *Revue générale de droit*, n.º 32 (2002), págs. 847 e segs..

BOLMIN Monique, BOUILLET-CORDONNIER Ghislaine, MEDJAD Karim, *Harmonisation du droit des affaires dans la zone franc*, in *Journal du droit international* (1994) n.º 2, págs. 375 e segs..

BONELL Michael Joachim, *Comparazione giuridica ed unificazione del diritto*, in Guido ALPA, Michael Joachim BONELL, Diego CORAPI, Luigi MOCCIA, Vincenzo ZENO--ZENCOVICH (ed.), *Diritto privato comparato. Istituti e problemi*, Bari, Laterza, 1999.

BONELL Michael J., *The UNIDROIT Principles and Transnational Law*, in *Uniform Law Review*, (2000), pág. 199.

BOUBOU Pierre, *La notion de l'indépendance et de l'impartialité de l'arbitrage dans le droit OHADA*, in Revue camerounaise de l'arbitrage, n.° 9 (2000), págs. 3 e segs..

BOURDIN René, *Le règlement d'arbitrage de la Cour Commune de Justice et d'Arbitrage*, in Revue camerounaise de l'arbitrage, n.° 5 (1999), págs. 10 e segs..

BROLI Mathurin K., *La protection des vendeurs des biens avec la clause de réserve de propriété dans les procédures collectives: l'apport du traité OHADA*, in Rev. Penant, n.° 837 (2001), pág. 300.

BROU KOUAKOU Mathurin, *Le nouveau droit de contrat de transport de marchandises pour route dans l'espace O.H.A.D.A.*, in Rev. Penant, n.° 845 (2003), pág. 398.

BROU KOUAKOU Mathurin, *Le droit OHADA et le cautionnement hypothécaire*, in Rev. Penant, n.° 856 (2006), págs. 273 e segs..

CHAPPUIS Christine, *Le renoncement à la cause et à la consideration dans l'avant-projet d'Acte uniforme OHADA sur le droit des contrats*, in Uniform Law Review, vol. 13 (2008), págs. 253 e segs..

CISSÉ Abdoullah, *L'harmonisation du droit des affaires en Afrique: l'expérience de l'OHADA à l'épreuve de sa première décennie*, in Revue Internationale de Droit Économique, 2004, págs. 197 e segs..

CORREIA Januário Pedro, *Plano de Insolvência no Código da Insolvência – CIRE*, in Estudos sobre a OHADA, Bissau, 2008, págs. 117 e segs..

DARANKOUM Emmanuel S., *La pérennité du lien contractuel dans la vente commerciale OHADA: analyse et rédaction des clauses*, in Rev. Penant, n.° 853 (2005), pags. 507 e segs..

DARANKOUM Emmanuel S., *La protection du contrat dans l'avant-projet d'Acte uniforme OHADA sur le droit des contrats: conclusion, exécution et remèdes en cas d'inexécution*, in Uniform Law Review, vol. 13 (2008), págs. 229 e segs..

DELABRIÈRE Antoine, FÉNÉON Alain, *La constitution du tribunal arbitral et le statut de l'arbitre dans l'Acte Uniforme OHADA*, in Rev. Penant, n.° 833 (2000), pág. 157.

DIALLO Bakary, *Réflexions sur le pouvoir d'évocation de la Cour commune de Justice et d'Arbitrage dans le cadre du Traité de l'OHADA*, in Rev. Penant, n.° 858 (2007), pág. 40.

DIALLO Bakary, nota a *Cour Commune de Justice et d'Arbitrage, Arrêt n. 042/2005 du 7 juillet 2005*, in Rev. Penant, n.° 860 (2007), págs. 402 e segs..

DIOUF Ndiaw, *A especialidade das normas processuais em matéria de recuperação judicial e de liquidação dos bens*, in Boletim da Faculdade de Direito de Bissau, n.° 6 (suplemento) (2004), págs. 173 e segs..

EMIEN Miessan Ursène, *L'inscription des sûretés mobilières dans les Actes Uniformes de l'OHADA relatifs au droit commercial général et aux sûretés*, in Rev. Penant, n.° 860 (2007), págs. 356 e segs..

ENONCHONG Nelson, *The Harmonization of Business Law in Africa: Is Article 42 of the OHADA Treaty a Problem?*, in (2007) Journal of African Law, vol. 51, n.° 1, págs. 95-115.

FÉNÉON Alain, *Un nouveau droit de l'arbitrage en Afrique*, in Rev. Penant, n.° 833 (2000), pág. 129.

FÉNÉON Alain, *L'influence de la CVIM sur le nouveau droit africain de la vente commerciale*, in Rev. Penant, n.° 853 (2005), págs 464 e segs..

FÉNÉON Alain, Le *nouveau droit de l'arbitrage en Afrique*, in Rev. Penant, n.° 861 (2007), págs. 434 e segs..

FÉNÉON Alain, DELABRIÈRE Antoine, *Présentation de l'Acte Uniforme sur le droit commercial général*, in *Rev. Penant*, n.° 827 (1998), págs. 137 e segs..

FOKO Athanase, *Radioscopie des organes de gestion des sociétés anonymes depuis l'Acte Uniforme OHADA relatif au droit des sociétés commerciales et du group d'intérêt économique*, in *Verfassung und Recht in Übersee*, n.° 32 (1999), pág. 349.

FOKO Athanase, *Analyse critique de quelques aspects du droit pénal OHADA*, in *Rev. Penant*, n.° 859 (2000), págs. 195 e segs..

FOKO Athanase, *La négociation collective en droit du travail: contribution à l'analyse prospective des normes applicables à la veille de l'adoption d'un nouvel acte uniforme par l'OHADA*, in *Rev. Penant*, n.° 858 (2007), págs. 7 e segs..

FOMETEU Joseph, *Le juge de l'exécution au pluriel ou la parturition au Cameroun de l'Article 49 de l'Acte Uniforme OHADA sur le voies d'exécution*, in *RIDC* (2008), n.° 1, págs. 19 e segs..

FONTAINE Marcel, *Le projet d'acte uniforme OHADA sur les contrats et les principes d'UNIDROIT relatifs aux contrats du commerce international*, in *Uniform Law Review*, vol. 9 (2004), pág. 253.

FONTAINE Marcel, *L'avant-projet d'Acte uniforme OHADA sur le droit des contrats: vue d'ensemble*, in *Uniform Law Review*, vol. 13 (2008), pág. 203 e segs..

FOUCHARD Philippe, *L'arbitrage dans l'OHADA*, in *International Law FORUM du droit international*, n.° 3 (2001), págs. 1832 e segs..

FOUCHARD Philippe, *Le système d'arbitrage de l'OHADA: le démarrage*, in *Petites Affiches. La Loi*, n.° 205, 13 de Outubro de 2004, pág. 53.

FOX Hazel, *States and the Undertaking to Arbitrate*, in 37 *Int'l & Comp. L. Q.* (1988), págs. 1 e segs..

GANDOLFI Giuseppe, *Per un codice europeo dei contratti*, in *Rivista trimestrale di diritto e procedura civile*, 1991, págs. 781 e segs..

GERVAIS DE LAFONT Tristan, *Le Traité relatif à l'harmonisation du droit des affaires en Afrique*, in *Gazette du Palais*, 1995-3, pág. 1086.

GHAI Yash P., *Customary Contracts and Transactions in Kenya*, in Max J. GLUCKMAN (ed.), *Ideas and Procedures in African Customary Law*, Londres, Oxford University Press, 1969.

GOMES M. Januário da Costa, *A responsabilidade do transportador no Acto Uniforme da OHADA relativo ao transporte rodoviário de mercadorias*, in Boletim da Faculdade de Direito de Bissau, n.° 8, págs. 175 e segs..

GOMES M. Januário da Costa, *O regime da fiança no AUG da OHADA. Alguns aspectos*, in "Estudos de Direito das Garantias", I, Almedina, Coimbra, 2004, págs. 211 e segs..

GOMES M. Januário da Costa, *O regime da carta de garantia no AUG da OHADA. Alguns aspectos*, in "Estudos de Direito das Garantias", vol. I, Almedina, Coimbra, págs. 243 e segs..

GOMEZ Jean-René, *Un nouveau droit de la vente commerciale en Afrique*, in *Rev. Penant*, n.° 827 (1998), pág. 151.

GORDLEY James, *Comparative Legal Research: Its Function in the Development of Harmonized Law*, in 43 *American Journal of Comparative Law*, (1995), pág. 555 e segs..

GRIFFITHS John, *What is Legal Pluralism?*, in 24 *Journal of Legal Pluralism and Unofficial Law* (1986), pág. 1.

GRIMALDI Michel, *L'Acte Uniforme portant organization des sûretés*, in *Petites Affiches. La loi*, n.° 205, 13 de Outubro de 2004, págs. 30 e segs..

IMHOOS Cristophe, KENFACK DOUAJNI Gaston, *Le règlement d'arbitrage de la Cour Commune de Justice et d'Arbitrage*, in *RDAI*, n.° 7 (1999) págs. 825 e segs..

IPANDA François, *Le traité OHADA et la loi nationale*, in *Revue camerounais de droit des affaires*, n.° 1, (1999), págs. 3 e segs..

ISSA-SAYEGH Joseph, *L'intégration juridique des états africains de la zone franc*, in *Rev. Penant* n.° 823 (1997), pág. 5, e n.° 824 (1997), pág. 120 (partes I e II).

ISSA-SAYEGH Joseph, *Présentation du projet d'acte uniforme de l'OHADA portant organisation des procédures collectives d'apurement du passif*, in *Rev. Penant*, n.° 827 (1998), págs. 217 e segs..

ISSA-SAYEGH Joseph, *Quelques aspects techniques de l'intégration juridique: l'exemple des actes uniformes de l'OHADA*, in *Revue du droit uniforme*, vol. 4, 1999, pág. 5.

ISSA-SAYEGH Joseph, *Questions impertinentes sur la création d'un droit social régional dans les états africains de la zone franc*, in *Afrilex* 2000/00, pág. 1.

ISSA-SAYEGH Joseph, *La portée abrogatoire des Actes uniformes de l'OHADA sur le droit interne des Etats-Parties*, in *Revue Burkinabé de Droit*, n.ºs 39-40 (n.° especial 2001), pág. 51.

ISSA-SAYEGH Joseph, *Réflexions dubitatives sur le droit de l'arbitrage de l'OHADA*, in *Revue Camerounaise de l'Arbitrage*, número especial, Outubro de 2001, pág. 22.

ISSA-SAYEGH Joseph, *A função jurisdicional do Tribunal Comum de Justiça e de Arbitragem da Organização para a Harmonização em África do direito dos negócios*, in *Boletim da Faculdade de Direito de Bissau*, n.° 6 (suplemento) (2004), págs. 155 e segs..

ISSA-SAYEGH Joseph, *Réflexions et suggestions sur la mise en conformité du droit interne des états parties avec les actes uniformes de l'OHADA et reciproquement*, in *Rev. Penant*, n.° 850 (2005), págs. 6 e segs..

ISSA-SAYEGH Joseph, *La liberté contractuelle dans le droit des sûretés OHADA*, in *Rev. Penant*, n.° 851 (2005), págs. 150 e segs..

ISSA-SAYEGH Joseph, *O direito das sociedades comerciais da OHADA: direito comum e regimes especiais*, in *Boletim da Faculdade de Direito de Bissau*, n.° 6 (suplemento) (2007), págs. 71 e segs..

KANE M. Amadou, *O direito e a prática das garantias bancárias à luz do acto uniforme relativo à organização das garantias da OHADA*, in *Boletim da Faculdade de Direito de Bissau*, n.° 6 (suplemento) (2004), págs. 87 e segs..

KANGAMBEGA Elisabeth L., *Observation sur les aspects pénaux de l'O.H.A.D.A.*, in *Rev. Penant*, n.° 834 (2000), págs. 304 e segs..

KENFACK DOUAJNI Gaston, *Les conditions de la création dans l'espace OHADA d'un environnement juridique favorable au développement*, in *Revue Juridique Indépendance et Coopération*, n.° 1, Janeiro-Abril 1998, pág. 39.

KENFACK DOUAJNI Gaston, *L'incidence du système OHADA sur le droit camerounaise de l'arbitrage*, in *Revue camerounaise de l'arbitrage*, n.° 1 (1998), págs. 3 e segs..

KENFACK DOUAJNI Gaston, *L'abandon de souveraineté dans le traité OHADA*, in *Rev. Penant* n.° 830 (1999), pág.125.

KENFACK DOUAJNI Gaston, *Les mesures provisoires et conservatoires dans l'arbitrage OHADA*, in *Rev. Penant*, n.° 833 (2000), págs. 137 e segs..

KENFACK DOUAJNI Gaston, *OHBLA Arbitration*, in 17 *Journal of International Arbitration* (2000), pág. 130.

KENFACK DOUAJNI Gaston, *La coordination de l'avant-projet d'Acte uniforme sur le droit des contrats avec les autres Actes uniformes de l'OHADA*, in *Uniform Law Review*, vol. 10 (2005), págs. 683 e segs..

KIRSCH Martin, *Historique de l'organisation pour l'harmonisation du droit des affaires en Afrique*, in *Rev. Penant* n.º 827 (1998), págs. 129 e segs..

KIRSCH Martin, *Dixième anniversaire de la signature du traité concernant l'harmonisation du droit des affaires en Afrique*, in *Rev. Penant* n.º 845 (2003), págs. 389 e segs..

KONE Mamadou, *La notion de groupe de sociétés en droit OHADA*, in *Rev. Penant*, n.º 856 (2006), pág. 285.

KUATE TAMEGHE Sylvain Sorel, *Sortie de la cour du roi petaud: a propos de l'interdiction d'exercer la profession commerciale dans l'Acte Uniforme OHADA relatif au droit commercial général*, in *Rev. Penant*, n.º 861 (2007) págs. 492 e segs..

LACASSE Nicole, PUTZEYS Jacques, *L'Acte uniforme de l'OHADA relatif aux contrats de transport de marchandises pour route*, in 38 *European Transport Law* (2003), n.º 6, págs. 673 e segs..

LEBOULANGER Pierre, *L'arbitrage et l'harmonisation du droit des affaires en Afrique*, in *Revue de l'arbitrage*, n.º 3 (1999), pág. 556.

LEBOULANGER Philippe, *La reconnaissance et l'exécution des sentences arbitrales dans le système OHADA*, in *Rev. Penant*, n.º 833 (2000), pág. 166.

LOHOUES-OBLE Jacqueline, *Innovations dans le droit commercial général*, in *Petites affiches. La Loi*, n.º 205, 13 de Outubro de 2004.

LEITÃO Luís Menezes, *O regime da agência comercial no Acto Uniforme da OHADA sobre o Direito Comercial Geral*, in *Boletim da Faculdade de Direito de Bissau*, n.º 8, págs. 267 e segs..

LEITÃO Luís Menezes, *O regime da compra e venda comercial no Acto Uniforme da OHADA relativo ao Direito Comercial Geral*, in *Boletim da Faculdade de Direito de Bissau*, n.º 6 (2004), págs. 254 e segs..

LOHOUES-OBLE Jacqueline, *L'autonomie des parties: le caractère suppletif des dispositions de l'avant-projet d'Acte uniforme OHADA sur le droit des contrats*, in *Uniform Law Review*, vol. 13 (2008), págs. 319 e segs..

LOUKAKOU Didier, *Les valeurs mobilières dans l'acte uniforme relatif au droit des sociétés commerciales de l'espace O.H.A.D.A.*, in *Rev. Penant*, n.º 844 (2004), págs. 261 e segs..

LYALL Andrew B., *Traditional Contracts in German East Africa: the Transition from Pre-Capitalist Forms*, in 30 *Journal of African Law* (1986), págs. 91 e segs..

MADALENO Cláudia, *Os reflexos da adesão à OHADA no ordenamento jurídico guineense*, in Estudos sobre a OHADA, Bissau, 2008, pág. 35 e segs..

MADALENO Cláudia, *Conceito, característica e constituição da fiança no Acto Uniforme da OHADA relativo à Organização das Garantias*, in "Estudos sobre a OHADA", Bissau, 2008, págs. 303 e segs..

MADALENO Cláudia, *A garantia hipotecária*, in Boletim da Faculdade de Direito de Bissau, n.º 8, págs. 293 e segs..

MAÏDAGI Maïnassara, *O funcionamento do Tribunal Comum de Justiça e de Arbitragem da OHADA*, in *Boletim da Faculdade de Direito de Bissau*, n.º 6 (suplemento) (2004), pág. 27.

MAÏDAGI Maïnassara, *Le défi de l'exécution des décisions de justice en droit OHADA*, in *Rev. Penant*, n.º 855 (2006), págs. 176 e segs..

MANCUSO Salvatore, *Trends on the Harmonization of Contract Law in Africa*, in 13 *Annual Survey of International and Comparative Law* (2007), págs. 157 e segs..

MANCUSO Salvatore, *The New African Law: Beyond the Difference Between Common Law and Civil Law*, in 14 *Annual Survey of International and Comparative Law* (2008), pág. 39 e segs..

MANCUSO Salvatore, *The Renunciation to the State Sovereignty: Is It an Issue for the OHADA Treaty for the Harmonization of Business Law in Africa?*, in Chima Centus NWEZE (ed.) *Contemporary Issues in International and Comparative Law: Essays In Honor Of Professor Dr. Christian Nwachukwu Okeke*, Lake Mary, Vandeplas Publishing, 2009.

MASAMBA Roger, *L'OHADA et le climat d'investissement en Afrique*, Rev. Penant, n.º 855 (2006), pág. 137.

MBA-OWONO Charles, *Le régime juridique des lettres de garantie dans l'Acte Uniforme de l'OHADA portant organisation des sûretés*, in *Rev. Penant*, n.º 835 (2001), pág. 56.

MBAYE Keba, *L'unification du droit en Afrique*, in *Revue sénégalaise de droit*, 1971, pág. 65.

MBAYE Keba, *Avant propos du numéro spécial OHADA de la revue Penant*, n.º 827 (1998), págs. 125 e segs..

MBAYE Mayatta Ndiaye, *Le transfert intracommunautaire de siège social dans l'espace OHADA*, in *Rev. Penant*, n.º 857 (2006), pág. 416.

MBIKAYI Kalongo, *La confirmation des principes de bonne foi et de loyauté dans l'avant- -projet d'Acte Uniforme OHADA sur le droit des contrats*, in *Uniform Law Review*, vol. 13 (2008), págs. 223 e segs..

M'BOSSO Jacques, *Le fonctionnement du centre d'arbitrage CCJA et le déroulement de la procédure arbitrale*, in *Revue camerounaise de l'arbitrage*, n.º especial (2001), págs. 42 e segs..

MELONE Stanislaus, *Les resistances du droit traditionnel au droit moderne des obligations*, Actas do Colóquio de Dakar, 5 a 9 de Julho de 1977, in *Revue sénégalaise de droit*, n.º 21 (1977), pág. 47.

MERRY Sally Engle, *Legal Pluralism*, in 22 *Law & Society Review* (1988), n.º 5, pág. 869.

MESSANVI FOLI Léon, *Présentation de l'Acte uniforme portant organisation du droit des sûretés*, disponível a partir de www.ohada.com.

MEUKE Bérenger Yves, *Observation sur le démembrement des droits sociaux dans l'espace OHADA*, in *Rev. Penant*, n.º 858 (2007), págs. 97 e segs..

MEUKE Bérenger Yves, *De l'intérêt social dans l'AUSC de l'OHADA*, in *Rev. Penant*, n.º 860 (2007), págs. 338 e segs..

MEUKE Bérenger Yves, *Brèves observations sur le risque juridique du mandataire social dans l'espace OHADA*, in *Revue juridique tchadienne*, s. n. e d.

MEUKE Bérenger Yves, *La société non personnalisée dans l'OHADA: études de l'impact de l'absence de personnalité morale dans la société en participation*, in *Revue juridique tchadienne*, s. n. e d.

MEYER Pierre, *L'acte uniforme OHADA sur le droit de l'arbitrage*, in *RDAI*, n.º 6 (1999), pág. 629.

MODI KOKO BEBEY Henri-Desire, *Le contrôle de la gestion des filiales par la société mère dans le droit uniforme des sociétés commerciales en Afrique*, in *Mélanges en l'honneur de Yves Guyon*, Paris, Dalloz, 2003.

N'DONIGAR Djimasna, *Les exigences formelles dans la formation du cautionnement en droit OHADA*, in *Revue juridique tchadienne*, s. n. e d.

N'DONIGAR Djimasna, *De la solidarité du cautionnement issu du traité OHADA*, in *Revue juridique tchadienne*, s. n. e d.

NDULO Muna, *Harmonization of Trade Laws in the African Economic Community*, in 42 *International and Comparative Law Quarterly* (1993), págs. 101 e segs..

NGUEBOU TOUKAM Josette, *Les sociétés créés de fait entre époux en droit camerounais*, in *Rev. Penant*, n.º 801 (1989), pág. 461.

NGUIHE KANTE Pascal, *Réflexions sur le régime juridique de dissolution et de liquidation des entreprises publiques et para-publiques au Cameroun depuis la réforme des procédures collectives OHADA*, in *Rev. Penant*, n.º 837 (2001), págs. 245 e segs..

NGUIHE KANTÉ Pascal, *Réflexions sur la notion d'entreprise en difficulté dans l'acte uniforme portant organisation des procédures collectives d'apurement du passif OHADA*, in *Rev. Penant*, n.º 838 (2002), pág. 245.

NKOROUNA Alphame, *Le juge et le contentieux de l'immatriculation de l'OHADA*, in *Hebdo Informations*, Libreville, n.º 391, 12 de Dezembro de 1998.

NKOU NVONDO Prosper, *La crise de la justice de l'Etat en Afrique noire francophone. Etude des causes du "divorce" entre la justice et les justiciables*, in *Rev. Penant*, n.º 824 (1997), págs. 208 e segs..

NSIE Etienne, *La Cour Commune de Justice et d'Arbitrage*, in Rev. Penant, n.º 828 (1998), pág. 308.

NORA Madalena, *Os procedimentos simplificados para cobrança de créditos*, in Boletim da Faculdade de Direito de Bissau, n.º 6 (2004), págs. 553 e segs..

NSIE Etienne, *La formation du contrat de vente commerciale en Afrique*, in *Rev. Penant*, n.º 829 (1999), pág. 5.

NZET BITEGUE Gabriel, *Les rapports entre la Cour Commune de Justice et d'Arbitrage et les juridictions nationales*, in *Hebdo informations*, Libreville, n.º 406, 21 de Agosto de 1999.

NZET BITEGUE Gabriel, *Le droit de l'arbitrage dans les états-parties au Traité de l'OHADA*, in *Hebdo Informations*, Libreville, n.º 407, 18 de Setembro de 1999

ONANA ETOUNDI Felix, *Les Principes d'UNIDROIT et la sécurité juridique des transactions commerciales dans l'avant-projet d'Acte uniforme OHADA sur le droit des contrats*, in *Uniform Law Review*, vol. 10 (2005), págs. 683 e segs..

ONANA ETOUNDI Felix, *Formalisme et preuve des obligations contractuelles dans l'avant-projet d'Acte uniforme OHADA sur le droit des contrats*, in *Uniform Law Review*, vol. 13 (2008), págs. 355 e segs..

ONDO-MVÉ Apollinaire, *Le Traité de l'OHADA et le règlement des conflits*, in *Hebdo informations*, Libreville, n.º 382, 25 de Julho de 1998

OSSORIO Y MORALES Juan, *Notas para una teoría general del contrato*, in *Revista de Derecho Privado*, 1965, págs. 1098 e segs..

OTOMOU Jean-Clary, *La lettre de garantie OHADA*, in *Revue de droit des affaires internationales*, n.º 4 (1999), págs. 429 e segs..

OTOMOU Jean-Clary, *Le droit de rétention en droit OHADA*, in *Rev. Penant*, n.° 838 (2002), pág. 78.

OUATTARA Aboudramane, *Une innovation technologique dans l'espace OHADA: la lettre de voiture électronique en matière de transport de marchandise pour route*, in *RIDC*, n.° 1 (2008), págs. 61 e segs..

PAILLUSSEAU Jean, *L'Acte uniforme sur le droit des sociétés*, in *Petites Affiches. La Loi*, n.° 205, 13 de Outubro de 2004, págs. 19 e segs..

PAULISSEAU Jean, *Le droit de l'OHADA. Un droit très important et original*, in *Cahiers de droit de l'entreprise n. 5. Supplément à «La semaine juridique»*, n.° 44, de 28 de Outubro de 2004, págs. 1 e segs..

PEREIRA Carlos Pinto, *Das nulidades dos Actos Sociais no Acto Uniforme relativo ao Direito das Sociedades Comerciais e Agrupamentos de Interesse Económico*, in Boletim da Faculdade de Direito de Bissau, n.° 8, págs. 281 e segs..

PILKINGTON Nanette, THOUVENOT Sébastien, *Les innovations de l'OHADA en matière d'arbitrage*, in *Cahiers de droit de l'entreprise n. 5. Supplément à «La semaine juridique»*, n.° 44, de 28 de Outubro de 2004.

PINTO Rui, *Execução provisória no Acto Uniforme para a Organização dos Processos Simplificados de Cobrança e das Vias de Execução*, in Boletim da Faculdade de Direito de Bissau, n.° 6 (2004), págs. 601 e segs..

POLO Aregba, *L'OHADA: histoire, objectifs, structure*, in Philippe FOUCHARD (dir.), *L'OHADA et les perspectives de l'arbitrage en Afrique*, Bruxelas, Bruylant, 2000.

RAYNAL Jean Jacques, *Intégration et souveraineté: le problème de la constitutionnalité du traité OHADA*, in *Rev. Penant*, n.° 832 (2000), pág. 5 e segs..

RIPERT Georges, *Traité élémentaire de droit commercial*, Paris, LGDJ 1954, 3.ª ed.

SACCO Rodolfo, *Riflessioni di un giurista sulla lingua (la lingua del diritto uniforme, e il diritto al servizio di una lingua uniforme)*, in *Riv. dir. civ.*, 1996, I, pág. 57.

SACCO Rodolfo, *Language and Law*, in Barbara POZZO (cur.), *Ordinary Language and Legal Language*, Milão, Giuffré, 2005.

SAKO Abdoulaye, *O acto uniforme relativo ao direito de arbitragem*, in *Boletim da Faculdade de Direito de Bissau*, n.° 6 (suplemento) (2004), págs. 101 e segs..

SAKO Abdoulaye e N'DIAYE Ibrahima, *Pratique des garanties du crédit*, in *Revue africaine de banque*, 1998, pág.17.

SAMPA Samara, *Carta de Garantia*, in Estudos sobre a OHADA, Bissau, 2008, págs. 357 e segs..

SANTO João Espírito, *Constituição da sociedade de responsabilidade limitada. O agrupamento de interesse económico: caracterização e regime jurídicos; funcionalidade económica*, in Boletim da Faculdade de Direito de Bissau, n.° 6 (2004), págs. 295 e segs..

SAWADOGO Filiga Michel, *L'application judiciaire du droit des procédures collectives en Afrique francophone, à partir de l'exemple du Burkina Faso*, in *Revue burkinabé de droit*, n.° 26 (1994), págs. 191 e segs..

SAWADOGO Filiga Michel, *La question de la saisissabilité ou de la insaisissabilité des biens des entreprises publiques en droit OHADA*, in *Rev. Penant*, n.° 860 (2007), págs. 305 e segs..

SCHAPERA Isaac A., *Contract in Tswana Law*, in Max J. GLUCKMAN (ed.), *Ideas and Procedures in African Customary Law*, Londres, Oxford University Press, 1969.

SECK Tom Adamdou, *L'effectivité de la pratique arbitrale de la CCJA et les réformes nécessaires à la mise en place d'un cadre juridique favorable aux investissements privés internationaux*, in Rev. Penant n.° 833 (2000), pág. 188.

SEIDMAN Robert B., *Law and Stratification: The African Case*, in 3 Crime, Law and Social Change (1979), pág. 17.

SIETCHOUA DJUTCHOKO Célestin, *Les sources du droit de l'organisation pour l'harmonisation en Afrique du droit des affaires (OHADA)*, in Rev. Penant, n.° 843 (2003), págs. 140 e segs..

SOH FOGNO Denis Roger, *Le contentieux de l'annulation des sentences issues de l'arbitrage traditionnel dans l'espace de l'OHADA*, in Revue camerounaise de l'arbitrage, n.° 23 (2003), pág. 3.

SOH FOGNO Denis Roger, TCHOFFO Alphonse, *L'assainissement de la profession commercial dans l'espace OHADA*, in Rev. Penant, n.° 862 (2008) págs. 90 e segs..

SOMÉ Thimotée, *A formação dos magistrados africanos pela OHADA*, in Boletim da Faculdade de Direito de Bissau, n.° 6 (suplemento) (2004), pág. 9.

SOSSA Dorothé C., *Le champ d'application de l'avant-projet d'Acte uniforme OHADA sur le droit des contrats: contrats en général/contrats commerciaux/contrats de consommation*, in Uniform Law Review, vol. 13 (2008), págs. 339 e segs..

TAPIN Daniel, *Droit des sociétés commerciales et du G.I.E. en Afrique*, in Rev. Penant, n.° 827 (1998), págs. 186 e segs..

TATY Georges, *Brèves réflexions à propos de l'entrée en vigueur d'une réglementation commune du droit des affaires des états membres de la zone franc*, in Rev. Penant n.° 830 (1999), págs. 277.

TCHAKOUA Jean-Marie, *L'arbitrabilité des différends dans l'espace OHADA*, in Rev. Penant, n.° 835 (2001), págs. 5 e segs..

TCHAKOUA Jean-Marie, *L'espace dans le système d'arbitrage de la Cour Commune de Justice et d'Arbitrage*, in Rev. Penant, n.° 842 (2003), págs. 59 e segs..

TCHANTCHOU Henri, NDZUENKEU Alexis, *L'exécution provisoire a l'ère de l'OHADA*, in Rev. Penant, n.° 850 (2005), págs. 46 e segs..

TCHIKAYA Blaise, *L'entrée historique des pays d'Afrique dans la jurisprudence internationale*, in Miskolc Journal of International Law, vol. 1 (2004), págs. 242 e segs..

TEYNIER Eric, YALA Farouk, *Un nouveau centre d'arbitrage en Afrique sub-saharienne*, in 37 Accomex (2001), pág. 37.

TEMPLE Henri, *Quel droit de la consommation pour l'Afrique? Une analyse du projet OHADA d'Acte uniforme sur le droit de la consommation (juin 2003)*, in Revue burkinabé de droit, n.os 43-44 (2003), disponível a partir de <www.ohada.com>.

TIGER Philippe, *Les procédures collectives après cessation de paiements en droit harmonisé de l'OHADA*, in Petites Affiches. La loi, n.° 205, 13 de Outubro de 2004, págs. 35 e segs..

TIGER Philippe, *Les rapports entre les juridiction de cassation nationales et la Cour Commune de Justice et d'Arbitrage de l'OHADA: aspects conceptuels et évaluation*, in Rev. Penant n.° 860 (2007), pág. 284.

TOHON Costantin, *Les représentations juridiques du commerce «informel»*, in AA. VV., Anthropologie et droit: intersections et confrontations, serie Cahiers d'anthropologie du droit, Paris, Khartala, 2004, págs. 355 e segs..

TOHON Constantin, *Le traité de l'OHADA, l'anthropologue du droit et le monde des affaires en Afrique et en France*, in in AA. VV., *Juridicités*, serie *Cahiers d'anthropologie du droit*, Paris, Khartala, 2006, págs. 129 e segs..

VANDERLINDEN Jacques, *Return to Legal Pluralism: Twenty Years Later*, in 28 *Journal of Legal Pluralism and Unofficial Law* (1989), págs. 149 e segs..

VANDERLINDEN Jacques, *Villes africaines et pluralisme juridique*, in 42 *Journal of Legal Pluralism* (1998), pág. 250.

VICENTE Dário Moura, *A Unificação do Direito dos Contratos em África: seu sentido e limites*, in Boletim da Faculdade de Direito de Bissau, n.° 8, págs. 243 e segs..

VICENTE Dário Moura, *A arbitragem OHADA*, in Boletim da Faculdade de Direito de Bissau, n.° 6 (2004), págs. 473 e segs.

WAMBA MAKOLLO Georges Gérard, *La procédure simplifiée de recouvrement des créances civiles et commerciales: l'injonction de payer dans le traité OHADA*, in Rev. Penant, n.° 830 (1999), págs. 135 e segs..

WOLOU Komi, *La notion de conformité dans la vente selon l'AUDCG*, Annales de l'Université du Bénin, série Droit, Tome IX, 2000.

Outras publicações

BLANCHÉ Jacques, NKOLWOUDOU Raphaël, *OHADA des Télécoms: harmoniser les cadres réglementaires pour dynamiser le marché africain des communications électroniques*, disponível a partir de <www.ohada.com>.

BROU Mathurin Kouakou, *Bilan de l'interprétation des actes uniformes par la Cour Commune de Justice et d'Arbitrage*, disponível a partir de <www.ohada.com>.

DECKON François Kuassi, *La notion d'intermédiaire de commerce dans l'Acte Uniforme relatif au Droit Commercial Général (OHADA)*, disponível a partir de <www.juriscope.org>.

DIOUF Ndiaw, *Le recouvrement des créances et les voies d'exécution*, disponível a partir de <www.ohada.com>.

DJIEUFACK Roland, *The nature of Agency Relationship under OHADA Uniform Act on General Commercial Law and Common Law: A Comparative Study*, disponível a partir de <www.juriscope.org>.

FIORITO Lorenzo, *Traduzione e tradizione giuridica: il Legal English dalla Common Law alla Civil Law*, disponível a partir de <www.translationdirectory.com/article572.htm>.

IPANDA François, *La société d'une seule personne dans l'espace OHADA*, disponível a partir de <www.juriscope.org>.

ISSA-SAYEGH Joseph, *Présentation générale de l'acte uniforme sur le contrat de transport de marchandises par route*, disponível a partir de <www.ohada.com>.

LANDZE Rock Dieudonné, *La place de l'acte extrajudiciaire dans les procédures simplifiées de recouvrement*, disponível a partir de <www.ohada.com>.

MESSANVI FOLI Léon, *Présentation de l'Acte uniforme portant organisation du droit des sûretés*, disponível a partir de <www.ohada.com>.

MEUKE Bérenger Yves, *L'information des actionnaires minoritaires dans l'OHADA: réflexion sur l'expertise de gestion*, disponível a partir de <www.juriscope.org>.

MEUKE Bérenger Yves, *Brèves réflexions sur la révocation des dirigeants sociaux dans l'espace OHADA*, disponível a partir de <www.juriscope.org>.

Ministero malgascio dell'Economia e delle Finanze – Direzione Generale dell'Economia, *L'Organisation pour l'Harmonisation en Afrique du Droit des Affaires (OHADA)*, in *Revue d'information economique*, n.° 19, Julho de 2005.

MUBERANKIKO Gervais, *La protection du preneur dans un contrat de location-gérance*, disponível a partir de <www.memoireonline.com>.

NDOUNKEU Huguette Eliane, *La liberté contractuelle dans les sûretés personnelles en droit OHADA*, disponível a partir de <www.memoireonline.com>.

NEMEDEU Robert, *OHADA: de l'harmonisation à l'unification du droit des affaires en Afrique*, disponível a partir de <http://www.univ-nancy2.fr/recherche/actualites/04-05/ohada_janvier_2005.pdf>.

NKOU MVONDO Prosper, *L'information de la caution dans le nouveau droit des sûretés des Etats africains*, disponível a partir de <www.ohada.com>.

POUGOUE Paul-Gérard, ANOUKAHA François, NGUEBOU TOUKAM Josette, *Societés commerciales et GIE*, disponível a partir de <www.ohada.com>.

POUGOUÉ Paul Gérard, *L'avant projet d'acte uniforme OHADA sur le droit des contrats: les tribulations d'un universitaire*, disponível a partir de <www.ohada.com>.

SANTOS Akueté Pedro, *Présentation de l'Acte Uniforme sur le Droit Commercial General*, disponível a partir de <www.ohada.com>.

SAWADOGO Filiga Michel, *L'Acte Uniforme portant organisation des procédures collectives d'apurement du passif*, disponível a partir de <www.ohada.com>.

TAGUM FOMBENO Henri-Joël, *Regard critique sur le droit de l'arbitrage OHADA*, disponível a partir de <www.juriscope.org>.

Relatórios e estudos não publicados

AMOUSSOU-GUENOU Roland, *Le droit et la pratique de l'arbitrage commercial international en Afrique subsaharienne*, Tese, Universidade Paris II, 1995.

FONTAINE Marcel, *Avant-projet d'acte uniforme OHADA sur les contrats et Note explicative* apresentado à UNIDROIT.

ISSA-SAYEGH Joseph, *Présentation de l'Acte uniforme de l'OHADA sur les procédures collectives d'apurement du passif*, comunicação apresentada no seminário de formação da ERSUMA, Maio de 1999.

ISSA-SAYEGH Joseph, *Le nouveau droit des garanties de l'OHADA*, comunicação apresentada no primeiro colóquio da Associação Marfinense Henri Capitant, Abidjan, 2 de Abril de 2002, Actas do colóquio, pág. 159.

ISSA-SAYEGH Joseph, *Le bilan jurisprudentiel du droit uniforme OHADA (incertitudes législatives et turbulences jurisprudentielles)*, comunicação apresentada na conferência "*Le rôle du droit dans le développement*", Lomé, 17 a 20 de Novembro de 2008.

KERE Idrissa, Le cadre institutionnel de l'OHADA et les Actes Uniformes, comunicação apresentada à *Conférence Internationale sur le Droit Commercial en Afrique: l'exemple de l'OHADA*, Bujumbura – Kigali, 15 a 17 de Outubro de 2007.

MBAYE Ndiaye Mayatta, *L'arbitrage OHADA: réflexions critiques*, Mémoire, DEA, Universidade Paris X, 2001.

ONANA ETOUNDI Felix, *Le rôle de la Cour Commune de Justice et d'Arbitrage de l'OHADA dans la sécurisation juridique et judiciaire de l'environnement des affaires en Afrique*, comunicação apresentada à conferência *Afrique, art, intégration économique et juridique*, organizada no Cairo, a 6 de Abril de 2006, pela Faculdade de Direito da Universidade do Cairo, Instituto de Direito Comercial Internacional e pelo Clube OHADA Egipto.

SAWADOGO Filiga Michel, *Présentation de l'OHADA: les organes de l'OHADA et les Actes Uniformes*, contributo presentato alla conferenza *Afrique, art, intégration économique et juridique*, organizada no Cairo, a 6 de Abril de 2006, pela Faculdade de Direito da Universidade do Cairo, Instituto de Direito Comercial Internacional e pelo Clube OHADA Egipto.

SORIEUL Renaud, CLIFF Jennifer R., *International Aspects of the OHADA Uniform Act on Insolvency and Liquidation Procedures*, apresentação do Secretariado UNCITRAL, s.d.

JURISPRUDÊNCIA

TCJA, 11 de Outubro de 2001 (n.º 2/2001)
TCJA, 11 de Outubro de 2001 (n.º 4/2001)
TCJA, 10 de Janeiro de 2002 (n.º 1/2002)
TCJA, 10 de Janeiro de 2002 (n.º 4/2002)
TCJA, 21 de Março de 2002 (n.º 6/2002)
TCJA, 21 de Março de 2002 (n.º 7)
TCJA, 21 de Março de 2002 (n.º 8)
TCJA, 21 de Março de 2002 (n.º 9/2002)
TCJA, 28 de Março de 2002 (n.º 1)
TCJA, 18 de Abril de 2002 (n.º 13/2002)
TCJA, 27 de Junho de 2002 (n.º 16/2002)
TCJA, 31 de Outubro de 2002 (n.º 19)
TCJA, 30 de Janeiro de 2003 (n.º 1)
TCJA, 24 de Abril de 2003 (n.º 7)
TCJA, 19 de Junho de 2003 (n.º 10/2003)
TCJA, 19 de Junho de 2003 (n.º 12)
TCJA, 19 de Junho de 2003 (n.º 13)
TCJA, 19 de Junho de 2003 (n.º 14)
TCJA, 9 de Outubro de 2003 (n.º 17/2003)
TCJA, 19 de Outubro de 2003 (n.º 18/2003)
TCJA, 8 de Janeiro de 2004 (n.º 4/2004)
TCJA, 8 de Janeiro de 2004 (n.º 7)
TCJA, 26 de Fevereiro de 2004 (n.º 8/2004)
TCJA, 26 de Fevereiro de 2004 (n.º 11)
TCJA, 13 de Março de 2004 (n.º 13)
TCJA, 18 de Março de 2004 (n.º 12/2004)
TCJA, 29 de Março de 2004 (n.º 17)
TCJA, 29 de Abril de 2004 (n.º 15/2004)
TCJA, 29 de Abril de 2004 (n.º 16/2004)
TCJA, 17 de Junho de 2004 (n.º 21/2004)
TCJA, 15 de Julho de 2004 (n.º 26)
TCJA, 15 de Julho de 2004 (n.º 28)
TCJA, 15 de Julho de 2004 (n.º 29)
TCJA, 4 de Novembro de 2004 (n.º 30)
TCJA, 27 de Janeiro de 2005 (n.º 3/2005)

TCJA, 27 de Janeiro de 2005 (n.º 9/2005)
TCJA, 24 de Fevereiro de 2005 (n.º 13/2005)
TCJA, 7 de Abril de 2005 (n.º 26/2005)
TCJA, 26 de Maio de 2005 (n.º 32/2005)
TCJA, 26 de Maio de 2005 (n.º 33)
TCJA, 7 de Julho de 2005 (n.º 41)
TCJA, 7 de Julho de 2005 (n.º 43)
TCJA, 7 de Julho de 2005 (n.º 44/2005)
TCJA, 21 de Julho de 2005 (n.º 49/2005)
TCJA, 21 de Julho de 2005 (n.º 51)
TCJA, 15 de Dezembro de 2005 (n.º 52/2005)
CCJA, 15 de Dezembro de 2005 (n.º 54/2005)
TCJA, 22 de Dezembro de 2005 (n.º 60/2005)
TCJA, 22 de Dezembro de 2005 (n.º 64)
TCJA, 9 de Março de 2006 (n.º 2)
TCJA, 9 de Março de 2006 (n.º 4)
TCJA, 9 de Março de 2006 (n.º 8)
TCJA, 30 de Março de 2006 (n.º 006/2006)
TCJA, I secção, 29 de Junho de 2006 (n.º 13)
TCJA, parecer de 7 de Junho de 1999 (n.º 001/99/JN)
TCJA parecer de 13 de Outubro de 1999 (n.º 002/99/EP)
TCJA. parecer de 26 de Abril de 2000 (n.º 02/2000/EP)
TCJA, parecer de 30 de Abril de 2001 (n.º 001/2001/EP)
TCJA, parecer de 28 de Janeiro de 2004 (n.º 001/04/JN)
CA Abidjan, 15 de Julho de 1997
CA Abidjan, 15 de Fevereiro de 2000 (n.º 226)
CA Abidjan, 25 de Fevereiro de 2000 (n.º 258)
CA Abidjan, 7 de Março de 2000 (n.º 321)
CA Abidjan, 6 de junho de 2000 (n.º 714)
CA Abidjan, 7 de Novembro de 2000 (n.º 997)
CA Abidjan, 1 de Dezembro de 2000 (n.º 1054)
CA Abidjan, 2 de Janeiro de 2001 (n.º 10)
CA Abidjan, 27 de Julho de 2001 (n.º 1070)
CA Abidjan, 2 de Dezembro de 2003 (n.º 1280)
CA Abidjan, 15 de Dezembro de 2000 (n.º 1155)
CA Abidjan, 27 de Abril de 2001 (n.º 45)
CA Abidjan, 1 de Junho de 2001 (n.º 677)
CA Abidjan, 5 de Junho de 2001 (n.º 689)
CA Abidjan, 21 de Fevereiro de 2002 (n.º 169)
CA Abidjan, 7 de Junho de 2002 (n.º 723)
CA Abidjan, 30 de Julho de 2002 (n.º 1032)
CA Abidjan, 31 de Janeiro de 2003 (n.º 92)
CA Abidjan, 14 de Fevereiro de 2003 (n.º 141)
CA Abidjan, 18 de Fevereiro de 2003 (n.º 117)
CA Abidjan, 21 de Fevereiro de 2003 (n.º 184)
CA Abidjan, 28 de Fevereiro de 2003 (n.º 222)

CA Abidjan, 25 de Março de 2003 (n.º 344)
CA Abidjan, 8 de Abril de 2003 (n.º 1124)
CA Abidjan, 8 de Julho de 2003 (n.º 811)
CA Abidjan, 11 de julho de 2003 (n.º 897)
CA Abidjan, 22 de Julho de 2003 (n.º 1030)
CA Abidjan, 24 de Outubro de 2003 (n.º 1161)
CA Abidjan, 20 de Janeiro de 2004 (n.º 82)
CA Abidjan, 20 de Janeiro de 2004 (n.º 85)
CA Abidjan, 27 de Janeiro de 2004 (n.º 137)
CA Abidjan, 3 de Fevereiro de 2004 (n.º 194)
CA Abidjan, 6 de Fevereiro de 2004 (n.º 2059
CA Abidjan, 5 de Março de 2004 (n.º 411)
CA Abidjan, 23 de Março de 2004
CA Abidjan, 11 de Junho de 2004 (n.º 633)
CA Abidjan, 11 de Janeiro de 2005 (n.º 39)
CA Abidjan, 1 de Fevereiro de 2005 (n.º 140)
CA Abidjan, 8 de Fevereiro de 2005 (n.º 149)
CA Abidjan, 8 de Fevereiro de 2005 (n.º 153)
CA Abidjan, 25 de Fevereiro de 2005 (n.º 263)
CA Abidjan, 5 de Abril de 2005 (n.º 396)
CA Abidjan, 5 de Abril de 2005 (n.º 402)
CA Abidjan, 19 de Abril de 2005 (n.º 458)
CA Abidjan, 3 de Maio de 2005 (n.º 486)
CA Abidjan, 6 de Maio de 2005 (n.º 497)
CA Abidjan, 9 de Maio de 2005 n.º 457
CA Abidjan, 20 de Maio de 2005 (n.º 527)
CA Bobo-Dioulasso, 6 de Dezembro de 2004 (n.º 68)
CA Bouaké, 4 de Abril de 2001 (n.º 61)
CA Bouaké, 16 de Maio de 2001 (n.º 77/2001)
CA Centre-Yaoundé, 7 de Julho de 2000 (n.º 364/Civ)
CA Conakry, 1 de Abril de 2003 (n.º 75)
CA Cotonou, 29 de Abril de 1999 (n.º 65/99)
CA Cotonou, 29 de Abril de 1999 (n.º 67/99)
CA Cotonou, 30 de Setembro de 1999 (n.º 178/99)
CA Cotonou, 17 de Agosto de 2000 (n.º 256/2000)
CA Dakar, 23 de Junho de 2000 (n.º 2829)
CA Dakar, 8 de Setembro de 2000 (n.º 397)
CA Dakar, 16 de Fevereiro de 2001 (n.º 120)
CA Dakar, 16 de Fevereiro de 2001 (n.º 124)
CA Dakar, 13 de Abril de 2001 (n.º 237)
CA Dakar, 27 de Abril de 2001 (n.º 261)
CA Dakar, 15 de Junho de 2001 (n.º 340)
CA Dakar, 23 de Janeiro de 2003 (n.º 50)
CA Dakar, 18 de Fevereiro de 2005 (n.º 186/2005)
CA Daloa, 24 de Maio de 2000 (n.º 195)
CA Daloa, 8 de Janeiro de 2003 (n.º 9)

CA Daloa, 15 de Janeiro de 2003 (n.° 13)
CA Daloa, 7 de Abril de 2003 (n.° 112)
CA Daloa, 9 de Abril de 2003 (n.° 81)
CA Daloa, 2 de Julho de 2003 (n.° 168)
CA Daloa, 18 de Fevereiro de 2004 (n.° 49)
CA Daloa, 2 de Junho de 2004 (n.° 122 *bis*/04)
CA Daloa, 2 de Fevereiro de 2005 (n.° 28/05)
CA Douala, 15 de Maio de 2000 (n.° 81/ref.)
CA Douala, 15 de Maio de 2000
CA Douala, 26 de Março de 2004 (n.° 95)
CA Lomé, 23 de Julho de 2005 (n.° 97/05)
CA N'Djamena, 25 de Outubro de 1999 (n.° 519/99)
CA N'Djamena, 5 de Maio de 2000 (n.° 281/2000)
CA N'Djamena, 29 de Setembro de 2000 (n.° 459/2000)
CA Niamey, 8 de Dezembro de 2000 (n.° 240)
CA Niamey, 4 de Abril de 2003 (n.° 57)
CA Niamey, 24 de Dezembro de 2003 (n.° 142)
CA Niamey, 19 de Abril de 2004 (n.° 79)
CA Ouagadougou, 4 de Maio de 2001 (n.° 32)
CA Ouagadougou, 5 de Abril de 2002 (n.° 39)
CA Ouagadougou, 21 de Junho de 2002 (n.° 67)
CA Ouagadougou, 21 de Março de 2003 (n.° 22)
CA Ouagadougou, 15 de Maio de 2003 (n.° 28) (pleno)
CA Ouagadougou, 20 de Maio de 2003 (n.° 40)
CA Ouagadougou, 21 de Novembro de 2003 (n.° 84)
CA Ouagadougou, 16 de Janeiro de 2004 (n.° 15)
CA Ouagadougou, 2 de Abril de 2004 (n.° 42)
CA Ouest Cameroun, 11 de Dezembro de 2002 (n.° 31/civ)
CA Port-Gentil, 28 de Abril de 1999
CA Port-Gentil, 9 de Dezembro de 1999
CA Port-Gentil, 6 de Fevereiro de 2002
CA Yaoundé, 3 de Março de 2003 (n.° 188)
CA Yaoundé, 7 de Março de 2003 (n.° 198)
CA Yaoundé, 17 de Novembro de 2004 (n.° 75/Civ/04-05)
Cass, civ. (França), 21 de Maio de 1954, D. 1954, 590
Cass, civ. (França), 1.ª, 9 de Outubro de 1979, D. 1981 IR 222
Cass, civ. (França), 3 de Junho de 1998, D. 2000, 23
Tribunal Supremo dos Camarões, 7 de Junho 1973 (n.° 85/CC)
Tribunal Supremo da Costa do Marfim, 5 de Dezembro de 1997
Tribunal Supremo do Niger, 16 de Agosto de 2001 (n.° 01-158/C del)
Tribunal Supremo do Senegal, 3 de Abril de 1996 (n.° 73)
T. Bamako, 26 de Abril de 2006 (n.° 179)
T. Bamako, ordem xx/xx/2007 (n.° 05/07)
T. Sassandra, 29 de Janeiro de 2003 (n.° 14)
T. Sassandra, secção, 20 de Fevereiro de 2003 (n.° 42)
T. Toumodi, 18 de Janeiro de 2001 (n.° 9)

T. Toumodi, 31 de Julho de 2001 (n.º 29)
TC Bamako, 2 de Março de 2005 (n.º 113)
TC Bamako, 8 de Junho de 2005 (n.º 237)
TGI Banfora, 31 de Janeiro de 2003 (n.º 2)
TGI Bobo-Dioulasso, 17 de Janeiro de 2003 (n.º 1) (pleno)
TGI Bobo-Dioulasso, 17 de Janeiro de 2003 (n.º 2)
TGI Bobo-Dioulasso, 16 de Maio 2003 (n.º 60) (pleno)
TGI Bobo-Dioulasso, 29 de Dezembro de 2004 n.º (298)
TGI Mfoundi, 2 de Maio de 2000 (n.º 481)
TGI Mfoundi, 23 de Janeiro de 2002 (n.º 158)
TGI Mfoundi, 27 de Fevereiro de 2002 (n.º 232/ADD)
TGI Mfoundi, 4 de Março de 2002 (n.º 246)
TGI Niamey, 7 de Dezembro de 2005 (n.º 544)
TGI Ouagadougou, 24 de Fevereiro de 1999 (n.º 192)
TGI Ouagadougou, 17 de Março de 1999 (n.º 236)
TGI Ouagadougou, 2 de Junho de 1999 (n.º 432)
TGI Ouagadougou, 6 de Outubro de 1999 (n.º 894)
TGI Ouagadougou, 13 de Setembro de 2000 (n.º 779)
TGI Ouagadougou, 25 de Abril de 2001 (n.º 423)
TGI Ouagadougou, 9 de Maio de 2001 (n.º 446)
TGI Ouagadougou, 10 de Agosto de 2001 (n.º 710)
TGI Ouagadougou, 26 de Setembro de 2001 (n.º 790)
TGI Ouagadougou, 12 de Dezembro de 2001 (n.º 984)
TGI Ouagadougou, 24 de Abril de 2002 (n.º 455)
TGI Ouagadougou, 24 de Julho de 2002 (n.º 741)
TGI Ouagadougou, 8 de Janeiro de 2003 (n.º 2)
TGI Ouagadougou, 14 de Janeiro de 2003 (n.º 2)
TGI Ouagadougou, 29 de Janeiro de 2003 (n.º 20)
TGI Ouagadougou, 29 de Janeiro de 2003 (n.º 31)
TGI Ouagadougou, 4 de Fevereiro de 2004 (n.º 30)
TGI Ouagadougou, 25 de Maio de 2004
TPI Abidjan, 25 de Março de 2000 (n.º 336)
TPI Abidjan, 22 de Março de 2001 (n.º 31)
TPI Abidjan, 21 de Junho de 2001 (n.º 1245)
TPI Abidjan, 13 de Dezembro de 2001 (n.º 246)
TPI Abidjan, 25 de Abril de 2002 (n.º 52)
TPI Bafoussam, 19 de Março de 2001 (n.º 49)
TPI Bafoussam, 17 de Outubro de 2003 (n.º 3)
TPI Bafoussam, 23 de Janeiro de 2004 (n.º 31) (pleno)
TPI Bafoussam, 28 de Janeiro de 2004 (n.º 37) (pleno)
TPI Bafoussam, 16 de Abril de 2004 (n.º 63) (pleno)
TPI Bangangté, 6 de Maio de 2004 (n.º 10/Ord.) (pleno)
TPI Bouafflé, 9 de Janeiro de 2003 (n.º 2)
TPI Bouaké, 23 de Junho de 2005 (n.º 105)
TPI Bouaké,23 de Junho de 2005 (n.º 105)
TPI Cotonou, 10 de Dezembro de 1999 (n.º 135)

TPI Cotonou, 2 de Setembro de 2002 (n.° 25)
TPI Cotonou, 21 de Outubro de 2002 (n.° 234)
TPI Cotonou, 21 de Março de 2003
TPI Daloa, 21 de Novembro de 2003 (n.° 303)
TPI Daloa, 12 de Dezembro de 2003 (n.° 327/ADD bis)
TPI Douala, 7 de Julho de 1998
TPI Douala, 11 de Janeiro de 2000 (n.° 865/ref.)
TPI Douala, 26 de Março de 2002 (n.° 737) (pleno)
TPI Douala, 29 Outubro 2002 (n.° 1321/C)
TPI Douala, 29 de Novembro de 2002 (n.° 1631/C)
TPI Douala-Bonanjo, 29 de Abril de 2003
TPI Douala-Ndokoti, 16 de Dezembro de 2004 (n.° 111/04-05)
TPI Dschang, 6 de Outubro de 2003 (n.° 1/ADD) (pleno)
TPI Gagnoa, 14 de Janeiro de 2000
TPI Gagnoa, 4 de Junho de 2003 (n.° 79)
TPI Libreville, 12 de Março de 2001 (n.° 11/2001)
TPI Libreville 4 de Setembro de 2001 (n.° 37/2001)
TPI Libreville, 28 de Março de 2003 (n.° 34/2003)
TPI Libreville, 11 de Julho de 2003 (n.° 48/2003)
TPI Libreville, 17 de Janeiro de 2005 (n.° 02/2005)
TPI Libreville, 19 de Junho de 2006 (n.° 628/2006)
TPI Menoua, 12 de Maio de 2003 (n.° 35/ADD/civ.)
TPI Menoua, 11 de Agosto de 2003 (n.° 48/civ.)
TPI Nkongsamba, 19 de Janeiro de 2000 (n.° 15)
TPI Nkongsamba, 25 de Abril de 2001 (n.° 16/REF) (pleno)
TPI Ouagadougou, 6 de Outubro de 1999 (n.° 894-99)
TPI Ouagadougou, 24 de Janeiro de 2001 (n.° 90/bis)
TPI Port-Gentil, 9 de Março de 2006
TPI Yaoundé, 6 de Fevereiro de 2001 (n.° 494/O)
TPI Yaoundé, 23 de Novembro de 2001 (n.° 459/ref.)
TPI Yaoundé, 2 de Junho de 2002 (n.° 632/C)
TPI Yaoundé, 23 de outubro de Outubro de 2003 (n.° 36/C)
TPI Yaoundé, 8 de Julho de 2004 (n.° 794/C)
TPI Yaoundé, 14 de Dezembro de 2006 (n.° 180/C)
TR Dakar, 3 de Dezembro de 2003 (n.° 1995)
TR Niamey, 2 de Outubro de 2002 (n.° 297)
TR Niamey, 22 de Outubro de 2002 (n.° 245)
TRHC Dakar, 2 de Fevereiro de 1999 (n.° 131)
TRHC Dakar, 2 de Fevereiro de 1999 (n.° 132)
TRHC Dakar, 4 de Maio de 1999 (n.° 800)
TRHC Dakar, 7 de Junho de 1999 (n.° 1044)
TRHC Dakar, 7 de Março de 2000
TRHC Dakar, 5 de Junho de 2000
TRHC Dakar, 25 de Outubro de 2000 (n.° 1712)
TRHC Dakar, 14 de Novembro de 2000
TRHC Dakar, 17 de Janeiro de 2001 (n.° 96)

TRHC Dakar, 31 de Janeiro de 2001 (n.º 218)
TRHC Dakar, 15 de Março de 2001 (n.º 319)
TRHC Dakar, 15 de Março de 2001 (n.º 398)
TRHC Dakar, 12 de Junho de 2001
TRHC Dakar, 4 de Dezembro de 2001 (n.º 5992/2001)
TRHC Dakar, 2 de Janeiro de 2002
TRHC Dakar, 10 de Fevereiro de 2002 (pleno)
TRHC Dakar, 27 de Abril de 2002 (n.º 1503)
TRHC Dakar, 27 de Agosto de 2002
TRHC Dakar, 25 de Novembro de 2002
TRHC Dakar, 21 de Janeiro de 2003 (n.º 28)
TRHC Dakar, 27 de Janeiro de 2003 (n.º 139)
TRHC Dakar, 4 de Fevereiro de 2003 (n.º 253)
TRHC Dakar, 2 de Dezembro de 2003 (n.º 1970)
TRHC Dakar, 2 de Dezembro de 2003 (n.º 1971)
TRHC Dakar, 24 de Dezembro de 2003 (n.º 2375)
TRHC Dakar, 24 de Dezembro de 2003 (n.º 2377)
TRHC Dakar, 15 de Dezembro de 2004 (n.º 2734)
TRHC Dakar, 8 de Abril de 2005 (n.º 847)
TRHC Dakar, 26 de Agosto de 2005 (n.º 160)
TRHC Niamey, 7 de Dezembro de 2005 (n.º 544)

ÍNDICE GERAL

APRESENTAÇÃO	5
NOTA PRÉVIA	7
ABREVIATURAS	9
INTRODUÇÃO	11

CAPÍTULO I
A OHADA

1. A ideia	15
2. A génese da OHADA	17
3. Os objectivos da OHADA	22
4. Os órgãos da OHADA	25
4.1. A Conferência dos Chefes de Estado e de Governo	26
4.2. O Conselho de Ministros	27
4.3. O Secretariado Permanente	29
4.4. O Tribunal Comum de Justiça e de Arbitragem (TCJA)	30
a) A função consultiva	33
b) A função jurisdicional	34
c) A função arbitral	40
4.5. A Escola Regional Superior de Magistratura (ERSUMA)	41
5. As fontes do direito OHADA	42
5.1. O Tratado	42
5.2. Os actos uniformes	43
5.3. Os Regulamentos	50
5.4. Outras fontes	50
6. A língua da OHADA	52
7. O financiamento da OHADA	53

CAPÍTULO II
O Acto Uniforme Relativo ao Direito Comercial Geral

1. O estado do direito comercial no período anterior ao processo de harmonização e as actividades preparatórias para a adopção do Acto Uniforme	55
2. O comerciante	58
2.1. A prática de actos de comércio	58

2.2. A capacidade para a prática de actos de comércio	60
2.3. As consequências resultantes do estatuto de comerciante	62
a) As inscrições. O Registo do Comércio e do Crédito Mobiliário (RCCM)	62
b) As obrigações de escrituração do comerciante	65
2.4. A prova dos actos de comércio	66
2.5. O regime da prescrição	67
3. O *entreprenant* ("pequeno empresário")	68
4. O património do comerciante	70
4.1. O estabelecimento comercial	70
4.2. Os contratos de exploração do estabelecimento comercial	71
a) O contrato de locação de estabelecimento comercial	71
b) A alienação do estabelecimento comercial	75
c) O contrato de arrendamento para uso profissional	80
5. Os intermediários do comércio	86
5.1. O estatuto geral dos intermediários	87
5.2. Actividades e poderes do intermediário	88
5.3. Os efeitos do contrato entre as partes	89
5.4. Os efeitos do contrato nas relações com terceiros	91
5.5. A cessação do contrato	92
5.6. As actividades específicas de intermediação	93
a) O comissário	93
b) O mediador	96
c) O agente comercial	98
6. O contrato de compra e venda comercial	102
6.1. Introdução	102
6.2. A noção de compra e venda comercial e as normas aplicáveis	103
6.3. A formação do contrato de compra e venda	105
a) A proposta contratual	106
b) A aceitação	108
6.4. As obrigações das partes	109
a) As obrigações do vendedor	110
b) As obrigações do comprador	114
6.5. Efeitos do contrato de compra e venda	116
6.6. O incumprimento	118
a) Disposições de carácter geral	118
b) Os remédios para o incumprimento do vendedor	120
c) Os remédios para o incumprimento do comprador	121
d) A resolução do contrato	122

CAPÍTULO III

O Acto Uniforme Relativo ao Direito das Sociedades Comerciais e ao Agrupamento de Interesse Económico

1. Introdução	125
1.1. A índole da reforma	125

1.2. Os objectivos gerais da reforma	130
a) Protecção de terceiros	131
b) Protecção dos sócios	132
c) Protecção dos investidores estrangeiros	133
1.3. A reforma operada através do AUDSCAIE	134
a) A entrada em vigor da reforma	134
b) Relações entre o Acto Uniforme e as legislações nacionais	136
c) Âmbito da reforma	137
2. O regime geral das sociedades comerciais	140
2.1. A constituição da sociedade	140
a) Requisitos derivados da teoria geral do contrato	141
b) Os elementos relativos ao contrato de sociedade	142
2.2. Requisitos de forma do contrato de sociedade	145
2.3. Sanções por falta dos requisitos formais	147
2.4. A personalidade jurídica	149
2.5. Os elementos identificadores da sociedade	151
2.6. Os órgãos da sociedade	152
a) A assembleia dos sócios	152
b) As obrigações de gestão	154
c) O órgão de controlo	159
2.7. Vida e evolução da sociedade	161
a) O grupo de sociedades	162
b) Participação no capital de uma outra sociedade	163
c) A filial	163
2.8. A transformação das sociedades	164
2.9. Fusão e cisão da sociedade	166
2.10. A integração parcial de activos	168
2.11. A dissolução das sociedades	169
3. As sociedades de pessoas	173
3.1. A sociedade em nome colectivo	174
a) Constituição	174
b) Gerência	176
c) Funcionamento	180
d) Dissolução	184
3.2. A sociedade em comandita simples	186
a) Particularidades da sociedade em comandita simples	186
b) Funcionamento	187
c) Dissolução	189
4. A sociedade de responsabilidade limitada	190
4.1. Constituição da SARL	190
4.2. A organização social da SARL	193
4.3. Os órgãos de gestão da SARL	196
4.4. Os sócios	198
4.5. As assembleias	202
4.6. As variações do capital social da SARL	205
4.7. Transformação, fusão e cisão da SARL	208

4.8. O órgão de controlo	209
4.9. A dissolução da SARL	210
4.10. A SARL unipessoal	210
5. A sociedade anónima	212
5.1. Constituição da sociedade anónima	212
a) Disposições comuns a todas as sociedades anónimas	212
b) Disposições particulares relativas a algumas sociedades anónimas	214
5.2. O conselho de administração	217
5.3. O presidente do conselho de administração, o presidente director-geral e o director-geral	223
5.4. A sociedade anónima com administrador único	226
5.5. A assembleia de accionistas	228
5.6. O revisor oficial de contas	234
5.7. As acções	238
5.8. As obrigações	246
5.9. Variação do capital social	251
a) Aumento do capital social	251
b) A redução do capital social	255
c) A amortização do capital social	256
5.10. Reestruturação das sociedades anónimas	257
6. A sociedade em participação	259
6.1. Constituição da sociedade em participação	260
6.2. Funcionamento da sociedade em participação	262
6.3. Dissolução da sociedade em participação	265
7. A sociedade de facto	267
8. O agrupamento de interesse económico	268
8.1. Definição do AIE	268
8.2. Constituição do AIE	270
8.3. Funcionamento do AIE	270
8.4. Transformação do AIE	272
8.5. Dissolução do AIE	272
9. O direito penal das sociedades comerciais	273
9.1. Infracções relativas à constituição das sociedades	274
9.2. Infracções relativas ao funcionamento e à organização das sociedades	276
9.3. Infracções relativas ao controlo das sociedades	279
9.4. Infracções relativas à dissolução e à liquidação das sociedades	281

CAPÍTULO IV
O Acto Uniforme Relativo à Organização das Garantias

1. Introdução	283
2. O agente das garantias	286
3. As garantias pessoais	287
3.1. A fiança	287
a) Princípios gerais	287
b) Objecto da fiança	291

c) Efeitos da fiança	293
d) Extinção da fiança	296
3.2. A garantia autónoma	296
4. As garantias reais	300
4.1. Garantias reais mobiliárias	301
4.1.1. Garantias reais mobiliárias com entrega de bem	301
a) Direito de retenção	302
b) Retenção ou cessão em garantia do direito de propriedade	304
c) Penhor	306
4.1.2. Disposições específicas para determinados tipos de penhor	310
4.1.3. O *nantissement* dos bens móveis incorpóreos	311
4.1.4. Privilégios creditórios	316
4.2. Garantias reais imobiliárias	317
4.2.1. Constituição da hipoteca	319
a) Hipoteca convencional	319
b) Hipoteca coerciva	321
4.2.2. Efeitos da hipoteca	323
4.2.3. Extinção da hipoteca	324
5. Classificação dos credores para fins de distribuição do preço	324
5.1. Classificação dos credores em matéria imobiliária	324
a) Credores por despesas de justiça	325
b) Credores salariais	325
c) Credores hipotecários	325
d) Credores beneficiários de um privilégio creditório geral submetido a publicidade	326
e) Credores beneficiários de um privilégio geral não submetido a publicidade	326
f) Credores quirografários	326
5.2. Classificação dos credores em matéria mobiliária	326
a) Credores por despesas de justiça	327
b) Credores privilegiados por despesas contraídas para a conservação de bens	327
c) Credores salariais	327
d) Credores pignoratícios	327
e) Credores inscritos no RCCM	328
f) Credores titulares de privilégios mobiliários especiais	328
g) Credores titulares de um privilégio geral não submetido a publicidade	328
h) Credores quirografários	328

CAPÍTULO V
O Acto Uniforme Relativo à Organização dos Pocessos Simplificados de Cobrança e de Execução

1. Introdução	329
2. O processo de recuperação de créditos	329
2.1. O processo de injunção para pagamento	330
a) As condições	330

2.2. O desenvolvimento do processo 333
    a) A injunção de pagamento 333
    b) A oposição 336
2.3. O processo de injunção para entrega ou restituição 339
    a) As condições 339
    b) O processo 339
3. As acções executivas. O regime geral da execução 341
  3.1. Introdução 341
  3.2. O credor 342
  3.3. Os requisitos do crédito 344
  3.4. A forma do crédito 345
  3.5. Os sujeitos passivos dos processos de execução 347
  3.6. Os outros sujeitos dos processos executivos 350
  3.7. Os bens 351
  3.8. As disposições processuais 353
4. As apreensões cautelares 355
  4.1. Disposições gerais relativas à apreensão cautelar 355
  4.2. Apreensão cautelar de coisa móvel corpórea 358
  4.3. Apreensão cautelar de créditos 362
  4.4. Apreensão cautelar de direitos sobre participações sociais e de valores mobiliários 366
  4.5. Apreensão cautelar para reivindicação 368
5. Processos de execução 371
  5.1. A penhora mobiliária 371
    a) Ordem prévia de pagamento 371
    b) A penhora 372
    c) A venda 376
    d) Oposição e reclamação dos credores 378
  5.2. Penhora sujeita a normas particulares por causa do objecto onerado 381
    a) Penhora de frutos pendentes 381
    b) Penhora de participações sociais e de valores mobiliários 382
  5.3. Penhora de créditos do devedor 384
    a) Penhora de créditos pecuniários junto de terceiros (*saisie-attribution*) 384
    b) A penhora das remunerações 390
    c) Cessão das remunerações 393
  5.4. Execução para entrega e apreensão cautelar para reivindicação de bens móveis corpóreos 394
  5.5. A penhora de bens imóveis 396
    a) Requisitos da penhora de bens imóveis 396
    b) O procedimento da venda executiva 399
    c) A venda do bem imóvel 402
    d) Incidentes da penhora de bens imóveis 407
  5.6. A distribuição do produto da venda 413
    a) Procedimentos que não implicam intervenção dos tribunais 413
    b) O processo contencioso 414

CAPÍTULO VI
O Acto Uniforme para a Organização dos Processos Colectivos de Apuramento do Passivo

1. Introdução	417
2. Os processos preventivos	422
2.1. O procedimento de alerta	422
2.2. O processo preventivo	423
3. Tratamento das dificuldades das empresas em sede judicial: os processos colectivos	429
3.1. As condições de abertura	429
3.2. Os órgãos do processo	435
a) Órgãos judiciários	435
b) O síndico	437
c) Os órgãos dos credores	439
3.3. Efeitos dos processos colectivos relativamente aos devedores	440
a) Efeitos jurídicos dos processos colectivos sobre os bens do devedor	440
b) A inoponibilidade à massa falida dos actos que prejudiquem os credores	443
3.4. Os efeitos dos processos colectivos sobre as relações jurídicas pré-existentes	445
3.5. Efeitos dos processos colectivos perante os credores	447
a) A massa falida	447
b) O processo de admissão dos créditos	449
c) Privilégio dos trabalhadores	451
d) Direitos do cônjuge do devedor	451
e) Regime das acções de reivindicação	452
f) A venda de bens móveis sem o pagamento imediato do preço	453
g) A continuação da actividade	453
3.6. As diversas categorias de credores e os respectivos direitos	455
4. O encerramento dos processos colectivos	459
4.1. As soluções de sobrevivência da empresa	460
a) A concordata	460
b) O encerramento por extinção do passivo	464
4.2. Soluções que implicam a extinção da empresa	465
a) A constituição dos credores em estado de união	465
b) Encerramento por insuficiência de activo	468
5. Sanções no âmbito dos processos colectivos	469
5.1. Sanções civis e comerciais	469
a) Sanções de natureza patrimonial	469
5.2. Sanções penais	474
6. Processos colectivos internacionais	477

CAPÍTULO VII
O Acto Uniforme Relativo ao Direito da Arbitragem

1. Introdução	481
2. O Acto Uniforme relativo ao Direito da Arbitragem	483

2.1. A aplicação do Acto Uniforme 484
2.2. A convenção arbitral 487
2.3. O tribunal arbitral 488
2.4. A instância arbitral 491
2.5. A sentença arbitral 492
2.6. Recursos da sentença arbitral 494
2.7. Execução das sentenças arbitrais 496
3. A arbitragem no seio do TCJA 499
   3.1. Âmbito de aplicação da arbitragem institucional do TCJA e o papel do Tribunal 499
   3.2. A convenção arbitral 502
   3.3. O tribunal arbitral 503
   3.4. A instância arbitral 505
   3.5. A sentença arbitral 507
   3.6. Os meios de impugnação da sentença 509
   3.7. A execução da sentença arbitral 511

CAPÍTULO VIII
O Acto Uniforme Relativo à Organização e Harmonização das Contabilidades das Empresas

1. Introdução 513
2. Princípios que governam a informação contabilística 518
3. O sistema de controlo interno e externo da empresa 520
4. A previsão das contas consolidadas e combinadas 521

CAPÍTULO IX
O Acto Uniforme Relativo ao Contrato de Transporte Rodoviário de Mercadorias

1. Introdução 523
2. Princípios gerais 524
   2.1. Definições 524
   2.2. Âmbito de aplicação do AUCTRM 525
3. Formação do contrato de transporte 527
4. Execução do contrato de transporte 531
   4.1. Execução do contrato de transporte perante o expedidor 531
   4.2. Execução do contrato pelo transportador 534
5. A responsabilidade do transportador 537
   5.1. As modalidades de responsabilidade do transportador 537
   5.2. Causas de exclusão da responsabilidade 538
   5.3. Cálculo da indemnização 540
   5.4. Aplicação das causas de exclusão da responsabilidade e dos limites de responsabilidade 541
6. Contencioso 542

CAPITULO X
O Acto Uniforme Relativo ao Direito das Sociedades Cooperativas

1. Introdução	545
2. A constituição da sociedade cooperativa	546
3. O funcionamento da sociedade cooperativa	552
4. As acções de responsabilidade contra os dirigentes sociais	555
5. A transformação da sociedade cooperativa	556
6. A dissolução da sociedade cooperativa	557
a) A dissolução da sociedade cooperativa	557
b) A liquidação da sociedade cooperativa	558
7. O regime das nulidades	559
8. Disposições especificas dos vários tipos de sociedade cooperativa	560
a) Sociedade cooperativa simplificada	561
b) Sociedade cooperativa com conselho de administração	564
9. Disposições penais do Acto Uniforme	571

CAPÍTULO XI
Os Actos Uniformes em Preparação e as Perspectivas de Evolução da OHADA

1. Introdução	573
2. O acto uniforme sobre o direito dos contratos	573
2.1. Enquadramento	573
2.2. Aspectos fundamentais do projecto de acto uniforme	577
2.3. Um papel para o direito costumeiro africano?	581
3. O acto uniforme relativo aos contratos dos consumidores	584
4. O acto uniforme relativo à prova em matéria civil	589
5. O acto uniforme relativo ao direito do trabalho	589
6. As perspectivas de desenvolvimento do direito da OHADA	591
6.1. Um acto uniforme relativo ao direito das telecomunicações?	591
6.2. Uma primeira possibilidade de uniformização mediante a integração de normas existentes: a OAPI	597
6.3. Uma segunda possibilidade de harmonização mediante a integração de normas existentes: a CIMA	599
POSFÁCIO	603
BIBLIOGRAFIA	607
JURISPRUDÊNCIA	623
ÍNDICE GERAL	631